Simon

Deutsche Rechtssprache

Deutsche Rechtssprache

Ein Studien- und Arbeitsbuch
mit Einführung in das deutsche Recht

von

Heike Simon

8., neubearbeitete Auflage

2026

C.H.BECK

Über die Autorin

Heike Simon arbeitet als Rechtsanwältin und juristische Fachübersetzerin in Bayreuth. Außerdem hat sie von 1998 bis 2018 als Maître de conférences associée an der Universität Lille 2 (Frankreich) die Grundlagen des deutschen Rechts und der deutschen Rechtssprache gelehrt. Das vorliegende Buch entstand während ihrer langjährigen Tätigkeit als DAAD-Fachlektorin für Rechtswissenschaft an der School of Law der University of Warwick (Großbritannien) und wurde permanent durch ihre Unterrichtstätigkeiten in Lille und an der Universität Bayreuth, wo sie über 20 Jahre Lehrbeauftragte war, fortentwickelt.

beck.de

ISBN PRINT 978 3 406 82806 5

Dieser Titel ist auch als E-Book erhältlich.

Wilhelmstraße 9, 80801 München
info@beck.de
Druck und Bindung: Beltz Grafische Betriebe GmbH
Am Fliegerhorst 8, 99947 Bad Langensalza

Satz: ottomedien
Heimstättenweg 52, 64295 Darmstadt
Umschlag: Ralph Zimmermann – Bureau Parapluie
nach einem Entwurf von Kunst oder Reklame, München

chbeck.de/nachhaltig
produktsicherheit.beck.de

Gedruckt auf säurefreiem, alterungsbeständigem Papier
(hergestellt aus chlorfrei gebleichtem Zellstoff)

Vorwort

Die 8. Auflage dieses Buches folgt dem bewährten Konzept, wurde aber in allen Teilen gründlich aktualisiert und auf den Stand der aktuellen Gesetzgebung und Rechtsprechung gebracht. Die Grundideen und die Struktur des Buches wurden beibehalten. Anregungen von Leserschaft und Rezensenten wurden eingearbeitet, soweit der Umfang des Werkes dies zuließ. Zur besseren Lesbarkeit wird in diesem Lehrbuch in der Regel das generische Maskulinum verwendet. Die verwendeten Personenbezeichnungen beziehen sich – sofern nicht anders kenntlich gemacht – auf alle Geschlechter.

Das Buch wendet sich sowohl an ausländische Jurastudierende, die im Rahmen von Austauschprogrammen einen Teil ihres Studiums an der juristischen Fakultät einer deutschen Universität absolvieren und die dort zu erwartenden Aufgabenstellungen bewältigen müssen, als auch an deutsche Studienanfänger, die sich einen schnellen und aktuellen Überblick über das deutsche Recht verschaffen wollen und anhand der Übungen ihr juristisches Verständnis überprüfen können. Letzere können die sprachlichen Übungen einfach überspringen. Aber auch Übersetzer, die juristische Fachübersetzungen bewältigen wollen, können das Buch mit Gewinn benutzen. Es bietet eine Einführung in grundlegende Bereiche des deutschen Rechts, vermittelt anhand von Fallbeispielen, juristischen und sprachlichen Übungen Einsichten in den Umgang mit deutscher Gesetzestechnik und erleichtert den Einstieg in die Methode der Fallbearbeitung.

Für eine leistungsgerechte Arbeit mit dem Buch sind fortgeschrittene Deutschkenntnisse auf dem Niveau B2 des Gemeinsamen Europäischen Referenzrahmens für Sprachen (GER) erforderlich. Juristische Kenntnisse werden nicht vorausgesetzt. Das Buch kann sowohl in juristischen Lehrveranstaltungen als auch im Fachsprachen-Unterricht an universitären Sprachenzentren oder Übersetzungsinstituten vom ersten Semester an eingesetzt werden.

Als kombiniertes Lern- und Übungsbuch mit Glossar und Übungsschlüssel zum juristischen und sprachlichen Teil eignet es sich außerdem zum Selbststudium. Dadurch bietet es auch ausländischen praktizierenden Juristen und am deutschen Recht interessierten Nicht-Juristen die Möglichkeit, sich wesentliche Kenntnisse im deutschen Recht anzueignen.

Dieses Buch ist aus mehrjähriger Lehrerfahrung an der juristischen Fakultät und am Sprachenzentrum der University of Warwick (England) erwachsen. Es wurde seitdem permanent weiterentwickelt. Besonderer Dank gebührt Frau Aleksandra Hadzic (Verlag C.H.Beck, München) für die verständnisvolle Betreuung des Manuskripts.

Hinweise und Anregungen der Leserinnen und Leser an **heike.simon@advocatrix.de** sind jederzeit willkommen!

Heike Simon
Bayreuth im März 2026

Inhaltsverzeichnis

Kapitel 9: Das Verfahrensrecht

Kapitel 10: Internationales Privatrecht, Europäisches Gemeinschaftsrecht und Europäische Menschenrechtskonvention

Methodische Hinweise

I. Lernziele

Die Anlage des Buches ist darauf ausgerichtet, ausländische Jurastudierende gezielt auf ihren Studienaufenthalt an einer juristischen Fakultät in Deutschland vorzubereiten.

Die Studierenden sollen

1. sich allgemeine Kenntnisse über juristische Ausbildung und Berufsmöglichkeiten aneignen, die ihnen den Einstieg in die Arbeitsweise der juristischen Fakultät erleichtern und juristisch orientierte allgemeine Kommunikation ermöglichen,
2. Grundkenntnisse in den Rechtsgebieten, die zum Kernbestand der juristischen Ausbildung gehören, erwerben, damit sie in deutschen Lehrveranstaltungen aktiv mitarbeiten können,
3. sich einen Fachwortschatz für grundlegende Bereiche des deutschen Rechts erarbeiten und zu einem gewissen Leseverständnis von Gesetzestexten und anderen juristischen Texten gelangen,
4. juristische Arbeitsmethoden einüben, die dazu befähigen, selbstständig zu erkennen, welche Gesetzesbestimmungen auf gegebene Sachverhalte zutreffen, und Fallbeispiele in rechtsüblichem Deutsch zu diskutieren.

II. Hinweise zur Benutzung des Buches

Für die Durcharbeitung des Buches sind etwa 50–70 Stunden anzusetzen. Es ist empfehlenswert, das Buch von Anfang fortlaufend durchzuarbeiten, aber nicht unbedingt notwendig. Jedes Kapitel beginnt mit einer kurzen Einführung, die das darzustellende Rechtsgebiet im Zusammenhang des deutschen Rechtssystems verortet. Bezüge zu bereits Behandeltem sind durch deutliche Verweise (→) gekennzeichnet und können daher leicht nachgelesen werden. Die inhaltlichen Übungen weisen zwar eine gewisse Steigerung des Schwierigkeitsgrads auf und verlassen sich fortschreitend auf die Anwendung bereits eingeübter Arbeitsmethoden. Aber sie sind in ihrer Abfolge nicht direkt voneinander abhängig, sondern in erster Linie auf das im Text dargestellte Rechtsgebiet und sich daraus ergebende Aufgabenstellungen bezogen. Abhängig vom sprachlichen Vorwissen ist es also durchaus möglich, jedes Kapitel als in sich abgeschlossene Einführung in ein bestimmtes Rechtsgebiet zu lesen.

Das Buch ist mit einem **Lösungsschlüssel** versehen. Allerdings wird bei reinen Inhaltsfragen zum dargestellten Text auf Lösungen verzichtet, da die Antworten jeweils direkt im Text auffindbar sind. Beide *Glossare* sind als rechtssprachliche alphabetische Wortlisten organisiert. Bei den Übersetzungen ins Englische und Französische ist zu berücksichtigen, dass sich die Unterschiedlichkeit von Rechtssystemen auch in der Sprache niederschlägt, so dass sich die Suche nach Entsprechungen mitunter mit annähernden Erklärungen begnügen muss.

Um eine effektive Arbeit mit diesem Buch zu ermöglichen, sollten im Rahmen von Lehrveranstaltungen alle Studierenden ihre eigene deutsche Ausgabe des Grundgesetzes (GG), des Bürgerlichen Gesetzbuchs (BGB) und des Strafgesetzbuchs (StGB) zur Verfügung haben. Davon gibt es preisgünstige Taschenbuchausgaben, z.B. die gängigen „Beck-Texte im dtv“.

III. Struktur des Buches

Das vorliegende Buch besteht aus elf Kapiteln. Jedes Kapitel enthält im Anschluss an die Darstellung des betreffenden Gebiets Übungen zum juristischen Inhalt (A) und zum Wortschatz (B). Die folgenden Angaben beziehen sich überwiegend auf Schwerpunkte im inhaltlichen Teil.

1. Die juristische Ausbildung und die juristischen Berufe

Kapitel 1 vermittelt die wichtigsten Informationen über die verschiedenen juristischen Ausbildungswege und Berufsorientierungen. Im Vordergrund steht dabei die Darstellung von Studienverlauf und Anforderungen an der juristischen Fakultät und der notwendigen Voraussetzungen für den Beruf des Richters und Staatsanwalts sowie Rechtsanwalts und Notars.

Die inhaltlichen Übungen betreffen die Anwendung des für den kommunikativen Bereich nützlichen Vokabulars.

2. Zugang zum Recht

Kapitel 2 gibt eine Übersicht über die Rangordnung der Rechtssätze und Möglichkeiten der Rechtsfortbildung und macht die Studierenden damit vertraut, welche Arten juristischer Literatur ihnen bei ihrer Arbeit begegnen werden. Außerdem erfolgt eine durch Beispiele veranschaulichte Einführung in unterschiedliche Methoden der Falllösung und in die von Studierenden erwartete Benutzung des Gutachtenstils. Daran schließen sich Hinweise auf andere Besonderheiten der deutschen Rechtssprache an.

Die inhaltlichen Übungen stellen insbesondere darauf ab, dass Studierende lernen, die richtige Zitierweise von Gesetzen anzuwenden und sich anhand des juristisch umformulierten Texts „Rotkäppchen“ des Unterschieds zwischen Normal- und Rechtssprache bewusst zu werden.

3. Das Verfassungsrecht

Dieses Kapitel erörtert die in der Verfassung festgeschriebenen Grundrechte und beschreibt die staatliche Organisation der Bundesrepublik. Damit verbunden sind die Beschreibung des Gesetzgebungsverfahrens und der Funktion des Bundesverfassungsgerichts als Hüters der Verfassung und eine Darstellung des Wahlsystems. Wiederholt wird auf den historischen Zeitpunkt der Abfassung des Grundgesetzes Bezug genommen, um zu verdeutlichen, welche Verfassungsbestimmungen in direktem Gegensatz zur nationalsozialistischen Zeit entwickelt wurden.

Die inhaltlichen Übungen führen in die selbstständige Benutzung der im zweiten Kapitel beschriebenen juristischen Literatur sowie in die eigenständige Arbeit mit einem Gesetzbuch ein. Die Zuordnung von Fallbeispielen zu den entsprechenden Grundrechtsartikeln hilft, das Verständnis der einzelnen Grundrechte zu vertiefen. Andere Übungen stellen auf bestimmte Termini wie „Drittwirkung der Grundrechte“, „Verfassungsbeschwerde“ und „Rechtsbehelfe“ ab, um das selbstständige Auffinden von Lösungen durch den Umgang mit dem Gesetzbuch zu üben.

4. Verträge und andere Rechtsgeschäfte

Kapitel 4 ist dadurch besonders wichtig, dass es mit der besonderen Gesetzestechnik des Bürgerlichen Gesetzbuchs (BGB) vertraut macht und gleichzeitig Grundbegriffe des Bürgerlichen Rechts einführt.

Die inhaltlichen Übungen zielen darauf ab, sowohl diese Grundbegriffe auf vorgegebene Sachverhalte anzuwenden als auch Methoden bereitzustellen, die die selbstständige Zuordnung von Tatbestandsvoraussetzungen und Rechtsfolgen erproben und festigen.

5. Familien- und Erbrecht

In einem eigenen Kapitel (→ Kap. 5) behandelt werden diese ebenfalls im BGB geregelten, praktisch wichtigen und rechtspolitisch umkämpften Rechtsgebiete.

Die inhaltlichen Übungen eignen sich besonders gut für die mündliche Produktion, da zum einen die zu beantwortenden Fragen direkt aus dem Text erschließbar sind und zum anderen die hier eingeführte Funktion eines juristischen Beraters ein direktes Modell für Rollenspiele abgibt.

6. Handels-, Gesellschafts- und Arbeitsrecht

Kapitel 6 befasst sich mit drei Sondergebieten des Zivilrechts, deren Wichtigkeit für die juristische Grundausbildung sich daraus ergibt, dass die darin niedergelegten

Rechtsbestimmungen für alle am Erwerbsleben teilnehmenden Bürger relevant sind. Auf die Erörterung des Kaufmannsbegriffs nach Maßgabe des Handelsgesetzbuchs (HGB) folgt die der kaufmännischen Rechtsgeschäfte. Dabei wird vielfach darauf hingewiesen und durch Beispiele erläutert, wie sehr Sondervorschriften des HGB die Regelungen des BGB ergänzen oder davon abweichen. Innerhalb der Darstellung der Personen- und Kapitalgesellschaften sowie der Sonderform der Genossenschaft wird der Begriff der juristischen Person in seiner gesellschaftsrechtlichen Funktion erläutert.

Die Beschreibung des Arbeitsrechts enthält die Unterscheidung von Arbeits- und Dienstvertrag. Darüber hinaus wird ausführlich auf unterschiedliche Regelungen zum BGB eingegangen, soweit insbesondere Beschränkungen der vertraglichen Gestaltungsfreiheit durch gesetzlich vorgeschriebene Arbeitsbedingungen und des Kündigungsrechts und Schadensersatzes betroffen sind.

Im Rahmen der Ausführungen zum kollektiven Arbeitsrecht werden Bedeutung und Funktion des Grundsatzes der Tarifautonomie erklärt und das Günstigkeitsprinzip erörtert. Außerdem wird auf grundsätzliche Regelungen des Arbeitskampfrechts und der betrieblichen Mitbestimmung der Arbeitnehmer eigegangen.

Die inhaltlichen Übungen fördern auf der Grundlage eigenständiger Arbeit mit Gesetzbuch und Rechtswörterbuch eine vertiefende Durchdringung im Handelsrecht üblicher Grundsätze und Grundbegriffe und suchen das selbstständige Auffinden und Begründen definitorischer Unterscheidungsmerkmale zu erweitern und zu festigen.

7. Das Strafrecht

Kapitel 7 erläutert die Grundsätze, die der Anwendung des Strafrechts zu Grunde liegen, und beschreibt strafrechtliche Grundbegriffe entweder in der Form definitorischer Erklärungen oder in der Form von Fallbeispielen.

Außerdem wird auf die notwendige Unterscheidung zwischen dem Begriff Strafe im allgemeinen Sprachgebrauch und im Anwendungsbereich des Strafrechts hingewiesen, eine Abgrenzung des Strafrechts gegenüber Vereins- und Betriebsjustiz und Ordnungswidrigkeiten vorgenommen und die Unterordnung des Strafrechts unter das Grundgesetz betont.

Die inhaltlichen Übungen fördern eigenständiges Durchdenken von Fallbeispielen und das selbstständige Auffinden von Falllösungen mit direktem Bezug auf Strafrechtsparagrafen. Gleichzeitig führen sie in den Klausureinstieg ein.

8. Das Verwaltungsrecht

Kapitel 8 betrifft wie Verfassungs- und Strafrecht ein Gebiet des Öffentlichen Rechts. Skizziert werden zunächst die wichtigsten Grundsätze des Allgemeinen Verwaltungsrechts, wobei der Begriff des Ermessensspielraums breiten Raum einnimmt. Innerhalb der Darstellung der verschiedenen Gebiete des Besonderen Verwaltungsrechts werden u.a. die Besonderheit des deutschen Beamtenrechts vorgestellt, die Bedeutung des kommunalen Selbstverwaltungsrechts hervorgehoben und die Abgrenzung der Kompetenzen von Bund und Ländern erwähnt. Außerdem wird der Unterschied zwischen Eingriffs- und Leistungsverwaltung erläutert und Letztere anhand des Sozialrechts skizziert. Den Abschluss bilden eine Einführung in Grundzüge des Steuerrechts und eine Übersicht über die Verwaltungsbehörden. Durchgehend werden Bezüge zum Grundgesetz hergestellt, um zu verdeutlichen, in welchem Maße der Staat entweder berechtigt oder beschränkt ist, in die Rechtssphäre des Bürgers einzugreifen, oder auch angehalten ist, Grundrechtsbestimmungen auszufüllen.

Die inhaltlichen Übungen fördern selbstständiges Durchdenken von Problemfällen. Hier sind zum einen begründete Entscheidungen darüber zu treffen, welche Fallbeispiele dem Öffentlichen Recht oder dem Privatrecht zuzuordnen sind, zum anderen soll ein vertieftes Verständnis verfahrensrechtlicher Grundsätze erreicht werden, um entscheiden zu können, wann ein Verwaltungsakt vorliegt und welche Lösungen sich aufgrund des Gesetzes für verwaltungsrechtliche Probleme anbieten.

9. Das Verfahrensrecht

Kapitel 9 gibt eine Übersicht über die verschiedenen Gerichtszweige und ihren Aufbau, stellt die ordentlichen Gerichte mit ihrer Funktion vor, beschreibt wesentliche Verfahrensgrundsätze und erläutert mit Beispielen die Unterschiedlichkeit von Verfahrensordnungen in verschiedenen Gerichtszweigen. Dabei wird besonders auf die unterschiedliche gerichtliche Zuständigkeit (z.B. hinsichtlich der Einlegung der Rechtsmittel Berufung und Revision) und teils unterschiedlichen Verfahrensgrundsätze (z.B. hinsichtlich der die Beweismittel betreffenden Anforderungen) bei Zivil- und Strafsachen hingewiesen. Die getrennte Darstellung des Ablaufes von Zivil- und Strafprozessen hebt ebenfalls wesentliche Unterschiede hervor.

Die inhaltlichen Übungen zielen auf eine vertiefende Durchdringung des im Text Dargestellten ab. Gleichzeitig wird die Fähigkeit zu eigener Lösungsfindung weiterentwickelt, indem eine Reihe von Streitigkeiten den zuständigen Gerichten und den im Text erläuterten Grundsätzen zugeordnet werden müssen.

10. Internationales Privatrecht, Europäisches Gemeinschaftsrecht und Europäische Menschenrechtskonvention

Kapitel 10 gibt eine knappe erste Einführung in das Internationale Privatrecht (IPR), das Europäische Gemeinschaftsrecht und das Recht der Europäischen Menschenrechtskonvention. Im IPR werden die wesentlichen Fachbegriffe wie Verweisung *renvoi*, Statut etc. erklärt. Im Gemeinschaftsrecht werden insbesondere die Rolle des Europäischen Gerichtshofs und die einzelnen Verfahrensarten vorgestellt. Bezüglich der Europäischen Menschenrechtskonvention wird kurz auf die in ihr geregelten

Menschenrechte und Grundfreiheiten und den zu ihrem Schutz geschaffenen Europäischen Gerichtshof für Menschenrechte eingegangen.

Die inhaltlichen Übungen fördern aufgrund verschiedenartigster Fälle das Kennenlernen der wesentlichen Rechtsnormen sowohl des IPRs als auch des Europäischen Gemeinschaftsrechts und der Europäischen Menschenrechtskonvention und machen mit den schwierigen Fachbegriffen dieser Rechtsgebiete vertraut.

11. Musterklausuren

Kapitel 11 stellt je eine Musterklausur aus dem Zivilrecht, dem Strafrecht und dem Öffentlichen Recht (Verfassungsrecht) sowie ein Urteil vor. Dabei folgen auf die Darstellung des Sachverhalts jedes Mal zunächst allgemeine Vorgehenshinweise zur Lösung des Falles aus dem entsprechenden Rechtsgebiet. Diese heben jeweils die typische Fragestellung hervor, die den unterschiedlichen Klausuren zugrunde liegt oder liegen kann. Außerdem werden Empfehlungen gegeben, welche Reihenfolge sich bei der Prüfung der Anspruchsgrundlagen (Zivilrecht), Tatbestände (Strafrecht) und Grundrechte (Verfassungsrecht) im Rahmen der Fallbearbeitung anbietet. Am Ende steht jeweils eine ausführliche Musterlösung der Klausur.

Bücher zum Thema Recht und Sprache

I. Deutschsprachiges Rechtswörterbuch

Der Klassiker: Weber, Rechtswörterbuch, 25. Aufl. 2025 (mit Freischaltcode für den Zugriff auf die Onlineversion des Buches in beck-online.DIE DATENBANK).

II. Englisch-Deutsch Rechtswörterbücher

Bugg/Simon: Fachwörterbuch Kompakt Recht (auch mit CD-ROM), 2. Aufl. 2009

Dietl/Lorenz, Wörterbuch Recht, Wirtschaft & Politik, Englisch/Deutsch, 7. Aufl. 2016

Dietl/Lorenz, Wörterbuch Recht, Wirtschaft & Politik, Deutsch/Englisch, 6. Aufl. 2020

Linhart, Fachwörterbuch Recht, Dictionary of Law, Englisch – Deutsch, Deutsch – Englisch, 3. Aufl. in Planung für 2027

Weitere zweisprachige Rechtswörterbücher zu anderen Sprachen sind z.B erhältlich bei Acolada (digital), C.H.Beck, Cornelsen, Hueber, Klett, Langenscheidt, Pons und Vahlen (und auch bei vielen ausländischen Verlagen). Neben einem Printwerk sind sie teilweise auch verfügbar als Softwaredownload, Onlinewörterbuch oder sogar als App.

III. Einführung in die Rechtssprache

Werke zur Rechtssprache, die in erster Linie das linguistisch oder rechtswissenschaftlich interessierte Publikum ansprechen, veröffentlichen der Verlag Peter Lang und der Selbstverlag des BDÜ. Der Verlag C.H.Beck bietet mit der Reihe „Schriftenreihe der Juristischen Schulung" und „Rechtssprache des Auslands" mehrere Einführungswerke für Studierende zum Thema ausländisches Recht an.

IV. Zweisprachige oder fremdsprachige Werke

Für die Übersetzung von Urkunden, Zeugnissen etc. wird auf die Schriftenreihe des Übersetzungsbüros Dr. Feix in Saarbrücken hingewiesen.

Für wirtschaftsrechtliche Übersetzungen (z.B. Gesellschaftsverträge) wird auf folgende Werke hingewiesen:

Bugg, Contracts in English, An introductory guide to understanding, using and developing 'Anglo-American' style contracts, 5. Aufl. 2023

Lainé/Leutner, Standardvertragsmuster zum Handels- und Gesellschaftsrecht, Deutsch-Französisch, 2. Aufl. 2013

Münchener Vertragshandbuch, Band 4: Wirtschaftsrecht III (mit englischsprachigen Formularen), 8. Aufl. 2018

Rinscheid, Legal English for Business, 1. Aufl. 2022

Stummel, Standardvertragsmuster zum Handels- und Gesellschaftsrecht, Deutsch-Englisch, 6. Aufl. 2021

Walz, Beck'sches Formularbuch Zivil-, Wirtschafts- und Unternehmensrecht Deutsch-Englisch, 5. Aufl. 2022

Weitere Literaturempfehlungen zu den einzelnen Kapiteln erhalten Sie im nächsten Abschnitt.

Literaturempfehlungen zu den einzelnen Kapiteln

Kapitel 1

Glossner/Dallmayer, Jura – erfolgreich studieren, 8. Aufl. 2021

Kapitel 2

Driesen/Petersen/Rühl, Gerichtsdolmetschen, 2. Aufl. 2018

Reichold/Dröge/Heinrich, Einführung in die Rechtswissenschaft, 4. Aufl. 2024

Möllers, Juristische Arbeitstechnik und wissenschaftliches Arbeiten, 11. Aufl. 2024

Robbers, Einführung in das deutsche Recht, 8. Aufl. 2023

Schlüter-Ellner, Juristendeutsch verständlich gemacht / Treffende Verben in der deutschen Rechtssprache, 3. Aufl. 2022

Thormann/Hausbrandt, Rechtssprache, 2. Aufl. 2025

Kapitel 3

Epping/Lenz/Leydecker, Grundrechte, 10. Aufl. 2024

Schlaich/Korioth, Das Bundesverfassungsgericht, 13. Aufl. 2025

Zippelius/Würtenberger, Deutsches Staatsrecht, 33. Aufl. 2018

Kapitel 4

Brox/Walker, Allgemeiner Teil des BGB, 49. Aufl. 2025

Brox/Walker, Allgemeines Schuldrecht, 49. Aufl. 2025

Brox/Walker, Besonderes Schuldrecht, 49. Aufl. 2025

Lippmann/Scholz, Das BGB für ausländische Studierende – Übungen zu Rechtssprache und Methodik, 2014

Prütting, Sachenrecht, 38. Aufl. 2024

Stadler, Allgemeiner Teil des BGB, 21. Aufl. 2022

Wellenhofer, Sachenrecht, 40. Aufl. 2025

Kapitel 5

Brox/Walker, Erbrecht, 30. Aufl. 2024

Leipold, Erbrecht, 23. Aufl. 2022

Röthel, Erbrecht, 18. Aufl. 2020

Wellenhofer, Familienrecht, 7. Aufl. 2023

Kapitel 6

Brox/Henssler, Handelsrecht, 30. Aufl. 2024

Eisenhardt/Wackerbarth, Gesellschaftsrecht I, 17. Aufl. 2022

Dütz/Thüsing, Arbeitsrecht, 30. Aufl. 2025

Kapitel 7

Wessels/Beulke/Satzger, Strafrecht Allgemeiner Teil, 54. Aufl. 2024

Wessels/Hettinger/Engländer, Strafecht Besonderer Teil 1, 48. Aufl. 2025

Wessels/Hillenkamp/Schuhr, Strafrecht Besonderer Teil 2, 47. Aufl. 2025

Kapitel 8

Eichenhofer, Sozialrecht, 13. Aufl. 2024

Kingreen/Poscher, Polizei- und Ordnungsrecht, 13. Aufl. 2024

Maurer/Waldhoff, Allgemeines Verwaltungsrecht, 21. Aufl. 2024

Kapitel 9

Brox/Walker, Zwangsvollstreckungsrecht, 12. Aufl. 2021

Lüke, Zivilprozessrecht I, 11. Aufl. 2020

Beulke/Swoboda, Strafprozessrecht, 17. Aufl. 2025

Kapitel 10

Grabenwarter/Pabel, Europäische Menschenrechtskonvention, 7. Aufl. 2021

Hakenberg, Europarecht, 10. Aufl. 2024

Ring/Olsen-Ring, Internationales Privatrecht, 3. Aufl. 2021

Streinz, Europarecht, 12. Aufl. 2023

Kapitel 11

Gold/Hemmer/Wüst, Das Zivilurteil. Assessor-Basics, 15. Aufl. 2024

Ziegler, Das Strafurteil, 10. Aufl. 2023

Reihen:

Skripten von Alpmann Schmidt, Münster

Prüfe dein Wissen, C.H. Beck, München

Juristische ExamensKlausuren, Springer, Berlin

Hilfreiche Internetadressen

I. Gesetze

Bundesgesetze und zahlreiche Landesgesetze	https://www.gesetze-im-internet.de
Übersetzungen von deutschen Gesetzen in die englische Sprache	https://www.gesetze-im-internet.de/Teilliste_translations.html

II. Gerichte

1. Bundesgerichte

Bundesverfassungsgericht	https://www.bundesverfassungsgericht.de
Bundesgerichtshof	https://www.bundesgerichtshof.de
Bundesarbeitsgericht	https://www.bundesarbeitsgericht.de
Bundessozialgericht	https://www.bundessozialgericht.de
Bundesverwaltungsgericht	https://www.bundesverwaltungsgericht.de
Bundesfinanzhof	https://www.bundesfinanzhof.de
Bundespatentgericht	https://www.bundespatentgericht.de

2. Europäische Gerichte

Europäischer Gerichtshof (EuGH)	https://www.curia.europa.eu
Gericht (EuG)	https://www.curia.europa.eu
Gericht für den öffentlichen Dienst	https://www.curia.europa.eu
Europäischer Gerichtshof für Menschenrechte (EGMR)	https://www.echr.coe.int

III. Bundesorgane

Bundeskanzler	https://www.bundeskanzler.der
Bundespräsident	https://www.bundespraesident.de
Bundesrat	https://www.bundesrat.de
Bundesregierung	https://www.bundesregierung.de
Bundestag	https://www.bundestag.de
Bundesverfassungsgericht	https://www.bundesverfassungsgericht.de

IV. Juristische Websites

Website der Association des Etats Généraux des Etudiants de l'Europe, einer Studierendenorganisation	https://www.aegee.org
Website des Bundesministeriums für Justiz und Verbraucherschutz	https://www.bmjv.de
Website der Bundesnotarkammer	https://www.bnotk.de
Website der Bundesrechtsanwalts-kammer	https://www.brak.de
Website des Deutschen Anwaltsvereins	https://anwaltverein.de/
Website des Deutschen Juristinnen-bundes	https://www.djb.de
Website von The European Law Students' Association, der weltgrößten Jurastudierendenvereinigung	https://www.elsa-germany.org
Informationen für Jurastudierende und Rechtsreferendare	https://www.jurabasics.de
Informationen für Jurastudierende und Rechtsreferendare	https://www.juraforum.de
Informationen für Juristen	https://www.rechtslupe.de

Auch viele juristische Fakultäten, Lehrstühle, Praktiker und sonstige mit juristischen Fragestellungen befasste Organisationen bzw. Personen bieten interessante Websites an.

V. Juristische Zeitschriften

Juristische Arbeitsblätter (JA)	https://www.ja-aktuell.de
Neue Juristische Wochenschrift (NJW)	https://www.njw.de

VI. Stipendien für Studierende

Über die nachfolgenden Links erhalten Sie nützliche Informationen sowie Tipps zu Stipendien, Studium, Forschung und Arbeit im Allgemeinen

Alexander von Humboldt-Stiftung	https://www.humboldt-foundation.de
Baden-Württemberg-Stipendium	https://www.bw-stipendium.de/
BAföG	https://www.bafög.de

Deutscher Akademischer Austauschdienst (DAAD)	https://www.daad.de
Deutsches Studierendenwerk	https://www.studierendenwerke.de/
Friedrich-Ebert-Stiftung	https://www.fes.de/
Goethe-Institut	https://www.goethe-institut.de
Hanns-Seidel-Stiftung	https://www.hss.de
Heinrich-Böll Stiftung	https://www.boell.de
KfW-Studienkredit	https://www.kfw.de/inlandsfoerderung/Privatpersonen/Studieren-Qualifizieren/ https://www.kfw-foerderbank.de
Konrad-Adenauer-Stiftung e.V.	https://www.kas.de
Stiftung Begabtenförderung berufliche Bildung	https://www.sbb-stipendien.de/sbb-start

VII. Juristische Verlage

Alpmann & Schmidt	https://www.alpmann-schmidt.de
De Gruyter Brill	https://www.degruyterbrill.com/
Mohr Siebeck	https://www.mohrsiebeck.com/
Nomos	https://www.nomos.de
Vahlen	https://www.vahlen.de
Verlag C.H. Beck	https://www.beck.de
Verlagsgruppe Hüthig Jehle Rehm	https://www.hjr-verlag.de
Wolters Kluwer	https://www.wolterskluwer.com

VIII. Europarecht

Amt für amtliche Veröffentlichungen der Europäischen Gemeinschaften	https://op.europa.eu/de/
Ausschuss der Regionen	https://www.cor.europa.eu
Europäische Investitionsbank	https://www.eib.org
Europäisches Parlament	https://www.europarl.europa.eu
Europäische Zentralbank	https://www.ecb.int
Gerichtshof und Gericht der Europäischen Gemeinschaften	https://www.curia.eu
Kommission der Europäischen Gemeinschaften	https://www.ec.europa.eu
Rat der Europäischen Union	https://www.consilium.europa.eu

Rechnungshof der Europäischen Gemeinschaft	https://www.eca.europa.eu
Ständige Vertretung der Bundesrepublik Deutschland bei der EU	https://www.eu-vertretung.de
Wirtschafts- und Sozialausschuss	https://www.eesc.europa.eu

IX. Internationales Privatrecht

Haager Konferenz für Internationales Privatrecht	https://www.hcch.net
UNIDROIT Grundregeln für internationale Handelsverträge	https://www.unidroit.org

X. Kostenlose Online-Wörterbücher und Übersetzungsseiten

DeepL Übersetzer – Texte und Dateien übersetzen lassen	https://www.deepL.com
dict.cc – Wörterbuch für Englisch-Deutsch und viele weitere Sprachen	https://www.dict.cc
LEO.org – Online Wörterbuch	https://www.leo.org
Linguee – Wörterbuch und Suche in Übersetzungen	https://www.linguee.de
ProZ.com – Seite für Übersetzer und Dolmetscher; Online-Community, Vernetzungsmöglichkeit und Seite für Übersetzungsaufträge	https://www.proz.com

XI. Kostenpflichtige juristische Datenbanken

beck-online.DIE DATENBANK: Juristische Datenbank des Verlags C.H.Beck mit Modulen für einzelne Rechtsgebiete; für Übersetzer ist vor allem das Modul Law&Language Plus interessant. Für Studierende und Referendarinnen und Referendare mit juristischem Schwerpunkt gibt es passende Module.	https://beck-online.beck.de
JuristischeDatenbanken.de: Auf dieser Seite kann man sich einen Überblick über juristische Datenbanken verschaffen; auch kostenlose Datenbanken sind aufgeführt.	https://www.juristischedatenbanken.de/

XII. Künstliche Intelligenz

1. Kostenloses Tool

ChatGPT	https://chatgpt.com

2. Kostenpflichtige Tools

Beck-Noxtua: Juristische Recherche, Dokumentenanalyse, Dokumentenerstellung.	https://www.beck-noxtua.de
beck-chat: KI-basierter Rechercheassistent in beck-online	https://chat.beck.de
Legisway	https://www.wolterskluwer.com/de-de/solutions/legisway/

XIII. Leicht lesbare, zusammengefasste Urteile

Urteile in gekürzter Fassung. Auf dieser Seite kann man sich auch für einen Newsletter eintragen lassen, um regelmäßig über Entscheidungen deutscher Gerichte, aber auch über EU-Entscheidungen informiert zu werden.	https://urteile.news

XIV. Recht im Alltag spannend erklärt: Sendungen, Podcasts und mehr

1. Sendungen, die oft aktuelle Rechtsprobleme behandeln

Die Story	https://www.wdr.de/tv/diestory
Monitor	https://www.wdr.de/tv/monitor
Panorama	https://www.panorama.de
WDR Frau TV	https://www.wdr.de/tv/frautv
37 Grad	https://www.zdf.de/37-grad-196

2. Bekannte Krimiserien

Polizeiruf 110	https://www.daserste.de/polruf/
Tatort	https://www.tatort.de

3. Podcasts

Recht hören, Recht verstehen: 12 Jura Podcasts für Jurastudierende und Rechtsinteressierte	https://www.beck-shop.de/ausbildung/ausbildung-jurastudium/jura-podcasts/content/23060/
Justitias Töchter. Der Podcast zu feministischer Rechtspolitik	https://justitias-toechter.podigee.io/
Die Podcasts von LTO und LTO-Karriere	https://www.lto.de/lto-podcasts/
Verbrechen-Podcast	https://www.zeit.de/serie/verbrechen
Rechtsbelehrung – Rechtspodcast mit Marcus Richter und Thomas Schwenke	https://rechtsbelehrung.com/
Rechtsmedizin – Dichtung und Wahrheit	https://podcasts.apple.com/de/podcast/rechtsmedizin-dichtung-und-wahrheit/id1511908080
Verurteilt – Der Gerichtspodcast	https://www.ardaudiothek.de/sendung/verurteilt-der-gerichtspodcast/urn:ard:show:898f5482510c9ceb/
Die besten Podcasts für wahre Kriminalfälle (True crime) – die besten Podcasts für wahre Kriminalfälle aus den aktuellen iTunes- und Spotify-Charts	https://podwatch.io/charts/wahre-kriminalfaelle-podcasts/

Abkürzungsverzeichnis I

Gesetze, Behörden, Zeitschriften

Siehe auch Kirchner, Abkürzungsverzeichnis der Rechtssprache, 11. Aufl. 2024

Abkürzung	Deutsch	Englisch	Französisch
AEUV	Vertrag über die Arbeitsweise der Europäischen Union	Treaty on the Functioning of the European Union	Traité sur le fonctionnement de l'Union européenne
AG	1. Aktiengesellschaft (f) 2. Amtsgericht	1. Public Limited Company (Br.) 2. Local Court	1. société anonyme 2. tribunal local; tribunal de district
AGG	Allgemeines Gleichbehandlungsgesetz (n)	General Equal Treatment Act	Loi générale sur l'égalité de traitement
AO	Abgabenordnung (f)	Tax code	Code des impôts
AtomG	Atomgesetz (n)	Atomic Energy law	Loi sur l'énergie nucléaire
BAföG	Bundesausbildungsförderungsgesetz (n)	Federal law concerning the Promotion of Education	Loi fédérale sur la promotion de la formation professionnelle
BauGB	Baugesetzbuch (n)	Town and Country Planning Code	Code de la construction
BayVerfGH	Bayerischer Verfassungsgerichtshof (m)	Constitutional Court of Bavaria	Cour Constitutionnelle de Bavière
BGB	Bürgerliches Gesetzbuch (n)	Civil Code	Code civil
BGBl.	Bundesgesetzblatt	Federal Gazette	Journal officiel fédéral
BGH	Bundesgerichtshof (m)	Federal Supreme Court	Cour fédérale de justice de la République fédérale d'Allemagne
BKGG	Bundeskindergeldgesetz (n)	Child Benefits Act	Loi fédérale sur les allocations familiales
BtMG	Betäubungsmittelgesetz (n)	Narcotics act	Loi sur les stupéfiants
BVerfG	Bundesverfassungsgericht (n)	Federal Constitutional Court	Cour Constitutionnelle de la République fédérale d'Allemagne
BVerfGE	Entscheidungen des Bundesverfassungsgerichts (f.pl)	Review of the decisions of the Federal Constitutional Court	Recueil des décisions de la Cour Constitutionnelle de la RFA
DVBl.	Deutsches Verwaltungsblatt (n)	Journal relating to administrative matters	Bulletin de jurisprudence administrative

Abkürzung	Deutsch	Englisch	Französisch
EG	Europäische Gemeinschaft (f); Vertrag zur Gründung der Europäischen Gemeinschaft (m)	European Community; Treaty establishing the European Community	Communauté Européenne; Traité instituant la Communauté Européenne
EGBGB	Einführungsgesetz zum Bürgerlichen Gesetzbuch (n)	Introductory Act to the Civil Code	Loi d'introduction au Code civil
EGMR	Europäischer Gerichtshof für Menschenrechte (m)	European Court of Human Rights	Cour européenne des droits de l'homme
EMRK	Europäische Menschenrechts-konvention (f)	European Convention for the Protection of Human Rights and Fundamental Freedoms	Convention européenne des droits de l'homme
EU	Europäische Union (f)	European Union	Union Européenne
GbR	Gesellschaft des bürgerlichen Rechts (f)	Partnership under the Civil Code	Société civile
GG	Grundgesetz (n)	Constitution	Loi fondamentale (Constitution de l'Allemagne)
GmbH	Gesellschaft mit beschränkter Haftung (f)	Limited Liability Company	Société à responsabilité limitée
GRCh	Charta der Grundrechte der Europäischen Union (f)	Charter of Fundamental Rights of the European Union	Charte des droits fondamentaux de l'Union européenne
HGB	Handelsgesetzbuch (n)	Commercial Code	Code de commerce
KG	Kommanditgesellschaft (f)	Limited Partnership	Société en commandite
LG	Landgericht (n)	Regional court, Provincial (High) court	Tribunal régional, tribunal de grande instance
MDR	Monatsschrift für Deutsches Recht (f)	German Law Monthly	Revue juridique mensuelle
NJW	Neue Juristische Wochenschrift (f)	New Weekly Legal Journal	Nouvelle revue juridique hebdomadaire
OHG	Offene Handelsgesellschaft (f)	General Partnership	Société en nom collectif
OLG	Oberlandesgericht (n)	Higher Regional Court	Cour d'appel
OWiG	Gesetz über Ordnungswidrigkeiten (n)	Law governing public order offences	Loi relative aux sanctions administratives
SGB	Sozialgesetzbuch (n)	Code of Social Law	Code de la sécurité sociale
StGB	Strafgesetzbuch (n)	Criminal Code	Code pénal
StPO	Strafprozessordnung (f)	Code of Criminal Procedure	Code de procédure pénale
StVG	Straßenverkehrsgesetz (n)	Road Traffic Act	Code de la route

Abkürzung	Deutsch	Englisch	Französisch
VO	Verordnung (f)	Regulation, statutory order, decree	Règlement, décret
VwVfG	Verwaltungsverfahrensgesetz (n)	Law governing administrative procedure	Loi relative à la procédure administrative
WiStG	Wirtschaftsstrafgesetz (n)	Economic Offences Act	Loi pénale économique et financière
WoGeldG	Wohngeldgesetz (n)	Law on residence allowances	Loi relative aux allocations-logement
ZPO	Zivilprozessordnung (f)	Code of Civil Procedure	Code de procédure civile

Abkürzungsverzeichnis II

Politik, Allgemeines

Abkürzung	Deutsch	Englisch	Französisch
Abs.	Absatz (m)	Section	paragraphe, alinéa
AfD	Alternative für Deutschland (Partei) (f)	Alternative for Germany (party)	Alternative pour l'Allemagne (parti)
Alt.	Alternative (f)	alternative	alternative
Art.	Artikel (m)	Article	article
BRD	Bundesrepublik Deutschland (f)	Federal Republic of Germany (FRG)	République fédérale d'Allemagne (RFA)
bzw.	beziehungsweise	respectively; or	respectivement; ou
CDU	Christlich Demokratische Union (f)	Christian Democratic Union	Union démocrate chrétienne
CSU	Christlich Soziale Union (f)	Christian Social Union	Union sociale-chrétienne
DDR	Deutsche Demokratische Republik (f)	German Democratic Republic (GDR)	République démocratique allemande (RDA)
FDP	Freie Demokratische Partei (f)	Liberal Democratic Party	Parti libéral-démocrate
f./ff.	folgende	pp.	suivants
gem.	gemäß	pursuant to	selon ; conformément à
i.d.R.	in der Regel	normally	normalement
i.H.v.	in Höhe von	in the amount of	d'un montant de
i.S.d.	im Sinne des	within the meaning of	au sens de
i.V.m.	in Verbindung mit	in connection with	en lien avec

Abkürzung	Deutsch	Englisch	Französisch
Kap.	Kapitel (n)	Chapter	chapitre
KPD	Kommunistische Partei Deutschlands (f)	Communist Party of Germany	Parti communiste allemand
Nr.	Nummer (f)	number	numéro
Rn.	Randnummer (f)	margin number	numéro marginal
S.	Satz (m)	sentence	phrase
sog.	so genannter/e/es	so-called	ledit, ladite, lesdites
SPD	Sozialdemokratische Partei Deutschlands (f)	Social Democratic party of Germany	Parti social-démocrate de l'Allemagne
UA	Unterabsatz (m)	subparagraph	sous-paragraphe; sous-alinéa
usw.	und so weiter	etc.	etc.
Var.	Variante (f)	variation	variante
vgl.	vergleiche	see (cf.)	confère (cf.)
z.B.	zum Beispiel	for example (e.g.)	par exemple

Kapitel 1
Die juristische Ausbildung und die juristischen Berufe

I. Die juristische Ausbildung

1 Die juristische Ausbildung in Deutschland ist vom Leitbild des **Einheitsjuristen** geprägt. Das bedeutet, dass jeder, der einen juristischen Beruf einschlagen will, für den eine akademische Vorbildung gefordert wird, die gleiche Ausbildung durchlaufen muss. Während der Zeit der Ausbildung ist eine Spezialisierung nur in sehr beschränktem Umfang möglich.

2 Das hat Vor- und Nachteile: Vorteilhaft ist, dass derjenige, der die Ausbildung mit Erfolg abgeschlossen hat, in **allen** juristischen Berufen arbeiten kann und deshalb Aussichten auf einen Arbeitsplatz auch dann hat, wenn er in seinem Wunschberuf nicht zum Zuge kommt. Auf der anderen Seite macht es die Ausbildung zum Einheitsjuristen unmöglich, alle Kenntnisse zu vermitteln, die der Berufsanfänger in seinem konkreten Beruf benötigt. Dazu ist das Rechtssystem zu komplex und die Menge des Wissens zu groß. Jeder Berufsanfänger braucht daher eine längere Einarbeitungszeit.

3 Die juristische Ausbildung gliedert sich in zwei Abschnitte. Sie beginnt mit dem **Hochschulstudium**, das mit der **Ersten Juristischen Prüfung** abgeschlossen wird. Darauf folgt der **Vorbereitungsdienst**, der mit der **Zweiten Juristischen Prüfung** endet. Im ersten Abschnitt steht die theoretische, im zweiten Abschnitt die praktische Ausbildung im Vordergrund. Ein Reformversuch in den Siebzigerjahren des letzten Jahrhunderts versuchte, durch eine einstufige Ausbildung Theorie und Praxis besser zu verbinden. Dabei wurde die strenge Trennung zwischen theoretischer und praktischer Ausbildung aufgehoben, und die Studierenden verbrachten abwechselnd immer einige Monate an der Universität und einige Monate in der Praxis. Die einstufige Ausbildung ist aber inzwischen in allen Bundesländern wieder aufgegeben worden.

4 Seit 1.7.2003 gilt ein neues Ausbildungskonzept. Beibehalten wurde die Zweistufigkeit der Ausbildung und das Modell des Einheitsjuristen, der aber künftig besser auf den jeweiligen juristischen Beruf, insbesondere den des Anwalts vorbereitet sein soll. Dafür wurde in mehreren Bundesländern der Umfang der Pflichtfächer und die Zahl der im Examen zu schreibenden Klausuren verringert. Bei der Bundestagswahl 2025 haben die Bundesrechtsanwaltskammer und andere juristische Verbände die künftige Bundesregierung erneut aufgefordert, die Juristenausbildung zu modernisieren. Es fehle beispielsweise die Berücksichtigung der zunehmenden Digitalisierung, und manche gesellschaftlichen Gruppen seien in Justiz und Anwaltschaft kaum repräsentiert, wodurch das Vertrauen der Bevölkerung in den Rechtsstaat leide. Bisher sind diese Anregungen aber nicht aufgegriffen worden.

1. Das Hochschulstudium

5 Das Hochschulstudium dauert – je nach Bundesland – mindestens sieben oder acht Semester (= dreieinhalb oder vier Jahre). Nur wenige Studierende beenden ihr Studium aber nach dieser Mindestdauer. Durchschnittlich studieren sie neun oder zehn Semester, aber auch ein Studium von zwölf Semestern ist keine Seltenheit. Während der Studienzeit muss der Studierende an der **juristischen Fakultät** einer Universität eingeschrieben sein. Es besteht aber grundsätzlich **keine Anwesenheitspflicht**. Der Studierende kann seine Kenntnisse deshalb auch außerhalb der Vorlesungen erwerben.

6 Nach einer für alle Studiengänge geltenden gesetzlichen Bestimmung muss während des Studiums eine Zwischenprüfung stattfinden. Sie hat aber keine praktische Bedeutung, da drei Leistungsnachweise (die sog. **Scheine**), die der Studierende erwerben muss, nämlich die sog. „kleinen Scheine" in den wichtigsten Rechtsgebieten, dem Bürgerlichen Recht, dem Strafrecht und dem Öffentlichen Recht, als Zwischenprüfung behandelt werden; ihr Erwerb stellt für kaum einen Studierenden ein Hindernis für das weitere Studium dar.

Die in den Scheinen erzielten Leistungen zählen nicht für die Note der Prüfung; auch die im weiteren Studium zu erwerbenden „großen Scheine" sind lediglich die Zulassungsvoraussetzung zur Prüfung. Auch können in der Prüfung die gleichen Fälle und Fragen noch einmal gestellt werden. Die Scheine nehmen also nicht Teile der Prüfung vorweg, sondern bereiten auf sie vor.

7 Vorlesungen und Übungen finden oft in sehr großem Rahmen statt. 200 bis 300 Teilnehmer in den Vorlesungen sind an den meisten Universitäten keine Seltenheit. Da – von den Scheinen abgesehen – keine Anwesenheitspflicht besteht, nutzen viele Studierende die Möglichkeiten des Universitätsunterrichts nicht, sondern besuchen in den letzten zwei bis drei Semestern vor der Prüfung ein **Repetitorium**. Repetitorien sind private Einrichtungen, in denen der Prüfungsstoff in komprimierter Form dargeboten wird. Die Wissensvermittlung erfolgt nicht systematisch, sondern gezielt im Hinblick auf die Erfordernisse der Prüfung. Auf Zusammenhänge wird kein Wert gelegt. Repetitorien sind eine „typisch deutsche" Einrichtung. Sie weisen sicher auf Defizite der Universitätsausbildung hin, zeigen aber auch das mangelnde Interesse vieler Studierender an einem soliden Erwerb der Grundlagenkenntnisse.

8 Gegenstand des Universitätsstudiums sind die wichtigsten allgemeinen Rechtsgebiete (sog. **Pflichtfächer**), besondere Rechtsgebiete nach Wahl des Studierenden (sog. **Schwerpunktbereiche**, früher „Wahlfach" genannt) und der Erwerb von fachspezifischer Kompetenz in einer Fremdsprache. Die Schwerpunktbereiche sollen eine berufsbezogene wissenschaftliche Ergänzung des Studiums darstellen und sowohl eine frühzeitige Orientierung auf einen bestimmten juristischen Beruf ermöglichen als auch die Fähigkeit zu wissenschaftlichem Arbeiten fördern. Wie ein Schwerpunktbereich ausgestaltet wird, ist Sache der einzelnen Universität.

9 Der Katalog der Pflichtfächer ist je nach Bundesland etwas unterschiedlich, aber überall ziemlich umfassend. Er umfasst z.B. in Bayern folgende Fächer:

- das Bürgerliche Recht (Allgemeiner Teil, Schuldrecht, Sachenrecht, Grundzüge des Erbrechts),
- das Handels- und Gesellschaftsrecht,
- das Arbeitsrecht,
- das Strafrecht,
- das Verfassungsrecht,
- das Allgemeine Verwaltungsrecht und Teile des Besonderen Verwaltungsrechts (z.B. Baurecht, Polizeirecht),
- Grundzüge des Europarechts,
- das Zivil- und Strafprozessrecht.

10 Während des Hochschulstudiums muss der Studierende eine **praktische Studienzeit** von drei Monaten ableisten. Er kann dies bei einem Gericht, bei einer Behörde, bei einem Rechtsanwalt oder einem Notar tun. Die praktische Studienzeit kann auch im Ausland verbracht werden. Für die Prüfung hat die praktische Studienzeit keine Bedeutung.

11 Alle Universitäten und Hochschulen (siehe → Rn. 29) bieten die Möglichkeit, ein Studienjahr an einer ausländischen Universität zu verbringen. Diese Chance, gleichzeitig die Sprachkenntnisse zu verbessern und Grundlagen eines ausländischen Rechts kennenzulernen, wird von mehr und mehr Studierenden genutzt. Einige wenige juristische Studiengänge sind bi-nationale Studienprogramme, bei denen die Studierenden das Recht zweier Länder studieren und juristische Abschlüsse beider Länder erwerben. Die Zugangshürden sowie die Arbeitsbelastung sind in letzteren bereits aufgrund der notwendigen ausgezeichneten Sprachkenntnisse und der umfangreichen Lektüre sehr hoch.

12 Studierende haben unter bestimmten Voraussetzungen die Möglichkeit, finanzielle Unterstützung durch BAföG (Leistungen nach dem Bundesausbildungsförderungsgesetz) oder Stipendien von politischen Stiftungen zu erhalten. Für inländische Studierende, Doktoranden und Lehrende, die eine gewissen Zeit im Ausland studieren oder forschen wollen, sowie für ausländische Studierende, Doktoranden und Lehrende, die dies in Deutschland tun möchten, ist regelmäßig die Förderung durch den Deutschen Akademischen Austauschdienst (DAAD) attraktiv. Dieser unterstützt auch die Teilnahme an sogenannten Sommeruniversitäten. Solche Sommerhochschulkurse gibt es inzwischen auch zur juristischen Fachsprache und zu diversen Aspekten des deutschen Rechts.

2. Die Erste Juristische Prüfung

13 Wenn der Studierende meint, ausreichende Kenntnisse erworben zu haben, frühestens aber nach der vorgeschriebenen Mindeststudienzeit, meldet er sich zur Ersten Juristischen Prüfung an. Der Ablauf der Prüfung ist in den einzelnen Bundesländern unterschiedlich geregelt. Überall ist die Prüfung aber in eine Prüfung des Schwer-

punktbereichs an der Universität („Juristische Universitätsprüfung“) und eine Pflichtfachprüfung durch die Landesjustizbehörde („Erste Juristische Staatsprüfung“) aufgeteilt, die im Verhältnis 30 % zu 70 % gewichtet werden. Dadurch ist der Schwerpunktbereich gegenüber den früheren Wahlfächern erheblich aufgewertet worden. Das Landesrecht kann die Fremdsprachenkompetenz auch in den Prüfungen berücksichtigen.

14 Welche Prüfungsleistungen im Schwerpunktbereich verlangt werden, bestimmt das Landesrecht, das insoweit sehr unterschiedliche Regelungen enthält. Teilweise erfolgt die Prüfung nur schriftlich, teilweise nur mündlich; anderswo besteht sie aus beiden Teilen; in den Ländern mit nur mündlicher Prüfung und den meisten anderen Ländern muss außerdem eine schriftliche Hausarbeit angefertigt werden. In Bayern muss z.B. eine 30-minütige mündliche Prüfung abgelegt, in einem **Oberseminar** eine ca. 30-seitige studienbegleitende wissenschaftliche Arbeit („Studienbegleitende Seminarleistung“) angefertigt und eine fünfstündige Klausur geschrieben werden. Das Landesrecht kann auch bestimmen, dass Prüfungsleistungen bereits während des Studiums – aber nicht vor dem 6. Semester – erbracht werden können.

15 Dagegen sind die Staatsprüfungen gegenüber dem früheren Rechtszustand vereinheitlicht worden. Während sie in Norddeutschland früher dreiteilig waren und aus einer Hausarbeit, mehreren Klausuren und einer mündlichen Prüfung bestanden, ist heute in allen Bundesländern die zweiteilige Prüfung eingeführt; sie besteht aus (je nach Bundesland) fünf bis sieben **Klausuren**, in denen der Studierende unter Aufsicht in normalerweise fünf Stunden einen juristischen Fall bearbeiten muss, und einer **mündlichen Prüfung**, die mit einem Gewicht von 25–40 % in die Gesamtnote einfließt; in einigen Bundesländern ist ein **Aktenvortrag** Teil der mündlichen Prüfung.

16 Prüfungsgegenstand sind jeweils alle Pflichtfächer. Die schriftlichen Arbeiten werden **anonym bewertet**. Sie werden nicht mit dem Namen des Prüflings, sondern lediglich mit einer Nummer versehen; der Prüfer weiß nicht, welcher Prüfling welche Nummer hat. Dadurch soll die Chancengleichheit aller Bewerber ohne Ansehen der Person garantiert werden.

17 Alle Prüfungsleistungen werden nach einer für ganz Deutschland einheitlichen Notenskala bewertet. Die sieben Noten reichen von der sehr seltenen Note „sehr gut“ bis zu den Noten „mangelhaft“ und „ungenügend“. Ist die Durchschnittsnote des Prüflings „mangelhaft“ oder „ungenügend“, hat er die Prüfung nicht bestanden. Das ist bei 15–25 % der Kandidaten der Fall. Der größte Teil der Studierenden erzielt die nächstbessere Note „ausreichend“; verhältnismäßig wenige Studierende erhalten die Prädikate „befriedigend“, „vollbefriedigend“ oder „gut“.

18 Hat der Studierende die Prüfung nicht bestanden, kann er sie einmal wiederholen. Hat er den ersten Versuch spätestens ein Semester nach Ablauf der Mindeststudienzeit unternommen (sog. „Freischuss“, offiziell: „Freiversuch“) darf er die Prüfung zweimal wiederholen. Der Freiversuch wurde eingeführt, um die Studierenden zum früheren Prüfungsantritt zu motivieren, da sie im internationalen Vergleich beim Berufsstart zu alt waren. Wer die Erste Juristische Prüfung bestanden hat, darf sich **Referendar** nennen. Die Erste Juristische Prüfung wird deshalb auch als **Referendar-**

examen bezeichnet. Viele Universitäten verleihen inzwischen ihren Absolventen den Titel „Diplom-Jurist“.

3. Der Vorbereitungsdienst

19 Referendare haben – wenn sie Deutsche sind oder aus einem Mitgliedstaat der Europäischen Union (EU) stammen – einen Rechtsanspruch darauf, in den Vorbereitungsdienst übernommen zu werden. Während des Vorbereitungsdienstes sind die Referendare Beamte oder Angestellte des Bundeslandes, in dem sie tätig sind, und werden entsprechend vergütet.

20 Der Vorbereitungsdienst soll mit der praktischen Arbeit in den klassischen juristischen Berufen vertraut machen. Er dauert zwei Jahre und ist in verschiedene Abschnitte (sog. **Stationen**) eingeteilt. Je nach Bundesland gibt es hier – auch im Hinblick auf die Reihenfolge – gewisse Unterschiede. Am weitesten verbreitet ist folgende Einteilung:

- 3 bis 5 Monate bei einem Zivilgericht,
- 3 bis 4½ Monate bei einem Strafgericht,
- 3 bis 4 Monate bei der öffentlichen Verwaltung,
- 9 bis 10 Monate bei einem Rechtsanwalt,
- 3 bis 6 Monate bei einer vom Referendar selbst gewählten Stelle, der sein besonderes Interesse gilt (Wahlstation).

21 Gegenüber den früheren Ausbildungsordnungen, bei denen der Schwerpunkt der Ausbildung im Vorbereitungsdienst bei den Aufgaben der Richter und Staatsanwälte (also vor allem dem Entwerfen von Anklageschriften und Urteilen) lag, hat sich der Schwerpunkt in die Anwaltsausbildung verlagert. Diese Neuerung trägt der Tatsache Rechnung, dass nur ein Zehntel der Absolventen nach bestandener Prüfung als Richter oder Staatsanwalt arbeiten wird, die meisten hingegen nur eine Perspektive im Anwaltsberuf haben. In den Staatsprüfungen werden allerdings noch immer überdurchschnittlich viele Aufgaben gestellt, in denen die Kandidaten einen Fall aus der Perspektive des Richters lösen sollen.

22 Nur die Wahlstation ermöglicht dem Referendar eine gewisse Spezialisierung. Während dieser Zeit kann er an den gerade genannten Einrichtungen, aber auch bei einem Notar, einem Verband, einem Wirtschaftsunternehmen oder an einer juristischen Fakultät tätig sein. Die Wahlstation kann auch im Ausland abgeleistet werden. Von dieser Möglichkeit machen die Referendare zunehmend Gebrauch. Die Leistungen in den Ausbildungsstationen haben keine Bedeutung für die Zweite Juristische Prüfung.

4. Die Zweite Juristische Staatsprüfung

23 Nach Abschluss des Vorbereitungsdienstes findet die Zweite Juristische Staatsprüfung statt. Sie ist eine reine Staatsprüfung, mit der die Universitäten nicht mehr befasst sind. Wie im Pflichtfachteil der Ersten Juristischen Prüfung werden die Aufgaben zentral gestellt und anonym bewertet. Die Zweite Juristische Staatsprüfung besteht aus bis zu neun Klausuren, die in jeweils fünf Stunden zu bearbeiten sind, einer mündlichen Prüfung und – in den meisten Bundesländern – einem Aktenvortrag.

24 Auch die Zweite Juristische Staatsprüfung kann nur einmal, ganz ausnahmsweise auch zweimal wiederholt werden, wenn sie vom Referendar nicht bestanden wird. Wer die Zweite Juristische Staatsprüfung bestanden hat, darf den Titel **Assessor** tragen. Die zweite Staatsprüfung wird deshalb auch als **Assessorexamen** bezeichnet.

25 Wer die Zweite Juristische Staatsprüfung bestanden hat, hat damit zugleich die „Befähigung zum Richteramt" erworben. Das bedeutet nicht, dass er einen Anspruch darauf hätte, als Richter in den Staatsdienst eingestellt zu werden. Die dort freiwerdenden Stellen sind nur Assessoren mit einer überdurchschnittlichen Examensnote zugänglich. Die „Befähigung zum Richteramt" macht aber zugleich den **Volljuristen** aus. Sie ist die Voraussetzung für die meisten juristischen Berufe. Nur Volljuristen können Richter, Staatsanwälte, Rechtsanwälte und Notare werden; auch die Möglichkeit, in den höheren Verwaltungsdienst eingestellt zu werden, ist überwiegend noch Volljuristen vorbehalten. Selbst die meisten Wirtschaftsunternehmen stellen für juristische Aufgaben bevorzugt Volljuristen ein.

26 Die Examensnote in der Zweiten Juristischen Staatsprüfung spielt für die Berufschancen der Assessoren eine sehr große Rolle. Assessoren mit guten Examensergebnissen finden ohne weiteres eine Anstellung bei der Justiz oder in der öffentlichen Verwaltung, wenn sie eine solche anstreben. Diese beiden Bereiche sind in Deutschland wegen der sicheren Arbeitsplätze und teilweise sehr angesehenen Positionen (z.B. Richter) stark begehrt. Bei Wirtschaftsunternehmen spielt die Examensnote keine so entscheidende Rolle. Assessoren, die die Zweite Juristische Staatsprüfung mit „ausreichend" bestanden haben, werden größere Schwierigkeiten haben, in dem von ihnen gewünschten Beruf unterzukommen. Eine Anstellung im Staatsdienst ist ihnen regelmäßig verwehrt. Sie können sich aber jederzeit als Rechtsanwälte niederlassen.

5. Andere Ausbildungswege

27 Neben der Ausbildung zum Volljuristen gibt es zwei weitere Ausbildungswege zu einem juristischen Beruf mit akademischer Vorbildung.

28 Viele spezialisierte Aufgaben bei der Justiz werden heute nicht mehr von Richtern, sondern von juristischen Staatsbeamten des gehobenen Dienstes, den **Rechtspflegern**, wahrgenommen. Sie werden an Hochschulen (früher Fachhochschulen genannt) gezielt auf ihre späteren Aufgaben ausgebildet, z.B. im Grundbuchrecht, im Kostenrecht oder im Zwangsvollstreckungsrecht.

29 Ein kurzlebiger Ausbildungsweg war der Studiengang des **Diplom-Wirtschaftsjuristen**. Er fand an Hochschulen statt und wurde im Zug der Vereinheitlichung der Universitätsabschlüsse durch den **Bachelor (LL.B.)** und den **Master (LL.M.)** ersetzt, die

sowohl an Universitäten (z.B. an der Technischen Universität Dresden) als auch an Hochschulen (z.B. an der Hochschule Wismar) angeboten werden. Allen diesen Studiengängen ist gemein, dass sie nicht zu einem staatlichen Abschluss, sondern zu einem Abschluss der Hochschule führen. Die Ausbildung unterscheidet sich vom traditionellen Jurastudium an einer Universität durch eine stärkere Betonung des Gesellschafts-, Wirtschafts- und internationalen Rechts. Dafür entfallen das Strafrecht und das Prozessrecht. Die Studiengänge zielen darauf ab, die Absolventen für den Einsatz in mittleren und größeren Wirtschaftsunternehmen vorzubereiten; für die sich dort stellenden Aufgaben bietet das herkömmliche Jurastudium wenig.

30 Populär in der traditionellen Juristenausbildung sind inzwischen Zusatzausbildungen, die den staatlichen Abschluss ergänzen und zur Führung einer besonderen Berufsbezeichnung berechtigen; so darf sich beispielsweise der Absolvent der wirtschaftswissenschaftlichen Zusatzausbildung der Universität Bayreuth „Wirtschaftsjurist (Univ. Bayreuth)“ nennen.

31 Rechtspflegern und Absolventen der Bachelor- und Masterstudiengänge fehlt die „Befähigung zum Richteramt“. Die klassischen juristischen Berufe sind ihnen somit versperrt. Durch ihre stärkere Spezialisierung sind sie aber auf ihrem jeweiligen Aufgabengebiet den Volljuristen sicherlich überlegen.

32 Universitäten und Hochschulen sind in Deutschland traditionellerweise staatliche Einrichtungen. Inzwischen gibt es vereinzelt private Universitäten und Hochschulen, die mit hochwertigen juristischen Studiengängen und kurzen Studienzeiten werben. Für eine Prognose, ob sie sich durchsetzen werden, ist es noch zu früh.

33 Eine weitere Veränderung tritt gerade aufgrund der Forderung nach lebenslangem Lernen ein. Während die traditionellen juristischen Studiengänge die Anwesenheit der Studierenden am Universitätsstandort voraussetzen, gibt es – neben der inzwischen schon traditionsreichen Fernuniversität Hagen – vermehrt innovative Studiengänge, die im Fernunterricht mit Präsenzphasen angeboten werden, um Berufstätigen die Ausbildung oder Weiterbildung zu ermöglichen. Auch hier ist es für eine Bewertung der Entwicklung noch zu früh; sie ist jedoch grundsätzlich wegen der Öffnung für Berufstätige und der Diversifizierung der Studienangebote zu begrüßen.

II. Die juristischen Berufe

34 Im Jahre 2023 bestanden 8.358 Juristinnen und Juristen die Zweite Juristische Prüfung. Rechtlich stehen ihnen nun alle juristischen Berufe offen. Die Justiz und die öffentliche Verwaltung benötigen jährlich jedoch nur etwa 600 bis 1.000 Berufsanfänger. Diejenigen, die nicht im öffentlichen Dienst arbeiten wollen oder dort nicht zum Zuge kommen, müssen daher einen anderen juristischen Beruf einschlagen.

1. Die Richter

35 Im Gegensatz zu anderen Europäischen Ländern ist in Deutschland die Zahl der Richter sehr groß. Das hat mehrere Gründe. Zum einen liegt nach allen Verfahrensordnungen die Führung des Prozesses weitgehend nicht in den Händen der Parteien, sondern in den Händen der Richter. Die meisten Gerichte sind Kollegialgerichte. Es entscheidet also nicht ein Einzelrichter über den Fall, sondern ein Kollegium von meist drei Richtern. Bei den Obergerichten gibt es daneben Senate von fünf Richtern und beim Bundesverfassungsgericht sogar von acht Richtern. Ferner ist die Begründung gerichtlicher Urteile in Deutschland üblicherweise besonders eingehend und umfassend. Schließlich spielt die Neigung der Deutschen, ihre Streitigkeiten im Zweifel vor Gericht auszutragen, eine Rolle, was durch die weite Verbreitung von Rechtsschutzversicherungen wahrscheinlich noch verstärkt wird.

36 Ein Berufsanfänger kann sich daher in Deutschland durchaus das Berufsziel setzen, als Richter zu arbeiten. Der Beruf des Richters ist durch die **richterliche Unabhängigkeit** geprägt. Sie bedeutet, dass der Richter bei seiner Rechtsprechungstätigkeit keinen Anweisungen seitens seiner Vorgesetzten unterliegt. Niemand kann einem Richter vorschreiben, wann und wie er einen konkreten Fall zu entscheiden hat. Er ist nur Recht und Gesetz unterworfen. Diese Unabhängigkeit ist rechtlich dadurch gesichert, dass die Richter auf Lebenszeit (bis zur Pensionsgrenze) ernannt sind und gegen ihren Willen weder versetzt noch abgesetzt werden können.

37 Eine gewisse tatsächliche Beschränkung der richterlichen Unabhängigkeit liegt darin, dass auch Richter befördert werden können. Der Richter an einem Kollegialgericht kann zum Vorsitzenden seines Kollegiums ernannt werden; der Richter an einem unteren Gericht kann an ein oberes Gericht berufen werden. Es ist nicht auszuschließen, dass ein Richter seine Entscheidungen bewusst oder unbewusst daran ausrichtet, sich eine solche Chance nicht zu verbauen.

38 Die Richter an den Gerichten der Länder werden vom jeweiligen Justizministerium ernannt, die Bundesrichter vom Bundespräsidenten. Bei den Bundesrichtern sind auch Gremien des Bundestags und des Bundesrats an dem Ernennungsverfahren beteiligt, um die Möglichkeit „politischer" Entscheidungen der jeweils amtierenden Regierung in Grenzen zu halten. Augenfällig ist diese Gefahr bei der Ernennung der Richter des Bundesverfassungsgerichts.

39 Außer den Berufsrichtern gibt es in der Handels-, Straf-, Arbeits-, Verwaltungs- und Sozialgerichtsbarkeit **Laienrichter**. Das sind Bürger ohne juristische Ausbildung, die zusammen mit Berufsrichtern gleichberechtigt an der Entscheidung von Rechtsfällen beteiligt sind. Sie werden nach Vorschlagslisten der Gemeinden ausgewählt. Ihre Zahl ist sehr groß, da der einzelne Laienrichter nur wenige Male im Jahr zu einer Sitzung herangezogen wird.

2. Die Staatsanwälte

40 Die Anklage des Täters einer Straftat vor Gericht ist grundsätzlich Sache des Staatsanwalts. Er führt das Ermittlungsverfahren, überwacht dabei die Tätigkeit der Polizei und vertritt die Anklage in der Hauptverhandlung vor dem Strafgericht.

41 Die Laufbahnen der Richter und Staatsanwälte sind in den meisten Bundesländern durchlässig. Wer als Staatsanwalt angestellt wurde, kann später Richter sein und umgekehrt. In einigen Bundesländern kann sogar nur derjenige zum Richter auf Lebenszeit ernannt werden, der zuvor als Staatsanwalt tätig gewesen ist. Im Gegensatz zum Richter ist der Staatsanwalt nicht unabhängig, sondern Beamter, der den Anweisungen seiner Vorgesetzten zu folgen hat. Er muss deshalb auch – anders als ein Richter – festgesetzte Dienststunden einhalten.

42 Staatsanwaltschaften bestehen bei allen Gerichten, bei denen Strafsachen verhandelt werden, also bei den Gerichten der Länder und beim Bundesgerichtshof. In jedem Land amtiert ein Generalstaatsanwalt, der die Aufsicht über die Staatsanwälte in diesem Land führt. Dagegen übt der Generalbundesanwalt beim Bundesgerichtshof keine Aufsicht über die Staatsanwälte der Länder aus.

3. Die Rechtsanwälte

43 Die Vertretung der rechtlichen Interessen der Bürger vor Gericht oder vor Verwaltungsbehörden und ihre Beratung in allen Rechtsangelegenheiten ist Sache der Rechtsanwälte. Rechtsanwälte sind freiberuflich tätig. Für den Beruf des Rechtsanwalts gibt es keine zahlenmäßigen Beschränkungen. Jeder Jurist, der die Zweite Juristische Prüfung bestanden hat, kann die **Zulassung** als Rechtsanwalt beanspruchen. Durch die hohe Zahl von Absolventen, die keine Anstellung in einem anderen juristischen Beruf gefunden haben, ist die Zahl der Rechtsanwälte – besonders in Großstädten – in den letzten Jahren stark angestiegen. Es gibt in Deutschland über 166.000 Rechtsanwälte, davon 37,33 % Frauen (Stand 1.1.2025).

44 Der Rechtsanwalt vertritt nur seinen Auftraggeber. Er muss dessen Interessen wahrnehmen. Die gleichzeitige Beratung der anderen Partei in derselben Sache ist ihm ausdrücklich verboten. Der Rechtsanwalt hat gleichzeitig ein Beratungsmonopol: Andere Personen als Rechtsanwälte dürfen die geschäftsmäßige Rechtsberatung und die Vertretung vor Gericht grundsätzlich nicht betreiben.

45 Rechtsanwälte sind Berater ihrer Auftraggeber in **allen** Rechtsangelegenheiten. Allerdings hat die zunehmende Kompliziertheit der einzelnen Rechtsgebiete dazu geführt, dass sich auch Rechtsanwälte spezialisiert haben. Wenn sie sich auf einem bestimmten Gebiet fortgebildet haben, dürfen sie sich nach Beibringung von Leistungszeugnissen und Nachweisen über eine bestimmte Praxis als „Fachanwalt" bezeichnen und auch ohne eine solche Prüfung Schwerpunkte ihrer Tätigkeit angeben. Das früher sehr strenge Werbeverbot ist in den letzten Jahren durch die Rechtsprechung zunehmend gelockert worden; große Zeitungsanzeigen und auffällige Werbeschilder sind heute zulässig, solange die Werbung sachlich ist und potentielle Mandanten nicht unaufgefordert direkt angesprochen werden.

46 Mehrere Rechtsanwälte verbinden sich häufig untereinander oder auch mit Angehörigen anderer Berufe, wie Wirtschaftsprüfern oder Steuerberatern, zur gemeinsamen Ausübung des Berufs. Auch das ermöglicht eine Spezialisierung auf bestimmte Tätigkeitsbereiche.

4. Die Notare

47 Die Notare sind anders als die Rechtsanwälte unabhängige und unparteiliche Betreuer der Bürger in nichtstreitigen Rechtsangelegenheiten, besonders beim Abschluss von Verträgen, die aufgrund gesetzlicher Bestimmungen nur von einem Notar beurkundet werden können (z.B. Grundstückskaufverträge). Der Notar muss den Willen der Beteiligten ermitteln und verhindern, dass bei einem Vertragsteil Unkenntnis oder Unerfahrenheit ausgenutzt werden. Er ist auch für die Errichtung von Testamenten und für die Beglaubigung von Unterschriften zuständig.

48 Der Zugang zum Notarberuf ist in den einzelnen Bundesländern unterschiedlich geregelt. In einigen Bundesländern ist Notar ein besonderes Amt, das nicht gleichzeitig mit anderen Berufen ausgeübt werden darf. Diese sog. **Nurnotare** werden in einem dreijährigen Vorbereitungsdienst, der sich an die Zweite Juristische Prüfung anschließt, auf ihre Aufgaben vorbereitet. In anderen Bundesländern können Anwälte nach Ablegung einer „Notariellen Fachprüfung" zusätzlich zu Notaren bestellt werden; sie sind sogenannte **Anwaltsnotare**. Auch ein Anwaltsnotar darf allerdings in der gleichen Sache nur entweder als Anwalt oder als Notar tätig sein. In beiden Systemen ist die Zahl der Notare beschränkt und wird jeweils von der Justizverwaltung festgelegt. Neue Notare werden nur dann ernannt, wenn Stellen frei geworden sind.

5. Die juristischen Verwaltungsbeamten

49 Die Zweite Juristische Prüfung ist auch Voraussetzung dafür, bei einer Bundes-, Landes- oder Gemeindebehörde die Laufbahn eines juristischen Beamten im höheren Dienst einschlagen zu können. Natürlich arbeiten in jeder Verwaltung auch Dienstkräfte ohne volljuristische Ausbildung; die Führungspositionen sind aber Juristen vorbehalten, die die Zweite Juristische Prüfung abgelegt haben.

50 In Deutschland sind auch die leitenden Beamten von Fachbehörden wie etwa Umweltämtern, Landwirtschaftsämtern oder Gewerbeaufsichtsämtern normalerweise nicht Absolventen der einschlägigen Fachrichtung, sondern Juristen. Man spricht geradezu vom **Juristenprivileg**.

51 Diese Erscheinung ist nicht rechtlich, sondern rein historisch bedingt. Sie führt dazu, dass eine sehr große Zahl von Juristen ihren Arbeitsplatz in Behörden findet, bei denen die Mehrzahl der Mitarbeiter eine technische oder naturwissenschaftliche Ausbildung haben, die leitenden Beamten aber Juristen sind.

52 Erst recht sind natürlich in der eigentlichen Staatsverwaltung und in den Ministerien vornehmlich Juristen mit der Ausführung und Anwendung, aber auch mit der Ausarbeitung der gesetzlichen Bestimmungen und mit der Aufsicht über die Fachbehörden befasst. Die Zahl der juristischen Verwaltungsbeamten dürfte insgesamt höher sein als die der in den klassischen juristischen Berufen arbeitenden Juristen.

6. Die Wirtschaftsjuristen

53 Zahlenmäßig sehr groß ist auch die Zahl derjenigen Juristen, die weder in einem klassischen juristischen Beruf noch in der öffentlichen Verwaltung, sondern in einem Wirtschaftsunternehmen tätig sind. Hier spielen der Abschluss in der Zweiten Staatsprüfung und die Examensnote keine so entscheidende Rolle wie im Staatsdienst. Auch Juristen, die die Zweite Staatsprüfung nicht bestanden haben oder aus irgendwelchen Gründen ihre Ausbildung nach der Ersten Staatsprüfung abgebrochen haben, können als Wirtschaftsjuristen tätig sein.

54 Vor allem auf Tätigkeitsfeldern, auf denen die juristische Beurteilung eines Sachverhalts normalerweise einfach ist, werden sie von Unternehmen wegen ihrer geringeren Gehälter gerne eingestellt, z.B. als Sachbearbeiter bei Versicherungsgesellschaften. Leitende Stellungen sind aber auch hier normalerweise den Volljuristen vorbehalten.

55 Die Tätigkeit des Wirtschaftsjuristen unterscheidet sich ihrem Charakter nach erheblich von der eines Richters oder Rechtsanwalts. Während die Tätigkeit dieser Berufe und auch die juristische Ausbildung weithin darauf ausgerichtet sind, in streitigen Kategorien, also in den Begriffen von Anspruch, Klage und Urteil zu denken, sieht der Wirtschaftsjurist das Ziel seiner Tätigkeit vor allem in der Streit- und Problemvermeidung. Er hat deshalb vielfach mit dem Entwerfen oder Überprüfen von Verträgen und mit der außergerichtlichen Rechtsverfolgung und Rechtsverteidigung zu tun. Kommt es zu Rechtsstreitigkeiten, muss er beurteilen, wie die Prozesschancen seines Unternehmens sind.

56 Der Wirtschaftsjurist spezialisiert sich regelmäßig auf die Rechtsfragen, die in seinem Unternehmen tatsächlich zu beurteilen sind, und hat auf diesen Gebieten oft wesentlich umfassendere Kenntnisse als ein durchschnittlicher Rechtsanwalt. Die Führung von Prozessen für seinen Arbeitgeber gehört normalerweise nicht zum Aufgabenbereich des Wirtschaftsjuristen. Hier wird das Unternehmen in der Regel einen externen Rechtsanwalt beauftragen, den der Wirtschaftsjurist dann informiert und mit dem er zusammenarbeitet.

57 Eine besondere Form des Wirtschaftsjuristen ist der **Syndikusanwalt**. Darunter versteht man einen Wirtschaftsjuristen, der bei einem Unternehmen fest angestellt ist, aber gleichzeitig als Rechtsanwalt zugelassen ist. Syndikusanwälte müssen deshalb

stets Volljuristen sein. An der Vertretung ihres Unternehmens in Prozessen sind sie aber regelmäßig durch Vorschriften des Prozessrechts gehindert.

7. Die Hochschullehrer

58 Juristen können nach ihrer Ausbildung auch weiterhin an der Universität arbeiten mit dem Berufsziel, Universitätsprofessor zu werden. Rechtlich vorgeschrieben ist hierfür nur die Erste Juristische Prüfung. Man kann aber davon ausgehen, dass heute jeder juristische Hochschullehrer auch die Zweite Juristische Prüfung abgelegt hat. Erforderlich ist zunächst die **Promotion** zum Doktor der Rechtswissenschaften, die außerhalb des Universitätsbereichs nur etwa 10 % der Juristen aufweisen. Während der Abfassung der Doktorarbeit arbeiten diese Juristen meist als Hochschulassistenten und sammeln in dieser Stellung bereits erste Lehrerfahrungen. An die Promotion schließt sich eine zweite wissenschaftliche Arbeit, die **Habilitation**, an. Wer die Habilitation erfolgreich abgeschlossen hat, darf sich **Privatdozent** nennen. Mit diesem Titel ist aber keine besoldete Stelle verbunden. Vielmehr müssen sich die Privatdozenten auf freie Professorenstellen bewerben, auf die sie dann nach kürzerer oder längerer Zeit berufen werden. In der Regel sind sie zu diesem Zeitpunkt bereits 35 bis 40 Jahre alt. Bis zu ihrer Berufung können sie Vertretungen freier Professorenstellen übernehmen.

59 Universitätsprofessoren haben in Deutschland ein sehr hohes gesellschaftliches Ansehen und sind im Vergleich zu anderen Ländern auch recht gut bezahlt. Die Lehraufgaben an der Universität liegen in Deutschland grundsätzlich ausschließlich in der Hand von Professoren. Vorlesungen und Übungen werden zwar teilweise auch von Hochschulassistenten und Lehrbeauftragten abgehalten; diese haben aber keine Stellen auf Lebenszeit, sondern auf wenige Jahre befristete Verträge. Ein akademischer „Mittelbau" unterhalb der Ebene der Professoren ist an den deutschen juristischen Fakultäten nicht vorhanden. Allerdings wurde zur Verjüngung der Professorenschaft die Juniorprofessur eingeführt. Diese kommt an den juristischen Fakultäten noch sehr selten vor. Frauen sind, was juristische Lehrstühle angeht, deutlich unterrepräsentiert.

60 Universitätsprofessoren haben in Deutschland meistens keinerlei praktische Erfahrung in einem juristischen Beruf. Sie sind nach der Zweiten Juristischen Prüfung fast ausschließlich im Universitätsunterricht und in der Forschung tätig, aber haben, wenn sie zum Professor ernannt werden, meist nie eine juristische Tätigkeit außerhalb der Universität ausgeübt. Das ist für den Praxisbezug der Juristenausbildung sicher nicht günstig. Trotzdem sind die wissenschaftlichen Arbeiten deutscher Universitätsjuristen bei den Gerichten und beim Gesetzgeber sehr angesehen. Vor allem die oberen Gerichte setzen sich in ihren Entscheidungen ausführlich mit wissenschaftlichen Lehrmeinungen auseinander und zitieren die entsprechenden Arbeiten. Auch der Gesetzgeber nimmt die Erkenntnisse von in der Wissenschaft arbeitenden Juristen oft zum Ausgangspunkt gesetzlicher Änderungen oder Reformen.

61 Grundsätzlich anders ist der Berufsweg zum **Hochschulprofessor.** Hierfür ist lediglich die Promotion Voraussetzung; außerdem wird die Anwendung wissenschaftlicher Erkenntnisse in der Praxis erwartet. Die meisten Hochschulprofessoren haben auch etwas Lehrerfahrung. Entscheidend ist aber, dass Hochschulprofessoren eine mindestens fünfjährige Berufspraxis aufweisen müssen. Man geht davon aus, dass sie damit der Aufgabe der Hochschulen, gezielt berufspraktische Kenntnisse zu vermitteln, besser gerecht werden können.

III. Juristen im Ausland

62 Eine Tätigkeit im Ausland ist für Juristen mit besonderen Schwierigkeiten verbunden. Das gilt sowohl für deutsche Juristen, die im Ausland tätig sein wollen, als auch für ausländische Juristen, die in Deutschland arbeiten wollen.

63 Die Probleme liegen zum einen in der Unterschiedlichkeit der Rechtsordnungen, die eine Arbeit im Ausland nur möglich machen, wenn man auch das ausländische Recht genau kennt, andererseits in Vorschriften des jeweiligen nationalen Rechts, die bestimmte Berufe den eigenen Staatsangehörigen vorbehalten. So sind in Deutschland diejenigen Berufe, die mit einem öffentlichen Amt verbunden sind, nämlich die des Richters, des Staatsanwalts, des juristischen Verwaltungsbeamten und des Notars, deutschen Staatsangehörigen vorbehalten. Dagegen kann jeder Ausländer, der in Deutschland die Zweite Juristische Prüfung abgelegt hat, Rechtsanwalt werden. In vielen anderen Europäischen Ländern ist dagegen auch der Beruf des Rechtsanwalts Ausländern nicht zugänglich.

64 Juristen aus Mitgliedstaaten der Europäischen Union (EU) können sich in jedem Land der EU niederlassen und in ihrem jeweiligen Beruf arbeiten. Auch zulässig ist, dass der Mandant im Einvernehmen mit einem Rechtsanwalt einen der deutschen Sprache mächtigen Staatsangehörigen eines Mitgliedstaats der Europäischen Union oder eines anderen Vertragsstaates des Abkommens über den Europäischen Wirtschaftsraum, der nach den Teilen 1 und 5 des Gesetzes über die Tätigkeit Europäischer Rechtsanwälte in Deutschland (EuRAG) berechtigt ist, vorübergehend die Tätigkeit eines Rechtsanwalts bei diesem Gericht auszuüben, zum Verfahrensbevollmächtigten bestellt. Andere ausländische Rechtsanwälte können dagegen nicht bei Gericht auftreten, sofern sie nicht als Rechtsanwälte in Deutschland zugelassen sind. Die Prozessvertretung können sie nur im Einvernehmen mit einem bei dem jeweiligen Gericht vertretungsbefugten deutschen Rechtsanwalt übernehmen. Diese Regelungen setzen der allgemeinen Berufstätigkeit ausländischer Rechtsanwälte in Deutschland enge Grenzen. Große Kanzleien beschäftigen aber in zunehmendem Umfang ausländische Mitarbeiter zur Bearbeitung von Fällen, in denen das Recht deren Heimatstaates eine Rolle spielt. Juristen aus einem Mitgliedstaat der EU können eine Eignungsprüfung ablegen, die die selbstständige Tätigkeit als Rechtsanwalt ermöglicht. Dafür gibt es inzwischen sogar spezielle Privatrepetitorien. Die Regeln

zur Tätigkeit Europäischer Anwälte sind im Gesetz über die Tätigkeit Europäischer Rechtsanwälte in Deutschland (EuRAG) festgelegt.

65 Ähnlich ist es mit der Tätigkeit deutscher Rechtsanwälte im Ausland. Diese durften sich bis 1989 im Ausland nicht als Rechtsanwälte bezeichnen, da sie mit dem Ortswechsel ins Ausland ihre Rechtsanwaltszulassung verloren. Diese Beschränkung besteht heute nicht mehr. Deutsche Rechtsanwälte dürfen deshalb in dem Umfang im Ausland tätig sein, den das ausländische Recht gestattet.

ÜBUNGSTEIL

Rechtliche Aspekte

1 Fragen zum Text

1. Was versteht man unter dem Leitbild des Einheitsjuristen innerhalb der juristischen Ausbildung in Deutschland?
2. Was stellen die sog. Scheine für die Erste Juristische Prüfung dar und wofür erhält man sie?
3. Was ist die Funktion von Repetitorien?
4. Welche Aufgaben müssen die Studierenden in der Ersten Juristischen Prüfung erfüllen?
5. Welche Ziele verfolgt der Vorbereitungsdienst (= die Referendarzeit)?
6. Warum wird die Zweite Juristische Staatsprüfung abgelegt, und wozu eröffnet sie den Zugang?
7. Welche zwei weiteren Ausbildungswege zu juristischen Berufen mit akademischer Vorbildung gibt es neben der Ausbildung zum Volljuristen? Inwiefern unterscheidet sich ihre Zielsetzung von der traditionellen Juristenausbildung?

2 Skizze zur juristischen Ausbildung. Setzen Sie die Wörter ein, die für die juristische Ausbildung kennzeichnend sind:

a) Bezeichnung der **1. Ausbildungsphase**

....

b) Bezeichnung der Person:

....

(männlich/weiblich)

c) Abschlussprüfung:

(= ....)

d) Bezeichnung der **2. Ausbildungsphase**

....

e) Bezeichnung der Person:

....

(männlich/weiblich)

f) Abschlussprüfung:

(= ....)

g) Titel der Person
nach der Abschlussprüfung:

.... (= Ass. jur.)
(männlich/weiblich)

3 Was raten Sie der bzw. dem Betreffenden?

1. A hat gerade das Abitur bestanden und überlegt, welches Fach sie studieren könnte. Sie interessiert sich für gesellschaftliche Konflikte und ihre Lösungen, liebt logisches Denken und Argumentieren und möchte später beruflich viel mit Menschen zu tun haben. Sie möchte nicht richten, sondern beraten und vertreten.
2. B studiert im vierten Semester Jura. Er ist der Meinung, dass die Universität ihn nicht ausreichend auf die Erste Juristische Prüfung vorbereitet, und hätte deshalb gerne ein wenig professionelle Nachhilfe. Außerdem hat er Angst, dass er durch die Prüfung fallen könnte und zu alt für den Arbeitsmarkt wird, falls er sich nicht frühzeitig zum Examen anmeldet.
3. C ist Referendarin. Sie möchte gerne Rechtsanwältin werden und sich auf Streitfragen, die in Zusammenhang mit ausländischem Recht stehen, spezialisieren. Sie überlegt, welche Station ihres Vorbereitungsdienstes sie in einer ausländischen Rechtsanwaltskanzlei ableisten könnte. Ihre Anwaltsstation hat sie bereits in einer deutschen Rechtsanwaltskanzlei verbracht, da sie vor dem ausländischen Recht das deutsche Recht in der Praxis kennen lernen wollte.
4. D hat die Prüfung mit einer mittelmäßigen Note bestanden. Er möchte in einem Wirtschaftsunternehmen arbeiten und hat sich dafür in wirtschaftswissenschaftlichen Fragen und Fremdsprachen mit ausgezeichnetem Ergebnis weitergebildet. Er findet, dass ein Doktortitel in Deutschland immer noch vorteilhaft ist.
5. E hat ein ausgezeichnetes Zweites Juristisches Examen abgelegt. Ihre Leidenschaft besteht darin, Konflikte zu schlichten. Sie möchte in einer hoch angesehenen Position an einem Gericht arbeiten und absolut unabhängig sein.
6. F hat nach der Zweiten Juristischen Prüfung mit summa cum laude promoviert und möchte unbedingt weiterhin wissenschaftlich tätig sein. Neben vielen kleinen Publikationen wie Aufsätzen in juristischen Zeitschriften möchte sie noch eine größere wissenschaftliche Abhandlung verfassen und später einerseits weiterhin forschen und publizieren, andererseits ihr Wissen an Jurastudierende weitergeben.
7. G arbeitet seit vielen Jahren als „Avocat" in Frankreich. Allmählich wird ihm diese Tätigkeit langweilig, und er möchte für ein paar Jahre in Deutschland praktizieren. Allerdings möchte er allein und selbstständig arbeiten und auch vor Gericht auftreten. Da er ausgezeichnet Deutsch spricht und auch über gute Kenntnisse des deutschen Rechts verfügt, wäre er auch bereit, eine Prüfung abzulegen.
8. H hat zehn Jahre als Rechtsanwalt gearbeitet. In den letzten Jahren hat er nebenberuflich einige Stunden Vertragsrecht an einer Universität gelehrt. Zu dieser

Tätigkeit hatte ihm unter anderem sein Doktortitel verholfen. Da er den Beruf des Rechtsanwalts inzwischen als zu stressig empfindet, er andererseits aber auch nicht forschen und publizieren möchte, sucht er eine Tätigkeit, die ihm ein geregeltes Einkommen sichert, nicht mit zu vielen Arbeitsstunden verbunden ist und ihm erlaubt, seine im Beruf erworbenen Kenntnisse weiterzugeben.

4 Erklären Sie kurz mit Ihren eigenen Worten, was die folgenden Personen machen:

1. Studentin / Student (= Studierende)
2. Referendarin / Referendar
3. Rechtspflegerin / Rechtspfleger
4. Bachelor / Master Wirtschaftsrecht
5. Richterin / Richter
6. Laienrichterin / Laienrichter
7. Staatsanwältin / Staatsanwalt
8. Rechtsanwältin / Rechtsanwalt
9. Notarin / Notar
10. Juristische Verwaltungsbeamtin / Juristischer Verwaltungsbeamter
11. Wirtschaftsjuristin / Wirtschaftsjurist
12. Syndikusanwältin / Syndikusanwalt (auch Inhouse-Jurist genannt)

5 Für welche der unter Aufgabe 4 genannten Tätigkeiten wird die Zweite Juristische Prüfung benötigt? Nennen Sie mögliche Gründe.

6 Nennen Sie die genauen Bezeichnungen für die Richter an den einzelnen Gerichten.

Beispiel Amtsgericht – Amtsrichter

1. Zivilgericht ....
2. Strafgericht ....
3. Verwaltungsgericht ....
4. Arbeitsgericht ....
5. Sozialgericht ....
6. Finanzgericht ....
7. Verfassungsgericht ....

7 1. Für die verschiedenen Spezialisierungen der Rechtsanwälte gibt es Fachanwaltsbezeichnungen, die nur unter bestimmten Voraussetzungen getragen werden dürfen. Nennen Sie diese jeweils.

Beispiel Verwaltungsrecht – Fachanwalt für Verwaltungsrecht

1. Arbeitsrecht ....
2. Steuerrecht ....
3. Familienrecht ....

4. Sozialrecht ....
5. Strafrecht ....
6. Insolvenzrecht ....

2. Finden Sie anhand des Internets oder mithilfe von juristischen Zeitschriften heraus, welche zusätzlichen Fachanwaltsbezeichnungen zugelassen sind, und erklären Sie, für welche Fragestellungen diese Fachanwälte intensiv ausgebildet werden.

8 Rechtspolitische Frage

Erscheint Ihnen die traditionelle deutsche Juristenausbildung noch zeitgemäß? Erläutern Sie Ihre Meinung und berücksichtigen Sie dabei insbesondere die zahlreichen neuen Studiengänge an Hochschulen.

9 Rechtsvergleichende Anregungen

1. Vergleichen Sie die juristische Ausbildung in Ihrem Heimatstaat mit derjenigen in Deutschland. Gehen Sie dabei insbesondere darauf ein, wie das Universitätsstudium aufgebaut ist, ob es obligatorische Praktikumszeiten gibt und wie man Zugang zu den einzelnen juristischen Berufen erhält.
2. Vergleichen Sie die Zulassungsbedingungen für ausländische Rechtsanwälte in Deutschland mit der Situation für ausländische Rechtsanwälte in Ihrem Heimatland. Berücksichtigen Sie nicht nur die rechtliche, sondern auch die tatsächliche Situation: Gibt es ausländische Rechtsanwälte in Ihrem Land? Wie sind sie typischerweise organisiert (Einzelanwalt, mittelständische Kanzlei, Großkanzlei) und auf welchen Fachgebieten sind sie hauptsächlich tätig?
3. Vergleichen Sie die rechtliche und die tatsächliche Situation der Frauen in der juristischen Ausbildung und den juristischen Berufen in ihrem Herkunftsland und in Deutschland. Gehen Sie dabei insbesondere auf die Besetzung von höheren Positionen durch Juristinnen (z.B. Justizministerinnen, Gerichtspräsidentinnen, Juraprofessorinnen) und ihren Einfluss auf das Recht (z.B. als Autorinnen von Fachbüchern) ein. Versuchen Sie, Erklärungen für die Gemeinsamkeiten und Unterschiede zu finden.

Sprachliche Aspekte

1 Ergänzen Sie mit Hilfe des Abschnitts „Die juristische Ausbildung" (→ Rn. 1 ff.) die fehlenden Nomen.

Jurastudierende müssen an der juristischen ________________ (1) einer Universität eingeschrieben sein. Sie benötigen für das Jurastudium meistens acht bis zehn ________ (2). In Deutschland besteht das akademische ____________________ (3) aus einem Winter- und einem Sommersemester. Gegenstand des Jurastudiums sind als ____________________ (4) die wichtigsten allgemeinen Rechtsgebiete und ein ____________________ (5). Während ihres Studiums müssen Jurastudierende

____________________ (6) erbringen. Diese sog. ________________ (7) dienen als __________________ (8) zur Ersten ____________________ (9). Drei Scheine werden auf den wichtigsten Rechtsgebieten erworben, der vierte belegt die erfolgreiche Teilnahme an einem _________________ (10). Die Juristische Prüfung besteht nach Bundesland verschieden meist aus mehreren ________________ (11), einer mündlichen _______________ (12) und einem _______________ (13).

2 Ergänzen Sie passende Verbformen, die im Abschnitt „Die juristischen Berufe" (→ Rn. 33 ff.) zu finden sind.

1. Der Rechtsanwalt _______________ die rechtlichen Interessen der Bürger vor Gericht und Verwaltungsbehörden.
2. Rechtsanwälte _________________________ in allen Rechtsangelegenheiten.
3. Der Notar _________________ Bürger in nichtstreitigen Rechtsangelegenheiten.
4. Notare ___________________ bestimmte Verträge, ____________________ den Willen der Beteiligten, _______________ Testamente und ____________ Unterschriften.
5. Der Richter ist nur dem Recht und Gesetz ______________________ __________.
6. Ein Richter _____________________ keinen Anweisungen seiner Vorgesetzten.
7. Die Prozessführung _________________________ weitgehend in den Händen von Richtern.
8. Meist __________________________________ ein aus drei Richtern bestehendes Richterkollegium über den Fall.
9. Oft sind Laienrichter an der Entscheidung von Rechtsfällen ______________________________.
10. Der Staatsanwalt _________________________ den Täter einer Straftat vor Gericht _______________________.
11. Es ist Sache des Staatsanwalts, das Ermittlungsverfahren zu ____________, dabei die Tätigkeit der Polizei zu ____________________ und die Anklage in der Hauptverhandlung vor dem Strafgericht zu ____________________.
12. Staatsanwälte müssen den Anweisungen ihrer Vorgesetzten ______________.

Kapitel 2
Zugang zum Recht

1 Für den juristischen Laien und den Anfänger, der eine juristische Ausbildung beginnt, ist der Zugang zum Recht schwierig. Das liegt zum einen an der besonderen Arbeitsmethode der Juristen, zum anderen an ihrer von der Alltagssprache stark abweichenden Fachsprache. Hinzu kommt, dass die Rechtsquellen und andere Materialien, mit denen die Juristen arbeiten, oft nicht leicht zugänglich sind. Manche dieser Hindernisse stellen sich in jeder Rechtsordnung in gleicher oder ähnlicher Weise, andere sind für eine bestimmte Rechtsordnung charakteristisch.

I. Die Rechtsquellen

2 Anders als z.B. im englischen Recht ist in Deutschland die **Hauptrechtsquelle das geschriebene Recht**. Nur auf wenigen Rechtsgebieten sind wesentliche Fragen nicht durch Gesetze und Verordnungen geregelt. Dazu gehört besonders das Arbeitsrecht. In den meisten anderen Rechtsgebieten hat das **Gewohnheitsrecht** nur eine außerordentlich geringe Bedeutung.

1. Rangordnung der Rechtssätze

a) Geltungsbereich und Normenpyramide

3 Zum geschriebenen Recht gehören Rechtssätze, die sich danach unterscheiden, wer sie erlassen hat und wo sie gelten. Sie haben unterschiedlichen Rang, der dann von Bedeutung ist, wenn ihr Inhalt widersprüchlich ist. An der Spitze stehen die Verfassung des Bundes (das **Grundgesetz**) und die Verfassungen der Länder sowie die allgemeinen Regeln des Völkerrechts, im Rang darunter die formellen Bundes- und Landesgesetze, die das Bundesparlament (der Bundestag) oder die Länderparlamente erlassen haben. Den untersten Rang nehmen die Verordnungen und Satzungen ein, die die Bundes- oder eine Landesregierung, eine Gemeinde oder ein Gemeindeverband erlassen haben. Diese sind nur gültig, wenn dazu in einem formellen Gesetz ermächtigt wurde. Vom Bund erlassene Rechtsvorschriften gelten in der ganzen Bundesrepublik, die von einem Land erlassenen nur auf dem Gebiet des betreffenden Landes; entsprechend ist es bei Gemeinden. Widersprechen sich Vorschriften des Bundes und Vorschriften eines Landes, so gilt immer der **Vorrang des Bundesrechts** (Art. 31 GG; sog. Geltungsvorrang). Das bedeutet, dass sogar eine Verordnung des Bundes Vorrang vor den Bestimmungen in einer Landesverfassung hat.

b) Bekanntmachung

4 Alle Rechtssätze müssen zu ihrer Wirksamkeit amtlich verkündet sein. Dies geschieht für das Recht des Bundes im Bundesgesetzblatt (BGBl.), das seit 2023 nur noch digital verfügbar ist, für das Recht der Länder in deren jeweiligem Gesetz- und Verordnungsblatt, für das Recht der Gemeinden und Gemeindeverbände in deren Amtsblatt. Die praktisch wichtigsten Gesetze sind ganz oder teilweise in Sammlungen abgedruckt, die Juristen in der Praxis und auch die Studierenden an den Hochschulen nahezu ausschließlich verwenden. Für jede Prüfung wird besonders festgelegt, welche **Gesetzessammlung** der Prüfling bei seinen schriftlichen Arbeiten verwenden darf. Die Vorschriften des Bundesrechts und zahlreicher Landesgesetze kann man auch im Internet unter **https://www.gesetze-im-internet.de** in der jeweils neuesten Fassung nutzen, wo auch einige wichtige Gesetze in englischer Übersetzung zu finden sind. Übersetzungen einzelner deutscher Gesetzestexte in zahlreiche Fremdsprachen gibt das Presse- und Informationsamt der Bundesregierung heraus.

c) Gliederung und Zitierweise

5 Das genaue **Zitieren** der auf den jeweiligen Sachverhalt anwendbaren Gesetzesbestimmung hat im deutschen Recht große Bedeutung. Es wird vom Studierenden in jeder schriftlichen Fallbearbeitung erwartet; im akademischen Unterricht wird oft auf eine Gesetzesbestimmung verwiesen, ohne dass ihr Wortlaut wiedergegeben wird. Die ständige Benutzung des Gesetzes ist deshalb eine unbedingte Notwendigkeit für jeden Jurastudierenden.

6 Rechtssätze sind regelmäßig entweder in **Paragrafen** (§) oder in **Artikel** (**Art.**) gegliedert. Das Grundgesetz ist in Artikel unterteilt, die meisten anderen Rechtssätze des Bundesrechts dagegen in Paragrafen. In einigen Bundesländern wird grundsätzlich die Zählung nach Artikeln bevorzugt. Der **Plural** von Paragraf heißt Paragrafen und wird mit **§§** abgekürzt, der Plural von Artikel heißt Artikel und wird mit **Artt.** (oder auch nur **Art.**) abgekürzt.

7 Es gibt auch Gesetze, in denen die beiden Methoden in der Weise kombiniert sind, dass zu einem Artikel mehrere Paragrafen gehören; das ist aber nur ausnahmsweise der Fall. Besteht ein Paragraf oder Artikel nur aus einem einzigen Satz, so ist kein weiterer Zusatz nötig; das Gesetz steht in seiner Kurzbezeichnung nach dieser Angabe. So wird § 985 des Bürgerlichen Gesetzbuchs z.B. als § 985 BGB zitiert.

8 Besteht der Paragraf oder Artikel aus mehreren Sätzen, so wird nach dem Paragraf oder Artikel der **Satz** (**S.**) zitiert, z.B. § 250 S. 2 BGB. Oft ist ein Paragraf oder Artikel in **Absätze** (**Abs.**) untergliedert, die optisch getrennt und in der Regel durch eine arabische Ziffer in Klammern gekennzeichnet sind. So besteht z.B. Paragraf 433 des Bürgerlichen Gesetzbuchs aus zwei Absätzen, die als § 433 Abs. 1 BGB und § 433 Abs. 2 BGB zitiert werden. Ein Absatz kann mehrere Sätze umfassen. So gibt es z.B. § 433 Abs. 1 S. 1 BGB und § 433 Abs. 1 S. 2 BGB. In der abgekürzten Zitierweise werden Absätze mit römischen, Sätze mit arabischen Ziffern bezeichnet.

Beispiel § 986 Absatz 1 Satz 2 des Bürgerlichen Gesetzbuchs:
Möglichkeit 1: § 986 Abs. 1 S. 2 BGB
Möglichkeit 2: § 986 I 2 BGB

9 Manche Herausgeber von Gesetzestexten erleichtern die Zitierung, indem sie die einzelnen Sätze mit hochgestellten arabischen Ziffern kennzeichnen.

Beispiel § 986 I BGB
(1) [1]Der Besitzer kann die Herausgabe der Sache verweigern, wenn er oder der mittelbare Besitzer, von dem er sein Recht zum Besitz ableitet, dem Eigentümer gegenüber zum Besitz berechtigt ist. [2]Ist der mittelbare Besitzer dem Eigentümer gegenüber zur Überlassung des Besitzes an den Besitzer nicht befugt, so kann der Eigentümer von dem Besitzer die Herausgabe der Sache an den mittelbaren Besitzer oder, wenn dieser den Besitz nicht wieder übernehmen kann oder will, an sich selbst verlangen.

10 Eine Norm kann auch zwei **Alternativen (Alt.)** regeln, die an dem Wort „oder“ zu erkennen sind. Es ist z.B. wichtig, zwischen § 812 Abs. 1 S. 1 1. Alt. BGB und § 812 Abs. 1 S. 1 2. Alt. BGB zu unterscheiden. Enthält die Norm mehr als zwei Möglichkeiten, z.B. § 54 II HGB, spricht man von **Varianten.** Als Oberbegriff für Alternativen und Varianten ist der Begriff „Fall“ gebräuchlich.

11 Die Anordnung der Rechtssätze dient nicht nur der Gliederung des im Gesetz behandelten Stoffes, sondern ist auch ein Mittel der systematischen Interpretation des Norminhalts. Besteht eine Vorschrift z.B. aus zwei Absätzen mit unterschiedlichen Regelungen und folgt diesen z.B. eine Bestimmung über die Anwendbarkeit, dann kann diese an den Absatz 2 als letzter Satz angefügt sein oder einen besonderen Absatz 3 bilden; hieraus ergibt sich, ob sich die Bestimmung nur auf Absatz 2 oder auf die gesamte Vorschrift bezieht.

Beispiele 1. § 556b BGB regelt in Absatz 1 die Fälligkeit der Miete und in Absatz 2 das Aufrechnungs- und Zurückbehaltungsrecht des Mieters. Abs. 2 Satz 2 lautet: „Eine zum Nachteil des Mieters abweichende Vereinbarung ist unwirksam.“ Aus der Stellung dieses Satzes ist zu entnehmen, dass er sich lediglich auf Absatz 2 (also auf das Aufrechnungs- und Zurückbehaltungsrecht des Mieters bezieht); dagegen kann von der Regelung des Absatzes 1 auch zum Nachteil des Mieters abgewichen werden.

2. § 559 BGB regelt die Mieterhöhung bei einer Modernisierung, und zwar in den Absätzen 1 und 3a den zulässigen Umfang, in Absatz 3 den Verteilungsmaßstab und in Absätzen 2, 4 und 5 Einschränkungen des Erhöhungsrechts. Absatz 6 lautet: „Eine zum Nachteil des Mieters abweichende Vereinbarung ist unwirksam.“ Aus der Stellung dieses Satzes ist zu entnehmen, dass er sich auf die Absätze 1 bis 5 bezieht; von allen in diesem Paragrafen enthaltenen Regelungen kann nicht zum Nachteil des Mieters abgewichen werden.

2. Richterrecht

12 Auch im deutschen Recht reichen die geschriebenen Rechtssätze jedoch oft zur Beurteilung eines Falles nicht aus. Viele Probleme sind erst nach Erlass eines Gesetzes entstanden und vom Gesetzgeber nicht zum Anlass einer Änderung oder Ergänzung

genommen worden; die Lösung anderer Probleme hat der Gesetzgeber bewusst der Rechtsprechung überlassen. Hier müssen neben den geschriebenen Rechtssätzen die Gerichtsentscheidungen, vor allem die des obersten Gerichts des jeweiligen Gerichtszweigs, herangezogen werden.

13 Manchmal klärt eine Entscheidung nur Auslegungsfragen bei der Anwendung einer Norm oder andere Zweifelsfragen von eher marginaler Bedeutung. In einer Reihe von Fällen haben sich die Gerichte aber auch für befugt gehalten, Rechtsregeln ohne eine gesetzliche Grundlage (*praeter legem*) oder gar gegen den Gesetzeswortlaut (*contra legem*) zu entwickeln, weil sich die Gerechtigkeitsvorstellungen geändert haben. Diese Art der richterlichen Rechtsfortbildung wird heute nicht mehr als Verstoß gegen das Gebot der Rechtsbindung der Gerichte angesehen.

14 Aus rechtspolitischer Sicht befasst sich der alle zwei Jahre stattfindende Deutsche Juristentag mit Fragen der Rechtsfortbildung. Die Vorschläge in den für den Juristentag erstatteten Gutachten (meist von angesehenen Universitätsprofessoren verfasst) finden nicht selten Eingang in eine spätere Gesetzgebung.

Beispiele 1. für Rechtsfortbildung *praeter legem*: Das BGB verpflichtet denjenigen zum Schadensersatz, der eine Sache beschädigt hat (§ 823 I BGB). Die Bestimmungen über den Umfang des Schadensersatzes (§§ 249–252 BGB) enthalten aber keine Bestimmung darüber, ob man auch für die Tatsache Schadensersatz verlangen kann, dass man die beschädigte Sache während der Dauer der Reparatur nicht benutzen konnte. Der Bundesgerichtshof hat für diese Fälle die Rechtsregel aufgestellt, dass wegen der entgangenen Benutzungsmöglichkeit dann Schadensersatz verlangt werden kann, wenn die Nutzungsmöglichkeit „kommerzialisiert" ist und es sich um „Lebensgüter von zentraler Bedeutung" handelt. Deshalb kann nach der Rechtsprechung Schadensersatz für die entgangene Benutzung eines Kraftfahrzeugs, aber nicht für die entgangene Nutzung eines Whirlpools verlangt werden.

2. für Rechtsfortbildung *contra legem*: Das BGB gibt dem Verkäufer einer mangelhaften Sache, der dem Käufer stattdessen im Weg der Nacherfüllung eine mangelfreie Sache geliefert hat, das Recht, die Rückgewähr der mangelhaften Sache nach den Vorschriften über den Rücktritt zu verlangen (§ 439 VI 1 BGB). Hiernach könnte der Verkäufer vom Käufer auch Wertersatz für die Nutzung der zunächst gelieferten mangelhaften Sache fordern. Der BGH hat demgegenüber entschieden, dass der Käufer hierzu nicht verpflichtet ist, weil die deutsche gesetzliche Regelung dem Regelungsziel einer EU-Richtlinie widerspricht (BGH, NJW 2009, 427).

15 Richterliche **Rechtsfortbildung** geschieht zwar aus Anlass und anhand eines konkreten Falles, wird aber dann von dem urteilenden Gericht als allgemeiner Rechtsgrundsatz entwickelt. Anders als im Präjudizienrecht berufen sich spätere Entscheidungen dieses Gerichts oder anderer Gerichte deshalb nicht auf den Fall, der Anlass zur Entwicklung des neuen Rechtsgrundsatzes gegeben hat, sondern auf die neue Rechtsregel selbst.

Beispiel (nach BGH, NJW 2017, 1808): Der BGH hat entschieden, dass das Verbot des Abschlusses eines Werkvertrags mit Bestimmungen, die das Ziel haben, steuerliche Pflichten nicht zu erfüllen („Schwarzarbeit"), zur Nichtigkeit des Vertrags führt, wenn der Unternehmer vorsätzlich hiergegen verstößt und der Besteller den Verstoß des Unternehmers kennt und zum eigenen Vorteil ausnutzt (BGH NJW 2013, 3167). Die Nichtigkeit derartiger Werkverträge beschränkt sich nicht auf den Fall, dass sie von vornherein auf das Leisten von Schwarzarbeit gerichtet sind. Ebenso unwirksam sind sie, wenn ein zunächst nicht gegen ein gesetzliches Verbot verstoßender Vertrag nachträglich so abgeändert wird, dass er nunmehr von dem Verbot erfasst wird. Wortlaut sowie Sinn und Zweck des Verbots treffen beide Fallgestaltungen gleichermaßen.

II. Die juristische Literatur

16 Der Jurist muss sich mit verschiedenen Gattungen juristischer Literatur vertraut machen, deren Art und Bedeutung sich aus den Rechtsquellen ergeben. Der großen Bedeutung des geschriebenen Rechts entspricht es, dass die Kommentare die größte praktische Bedeutung haben. Sie erläutern ein Gesetz oder eine andere Rechtsnorm in der Reihenfolge der Paragrafen. Dort stellen sie die bei der Auslegung der Vorschrift aufgetretenen oder voraussichtlich künftig auftretende Zweifelsfragen dar und weisen Gerichtsentscheidungen und Meinungen in der Literatur zu den erörterten Fragen durch Zitate nach. Zu den wichtigeren Gesetzen gibt es meist mehrere Kommentare verschiedenen Umfangs und verschiedener Gewichtung. Die einen legen mehr Wert auf die Rechtsprechung, andere streben auch eine Berücksichtigung der Literatur an. Das Ziel großer Kommentare ist es, alle Fragen vollständig zu erörtern; kürzere Kommentare treffen eine Auswahl. Alle Kommentare dienen praktischen Zwecken. Sie sind dazu bestimmt, den Rechtsanwälten oder Richtern möglichst schnellen Zugriff auf das gesuchte Problem zu gewähren. Sie haben keine didaktische Zielsetzung, wenn auch größere Kommentare oft in Einleitungen eine systematische Darstellung der Problemkreise geben.

17 In stärkerem Umfang auf die Bedürfnisse der Jurastudierenden zugeschnitten sind die **Lehrbücher**. Sie stellen ein Rechtsgebiet systematisch dar. Große Lehrbücher verarbeiten wie große Kommentare die gesamte Rechtsprechung und Literatur; kürzer gefasste Grundrisse, sog. „Lernbücher“, vermitteln gezielt das für die Prüfungen benötigte Wissen, ohne auf alle umstrittenen Fragen einzugehen. Für die Kernfächer der juristischen Ausbildung, z.B. den Allgemeinen Teil des BGB, gibt es oft bis zu einem Dutzend aktueller Lehrbücher. Die Meinung der führenden Lehrbücher wird oft auch in obergerichtlichen Entscheidungen zitiert; in der Praxis der Rechtsanwälte spielen sie nur eine geringe Rolle.

18 Noch geringer ist die praktische Bedeutung der **Monographien**. Dabei handelt es sich oft um Dissertationen oder Habilitationsschriften oder aus solchen entstandene Bücher. Sie stellen nicht ein ganzes Rechtsgebiet dar, sondern eine einzelne wichtige Rechtsfrage, z.B. den Schadensersatz bei Verletzungen der persönlichen Ehre oder die Formvorschriften bei Grundstücksgeschäften. Sie wollen den Meinungsstand vollständig darstellen und zugleich einen Beitrag zur Forschung leisten. In obergerichtlichen Entscheidungen werden sie durchaus manchmal berücksichtigt; auch in der

Gesetzgebung bleiben sie oft nicht ohne Wirkung. Für die juristische Ausbildung und die Praxis der Rechtsanwälte haben sie dagegen keine Bedeutung.

19 Aktuelle Entwicklungen vermitteln die **juristischen Zeitschriften.** Sie sind für die Praxis ebenso wichtig wie für die Ausbildung der Jurastudierenden. Teilweise geben sie nur neue, bedeutsame Gerichtsentscheidungen wieder, meist enthalten sie daneben aber Aufsätze, in denen diese Entscheidungen oder andere aktuelle Themen kritisch behandelt werden. Dabei decken allgemeine juristische Zeitschriften (z.B. die Neue Juristische Wochenschrift – **NJW**) das ganze Spektrum des Rechts ab, während Spezialzeitschriften (z.B. die Zeitschrift für Zivilprozess – **ZZP**) nur einzelne Rechtsgebiete behandeln und Ausbildungszeitschriften (z.B. die Juristische Schulung – JuS) ihre Auswahl unter dem Gesichtspunkt der Bedeutung des Themas für den Jurastudierenden treffen und auf didaktische Vermittlung der Entscheidungsinhalte Wert legen. Wenn man sich auf Gerichtsentscheidungen beruft, zitiert man sie meist nicht nach dem Datum oder dem Aktenzeichen oder den Namen der Parteien, sondern gibt an, wo sie in einer oder mehreren Zeitschriften veröffentlicht sind, wobei normalerweise das Jahr (nicht der Jahrgang) und die Seite genannt werden.

Merke Zitiert man z.B. „BVerfG, NJW 2024, 2310“, dann meint man damit diejenige Entscheidung des Bundesverfassungsgerichts, die in der Neuen Juristischen Wochenschrift des Jahres 2024 auf der Seite 2310 abgedruckt ist.

20 Für die Entscheidungen der Obergerichte bestehen daneben **Entscheidungssammlungen**, die aber nicht dieselbe praktische Bedeutung haben, da sie meist nur in Bibliotheken zu finden sind, während jede Anwaltskanzlei mindestens eine der allgemeinen Zeitschriften zur Verfügung hat. Viele neuere Entscheidungen können auch im **Internet** (→ „Hilfreiche Internetadressen“) kostenlos gelesen werden, z.B. alle Entscheidungen des BGH ab dem Jahr 2000 (https://www.bundesgerichtshof.de) und die wichtigsten Entscheidungen des BVerfG (https://www.bundesverfassungsgericht.de). Auch andere wichtige juristische Informationen finden Studierende über die allgemeinen Suchmaschinen im Internet.

III. Legal Tech und künstliche Intelligenz

21 Seit Jahrzehnten arbeiten Rechtsanwälte mit (kostenpflichtigen) Anwaltsprogrammen, also dem Einsatz von Software, die ihnen die Arbeit erleichtert und zu Personal-, Kosten- und Zeitersparnis beiträgt (sog. „Legal Technology“, abgekürzt „Legal Tech“). Die technische Weiterentwicklung hat dazu geführt, dass Rechtsanwaltskanzleien und Gerichte inzwischen bei ihrer täglichen Arbeit künstliche Intelligenz (sog. KI) einsetzen. Diverse juristische Fachbuchverlage haben eigene KI-Tools für Juristen entwickelt. Zahlreiche juristische Fakultäten bieten ihren Studierenden Veranstaltungen mithilfe von oder zum Erlernen von spezifischen KI-Tools an. In juristischen Fachzeitschriften ist KI ein permanentes Thema. Kurzum: KI ist aus dem juristischen Alltag in Ausbildung und Praxis nicht mehr wegzudenken. Es bleibt abzuwarten, wie stark sich beide dadurch verändern werden.

IV. Die juristischen Methoden

22 Die Tätigkeit in den „klassischen“ juristischen Berufen und die Juristenausbildung bestehen zu einem wesentlichen Teil aus der Anwendung von Rechtsvorschriften auf vorgegebene Sachverhalte, die sog. **Fälle**, für die eine Lösung zu finden ist. Nur in den einfachsten Fällen genügt es dabei, eine gesetzliche Bestimmung zu nennen. Meist muss diese ausgelegt werden, um eine Antwort auf die gestellte Frage zu finden.

Beispiel Verlangt der Käufer eines Fahrzeugs Nachbesserung mit der Begründung, das Fahrzeug sei mangelhaft, und wendet der Verkäufer ein, der Anspruch sei in jedem Fall verjährt, dann beantwortet § 438 BGB die Frage, innerhalb welcher Frist die Verjährung eintritt. Eine Auslegung ist nicht erforderlich. Aber schon die Klärung der Frage, ob eine bestimmte Eigenschaft eines Fahrzeugs einen Mangel darstellt oder nicht, verlangt die vorherige Auslegung des Begriffs „Mangel“.

1. Arten der Auslegung

23 In der Rechtslehre unterscheidet man traditionell vier Arten der Auslegung. Die erste, die **wörtliche** Auslegung, die nach dem Wortsinn des Gesetzesbegriffes fragt, ist im Grunde keine juristische Methode, sondern eine Anwendung von Erkenntnissen der Sprachwissenschaft. Demgegenüber fragt die **systematische** Auslegung nach der Stellung der auszulegenden Vorschrift im Gesetz und in der Rechtsordnung überhaupt und entnimmt daraus Argumente. Die **historische** Auslegung ermittelt aus den Gesetzesmaterialien (der Begründung des Gesetzesentwurfes, den Debatten im Parlament und der Beratung in seinen Ausschüssen sowie den Ergebnissen parlamentarischer Anhörungen), wie der Gesetzgeber eine Bestimmung verstanden hat; auch daraus ergeben sich Anwendungshilfen.

24 Die **teleologische** Auslegung ermittelt den Sinn und Zweck eines Gesetzes und legt es so aus, dass es der Zielsetzung auch gerecht werden kann. Es ist klar, dass die Auslegung nach diesen verschiedenen Methoden auch ein verschiedenes Ergebnis haben kann.

25 Im Strafrecht darf die Auslegung wegen des **Analogieverbotes** (*nulla poena sine lege*, vgl. auch → Kap. 7 Rn. 14 ff.) nicht über den möglichen Wortsinn hinausgehen. Die anderen Auslegungsmittel dürfen hier deshalb nur zur Einschränkung, nicht zur Erweiterung der Strafbarkeit gebraucht werden.

Beispiel Nach § 284 des Strafgesetzbuches (StGB) wird unter anderem derjenige bestraft, der ohne behördliche Erlaubnis ein Glücksspiel veranstaltet. Manche Gerichte haben auch das Veranstalten sog. „Kettenbriefaktionen“, bei denen den Teilnehmern ein Gewinn in Aussicht gestellt wird, als verbotenes Glücksspiel angesehen. Der Bundesgerichtshof hat dagegen entschieden, dass „Gewinn“ einen Einsatz voraussetzt und deshalb diese Entscheidungen die im Strafrecht zulässige Auslegung überschritten haben. Solange es im Strafgesetzbuch keine Bestimmung gibt, die Kettenbriefaktionen ohne Einsatz ausdrücklich für strafbar erklärt, können Veranstalter nicht nach § 284 StGB bestraft werden.

26 Das Bundesverfassungsgericht hat in ständiger Rechtsprechung die sog. „verfassungskonforme Auslegung" entwickelt. Diese besagt, dass bei verschiedenen **Auslegungsmöglichkeiten** einer Norm, von denen einige zu einem Widerspruch zwischen der Norm und der Verfassung führen, diejenige Auslegung zu wählen ist, die zu ihrer Vereinbarkeit mit dem Grundgesetz führt. Allerdings findet diese Auslegungsmethode nach der ständigen Rechtsprechung des Bundesverfassungsgerichts ihre Grenze dort, wo sie mit dem Wortlaut und dem klar erkennbaren Willen des Gesetzgebers in Widerspruch tritt.

Beispiel In § 112 II StPO werden die Gründe genannt, unter denen Untersuchungshaft angeordnet werden kann (Haftgründe). Dafür müssen bestimmte Tatsachen für Flucht, Fluchtgefahr oder Verdunkelungsgefahr sprechen. In § 112 III StPO ist bestimmt, dass bei bestimmten Straftaten, z.B. bei Mord, Untersuchungshaft auch angeordnet werden kann, wenn kein Haftgrund besteht. Das würde wörtlich genommen gegen den Verhältnismäßigkeitsgrundsatz verstoßen. Deshalb legt das BVerfG § 112 III StPO verfassungskonform dahin aus, dass ein Haftgrund zwar bestehen, aber nicht durch bestimmte Tatsachen belegt sein muss, um die Untersuchungshaft zu rechtfertigen.

2. Technik der Falllösung

27 Die dem Richter in einem Prozess ebenso wie dem Jurastudierenden in einer Klausur vorgelegte Frage geht meist dahin, ob einer der Beteiligten gegen den anderen einen **Anspruch** hat, also – nach der Definition des § 194 Abs. 1 BGB – von ihm ein bestimmtes Tun oder Unterlassen verlangen kann. Um diese Frage beantworten zu können, muss der Jurist feststellen, ob es einen Rechtssatz gibt, aus dem sich die gewünschte Rechtsfolge abstrakt ergibt (sog. **Anspruchsgrundlage**). Ist dies der Fall, muss weiter untersucht werden, ob die Voraussetzungen dieses Rechtssatzes im konkreten Fall gegeben sind. Wenn nötig, muss die Vorschrift dazu ausgelegt werden.

3. Die Subsumtion

28 Bei der Beantwortung der Frage, ob die jeweilige Anspruchsgrundlage anwendbar ist (sog. **Prüfung der Anspruchsgrundlagen**), geht man üblicherweise folgendermaßen vor:

29 Zunächst wird geprüft, ob ein Anspruch nach der betreffenden Anspruchsgrundlage entstanden ist. Sodann muss gefragt werden, ob der Anspruch erloschen ist oder ihm eine andere Einwendung oder Einrede entgegensteht. **Einwendungen** sind vom Gericht von Amts wegen zu beachten, **Einreden** nur nach Sachvortrag durch die Partei.

30 Der Anspruch des Verkäufers gegen den Käufer auf Zahlung des Kaufpreises entsteht durch den Abschluss des Kaufvertrages. Dieser Anspruch kann dadurch erloschen sein, dass der Käufer bereits gezahlt hat. Es kann ihm die Einwendung entgegenstehen, dass der Kaufvertrag (z.B. wegen Wuchers) nichtig ist. Denkbare Einreden des Käufers sind z.B. die Einrede des nichterfüllten Vertrages, wenn der Verkäufer Zahlung verlangt, obwohl er selbst noch nicht geliefert hat, oder die Einrede der Verjährung der Kaufpreisforderung.

31 Unter die Voraussetzungen der Anspruchsgrundlage (sog. **Tatbestandsvoraussetzungen**) und die Voraussetzungen der Vorschriften, die sie ausschließen, muss jeweils subsumiert werden. Subsumtion bedeutet, dass das tatsächliche Geschehen mit den Voraussetzungen des anzuwendenden Rechtssatzes verglichen und eine Schlussfolgerung gezogen wird.

32 Der Sachverhalt lautet beispielsweise:

A verlangt von B Rückzahlung des Kaufpreises mit der Behauptung, er sei wegen eines Mangels vom Vertrag zurückgetreten. A behauptet einen Benzinverbrauch von 9 Litern je 100 km statt der vom Verkäufer angegebenen 6 Liter. B meint dagegen, dass es sich dabei nicht um einen Mangel des Autos handle, da seine Fahreigenschaften nicht betroffen sind. Außerdem sei der Rücktritt unwirksam, weil A das Auto am 1.3.2022 erhalten habe und erst am 2.9.2024 vom Vertrag zurückgetreten sei.

33 Die Subsumtion unter die anwendbaren gesetzlichen Vorschriften lautet:

Voraussetzung für einen Anspruch auf Rückzahlung des Kaufpreises ist nach § 323 I BGB, dass A wirksam zurückgetreten ist, weil B seine Leistung nicht vertragsgemäß erbracht hat. Das ist dann der Fall, wenn das Auto einen Mangel hat (§ 433 I 2 BGB). Eine Sache ist frei von Sachmängeln, wenn sie eine Beschaffenheit aufweist, die bei Sachen der gleichen Art üblich ist und die der Käufer unter Berücksichtigung der öffentlichen Äußerungen, die von dem Verkäufer abgegeben wurden, erwarten kann (§ 434 III Nr. 2 BGB). Ein wesentlich zu hoher Benzinverbrauch ist somit ein Sachmangel, weil der Benzinverbrauch als eine für die Benutzung eines Autos wesentliche Beschaffenheit angesehen wird, auch wenn die Fahreigenschaften nicht betroffen sind. Der Rücktritt ist allerdings unwirksam, wenn der Nacherfüllungsanspruch verjährt ist und der Schuldner sich hierauf beruft (§ 218 I 1 BGB). Der Nacherfüllungsanspruch des Käufers verjährt in zwei Jahren, beginnend mit der Ablieferung der Sache (§§ 438 I Nr. 3; 437 Nr. 1 BGB). Da der Rücktritt erst nach mehr als zweieinhalb Jahren erklärt wurde, ist er unwirksam.

4. Der Gutachtenstil und der Urteilsstil

34 Die Tätigkeit des Studierenden bei der Lösung einer Klausur und die Tätigkeit des Richters bei der Abfassung seines Urteils unterscheiden sich bei den bisher beschriebenen Arbeitsschritten nicht. Unterschiedlich ist aber die Art und Weise der Darstellung des gefundenen Ergebnisses.

a) Gutachtenstil

35 Vom Studierenden wird die Erstellung eines **Gutachtens** verlangt. Das Ergebnis muss hier am Ende der Überlegungen stehen. Zunächst ist die gestellte Frage aufzuwerfen.

Dann wird der Sachverhalt unter die in Betracht kommenden Anspruchsgrundlagen subsumiert. Vor längeren Darstellungen ist die darin behandelte Frage ihrerseits aufzuwerfen, nach längeren Ausführungen sollte ein Zwischenergebnis stehen. An die Untersuchung aller denkbaren Anspruchsgrundlagen und der denkbaren Einwendungen und Einreden schließt sich das Endergebnis an. Der Gutachtenstil verlangt, dass die zu stellenden Fragen im Konjunktiv dargestellt werden; die Ergebnisse werden dagegen im Indikativ formuliert.

36 Im genannten Beispiel in → Rn. 32 würde das vom Studierenden anzufertigende Gutachten deshalb folgendermaßen lauten:

A könnte gegen B einen Anspruch auf Rückzahlung des Kaufpreises für das Auto haben. Voraussetzung für einen Anspruch auf Rückzahlung des Kaufpreises ist nach § 323 I BGB, dass A wirksam zurückgetreten ist, weil B seine Leistung nicht vertragsgemäß erbracht hat. Das ist dann der Fall, wenn das Auto einen Mangel hat (§ 433 I 2 BGB). Eine Sache ist frei von Sachmängeln, wenn sie eine Beschaffenheit aufweist, die bei Sachen der gleichen Art üblich ist und die der Käufer unter Berücksichtigung der öffentlichen Äußerungen, die von dem Verkäufer abgegeben wurden, erwarten kann (§ 434 III Nr. 2 BGB). Der wesentlich überhöhte Benzinverbrauch könnte einen solchen Mangel darstellen. Zwar ändert der Benzinverbrauch nichts an den Fahreigenschaften, er wird jedoch im Rechtsverkehr als eine für die Benutzung eines Autos wesentliche Beschaffenheit angesehen. Der Rücktritt könnte allerdings verspätet und deshalb unwirksam sein. Der Rücktritt ist unwirksam, wenn der Nacherfüllungsanspruch verjährt ist und der Schuldner sich hierauf beruft (§ 218 I 1 BGB). Der Nacherfüllungsanspruch des Käufers verjährt in zwei Jahren, beginnend mit der Ablieferung der Sache (§§ 438 I Nr. 3; 437 Nr. 1 BGB). Da der Rücktritt erst nach mehr als zweieinhalb Jahren erklärt wurde und B sich auf die Unwirksamkeit berufen hat, ist er unwirksam. Ergebnis: A kann daher von B Rückzahlung des Kaufpreises nicht verlangen.

b) Urteilsstil

37 Vom Richter wird dagegen die Formulierung eines **Urteils** verlangt. Hier steht das Ergebnis als Urteilsformel am Anfang der Darstellung und wird durch die folgenden Erwägungen begründet. Beim Urteilsstil steht der gesamte Text im Indikativ.

38 Im Urteilsstil ist die Lösung des Fallbeispiels in → Rn. 32 deshalb folgende:

A kann von B die Rückzahlung des Kaufpreises nicht verlangen. Der Käufer ist vom Kaufvertrag nicht wirksam zurückgetreten. Zwar weist das verkaufte Fahrzeug einen Mangel auf. Obwohl der Benzinverbrauch nichts an den Fahreigenschaften ändert, wird er im Rechtsverkehr als eine für die Benutzung eines Autos wesentliche Beschaffenheit angesehen. Der wegen des Mangels an sich gegebene Rücktritt (§ 437 Nr. 2 BGB) ist jedoch unwirksam, da er erst nach Verjährung des Nacherfüllungsanspruchs erfolgte und der Verkäufer sich darauf berufen hat (§ 218 I 1 BGB). Der Nacherfüllungsanspruch des Käufers verjährt in zwei Jahren, beginnend mit der Ablieferung der Sache (§§ 438 I Nr. 3; 437 Nr. 1 BGB). Der Rücktritt wurde jedoch erst nach mehr als zweieinhalb Jahren erklärt.

c) Bedeutung der Unterscheidung

39 Gutachten- und Urteilsstil sind in der praktischen Anwendung nicht so gegensätzlich, wie es zunächst den Anschein hat. Auch im Gutachten brauchen einfache Überlegungen nicht gutachtlich ausgebreitet zu werden, und auch im Urteil wird das Gericht die wirklich zweifelhaften Fragen ausführlich nach Art eines Gutachtens diskutieren.

Wichtig ist in beiden Fällen, die Anspruchsgrundlagen sowie diejenigen Rechtsbegriffe zu erkennen, unter die subsumiert werden muss.

V. Die juristische Fachsprache

40 Juristische Darlegungen, mögen es Gutachten, Urteile oder wissenschaftliche Abhandlungen sein, sind für Laien oft nur schwer verständlich. Das hat oft die gleichen Gründe wie bei anderen Fachsprachen, nämlich Mängel in der sprachlichen Ausdrucksfähigkeit der Verfasser und die besondere Terminologie, die sich in jeder Fachsprache findet. Die deutsche juristische Sprache weist aber neben dieser allgemeinen Schwierigkeit noch andere Eigenschaften auf, die sie unverständlich machen. Zudem ist sie alles andere als geschlechtsneutral.

1. Die Unverständlichkeit der juristischen Fachsprache

41 In § 184 des Gerichtsverfassungsgesetzes ist bestimmt, dass die Gerichtssprache deutsch ist. Leider erschöpft sich die Bedeutung dieser Vorschrift darin, dass jeder Beteiligte seine Argumente in deutscher (und nicht z.B. in englischer oder französischer Sprache) vorbringen muss, wenn er damit Gehör finden will. Sie bedeutet nicht, dass der Durchschnittsbürger in der Lage wäre, die Sprache der Juristen zu verstehen. Die juristische Fachsprache zeichnet sich durch **hohe Abstraktion**, eigene Begriffe und einen umständlichen Stil mit langen Sätzen und vielen Substantiven aus. Deshalb ist eine für den Juristen sehr klare und treffende Ausdrucksweise für den Laien oft völlig unverständlich.

42 Die Schwierigkeiten beginnen bereits bei dem speziellen juristischen **Wortschatz.** Viele Gesetze und andere Rechtssätze haben ihren Ursprung in der Rechtstradition und verwenden von daher heute noch Begriffe, die sonst aus der Sprache völlig verschwunden sind. So gibt es zum Beispiel im Sachenrecht die dinglichen Rechte „Nießbrauch“ und „Reallast“. Nicht nur der rechtliche Inhalt, sondern bereits die Bedeutung dieser beiden Wörter ist dem Normalbürger völlig unbekannt.

43 Ein weiteres Charakteristikum der juristischen Sprache ist die Verwendung besonders vieler Substantive. So lautet § 253 I der Zivilprozessordnung:

Die Erhebung der Klage erfolgt durch die Zustellung eines Schriftsatzes (Klageschrift).

44 Immerhin ist dieser Satz zumindest seinem sprachlichen Inhalt nach allgemein verständlich. Dies gilt jedoch nicht für alle Rechtssätze. So bestimmt § 986 I 2 BGB:

Ist der mittelbare Besitzer dem Eigentümer gegenüber zur Überlassung des Besitzes an den Besitzer nicht befugt, so kann der Eigentümer von dem Besitzer die Herausgabe der Sache an den mittelbaren Besitzer oder, wenn dieser den Besitz nicht wieder übernehmen kann oder will, an sich selbst verlangen.

45 Es ist klar, dass Normalbürger und Studienanfänger mit dem Versuch überfordert sind, diesen Satz inhaltlich zu verstehen. Die Schwierigkeiten beruhen nicht – wie in anderen Rechtssprachen – darauf, dass die deutschen Juristen in großem Umfang Wörter aus Fremdsprachen, etwa aus dem Lateinischen, verwenden würden, wie dies etwa im englischen Recht der Fall ist. Alle Gesetzesbegriffe sind der deutschen Sprache entnommen, und auch die Rechtswissenschaftler verwenden nur wenige Fremdwörter. Allerdings beruhen die wichtigsten Zivilgesetze auf der Übernahme des römischen Rechts. Es handelt sich nicht um Kodifikationen eines Volksrechts, sondern um von den Juristen des 19. Jahrhunderts in deutsche Begriffe übertragene Rechtsregeln, die auf mehreren Jahrhunderten Rechtstradition in lateinischer Sprache beruhen. Das unterscheidet beispielsweise das deutsche BGB von den Zivilgesetzbüchern anderer Länder, etwa vom französischen *code civil*, und auch von früheren deutschen Zivilgesetzbüchern, etwa dem Preußischen Allgemeinen Landrecht, das 1794 in Kraft gesetzt wurde. Letzteres erscheint aus heutiger Sicht zwar unsystematisch, ist aber in seinem Inhalt oft verständlicher als das BGB.

46 Der Grund für die Unverständlichkeit der deutschen Rechtssprache wird heute oft in dem Bestreben der Juristen gesehen, sich ihr „Monopol" zu erhalten, das Recht für die Normalbürger durchzusetzen, und die allgemeine Vorstellung am Leben zu erhalten, Rechtswissenschaft sei etwas besonders Schwieriges. Eine einfachere Rechtssprache könnte beiden Zielen zuwiderlaufen.

47 Allerdings unterscheiden sich nicht nur die juristischen Begriffe, sondern auch die juristischen Argumentationstechniken erheblich von der Ausdrucksweise, die sonst im täglichen Leben oder in anderen Wissenschaften benutzt wird. Da stets nur das erörtert wird, was für die Beantwortung der gestellten Frage erheblich ist, geht jede juristische Darstellung von einem erheblichen **Vorwissen** aus. Juristische Schriftsteller erörtern regelmäßig die Probleme, die die Beantwortung der gestellten Frage nicht weiterbringen, nicht, weil sie davon ausgehen, dass die Leser – wie sie selbst – wissen, „worauf es ankommt". Anders ist es lediglich bei Darstellungen, die sich an Laien oder Anfänger in der juristischen Ausbildung wenden. Diese legen kein Vorwissen zugrunde und erörtern deshalb auch, warum es auf bestimmte Dinge in einem vorgegebenen Zusammenhang nicht ankommt.

48 Die juristische Fachsprache wird in der nichtjuristischen Öffentlichkeit oft kritisiert und von den Juristen ihrerseits verteidigt. Beide Haltungen sind erklärlich. Die Juristen gehen davon aus, dass eine Fachsprache nicht für jedermann verständlich sein kann, sondern die Komplexität des Rechts und die Vielzahl der zu diskutierenden Fragen nur durch eine kurze, prägnante (aber oft schwer verständliche) Sprache zu bewältigen sind. Die Öffentlichkeit hingegen sieht darin oft lediglich ein Mittel, das Recht ihrer Kontrolle zu entziehen. So soll bei Inkrafttreten des BGB in einer Zeitung der Wortlaut des § 164 Abs. 2 als Beispiel für die absolute Unverständlichkeit der juristischen Fachsprache abgedruckt worden sein:

Tritt der Wille, in fremdem Namen zu handeln, nicht erkennbar hervor, so kommt der Mangel des Willens, im eigenen Namen zu handeln, nicht in Betracht.

49 In der juristischen Fachsprache wird in großem Umfang mit **Abkürzungen** gearbeitet. Die meisten der gängigen Gesetze werden nicht mit ihrem vollständigen Titel, sondern in abgekürzter Form zitiert; dasselbe gilt für die Bezeichnungen der Gerichte und die Namen der juristischen Zeitschriften. Auch in der juristischen Wissenschaft seit langem eingeführte Standardwerke werden oft nur mit ihrem Begründer zitiert, auch wenn dieser seit langem verstorben ist und die Bearbeiter des Werks seitdem mehrfach gewechselt haben. So wird ein Großkommentar zum BGB allgemein „der Staudinger“ genannt, obwohl dessen Begründer Julius von Staudinger bereits 1902 verstorben ist, noch bevor die erste Auflage vollständig erschienen war. Meist werden in selbstständigen Veröffentlichungen diese Abkürzungen in einem Abkürzungsverzeichnis aufgelöst. Geschieht dies nicht oder fehlt – was auch im vorliegenden Buch gelegentlich so sein kann – die Auflösung einer verwendeten Abkürzung, kann man sich in dem umfangreichen Werk von Kirchner (ebenfalls längst verstorben!), Abkürzungsverzeichnis der Rechtssprache (11. Aufl. 2024) über jede auch noch so entlegene Abkürzung informieren. Zur bequemen Benutzung von Zeitschriften ist es aber erforderlich, dass sich Jurastudierende die wichtigsten Abkürzungen einprägen.

2. „Die Rechtssprache ist männlich“

50 Eine Erscheinung, die die deutsche Rechtssprache mit den Rechtsterminologien aller Sprachen teilt, die ein grammatisches Geschlecht kennen (also z.B. mit allen romanischen Sprachen, teilweise auch mit dem Englischen, nicht dagegen z.B. mit dem Türkischen), ist es, dass in Rechtsbegriffen stets nur die männliche Form verwendet wird, etwa in § 181a des Strafgesetzbuches, wo geregelt ist, wie ein Zuhälter bestraft wird, der die nach dieser Vorschrift strafbaren Handlungen „gegenüber seinem Ehegatten“ vornimmt. Mag es sich hierbei mehr um Kuriositäten handeln, ist das eigentliche Problem schwerwiegender: Dadurch, dass in Gesetzen nur die männliche Form verwendet wird, wird der weiblichen Hälfte der Bevölkerung die Möglichkeit genommen, sich mit dem Gesetz und den in ihm enthaltenen Ansprüchen und Möglichkeiten zu identifizieren.

51 Es handelt sich dabei um mehr als nur um terminologische Fragen. Dies beweist auch die Tatsache der Einfügung eines § 611b im Jahre 1980 in das BGB. Diese Vorschrift schrieb vor, dass Arbeitsstellen geschlechtsneutral auszuschreiben sind. Wer also eine Schreibkraft sucht, darf nicht die Stelle „einer Sekretärin“ ausschreiben, sondern muss „einen Sekretär (m/w/d)“ suchen; wer Elektriker sucht, muss die Stellen für „Elektriker (m/w/d)“ ausschreiben. Allerdings hatte sich der Gesetzgeber bei der Abfassung des Paragrafen – wie üblich – nicht um geschlechtsneutrale Formulierung bemüht, sondern erlegte die Pflicht zur geschlechtsneutralen Ausschreibung „dem Arbeitgeber“ auf, obwohl es doch auch erfolgreiche Unternehmerinnen gibt. Heute gilt statt des aufgehobenen § 611b BGB der § 11 AGG.

52 Auch falsche Informationen können durch die Verwendung des alleinigen männlichen Begriffes übermittelt werden. Früher wurde durch die Verwendung des Begriffs „die Väter des Grundgesetzes“ der Eindruck erweckt, dass nur Männer an der Ent-

stehung des Grundgesetzes beteiligt waren. Heute wird korrekterweise von den „Eltern des Grundgesetzes“ gesprochen.

53 Die Me-too-Bewegung, die international und auch in Deutschland starke Resonanz fand, ließ Forderungen nach einer gendergerechten Sprache aufkommen. Seit Jahren werden bereits geschlechtsgebundene Begriffe durch neutrale (z.B. Jurastudenten durch Jurastudierende) und personenbezogene Begriffe durch objektbezogene Begriffe (Studentenausweis durch Studienausweis) ersetzt. Modernes Gendern kann durch * (Richter*innen), : (Richter:innen), _ (Richter_innen), Binnen-I (RichterInnen) oder die bereits erwähnte Nennung beider Geschlechter (Richterinnen und Richter) geschehen, wobei die Interessen nicht-binärer Personen bei diesen Methoden nicht berücksichtigt werden. Die Verwendung von Sternchen, Doppelpunkt und Unterstrich (*, :, _) wird in der gesprochenen Sprache durch eine kurze Pause vor dem „innen“ gekennzeichnet, das Binnen-I verwendet ausschließlich weibliche Formen. Die Nennung des männlichen und des weiblichen Geschlechts kann zu Unklarheiten führen. Zum Beispiel ist bei dem Satz „Jeder Senat besteht aus acht Richterinnen und Richtern“ nicht eindeutig, ob der Spruchkörper jetzt aus acht oder aus 16 Personen besteht.

54 Artikel wie „Gendert das Grundgesetz“ oder „Gendern im Grundgesetz: Das Parlament darf gendern“, beide in der renommierten Wochenzeitung DIE ZEIT erschienen, oder die Arbeitshilfe „Gender Mainstreaming in Rechtsvorschriften“ des Bundesministeriums für Familie, Senioren, Frauen und Jugend (BMFSFJ) zu § 2 der gemeinsamen Geschäftsordnung der Bundesministerien (GGO) zeigen, dass das Thema längst auch in der Rechtssprache angekommen ist.

55 Allerdings würde eine durchgehende Verwendung der männlichen, weiblichen und womöglich einer dritten Form die Rechtssprache oft noch schwerfälliger und komplizierter machen, als sie es ohnehin schon ist. Beispielsweise wäre die in → Rn. 44 mitgeteilte Bestimmung des § 986 I 2 BGB, die ohnehin schon kompliziert ist, kaum noch lesbar, wenn „der Eigentümer“ und die anderen männlichen Substantive jeweils durch „der Eigentümer oder die Eigentümerin“ ersetzt würden. In manchem Zusammenhang könnte allerdings helfen, von „der Person“ zu sprechen, also z.B. statt von „dem Minderjährigen“ von „der minderjährigen Person“ zu sprechen. So ist jetzt beispielsweise in § 5 II des Hebammengesetzes von der „antragstellenden Person“ und in Krimis von der Tatperson die Rede.

56 Dass die Problematik die rein sprachliche Ebene längst verlassen hat, zeigen zwei kürzlich ergangene Gerichtsentscheidungen. In der einen ging es um die Pflicht zur Verwendung gendersensibler Sprache aufgrund eines Leitfadens eines Unternehmens und die mögliche Diskriminierung eines Konzernmitarbeiters dadurch (LG Ingolstadt, 29.07.2022 – 83 O 1394/21, BeckRS 2022, 19421). In der anderen entschied der EuGH, dass die pauschale Erhebung von Angaben zur Geschlechtsidentität (durch obligatorische Felder „Herr“ oder „Frau“) bei Massengeschäften einen Verstoß gegen die Datenschutzgrundverordnung (DSGVO) darstelle (EuGH 9.1.2025 Rs. C-394/23).

57 Konsequent durchgeführt – allerdings ohne die Wahrung der Interessen nicht binärer Personen – ist der Grundsatz der geschlechtsneutralen Ausdrucksweise in der Verfassung des Landes Schleswig-Holstein. Gerade hier zeigt sich aber die Schwerfälligkeit der praktischen Durchführung dieses Grundsatzes. So lautet Art. 34 II im Abschnitt über die Landesregierung: „Endet das Amt der Ministerpräsidentin oder des Ministerpräsidenten, so sind er oder sie und mit ihm oder ihr die anderen Mitglieder der Landesregierung ...“.

ÜBUNGSTEIL

Rechtliche Aspekte

1 Fragen zum Text

1. Warum ist die Rangordnung der Rechtssätze wichtig? Welches Gesetz steht an der Spitze der Rangordnung?
2. Was wird im deutschen Recht außer dem geschriebenen Recht oft zur Lösung eines Falles herangezogen?
3. Worin liegt bei der richterlichen Rechtsfortbildung der Unterschied zum Präjudizienrecht (z.B. in England)?
4. Wozu wird die Auslegung von gesetzlichen Bestimmungen benötigt?
5. Wie sieht es mit der Auslegung im Strafrecht aus? Warum?
6. Aus welchen Gründen ist die juristische Fachsprache für Nicht-Juristen schwer zu verstehen?
7. Inwiefern ist die Rechtssprache männlich? Welche Probleme sind damit verbunden?

2 Ergänzen Sie die folgenden beiden Skizzen:

Skizze 1: Welche beiden Arten von Rechtsquellen gibt es im deutschen Recht?

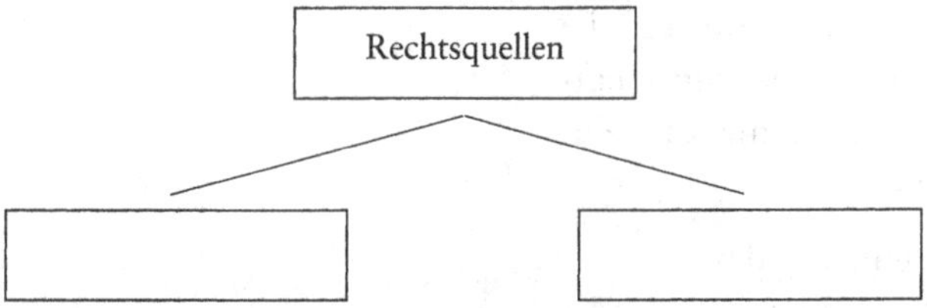

Skizze 2: In dieser Normenpyramide wurden die Gesetze und Vorschriften auf Bundesebene bereits eingetragen. Vervollständigen Sie die Normenpyramide bezüglich der Gesetze und Vorschriften auf Landesebene.

Normenpyramide

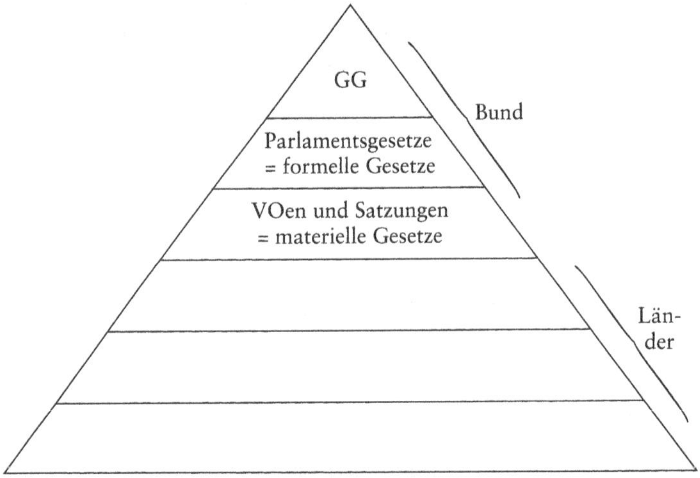

3 **Lesen Sie die nachfolgenden Paragrafen des BGB und zitieren Sie die fett gedruckten Passagen. Denken Sie daran, genau, also ggf. mit Absatz und Satz zu zitieren! Benutzen Sie einmal die ausführliche (a) und einmal die abgekürzte (b) Zitierweise.**

Beispiel

§ 194 Gegenstand der Verjährung.
(1) **Das Recht, von einem anderen ein Tun oder Unterlassen zu verlangen (Anspruch), unterliegt der Verjährung.**
(2) Ansprüche aus einem familienrechtlichen Verhältnis unterliegen der Verjährung nicht, soweit sie auf die Herstellung des dem Verhältnis entsprechenden Zustandes für die Zukunft gerichtet sind.

a) ausführliche Zitierweise
§ 194 Abs. 1 BGB

b) abgekürzte Zitierweise
§ 194 I BGB

1. § 249 Art und Umfang des Schadensersatzes.
(1) Wer zum Schadensersatze verpflichtet ist, hat den Zustand herzustellen, der bestehen würde, wenn der zum Ersatze verpflichtende Umstand nicht eingetreten wäre.
(2) [1]**Ist wegen Verletzung einer Person oder wegen Beschädigung einer Sache Schadensersatz zu leisten, so kann der Gläubiger statt der Herstellung den dazu erforderlichen Geldbetrag verlangen.** [2]Bei der Beschädigung einer Sache schließt der nach Satz 1 erfor-

a) ausführliche Zitierweise ....

b) abgekürzte Zitierweise ....

derliche Geldbetrag die Umsatzsteuer nur mit ein, wenn und soweit sie tatsächlich angefallen ist.

2. § 250 Schadensersatz in Geld nach Fristsetzung.

[1]Der Gläubiger kann dem Ersatzpflichtigen zur Herstellung eine angemessene Frist mit der Erklärung bestimmen, dass er die Herstellung nach dem Ablauf der Frist ablehne. **[2]Nach dem Ablauf der Frist kann der Gläubiger den Ersatz in Geld verlangen, wenn nicht die Herstellung rechtzeitig erfolgt; der Anspruch auf die Herstellung ist ausgeschlossen.**

a) ausführliche Zitierweise ....

b) abgekürzte Zitierweise ....

3. § 251 Schadensersatz in Geld ohne Fristsetzung.

(1) Soweit die Herstellung nicht möglich oder zur Entschädigung des Gläubigers nicht genügend ist, hat der Ersatzpflichtige den Gläubiger in Geld zu entschädigen.

(2) **[1]Der Ersatzpflichtige kann den Gläubiger in Geld entschädigen, wenn die Herstellung nur mit unverhältnismäßigen Aufwendungen möglich ist.** [2]Die aus der Heilbehandlung eines verletzten Tieres entstandenen Aufwendungen sind nicht bereits dann unverhältnismäßig, wenn sie dessen Wert erheblich übersteigen.

a) ausführliche Zitierweise ....

b) abgekürzte Zitierweise ....

4. § 252 Entgangener Gewinn.

[1]Der zu ersetzende Schaden umfasst auch den entgangenen Gewinn. **[2]Als entgangen gilt der Gewinn, welcher nach dem gewöhnlichen Laufe der Dinge oder nach den besonderen Umständen, insbesondere nach den getroffenen Anstalten und Vorkehrungen, mit Wahrscheinlichkeit erwartet werden konnte.**

a) ausführliche Zitierweise ....

b) abgekürzte Zitierweise ....

4 Unterstreichen Sie jetzt die zitierten Passagen in den angegebenen Paragrafen bzw. Artikeln.

Beispiel

§ 433 Abs. 1 S. 2 BGB

§ 433 Vertragstypische Pflichten beim Kaufvertrag.
(1) [1]Durch den Kaufvertrag wird der Verkäufer einer Sache verpflichtet, dem Käufer die Sache zu übergeben und das Eigentum an der Sache zu verschaffen. [2]Der Verkäufer hat dem Käufer die Sache frei von Sach- und Rechtsmängeln zu verschaffen.
(2) Der Käufer ist verpflichtet, dem Verkäufer den vereinbarten Kaufpreis zu zahlen und die gekaufte Sache abzunehmen.

1. § 812 Abs. 1 S. 1 1. Alt BGB

§ 812 Herausgabeanspruch
(1) [1]Wer durch die Leistung eines anderen oder in sonstiger Weise auf dessen Kosten etwas ohne rechtlichen Grund erlangt, ist ihm zur Herausgabe verpflichtet. [2]Diese Verpflichtung besteht auch dann, wenn der rechtliche Grund später wegfällt oder der mit einer Leistung nach dem Inhalt des Rechtsgeschäfts bezweckte Erfolg nicht eintritt.
(2) Als Leistung gilt auch die durch Vertrag erfolgte Anerkennung des Bestehens oder des Nichtbestehens eines Schuldverhältnisses.

2. § 823 Abs. 1 BGB

§ 823 Schadensersatzpflicht
(1) Wer vorsätzlich oder fahrlässig das Leben, den Körper, die Gesundheit, die Freiheit, das Eigentum oder ein sonstiges Recht eines anderen widerrechtlich verletzt, ist dem anderen zum Ersatze des daraus entstehenden Schadens verpflichtet.
(2) [1]Die gleiche Verpflichtung trifft denjenigen, welcher gegen ein den Schutz eines anderen bezweckendes Gesetz verstößt. [2]Ist nach dem Inhalt des Gesetzes ein Verstoß gegen dieses auch ohne Verschulden möglich, so tritt die Ersatzpflicht nur im Falle des Verschuldens ein.

3. § 828 Abs. 2 S. 2 BGB

§ 828 Minderjährige
(1) Wer nicht das siebente Lebensjahr vollendet hat, ist für einen Schaden, den er einem anderen zufügt, nicht verantwortlich.
(2) [1]Wer das siebente, aber nicht das zehnte Lebensjahr vollendet hat, ist für den Schaden, den er bei einem Unfall mit einem Kraftfahrzeug, einer Schienenbahn oder einer Schwebebahn einem anderen zufügt, nicht

verantwortlich. [2]Dies gilt nicht, wenn er die Verletzung vorsätzlich herbeigeführt hat.
(3) Wer das 18. Lebensjahr noch nicht vollendet hat, ist, sofern seine Verantwortlichkeit nicht nach Absatz 1 oder 2 ausgeschlossen ist, für den Schaden, den er einem anderen zufügt, nicht verantwortlich, wenn er bei der Begehung der schädigenden Handlung nicht die zur Erkenntnis der Verantwortlichkeit erforderliche Einsicht hat.

4. § 986 Abs. 1 S. 1 BGB

§ 986 Einwendungen des Besitzers
(1) [1]Der Besitzer kann die Herausgabe der Sache verweigern, wenn er oder der mittelbare Besitzer, von dem er sein Recht zum Besitz ableitet, dem Eigentümer gegenüber zur Überlassung des Besitzes berechtigt ist. [2]Ist der mittelbare Besitzer dem Eigentümer gegenüber zur Überlassung des Besitzes an den Besitzer nicht befugt, so kann der Eigentümer von dem Besitzer die Herausgabe der Sache an den mittelbaren Besitzer oder, wenn dieser den Besitz nicht wieder übernehmen kann oder will, an sich selbst verlangen.
(2) Der Besitzer einer Sache, die nach § 931 durch Abtretung des Anspruchs auf Herausgabe veräußert worden ist, kann dem neuen Eigentümer die Einwendungen entgegensetzen, welche ihm gegen den abgetretenen Anspruch zustehen.

5. Art. 1 Abs. 3 GG

Art. 1 [Schutz der Menschenwürde]
(1) Die Würde des Menschen ist unantastbar. Sie zu achten und zu schützen ist Verpflichtung aller staatlichen Gewalt.
(2) Das Deutsche Volk bekennt sich darum zu unverletzlichen und unveräußerlichen Menschenrechten als Grundlage jeder menschlichen Gemeinschaft, des Friedens und der Gerechtigkeit in der Welt.
(3) Die nachfolgenden Grundrechte binden Gesetzgebung, vollziehende Gewalt und Rechtsprechung als unmittelbar geltendes Recht.

5 **Beurteilen Sie, in welchem Stil die folgenden Fälle dargestellt sind, und begründen Sie Ihre Meinung.**

Fall 1

Die Schnecke im Salat (nach NJW 1986, 2647)

Der Kläger könnte gegen den Beklagten Anspruch auf Zahlung von 76 EUR aus § 433 II BGB haben. Nach dieser Vorschrift ist der Käufer verpflichtet, dem Verkäufer den vereinbarten Kaufpreis zu zahlen. Zweifelhaft ist, um was für einen Vertrag es sich bei dem zwischen den Parteien geschlossenen Vertrag handelt, durch den sich der Kläger verpflichtet hatte, dem Beklagten in seinem Restaurant die bestellten Speisen und Getränke zu servieren. Dieser Vertragstyp ist im BGB nicht näher geregelt, er enthält Elemente des Dienst-, Werk- sowie des Kaufvertrags. Schwerpunkt des Vertrags ist jedoch das Kaufvertragselement, nämlich das Bereitstellen von Speisen und Getränken gegen Entgelt, was rechtfertigt, den Zahlungsanspruch aus dem Kaufrecht herzuleiten. Voraussetzung für den Anspruch des Klägers ist, dass ein Kaufvertrag über Speisen und Getränke im Gesamtwert von 76 EUR geschlossen wurde. Der Beklagte hat diese Speisen und Getränke bestellt, der Kläger hat sie auch angeliefert. Ein Kaufvertrag ist also geschlossen worden. Der Beklagte könnte aber berechtigt sein, die Zahlung zu verweigern, wenn er den Kaufpreis durch Erklärung gegenüber dem Käufer gemindert hätte (§ 441 BGB). Dazu müssten die Speisen mangelhaft gewesen sein (§§ 437, 434 III BGB). In einem der gelieferten Salate befand sich eine Schnecke. Ein Salat, in dem sich eine Schnecke befindet, hat nicht die für in einem Restaurant servierten Salate übliche Beschaffenheit, die der Käufer erwarten kann. Er ist also mangelhaft.

Fall 2

Das erfundene Urteil (nach JuS 2016, 1039)

Nach den Feststellungen im angefochtenen Urteil beauftragte C den als Rechtsanwalt niedergelassenen Angeklagten damit, einen Restlohnanspruch gegenüber seiner ehemaligen Arbeitgeberin geltend zu machen. Der Angeklagte entfaltete aber keinerlei Tätigkeit. Schließlich teilte er dem C wahrheitswidrig mit, dass er Klage eingereicht und C – rechtskräftig – gewonnen habe, sich jedoch die Zwangsvollstreckung verzögere. Schließlich begab sich C selbst zum Gericht, wo er erfuhr, dass sich das fragliche – vermeintliche – Gerichtsverfahren nicht „im Computer finde". Deshalb misstrauisch geworden, suchte C den Angeklagten auf, um sich eine Kopie der Gerichtsentscheidung aushändigen zu lassen. Der Angeklagte erkannte nun, dass seine Notlüge aufzufliegen drohte und wusste nicht, wie er ohne Gesichtsverlust aus dieser Geschichte wieder herauskommen sollte. Deshalb entschloss er sich, mithilfe eines Computers ein Schriftstück zu erstellen, das wie die Abschrift eines gerichtlichen Urteils aussehen sollte. Er verwandte hierzu das fiktive Aktenzeichen 3 Ca 1431/11 und erstellte unter Verwendung des Wappens und der gerichtstypischen Schriftart ein angebliches „Anerkenntnisurteil" des Arbeitsgerichts Hamm vom 5.12.2011. In diesem heißt es: „Die Bekl. wird verurteilt, an den Kl. als weiteren

Lohn einen Betrag i. H. v. 2040 Euro brutto zuzüglich Zinsen i. H. v. 5 Prozentpunkten über dem Basiszinssatz seit dem 1.4.2011 zu zahlen. Urteil ohne Tatbestand und Entscheidungsgründe (§§ 313b I, 307 ZPO, §§ 46 II, 55 I Nr. 3 ArbGG)." Dieses Schreiben druckte der Angeklagte aus und versah es anschließend oben auf der ersten Seite mittig mit einem Stempelaufdruck „Abschrift". Diese „Urteilsabschrift" übergab er dem C. C wunderte sich zwar, dass das Urteil bzw. die Kopie keinen förmlichen Stempelaufdruck aufwies, hatte letztlich aber keine Vorstellung davon, wie ein solches Urteil auszusehen hat. Er begab sich daher am 22.1.2013 mit dieser „Urteilsabschrift" erneut zum Arbeitsgericht, wo er vergeblich die Erteilung einer beglaubigten Abschrift beantragte.

Der Angeklagte ist freizusprechen. Eine einfache Abschrift stellt regelmäßig keine Urkunde dar, weil sie nicht die Erklärung des Ausstellers des Originals verkörpert, sondern lediglich wiedergibt, was (vermeintlich) in einem anderen Schriftstück verkörpert ist. Zwar werden gewisse einfache Abschriften als Urkunden i.S.d. § 267 StGB angesehen, wenn sie kraft gesetzlicher Bestimmung an die Stelle der Urschrift treten oder sie als die von dem angeblichen Aussteller herrührende Urschrift ausgegeben oder unter Umständen verwendet werden, die den Anschein erwecken können, als sei die Abschrift von dem Aussteller der Urschrift zu dem Zweck hergestellt worden, im Rechtsleben als Ersatz der Urschrift zu dienen. Vorliegend ist jedoch keine dieser Voraussetzungen erfüllt. Das von dem Angeklagten erstellte Schriftstück wurde vom Angeklagten nicht als die von dem angeblichen Aussteller herrührende Urschrift, sondern lediglich als – zumal mit einem Stempelausdruck ausdrücklich so bezeichnete – Abschrift eines arbeitsgerichtlichen Urteils ausgegeben, die nicht einmal ihren vermeintlichen Aussteller erkennen lässt. Der Umstand, dass im alltäglichen Leben mittlerweile verschiedenen Arten von Schriftstücken wie z.B. Fotokopien, Telefaxschreiben oder (ausgedruckten) Emails ein erheblicher Beweiswert beigemessen wird, begründet jedoch nach ständiger Rechtsprechung grundsätzlich noch nicht deren Urkundsqualität. Die Verurteilung des Angeklagten wegen Urkundenfälschung gem. § 267 I StGB hält daher einer rechtlichen Überprüfung nicht stand und war aus diesem Grunde aufzuheben.

6 **Ordnen Sie folgende (in Deutschland sehr bekannte) Titel den fünf Kategorien „Kommentar, Lehrbuch, Monographie, juristische Zeitschrift, Entscheidungssammlung" zu! Schauen Sie die Titel nötigenfalls in der Bibliothek oder dem Literatur- oder Abkürzungsverzeichnis eines Lehrbuchs oder Kommentars nach.**

1. Entscheidungen des Bundesverfassungsgerichts (BVerfGE)
2. Brox/Walker: Allgemeiner Teil des BGB
3. Neue Juristische Wochenschrift (NJW)
4. Grüneberg: Bürgerliches Gesetzbuch
5. Roxin: Täterschaft und Teilnahme

7 **Gem. § 194 Abs. 1 BGB ist ein Anspruch „das Recht, von einem anderen ein Tun oder ein Unterlassen zu verlangen". Der Anspruch ist üblicherweise als Recht (a) oder als Verpflichtung (b) formuliert.**

Beispiel

a) § 985 BGB — § 985 [Herausgabeanspruch] Der Eigentümer **kann** von dem Besitzer die Herausgabe der Sache **verlangen.**

b) § 433 Abs. 1 S. 1 BGB — § 433 [Grundpflichten des Verkäufers und des Käufers] (1) Durch den Kaufvertrag **wird** der Verkäufer einer Sache **verpflichtet**, dem Käufer die Sache zu übergeben und das Eigentum an der Sache zu verschaffen.

Bitte entscheiden Sie, ob es sich bei den folgenden Paragrafen des BGB um eine Anspruchsgrundlage handelt oder nicht, und begründen Sie Ihre Meinung.

Anspruchsgrundlage	ja	nein	warum?
§ 1			
§ 105 Abs. 1			
§ 433 Abs. 2			
§ 535 Abs. 1 S. 1			
§ 823 Abs. 1			
§ 854 Abs. 1			
§ 1004 Abs. 1 S. 1			

Überlegen Sie anschließend, warum die Kenntnis der Anspruchsgrundlagen für die Praxis große Bedeutung hat.

8 Finden Sie mit Hilfe eines Abkürzungsverzeichnisses heraus, wie die folgenden für Jurastudierende wichtigen Zeitschriften heißen.

1. JA = ...
2. Jura = ...
3. JuS = ...

9 Um welche Auslegungsmethode handelt es sich jeweils?

1. Die Reiterin R verlässt bei einem Ausritt den ausgeschilderten Reitweg und führt ihr Pferd am Zügel ca. 50 m vom offiziellen Reitweg zu einer Wiese, um dort zu rasten. Das Amtsgericht verhängt ein Bußgeld gegen sie wegen „unerlaubten Reitens auf nicht zum Reiten ausgewiesenen Wegen" gem. § 52 Abs. 2 Nr. 6 i.V.m. § 12 Abs. 1 SächsWaldG. Das zuständige OLG gibt ihrer Rechtsbeschwerde statt mit der Begründung, unter dem Begriff „Reiten" werde nach allgemeiner Auffassung die Fortbewegung eines Menschen auf einem Tier verstanden. Demgegenüber werde beim „Führen" das Tier gerade nicht zur Fortbewegung genutzt.
2. Der Kläger besuchte von Ende September bis Ende März des anschließenden Jahres an einer internatsähnlichen Bibelschule einen Bibelschulkurs und bestand die Abschlussprüfung dieses Kurses. Ziel des Kurses war seine christliche Weiterent-

wicklung. Er verlangte erfolglos, dass diese Zeit als Anrechnungszeit in seinem Versicherungskonto bei der Deutschen Rentenversicherung vorgemerkt werde. Das Sozialgericht wies die Klage mit der Begründung ab, die dazu nötige Schulausbildung betreffe den Besuch allgemeinbildender oder weiterführender Schulen; darunter falle die Bibelschule nicht.

3. Ein nichteheliches Kind eines ausgebürgerten Deutschen machte einen Rechtsanspruch auf die deutsche Staatsangehörigkeit geltend. Das BVerfG führte aus:
   a) Auf die Wiedereinbürgerung besteht nach dem Wortlaut des Art. 116 Abs. 2 S. 1 GG ein Rechtsanspruch („sind [...] wieder einzubürgern.") Es ist daher unzulässig, sie von in Art. 116 Abs. 2 S. 1 GG nicht genannten Voraussetzungen abhängig zu machen. Der Wortlaut des Art. 116 Abs. 2 Satz 1 GG spricht von „Abkömmlingen"; ihm lässt sich eine Eingrenzung auf eheliche Abkömmlinge nicht zwingend entnehmen.
   b) Das Bundesverwaltungsgericht hält die Unterscheidung mit Blick auf den unterschiedlichen Gesetzeszweck der beiden Absätze für gerechtfertigt. Die unterschiedliche Auslegung desselben Begriffs „Abkömmling" in Absatz 1 und Absatz 2 ist allerdings mit Blick auf den unterschiedlichen Gesetzeszweck der beiden Absätze keineswegs zwingend geboten. Der Wiedergutmachungszweck steht einer mit der Auslegung des Begriffs „Abkömmling" in Absatz 1 übereinstimmenden und mit den Wertentscheidungen des Grundgesetzes besser vereinbaren Auslegung in Absatz 2 nicht entgegen.
   c) Nach seinem Sinn und Zweck dient Art. 116 Abs. 2 GG der Wiedergutmachung nationalsozialistischen Unrechts im Bereich des Staatsangehörigkeitsrechts. Der Gesetzeszweck der Wiedergutmachung steht einer einengenden Auslegung des Art. 116 Abs. 2 GG grundsätzlich entgegen, was ebenfalls gegen eine Eingrenzung des Abkömmlingsbegriffs und für eine Einbeziehung der nichtehelichen Kinder eines ausgebürgerten Vaters in diesen Begriff spricht.
   d) Der Entstehungsgeschichte des Art. 116 Abs. 2 Satz 1 GG lässt sich ein Ausschluss von nichtehelichen Kindern nicht entnehmen. Es ist auch nicht ersichtlich, dass es der Verfassungsgeber bei der Schaffung des Art. 116 Abs. 2 Satz 1 GG entgegen seiner Regelungsabsicht unterlassen hat, einen Ausschluss nichtehelicher Kinder vorzusehen.
4. Die Polizistin P beugte sich bei einer Verkehrskontrolle in das Fahrzeug des leicht angetrunkenen Autofahrers F. Dieser gab daraufhin Vollgas und fuhr rückwärts, um die Verkehrskontrolle zu verhindern. P wurde ein kurzes Stück mitgerissen, aber nicht verletzt. Der Strafrichter war der Meinung, der PKW sei in diesem Fall eine Waffe i.S.d. § 113 Abs. 2 StGB. Das BVerfG wies darauf hin, dass Waffen nach der Rechtsprechung des BGH allgemein körperliche Gegenstände seien, die nach ihrer objektiven Beschaffenheit und ihrem Zustand zur Zeit der Tat bei bestimmungsgemäßer Verwendung geeignet sind, erhebliche Verletzungen von Menschen zu verursachen. Ein PKW könne nicht als Waffe angesehen werden, da er weder von der Zweckbestimmung noch von seinem typischen Gebrauch her zur Bekämpfung anderer oder zur Zerstörung von Sachen eingesetzt werde.

10 Anschließend finden Sie das Märchen „Rotkäppchen", wie es ein Verwaltungsjurist möglicherweise formulieren würde. Allerdings ist die Reihenfolge durcheinandergeraten. Kopieren Sie den Text, schneiden Sie die einzelnen Absätze aus und versuchen Sie, das Märchen in der richtigen Reihenfolge zusammenzusetzen.

Rotkäppchen

1. Der sich auf einem Dienstgang befindliche Förster F. vernahm verdächtige Schnarchgeräusche und stellte deren Urheberschaft seitens des Wolfsmaules fest.
2. Sie machte sich infolge Nichtbeachtung dieser Vorschrift straffällig und begegnete beim Überschreiten des diesbezüglichen Blumenpflückverbotes einem polizeilich nicht gemeldeten Wolf ohne festen Wohnsitz.
3. Als in unserer Stadt wohnhaft ist eine Minderjährige aktenkundig, welche infolge ihrer hierorts üblichen Kopfbedeckung Rotkäppchen genannt zu werden pflegt.
4. Die Beinhaltung des Getöteten weckte in dem Schussabgeber die Vermutung, dass der Leichnam Personen beinhalte.
5. Durch die unverhoffte Wiederbelebung bemächtigte sich der beiden Personen ein gesteigertes, amtlich nicht zulässiges Lebensgefühl.
6. Er reichte bei seiner vorgesetzten Dienststelle ein Tötungsgesuch ein, welches zuschlägig beschieden wurde.
7. Dieser verlangte in unberechtigter Amtsanmaßung Einsichtnahme in den zum Transport von Konsumgütern dienenden Korb und traf zwecks Tötungsabsicht die Feststellung, dass die R. zu ihrer verwandten und verschwägerten Großmutter eilends war.
8. Zwecks diesbezüglicher Feststellung öffnete er unter Zuhilfenahme eines Messers den Kadaver zur Einsichtnahme und stieß hierbei auf die noch lebende R. nebst Großmutter.
9. Da bei dem Wolfe Verknappungen auf dem Ernährungssektor vorherrschend waren, beschloss er, bei der Großmutter der R. unter Vorlage falscher Papiere vorsprechig zu werden.
10. Vorher wurde die R. seitens ihrer Mutter über das Verbot betreffs Verlassens der Waldwege auf Kreisebene belehrt.
11. Dieser wurde nach Infangnahme der Kugel ablebig.
12. Daraufhin gab er einen Schuss ab auf den Wolf.
13. Die R. beabsichtigte, ihrer ordnungsgemäß im Außenbereich wohnhaften Großmutter einen Besuch abzustatten.
14. Bei der später eintreffenden R. täuschte er seine Identität mit der Großmutter vor, stellte der R. nach und durch Zweitverschlingung derselben seinen Tötungsvorsatz unter Beweis.
15. Der Vorfall wurde von den Brüdern Grimm zu Protokoll gegeben.
16. Da dieselbe wegen Augenleidens krankgeschrieben war, gelang dem Wolf die diesfällige Täuschungsabsicht, worauf er unter Verschlingung der Bettlägerigen einen strafbaren Mundraub ausführte.

11 Rechtspolitische Frage

Erörtern Sie, wie eine gendersensible Rechtssprache aussehen könnte.

12 Rechtsvergleichende Anregungen

1. Vergleichen Sie die Rechtsquellen Ihres Heimatrechts mit denjenigen des deutschen Rechts. Arbeiten Sie die Unterschiede heraus und erläutern Sie, welche Auswirkungen diese haben.
2. Nehmen Sie einen Vergleich zwischen den juristischen Methoden in Ihrer Heimat und in Deutschland vor. Gehen Sie dabei auf den Aufbau eines Urteils ein und zeigen Sie Ähnlichkeiten und Differenzen auf.
3. Vergleichen Sie die Rechtssprache in Ihrem Herkunftsstaat mit der deutschen Rechtssprache und legen Sie dar, inwieweit ähnliche Probleme bestehen und inwieweit Probleme zufrieden stellend vermieden werden.

Sprachliche Aspekte

1 Ergänzen Sie im Zusammenhang mit Anspruchsgrundlagen im Gesetz im nachfolgenden Text Wörter aus der Liste.

Anspruch / Ansprüche / auf / geltend / Herausgabe / kann / klagen / Klagerecht / machen / Schadens / Tun / Unterlassen / verlangen / verpflichtet / Verpflichtung

§ 194 I BGB enthält die Definition des Begriffes ____________(1). Danach kann derjenige, der einen Anspruch hat, vom anderen ein bestimmtes ________(2) oder __________ (3) verlangen. Im Gesetz wird gelegentlich unter direkter Benutzung des Wortes „Anspruch" auf _________(4) verwiesen, die in vorhergehenden Paragrafen in anderer Weise formuliert sind. So z.B. in § 651g I 1 BGB. Demzufolge sind Ansprüche nach den §§ 651c bis 651f BGB vom Reisenden innerhalb eines Monats nach der vertraglich vorgesehenen Beendigung der Reise gegenüber dem Reiseveranstalter __________ (5) zu __________(6). Die Formulierung von Ansprüchen ist im Gesetz häufig am Gebrauch bestimmter Verben erkennbar. § 985 BGB bestimmt beispielsweise, dass der Eigentümer vom Besitzer die __________(7) der Sache __________(8) kann.
Andere Paragrafen gewähren ein __________(9). Nach § 1004 I 2 BGB kann der Eigentümer z.B. bei bestimmten Beeinträchtigungen des Besitzes _________(10) Unterlassung _________(11).
Ein Anspruch entsteht meist, wenn ein Beteiligter eine gesetzlich bestimmte Verpflichtung nicht erfüllt hat. Dementsprechend ist die Grundlage für einen Anspruch sehr oft in der ____________(12) zu finden, die im Gesetz formuliert ist. § 433 II BGB ____________(13) z.B. den Käufer, den durch Kaufvertrag vereinbarten Kaufpreis zu zahlen und die gekaufte Sache abzunehmen. Nach § 280 I 1 BGB ____________(14) der Gläubiger Ersatz des ____________(15) verlangen, der dadurch entsteht, dass der Schuldner eine Pflicht aus dem Schuldverhältnis verletzt.

2 Der Konjunktiv II im Gutachtenstil

Der Konjunktiv II ist vom Imperfekt abgeleitet und dient zum Ausdruck von Hypothesen. Deshalb wird die Erörterung der möglichen Anspruchsgrundlage (1) durch den Konjunktiv II eingeführt, ebenso die Erörterung der Tatbestandsmerkmale (2), Einwendungen und Einreden (3).

Relevante Formen sind die 3. Person Singular (-e) und Plural (-en).

Es gibt eine zunehmende Tendenz, den Konjunktiv II durch das **Konditional** zu ersetzen (würde + Infinitiv). Das ist besonders dann der Fall, wenn die Formen des Konjunktiv II und des Imperfekt Indikativ identisch sind.

Beachten Sie: Modalverben sowie Formen von „sein" und „haben" sind nicht durch das Konditional zu ersetzen.

Beispiele aus dem Textbeispiel über den Autokauf in Kapitel 2:

1. A. **könnte** gegen B einen Anspruch auf Rückgängigmachung des Kaufvertrags haben.
2. Der wesentlich überhöhte Benzinverbrauch **könnte** einen solchen Mangel darstellen.
3. Dem Anspruch **könnte** daher die Einrede der Verjährung entgegenstehen. Ergänzen Sie die passenden Formen des Konjunktiv II.

Ergänzen Sie die passenden Formen des Konjunktiv II.

1. E __________ gegen S einen Anspruch auf Nacherfüllung nach §§ 634 Nr. 1, 635 BGB haben.
2. Voraussetzung dafür ______________, dass das Werk nicht die vereinbarte Eigenschaft hat.
3. A ______________________ gegen B einen Anspruch auf Herausgabe der Sache nach § 985 BGB haben.
4. Dann _______________ er Eigentümer der Sache sein.
5. Es ____________________ zweifelhaft sein, ob eine wirksame Übereignung stattgefunden hat.

3 Geschlechtsneutrale Ausdrucksweise

Versuchen Sie, folgende Vorschriften aus BGB und GG gendersensibel umzuformulieren.

a) Art. 54 GG Wahl durch die Bundesversammlung
   Der Bundespräsident wird ohne Aussprache von der Bundesversammlung gewählt. Wählbar ist jeder Deutsche, der das Wahlrecht zum Bundestag besitzt und das vierzigste Lebensjahr vollendet hat.
b) § 1569 BGB Anspruch auf Unterhalt
   Kann ein Ehegatte nach der Scheidung nicht selbst für seinen Unterhalt sorgen, so hat er gegen den anderen Ehegatten einen Anspruch auf Unterhalt nach den folgenden Vorschriften.
c) § 985 BGB Herausgabeanspruch
   Der Eigentümer kann von dem Besitzer die Herausgabe der Sache verlangen.

d) § 433 Abs. 2 BGB Grundpflichten des Verkäufers und des Käufers
Der Käufer ist verpflichtet, dem Verkäufer den vereinbarten Kaufpreis zu zahlen und die gekaufte Sache abzunehmen.
e) § 117 BGB Scheingeschäft
Wird eine Willenserklärung, die einem anderen gegenüber abzugeben ist, mit dessen Einverständnis nur zum Schein abgegeben, so ist sie nichtig.

Kapitel 3
Das Verfassungsrecht

1 Wie die meisten Staaten hat auch die Bundesrepublik Deutschland eine geschriebene Verfassung, die in einer Verfassungsurkunde niedergelegt ist. Diese ist allerdings nicht als Verfassung bezeichnet, sondern trägt die Überschrift **Grundgesetz.** Das hat historische Gründe. Als nach dem Zweiten Weltkrieg aus der amerikanischen, der britischen und der französischen Besatzungszone die Bundesrepublik Deutschland gebildet wurde, hielt der neue Staat seine Verfassungsordnung für „provisorisch" und wählte deswegen nicht die Bezeichnung „Verfassung", sondern den neutralen Begriff „Grundgesetz", weil die Bürger im Osten Deutschlands von der Mitwirkung ausgeschlossen waren.

2 Nach dem Beitritt der DDR, der am 3. Oktober 1990 wirksam geworden ist, wurde jedoch keine neue Verfassung in Kraft gesetzt, sondern lediglich das Grundgesetz in einigen wenigen Punkten geändert; seine Überschrift wurde beibehalten. Außer dem Grundgesetz gibt es die Verfassungen der Bundesländer, die meist auch als solche bezeichnet werden und deren Geltung auf das Gebiet des jeweiligen Landes beschränkt ist.

I. Die Grundrechte

3 Anders als in den meisten Verfassungen stehen im Grundgesetz die Menschen- und Bürgerrechte (sogenannte Grundrechte) an der Spitze der Verfassungsurkunde (Art. 1 bis 19); lediglich die die Rechtsprechung betreffenden Grundrechte sind weiter hinten eingeordnet (Art. 101 bis 104). Auch diese Besonderheit ist historisch begründet. Nach den Erfahrungen der nationalsozialistischen Gewaltherrschaft, die die Menschenrechte aufs Gröbste missachtet hatte, sollte auch äußerlich klar erkennbar werden, dass die Gewährleistung der elementaren Rechte des Individuums den wichtigsten Teil der Verfassungsordnung der Bundesrepublik darstellt.

1. Die einzelnen Grundrechte

a) Die Menschenwürde

4 Die meisten Grundrechte sind Menschenrechte, stehen also nicht nur den deutschen Staatsangehörigen, sondern allen Bürgern zu. Das gilt natürlich auch für den **Schutz der Menschenwürde** (Art. 1 I GG): „Die Würde des Menschen ist unantastbar. Sie zu achten und zu schützen ist Verpflichtung aller staatlichen Gewalt."

5 Es handelt sich dabei nicht nur um einen unverbindlichen Programmsatz. Vielmehr hat das BVerfG aus der Menschenwürde der Insassen z.B. die Verfassungswidrigkeit einer Bestimmung des Luftsicherheitsgesetzes abgeleitet, die gestattet hätte, ein entführtes Flugzeug abzuschießen, selbst wenn dies geschieht, um die Menschen zu retten, deren Tötung von den Entführern mit der Entführung beabsichtigt ist. Eine Abwägung kommt hier nicht in Betracht; der Staat darf seine Schutzpflicht nur mit Mitteln erfüllen, die mit der Verfassung in Einklang stehen.

b) Die Freiheitsrechte

6 Auch die Freiheitsrechte, die sich im Katalog der Grundrechte anschließen, sind ganz überwiegend Menschenrechte. Das umfassende Freiheitsrecht ist das auf **freie Entfaltung der Persönlichkeit** (Art. 2 I GG). Es besteht zwar lediglich im Rahmen der verfassungsmäßigen Ordnung, ist also durch jede verfassungsgemäß zustande gekommene Rechtsvorschrift beschränkbar, hat aber trotzdem große Bedeutung, da es den Bürger umfassend gegen jede denkbare Beeinträchtigung seiner Lebensentfaltung durch den Staat ohne gesetzliche Grundlage schützt. Das BVerfG, zu dessen wichtigsten Aufgaben die Auslegung der Grundrechte zählt, rechnet nämlich nicht nur den Persönlichkeitskern, sondern jede Ausübung von Rechten zur Persönlichkeitsentfaltung. Damit gehören zum Schutzbereich dieses Grundrechts auch Lebensbereiche, die im normalen Sprachgebrauch nicht mehr zur Persönlichkeitsentfaltung gerechnet würden.

Beispiel Nach § 517 I ZPO beträgt die Frist zur Einlegung eines Rechtsmittels gegen die Entscheidung eines Zivilgerichts einen Monat ab Zustellung des Urteils. Ein Bürger hatte den Brief, mit dem er gegen ein Urteil, das ihm am 29.12.2020 zugestellt worden war, ein Rechtsmittel einlegte, am 29.1.2021 um 23 Uhr in den Briefkasten des Gerichts geworfen. Das Gericht hatte sein Rechtsmittel als verspätet angesehen, weil um 23 Uhr kein Personal zur Entgegennahme des Rechtsmittels mehr vorhanden ist. Das BVerfG hält diese Meinung für eine Verletzung des Grundrechts aus Art. 2 I GG mit folgender Begründung: Wenn § 517 I ZPO eine Frist von einem Monat bestimmt, bedeutet das, dass man am letzten Tag der Frist bis 24 Uhr das Rechtsmittel einlegen kann.

7 Art. 2 I GG schützt auch das **allgemeine Persönlichkeitsrecht** des Menschen. Das BVerfG hat aus Art. 2 I GG in Verbindung mit der Garantie der Menschenwürde in Art. 1 I GG ein Recht auf **informationelle Selbstbestimmung** abgeleitet. Der Einzelne kann grundsätzlich selbst entscheiden, wem die Daten über seine persönlichen Verhältnisse zugänglich sein sollen; nur im überwiegenden Allgemeininteresse auf einer gesetzlichen Grundlage sind Einschränkungen möglich. Dadurch ist beispielsweise das Recht des Staates zur Datenerhebung bei einer Volkszählung erheblich eingeschränkt. Nach einer Entscheidung des BVerfG aus dem Jahre 2008 umfasst das allgemeine Persönlichkeitsrecht auch das Recht auf die Gewährleistung der Vertraulichkeit und Integrität informationstechnischer Systeme. Dieses Recht schützt den Bürger vor Zugriffen auf Computer, Netzwerke usw., wenn diese ermöglichen, einen Einblick in wesentliche Teile seiner Lebensgestaltung zu gewinnen oder gar ein aussagekräftiges Bild seiner Persönlichkeit zu erhalten. Dem allgemeinen Persönlichkeits-

recht hat das BVerfG in einer sehr umstrittenen Entscheidung aus dem Jahr 2020 auch ein Recht auf **selbstbestimmtes Sterben** als Ausdruck persönlicher Autonomie entnommen.

8 Die **persönliche Freiheit** garantieren die Art. 2 II 2 und 104 GG: Nur aufgrund eines Gesetzes darf jemand festgehalten werden; die Polizei darf eigenmächtig niemanden länger als bis zum Ende des Tages nach der Verhaftung festhalten; dann muss ein Richter darüber entscheiden, ob ein Haftbefehl erlassen wird oder der Verhaftete freizulassen ist.

9 Weitere Freiheitsrechte sind die **Freiheit des religiösen oder weltanschaulichen Bekenntnisses, des Glaubens und des Gewissens** sowie die **Freiheit der Religionsausübung** (Art. 4 GG) und die **Freiheit der Meinungsäußerung** (Art. 5 I GG). Dieses Grundrecht garantiert auch die **Pressefreiheit** und verbietet jede vorherige Zensur von Druckerzeugnissen.

10 Zu den Menschenrechten gehören auch die **Freiheit von Kunst und Wissenschaft, Forschung und Lehre** (Art. 5 III GG) und die **Koalitionsfreiheit**, nämlich das Recht, Gewerkschaften und Arbeitgeberverbände zu bilden und ihnen beizutreten (Art. 9 III GG), sowie das Recht, sich mit Bitten oder Beschwerden an die zuständigen Stellen oder an das Parlament zu wenden (**Petitionsrecht**, Art. 17 GG).

11 Andere Freiheitsrechte stehen nur deutschen Staatsangehörigen zu (sog. Bürgerrechte). Diese sind die **Versammlungsfreiheit** (Art. 8 GG) und die **Vereinigungsfreiheit** (Art. 9 I, II GG) sowie die **Freizügigkeit** (Art. 11 GG) und die **Freiheit der Berufswahl** (Art. 12 GG). Die Versammlungsfreiheit umfasst insbesondere auch das Demonstrationsrecht. Zwar können Versammlungen unter freiem Himmel gesetzlich beschränkt werden und sind durch das Versammlungsgesetz auch tatsächlich zahlreichen Beschränkungen unterworfen worden, trotzdem hat das BVerfG der Demonstrationsfreiheit gegenüber Eingriffen der Staatsgewalt große Wirksamkeit verschafft.

Beispiel Eine Großdemonstration mit etwa 50.000 Teilnehmern, mit der gegen die Errichtung eines Atomkraftwerks protestiert werden sollte, war verboten worden, weil befürchtet wurde, dass es durch gewalttätige Teilnehmer zu Ausschreitungen kommen könnte. Das BVerfG hat dieses Verbot als einen Verstoß gegen Art. 8 GG angesehen. Da bei Großdemonstrationen immer damit zu rechnen ist, dass sich ihnen zumindest kleine Gruppen Gewalttätiger anschließen, könnte nach seiner Ansicht mit dieser Begründung praktisch jede Großdemonstration verboten und das Grundrecht damit ausgehöhlt werden (BVerfG 14.05.1985 – 1 BvR 233/81, 1 BvR 341/81, BVerfGE 69, 315).

c) Der Gleichheitssatz

12 Neben diesen Freiheitsrechten gehört der **allgemeine Gleichheitssatz** (Art. 3 I GG) zu den Grundrechten. Er gewährleistet, dass wesentlich gleiche Sachverhalte gleich und verschiedene Sachverhalte nach ihrer Eigenart verschieden beurteilt werden müssen. Unsachliche Differenzierungen sind dadurch verboten; insbesondere nach dem Geschlecht (Art. 3 II GG) und aus rassischen, religiösen, sprachlichen, politischen und ähnlichen Gründen (Art. 3 III GG). Darüber hinaus entnimmt das BVerfG diesem Artikel ein allgemeines **Willkürverbot**, das dann eingreift, wenn die Anwendung eines Gesetzes oder einer sonstigen Rechtsnorm unter keinem Gesichtspunkt mehr als sinnvoll und angemessen angesehen werden kann.

d) Die Unverletzlichkeitsrechte

13 Eine weitere Gruppe der Grundrechte bilden die Unverletzlichkeitsrechte. Das sind Grundrechte, die Ansprüche darauf geben, dass die Staatsgewalt Eingriffe in Rechtsgüter unterlässt. Dazu zählt das **Recht auf Leben und körperliche Unversehrtheit** (Art. 2 II 1 GG); in diesen Zusammenhang gehört auch das **Verbot der Todesstrafe** (Art. 102 GG). Ein weiteres Unverletzlichkeitsrecht, das auch die Freiheit der Telekommunikation umfasst, ist das **Brief- und Postgeheimnis** (Art. 10 GG); das Fernsprechgeheimnis ist aber durch das sog. Abhörgesetz wesentlich beschränkt worden. Das BVerfG hat diese Beschränkungen im Interesse einer wirksamen Verbrechensbekämpfung als zulässig angesehen. Zu den Unverletzlichkeitsrechten gehören auch die **Unverletzlichkeit der Wohnung** (Art. 13 GG) und die **Garantie von Eigentum und Erbrecht** (Art. 14 GG).

e) Die sozialen Grundrechte

14 Soziale Grundrechte oder Teilhaberechte beschreiben die Mitwirkungsrechte der Bürger an sozialen Gemeinschaften. Das Grundgesetz regelt insbesondere das **Recht der Eltern auf Pflege und Erziehung ihrer Kinder** (Art. 6 GG), das eine staatlich angeordnete Gemeinschaftserziehung verbietet, das **Recht auf Einrichtung privater Schulen** (Art. 7 IV GG), das **Verbot, einem Deutschen die deutsche Staatsangehörigkeit zu entziehen oder ihn an das Ausland auszuliefern** (Art. 16 GG), und das **Asylrecht** für politisch verfolgte Ausländer (Art. 16a I GG), dessen Inhalt im Jahre 1993 allerdings durch eine Verfassungsänderung wesentlich eingeschränkt worden ist. Letzteres ist mittlerweile auch in erheblichem Umfang durch europäisches Recht überlagert, aufgrund dessen das zu seiner Durchführung erlassene Asylgesetz bereits zahlreiche Änderungen erfahren hat und manche Vorschriften außerordentlich kurzlebig waren.

15 Nicht ausdrücklich im Grundrechtsteil geregelt, aber wegen des Sozialstaatsprinzips (Art. 20 I GG) und als Folgerung aus der Menschenwürde trotzdem allgemein anerkannt ist der Anspruch auf **Sozialhilfe** für solche Bürger, die nicht selbst für ihren Lebensunterhalt sorgen können. Schließlich ist auch noch das **Recht auf gleichen Zugang zu allen öffentlichen Ämtern** (Art. 33 II GG) ein soziales Grundrecht.

f) Die Justizgrundrechte

16 Die letzte Gruppe der Grundrechte bilden die sog. Justizgrundrechte (Art. 101 und 103 GG). Die Bestimmung, dass niemand seinem gesetzlichen Richter entzogen werden darf (Art. 101 I 2 GG), gibt es in den Verfassungen vieler anderer Länder, auch wenn diese sonst einen hohen Rechtsschutzstandard bieten, nicht. Das Grundgesetz hat sie nach den Erfahrungen der nationalsozialistischen Zeit aufgenommen, in der trotz des Fortbestehens der ordentlichen Gerichte Justizterror durch Sonder- und Ausnahmegerichte ausgeübt wurde.

17 Dagegen finden sich der Grundsatz *nulla poena sine lege* (Art. 103 II GG; → Kap. 7 Rn. 14 ff.) und der Anspruch auf **rechtliches Gehör** (Art. 103 I GG) wohl in den Rechtsordnungen aller Kulturstaaten. Vor allem dem Recht auf Gehör hat das BVerfG eine außerordentliche Tragweite zuerkannt, unter anderem dadurch, dass es jeden Fehler im Gerichtsverfahren, durch den eine Partei eine Äußerungsmöglichkeit verliert, als einen Verstoß gegen dieses Grundrecht ansieht. Ein Verstoß gegen den Anspruch auf rechtliches Gehör ist dadurch zu der zahlenmäßig am häufigsten gerügten Grundrechtsverletzung geworden.

2. Schutz der Grundrechte

18 Die Grundrechte haben in der deutschen Rechtswirklichkeit eine außerordentliche Bedeutung. Nicht nur Juristen befassen sich damit, auch den einzelnen Bürgerinnen und Bürgern sind sie, wenn nicht im Einzelnen, so doch jedenfalls als Einrichtung der Rechtsordnung bekannt. Sie gehören zum Alltag jedes Richters, aber auch jedes Jurastudierenden. Die Lösung von Fällen, ganz gleich, ob aus dem Zivilrecht, dem Strafrecht oder dem Verwaltungsrecht, ist ohne Kenntnis und Anwendung der Grundrechte nicht denkbar. Das hat mehrere Gründe.

19 Die Grundrechte des Grundgesetzes sind nicht nur Programmsätze, sondern „binden Gesetzgebung, vollziehende Gewalt und Rechtsprechung als unmittelbar geltendes Recht" (Art. 1 III GG). Wer durch die öffentliche Gewalt in seinen Rechten verletzt wird, kann sich an die Gerichte wenden (Art. 19 IV GG); es gibt also keinen rechtsfreien Raum, der der gerichtlichen Kontrolle entzogen wäre. Diese Bindung erschöpft sich nicht darin, Maßnahmen, die gegen ein Grundrecht gerichtet sind, zu unterlassen. Vor allem die Freiheitsgrundrechte „durchdringen" auch andere Rechtsvorschriften, die im Licht der Grundrechte auszulegen sind.

Beispiel Auch Politiker sind gegen Verunglimpfung ihrer Person durch die Strafvorschriften über Beleidigung, üble Nachrede und Verleumdung (§§ 185–187 StGB) geschützt. Allerdings darf das Grundrecht der **Meinungsfreiheit** nicht unbeachtet bleiben, wenn ein Politiker in der Öffentlichkeit durch persönliche Vorwürfe oder beleidigende Äußerungen angegriffen wird. Nach der Rechtsprechung des BVerfG kann deshalb auch scharfe und verletzende Kritik gerechtfertigt sein, wenn damit die Äußerung einer bestimmten Meinung verbunden ist. Dabei gilt der Grundsatz, dass dies umso mehr gilt, je mehr der Betreffende selbst persönliche Angriffe gegen politische Gegner in ähnlicher Form vorgenommen hat.

20 Wenn auch die Menschen- und Bürgerrechte historisch gesehen vor allem Abwehrrechte des Bürgers gegen den Staat (Grundrechtswirkung) waren, so beschränkt sich ihre Wirkung heute nicht mehr darauf. Vielmehr können die in den Grundrechten verankerten Wertentscheidungen auch im Verhältnis der Bürger untereinander nicht unbeachtet bleiben. Das gilt besonders gegenüber Trägern gesellschaftlicher Macht wie Gewerkschaften, Medien und großen Wirtschaftsunternehmen. So findet sich in Art. 9 III GG eine direkte Wirkung gegenüber Arbeitnehmern und Arbeitgebern (unmittelbare Drittwirkung der Grundrechte). Die bedeutsamere mittelbare **Drittwir-**

kung der Grundrechte wird insbesondere bei der Auslegung von Generalklauseln im bürgerlichen Recht deutlich.

Beispiele 1. Der Boykottaufruf gegen ein Wirtschaftsunternehmen kann den Tatbestand der vorsätzlichen sittenwidrigen Schädigung nach § 826 BGB erfüllen. Bei der Auslegung des Tatbestandsmerkmals „sittenwidrig" darf aber das Recht auf freie Meinungsäußerung nicht unberücksichtigt bleiben. Wer also dazu aufruft, Erzeugnisse eines Unternehmens nicht mehr zu kaufen, weil diese in grausamen Tierversuchen getestet werden, kann sich auf Art. 5 I GG berufen und erfüllt nicht die Voraussetzungen des § 826 BGB.

2. Nach § 573 BGB hat ein Mieter unter anderem dann keinen unbefristeten Kündigungsschutz, wenn der Vermieter durch eine Fortsetzung des Mietverhältnisses an einer „angemessenen wirtschaftlichen Verwertung" des Grundstücks gehindert würde. Bei der Auslegung dieser Voraussetzung darf die Eigentumsgarantie des Art. 14 GG nicht unberücksichtigt bleiben. Eine Auslegung, die dazu führt, dass Mietshäuser praktisch unverkäuflich werden, würde dieses Grundrecht des Eigentümers verletzen.

21 Besonderen Schutz genießen die Grundrechte in dem Fall, dass ein Gericht ihre Bedeutung nicht ausreichend berücksichtigt hat. Jeder Bürger hat gegen jede gerichtliche Entscheidung, die nicht mehr durch ein Rechtsmittel angegriffen werden kann, die Möglichkeit der **Verfassungsbeschwerde**. Die Verfassungsbeschwerde ist ein besonderer Rechtsbehelf, der nur darauf gestützt werden kann, dass das Urteil den Beschwerdeführer in seinen Grundrechten verletzt. Zahlreiche Urteile auch der obersten Bundesgerichte sind auf Verfassungsbeschwerde hin aufgehoben worden. Das BVerfG hat dadurch einen erheblichen Beitrag zur Rechtsentwicklung geleistet.

22 Die große Bedeutung und Tragweite der Grundrechte vor allem dort, wo sie Abwehrrechte gegen den Staat sind, könnte für den Gesetzgeber eine Versuchung darstellen, diese Rechte der Bürger wieder zu beseitigen oder einzuschränken. Das Grundgesetz hat deshalb eine Änderung der Grundrechtsbestimmungen bewusst erschwert. Zunächst kann – wie bei jeder Verfassungsänderung – eine Änderung nur mit Zweidrittelmehrheit erfolgen (Art. 79 III GG). Der in Art. 1 GG enthaltene Grundsatz der Menschenwürde ist jeder Abänderung entzogen. Ohne Verfassungsänderung kann ein Grundrecht durch ein Gesetz nur eingeschränkt werden, wenn dies in dem jeweiligen Grundrecht ausdrücklich gestattet ist. Nicht alle Grundrechte enthalten einen entsprechenden **Gesetzesvorbehalt**. Das Grundrecht der Kunst- und Wissenschaftsfreiheit ist beispielsweise nicht gesetzlich einschränkbar. Aber auch dort, wo eine Einschränkung durch Gesetz gestattet ist, darf das Grundrecht nicht in seinem Wesensgehalt angetastet werden (Art. 19 II GG).

II. Die Staatsorganisation

1. Der Staatsaufbau und die Staatsorgane des Bundes

a) Die Grundsätze des Art. 20 GG

23 Art. 20 I und II 1 GG kennzeichnen die Bundesrepublik Deutschland als einen demokratischen und sozialen Bundesstaat, dessen Staatsgewalt vom Volk ausgeht. **Bundesstaat** ist die Bundesrepublik im Gegensatz zu einem Einheitsstaat, in dem die Regionen lediglich staatliche Verwaltungsbezirke sind (wie z.B. in Frankreich), aber auch im Gegensatz zu einem Staatenbund, in dem sich mehrere selbstständig bleibende Staaten zu gemeinsamen Zwecken verbunden haben (wie z.B. die Europäische Union). Die Bundesländer wirken sowohl an der Gesetzgebung (Legislative) als auch an der Ausführung der Gesetze (Exekutive) mit.

24 Der Staat ist eine **Republik.** Staatsoberhaupt ist also nicht ein Monarch, sondern ein gewählter Präsident. Der Staat ist außerdem eine **Demokratie.** Es gilt also der Grundsatz der Volkssouveränität. Das Volk übt die Staatsgewalt „durch Wahlen und Abstimmungen" aus (Art. 20 II 2 GG). In der Praxis haben aber Abstimmungen in der Bundesrepublik keinerlei Bedeutung: Volksabstimmungen sind im Grundgesetz nur bei einer etwaigen Neugliederung des Bundesgebiets (Art. 29 GG) vorgesehen. Es gibt deshalb (anders als z.B. in der Schweiz und in einigen Bundesländern) keine Elemente unmittelbarer (plebiszitärer) Demokratie. Die Bundesrepublik ist außerdem ein **Sozialstaat,** der das Existenzminimum seiner Bürger sichert (bisher Bürgergeld, jetzt Grundsicherung), ein Sozialversicherungssystem zur Verfügung stellt und zahlreiche Sozialleistungen wie BAföG für Studierende, Kindergeld und gegebenenfalls Kinderzuschlag für Kinder usw. anbietet, um zu große gesellschaftliche Unterschiede zu vermeiden und den sozialen Frieden zu sichern. Die Bundesrepublik ist schließlich ein **Rechtsstaat.** Das Rechtsstaatsprinzip besagt, dass die Gesetzgebung an die verfassungsmäßige Ordnung und die vollziehende Gewalt an die Gesetze und Rechte gebunden sind (Art. 20 III GG). Also nicht nur das Volk, sondern auch der Staat muss die Gesetze befolgen. Rückwirkende Gesetze zulasten des Bürgers sind z.B verboten, die Rechtsprechung liegt in den Händen von unabhängigen Richterinnen und Richtern und der Bürger darf auf Gleichbehandlung und effektiven Rechtsschutz vertrauen.

25 Die Staatsgewalt wird „durch besondere Organe der Gesetzgebung, der vollziehenden Gewalt und der Rechtsprechung" ausgeübt (Art. 20 II 2 GG). Es gilt daher der Grundsatz der **Gewaltenteilung** zwischen Legislative (gesetzgebende Gewalt, → Rn. 26), Exekutive (ausführende Gewalt, → Rn. 37) und Judikative (rechtsprechende Gewalt, → Rn. 39). Die große Bedeutung dieser in Art. 20 GG niedergelegten Grundsätze spiegelt sich in ihrem Schutz durch die **Ewigkeitsgarantie** des Art. 79 III GG.

b) Der Bundestag und die Wahlrechtsgrundsätze

26 Das Gesetzgebungsorgan ist der Bundestag. Für die Wahlen zum Bundestag gilt Art. 38 GG, der die Wahlrechtsgrundsätze enthält. Hiernach gelten die Grundsätze der allgemeinen, unmittelbaren, freien, gleichen und geheimen Wahl. Diese Wahlrechtsgrundsätze gelten auch in den Ländern (Art. 28 I GG). „Freie“ Wahl bedeutet, dass auf die Willensbildung der Wähler kein Zwang ausgeübt werden darf. Eine Wahlpflicht wäre damit zu vereinbaren, ist aber im Wahlgesetz nicht angeordnet.

27 Die Unmittelbarkeit der Wahl verbietet eine Bestimmung der Gewählten durch Wahlmänner (wie z.B. bei der Wahl des Präsidenten der USA), die geheime Wahl verhindert, dass einem Wähler aus seinem Abstimmungsverhalten irgendwelche Nachteile entstehen können. Das Grundgesetz bestimmt lediglich, dass die Wahl „gleich“ sein, also jede Stimme den gleichen Zählwert haben muss. Hingegen legt sich die Verfassung nicht auf ein bestimmtes Wahlsystem fest, sondern überlässt dies dem Wahlgesetz (Art. 38 III GG); das Wahlsystem könnte also ohne Verfassungsänderung geändert werden.

28 Das geltende Bundeswahlgesetz bestimmt, dass der Bundestag jeweils auf die Dauer von vier Jahren gewählt wird und aus 630 Abgeordneten besteht. Das gültige Wahlsystem ist das der **modifizierten Verhältniswahl** und versucht dadurch sowohl die Nachteile des Mehrheitswahlrechts als auch des Verhältniswahlrechts zu vermeiden. **Mehrheitswahlrecht** bedeutet, dass (wie z.B. in England) in einem Wahlbezirk der Kandidat gewählt ist, der die meisten Stimmen erhalten hat. Die für die unterlegenen Kandidaten abgegebenen Stimmen bleiben bei der Zusammensetzung des Parlaments unberücksichtigt.

29 Beim reinen Verhältniswahlrecht bestimmt sich die Zahl der Abgeordneten für jede Liste nach dem Verhältnis der für diese Liste abgegebenen Stimmen zur Gesamtzahl der abgegebenen Stimmen; in welchem Wahlbezirk die Stimmen abgegeben wurden, ist ohne Bedeutung.

30 Demgegenüber gibt das Wahlgesetz zum Bundestag jedem Wähler zwei Stimmen. Bis zu 299 Abgeordnete sind Wahlkreisabgeordnete; sie bestimmt der Wähler mit seiner **ersten Stimme** nach dem Mehrheitswahlrecht. Die übrigen Abgeordneten werden über die Listen der Parteien bestimmt. Welcher Liste er den Vorzug gibt, bestimmt der Wähler mit der **zweiten Stimme**. Die Stärke der Parteien im Parlament hängt wie beim reinen Verhältniswahlrecht ausschließlich von der Zahl der Zweitstimmen ab, da die Wahlkreisabgeordneten einer Partei auf ihre Liste angerechnet werden.

31 Sollte eine Partei in einem Bundesland mehr Wahlkreise gewinnen als ihr nach der Zahl der Zweitstimmen-Mandate zustehen, so erhalten die Wahlkreisbewerber mit den (prozentual) wenigsten Erststimmen kein Mandat; der Wahlkreis hat dann also keinen direkt gewählten Abgeordneten im Bundestag. Sog. Überhang- und Ausgleichsmandate, die in der Vergangenheit zu einer erheblichen Vergrößerung des Parlaments geführt haben (2021: 735 Abgeordnete) gibt es nach neuem Wahlrecht nicht mehr. Damit nicht zu viele kleine Parteien die Regierungsbildung erschweren, bleiben Parteien bei der Verteilung der Abgeordnetenmandate unberücksichtigt, wenn sie nicht entweder 5 % der Stimmen erhalten („Fünfprozenthürde") oder drei Abgeordnete als Wahlkreisabgeordnete gewählt werden. Eine Ausnahme gilt für Parteien, die eine nationale Minderheit vertreten. Die Parteien CDU/CSU, SPD, FDP, Die Grünen und Die Linke sind bereits seit Jahrzehnten im Bundestag vertreten; eine neue rechtspopulistische Partei, die AfD, erst seit 2017.

Beispiele 1. Bundestagswahl 2021: Nur die Parteien CDU, CSU, SPD, FDP, AfD und Die Grünen erhielten jeweils mehr als 5 % der Stimmen. Die anderen Parteien erreichten diesen Prozentsatz nicht. Da aber die Partei Die Linke in drei Wahlkreisen die meisten Erststimmen erhielt, wurde auch sie bei der Verteilung der Sitze berücksichtigt. Ferner erhielt die Vertretung der dänischen Minderheit, der Südschleswigsche Wählerverband, trotz eines Stimmenanteils von nur 0,1 % einen Sitz.

2. Bundestagswahl 2025: Die Wahlkreisbewerber der Partei CDU erhielten in Baden-Württemberg in 35 Wahlkreisen die meisten Stimmen. Nach der Zahl der Zweitstimmen standen der Partei jedoch nur 29 Sitze zu. Deshalb erhielten 6 ihrer Wahlkreisbewerber kein Mandat.

32 Die Wahlprüfung ist Sache des Bundestags (Art. 41 I GG). Damit können Wahlberechtigte oder Parteien beispielsweise Unregelmäßigkeiten beim Wahlvorgang oder Verletzungen der Chancengleichheit der Parteien beanstanden. Bei der Bundestagswahl 2021 kam es in Berlin wegen Organisationsmängeln zu Unregelmäßigkeiten; die Wahl musste daher nach einem Urteil des BVerfG (Art. 41 II GG) in zahlreichen Wahlbezirken wiederholt werden. Nach der Bundestagswahl 2025 hatte die mit 4,98 % der Stimmen denkbar knapp an der Fünfprozenthürde gescheiterte Partei BSW ein Wahlprüfungsverfahren angestrengt, hatte aber damit keinen Erfolg.

33 Die Abgeordneten des Bundestags sind an Aufträge und Weisungen nicht gebunden und nur ihrem Gewissen unterworfen (Art. 38 I 2 GG); es gibt also kein imperatives Mandat, vielmehr gilt der Grundsatz der **auftragsfreien Repräsentation**. Ein Abgeordneter verliert also seinen Sitz nicht, wenn er gegen die Partei stimmt, aus deren Liste er gewählt worden ist, nicht einmal dann, wenn er die Partei wechselt. Allerdings besteht in der Praxis doch der sog. „Fraktionszwang", da ein Abgeordneter, der bei wichtigen Abstimmungen mehrfach gegen seine Partei stimmt, damit rechnen muss, bei der nächsten Wahl nicht mehr als Kandidat aufgestellt zu werden.

34 Gesetze können beim Bundestag von der Bundesregierung, dem Bundesrat oder einer Gruppe von mindestens 30 Abgeordneten des Bundestags eingebracht werden (**Gesetzesinitiative**, Art. 76 GG). In der Praxis werden fast drei Viertel der Gesetze durch die Bundesregierung eingebracht, da diese aufgrund ihres Beamtenapparats am ehesten in der Lage ist, vor allem komplizierte Gesetze zu entwerfen und zu formulieren.

c) Der Bundesrat

35 Der Bundesrat ist die Vertretung der Bundesländer, durch den diese an der Bundesgesetzgebung mitwirken (Art. 50 GG). Er ist aber kein dem Bundestag gleichrangiges Organ, so dass kein echtes „Zweikammersystem" (wie z.B. in den USA) vorliegt. Die Mitglieder des Bundesrats haben auch keine unmittelbare demokratische Legitimation, da sie nicht von den Landesbürgern oder den Landtagen gewählt, sondern von den jeweiligen Landesregierungen entsandt werden. Die Anzahl richtet sich nach der Größe des Landes; kleine Länder entsenden im Verhältnis zu ihrer Bevölkerungszahl mehr Mitglieder. Während der Bundesrat von seinem Recht der Gesetzesinitiative nur selten erfolgreich Gebrauch macht, sind die Rechte des Bundesrats, gegen jedes Bundesgesetz Einspruch einzulegen und den Bundestag zu erneuter Beschlussfassung zu zwingen, und Gesetze, die Länderinteressen besonders berühren, durch Verweigerung der Zustimmung zu verhindern, praktisch umso bedeutsamer (Einzelheiten in → Rn. 46).

Merke Der Bundestag und der Bundesrat bilden zusammen die **Legislative (gesetzgebende Gewalt)**.

d) Der Bundespräsident

36 **Staatsoberhaupt** (höchster Repräsentant) der Bundesrepublik Deutschland ist der Bundespräsident. Er wird von der Bundesversammlung auf die Dauer von fünf Jahren gewählt; seine Wiederwahl ist nur einmal zulässig. Die Bundesversammlung ist ein nur zu diesem Zweck zusammentretendes Gremium, das zur Hälfte aus den Mitgliedern des Bundestags und zur anderen Hälfte aus von den Landtagen gewählten Vertretern besteht; letztere müssen keinem Parlament angehören. Deutschland ist aber **keine Präsidialdemokratie**. Der Bundespräsident steht außerhalb der Politik; seine Stellung ist nicht mit der des französischen oder amerikanischen Präsidenten vergleichbar, sondern mit der des Monarchen in einer parlamentarischen Monarchie. Seine Anordnungen bedürfen, um gültig zu sein, der **Gegenzeichnung** durch den Bundeskanzler oder den zuständigen Bundesminister (Art. 58 GG). Allerdings ist es seine Aufgabe, die Gesetze auszufertigen und im Bundesgesetzblatt zu verkünden. Dies umfasst die Prüfung, ob das Gesetz in einem ordnungsgemäßen Verfahren zustande gekommen ist. Nicht entschieden ist vom Grundgesetz die Frage, ob der Bundespräsident die Ausfertigung eines Gesetzes mit der Begründung verweigern kann, er halte es für verfassungswidrig. Die Bundespräsidenten haben diese Befugnis stets für sich in Anspruch genommen, aber in unterschiedlichem Umfang ausgeübt. In einigen wenigen Fällen haben sie das Inkrafttreten von Gesetzen verhindert, indem sie sie nicht ausgefertigt haben. Der Bundestag hat dies bisher stets hingenommen. Auch übt der Bundespräsident für den Bund das **Begnadigungsrecht** aus (Art. 60 II 2 GG), was wegen der Intransparenz immer wieder zu Diskussionen führt.

e) Die Bundesregierung

37 Die tatsächliche **Exekutivgewalt** (ausführende Gewalt) ist durch das Grundgesetz der Bundesregierung zugewiesen, die aus dem Bundeskanzler und den Bundesministern besteht (Art. 62 GG). Dem **Bundeskanzler** ist dabei eine herausgehobene Stellung dadurch zugewiesen, dass er die Richtlinien der Politik bestimmt (Art. 65 S. 1 GG). Nur er ist dem Parlament verantwortlich, nicht die Bundesminister, die auf seinen Vorschlag vom Bundespräsidenten ernannt und entlassen werden. Einem einzelnen Bundesminister kann das Parlament zwar das Misstrauen aussprechen, seine Entlas-

sung aber nicht erzwingen. Auch ein Misstrauensvotum gegen den Bundeskanzler ist nur unter der weiteren Voraussetzung möglich, dass der Bundestag einen neuen Bundeskanzler wählt (Art. 67 GG). Das Grundgesetz erreicht damit, dass stets eine handlungsfähige Regierung vorhanden ist.

38 Die Bundesregierung ist auch an der Rechtssetzung beteiligt, indem ihr in zahlreichen Parlamentsgesetzen die Befugnis zum Erlass von Rechtsverordnungen eingeräumt ist. Rechtsgrundlage dafür ist Art. 80 GG, der weiter bestimmt, dass eine solche Ermächtigung auch einem einzelnen Bundesminister oder den Landesregierungen erteilt werden kann und dass Inhalt, Zweck und Ausmaß der Ermächtigung im Gesetz bestimmt sein müssen. Jede Rechtsverordnung muss ihre Ermächtigungsgrundlage angeben. Solche Rechtsverordnungen, die die Interessen der Länder berühren, bedürfen der Zustimmung des Bundesrates.

f) Die Judikative

39 Die rechtsprechende Gewalt ist den Richtern anvertraut (Art. 92 GG). Während die übrigen Gerichte des Bundes und der Länder im Abschnitt über die Gerichte (→ Kap. 9 Rn. 1 ff.) besprochen werden, gehört das **Bundesverfassungsgericht** zu den Verfassungsorganen. Das Grundgesetz hat – auch wieder aufgrund der Erfahrungen in nationalsozialistischer Zeit – der Kontrolle von Legislative und Exekutive durch unabhängige Gerichte einen hohen Stellenwert zugewiesen. Das Bundesverfassungsgericht (BVerfG), zu dem Genaueres im Bundesverfassungsgerichtsgesetz (BVerfGG) geregelt ist, hat dabei die Rolle eines **Hüters der Verfassung.** Es hat seinen Sitz in Karlsruhe und besteht aus zwei Senaten mit je acht Richtern. Jeder Senat entscheidet als „das Bundesverfassungsgericht". Ein Teil seiner Zuständigkeiten ist den Kammern übertragen, die aus je drei Richtern eines Senats gebildet werden. Die Richter werden je zur Hälfte vom Bundestag und vom Bundesrat gewählt; hierfür ist eine Zweidrittelmehrheit erforderlich. Ihre Amtszeit beträgt 12 Jahre; sie können nicht wiedergewählt werden. Der Sinn dieser Regelungen besteht darin, die Richter am Bundesverfassungsgericht möglichst jeder politischen Einflussnahme zu entziehen. Zwar hat das BVerfG nur über rechtliche Fragen zu entscheiden. Es ist allerdings unausweichlich, dass seine Urteile auch politische Relevanz haben.

40 Die wichtigsten dem BVerfG zugewiesenen Aufgaben sind folgende:

- Es entscheidet über die Vereinbarkeit von Gesetzen und anderen Rechtssätzen mit dem Grundgesetz (**Normenkontrolle**). Hält ein Gericht eine Vorschrift für verfassungswidrig, muss es das Verfahren aussetzen und die Frage dem BVerfG vorlegen. Dieses entscheidet dann, ob die Bedenken des Gerichts zutreffen; seine Entscheidung bindet alle Gerichte und Behörden und hat Gesetzeskraft. Außer dieser Normenkontrolle anhand eines konkreten Falles kann ein Gesetz auch abstrakt auf seine Verfassungsmäßigkeit überprüft werden. Den Antrag kann aber nur die Bundesregierung, eine Landesregierung oder ein Drittel der Mitglieder des Bundestags stellen, nicht ein einzelner Bürger; eine **Popularklage** gibt es also **nicht.**
- Jeder Bürger kann aber mit der Begründung, durch eine Maßnahme der öffentlichen Gewalt in einem seiner Grundrechte des GG verletzt zu sein, **Verfassungsbe-**

schwerde erheben. Die Maßnahme der öffentlichen Gewalt kann sowohl ein Gesetz sein als auch eine Maßnahme der Verwaltung oder eine Gerichtsentscheidung. Da gegen Maßnahmen der Verwaltung aber der Weg zu den Gerichten eröffnet ist (Art. 19 IV GG), muss der Bürger zunächst versuchen, bei den allgemeinen Gerichten eine Aufhebung der Entscheidung herbeizuführen, bevor er das BVerfG anruft (sog. Rechtswegerschöpfung). Zur Kontrolle deutscher Rechtsakte am Maßstab der Europäischen Grundrechtecharta → Kap. 10 Rn. 24.

Beispiele **1.** Würde ein Gesetz vorsehen, dass das Eröffnen von weiteren Bekleidungsgeschäften in einer Stadt nur dann zulässig ist, wenn dort noch nicht genügend Geschäfte vorhanden sind und deshalb ein Bedürfnis besteht, könnte derjenige, der ein solches Geschäft eröffnen will, wegen Verletzung seines Grundrechts auf Berufsfreiheit (Art. 12 GG) **unmittelbar** Verfassungsbeschwerde erheben.

2. Verbietet die Verwaltungsbehörde die Abhaltung einer Demonstration gegen die Erhöhung der Telefongebühren, dann muss der Bürger, der demonstrieren möchte, zunächst bei den Verwaltungsgerichten die Aufhebung des Verbots beantragen. **Erst wenn** sein Antrag dort abgewiesen worden ist, kann er Verfassungsbeschwerde wegen Verletzung seines Grundrechts auf Versammlungsfreiheit (Art. 8 GG) erheben.

3. Wird ein Angeklagter von einem Strafgericht **letztinstanzlich** verurteilt, ohne dass er nach den Ausführungen des Staatsanwalts noch einmal Gelegenheit zur Äußerung hatte (das „letzte Wort", § 258 StPO), kann er gegen dieses Urteil Verfassungsbeschwerde wegen Verletzung seines Grundrechts auf rechtliches Gehör (Art. 103 I GG) erheben.

4. Entscheidet ein Gericht, ein Beschuldigter dürfe aufgrund eines Europäischen Haftbefehls nach Ungarn ausgeliefert werden, kann er gegen diesen Beschluss Verfassungsbeschwerde wegen Verletzung des Verbots unmenschlicher oder erniedrigender Strafe oder Behandlung (Art. 4 GRCh) erheben.

41 Das BVerfG hat in vielen Fällen den Grundrechten erst zur Durchsetzung verholfen. Es genießt deshalb in der Öffentlichkeit hohes Ansehen. Es ist selbstverständlich, dass manche seiner Entscheidungen auch Kritik gefunden haben. Im Gegensatz zu allen anderen Gerichten dürfen die Richter am Bundesverfassungsgericht einem Urteil eine abweichende Meinung (*dissenting opinion*) beifügen, wenn sie bei der Urteilsberatung überstimmt worden sind. Auch ein unterlegener Beschwerdeführer kann dadurch das Gefühl vermittelt bekommen, dass man seine Rechtsmeinung mit guten Gründen vertreten kann. Die Zahl der Verfassungsbeschwerden ist sehr hoch (etwa 5.000 bis 6.000 jährlich). Allerdings sind die meisten deshalb unbegründet, weil viele Bürger nicht wissen oder nicht wahrhaben wollen, dass das BVerfG nicht die Entscheidung eines anderen Gerichts auf ihre Richtigkeit überprüft, sondern ausschließlich darauf, ob sie gegen Grundrechte verstößt (Stichwort: **keine Superrevisionsinstanz**).

2. Die Gesetzgebung des Bundes

a) Zuständigkeiten

42 Die Eigenschaft der Bundesrepublik Deutschland als Bundesstaat wirkt sich sowohl in der Exekutive als auch in der Legislative aus. Das Grundgesetz grenzt die Zuständigkeiten des Bundes und der Länder in Art. 73, 74 GG durch Zuständigkeitskataloge nach Sachgebieten ab. Nachdem sich das Schwergewicht der Gesetzgebung seit 1949 sowohl nach dem Verfassungstext als auch vor allem in der Rechtswirklichkeit auf allen Gebieten (mit Ausnahme des Schul- und Kulturbereichs) immer mehr von den Ländern zum Bund verschoben hatte, hat im Jahr 2006 die **Föderalismusreform** die Abgrenzung in zahlreichen Punkten geändert und insgesamt das Gewicht der Länder wieder gestärkt. So sind beispielsweise seitdem der Strafvollzug, das Ladenschluss- und das Gaststättenrecht, das Versammlungsrecht und die Besoldung der Landesbeamten ausschließlich Ländersache.

43 Das Grundgesetz unterscheidet nur noch die ausschließliche und die konkurrierende Zuständigkeit des Bundes; die Rahmengesetzgebungskompetenz des Bundes als dritte Art der Zuständigkeit wurde abgeschafft. Auf dem Gebiet der ausschließlichen Zuständigkeit (z.B. Verteidigung, Währung, Zollwesen, Staatsangehörigkeit) sind die Länder von der Gesetzgebung ausgeschlossen. Bei der konkurrierenden Zuständigkeit gibt es drei Gruppen von Sachgebieten: Bei den **Kernkompetenzen** (Art. 72 I GG; hierzu gehören z.B. das Zivilrecht, das Luftverkehrsrecht, das Waffenrecht und das Verlagsrecht) dürfen die Länder nur Bestimmungen treffen, solange der Bund dies nicht getan hat. Bei den **Bedarfskompetenzen** (Art. 72 II; hierzu gehören z.B. die Wissenschaftsförderung, das Lebensmittelrecht und das Gentechnikrecht) darf der Bund nur Gesetze erlassen, wenn eine einheitliche Regelung erforderlich ist. Bei den **Abweichungskompetenzen** (Art. 72 III GG; hierzu gehören z.B. das Jagdrecht, das Naturschutzrecht und das Recht der Hochschulzulassung) handelt es sich um im Wortsinn konkurrierende Gesetzgebung: Sowohl der Bund als auch die Länder dürfen Gesetze erlassen; haben sowohl der Bund als auch das Land ein Gesetz erlassen, gilt das spätere Gesetz.

b) Zustimmungsgesetze

44 Ein Gesetz kann vom Bundestag mit einfacher Mehrheit beschlossen werden; nach dem Gesetzesbeschluss muss es dem Bundesrat zugeleitet werden. Die Funktion des Bundesrats hängt entscheidend davon ab, ob das Gesetz nach einer der zahlreichen, über das ganze GG verstreuten Bestimmungen seiner Zustimmung bedarf (sog. **Zustimmungsgesetz**). Es handelt sich hauptsächlich um Gesetze, die die Verfassung ändern (Art. 79 Abs. 2 GG), Gesetze, die Auswirkungen auf die Finanzen der Länder haben (z.B. Art. 105 Abs. 3 GG) und Gesetze, für deren Umsetzung in die Organisations- und Verwaltungshoheit der Länder eingegriffen wird (Art. 84 Abs. 1 GG).

Merke Zustimmungsgesetze beinhalten als **Eingangsformel** meistens folgende Formulierung: „Der Bundestag hat mit Zustimmung des Bundesrates das folgende Gesetz beschlossen:“.

45 In der 13. Wahlperiode (1994-1998) waren 59,2 % der Bundesgesetze solche Zustimmungsgesetze. Wenn verschiedene Parteien die Mehrheit in Bundestag und Bundesrat haben – eine nicht seltene Situation –, können Zustimmungsgesetze nur erlassen werden, wenn sich die Parteien einigen; andernfalls droht ein Stillstand des Gesetzgebungsverfahrens. Um die Zahl derartiger Zustimmungsgesetze zu reduzieren, verzichteten die Länder im Gegenzug zur Erweiterung ihrer Gesetzgebungszuständigkeiten auf das Zustimmungserfordernis, das immer dann bestand, wenn ein Bundesgesetz die Behördenzuständigkeit und das Verwaltungsverfahren regelte. Seit der Föderalismusreform ist ein solches Gesetz nur noch dann zustimmungspflichtig, wenn das Recht der Länder, Behördenzuständigkeit und Verwaltungsverfahren abweichend zu regeln, ausgeschlossen oder beschränkt wird. Daneben gibt es jedoch zahlreiche Sachgebiete der konkurrierenden und sogar der ausschließlichen Bundesgesetzgebung, auf denen alle Bundesgesetze Zustimmungsgesetze sind (z.B. die Terrorismusabwehr, das Staatshaftungsrecht und die Eisenbahnverkehrsverwaltung). Seit der Föderalismusreform ist deshalb die Zahl der Zustimmungsgesetze erheblich zurückgegangen; in der 19. Wahlperiode (2017-2021) waren nur noch 37,8 % der Bundesgesetze Zustimmungsgesetze.

c) Einspruchsgesetze

46 Gesetze, die nicht zustimmungsbedürftig sind (sog. **Einspruchsgesetze**), kann der Bundesrat lediglich verzögern, indem er Einspruch einlegt und den Vermittlungsausschuss anruft, der sich je zur Hälfte aus Mitgliedern des Bundestags und des Bundesrats zusammensetzt. Kommt es nicht zu einer Einigung, tritt das Gesetz trotzdem in Kraft, wenn der Bundestag den Einspruch des Bundesrats mit absoluter Mehrheit überstimmt (Art. 77 III, IV GG).

Merke Bei Einspruchgsgesetzen findet sich folgende **Eingangsformel**: „Der Bundestag hat das folgende Gesetz beschlossen:“.

47 Die Mitwirkung der Länder an der Gesetzgebung und die Verteilung von Kompetenzen und Aufgaben zwischen Bund und Ländern sorgt dafür, dass es keine zu große Machtkonzentration beim Bund gibt, sondern auf der Ebene der Länder auch Parteien Teilhabe an der Macht haben, die im Bundestag in der Opposition sind. Sie erhöht so die Stabilität der politischen Verhältnisse und erleichtert die Fortdauer der kulturellen Identität in kleineren Räumen. Die Vorteile der manchmal beklagten „Kleinstaaterei“ durch unterschiedliche Regelungen in den einzelnen Bundesländern überwiegen deshalb die Nachteile bei weitem.

3. Die Ausführung der Bundesgesetze

48 Anders als bei der Gesetzgebung liegt das Schwergewicht der Verwaltung bei den Ländern (→ Kap. 8 Rn. 76 ff.). Diese sind grundsätzlich für die Erfüllung aller staatlichen Aufgaben zuständig (Art. 30 GG), auch dort, wo sie Bundesgesetze ausführen. Der Bund verfügt über keinen Verwaltungsunterbau, so dass beispielsweise auch der Bau und die Verwaltung der Bundesstraßen Sache der Länder ist, die sie im Auftrag des Bundes durchführen (Art. 90 III GG). Eine eigene Bundesverwaltung gibt es nur auf wenigen, im Grundgesetz eigens aufgezählten Gebieten (Diplomatischer Dienst, Bundeswehr) und seit 2017 für die Bundesautobahnen (Art. 90 II GG); im Übrigen darf der Bund auf den Gebieten, auf denen ihm die Gesetzgebung zusteht, nur Bundesoberbehörden (z.B. das Umweltbundesamt) und bundesunmittelbare Körperschaften und Anstalten des öffentlichen Rechts errichten. Dagegen ist es dem Bund durch Art. 87 III 2 GG ausdrücklich verboten, hier eine eigene Verwaltung (Mittel- und Unterbehörden) ohne Zustimmung des Bundesrats zu errichten.

49 Bund und Länder sind also bei Gesetzgebung und Verwaltung vielfach aufeinander angewiesen. Deshalb gibt es seit langem Reformüberlegungen, die darauf abzielen, einen weiteren Teil der Gesetzgebungszuständigkeiten an die Länder zurückzugeben und dafür die Zahl der Zustimmungsgesetze zu vermindern. Mit einer Umsetzung dieser Vorschläge ist aber in absehbarer Zeit nicht zu rechnen.

4. Europarecht und deutsches Recht

50 Neben den Rechtsvorschriften des Bundes und der Länder gewinnen zunehmend die Vorschriften des Europäischen Gemeinschaftsrechts Bedeutung. Die vom Rat erlassenen Verordnungen sind in Deutschland rechtsverbindlich, ohne dass sie dazu zunächst in innerstaatliches Recht umgesetzt werden müssten. Die Europäische Union ist eine Organisation mit eigener Hoheitsgewalt, deren Rechtssetzung die Behörden und Bewohner der Mitgliedstaaten bindet. Die verfassungsrechtliche Grundlage dieser Geltung des Europäischen Rechts im innerstaatlichen Bereich bildet Art. 24 GG.

51 Wo für die Auslegung einer Rechtsnorm ein Spielraum besteht, ist die Auslegung zu wählen, die im Einklang mit dem Gemeinschaftsrecht steht. Steht das innerstaatliche Recht aber im Gegensatz zum Gemeinschaftsrecht, dann verlangt der Europäische Gerichtshof, in diesem Fall das Gemeinschaftsrecht anzuwenden. Dieser „Anwendungsvorrang" des Gemeinschaftsrechts besteht aber nur im konkreten Fall; anders als beim Vorrang des Bundesrechts vor dem Landesrecht (sog. Geltungsvorrang, → Kap. 2 Rn. 3) ist das nationale Recht nicht automatisch unwirksam, wenn es dem Gemeinschaftsrecht widerspricht. Zum Vorrang des Gemeinschaftsrechts siehe näher → Kap. 10 Rn. 23 f.

ÜBUNGSTEIL

Rechtliche Aspekte

1 Fragen zum Text

1. Was ist im Grundgesetz geregelt?
2. Was verstehen Sie unter Gewaltenteilung?
3. Was ist der Bundestag, wie setzt er sich zusammen und welche Aufgaben erfüllt er?
4. Was ist der Bundesrat, woher kommen seine Mitglieder und welche Kompetenzen hat er?
5. Was wissen Sie über den Bundespräsidenten?
6. Wie setzt sich die Bundesregierung zusammen und worin besteht ihre Hauptfunktion?
7. Inwiefern ist das Bundesverfassungsgericht der „Hüter der Verfassung"?

2 Bitte geben Sie eine kurze Erklärung und je einen Grundgesetzartikel als Beispiel zu den angegebenen Begriffen. Nehmen Sie dazu außer dem Grundgesetz ein Lehrbuch, einen Kommentar zum GG, ein juristisches Wörterbuch oder das Internet zu Hilfe.

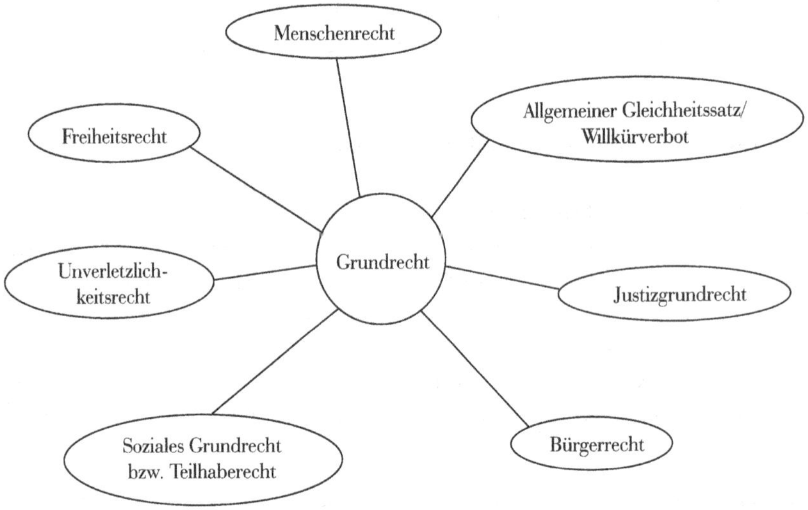

Beispiel Unter **Grundrecht** versteht man ein fundamentales Recht des Individuums, das in der Verfassung verankert ist. Ein Grundrecht ist z.B. die Meinungsfreiheit in Art. 5 GG.

1. Menschenrecht; 2. Freiheitsrecht; 3. Unverletzlichkeitsrecht; 4. Soziales Grundrecht oder Teilhaberecht; 5. Allgemeiner Gleichheitssatz / Willkürverbot; 6. Justizgrundrecht; 7. Bürgerrecht

3 Entscheiden Sie für die drei folgenden Fälle, worum es sich handelt. Vgl. Sie auch die Informationen in → Rn. 20:

a) (direkte) Grundrechtswirkung
b) (unmittelbare) Drittwirkung der Grundrechte
c) mittelbare Drittwirkung der Grundrechte

1. Die Arbeitgeberin A verbietet ihrem Angestellten G, Mitglied einer Gewerkschaft zu werden. G ist der Meinung, das Verhalten der Arbeitgeberin A verstoße gegen die Koalitionsfreiheit gem. Art. 9 III GG.
2. Im Strafprozess vergisst der junge Richter R, dem Angeklagten A das letzte Wort zu erteilen. A meint, in seinem Recht auf rechtliches Gehör gem. Art. 103 I GG verletzt zu sein.
3. Die umweltbewusste Supermarktkette „Kaufmarkt" droht dem Fernsehsender ITV, keine Werbespots mehr in Auftrag zu geben, wenn ITV weiter Werbeaufträge der Holzfirma Beierlein entgegennimmt, die in Brasilien Regenwald abholzt. ITV beendet daraufhin die Geschäftsbeziehung mit Beierlein, dessen Umsatz stark zurückgeht. Beierlein verklagt Kaufmarkt wegen sittenwidriger Schädigung (§ 826 BGB), Kaufmarkt beruft sich auf die Meinungsfreiheit (Art. 5 GG).

4 Erarbeiten Sie aus Art. 20 GG, der auch „Verfassung in Kurzform" genannt wird, die weiteren vier Staatsstrukturprinzipien in der folgenden Skizze und erklären Sie alle Begriffe kurz mit Ihren eigenen Worten. Außer dem Grundgesetz können Sie ein Lehrbuch, einen Kommentar zum GG oder ein juristisches Wörterbuch zu Rate ziehen.

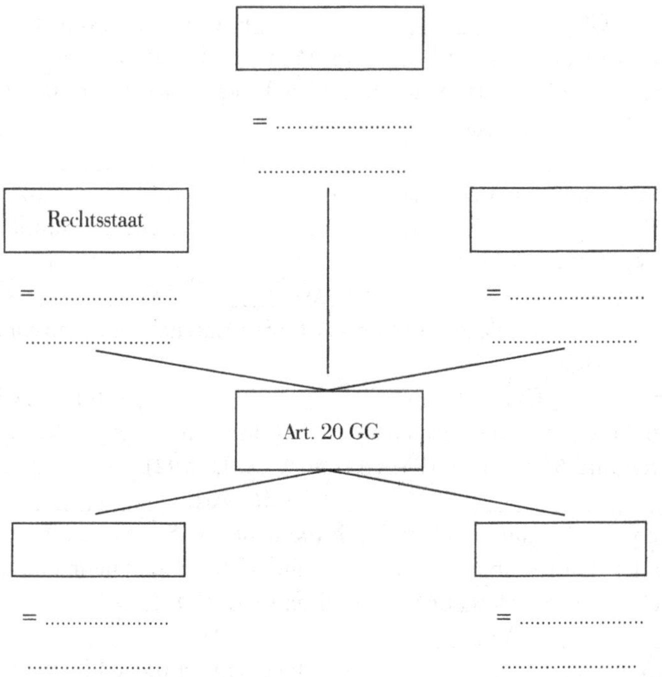

5 **Die folgenden Zitate stammen aus Urteilen des Bundesverfassungs- oder des Bundesverwaltungsgerichts. Überlegen Sie, auf welchen Artikel des Grundgesetzes sie sich beziehen, und setzen Sie fehlende Wörter sowie Artikel ein.**

Benutzen Sie dazu das Grundgesetz und nötigenfalls einen Kommentar zum Grundgesetz.

1. Art.____ (____________________) gewährleistet allen Deutschen das Recht, sich friedlich und ohne Waffen zu versammeln. Geschützt sind nicht allein Veranstaltungen, bei denen Meinungen in verbaler Form ausgetauscht werden, sondern auch solche, bei denen die Teilnehmer ihre Meinungen zusätzlich oder ausschließlich auf andere Weise, auch in Form einer Sitzblockade zum Ausdruck bringen (BVerfG, NJW 2002, 1031 (1032)).
2. Art.____ (__________________): Diese Bestimmung garantiert lediglich die Freiheit, privatrechtliche Vereinigungen zu gründen, ihnen beizutreten oder fernzubleiben (BVerfGE 10, 89 (102)).
3. In der Werteordnung des Grundgesetzes ist die __________________ in Art.____ der oberste Wert (BVerfGE 6, 32 (41)).
4. Das Grundrecht des Art.____ GG (______________________) schützt nicht nur das Äußern einer Meinung als solches, sondern auch das geistige Wirken durch die Meinungsänderung (BVerfGE 7, 198).
5. Der Begriff ________ i.S.d. Art._______ GG ist weit auszulegen; er umfasst auch Arbeits-, Betriebs- und Geschäftsräume (BVerfG DVBl. 1971, 892).
6. Art._____ GG (____________________) garantiert den Eltern gegenüber dem Staat den Vorrang als Erziehungsträger (BVerfG MDR 1969, 27).
7. Art.______ GG (____________________): Das Bundesverfassungsgericht hat eine verschiedene Behandlung von Mann und Frau so weit als berechtigt anerkannt, als die Unterschiede funktional oder biologisch begründet sind (BVerwGE 15, 226 (229)).
8. Der Schutz des ____________________nach Art.____________ GG schließt den Schutz vor Beeinträchtigungen grundrechtlicher Schutzgüter durch Umweltbelastungen ein, gleich von wem und durch welche Umstände sie drohen (BVerfG, NJW 2021, 1723).
9. Der Begriff des Berufs im Sinne des Art.______ GG (______________ ______) ist weit auszulegen und umfasst grundsätzlich jede sinnvolle, erlaubte Tätigkeit (BVerfGE 7, 377 (397)).
10. Die in Art.______ GG verbürgte __________________ schützt die Eigenständigkeit der Presse von der Beschaffung der Information bis zur Verbreitung der Nachrichten und Meinungen (BVerfG, NJW 2002, 592).
11. ____________________________ i.S.d. Art.______________ GG bedeutet das Recht, unbehindert durch die deutsche Staatsgewalt an jedem Ort innerhalb des Bundesgebietes Aufenthalt und Wohnsitz zu nehmen, auch zu diesem Zweck in das Bundesgebiet einzureisen (BVerfGE 2, 266).
12. Das ___________ (Art._______ GG i.V.m. Art._______ GG) schützt die geschlechtliche Identität. Es schützt auch die geschlechtliche Identität derjenigen,

die sich dauerhaft weder dem männlichen noch dem weiblichen Geschlecht zuordnen lassen (BVerfG, NJW 2017, 3643).

13. Das ____________ (Art. _______ GG i.V.m. Art. _______ GG) umfasst als Ausdruck persönlicher Autonomie ein Recht auf selbstbestimmtes Sterben (BVerfG, NJW 2020, 903).
14. Selbst wenn im konkreten Fall aus Art. _____________ GG kein _______________ folgen sollte, muss der Grundgedanke dieser Norm, Schutz vor politischer Verfolgung im Zielstaat zu bieten, Berücksichtigung finden (BVerfG, NStZ-RR 2022, 91).
15. Als Großmutter steht der Beschwerdeführerin aufgrund des ____________ nach Art. ________ GG ein Recht darauf zu, bei der Auswahl eines Vormunds oder Ergänzungspflegers in Betracht gezogen zu werden. Auf das _____ ____________ (Art. ________ GG) kann sich die Beschwerdeführerin allerdings nicht berufen. Der Schutz dieses Grundrechts steht grundsätzlich nur den ________________ des Kindes zu (BVerfG, NJW 2014, 2853).
16. Art. _________ GG enthält einen Verfassungsauftrag, der die _________ _________________ und _________________ aller Kinder ungeachtet ihres Familienstandes zum Ziel hat und den Gesetzgeber verpflichtet, ____________________ die gleichen Bedingungen für ihre körperliche und seelische Entwicklung und ihre Stellung in der Gesellschaft zu schaffen wie ______________________. Art. ________ GG enthält die Wertentscheidung, dass ein Kind nicht wegen seiner _____________ Geburt benachteiligt werden darf. Auch eine mittelbare Schlechterstellung ____________ _____________ Kinder ist verboten (BVerfG, NJW 2021, 223).
17. Durchsuchungen, die mit einer Entkleidung verbunden sind, stellen einen schwerwiegenden Eingriff in das ___________________________ (Art. ________________ i.V.m. Art. ________________ GG) dar (BVerfG, NJW 2023, 2632).
18. Die Rechtsreferendaren auferlegte Pflicht, bei Tätigkeiten, bei denen sie als Repräsentanten des Staates wahrgenommen werden oder wahrgenommen werden könnten, die eigene Zugehörigkeit zu einer Religionsgemeinschaft nicht durch das Befolgen von religiös begründeten Bekleidungsregeln sichtbar werden zu lassen, greift in die von Art. ________________ GG verbürgte individuelle ________________ ein (BVerfG, NJW 2020, 1049).
19. Das in § 10 Abs. 1 Satz 2 Thüringer Waldgesetz geregelte Verbot der Änderung der Nutzungsart von Waldflächen zur Errichtung von Windenergieanlagen greift als Inhalts- und Schrankenbestimmung in das durch Art. ________ GG geschützte ____________________ der Beschwerdeführenden ein (BVerfG, NVwZ 2022, 1890).
20. Die Ermächtigung der Streitkräfte, gemäß § 14 Abs. 3 des Luftsicherheitsgesetzes durch unmittelbare Einwirkung mit Waffengewalt ein Luftfahrzeug abzuschießen, das gegen das Leben von Menschen eingesetzt werden soll, ist mit dem ________________ nach Art. ___________ GG in Verbindung mit der ________________________ des Art. ________________________ GG

nicht vereinbar, soweit davon tatunbeteiligte Menschen an Bord des Luftfahrzeugs betroffen werden (BVerfG, NJW 2006, 751)

21. ________________, Art. _____________ GG ist ein Richterspruch dann, wenn er unter keinem denkbaren Aspekt rechtlich vertretbar ist und sich daher der Schluss aufdrängt, dass er auf sachfremden Erwägungen beruht. ____________. liegt erst vor, wenn die Rechtslage in krasser Weise verkannt wird (BVerfG, NJW 1993, 2035 (2037)).

22. Aus dem Recht auf _________________ nach Art. _______ i.V.m. Art. _______. GG folgt ein Anspruch der Schülerinnen und Schüler auf Einhaltung eines nach allgemeiner Auffassung für ihre chancengleiche Entwicklung zu einer eigenverantwortlichen Persönlichkeit unverzichtbaren Mindeststandards von Bildungsangeboten an staatlichen Schulen (BVerfG, NVwZ 2025, 920).

6 Bitte finden Sie jeweils die Artikel des Grundgesetzes, um die es im Einzelnen geht, und beantworten Sie die gestellten Fragen.

1. Richterin R findet, dass sie lange genug Richterin am Oberlandesgericht war. Sie möchte über wichtige Fragen entscheiden können und insbesondere viel mit der Verfassung arbeiten. Auf welches Gericht sollte sie ihre Karrierewünsche konzentrieren? Wo ist dieses Gericht im Grundgesetz (GG) erwähnt? Wie kann R dort Richterin werden? Artikel?
2. Bürger B meint, dass er im Staat zu wenig mitzureden (= mitzubestimmen) hat. Allein wählen zu können findet er nicht ausreichend. Auch die Mitgliedschaft in einer politischen Partei und diversen Bürgerinitiativen genügt ihm nicht. Er möchte höchstpersönlich an der Schaffung und inhaltlichen Ausgestaltung von Gesetzen mitwirken. Was raten Sie ihm? Artikel?
3. Die Journalistin J spricht mehrere Sprachen und liebt es zu reisen. Außerdem interessiert sie sich für politische Fragen und repräsentiert gerne. Sie möchte in Zukunft auf internationalem Parkett arbeiten und die Bundesrepublik völkerrechtlich vertreten, insbesondere Verträge mit auswärtigen Staaten abschließen. Im Inland möchte sie entscheiden, wer begnadigt wird und welche Bundesgesetze verkündet werden dürfen. Um welches Amt sollte sie sich bemühen? Artikel?
4. Geschichtslehrer G ist politisch sehr aktiv und allgemein sehr ehrgeizig. Seine Tätigkeit als Geschichtslehrer langweilt ihn. Ein Bundestagsmandat interessiert ihn nicht, weil er in dieser Position nicht genügend Macht besäße und lediglich an der Gestaltung des Staates mitbestimmen dürfte. Er möchte die wichtigsten Linien der Politik der Bundesrepublik selbst bestimmen, die Bundesminister vorschlagen und Regierungschef sein. Zu welcher Position raten Sie ihm? Artikel?
5. Die Apothekerin A ist Mitglied der bayerischen Staatsregierung und möchte dies auch bleiben. Sie möchte jedoch gleichzeitig an der Gesetzgebung und Verwaltung des Bundes mitwirken. Bundestagsabgeordnete will sie nicht werden. Was raten Sie ihr? Artikel?

7 Wie lautet das jeweilige Fremdwort für die deutsche Bezeichnung und wer nimmt diese Funktion auf Bundesebene jeweils wahr?

1. Gesetzgebende Gewalt = ...
   ....
2. Ausführende Gewalt = ...
   ....
3. Rechtsprechende Gewalt = ...
   ....

8 Entscheiden Sie mit Hilfe des Grundgesetzes oder eines Kommentars zum Grundgesetz, welcher Rechtsbehelf zum Bundesverfassungsgericht im einzelnen Fall einschlägig ist:

a) Verfassungsbeschwerde gem. Art. 93 I Nr. 4a GG
b) Verfassungsbeschwerde gem. Art. 93 I Nr. 4b GG
c) Konkrete Normenkontrolle gem. Art. 100 I GG
d) Abstrakte Normenkontrolle gem. Art. 93 I Nr. 2 GG

1. Die Landesregierung L weist die Gemeinde G an, eine Müllverbrennungsanlage zu errichten. G meint, sie sei dadurch in ihrem Selbstverwaltungsrecht aus Art. 28 II GG verletzt. Sie möchte den Rechtsweg zum Bundesverfassungsgericht beschreiten.
2. Die Strafrichterin S ist der Ansicht, die Bestrafung wegen des Besitzes von geringen Mengen Methamphetamin verstoße gegen den Gleichheitsgrundsatz in Art. 3 I GG, denn schließlich werde der Besitz von Alkohol und Zigaretten, der damit vergleichbar sei, auch nicht bestraft. Sie möchte deshalb den Strafprozess gegen den Methamphetaminkonsumenten K aussetzen und die Frage, ob die Strafbarkeit von Methamphetaminbesitz gegen das Grundgesetz verstößt, dem Bundesverfassungsgericht vorlegen.
3. Der Bürger B wurde während einer Demonstration stundenlang auf einem von der Polizei umzingelten öffentlichen Platz gegen seinen Willen festgehalten. Er fühlt sich in seiner Demonstrationsfreiheit gem. Art. 8 GG und in seiner körperlichen Bewegungsfreiheit i. S. des Art. 2 II GG verletzt und will dies vom Bundesverfassungsgericht bestätigt bekommen.
4. Nachdem der Bundestag das „Gesetz zur Beendigung der Diskriminierung gleichgeschlechtlicher Gemeinschaften" verabschiedet hat, möchte die Sächsische Staatsregierung es vom Bundesverfassungsgericht für unvereinbar mit dem Grundgesetz erklären lassen.

9 Schauen Sie ins Bundesgesetzblatt und entscheiden Sie für die folgenden Gesetze anhand der Eingangsformel, ob es sich jeweils um ein Zustimmungsgesetz (vgl. → Rn. 44 f.) oder ein Einspruchsgesetz (vgl. → Rn. 46 f.) handelt.

1. „Der Bundestag hat mit Zustimmung des Bundesrates das folgende Gesetz beschlossen."
2. „Der Bundestag hat das folgende Gesetz beschlossen."

3. a) Gesetz zur Umsetzung der Richtlinie über die Vergleichbarkeit von Zahlungskontoentgelten, den Wechsel von Zahlungskonten sowie den Zugang zu Zahlungskonten mit grundlegenden Funktionen (BGBl. 2016 I 720)
   b) Jugendarbeitsschutzgesetz (BGBl. 1976 I 965)
   c) Fünfzigstes Gesetz zur Änderung des Strafgesetzbuches – Verbesserung des Schutzes der sexuellen Selbstbestimmung (BGBl. 2016 I 2460)
   d) Gesetz zur Stärkung der Teilhabe und Selbstbestimmung von Menschen mit Behinderungen (Bundesteilhabegesetz) (BGBl. 2016 I 3234).
   e) Steueränderungsgesetz 2025 (BGBl. 2025 I Nr. 363).

10 Entscheiden Sie, um welchen der folgenden Rechtssätze es sich jeweils handelt, und begründen Sie Ihre Ansicht: Satzung, Verordnung, Bundesgesetz (Einspruchsgesetz), Bundesgesetz (Zustimmungsgesetz), Verfassungsartikel

1. Der Bundestag beschließt: „Alle Fahrräder müssen ab sofort mit Nummernschildern gekennzeichnet sein. Diese werden durch die Landratsämter und kreisfreien Städte ausgegeben."
2. In das Grundgesetz wird eine Bestimmung eingefügt, die Haustiere unter den besonderen Schutz des Staates stellt.
3. Die Bundesregierung führt ein neues Verkehrszeichen für den Kreisverkehr ein.
4. Der Bundestag beschließt: „Es werden ab sofort Münzen im Nennwert von 15 € ausgegeben."
5. Die Universität erlässt eine Benutzungsordnung für ihre Bibliothek.

11 Rechtspolitische Frage

Anlässlich der Gnadengesuche mehrerer zu lebenslangen Freiheitsstrafen verurteilter Terroristen wurde diskutiert, ob für die Begnadigungsentscheidung des Bundespräsidenten (vgl. → Rn. 36) nicht mehr Transparenz nötig sei. Nehmen Sie zu der Frage Stellung.

12 Rechtsvergleichende Anregungen

1. Erörtern Sie, inwieweit die Grundrechtsgewährung, also der Schutz der Grundrechte des Individuums (vgl. → Rn. 18 ff.), in Ihrem Heimatland derjenigen in Deutschland ähnelt bzw. sich von ihr unterscheidet. Berücksichtigen Sie dabei, inwieweit die Grundrechte selbst vergleichbar sind und inwieweit ihre tatsächliche Durchsetzung vergleichbar erscheint.
2. Erläutern Sie, in welcher Hinsicht die Staatsorganisation in Ihrer Heimat und Deutschland ähnlich ausgestaltet sind und in welchen konkreten Bereichen gravierende Unterschiede bestehen. Erörtern Sie dabei auch, welche Konsequenzen die Unterschiede mit sich bringen.
3. Legen Sie dar, durch welche Institutionen in Ihrem Heimatrecht und im deutschen Verfassungsrecht die Menschenrechte geschützt werden. Vergleichen Sie dabei Aufbau und Funktionsweise dieser Institutionen.

Sprachliche Aspekte

1 Ergänzen Sie im Zusammenhang mit dem Wortfeld Gesetz die fehlenden Nomen aus der folgenden Liste:

Gesetz / Gesetze / Gesetzes / Gesetzeskraft / Gesetzgebers / Gesetzgebung / Gesetzgebungsorgan / Gesetzgebungsrechts / Gesetzesvorbehalt / Grundgesetz

Die Verfassung der Bundesrepublik Deutschland trägt die Bezeichnung ____________ ________________(1). Die darin aufgeführten Grundrechte binden als unmittelbar geltendes Recht ________________________(2), vollziehende Gewalt und Rechtsprechung. Eine Änderung von Grundrechtsbestimmungen ist nur mit Zweidrittelmehrheit des ________________________(3) möglich. Sie kann jedoch nur dann vorgenommen werden, wenn dies im betreffenden Grundrecht erlaubt ist. Aber selbst wenn dieser ____________________________(4) vorhanden ist, darf eine Einschränkung durch ____________________(5) den Wesensgehalt des Grundrechts nicht verändern.
Das ____________________________(6) ist der Bundestag. Die Bundesregierung ist befugt, zur Regelung der praktischen Durchführung eines ________________(7) Rechtsverordnungen zu erlassen. Um eine Aushöhlung des ______________________(8) des Parlaments zu verhindern, muss die Ermächtigung zu Rechtsverordnungen im Gesetz selbst nach Inhalt, Zweck und Ausmaß bestimmt sein. Nur auf wenigen Rechtsgebieten wie z.B. dem Schul- und Kulturbereich liegt die Gesetzgebung bei den einzelnen Bundesländern. Als sog. Hüter der Verfassung ist es Aufgabe des Bundesverfassungsgerichts (BVerfG) zu prüfen, ob ____________________________(9) und andere Rechtssätze mit dem Grundgesetz vereinbar sind. Die Entscheidungen des BVerfG haben ________________(10).

2 Ergänzen Sie die richtigen Formen des Verbs in Klammern:

1. Gesetze werden vom Bundespräsidenten ________________ und im Bundesgesetzblatt ________________. (*ausfertigen / verkünden*)
2. Gesetzesvorlagen können aus der Mitte des Bundestages, durch die Bundesregierung oder den Bundesrat ____________________ werden. (*einbringen*)
3. Die meisten Gesetzentwürfe werden von der Bundesregierung ____________ ____________. (*vorlegen*)
4. Bundesgesetze werden vom Bundestag ________________. (*beschließen*)
5. Der Bundesrat __________ ein vom Bundestag beschlossenes Gesetz gelegentlich ______. (*ablehnen*)
6. Bestimmte Gesetze ______________ nur mit Zustimmung des Bundesrats ________________. (*zustande kommen*)
7. Bei anderen Gesetzen hat der Bundesrat nur ein Einspruchsrecht und kann vom Bundestag ____________________ werden. (*überstimmen*)
8. Das Gesetz wurde vom Bundestag ________________. (*verabschieden*)

9. Das Gesetz ist am 1.1.2026 in Kraft ________________. (*treten*)
10. Ein Gesetz kann ________________ werden. (*ändern*)
11. Art. 76 ff. GG regeln das Gesetzgebungsverfahren, nach dem Gesetze ________ ________________ werden. (*erlassen*)
12. Im Bereich des Strafrechts muss strafbares Verhalten als solches in einem Gesetz ________________ sein. (*bestimmen*) Bei Entscheidungen über die Straftat muss das Gesetz ________________ werden (*anwenden*), das zur Zeit der Tat ________________. (*gelten*)

Kapitel 4
Verträge und andere Rechtsgeschäfte

I. Die ersten drei Bücher des BGB

1. Überblick

1 Das Thema der beiden nächsten Kapitel ist das Bürgerliche Recht, also derjenige Teil des Zivilrechts, der für die allgemeinen Rechtsbeziehungen der Bürger untereinander gilt. Davon zu unterscheiden sind die Sondergebiete des Bürgerlichen Rechts, nämlich das Handels- und Gesellschaftsrecht (→ Kap. 6), das seine Bedeutung vor allem im Wirtschaftsverkehr hat, und das Arbeitsrecht (→ Kap. 6), das das Recht der Arbeitsverhältnisse regelt. Das Bürgerliche Recht ist fast vollständig im Bürgerlichen Gesetzbuch (BGB) geregelt, das seit 1.1.1900 gilt, aber ständig modernisiert wurde. Nur wenige Vorschriften erinnern noch an das 19. Jahrhundert, etwa § 98 Nr. 1 BGB, in dem „eine Mühle, eine Schmiede, ein Brauhaus, eine Fabrik" als Beispiele für häufige Formen gewerblicher Betätigung dienen. Das BGB besteht aus fünf Büchern, von denen die ersten drei das gesamte Vertragsrecht und das Recht der beweglichen Sachen und der Immobilien behandeln.

Die drei Bücher sind:
- Buch 1: Allgemeiner Teil;
- Buch 2: Recht der Schuldverhältnisse; und
- Buch 3: Sachenrecht.

2. Recht der Schuldverhältnisse

2 Das Buch 2 „Recht der Schuldverhältnisse" (kurz: „Schuldrecht"; Schuldverhältnis ist eine nicht sehr geglückte und sonst in der Sprache ungebräuchliche Eindeutschung des Begriffs „Obligation") gliedert sich wiederum in zwei Teile, einen **Allgemeinen Teil** und einen **Besonderen Teil**. Einzelne Vertragstypen, wie der Kaufvertrag, der Darlehensvertrag, der Mietvertrag, der Dienstvertrag oder die Auslobung sind in diesem Besonderen Teil geregelt.

3 Der Überblick über den Inhalt der drei ersten Bücher des BGB zeigt eine Besonderheit dieses Gesetzbuchs: Es ist zur Vermeidung von Wiederholungen sehr systematisch und logisch aufgebaut. Allgemeine Bestimmungen, die für die weiteren Bücher jeweils in gleicher Weise gelten, sind im Allgemeinen Teil zusammengefasst. Die allgemeinen Bestimmungen, die für alle Vertragstypen gelten, sind im Buch 2 wiederum in einem allgemeinen Teil zusammengefasst. Die Gesetzestechnik des BGB ist also vorbildlich; für Jurastudierende ist aber zumindest am Anfang ihrer Ausbildung die Arbeit mit diesem Gesetz besonders schwierig.

Beispiel A hat von B ein Auto gekauft. Den Kaufvertrag hat A persönlich abgeschlossen; für B hat dessen Angestellter C gehandelt. Das Auto sollte am 1. August bezahlt werden. A hat den Kaufpreis erst am 1. September bezahlt. B möchte wissen, ob er für die Zeit vom 1.8. bis 1.9. Zinsen verlangen kann, A wüsste gerne, ob denn überhaupt ein Kaufvertrag zustande gekommen ist und – wenn ja – welche Rechte er hat, wenn das Auto Mängel haben sollte.

4 Den Kaufvertrag regelt das BGB in den §§ 433 ff. Aber nur die letzte der gestellten Fragen lässt sich aus diesen Vorschriften heraus beantworten (nämlich aus § 437 BGB). Dagegen findet sich die Antwort auf die Frage nach den Zinsen im allgemeinen Teil des Schuldrechts (nämlich in den §§ 286, 288 BGB) und die Regelung des Vertragsschlusses durch einen Vertreter im 1. Buch des BGB (§ 164 BGB).

3. Sachenrecht

5 Eine weitere Besonderheit des deutschen Rechts sorgt für zusätzliche Schwierigkeiten. Das Schuldrecht regelt nur die Verpflichtungen, die die Beteiligten untereinander haben, aber nicht die Handlungen, die sie zu ihrer Erfüllung vornehmen müssen. Diese sind im 3. Buch „Sachenrecht" geregelt. Der Grund ist darin zu suchen, dass zwischen der Verpflichtung und Verfügung rechtlich getrennt wird. Ein simpler Brötchenkauf, der im täglichen Leben (und von den meisten ausländischen Rechtssystemen) als ein einziger Vorgang wahrgenommen wird, wird juristisch in drei Geschäfte getrennt (sog. **Trennungsprinzip**): Den Kaufvertrag als Verpflichtungsgeschäft, durch das nur Rechte und Pflichten entstehen, die Übertragung des Eigentums an dem Kaufgegenstand, nämlich dem Brötchen (Verfügungsgeschäft) und die Übertragung des Eigentums an dem Geld (Verfügungsgeschäft). Besonders schwierig dabei ist, dass das Verpflichtungsgeschäft wirksam und das Verfügungsgeschäft unwirksam sein kann und umgekehrt. Diese Regel bezeichnet man als das **Abstraktionsprinzip**.

Fortsetzung des Beispiels Über den Kaufvertrag im Beispiel in → Rn. 3 enthält der besondere Teil des Schuldrechts nur die Aussage, dass unter anderem A verpflichtet ist, dem B das Eigentum an dem Auto zu verschaffen (§ 433 I 1 BGB). Wie dies geschieht, steht dagegen im Sachenrecht (§ 929 BGB). Das Sachenrecht regelt auch, welche Folgen es hat, wenn das Auto, das A dem B übergeben hat, dem A gar nicht gehört (in den §§ 932, 935 BGB).

6 Es ist deshalb im Grunde nicht möglich, die ersten drei Bücher des BGB getrennt zu studieren, da für nahezu jeden zu lösenden Fall aus dem Vertragsrecht alle drei Bücher zusammen herangezogen werden müssen.

II. Die Rechtsgeschäfte

1. Begriffe und Arten von Rechtsgeschäften

7 Die Begründung und Erfüllung rechtlicher Verpflichtungen erfolgt durch das Rechtsgeschäft. „Rechtsgeschäft" ist der Oberbegriff und entsteht durch eine oder mehrere Willenserklärungen oder eine Willenserklärung und Handlung (z.B. geschieht die Übereignung einer beweglichen Sache durch Einigung, also Willenserklärungen, und Übergabe, also Handlung); eine Willenserklärung ist die Erklärung einer Partei zur Herbeiführung einer Rechtsfolge im Rechtsverkehr. Man unterscheidet zwei Hauptarten von Rechtsgeschäften: **einseitige Rechtsgeschäfte**, die durch eine **einzelne Willenserklärung** zustandekommen und wiederum in **empfangsbedürftige** (z.B. Kündigung) und **nicht empfangsbedürftige** (z.B. Testament) unterteilt werden. Und **mehrseitige Rechtsgeschäfte**, deren Haupterscheinungsbild die Verträge darstellen. Dabei kommen die Verträge durch zwei übereinstimmende **Willenserklärungen** zustande. Diese Willenserklärungen heißen Antrag (auch: Angebot) und Annahme. Es spielt dabei keine Rolle, von wem das Angebot ausgeht. Im einfachsten Fall, bei der gleichzeitigen persönlichen Anwesenheit beider Vertragsteile, werden diese Willenserklärungen oft **konkludent**, nämlich ohne ausdrückliche Erklärung des Willens, ein Rechtsgeschäft vornehmen zu wollen, abgegeben.

Beispiel Legt A, der der deutschen Sprache nicht mächtig ist, in einem Bäckerladen 30 Cent auf den Ladentisch und deutet auf eine Semmel und händigt ihm daraufhin die Bäckersfrau wortlos eine Semmel aus, sind damit bereits sechs Willenserklärungen abgegeben worden:

1. Kaufvertrag: Das Angebot des A, gegen Zahlung von 30 Cent eine Semmel kaufen zu wollen (Willenserklärung 1), und die Annahme dieses Angebots durch die Bäckersfrau (Willenserklärung 2),
2. Einigung zur Übereignung der Semmeln: Das Angebot der Bäckersfrau, dem A die Semmel zu übereignen (Willenserklärung 3), und die Annahme dieses Angebots durch A (Willenserklärung 4),
3. Einigung zur Übereigngung des Geldes: Das Angebot des A, der Bäckersfrau 30 Cent zu übereignen (Willenserklärung 5), und die Annahme dieses Angebots durch die Bäckersfrau (Willenserklärung 6).

Merke Rechtsgeschäft = Oberbegriff;
einseitige Rechtsgeschäfte: z. B. Kündigung, Testament, Vollmacht;
mehrseitige Rechtsgeschäfte: Verträge (z. B. Kaufvertrag, Arbeitsvertrag, Schenkung);
Vertrag: entsteht durch Angebot und Annahme (übereinstimmende Willenserklärungen beider Parteien), auch konkludent (durch schlüssiges Handeln) möglich.

2. Grundsatz der Vertragsfreiheit

8 Es besteht grundsätzlich weder eine Verpflichtung, einen Vertrag abzuschließen noch hierbei auf bestimmte Bedingungen einzugehen. Man bezeichnet das als den Grund-

satz der Vertragsfreiheit (Ausdruck der **Privatautonomie**), die ihrerseits die Abschlussfreiheit und die Gestaltungsfreiheit umfasst. Die Bäckersfrau ist also nicht verpflichtet, A die Semmel zu verkaufen, selbt wenn dies aus dem zu missbilligenden Grund geschehen sollte, dass A der deutschen Sprache nicht möchtig ist. Das Gegenteil dieser Abschlussfreiheit ist der **Kontrahierungszwang**, der nur für einzelne Unternehmen ausdrücklich angeordnet ist, die rechtlich oder tatsächlich eine Monopolstellung haben, wie dies etwa bei der Post, Stromlieferungsunternehmen oder den öffentlichen Verkehrsmitteln der Fall ist.

9 Außer dieser **Abschlussfreiheit** besteht auch die **inhaltliche Gestaltungsfreiheit.** Beim Kaufpreis ist das ohnehin klar. Es ist der Bäckersfrau unbenommen, ihre Semmeln für 30, 40 oder 60 Cent anzubieten. Aber auch sonst gelten die Bestimmungen des Schuldrechts regelmäßig nur dann, wenn die Vertragspartner nichts anderes vereinbaren; Ausnahmen müssen im Gesetz besonders erwähnt sein. Grundsätzlich ist die Verpflichtung aus einem Vertrag sofort zu erfüllen (§ 271 I BGB). Die Bäckersfrau kann sich, wenn A kein Geld bei sich hat, auf die Vereinbarung einlassen, dass er die Semmel am nächsten Tag bezahlt, sie kann aber auch erklären, dass sie Kaufverträge nur gegen sofortige Barzahlung abschließt.

3. Allgemeine Geschäftsbedingungen

10 Die inhaltliche Gestaltungsfreiheit ist angemessen, wenn beide Vertragspartner wie in dem Beispiel wirtschaftlich gleich stark sind. Ist dagegen ein Vertragspartner wirtschaftlich schwächer, muss er vor einem Missbrauch der inhaltlichen Gestaltungsfreiheit geschützt werden. Das geschieht zum einen durch das Verbot, wucherische Geschäfte abzuschließen (§ 138 BGB), und andererseits dadurch, dass eine Reihe vom Gesetz aufgezählter Klauseln, und überhaupt alle Klauseln, die einen Vertragspartner unangemessen benachteiligen, nicht in Allgemeinen Geschäftsbedingungen (AGB) verwendet werden dürfen. Allgemeine Geschäftsbedingungen sind von einem Vertragspartner (normalerweise dem wirtschaftlich Mächtigeren) formulierte Vertragsbedingungen, die er seinem Vertragspartner mitteilt und dabei erklärt, er werde grundsätzlich nur zu diesen Bedingungen abschließen. Was in Allgemeinen Geschäftsbedingungen zulässig ist und was nicht, regeln die §§ 305 ff. BGB.

Beispiel Nach § 309 Nr. 6 BGB ist eine Vereinbarung, nach der der Mieter eines Fahrrads im Falle verspäteter Rückgabe eine Vertragsstrafe – also einen Geldbetrag, der ohne Rücksicht darauf geschuldet ist, ob der Vermieter dadurch überhaupt einen Schaden hatte – zu bezahlen hat, unwirksam. Deshalb kann ein Fahrradvermieter eine solche Bestimmung nicht in seine Allgemeinen Geschäftsbedingungen aufnehmen. Verleiht oder vermietet aber A dem B sein Fahrrad durch einen von diesen individuell ausgehandelten Vertrag, dann ist diese Vereinbarung ohne weiteres möglich.

11 Die Beschränkungen für die Verwendung Allgemeiner Geschäftsbedingungen gelten auch für alle Geschäfte zwischen Unternehmern und Verbrauchern, auch wenn die Bedingungen nicht vorformuliert sind (Verbraucherverträge, § 310 III BGB). Die in

Allgemeinen Geschäftsbedingungen und Verbraucherverträgen unzulässigen Bestimmungen sind aber nicht allgemein verboten. In einem von zwei Privatleuten oder zwei Unternehmern individuell ausgehandelten Vertrag dürfen sie verwendet werden.

4. Wirksamkeitsvoraussetzungen und rechtliche Schranken von Rechtsgeschäften

12 Neben den gerade erwähnten Beschränkungen der Wirksamkeit von Rechtsgeschäften durch das Verbot wucherischer und überhaupt sittenwidriger Geschäfte (§ 138 BGB) und bestimmter Formularklauseln müssen Rechtsgeschäfte etlichen weiteren Bedingungen entsprechen, um wirksam zu sein:

- Sie dürfen nicht gegen ein gesetzliches Verbot verstoßen (§ 134 BGB). Verkauft A dem Staat B also Maschinengewehre oder andere Kriegswaffen ohne Genehmigung, dann ist dieser Kaufvertrag nichtig.
- Wenn gesetzliche Formvorschriften bestehen, müssen diese eingehalten werden. Will A dem B ein Grundstück verkaufen, dann ist der Kaufvertrag nur gültig, wenn der Vertrag von einem Notar beurkundet ist (§ 311b BGB). Will sich C gegenüber der Bank für einen Kredit seiner Tochter T verbürgen, muss seine Bürgschaftserklärung schriftlich erfolgen (§ 766 BGB). Von diesen im BGB seltenen Fällen abgesehen gilt aber, dass Rechtsgeschäfte **formfrei** abgeschlossen werden können. Dass wichtige Verträge normalerweise schriftlich abgeschlossen werden, dient also lediglich dazu, über ihren Inhalt später keinen Streit entstehen zu lassen. Rechtlich erforderlich ist es nicht.
- Ein Vertrag kommt auch dann nicht wirksam zustande, wenn die Willenserklärungen rechtzeitig **widerrufen** worden sind. Die Frage des Widerrufs stellt sich natürlich nur dann, wenn es nicht zum unmittelbaren Vertragsschluss kam, sondern Angebot und Annahme schriftlich übermittelt wurden. Eine Willenserklärung wird (anders als z.B. im englischen Recht) nicht schon mit der Absendung, sondern erst mit dem Zugang beim Vertragspartner wirksam, und ein Vertrag kommt nicht zustande, wenn dem Anbieter gleichzeitig mit der Annahme ein Widerruf zugeht (§ 130 BGB).
- Die Vertragspartner müssen **geschäftsfähig** sein. Zwar ist jeder Mensch von Geburt an rechtsfähig (§ 1 BGB). Selbst ein Säugling kann also etwas erben, Besitz haben und als Besitzer auch Verpflichtungen (z.B. Steuern zu zahlen, bei Glatteis zu streuen usw.) haben. Ein Säugling kann aber keine Rechtsgeschäfte selbst abschließen, ist also nicht geschäftsfähig. Die **volle Geschäftsfähigkeit** tritt mit dem 18. Geburtstag ein (Volljährigkeit). Kinder unter 7 Jahren und Geisteskranke sind **geschäftsunfähig;** Kinder und Jugendliche zwischen 7 und 18 Jahren sind **beschränkt geschäftsfähig.** Beschränkt Geschäftsfähige können grundsätzlich nur solche Rechtsgeschäfte allein abschließen, die für sie rechtlich vorteilhaft sind (z.B. ein Geschenk annehmen; Einzelheiten und Ausnahmen §§ 106–114 BGB). Zu anderen Geschäften (z.B. Kaufverträgen) brauchen sie die Zustimmung ihrer

gesetzlichen Vertreter (normalerweise der Eltern); für Geschäftsunfähige können überhaupt nur die gesetzlichen Vertreter handeln.

- Erliegt ein Vertragsteil bei der Abgabe seiner Willenserklärung einem **Irrtum**, dann kommt trotzdem ein Vertrag zunächst einmal zustande. Jedoch kann derjenige, der sich geirrt hat, seine Willenserklärung anfechten (§ 119 BGB). Tut er das, dann ist sie und damit der Vertrag nichtig (§ 142 BGB). Dasselbe gilt, wenn ein Vertragsteil durch eine Täuschung oder durch Bedrohung zum Vertragsschluss veranlasst wurde.

Beispiel Wollte A beim Versandhaus B 12 Paar Socken kaufen, schreibt er auf den Bestellschein aber versehentlich „21" statt „12", dann kommt mit der Lieferung des B der Vertrag über 21 Paar Socken zustande. A kann aber anfechten, da er diese Erklärung gar nicht abgeben wollte; dann ist der Kaufvertrag nichtig. A kann aber auch auf die Anfechtung verzichten, wenn er meint, im Laufe der Zeit auch 21 Paar Socken zu brauchen und dass der Preis günstig war. In diesem Fall bleibt der Kaufvertrag trotz des Irrtums gültig.

13 Ist der Vertrag nicht durch die Vertragspartner persönlich abgeschlossen worden, sondern durch **Stellvertreter**, dann ist er nur wirksam, wenn die Vertreter hierzu berechtigt waren. Bei **gesetzlichen Vertretern** (Eltern für ihr Kind, der Vorstand für einen Verein) kommt es darauf an, ob das Gesetz die Vertretungsbefugnis gewährt, bei Bevollmächtigten darauf, ob die Vollmacht das Handeln des Vertreters abdeckt (§ 164 BGB). Ist dies nicht der Fall, kommt es für die Wirksamkeit darauf an, ob der Vollmachtgeber nachträglich sein Einverständnis mit dem Geschäft erklärt (es „genehmigt"). Tut er das, kommt der Vertrag zustande. Lehnt er es ab, dann ist nur derjenige verpflichtet, der als Vertreter gehandelt hat. Ein Vertreter darf grundsätzlich nicht gleichzeitig für seinen Auftraggeber und für einen anderen oder sich selbst handeln (Verbot des **Selbstkontrahierens**, § 181 BGB). Wegen des möglichen Interessenkonflikts ist das nur dann erlaubt, wenn es dem Vertreter ausdrücklich gestattet ist.

Beispiel A hat ein neues Auto gekauft und den Händler H beauftragt, einen Käufer für seinen Gebrauchtwagen zu suchen und auch gleich den Kaufvertrag abzuschließen. H kann nun im Namen des A das Auto an jeden beliebigen Dritten verkaufen – aber nicht an sich selbst und auch nicht an einen Dritten, der seinerseits dem H Vollmacht erteilt hat, für ihn ein Auto zu kaufen. Das wäre ihm nur erlaubt, wenn A ihm dies ausdrücklich gestattet hätte, weil er z.B. bedingungsloses Vertrauen zu H hat oder einen Mindestverkaufspreis festgelegt hat.

III. Die einzelnen Vertragstypen

1. Gesetzlich geregelte und ungeregelte Vertragstypen; Typenzwang und dispositives Recht

14 Das Buch 2 des BGB regelt zuerst die allgemeinen Bestimmungen, die für alle Schuldverhältnisse des BGB (z.B. die Ausgestaltung des Schadensersatzes in §§ 249 ff. oder das Erlöschen einer Forderung nach §§ 362 ff.) und anderer Gesetze, z.B. des Produkthaftungsgesetzes oder des Handelsgesetzbuchs gelten, soweit dort nicht etwas anderes geregelt ist. Danach regelt das Buch 2 des BGB einzelne Arten von Verträgen durch eine Reihe besonderer Bestimmungen, so z.B. den **Kaufvertrag** (§§ 433–479), die **Schenkung** (§§ 516–534), den **Mietvertrag** (§§ 535–580a) und den **Auftrag** (§§ 662–674).

15 Das bedeutet nicht, dass andere als die dort geregelten Vertragstypen unzulässig wären, es besteht im Schuldrecht, also dem Recht der Verpflichtungsgeschäfte, **kein Typenzwang.** Was geregelt und was nicht geregelt ist, erklärt sich aus den tatsächlichen wirtschaftlichen Verhältnissen des Jahres 1896, als das BGB erlassen wurde. So enthält das BGB beispielsweise eine Regelung des **Leibrentenvertrags** (§§ 759–761), aber keinerlei Regelung der heute viel bedeutsameren Vertragstypen des **Franchisingvertrags** (Vereinbarung über die kostenpflichtige Nutzung eines bewährten Geschäftsmodells), des **Forderungskaufs** (Factoringvertrag) oder des **Leasingvertrags (atypischer Mietvertrag)**, da es diese zur Zeit des Inkrafttretens des BGB praktisch nicht gab. Der Gesetzgeber hat erst in den letzten Jahren die Veränderung der Lebensverhältnisse und Vorgaben des europäischen Rechts zum Anlass von Ergänzungen des Gesetzes genommen. Erstmals geschah dies durch die Regelung des Rechts der Pauschalreisen in den Vorschriften über den **Reisevertrag** (§§ 651a–651y), der im Jahre 1979 als eine besondere Form des Werkvertrags eingeführt wurde. In der Zwischenzeit sind beispielsweise der **Teilzeit-Wohnrechtevertrag** (§§ 481–487), der **Zahlungsdienstevertrag** (§§ 675c–676c), das **Verbraucherdarlehen** (§§ 491–505e), der **Behandlungsvertrag** (§§ 630a–630h) und der **Bauvertrag** (§ 650a–650n) hinzugekommen. Viele Änderungen erfolgten aufgrund der steigenden Bedeutung des Internets im täglichen Rechtsverkehr. Ob ein Vertragstyp ausdrücklich geregelt ist oder nicht, spielt nur für die Frage eine Rolle, ob für bestimmte typischerweise auftretende Probleme eine Regelung getroffen ist, wenn sich die Vertragsteile darüber nicht verständigt haben. Es ist klar, dass dafür bei den Verträgen des täglichen Lebens ein größeres Bedürfnis besteht als bei den besonderen Vertragstypen, die normalerweise von Fachleuten schriftlich ausgearbeitet werden.

16 Auch wenn der Vertragstyp geregelt ist, sind diese Regelungen aber meist **dispositiv.** Die Vertragspartner können also von ihnen abweichen, wenn dies im Gesetz nicht ausdrücklich für unzulässig erklärt ist (beispielsweise in §§ 512 und 650o), in Allgemeinen Geschäftsbedingungen und Verbraucherverträgen aber – wie erwähnt – nur in engen Grenzen.

2. Der Kaufvertrag

17 Der Kaufvertrag ist der im täglichen Leben häufigste Vertragstyp. Das BGB hat daher nicht nur die grundsätzlichen Verpflichtungen des Verkäufers und des Käufers geregelt (§ 433 BGB), sondern auch, wer die Vertragskosten trägt (§ 448 BGB) und welche Rechte der Käufer hat, wenn die verkaufte Sache **Mängel** aufweist (§§ 437–445 BGB). In diesem Fall kann der Käufer Beseitigung des Mangels oder Lieferung einer mangelfreien Sache verlangen (sog. Nacherfüllung). Ist die Nacherfüllung nicht

erfolgreich, kann er vom Vertrag zurücktreten oder den Kaufpreis mindern. Wenn der Verkäufer den Mangel zu vertreten hat, kann er auch Schadensersatz verlangen (§ 437 BGB).

18 Die **Gewährleistung für Sachmängel** gehört zu den wichtigsten Rechten des Käufers beim Kauf neu hergestellter Sachen. Auf der anderen Seite kann es einem Verkäufer bei gebrauchten Gegenständen, z.B. einer gebrauchten Maschine oder einem Gebrauchtwagen, auch darauf ankommen, dass er für Mängel, die sich später herausstellen, auf keinen Fall in Anspruch genommen wird. Die Gewährleistungsvorschriften sind daher überwiegend dispositiv, können also von den Vertragspartnern ausgeschlossen werden – mit einer Ausnahme: Die Vereinbarung, dass die Gewährleistung ausgeschlossen ist, ist dann unwirksam, wenn der Verkäufer den Mangel arglistig verschwiegen oder eine Garantie für die Beschaffenheit der Sache übernommen hat (§ 444 BGB).

Beispiel A verkauft dem B seinen gebrauchten Pkw und vereinbart: „verkauft wie besichtigt und Probe gefahren unter Ausschluss jeder Gewährleistung." Erleidet das Auto bei B nach wenigen Kilometern einen für A unabsehbaren Motorschaden, hat B keine Ansprüche. Stellt sich dagegen heraus, dass der Rahmen durchgerostet ist und A die schadhaften Stellen übermalt hat, so dass sie bei der Besichtigung unerkennbar waren, hat B die gewöhnlichen Gewährleistungsrechte, da der Mangel arglistig verschwiegen wurde.

19 Besondere **Grenzen** bestehen für die Beschränkung der Rechte des Käufers neu hergestellter Sachen in Allgemeinen Geschäftsbedingungen. Hier ist es nicht zulässig, den Rücktritt oder die Minderung auszuschließen und dem Käufer stattdessen nur einen Anspruch auf Reparatur oder Lieferung einer mangelfreien Sache zu geben. Das Recht zum Rücktritt oder zur Minderung muss dem Käufer zumindest für den Fall erhalten bleiben, dass die Reparatur fehlschlägt (§ 309 Nr. 8 Buchst. b Doppelbuchst. bb BGB).

20 Besondere **Schutzvorschriften** für den Verbraucher (§ 13 BGB) enthalten drei Sonderregelungen: die Vorschriften über den Verbrauchsgüterkauf (§§ 474–479 BGB), die dann anwendbar sind, wenn ein Unternehmer (§ 14 BGB) einem Verbraucher eine bewegliche Sache verkauft; für solche Kaufverträge, bei denen der Kaufpreis nicht sofort bar bezahlt wird (§§ 506–508 BGB), und für außerhalb von Geschäftsräumen geschlossene Verträge und sog. „Fernabsatzverträge", die durch den Einsatz von Fernkommunikationsmitteln zustande kommen, und bei denen der Kunde ein Widerrufsrecht von zwei Wochen hat (§§ 312b, 312c, 355 BGB), das ihn vor übereilten Käufen schützen soll.

21 Bei einem **Verbrauchsgüterkauf** braucht der Käufer dem Verkäufer keine Frist zur Nachbesserung zu setzen, sondern ist zu Rücktritt, Minderung oder Schadensersatz schon dann berechtigt, wenn er den Verkäufer von dem Mangel unterrichtet hat und seitdem eine angemessene Frist verstrichen ist (§ 475d BGB). Zeigt sich innerhalb eines Jahres seit Übergabe ein Mangel, wird vermutet, dass die Sache schon bei Übergabe mangelhaft war (§ 477 BGB). Diese Regelungen sind seit 1.1.2022 zugunsten des Käufers neu gefasst.

3. Der Mietvertrag

22 Auch beim Mietvertrag regelt das BGB nicht nur die Hauptpflichten der Vertragspartner, nämlich Überlassung der Mietsache und Zahlung der Miete, sondern auch die bei der Miete von Wohnungen wichtigsten Fragen, nämlich die Möglichkeit der Kündigung und der Erhöhung der Miete. Hier gilt der Grundsatz, dass die Vertragsbedingungen frei vereinbart werden können, nur eingeschränkt, da der Gesetzgeber den – sozial meist schwächeren – Mieter vor der Vereinbarung für ihn nachteiliger Bestimmungen schützen will. Deshalb sind die Kündigungsfristen (grundsätzlich drei Monate, bei längerer Dauer des Mietverhältnisses bis zu neun Monaten, § 573c BGB) zugunsten des Mieters zwingend, und er genießt **Mieterschutz**, wenn nicht der Vermieter ein berechtigtes Interesse an der Kündigung hat. Selbst dann kann aber der Mieter der Kündigung widersprechen, wenn sie für ihn eine Härte bedeuten würde, vor allem, wenn er keine andere Wohnung zu für ihn tragbaren Bedingungen finden kann. Dabei schützt das Recht den Mieter heute durch § 555d BGB auch – wenn auch nur sehr unvollkommen – vor der Verdrängung durch einkommensstärkere Mieter (Gentrifizierung).

23 Trotz der detaillierten Regelung des Mietvertrags im BGB ist es in der Praxis üblich, Mietverträge anhand vorformulierter Texte abzuschließen, die zahlreiche weitere Regelungen enthalten. Das Formulieren solcher Vertragsmuster ist die Aufgabe der **Kautelarjurisprudenz**, die sich zur Aufgabe gesetzt hat, gerichtliche Streitigkeiten aus Verträgen dadurch zu vermindern, dass die vertragliche Regelung so genau und eindeutig ist, dass Streitigkeiten nach Möglichkeit verhindert werden. Es verwundert allerdings nicht, dass die Organisationen der Vermieter („Haus- und Grundbesitzervereine“) und die der Mieter (die im „Deutschen Mieterbund“ zusammengeschlossenen Mietvereine) sehr unterschiedliche Vertragsmuster entworfen haben.

IV. Die Rechtsbeziehungen ohne Vertrag

24 Nicht immer ergeben sich Ansprüche auf Zahlung oder eine sonstige Leistung aus einem Vertrag oder anderen Rechtsgeschäft.

1. Unerlaubte Handlungen

25 Wenn der Kunde im Kaufhaus aus Unachtsamkeit gegen eine wertvolle Kristallvase stößt, die daraufhin zerbricht, dann haftet er dem Betreiber des Kaufhauses ohne Rücksicht darauf, ob und was er kaufen wollte, aus unerlaubter Handlung (§ 823 I BGB) auf Ersatz des entstandenen Schadens. Dabei ist es ohne Bedeutung, ob der Schaden durch mangelnde Sorgfalt (Fahrlässigkeit) entstanden ist oder ob er die Vase in einem Wutanfall absichtlich zerschmettert hat (Vorsatz). Diese Frage spielt nur im Strafrecht eine Rolle. Ansprüche auf Schadensersatz setzen nach dem BGB stets Vorsatz oder Fahrlässigkeit voraus. Da das Recht aber Gefährdungen zulässt,

bei denen es zu Schäden auch ohne Verschulden kommen kann, ist in zahlreichen Nebengesetzen eine **Gefährdungshaftung** angeordnet. Das bedeutet, dass der Handelnde auch dann einen entstehenden Schaden ersetzen muss, wenn er keinen Fehler begangen hat oder ihm ein Fehler nicht nachgewiesen werden kann.

26 Der wichtigste Fall ist die Haftung des Halters eines Kraftfahrzeugs für alle Schäden, die bei seinem Betrieb entstehen. Aber auch der Führer eines Flugzeugs, der Betreiber eines Atomkraftwerks und derjenige, der ein gefährliches oder fehlerhaftes Produkt in den Verkehr bringt, haftet ohne Rücksicht auf ein Verschulden. Die Reichweite der Gefährdungshaftung ist unterschiedlich: Im Straßenverkehr haftet der Halter nicht, wenn der Unfall für ihn ein „unabwendbares Ereignis" war, die Produkthaftung ist ausgeschlossen, wenn der Schaden nicht durch den „bestimmungsgemäßen Gebrauch" des Produkts entstanden ist. Die Gefährdungshaftung, die beim Inkrafttreten des BGB nur für den Betrieb von Eisenbahnen angeordnet war, ist im Laufe der Zeit immer weiter ausgedehnt worden. Der Grund liegt nicht zuletzt darin, dass derjenige, der Nutzen aus erlaubten, aber abstrakt gefährlichen Handlungen zieht, für die Schäden aufkommen soll, die sich aus einem solchen erlaubten Risiko ergeben.

2. Ungerechtfertigte Bereicherung

27 Ansprüche ohne Vertrag können sich auch aus ungerechtfertigter Bereicherung ergeben (§ 812 BGB). Unter dieser Überschrift fasst das BGB diejenigen Fälle zusammen, in denen sich Vermögensverschiebungen ergeben haben, die sich als von Anfang an oder auch nachträglich nicht gerechtfertigt herausstellen. In vielen Fällen liegt ein nicht zustande gekommener oder nicht durchgeführter Vertrag zugrunde.

Beispiel A hat dem 17-jährigen B ein Fahrrad verkauft. B hatte ihm erklärt, seine Eltern seien mit dem Kauf einverstanden, und leistete eine Anzahlung. Als die Eltern des B davon erfahren, billigen sie das Verhalten ihres Sohnes jedoch nicht und verweigern die Genehmigung. Da B nur beschränkt geschäftsfähig ist, konnte er den Kaufvertrag nur mit Zustimmung seiner Eltern abschließen (§ 108 BGB). Da diese die Genehmigung verweigert haben, ist der Vertrag unwirksam. Die Anzahlung des B erfolgte deshalb ohne einen rechtlichen Grund. A muss die Anzahlung daher nach § 812 BGB zurückgeben.

28 In diesen Fällen spricht man von **Leistungskondiktion**, da A durch eine Leistung zu der Bereicherung gekommen ist. Daneben gibt es die von § 812 BGB als „Bereicherung in sonstiger Weise" bezeichnete **Eingriffskondiktion**. Sie liegt bei Vermögensverschiebungen vor, denen keine Leistungshandlung zugrunde liegt.

Beispiel A und B haben ihre Pferde im gleichen Stall eingestellt und beide bei verschiedenen Lieferanten Hafer bestellt. Der Lieferant des B hat Hafer geliefert; der Pferdepfleger hat diesen aber versehentlich in die Haferkiste des A gefüllt. Verbraucht nun A den Hafer für sein Pferd, dann ist er dem B zur Herausgabe verpflichtet; da dies nicht möglich ist, muss er den Wert des Hafers ersetzen (§ 818 II BGB).

29 Die Vorschriften über die ungerechtfertigte Bereicherung fordern anders als die über den Schadensersatz nur die Rückgabe einer Bereicherung, die tatsächlich erfolgt und noch vorhanden ist, da sie vom Verschulden unabhängig sind. Wenn der Empfänger nicht oder nicht mehr bereichert ist, besteht keine Verpflichtung.

Beispiel Anna wollte ihrem Freund Max zum Geburtstag eine Schachtel Pralinen schenken und beauftragte ein Patisseriegeschäft, sie ihm ins Studentenwohnheim zu schicken. Der Fahrer überreichte die Schachtel aber nicht Max, sondern der Studentin Maxi, die auf dem gleichen Flur wohnt. Bevor der Fehler bemerkt wurde, hatte Maxi die Pralinen aufgegessen. Sie hatte sie als Geschenk eines unbekannten Verehrers angesehen. Da sie stets knapp bei Kasse ist, hätte sie sich selbst keinesfalls welche gekauft. Da die Rückgabe der Pralinen nicht mehr möglich, aber Maxi auch nicht bereichert ist, muss sie nichts ersetzen (§ 818 III BGB).

3. Geschäftsführung ohne Auftrag

30 Nimmt jemand Handlungen für einen anderen aufgrund eines Vertrags vor, der über die Vornahme dieser Handlungen geschlossen wurde, so liegt der Vertragstyp des Auftrags (§ 662 BGB) vor. Werden Handlungen dagegen ohne einen solchen Auftrag oder eine andere Berechtigung vorgenommen, regeln sich die Rechtsbeziehungen zwischen dem Handelnden (Geschäftsführer) und dem, für den gehandelt wird (Geschäftsherr), nach den besonderen Bestimmungen der Geschäftsführung ohne Auftrag (§§ 677 ff. BGB), deren Zweck es ist, einen Interessenausgleich zwischen diesen beiden Personen herzustellen. Einerseits muss der Handelnde die Gewissheit haben, Aufwendungen, die er berechtigterweise erbringt, ersetzt zu erhalten. Andererseits muss der Geschäftsherr davor geschützt werden, dass grundlos in seinen Rechtskreis eingegriffen wird. Bei den Handlungen des Geschäftsführers kann es sich um Rechtsgeschäfte handeln, aber auch um tatsächliche Handlungen.

Beispiel A bemerkt, dass im Garten seines Nachbarn B – der für mehrere Wochen urlaubsbedingt abwesend ist – aus der Wasserleitung Wasser austritt und den Garten des B überflutet. Beauftragt A eine Installationsfirma, um das Wasser abzustellen, handelt er dabei als Geschäftsführer ohne Auftrag. B muss die Rechnung der Installationsfirma (für deren Leistungen aus dem von A abgeschlossenen Vertrag) bezahlen, da A im Interesse des B und mit dem wirklichen oder mutmaßlichen Willen des B gehandelt hat (§ 677 BGB). Gelingt es A, das Wasser durch Betätigen eines Schiebers selbst abzustellen, beschmutzt er dadurch aber seine Kleidung, ist B dem A zum Ersatz von dessen Aufwendungen für die Reinigung verpflichtet (§ 683 BGB).

V. Das Sachenrecht

31 Das im 3. Buch des BGB geregelte Sachenrecht befasst sich einerseits mit dem Recht der Grundstücke, andererseits mit dem Recht der beweglichen Sachen. Dem Recht der Grundstücke unterliegen dabei auch die mit dem Grund und Boden fest verbundenen Gebäude und alles, was „zur Herstellung“ eingefügt worden ist (§ 94 BGB).

32 Das Grundstücksrecht ist eine komplizierte Spezialmaterie und unterliegt infolge der Eintragung der Grundstücke und Grundstücksrechte in ein staatliches Register, das **Grundbuch**, besonderen Vorschriften. Das Recht der beweglichen Sachen dagegen ist infolge des bereits erwähnten Abstraktionsprinzips bei jedem im Alltag geschlossenen Kaufvertrag zu beachten. Das Sachenrecht unterscheidet zwischen **Besitz** und **Eigentum**, die in der Rechtssprache anders als im täglichen Leben sorgfältig getrennt werden. Besitz bezeichnet nur die tatsächliche Möglichkeit, über eine Sache zu verfügen, das Eigentum dagegen die unbeschränkte Rechtsposition. Besitz und Eigentum können, müssen aber nicht zusammenfallen.

Beispiel Hat A dem B sein Auto geliehen und zur Benutzung übergeben, ist A Eigentümer des Autos und B Besitzer. Wird dem B das Auto unterwegs vom Dieb D gestohlen, dann bleibt A Eigentümer, B hat dagegen seinen Besitz verloren. Besitzer ist jetzt D. Dieser Besitz des D äußert sich unter anderem darin, dass er sich, wenn ihm ein Räuber R das Auto wegnehmen will, notfalls mit Gewalt gegen die Wegnahme wehren darf, da er auch als unberechtigter Besitzer Besitzschutz genießt. Wird D gefasst, das Auto sichergestellt und dem A wieder zurückgegeben, vereinigen sich Besitz und Eigentum wieder in der Hand des A.

33 Die Übertragung des Eigentums an beweglichen Sachen geschieht grundsätzlich durch **Einigung** darüber, dass das Eigentum übergehen soll, und **Übergabe** (§ 929 BGB). Nach dem Abstraktionsprinzip setzt die Erfüllung jedes Kaufvertrags eine solche Eigentumsübertragung voraus: Der Kaufvertrag verpflichtet den Verkäufer lediglich, den verkauften Gegenstand zu übergeben und das Eigentum daran zu verschaffen. Die Bedeutung des Abstraktionsprinzips besteht vor allem darin, dass Kaufvertrag und Übereignung rechtlich selbstständig sind und daher auch ein verschiedenes Schicksal haben können.

Beispiel A hat beim Antiquitätenhändler B ein Ölgemälde eines „unbekannten Meisters" für 500 EUR gekauft, sofort bezahlt und mitgenommen. Kurz darauf stellt sich heraus, dass es sich in Wirklichkeit um ein Original von Leonardo da Vinci mit einem Wert von mehr als 500.000 EUR handelt. B erklärt deshalb die Anfechtung wegen Irrtums (§ 119 II BGB). Durch die Anfechtung wird der Kaufvertrag nichtig (§ 142 I BGB). Die Einigung von A und B über den Eigentumsübergang an dem Bild und an dem Geldbetrag von 500 EUR bleiben jedoch wirksam, da sich hier weder A noch B geirrt haben. Das Bild und das Geld können aber als ungerechtfertigte Bereicherung (§ 812 BGB) zurückgefordert werden, da der Grund der Übereignung (der Kaufvertrag) durch die Anfechtung weggefallen ist.

34 Das Abstraktionsprinzip lässt auch zu, dass Kaufvertrag und Eigentumsübergang bewusst getrennt werden. Dies geschieht sehr häufig durch den **Eigentumsvorbehalt.** Wird ein Gegenstand dem Käufer sofort übergeben, aber noch nicht vollständig bezahlt (z.B. beim Kauf auf Raten), wird meist vereinbart, dass der Kaufvertrag sofort wirksam sein soll, die Einigung über den Eigentumsübergang dagegen unter der Bedingung vollständiger Bezahlung des Kaufpreises steht. Der Käufer ist dann sofort Besitzer, aber erst mit Zahlung der letzten Rate Eigentümer.

35 Eigentum kann nicht nur derjenige erwerben, der eine Sache vom wahren Eigentümer erwirbt, sondern auch derjenige, der von einem Dritten erwirbt, vorausgesetzt,

er war in **gutem Glauben** und die Sache war nicht gestohlen (§§ 932, 935 BGB). Darin unterscheidet sich das deutsche Sachenrecht von zahlreichen anderen Rechtsordnungen. Der Satz *nemo plus iuris transferre potest quam ipse habet* (niemand kann mehr Rechte übertragen als er selbst hat) gilt also nicht; das deutsche Recht stellt die Sicherheit des Rechtsverkehrs über das Interesse des wahren Eigentümers, wenn er eine Sache freiwillig aus der Hand gibt.

Beispiel Anton hat seiner Freundin Maxi sein Fahrrad geliehen. Maxi, die dringend Geld braucht, verkauft das Fahrrad an ihre Kollegin Emma, wobei sie erklärt, sie brauche das Rad nicht mehr, weil sie sich ein neues gekauft habe. Emma zahlt die vereinbarte Summe und nimmt das Rad gleich mit. Da Emma keinen Grund hatte, an dem Eigentum der Maxi zu zweifeln, ist sie Eigentümerin des Fahrrads geworden. Anton hat keine Möglichkeit, sein Rad zurückzubekommen. Er kann nur von Maxi das von ihr dafür vereinnahmte Geld als ungerechtfertigte Bereicherung herausverlangen oder wegen des Verlusts des Fahrrads Schadensersatz von ihr fordern. Wusste Emma dagegen, dass das Rad dem Anton gehörte oder hätte sie es wissen können (z.B. weil es mit einem Aufkleber „Dieses Rad gehört Anton" versehen ist), könnte sie bei gleicher Sachlage nicht Eigentümerin werden. Das könnte sie – ohne Rücksicht auf ihren guten Glauben – auch dann nicht, wenn Maxi dem Anton das Rad weggenommen hätte.

36 Die Übereignung von Sachen dient nicht nur zur Erfüllung von Kaufverträgen, sondern kommt auch als Sicherung für Forderungen vor (sog. **Sicherungsübereignung**). Diese geschieht allerdings nicht durch Einigung und Übergabe, sondern durch Einigung und Vereinbarung eines Benutzungsrechts für den bisherigen Eigentümer (§ 930 BGB).

Beispiel F ist in finanziellen Schwierigkeiten. Die Bank B ist bereit, ihr den benötigten Kredit von 20.000 EUR zu geben, wenn ihr eine Maschine zur Sicherheit übereignet wird, die F vor einiger Zeit für 30.000 EUR gekauft hat. Weder will aber B die Maschine aufbewahren noch kann F sie für ihre Produktion entbehren. Deswegen übereignet F der B die Maschine in der Weise, dass sie weiterhin an Ort und Stelle bleibt und von F benutzt werden darf. Sollten jedoch Zins und Tilgung nicht bezahlt werden, darf B die Maschine abholen und „verwerten", also verkaufen und den Erlös mit dem Kredit verrechnen.

37 Bei unbeweglichen Sachen (bebauten und unbebauten Grundstücken, Eigentumswohnungen, Bauten, die auf der Grundlage eines Erbbaurechtsvertrags auf fremdem Grund errichtet wurden) gibt es weder Eigentumsvorbehalt noch Sicherungsübereignung, weil sie durch Einigung und Eintragung im Grundbuch erworben werden (§ 873 BGB). Nicht der Besitz, sondern die Eintragung im Grundbuch spielt also die entscheidende Rolle. Die Einigung über den Eigentumsübergang heißt **Auflassung** (§ 925 BGB). Wer ein Grundstück von dem im Grundbuch eingetragenen Eigentümer erwirbt, wird in seinem guten Glauben geschützt (§ 892 BGB); er wird also durch die Eintragung Eigentümer, auch wenn derjenige, der ihm das Eigentum übertragen hat, zu Unrecht eingetragen war.

38 Außer dem Eigentum werden auch dessen Belastungen im Grundbuch eingetragen, z.B. ein Wegerecht oder ein Wohnungsrecht, die als sog. Dienstbarkeiten eingetragen werden (§§ 1018, 1090 BGB), sowie die Hypotheken und Grundschulden. Diese dienen der Kreditsicherung, beispielsweise der Sicherung des Kredits, den ein Immobilienerwerber zur Bezahlung des Kaufpreises aufnehmen muss. Die Hypothek (§ 1113 BGB) ist in ihrem Bestand und Inhalt von dem gesicherten Darlehen abhängig („akzessorisch"). In der Bankpraxis wird heute hingegen fast ausnahmslos die **Grundschuld** (§ 1191 BGB) verwendet. Diese ist vom gesicherten Darlehen unabhängig und kann deshalb auch bei Änderung der Darlehensbedingungen oder Auswechslung der gesicherten Forderung ohne erneute Grundbucheintragung weiterverwendet werden. Die Grundschuld sichert diejenigen Forderungen, die in einer sog. **Zweckerklärung** zwischen Eigentümer und Gläubiger als gesichert vereinbart werden.

39 Das Sachenrecht regelt auch den Schutz des Eigentümers und des Besitzers vor Beeinträchtigungen durch Dritte. Soweit der Eigentümer nicht Immissionen (Lärm, Licht, Gerüche) als unwesentlich oder ortsüblich dulden muss, kann er grundsätzlich das Unterlassen der Störung verlangen (§ 1004 BGB). Unwesentliche oder wesentliche, aber ortsübliche Immissionen muss er dagegen dulden (§ 906 BGB).

ÜBUNGSTEIL

Rechtliche Aspekte

1 Fragen zum Text

1. Warum ist die Arbeit mit dem BGB am Anfang für Jurastudierende sehr schwierig?
2. Was ist unter dem Abstraktionsprinzip zu verstehen?
3. Wie kommt ein Vertrag zustande?
4. Was bedeutet Kontrahierungszwang?
5. Was sind Allgemeine Geschäftsbedingungen (= AGB) und wo ist ihre Verwendung geregelt?
6. Wie kann ein aufgrund Irrtums zustande gekommener Vertrag vernichtet werden?
7. Wann kommt der durch einen Stellvertreter geschlossene Vertrag nur zustande?
8. Welche Rechte kann der Käufer geltend machen, wenn er eine mangelhafte (z.B. defekte) neue Sache gekauft hat?
9. Was verstehen Sie unter Kautelarjurisprudenz?
10. Woraus – außer Rechtsgeschäften – können sich Ansprüche auf Zahlung einer Geldsumme oder Ansprüche auf eine andere Leistung ergeben?
11. Was bedeutet Eigentumsvorbehalt?
12. Mit Hilfe welcher rechtlichen Instrumente erfolgt die Absicherung von Geldforderungen an Grundstücken häufig?

2 Vervollständigen Sie die Skizze: Nennen Sie zwei weitere Teilgebiete des Zivilrechts (Rechtsbeziehungen zwischen rechtlich gleichgestellten Rechtssubjekten), mit denen ein am Erwerbsleben teilnehmender Bürger häufig konfrontiert ist (vgl. → Rn. 1).

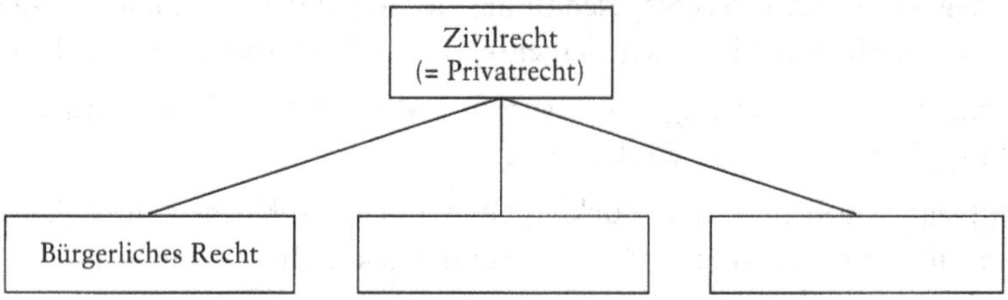

3 **Benennen Sie die fünf Bücher des BGB.**

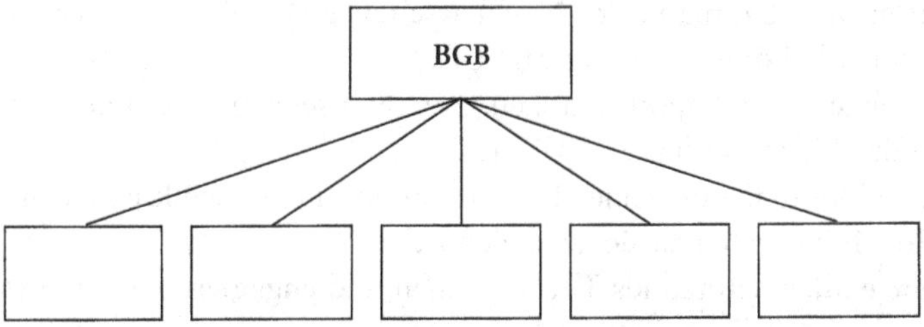

4 **Durch ein Verpflichtungsgeschäft entstehen Rechte und Pflichten. Durch ein Verfügungsgeschäft wird auf ein Recht eingewirkt durch inhaltliche Änderung, Übertragung (z.B. Eigentumsübertragung) oder Belastung (z.B. Hypothek). Entscheiden Sie, ob es sich um ein Verpflichtungsgeschäft oder ein Verfügungsgeschäft handelt und erläutern Sie Ihre Entscheidung.**

1. A lässt der Bank B eine Grundschuld an seinem Grundstück eintragen.
2. Die C schließt mit ihrem Kollegen K einen Mietvertrag über seine Garage.
3. X schenkt seiner Freundin F einen Blumenstrauß.
4. Die Y vereinbart mit Architektin A, dass sie ihr ein Haus entwirft.

5 **In welche beiden Hauptbereiche wird der Grundsatz der Vertragsfreiheit unterteilt und was versteht man jeweils darunter?**

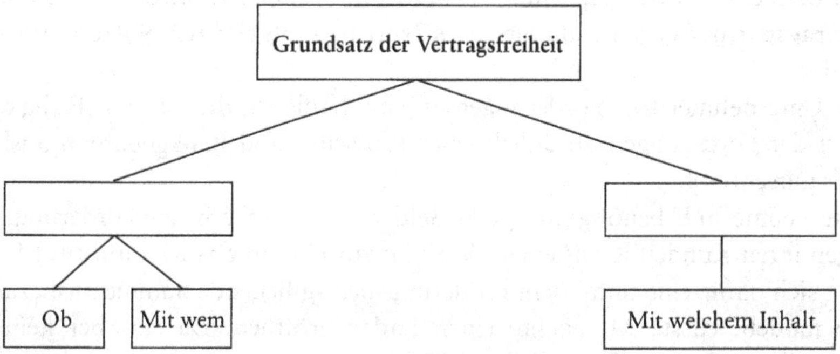

6 **Entscheiden Sie, um welche Stufe der Geschäftsfähigkeit es sich in den folgenden Fällen handelt und ob das Rechtsgeschäft zustande kommt.**

1. Die fünfjährige Susi will von ihrem „Taschengeld“ einen Lutscher kaufen.
2. Der zehnjährige Thomas kauft von seinem Taschengeld ein Buch.
3. Die 16-jährige Jasmina kauft sich auf Raten ein Mofa.
4. Der manisch-depressive Gerd kauft sich in einer manischen Phase einen Porsche.

7 Entscheiden Sie, welches Rechtsgeschäft aus der folgenden Liste jeweils vorliegt, und zitieren Sie mit Hilfe des Internets den entsprechenden Paragrafen aus dem BGB.

Auslobung, Darlehensvertrag, Dienstvertrag, Mietvertrag, Reisevertrag, Sachdarlehensvertrag, Tauschvertrag, Werkvertrag

1. A lässt sich von B ein Pfund Zucker geben, um einen Kuchen zu backen, und verspricht, ihm am nächsten Ersten ein Pfund Zucker zurückzugeben.
2. N bucht im Reisebüro eine Pauschalreise nach Teneriffa.
3. K trägt ihr Kleid in die Reinigung.
4. U hängt an alle Bäume in der Nachbarschaft einen Zettel: „Wer meinen Collie wiederfindet, bekommt von mir 50 EUR."
5. Ys Fernsehgerät ist kaputtgegangen. Der Fernsehservice F hilft ihm mit einem „Leihgerät" für monatlich 30 EUR aus.
6. T ist in Geldnöten. Von seiner Bank erhält er einen Kleinkredit von 2.000 EUR, der in 36 Monatsraten zurückzuzahlen ist.
7. V möchte endlich einmal ins Theater gehen und engagiert einen Babysitter.
8. D, der zwei blaue Mauritius hat, gibt eine seinem Briefmarkensammlerfreund S und bekommt dafür ein Basler Täubchen.

8 Ordnen Sie die Definitionen und Fälle je einer Vertragsart zu und begründen Sie Ihre Wahl:

1. Leasingvertrag
2. Factoringvertrag
3. Franchisingvertrag

a) Der eine Vertragspartner ermächtigt den anderen Vertragspartner gegen Gebühr, die Vertriebsrechte unter Nutzung von Marken, Warenzeichen, Geschäftsform, Know-how und sonstigen Rechten wahrzunehmen.

b) Es handelt sich um einen atypischen Mietvertrag, bei dem der Vertragsgegenstand von dem einen Vertragspartner beschafft und finanziert wird und dem anderen Vertragspartner gegen Zahlung eines Nutzungsentgelts zur Nutzung überlassen wird.

c) Der Unternehmer tritt Forderungen an eine Bank ab, die ihm vor Fälligkeit den Wert der Forderungen abzüglich einer Provision und Bankgebühren ausbezahlt oder gutschreibt.

d) Unternehmerin U benötigt dringend Geld. Sie tritt deshalb eine Forderung, die ihr gegen ihren Kunden K aus einem Verkauf zusteht, an das Kreditinstitut I ab und lässt sich dafür eine unter dem Forderungsbetrag liegende Summe ausbezahlen.

e) Die modebewusste M möchte einen Laden eröffnen. Da sie aber kein neues Gesamtkonzept erstellen will, beschließt sie, sich von der bereits sehr erfolgreichen Modekette K gegen Gebühr die Vertriebsrechte unter Nutzung von Marken, Warenzeichen und Vermarktungs-Know-how einräumen zu lassen. Sie weiß, dass sie bei der Ausgestaltung des Ladens, dem Warenangebot und dem Auftreten des Verkaufspersonals die Vorgaben von K befolgen muss. Im Gegenzug profitiert sie zum Beispiel vom Ruf des Produkts.

f) Rechtsanwältin R möchte eine teure Kopiermaschine in ihrem Büro in Betrieb nehmen. Da sie sich eine so kostspielige Maschine im Moment nicht leisten kann, möchte sie sie nur gegen Zahlung eines monatlichen Nutzungsentgelts anschaffen. Am Ende der Vertragslaufzeit möchte sie entscheiden, ob sie das Gerät gegen Zahlung eines gewissen Geldbetrags behält oder zurückgibt.

9 Entscheiden Sie, ob Y die Rechtsposition der Eigentümerin oder Besitzerin innehat und begründen Sie Ihre Ansicht.

1. Y mietet eine Garage von ihrem Kollegen K.
2. Y kauft ein Haus, in das sie selbst einzieht.
3. Y erbt ein Gemälde, das als Leihgabe bis zum Jahr 2030 in einem Museum hängt.

10 Vervollständigen Sie die Skizze und erklären Sie kurz mit Ihren eigenen Worten die beiden eingesetzten Begriffe.

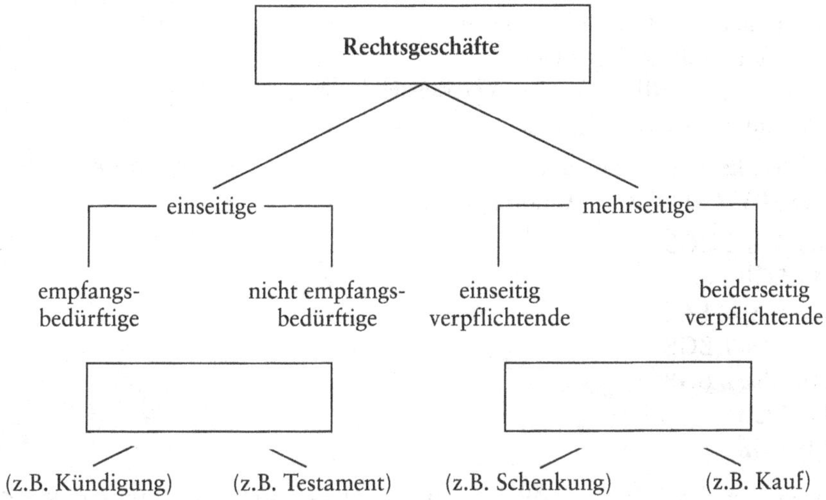

11 Ein Kaufvertrag kommt durch Angebot (= Antrag) und Annahme zustande. Eine invitatio ad offerendum liegt vor, wenn lediglich zur Abgabe eines Angebotes aufgefordert wird (z.B. durch Ausstellen der Ware in einem Schaufenster). Entscheiden Sie, ob es bei den Erklärungen um eine *invitatio ad offerendum*, ein Angebot oder eine Annahme geht, und begründen Sie Ihre Meinung.

1. Der reiselustigen L flattert ein Prospekt des Billigreiseanbieters B ins Haus, in dem B jeden Sonntag eine äußerst günstige Kurzreise nach Istanbul anbietet. L schreibt dem B sofort begeistert: „Hiermit nehme ich Ihr Angebot an und buche für den 1. Sonntag im Juli 2026 eine Kurzreise nach Istanbul, wie in Ihrem Prospekt beschrieben."
2. Der modebewusste M sieht im Schaufenster des Bekleidungshauses H ein Jackett, das ihm gefällt. Da er gerade gut bei Kasse ist, geht er in den Laden und lässt sich das Jackett zeigen. Da es ihm gefällt, kauft er es. Der Verkäufer beglückwünscht ihn zu dem Kauf und packt ihm das gute Stück ein.

12 Entscheiden Sie, ob eine ausdrückliche (mündliche oder schriftliche) oder konkludente (durch schlüssiges Verhalten) Willenserklärung vorliegt.

1. Die A bietet ihrem Freund F am Telefon ihren Wagen für 3.000 EUR zum Kauf an.
2. Morgenmuffel M legt – wie jeden Morgen – stumm 2 EUR auf den Kiosktresen und nimmt sich dafür eine Tageszeitung, die 1,20 EUR kostet.
3. Auf das schriftliche Angebot der Möbelfirma M schreibt Kundin K: „Hiermit bestelle ich den Schreibtisch ‚Sekretär' zu 2.000 EUR entsprechend dem mir unterbreiteten Angebot vom 1.3.2026."

13 Arbeiten Sie aus den folgenden Paragrafen die Tatbestandsvoraussetzungen und die Rechtsfolge in Stichworten heraus.

Beispiel § 305 Abs. 1 S. 1 BGB
Tatbestandsvoraussetzungen:
- vorformulierte Vertragsbedingungen
- für eine Vielzahl von Verträgen
- die der Verwender dem anderen Vertragsteil stellt
- bei Abschluss des Vertrages

Rechtsfolge: Es handelt sich um AGBs (mit der Folge, dass die Regeln zur AGB-Kontrolle, §§ 305–310 BGB, Anwendung finden).

1. § 305 Abs. 2 BGB
2. § 311 BGB
3. § 312 b Abs. 1 BGB
4. § 346 Abs. 1 BGB
5. § 346 Abs. 2 BGB
6. § 355 BGB
7. § 505 BGB

14 Entscheiden Sie, ob es sich um einen Fall der unerlaubten Handlung (§§ 823 ff. BGB), der ungerechtfertigten Bereicherung (§§ 812 ff. BGB) oder der Geschäftsführung ohne Auftrag (GoA, §§ 677 ff. BGB) handelt.

1. Die Tierliebhaberin T fängt alle auf einem verlassenen Bauernhof wild lebenden Katzen ein, da sie der Meinung ist, dass sich die Katzen in einem sehr schlechten Gesundheitszustand befinden. Sie bringt die Katzen ins örtliche Tierheim, wo sie gefüttert, gepflegt, kastriert und gechippt werden. Dafür stellt das Tierheim der T eine Rechnung über 1.500 EUR. T wendet sich an die Gemeinde G und verlangt, dass diese ihr die 1.500 EUR als Aufwendungsersatz erstatte. Sie habe nämlich, als sie die verwahrlosten Katzen im Tierheim unterbrachte, eine Aufgabe der Gemeinde G wahrgenommen.
2. Die leicht senile Rechtsanwältin R hat sich aus ihrer Wohnung ausgesperrt. Sie beauftragt deshalb den Schlüsseldienst S, der sein Geschäft im Nachbargebäude betreibt, ihr die Wohnung zu öffnen. S stellt R für diese Leistung, die ca. zwei Minuten dauerte, 200 EUR in Rechnung. R findet heraus, dass eine entsprechende Leistung durch andere Schlüsseldienste im Ort nur 50 EUR kostet. Sie verlangt

den über 50 EUR hinausgehenden Betrag zurück. Sie trägt vor, dass Wucher gem. § 138 BGB vorliege, da die Rechnung den ortsüblichen Preis um mehr als 200 % (Wuchergrenze) überschreite.

3. Die Karnevalsnärrin N wird beim Besuch des Rosenmontagumzugs von einer vom Faschingswagen geworfenen Rose am Auge verletzt. Sie verlangt für die erlittenen Schmerzen und die dauerhafte Minderung ihres Sehvermögens von demjenigen, der die Rose geworfen hat (Werfer W), 1.500 EUR. Das Gericht entscheidet, dass das Werfen karnevalsüblicher Dinge (Bonbons, Blumen) nicht rechtswidrig ist. Wer nicht getroffen werden wolle, müsse sich eben z.B. durch ausreichenden Abstand schützen.

15 Beantworten Sie die Fragen und begründen Sie Ihre Antworten:

1. A und B schließen einen Kaufvertrag über das Segelflugzeug des A zum Preis von 15.000 EUR. Das Flugzeug und das Geld sollen erst nächsten Montag den Besitzer wechseln.
   a) Wer ist Eigentümer des Flugzeugs und wer Eigentümer des Geldes?
   Am nächsten Montag erscheint B und übergibt dem A die 15.000 EUR in bar. A übergibt B das Flugzeug mit allen Dokumenten. Beide sind darüber einig, dass das Flugzeug bzw. das Geld jetzt dem anderen gehören.
   b) Wer ist jetzt Eigentümer des Flugzeugs und wer Eigentümer des Geldes?
2. Abwandlung:
   Kaum ist B nach dem Kaufvertragsschluss gegangen, kommt C und bietet dem A 20.000 EUR für das Segelflugzeug. A ist sofort einverstanden und übergibt dem C sofort das Flugzeug mit sämtlichen Papieren. C übergibt dem A 20.000 EUR in bar. Beide sind sich einig, dass das Flugzeug bzw. das Geld jetzt dem anderen gehören.
   a) Wer ist jetzt Eigentümer des Flugzeugs und wer Eigentümer des Geldes?
   b) Spielt es eine Rolle, ob C wusste, dass A bereits dem B das Flugzeug verkauft hat (Bösgläubigkeit des C) oder ob C es nicht wusste (Gutgläubigkeit des C)?
   c) Geht B leer aus oder kann er irgendwelche Ansprüche gegen A oder C geltend machen?

16 Entscheiden Sie, ob es sich um eine einfache Eigentumsübertragung, einen Eigentumsvorbehalt oder eine Sicherungsübereignung handelt, und begründen Sie Ihre Entscheidung:

1. Aufgrund eines Kaufvertrags übergibt Conny Emmy ihren Porsche und Emmy Conny den vereinbarten Kaufpreis von 30.000 EUR. Beide sind sich dabei einig, dass das Eigentum an dem Porsche bzw. dem Geld auf die andere übergehen soll.
2. Patrick Pleitier benötigt dringend eine neue Waschmaschine, hat aber nur 100 EUR zur Verfügung. Er kauft deshalb im Kaufhaus K auf Raten eine Waschmaschine zum Preis von 500 EUR und zahlt 100 EUR an. Erst wenn er die vereinbarten 8 Monatsraten à 50 EUR vollständig gezahlt hat, soll das Eigentum an der Waschmaschine ohne weitere Vereinbarung auf ihn übergehen. Er darf die Waschmaschine sofort mitnehmen und benutzen.

3. Druckereibesitzerin Dora Deierlein benötigt dringend Geld, um teure Marketingmaßnahmen zu finanzieren. Ihre Hausbank B bietet ihr an, ihr einen entsprechenden Kredit auszubezahlen, wenn sie im Gegenzug eine Sicherheit in Form einer wertvollen Druckmaschine stellt. Natürlich soll die Druckmaschine im Betrieb der D stehen bleiben und im normalen Geschäftsbetrieb benutzt werden.
4. Aufgrund eines notariellen Kaufvertrags wird die Käuferin Karoline Kluge als neue Eigentümerin des Zeltplatzes Z im Grundbuch eingetragen.

17 Beantworten Sie die Frage und begründen Sie Ihre Antwort.

E hat vor 20 Jahren sein Eigenheim käuflich erworben und mit einem Kredit der Raiffeisenbank B in Höhe von 100.000 EUR finanziert, der eine Laufzeit von 15 Jahren und eine Verzinsung von 6 % hatte und deshalb mittlerweile vollständig zurückbezahlt ist. Jetzt steht eine große Renovierung an. Die Raiffeisenbank B ist bereit, E hierfür ein Darlehen in Höhe von 60.000 EUR mit einer Laufzeit von zehn Jahren zu einem Zinssatz von 2,5 % zu gewähren. Muss die Grundbucheintragung für die Raiffeisenbank B geändert werden, wenn für die Bank seinerzeit
a) eine Hypothek
b) eine Grundschuld
eingetragen wurde?

18 Rechtspolitische Frage

Erörtern Sie, inwieweit das BGB die Anforderungen an ein modernes Zivilgesetzbuch erfüllt oder wo noch Mängel vorhanden sind.

19 Rechtsvergleichende Anregungen

1. Der Minderjährige wird im BGB extrem geschützt. Vergleichen Sie die Situation bezüglich des Zustandekommens von Verträgen mit Minderjährigen in Ihrem Recht und zeigen Sie die Rechtsfolgen auf.
2. Erörtern Sie, inwieweit es in Ihrem Heimatstaat Kontrahierungszwang gibt, und vergleichen Sie die Lage mit dem deutschen Recht.
3. In vielen Ländern ist die *invitatio ad offerendum* unbekannt. Erklären Sie, wie der Verkauf eines Kleides aus dem Schaufenster und einer Reise aus dem Reiseprospekt in Ihrem Heimatrecht geregelt ist, und vergleichen Sie die Regelung mit der deutschen Konstruktion.

Sprachliche Aspekte

1 Ergänzen Sie im Zusammenhang mit den Willenserklärungen passende Verbformen aus der Liste.

anfechten / bedrohen / einhalten / sich irren / nichtig sein /täuschen / widerrufen / wirksam werden

1. Die Willenserklärung eines Geschäftsunfähigen ___________.
2. Eine empfangsbedürftige Willenserklärung ___________ erst mit dem Zugang beim Vertragspartner ___________.

3. Ein Vertrag kommt nicht zustande, wenn die Willenserklärung rechtzeitig ____________________ wird.
4. Um wirksam zu werden, dürfen Rechtsgeschäfte nicht gegen ein gesetzliches Verbot verstoßen, und gegebenenfalls bestehende gesetzliche Formvorschriften müssen ____________________ werden.
5. Eine Willenserklärung kann ________________ werden, wenn _______ ein Vertragsteil über den Inhalt der Willenserklärung ______________ hat.
6. Eine Anfechtung ist auch möglich, wenn ein Vertragsteil arglistig ____________ oder widerrechtlich ________________ wurde, um ihn zum Vertragsschluss zu veranlassen.

2 Ergänzen Sie im Zusammenhang mit dem Recht der Schuldverhältnisse passende Nomen aus der Liste.

Arbeitsleistungen / Bereicherung / Gegenleistung / Geld / Handlung / Leistungen / Pflichten /
Sachen / Waren / Vereinbarung / Vertragsfreiheit

Schuldverhältnisse entstehen insbesondere durch den Austausch von ______________ (1). Beim Kauf werden z.B. Waren gegen ____________ (2) und beim Tausch werden Waren gegen ______________ (3) ausgetauscht. Bei Miete oder Pacht werden zeitweilig ______________ (4) gegen Geld überlassen. Bei Dienst-, Werk- oder Geschäftsbesorgungsverträgen werden ____________________ (5) gegen Geld zur Verfügung gestellt. Schenkung und Leihe bestehen allerdings aus einer Leistung ohne ________________ (6). Nach dem Grundsatz der ____________________ (7) können die Vertragspartner ihre beiderseitigen Rechte und ________________ (8) frei aushandeln. Nur wenn die Vertragspartner keine vom Gesetz abweichende ____________________ (9) getroffen haben, gelten die Vorschriften des Schuldrechts. Schuldverhältnisse können auch ohne Vertrag entstehen, z.B. aus unerlaubter ________________ (10) und ungerechtfertigter ________________ (11).

Kapitel 5
Familien- und Erbrecht

1 Das Familienrecht und das Erbrecht sind wie das Vertrags- und das Sachenrecht im BGB geregelt (Buch 4 und Buch 5; §§ 1297–2385). Das bedeutet, dass grundsätzlich auch im Familien- und Erbrecht die Bestimmungen des Allgemeinen Teils gelten. Zahlt beispielsweise nach einer Ehescheidung der Vater den Unterhalt für die Kinder nicht pünktlich, so sind für seine Pflicht zur Zahlung von Verzugszinsen die §§ 286, 288 BGB maßgeblich.

2 Viele andere Vorschriften des Allgemeinen Teils sind aber in den einzelnen Paragrafen des Familien- und Erbrechts ausdrücklich für unanwendbar erklärt. So versteht es sich eigentlich von selbst, dass man weder unter einer Bedingung heiraten kann (§ 1311 Satz 2 BGB) noch ein Testament durch einen Vertreter machen lassen kann (§ 2064 BGB). Auch sonst ist die Anwendung allgemeiner Vorschriften oft stark eingeschränkt.

Beispiel Hat jemand ein Kind adoptiert, kann er die Aufhebung der Adoption beantragen, wenn er sich über die Person des von ihm adoptierten Kindes geirrt hat. Dagegen ist die sonst nach § 119 II BGB mögliche Anfechtung wegen eines Irrtums über persönliche Eigenschaften (Gesundheit, Vermögensverhältnisse) ausgeschlossen (§ 1760 BGB).

3 Das rechtfertigt es, das Familien- und das Erbrecht in einem eigenen Kapitel darzustellen.

I. Das Familienrecht

4 Das BGB enthält keine Definition der Familie, sondern behandelt die Rechte und Pflichten der Familienmitglieder in ganz ähnlicher Weise wie die Rechte und Pflichten von Vertragspartnern. Geregelt sind vor allem die Rechtsverhältnisse der durch Ehe und Verwandtschaft verbundenen Personen. Aus praktischen Gründen ist das Vormundschafts- und Betreuungsrecht, also das Recht der Sorge für Personen, die nicht geschäftsfähig sind oder ihre Angelegenheiten nicht selbst besorgen können, aber auch keinen gesetzlichen Vertreter haben, ebenfalls im Familienrecht geregelt. Das Familienrecht ist ganz überwiegend zwingendes Recht; der Grundsatz der Vertragsfreiheit ist nur sehr eingeschränkt anwendbar.

Beispiel Die Wirkungen der Ehe, z.B. die Pflicht zur ehelichen Lebensgemeinschaft, das Namensrecht, das Recht zur Berufstätigkeit und die Verpflichtung zum Familienunterhalt regeln die §§ 1353 bis 1362 BGB zwingend. Von diesen Bestimmungen können Personen, die heiraten wollen, auch durch Abschluss eines Vertrags nicht abweichen. Nur ausnahmsweise – nämlich beim Namensrecht – können sie zwischen mehreren Möglichkeiten wählen. Dagegen kann eine „Ehe ohne gegenseitige Unterhaltspflicht" nicht wirksam vereinbart werden.

5 Die Ehegatten können das eheliche Vermögensrecht und die Folgen einer etwaigen Ehescheidung in einem **Ehevertrag** abweichend von den gesetzlichen Vorschriften regeln. Allerdings zieht hier die Rechtsprechung der Wirksamkeit eines solchen Vertrages insbesondere dann enge Grenzen, wenn er in den Kernbereich des Scheidungsfolgenrechts eingreift. Ein Ausschluss des gesetzlichen Unterhaltsanspruchs desjenigen Eheteils, der nach der Scheidung ein gemeinsames Kind betreut (§ 1570 BGB), ist regelmäßig unwirksam.

6 Das Familienrecht ist seit 1.7.1998 wieder ganz überwiegend im BGB geregelt, nachdem das bis dahin im Ehegesetz geregelte Recht der Eheschließung wieder in das BGB eingefügt worden ist. Die technischen Regelungen für den Standesbeamten, der die Familienbücher führt, sind in einem Nebengesetz, dem Personenstandsgesetz, enthalten. Dort steht z.B., welche Informationen zu einer bestimmten Person einzutragen sind.

1. Eheschließung

7 Der Eheschließung ging früher wohl fast ausnahmslos, heute eher selten, ein förmliches Eheversprechen (Verlöbnis) voraus, das das BGB als gegenseitigen Vertrag regelt (§§ 1297–1302 BGB). Aus dem Verlöbnis kann zwar nicht auf Eingehung der Ehe, aber auf Rückgabe von Geschenken und Ersatz eines entstandenen Schadens bei Rücktritt geklagt werden. Da heute den meisten Eheschließungen das Zusammenleben in nichtehelicher Lebensgemeinschaft vorausgeht, haben diese Bestimmungen kaum noch Bedeutung.

8 Die Eheschließung kann nur vor einem Standesbeamten erfolgen; eine Ausnahme gilt nur für die Eheschließung zweier ausländischer Verlobter (Art. 13 IV EGBGB). Die Zivilehe ist damit obligatorisch (§ 1310 I BGB). Früher durfte ein Geistlicher eine Trauung erst vornehmen, wenn die Ehe vor dem Standesbeamten geschlossen worden war. Diese Vorschrift ist aufgehoben worden, so dass jetzt eine Eheschließung in nur religiöser Form möglich ist. Die kirchliche Trauung oder eine andere religiöse Heiratszeremonie ersetzt aber auch künftig nicht die standesamtliche Eheschließung. Solche Handlungen haben keine rechtliche Wirkung. Sie begründen vor allem auch keine Erbansprüche und keine Ansprüche auf Leistungen der Sozialversicherung, wenn ein Partner stirbt.

9 Eine Ehe kann seit dem 22.7.2017 (Inkrafttreten des Gesetzes zur Bekämpfung von Kinderehen) nur geschlossen werden, wenn beide Partner mindestens 18 Jahre alt sind (§ 1303 BGB). Eine Ausnahme davon ist nicht mehr möglich. Eine nach ausländischem Recht wirksam geschlossene Ehe, bei der ein Ehepartner zwischen 16 und 18 Jahre alt ist, soll von einem deutschen Gericht aufgehoben werden; bei einem unter 16 Jahre alten Minderjährigen ist die Ehe von Gesetzes wegen unwirksam (Art. 13 III EGBGB). Diese Regelung ist verfassungsgemäß; das BVerfG hat lediglich

verlangt, dass zugunsten des Minderjährigen die Unterhaltsbestimmungen wie bei einer wirksam geschlossenen Ehe gelten und dass die Ehegatten den Mangel rückwirkend heilen können, wenn sie beide volljährig sind. Dies ist in § 1305 BGB geschehen. Seit 1.10.2017 kann die Ehe sowohl von einem Mann und einer Frau als auch von zwei gleichgeschlechtlichen Partnern geschlossen werden („**Ehe für alle**").

2. Wirkungen der Ehe

a) Historische Entwicklung des Ehenamensrechts und Gleichberechtigung

10 Das Recht des Ehenamens ist von der allmählichen Durchsetzung des Gleichberechtigungsgebots (Art. 3 II GG) gekennzeichnet. Ursprünglich war Ehename der Name des Mannes. Die Frau konnte ihren bisherigen Namen nur anfügen. Diese offensichtlich verfassungswidrige Regelung wurde erst 1976 durch eine Wahlmöglichkeit zwischen dem Namen des Mannes und dem Namen der Frau ersetzt. Wenn die Verlobten aber keine Entscheidung trafen oder sich nicht einigen konnten, blieb es beim Namen des Mannes. Auch diese Regelung hat das Bundesverfassungsgericht im Jahre 1991 für unvereinbar mit dem Gleichheitssatz erklärt. Außerdem hat es die Verpflichtung zur Führung eines gemeinsamen Familiennamens als einen Verstoß gegen die Eheschließungsfreiheit gewertet: Jeder Ehepartner hat nach dem Grundgesetz das Recht auf freie Wahl seines Namens. Der Geburtsname ist Ausdruck der Persönlichkeit und Identität des Menschen. Das Gesetz kann deshalb nicht von ihm verlangen, dass er ihn anlässlich seiner Eheschließung aufgibt. Die aufgrund dieser Entscheidung des BVerfG getroffene Regelung ist zum 1.5.2025 weiter liberalisiert worden.

b) Aktuelle Rechtslage zum Ehenamen

11 Nach § 1355 BGB gilt nun, dass als gemeinsamer Familienname
- der Name eines Ehegatten, oder
- ein aus beiden Namen gebildeter Doppelname mit oder ohne Bindestrich,

gewählt werden kann.

12 Wird der Name eines Ehegatten gewählt, kann der andere Ehegatte seinen Namen dem Familiennamen entweder voranstellen oder ihn anhängen, muss dies aber nicht tun. Alternativ können beide Ehegatten ihren bisherigen Namen weiterführen; es gibt dann keinen gemeinsamen Familiennamen (auch Ehename genannt). Damit bestehen jetzt also zahlreiche Wahlmöglichkeiten; zur Vermeidung von „Namensungetümen" darf der Familienname nicht aus mehr als zwei Namen bestehen. Die Namen können, müssen aber nicht durch einen Bindestrich verbunden werden. In der Praxis wählen heute allerdings noch viele Ehepartner den Familiennamen des Mannes ohne Zusatz.

c) Namensführung der Kinder

13 Kinder erhalten den Familiennamen der Eltern. Führen diese keinen gemeinsamen Familiennamen, können sie sich bei der Geburt des ersten Kindes für einen ihrer beiden Namen entscheiden; seit 1.5.2025 ist aber auch ein aus den Namen von Vater und Mutter (mit oder ohne Bindestrich) gebildeter Doppelname zulässig. Diesen Namen führen dann auch alle weiteren gemeinsamen Kinder. Nach einer Scheidung kann der geschiedene Ehegatte entweder seinen Namen behalten oder einen früher geführten Namen wieder annehmen. Behält er seinen Namen, kann dieser in einer weiteren Ehe wieder Ehename werden; eine frühere entgegenstehende Bestimmung hat das BVerfG für verfassungswidrig erklärt.

d) Gleichberechtigung und sonstige Ehewirkungen

14 Auch hinsichtlich der übrigen Ehewirkungen ist die Gleichberechtigung seit dem Ehereformgesetz von 1976 verwirklicht: Beide Ehegatten dürfen erwerbstätig sein, dann müssen sie die Haushaltsführung einvernehmlich regeln (sog. „Doppelverdienerehe"). Sie können aber auch vereinbaren, dass ein Ehegatte seine Unterhaltspflicht durch die Haushaltsführung erfüllt (sog. „Hausfrauen- oder Hausmannehe"). In diesem Fall müssen ihm die Mittel für die Haushaltsführung für einen angemessenen Zeitraum im Voraus zur Verfügung gestellt werden (§§ 1356, 1360, 1360a BGB). Vor allem im letzteren Fall hat § 1357 BGB Bedeutung, der (ausgehend von einem etwas überholten Ehebild) als Regelung der „Schlüsselgewalt" bezeichnet wird: Für die Verpflichtungen aus Geschäften, die ein Ehegatte für den Lebensbedarf der Familie abschließt, haftet auch der andere Ehegatte.

15 Das Steuerrecht begünstigt die Hausfrauen- bzw. Hausmannehe dadurch, dass es das Familieneinkommen fiktiv zur Hälfte als Einkommen des Ehemanns und zur Hälfte als Einkommen der Ehefrau ansieht, was vor allem bei höheren Einkommen des Alleinverdienenden zu einer niedrigeren Steuer führt (sogenannter „Splittingvorteil").

3. Scheidung der Ehe

16 Für die Scheidung der Ehe ist es ohne Bedeutung, warum die Ehe gescheitert ist (**Zerrüttungsprinzip**): Auch derjenige Ehegatte, der das Scheitern der Ehe allein oder überwiegend verursacht hat, kann die Scheidung verlangen. Dabei geht das Gesetz davon aus, dass eine Ehe gescheitert ist, wenn die Ehegatten seit drei Jahren getrennt leben (§ 1566 II BGB). Im Einverständnis der Ehepartner kann die Scheidung auch nach einjährigem Getrenntleben ausgesprochen werden (§ 1566 I BGB). Vorher geht dies nur dann, wenn die Fortsetzung der Ehe für einen Ehegatten eine unzumutbare Härte darstellen würde (§ 1565 II BGB). Da das Gericht nicht nachprüfen kann, ob die Ehepartner ihre Ehe wahrheitsgemäß darstellen, eröffnet diese Regelung praktisch den Weg zu einer einverständlichen Scheidung ohne Einhaltung der Jahresfrist.

17 Die Scheidung einer Ehe erfolgt durch den Beschluss einer besonderen Abteilung des Zivilgerichts, der Abteilung für Familiensachen. Soweit ein Ehegatte Ansprüche erhebt, die sich aus der Scheidung der Ehe ergeben (die sog. **Folgesachen**), darf die Scheidung grundsätzlich nur erfolgen, wenn auch die Folgesachen geregelt sind. In der Praxis wird aber häufig von der Möglichkeit Gebrauch gemacht, die Folgesachen abzutrennen, also über die Scheidung allein vorab zu entscheiden.

18 Folgesachen der Ehescheidung sind die Regelung der Unterhaltsansprüche der Ehegatten gegeneinander, der Rentenansprüche und des Vermögensausgleichs. Im Unterhaltsrecht geht das BGB zunächst vom Grundsatz der Eigenverantwortung der Ehegatten aus. Grundsätzlich obliegt es nach der Scheidung also jedem Ehegatten, selbst für seinen Unterhalt zu sorgen (§ 1569 BGB). Ein geschiedener Ehegatte ist aber dann unterhaltsberechtigt, wenn er nicht selbst seinen bisherigen Lebensstandard sichern kann. Das kann daran liegen, dass er wegen der Betreuung eines gemeinsamen Kindes nicht arbeiten kann, dass er zu alt oder zu krank ist oder dass er zwar arbeiten kann, dabei aber wesentlich weniger verdient, als es dem bisherigen Lebensstandard in der Ehe entspricht (§§ 1570–1578). Dabei kommt es – von den Fällen abgesehen, die § 1579 BGB als „schwerwiegendes, eindeutig beim Unterhaltsberechtigten liegendes Fehlverhalten" kennzeichnet – nicht darauf an, wer in welchem Umfang zum Scheitern der Ehe beigetragen hat. Die Ansprüche des geschiedenen Ehegatten haben aber Rang nach den Ansprüchen der Kinder und sind grundsätzlich befristet.

19 Die Ansprüche auf Altersversorgung werden unter geschiedenen Ehegatten durch den **Versorgungsausgleich** geregelt. Dies geschieht grundsätzlich in der Weise, dass die in der Ehezeit erworbenen Ansprüche geteilt werden (§ 1587 BGB). Diese Teilung begründet keine Zahlungspflicht des Ehegatten, sondern erfolgt intern durch die Rentenversicherung. Ihre Wirkung zeigt sich erst, wenn ein Ehepartner das Rentenalter erreicht hat.

20 Obligatorisch ist nur die Regelung des Versorgungsausgleichs. Die übrigen Folgesachen werden nur anhängig, wenn ein Beteiligter dazu einen Antrag stellt. Dies gilt auch für das Sorgerecht für gemeinschaftliche Kinder. Grundsätzlich behalten beide Elternteile die Verantwortung für das Kind und müssen für seinen Unterhalt aufkommen. Der Elternteil, in dessen Haushalt das Kind lebt, erfüllt seine Unterhaltspflicht durch die Betreuung des Kindes, der andere Elternteil muss Barunterhalt leisten. Die elterliche Sorge verbleibt im Regelfall beiden Eltern gemeinsam. Der Richter kann aber einem Elternteil das Sorgerecht oder einen Teil davon übertragen, wenn dies dem Wohl des Kindes am besten entspricht. Der nichtsorgeberechtigte Elternteil hat dann ein Umgangsrecht und grundsätzlich auch die Pflicht zum Umgang mit dem Kind; allerdings dient es grundsätzlich nicht dem Kindeswohl, die Umgangspflicht mit Zwangsmitteln durchzusetzen (BVerfG, NJW 2008, 1287).

4. Die Güterstände

21 Ob und wie bei der Scheidung ein Vermögensausgleich durchgeführt wird, richtet sich danach, ob es die Ehegatten beim **gesetzlichen Güterstand** belassen oder diesen durch einen **Ehevertrag** abgeändert haben. Eheverträge bedürfen der notariellen Beurkundung (§ 1410 BGB); die Eintragung in ein staatliches Register ist nicht mehr möglich. Das früher bestehende Güterrechtsregister wurde mit Wirkung vom 1.1.2023 abgeschafft.

22 Der gesetzliche Güterstand ist die **Zugewinngemeinschaft** (§ 1363 BGB). Allerdings ist diese gesetzliche Bezeichnung irreführend: Die Vermögen des Mannes und der Frau bleiben getrennt.

23 Erst bei Beendigung des Güterstands durch Scheidung oder Tod erfolgt ein Ausgleich in der Weise, dass derjenige Ehegatte, der während der Ehe den größeren Vermögenszuwachs (Zugewinn) erzielt hat, dem anderen einen Geldbetrag in Höhe der Hälfte des Unterschieds zum Vermögenszuwachs des anderen auszahlen muss (Zugewinnausgleich). Der Zugewinn jedes Ehegatten errechnet sich (vereinfacht) folgendermaßen: Vermögen am Ende der Ehe abzüglich Vermögen am Anfang der Ehe.

Beispiel Als Hans und Emma geheiratet haben, besaß Hans kein Vermögen und Emma ein Haus im Wert von 100.000 EUR. Im Verlauf der Ehe hat Hans in der Lotterie 20.000 EUR gewonnen, die bis zur Scheidung auf 30.000 EUR angewachsen sind. Emma hat das Haus für 180.000 EUR verkauft und für den Erlös eine Eigentumswohnung gekauft, die jetzt einen Wert von 250.000 EUR hat. Wird jetzt die Ehe geschieden, kann Hans von Emma Zahlung von 60.000 EUR als Zugewinnausgleich verlangen. Den Zugewinnausgleich kann man wie folgt berechnen: [(250.000 EUR – 100.000 EUR) – (30.000 EUR – 0)]: 2 = 60.000 EUR.

24 Von diesem gesetzlichen Güterstand können die Ehegatten in zweifacher Hinsicht abweichen: Sie können Gütertrennung (§ 1414 BGB) vereinbaren. Ein Zugewinnausgleich findet dann nicht statt. Auch bei Scheidung behält jeder Ehegatte sein Vermögen, mag es vor oder während der Ehe entstanden sein. Die Eheleute können aber auch – was heute nur noch selten geschieht – Gütergemeinschaft (§§ 1415 ff. BGB) vereinbaren. Dann wird das gesamte Vermögen, sowohl das bei Eheschließung vorhandene als auch das später hinzukommende, gemeinschaftliches Vermögen und muss im Fall der Scheidung auseinandergesetzt werden. Seit 2013 kann auch der Güterstand der Wahl-Zugewinngemeinschaft vereinbart werden. Dabei handelt es sich um einen Güterstand, der Elemente des deutschen und französischen gesetzlichen Güterstands miteinander verbindet und sich deshalb vor allem für deutsch-französische Ehen anbietet, aber auch Partnern anderer Staatsangehörigkeit offensteht. Er hat allerdings in der Praxis keine große Bedeutung erlangt.

25 Sehr häufig dagegen sind Eheverträge, in denen der gesetzliche Güterstand der Zugewinngemeinschaft individuell **modifiziert** wird, indem die Ehegatten eine andere Berechnung des Anfangs- und/oder Endvermögens vereinbaren oder den Zugewinnausgleich im Scheidungsfall (nicht aber im Todesfall!) sogar insgesamt ausschließen. Auf diese Weise lassen sich Elemente der Zugewinngemeinschaft mit denen der Gütertrennung verbinden.

5. Die nichteheliche Lebensgemeinschaft und die eingetragene Lebenspartnerschaft

26 Das deutsche Recht kennt keine Rechtsform des nichtehelichen Zusammenlebens zweier Partner. Auch nach langjährigem Zusammenleben entfaltet die **nichteheliche Lebensgemeinschaft** keine Rechtswirkungen. Jeder Partner kann sie jederzeit been-

den, ohne dem früheren Partner gegenüber irgendwelche Verpflichtungen zu haben. Man rechtfertigt dies damit, dass Partnern, die eine rechtliche Bindung wünschen, das Rechtsinstitut der Ehe zur Verfügung steht.

27 Die **eingetragene Lebenspartnerschaft** war von 2001 bis 2017 die Form, in der sich Partner gleichen Geschlechts ähnlich wie in einer Ehe binden konnten. Sie wurde vor einem Standesbeamten geschlossen und entfaltete güterrechtliche und unterhaltsrechtliche Wirkungen. Lebenspartner hatten auch die Möglichkeit, ihre Verhältnisse durch einen Lebenspartnerschaftsvertrag zu regeln und ein Kind zu adoptieren. Die Lebenspartnerschaft konnte nur durch gerichtliches Urteil wieder aufgehoben werden. Seit 1.10.2017 können neue Lebenspartnerschaften nicht mehr begründet werden, da seitdem die Ehe für alle zur Verfügung steht (→ Rn. 9).

6. Das Kindschaftsrecht

a) Gleichstellung ehelicher und nichtehelicher Kinder

28 Das Kindschaftsrecht (§§ 1591 ff. BGB) unterscheidet anders als früher nicht mehr zwischen ehelichen und nichtehelichen Kindern. Auch der Unterhalt für den ein Kind betreuenden Elternteil ist seit 1.1.2008 für die Betreuung ehelicher und nichtehelicher Kinder gleich geregelt. Es bestehen nur noch wenige Sondervorschriften für Kinder, deren Eltern zum Zeitpunkt ihrer Geburt nicht miteinander verheiratet waren.

b) Vaterschaft und Abstammung

29 Für die Frage, wer rechtlich Vater eines Kindes ist, kommt es nicht auf die biologische Vaterschaft an. Vater eines Kindes ist der Mann, der zum Zeitpunkt der Geburt mit der Mutter des Kindes verheiratet ist oder die Vaterschaft anerkannt hat. Die Vaterschaft kann aber vom Mann, von der Mutter, vom Kind und seit 1.4.2026 unter bestimmten Voraussetzungen auch vom biologischen Vater angefochten werden. Im Fall einer Samenspende sind nur das Kind und der biologische Vater anfechtungsberechtigt (§ 1600 VI BGB). Auch wenn keine Anfechtung erfolgt oder die Anfechtungsfristen abgelaufen sind, haben Vater, Mutter und Kind Anspruch auf Einwilligung in eine genetische Untersuchung zur Klärung der biologischen Abstammung (§ 1598b BGB).

30 Da immer wieder ausgesetzte Säuglinge tot aufgefunden werden, gibt es in zahlreichen Städten sogenannte „Babyklappen", in denen unerwünschte Kinder anonym abgelegt werden können. Eine gesetzliche Regelung besteht für diese nicht; den abgelegten Kindern ist dadurch jede Möglichkeit genommen, ihre Abstammung später feststellen zu lassen. Allerdings wurde im Jahr 2014 die Möglichkeit der vertraulichen Geburt eröffnet. Die Schwangere kann ihr Kind unter einem Pseudonym im Krankenhaus zur Welt bringen und somit ihre Identität geheim halten. Wenn das Kind 16 Jahre alt wird, hat es das Recht, den Namen der Mutter zu erfahren, es sei denn, die Mutter hat schutzwürdige Belange, die eine Offenlegung ihrer Identität gegenüber dem Kind verhindern. Zur Entscheidung berufen ist das Familiengericht.

31 Zahlreiche Probleme gibt es auch aufgrund der Möglichkeiten, die die moderne Medizin eröffnet, z.B. der anonymen Samenspende oder der Leihmutterschaft mit Eispende und künstlicher Befruchtung mit dem Samen des biologischen Vaters, ausgeführt in einem ausländischen Staat, der – anders als Deutschland – die Leihmutterschaft zulässt. Daraus entstehen vielfältige ethische und juristische Fragen.

32 Seit 1.7.2018 gewährt das Samenspenderregistergesetz durch eine Samenspende gezeugten Kindern ab dem 16. Lebensjahr – ähnlich wie bei der Adoption – ein Recht auf Kenntnis der Identität des Samenspenders. Problematisch ist, dass die Fälle nicht erfasst werden, in denen die Eltern die Geburt des Kindes mithilfe einer Samenspende nicht anzeigen oder bewusst falsche Angaben machen. Die davon betroffenen Kinder haben später, genau wie viele im Ausland mit Hilfe einer anonymen Samen- oder Eispende gezeugte Kinder, kaum Chancen auf Kenntnis ihrer genetischen Abstammung. Problematisch erscheint auch, dass es keine zahlenmäßige Beschränkung der Samenspenden durch einen Spender gibt. Interessanterweise suchen inzwischen nicht nur Samenspenderkinder nach ihrem biologischen Vater, sondern es gibt auch Samenspender, die sich auf die Suche nach ihren durch eine Samenspende gezeugten Kindern begeben. Es bleibt abzuwarten, wann diese Entwicklung auch für anonyme Eispenderinnen eintritt.

c) Elterliche Sorge bei nicht verheirateten Eltern

33 Kinder, deren Eltern bei ihrer Geburt nicht miteinander verheiratet waren, standen früher grundsätzlich unter der elterlichen Sorge der Mutter. Vater und Mutter konnten eine Sorgeerklärung abgeben und übten die elterliche Sorge dann gemeinsam aus. Die Mutter konnte den Vater aber von der Sorge dadurch ausschließen, dass sie sich weigerte, eine solche Sorgeerklärung abzugeben. Der Europäische Gerichtshof für Menschenrechte hat in dieser Regelung einen Verstoß gegen die Europäische Menschenrechtskonvention (EMRK) gesehen. Deshalb sieht § 1626a BGB vor, dass das Familiengericht auch gegen den Willen der Kindesmutter die elterliche Sorge beiden Eltern gemeinsam übertragen kann, wenn dies dem Kindeswohl nicht widerspricht. Die Praxis der Familiengerichte widersetzt sich freilich dieser gesetzgeberischen Entscheidung vielfach, indem sie das Kindeswohl nur dann als gewahrt sieht, wenn beide Eltern bereit sind, miteinander zu kommunizieren – und eröffnet damit der Mutter einen zu einfachen Weg, das Sorgerecht des Vaters zu torpedieren.

34 In Deutschland gibt es aktuell ca. 14 Millionen Familien mit minderjährigen Kindern, davon ca. 17 % Alleinerziehende. Da die Kinderbetreuungseinrichtungen noch nicht den verfassungsrichterlichen Vorgaben entsprechen und zahlreiche Alleinerziehende mangels Kinderbetreuungsplatz in die Arbeitslosigkeit und somit in die Armutsfalle getrieben werden, haben einige Gerichte die Kommunen, die nicht ausreichend Kinderbetreuungsplätze bereitstellen, zu Schadensersatzzahlungen an die betroffenen Familien verpflichtet. Ab 1.8.2026 wird sukzessive ein Rechtsanspruch auf Ganztagsbetreuung für Grundschulkinder eingeführt, der ab 2029 alle Grundschulkinder umfasst.

35 Ein weit verbreitetes Problem sind Elternteile, die keinen Kindesunterhalt zahlen oder zahlen können. Hiervon betroffene Kinder erhalten einen **Unterhaltsvorschuss** aus der Staatskasse, der maximal bis zum 18. Lebensjahr gezahlt wird. Für jedes Kind gibt es vom Staat monatliches Kindergeld und einen steuerlichen Freibetrag für Alleinerziehende. Dies alles erscheint geboten, um einen Anstieg der Kinderarmut zu verhindern. Die Idee einer Kindergrundsicherung, die die verschiedenen Leistungen bündeln sollte, ist gescheitert.

7. Die Adoption

36 Die Adoption ist nach heutigem Rechtsverständnis die rechtliche Grundlage dafür, dass elternlose oder unerwünschte Kinder in eine geeignete Familie integriert werden können. Sie erfolgt nicht durch Vertrag, sondern durch Gerichtsbeschluss, der nur in außergewöhnlichen Fällen wieder aufgehoben werden kann. Die rechtlichen Beziehungen zu den leiblichen Eltern im Unterhaltsrecht und Erbrecht werden vollständig abgebrochen. Es bestehen nur noch Rechte und Pflichten gegenüber den Adoptiveltern (§§ 1741–1766 BGB), deren Familiennamen das Kind auch erhält. Das adoptierte Kind steht damit in jeder Hinsicht einem leiblichen Kind gleich (Grundsatz der **Volladoption**). Ab 16 Jahren hat es Anspruch auf Einsicht in die Vermittlungsakte und damit Kenntnis seiner biologischen Abstammung, soweit bekannt. Die ebenfalls mögliche Adoption Volljähriger dient normalerweise der Fortführung eines Namens oder dem Fortbestand eines Unternehmens. Sie darf allerdings zur Vermeidung von Missbräuchen nur erfolgen, wenn ein Eltern-Kind-Verhältnis besteht, das dem Verhältnis zwischen volljährigen Kindern und ihren leiblichen Eltern entspricht. Seit 1.5.2025 kann bei der Volljährigenadoption das Adoptivkind seinen Familiennamen behalten.

37 Im Gegensatz zum adoptierten Kind bleibt ein **Pflegekind** mit seiner biologischen Familie verwandt und lebt wegen Gefährdung des Kindeswohls vorübergehend oder dauerhaft nicht mehr bei dieser, sondern bei Pflegeeltern. Um einen besseren Schutz von benachteiligten Kindern und Jugendlichen und auch die Stärkung derjenigen zu gewährleisten, die in Pflegefamilien oder Einrichtungen der Erziehungshilfe aufwachsen, gilt seit 2021 das Gesetz zur Stärkung von Kindern und Jugendlichen (KJSG).

8. Vormundschaft und Betreuung

38 Die Eltern sind die **gesetzlichen Vertreter** ihres minderjährigen Kindes. Sie benötigen nur in wenigen Fällen, in denen der Gesetzgeber eine Gefahr für das Vermögen des Kindes als besonders naheliegend ansieht (z.B. Veräußerung oder entgeltlicher Erwerb von Immobilien), eine Genehmigung des Familiengerichts. Ist ein Elternteil verstorben, hat der verbleibende Elternteil die alleinige elterliche Sorge. Ein Minderjähriger, dessen Vater und Mutter gestorben oder nicht zu ermitteln sind oder denen das Sorgerecht durch das Gericht entzogen wurde, erhält einen gerichtlich bestellten **Vormund** (§ 1773 BGB). Der Vormund muss für das Kind sorgen und ist sein gesetz-

licher Vertreter (§ 1789 BGB). Steht keine Privatperson zur Verfügung, wird das Jugendamt als Amtsvormund bestellt (§ 1774 I Nr. 4 BGB). Dieses überträgt dann einem seiner Mitarbeiter die Erfüllung dieser Aufgabe. Der Zuzug unbegleiteter minderjähriger Flüchtlinge, deren Eltern zwar Kontakt über Telekommunikationsmittel, aber keine tatsächliche Eingriffsmöglichkeit zum Wohl ihres Kindes in Deutschland haben, hat zu einem sprunghaften Anstieg der Amtsvormundschaften geführt. Die Amtsvormünder sorgen unter anderem dafür, dass die Jugendlichen möglichst schnell die deutsche Sprache erlernen, Zugang zu Schul- und Ausbildungsplätzen erhalten, für ihre Gesundheit gesorgt ist und die nötigen sozialrechtlichen Leistungen beantragt werden.

39 Die Person, die sich um Volljährige kümmert, die ihre Angelegenheiten nicht allein besorgen können, wird **Betreuer** genannt. Ein Betreuer wird vom Betreuungsgericht bestellt (§ 1814 BGB). Einen Einfluss auf die Geschäftsfähigkeit hat die Betreuung nicht. Die früher bestehende Möglichkeit der Entmündigung eines Volljährigen ist abgeschafft. Das Gericht kann aber anordnen, dass der Betreute wie ein beschränkt geschäftsfähiger Minderjähriger zu Rechtsgeschäften der Zustimmung des Betreuers bedarf (sog. **Einwilligungsvorbehalt**). Das Betreuungsrecht wurde zum 1.1.2023 modernisiert, was allerdings vor allem die Gesetzgebungstechnik betrifft, die jetzt die sehr häufige Betreuung als Normalfall regelt und hinsichtlich der Genehmigungserfordernisse für Eltern und der Rechte und Pflichten eines Vormunds auf das Betreuungsrecht verweist.

9. Das Personenstandsrecht

40 Die Registrierung von Geburten, Eheschließungen, Sterbefällen und anderen Änderungen im Personenstand erfolgt durch die Standesämter; das Verfahren regelt das Personenstandsgesetz (PStG). Jede Änderung des Personenstands ist dem Standesamt anzuzeigen; dieses führt die Personenstandsregister und erteilt aus ihnen Bescheinigungen über Geburten, Eheschließungen und Sterbefälle.

41 Das am 1.11.2024 in Kraft getretene **Gesetz über die Selbstbestimmung in Bezug auf den Geschlechtseintrag (SBGG)** vereinfacht transgeschlechtlichen, intergeschlechtlichen und nicht binären Menschen, ihren Eintrag in das Personenstandsregister und ihre Vornamen ändern zu lassen. Die Änderung erfolgt durch Erklärung gegenüber dem Standesamt; eine gerichtliche Entscheidung ist nicht mehr erforderlich, und es müssen auch keine Gutachten mehr beigebracht werden.

II. Das Erbrecht

42 Das Erbrecht ist vollständig im 5. Buch des BGB geregelt. Lediglich in Norddeutschland ist für den landwirtschaftlichen Bereich ein Nebengesetz, die Höfeordnung, zu beachten. Das Erbrecht befasst sich mit der Weitergabe des Vermögens nach dem Tod eines Menschen. Die Möglichkeit, grundsätzlich frei über seinen Nachlass zu bestimmen (**Testierfreiheit**), ist als Grundrecht ebenso durch die Verfassung (Art. 14 I GG) gewährleistet wie die **Privaterbfolge**, die ein Erbrecht des Staates nur dann zulässt, wenn keine Verwandten vorhanden sind. Im Erbrecht ist die Gefahr übereilter Entschlüsse einerseits und der Fälschung von Urkunden andererseits besonders groß. Um diese Gefahren gering zu halten, bestehen mehr Formvorschriften als sonst. Das Erbrecht ist ein außerordentlich statisches Rechtsgebiet. 1969 nahm der Bundestag eine Entschließung an, in der er die Bundesregierung aufforderte, einen Entwurf für ein neues Erbrecht vorzulegen; 1972 befasste sich der Deutsche Juristentag mit derartigen Regelungen. Außer einigen Detailänderungen, die insbesondere am 1.1.2010 in Kraft getreten sind, hat sich seit dem Inkrafttreten des BGB aber wenig geändert. 2026 will sich der Deutsche Juristentag erneut mit der Materie befassen.

1. Die gesetzliche Erbfolge

43 Die wichtigste Aufgabe des Erbrechts besteht darin zu bestimmen, wem das Vermögen eines Menschen zufallen soll, wenn er gestorben ist. Gesetzliche Erben sind die Verwandten des Verstorbenen, bei Verheirateten auch der Witwer oder die Witwe, bei eingetragenen Lebenspartnern der überlebende Lebenspartner. Dabei schließen die Abkömmlinge (Kinder und Kindeskinder) die Eltern und Geschwister und diese wiederum Großeltern, Onkel, Tanten, Cousins und Cousinen aus. Ist ein Erbberechtigter verstorben, treten seine Abkömmlinge an die Stelle. Die Möglichkeit zu erben ist nicht durch einen bestimmten Verwandtschaftsgrad beschränkt. Damit kann schon bei einem kinderlos verstorbenen verwitweten Einzelkind die Zahl seiner gesetzlichen Erben beträchtlich sein. Der Witwer oder die Witwe erbt – wenn die Ehegatten im gesetzlichen Güterstand gelebt haben – neben Kindern die Hälfte des Nachlasses, neben Eltern, Geschwistern und Großeltern drei Viertel, neben noch entfernteren Verwandten alles. Es handelt sich um ein echtes Erbrecht oder Miterbrecht, nicht nur um ein lebenslanges Nutzungsrecht am Nachlass. Deshalb kann bei kinderlosen Ehen das Vermögen in eine „andere Familie" kommen als in die, aus der es stammt. Für das Erbrecht eines Kindes spielt keine Rolle, ob die Eltern bei seiner Geburt miteinander verheiratet waren; alle Sondervorschriften für „nichteheliche" Kinder sind abgeschafft.

Beispiele 1. Anna hinterlässt ihren Witwer Johann sowie ihren Sohn Heinz und die beiden Enkelkinder Oskar (Sohn von Heinz) und Eva (Tochter ihrer verstorbenen Tochter Marga). Es erben: Johann 1/2 (§§ 1931, 1371 BGB), Heinz 1/4 (§ 1924 I, IV

BGB), Eva 1/4 (§ 1924 III, IV BGB) und Oskar nichts, da er durch seinen Vater Heinz von der Erbfolge ausgeschlossen ist.

2. Der ledig verstorbene Friedrich hinterlässt einen Sohn Benjamin, mit dessen Mutter er nicht verheiratet war, und seinen alten Vater Abraham. Seine Mutter ist schon verstorben. Benjamin wird alleiniger Erbe; Abraham wird durch ihn von der Erbfolge ausgeschlossen (§ 1930 BGB). Wäre Friedrich verwitwet und würde noch ein Kind Christiane hinterlassen, mit deren Mutter er verheiratet war, wären Benjamin und Christiane Erben je zur Hälfte.

3. Der ledige kinderlose Franz war ein Einzelkind. Seine Eltern und Großeltern sind schon tot. Sein Vater hatte drei Geschwister, U, V und W, seine Mutter zwei Geschwister, X und Z. Es lebt nur noch U. V ist kinderlos verstorben, W hat drei Kinder hinterlassen, X hat vier Kinder hinterlassen. Z hatte zwei Kinder, von denen aber eines bereits tödlich verunglückt ist und seinerseits fünf Kinder hinterlassen hat. Es erben: U 1/4, die Kinder des W je 1/12, die Kinder des X je 1/16, das noch lebende Kind des Z 1/8 und die Kinder des verunglückten Kindes des Z je 1/40 (§ 1926 BGB). Insgesamt gibt es also 14 Erben.

2. Testament und Erbvertrag

44 Die gesetzliche Erbfolge tritt nur ein, wenn der Verstorbene keine letztwillige Verfügung errichtet hat. Durch eine letztwillige Verfügung kann er einen Erben bestimmen, ohne an die gesetzliche Erbfolge gebunden zu sein. Wenn die Verfügung nicht ausnahmsweise sittenwidrig (§ 138 I BGB) ist, kann er dabei auch nahe Verwandte zurücksetzen oder übergehen. Der Erblasser kann einen oder mehrere Erben einsetzen und auch über einzelne Gegenstände (z.B. ein Bild oder seine Briefmarkensammlung) zugunsten anderer Personen als dem Erben verfügen (**Vermächtnis,** § 2147 BGB). Außerdem ist es möglich, dem Erben Verpflichtungen aufzuerlegen, z.B. das Grab des Erblassers zu pflegen (**Auflage,** § 2192 BGB).

45 Ein Erblasser, dessen gesetzliche Erben Kinder, Eltern oder der Witwer, die Witwe oder der eingetragene Lebenspartner wären, kann die genannten Personen nicht völlig von der Beteiligung an seinem Nachlass ausschließen. Ihnen steht nämlich – im Gegensatz zu anderen gesetzlichen Erben, die völlig übergangen werden können – der **Pflichtteil** zu (§ 2303 BGB). Der Pflichtteil ist eine Geldforderung in Höhe der Hälfte des Wertes der Erbschaft bzw. des Erbteils des Übergangenen. Der Pflichtteil stellt damit einen Kompromiss zwischen der Testierfreiheit des Verstorbenen und den berechtigten Interessen der nächsten Familienangehörigen dar. Er besteht unabhängig davon, wie schlecht das persönliche Verhältnis zum Erblasser war, und kann auch nicht dadurch umgangen werden, dass der Erblasser noch kurz vor seinem Tod wesentliche Teile seines Vermögens verschenkt, da durch den Pflichtteilsergänzungsanspruch auch diejenigen Gegenstände berücksichtigt werden, die der Erblasser vor seinem Tod einem anderen geschenkt hat; der Umfang der Berücksichtigung richtet sich nach der Person des Beschenkten und teilweise auch nach dem zwischen Schenkung und Tod verstrichenen Zeitraum (§ 2325 III BGB).

46 Die Verfügungen können durch **Testament** oder **Erbvertrag** getroffen werden. Das Testament ist eine einseitige Verfügung, die – zur Verhinderung von Fälschungen

oder Irrtümern – ihrer ganzen Länge nach handschriftlich vom Erblasser geschrieben und unterzeichnet sein muss oder aber notariell errichtet sein muss. Der Erblasser kann es bis zu seinem Tod jederzeit aufheben oder ändern. Anders ist es beim Erbvertrag, der von mindestens zwei Vertragspartnern geschlossen wird. Die in einem Erbvertrag enthaltenen vertragsmäßigen Verfügungen können grundsätzlich nur einverständlich geändert werden, nach dem Tod eines Teils nur dann, wenn dies ausdrücklich vorbehalten wurde. Der Erbvertrag eignet sich deshalb vor allem für voneinander abhängige Verfügungen; er ist nur gültig, wenn die notarielle Form eingehalten ist.

47 Zwischen Testament und Erbvertrag steht das **gemeinschaftliche Testament**, das nur von Ehegatten handschriftlich oder notariell errichtet werden kann und ebenfalls den Überlebenden bindet, soweit eine solche Bindung von den Ehegatten gewünscht ist. Hierfür bestehen gesetzliche Vermutungen. Solange beide Ehegatten leben, besteht dagegen das – nicht ausschließbare – Recht zum Widerruf durch Erklärung gegenüber dem anderen Teil. In der Praxis ist das sogenannte **„Berliner Testament"** am häufigsten anzutreffen, in dem sich Ehegatten gegenseitig zu Erben einsetzen und den Nachlass für den Fall des Todes des Längerlebenden anderen Personen zuwenden.

48 Seit 1.1.2012 gibt es das von der Bundesnotarkammer geführte Zentrale Testamentsregister. Darin sind sämtliche erbfolgerelevanten Urkunden zu finden, die notariell errichtet oder in gerichtliche Verwahrung gegeben wurden. Das Register erhält Nachricht von jedem Sterbefall und unterrichtet im Fall einer Registrierung die Stelle, bei der sich die registrierte Urkunde befindet. Dadurch ist die Auffindung des letzten Willens des Erblassers und eine schnelle und effiziente Durchführung des Nachlassverfahrens sichergestellt.

3. Die Erbengemeinschaft

49 Sind durch die gesetzliche Erbfolge oder durch die Verfügung des Erblassers mehrere Personen als Erben berufen, bilden sie eine **Erbengemeinschaft.** Sie ist dadurch gekennzeichnet, dass kein Miterbe über seinen Anteil an einzelnen Gegenständen verfügen kann. Jeder Miterbe kann aber verlangen, dass die Erbengemeinschaft insgesamt aufgehoben wird. Er kann auch durch notariellen Vertrag seinen Erbanteil als Ganzes verkaufen. Die Erbengemeinschaft selbst kann nicht Träger von Rechten und Pflichten sein, ist also keine juristische Person.

Beispiel Sind beim Tod des verwitweten Müller, dessen Vermögen im Wesentlichen aus seinem Wohnhaus und einem Mietshaus bestand, seine drei Kinder Albert, Berta und Christine Erben zu je einem Drittel geworden, dann ist es Christine, die dringend Geld benötigt, nicht möglich, „ihren" 1/3-Anteil an dem Mietshaus zu verkaufen, da dieser rechtlich nicht existiert. Christine kann lediglich ihren 1/3-Anteil am Nachlass des Müller verkaufen (damit aber zugleich ihren Anteil am Wohnhaus) oder von Albert und Berta die Aufhebung der Erbengemeinschaft verlangen.

50 Der Erblasser kann die Aufhebung der Erbengemeinschaft durch eine Auflage für bestimmte Zeit ausschließen. Er kann die Verwaltung und Auseinandersetzung auch einer Person seines Vertrauens, einem **Testamentsvollstrecker** übertragen.

4. Erbschaftsteuer

51 Die verfassungsrechtliche Garantie des Erbrechts schließt nicht aus, dass sich der Staat durch Erhebung einer Steuer auf das Erbe Einnahmen verschafft. Zur Vermeidung von Umgehungen hat die Erbschaftsteuer jeweils die gleiche Höhe wie die Schenkungsteuer. Es bestehen nach dem Grad der Verwandtschaft gestaffelte Freibeträge (derzeit für den Witwer oder die Witwe 500.000 EUR, für jedes Kind 400.000 EUR, für entfernte Verwandte und andere Personen 20.000 EUR) und Steuersätze, die mit 7 % (Erwerb von bis zu 75.000 EUR durch den Witwer oder die Witwe) beginnen und in der Spitze 50 % erreichen (Erwerb von Vermögen über 13.000.000 EUR durch entfernte Verwandte oder eine nicht mit dem Erblasser verwandte Person). Testamentarisch bedachte langjährige Lebensgefährten sowie Pflegekinder werden erbschaftsteuerrechtlich nicht besser behandelt als andere nicht verwandte Personen. Durch die Höhe der Freibeträge und die geringen Steuersätze bei nahen Verwandten spielt die Erbschaftsteuer bei kleinen und mittleren Vermögen nur eine untergeordnete Rolle.

ÜBUNGSTEIL

Rechtliche Aspekte

1 **Fragen zum Text (Familienrecht)**

1. Wie sieht es mit der Anwendbarkeit der Vorschriften des Allgemeinen Teils des BGB im Familien- und Erbrecht aus? Aus welchen Gründen ist dies so?
2. Was verstehen Sie unter Familienrecht? Wie definieren Sie Familie?
3. Was bedeutet „zwingendes Recht“?
4. Welche Regelungen sind im Personenstandsgesetz zu finden?
5. Welche Art der Eheschließung ist in Deutschland obligatorisch? Wo ist dies geregelt?
6. Was hat das Gleichberechtigungsgebot aus Art. 3 II GG mit dem Ehenamen zu tun?
7. Nach welchem Prinzip erfolgt die Scheidung der Ehe in Deutschland? Was bedeutet das?
8. In welcher Form und durch wen erfolgt in Deutschland die Scheidung einer Ehe?
9. Was verstehen Sie unter Güterstand und welche drei Arten kennen Sie?
10. Womit beschäftigt sich das Kindschaftsrecht?
11. Was wissen Sie über Babyklappe und vertrauliche Geburt?
12. Was ist das Samenspenderregister und wozu dient es?

13. Erörtern Sie, welche rechtlichen und ethischen Fragen eine anonyme Ei- oder Samenspende aufwerfen können.
14. Wie sieht es mit dem gemeinsamen Sorgerecht von nicht miteinander verheirateten Eltern aus?
15. Welche rechtlichen Folgen hat eine Adoption, welche die Aufnahme eines Pflegekindes?
16. Was ist ein Vormund, was ist ein Betreuer?

2 Fragen zum Text (Erbrecht)

1. Womit befasst sich das Erbrecht?
2. Was bedeutet gewillkürte, was gesetzliche Erbfolge?
3. Was verstehen Sie unter dem Pflichtteil? Wem steht er zu?
4. Erklären Sie die Begriffe Testament, gemeinschaftliches Testament und Erbvertrag.
5. Was ist eine Erbengemeinschaft? Worin liegt die Besonderheit?
6. Was macht ein Testamentsvollstrecker?
7. Was verstehen Sie unter Erbschaftsteuer?

3 Prüfen Sie für jeden Fall, ob eine Eheschließung möglich oder die geschlossene Ehe aufhebbar oder nichtig ist, und nennen Sie die jeweils einschlägigen Paragrafen.

1. A ist seit einiger Zeit mit der 16-jährigen B verlobt. Da beide damit rechnen, dass ihre Familien mit einer Heirat nicht einverstanden sind, beschließen sie, sich heimlich trauen zu lassen, und zwar nur kirchlich. A ist bereits 22 Jahre alt.
2. C heiratet aufgrund einer Täuschung den Zwillingsbruder ihres Bräutigams.
3. F heiratet E, obwohl er bereits mit G verheiratet ist. In E als Zweitfrau sieht F eine angenehme Bereicherung seines Lebens.
4. H beabsichtigt, mit I die Ehe zu schließen, findet aber Trauungen nervig und schickt deshalb ihre beste Freundin J als Stellvertreterin zum Standesamt.
5. Der Ausländer K heiratet die deutsche Staatsangehörige L, um auf diese Weise eine Aufenthaltsgenehmigung zu bekommen. Er bezahlt ihr dafür 10.000 EUR. Eine eheliche Beziehung wird nicht in Betracht gezogen, sie leben auch weiterhin in getrennten Wohnungen.
6. Die mondäne M heiratet den vermeintlichen Neureichen N. Sehr bald nach der Eheschließung stellt sich heraus, dass N der M seinen Reichtum nur vorgespiegelt hat und dass allein das Vermögen der M die Grundlage für die Ehe bildet. Kann M die Ehe aufheben lassen, weil sie sich über persönliche Eigenschaften des N getäuscht hat oder gar getäuscht wurde?
7. O heiratet P. Wenige Zeit nach der Hochzeit erkrankt P an einer unheilbaren Geisteskrankheit. Kann O die Ehe aufheben lassen?
8. Der unerkannt geisteskranke, äußerst charmante Querulant Q heiratet die sonnige S.
9. R hat nach vielen Jahren endlich seine Halbschwester T, eine nichteheliche Tochter seines Vaters, ausfindig gemacht. Er möchte sie heiraten.
10. U und V sind beide lesbisch und leben seit zehn Jahren zusammen. Sie möchten endlich heiraten.

4 Wozu raten Sie den Betroffenen: Gesetzliche Erbfolge, handschriftliches Testament, notarielles Testament oder Erbvertrag?

1. Der Analphabet A hat erhebliches Vermögen. Seine nächsten Verwandten sind ein Onkel und eine Cousine, die er beide nicht besonders mag. Deshalb möchte A, dass seine Freundin F alles erbt.
2. B ist mit D im gesetzlichen Güterstand verheiratet. Sie haben ein gemeinsames Kind K. B möchte, dass D und K nach ihrem Tod je die Hälfte ihres Vermögens erhalten.
3. E ist kinderlos verheiratet. Er möchte, dass seine Frau G im Falle seines Todes alles erhält. G selbst ist sich noch nicht schlüssig, was sie bestimmen soll.
4. K und L leben in nichtehelicher Lebensgemeinschaft. K möchte, dass bei seinem Tod L alles erbt, vorausgesetzt, er würde auch beim Tod der L deren Vermögen erhalten. L denkt genauso.

5 Lösen Sie folgende Fälle und zitieren Sie die dazugehörigen Paragrafen!

1. A schreibt sein Testament mit dem PC und setzt handschriftlich Ort, Datum und Unterschrift darunter.
2. B liebt seinen Hund über alles. Er schreibt: „Testament. Im Falle meines Todes erhält mein Hund Arco alles. B."
3. C schreibt: „Im Falle meines Ablebens sollt Ihr, meine lieben Kinder D und E, mein Vermögen je zur Hälfte erhalten. Eure Mutter."
4. F schreibt sein Testament in feuchtfröhlicher Runde auf die Rückseite eines Bierdeckels.
5. G ist soeben von ihrem Freund verlassen worden. Voller Wut reißt sie das zu seinen Gunsten gemachte Testament in tausend Stücke.
6. H hat zwei Kinder. Ihr Testament lautet: „X erbt mein Haus, Y erbt meine Schulden."
7. I ist mit allen seinen Kindern unzufrieden. Sein Testament lautet schlicht: „Ich enterbe alle meine Kinder. I."
8. K und L leben in nichtehelicher Lebensgemeinschaft. K schreibt: „Unser Testament. Wir setzen uns gegenseitig zu alleinigen Erben ein." K und L unterschreiben beide.
9. Der 17-jährige M ist soeben Vollwaise geworden. Er macht ein handschriftliches Testament und legt es in seine Schreibtischschublade.
10. Der ledige kinderlose N hinterlässt bei seinem Tod vier Geschwister (O, P, Q, R) und je zwei Kinder von drei verstorbenen Geschwistern (S und T, U und V, W und X). Wer erbt zu welchem Anteil?

6 Wie können sich Frau Simon und Herr Waldner nach ihrer Eheschließung nennen (alle Schreibweisen angeben!)?

	Simon	Waldner
a)	____________	____________
b)	Simon	____________
c)	Simon	____________-____________

d)	Simon	__________ __________
e)	Simon	__________-__________
f)	Simon	__________ __________
g)	__________	Waldner
h)	__________-__________	Waldner
i)	__________ __________	Waldner
j)	__________-__________	Waldner
k)	__________ __________	Waldner

7 Welchen Nachnamen würden die gemeinsamen Kinder jeweils tragen? Füllen Sie die Tabelle entsprechend Ihrer Antworten unter Aufgabe 6 aus.

a) ____

b) __________

c) __________

d) __________

e) __________

f) __________

g) __________

h) __________

i) __________

j) __________

k) __________

8 Bitte entscheiden Sie, ob es sich bei den folgenden Paragrafen um eine Anspruchsgrundlage (vgl. →Kap. 2 Übungsteil Rechtliche Aspekte Aufgabe 7) handelt oder nicht, und begründen Sie Ihre Ansicht.

1. § 1355 Abs. 1 S. 1 BGB – Ehename
2. § 1360 S. 1 BGB – Verpflichtung zum Familienunterhalt
3. § 1580 S. 1 BGB – Auskunftspflicht geschiedener Ehegatten
4. § 1601 BGB – Verwandtenunterhalt
5. § 1626 Abs. 1 S. 1 BGB – Elterliche Sorge
6. § 1770 Abs. 3 BGB – Unterhaltspflicht des Annehmenden
7. § 1922 Abs. 1 BGB – Gesamtrechtsnachfolge
8. § 1987 BGB – Vergütung des Nachlassverwalters
9. § 2018 BGB – Herausgabepflicht des Erbschaftsbesitzers
10. § 2183 S. 1 BGB – Haftung für Sachmängel beim Vermächtnis

9 Finden Sie heraus, ob O, T und E als Vormund, gesetzlicher Vertreter oder Betreuer handeln, und erläutern Sie Ihre Wahl.

1. Der fünfjährige F hat seine Eltern durch einen Autounfall verloren. Sein Onkel O will in Zukunft für ihn sorgen.
2. Die 95-jährige J ist zwar körperlich noch fit, aber geistig aufgrund ihres hohen Alters verwirrt. Ihre 70-jährige Tochter T will die Gesundheits- und Vermögenssorge für sie übernehmen.
3. Die Eltern E des zehnjährigen Z schließen für ihn einen Vertrag über einen Internatsaufenthalt.

10 Entscheiden Sie für die einzelnen Fälle, ob eine Ehescheidung möglich ist, und nennen Sie den entsprechenden Paragrafen.

1. Herr F ist gegen eine Scheidung, da er ein sehr konservatives Weltbild hat. Seine Frau ist allerdings bereits vor vier Jahren aus der gemeinsamen Wohnung ausgezogen und trifft Herrn F nur noch gelegentlich. Sie möchte endlich geschieden werden.
2. Nach zwei Monaten Ehe entpuppt sich Herr A als Alkoholiker und Schläger, der Frau A bei jeder kleinsten Gelegenheit verprügelt. Frau A ist ins Frauenhaus gezogen und möchte sich auch rechtlich so schnell wie möglich von Herrn A lösen.
3. Nach zehn Jahren Ehe haben sich die Eheleute L auseinandergelebt. Sie leben seit über einem Jahr in getrennten Wohnungen und möchten beide ihre neuen Lebenspartner so bald wie möglich heiraten.

11 Welchen Güterstand (Zugewinngemeinschaft, Gütertrennung oder Gütergemeinschaft) empfehlen Sie den Eheleuten?

1. Peter und Anna wollen eine „Hausfrauenehe" (→ Rn. 14 f.) führen. Peter soll arbeiten gehen und Anna will sich ganz dem Haushalt und der Pflege und Erziehung ihrer Kinder widmen.
2. Oskar und Isolde bringen jeder Grundbesitz in die Ehe ein. Sie wollen diesen Grundbesitz gemeinsam verwalten. Es soll keinesfalls möglich sein, dass einer von ihnen ein Grundstück ohne Zustimmung des anderen verkaufen kann.
3. Konrad und Laura wollen zwar heiraten, in ihren Vermögensangelegenheiten aber völlig selbstständig bleiben. Auch wenn ihre Ehe scheitern sollte, soll jeder sein Vermögen behalten und keiner dem anderen etwas davon abgeben müssen.

12 Im zwölften Abschnitt des Strafgesetzbuches sind die Straftaten gegen den Personenstand, die Ehe und die Familie geregelt. Bitte lesen Sie die §§ 169 ff. StGB und geben Sie für die einzelnen Straftatbestände die Rechtsfolge an.

Straftaten gegen den Personenstand, die Ehe und die Familie	Rechtsfolge:
1) Personenstandsfälschung	....
(§ 169 Abs. 1 StGB)	....
2) Verletzung der Unterhaltspflicht	....
nach § 170 Abs. 1 StGB	....
3) Verletzung der Unterhaltspflicht	....

nach § 170 Abs. 2 StGB	....
4) Verletzung der Fürsorge- oder Erziehungspflicht nach § 171 StGB	....
5) Doppelehe nach § 172 StGB	....
6) Beischlaf zwischen Verwandten nach § 173 Abs. 1 StGB	....
7) Beischlaf zwischen Verwandten nach § 173 Abs. 2 StGB	....

13 Finden Sie mithilfe des Internets heraus, welche Bedeutung die folgenden Begriffe haben:

1. MUTTER
   a) Mutter i.S.d. § 1591 BGB
   b) Miet-/Leih-/Surrogatmutter
   c) Singlemutter
   d) Alleinerziehende Mutter
2. VATER
   a) Rechtlicher Vater
   b) Sozialer Vater
   c) Biologischer/genetischer/leiblicher Vater
   d) Samenspendervater
   e) Scheinvater
   f) Putativvater
   g) Vater kraft Anerkennung
3. KIND
   a) Adoptivkind
   b) Pflegekind
   c) Kuckuckskind
   d) Sternenkind
4. FAMILIE
   a) Kernfamilie
   b) Ein-Eltern-Familie
   c) Patchworkfamilie
   d) Regenbogenfamilie

14 Rechtspolitische Frage

1. Zum Familienrecht: Erläutern Sie, inwieweit das Familienrecht den modernen Familienkonstellationen gerecht wird.
2. Zum Erbrecht: Erörtern Sie, inwieweit das Erbrecht an die modernen Familienkonstellationen angepasst werden sollte.

15 **Rechtsvergleichende Anregungen**

1. Das am 1.11.2024 in Kraft getretene SBGG (Gesetz über die Selbstbestimmung in Bezug auf den Geschlechtseintrag) stärkt die Selbstbestimmung trans-, intergeschlechtlicher und nichtbinärer Personen. Sie können durch Erklärung gegenüber dem Standesamt ohne – wie früher nötig – ärztliche Gutachten und Gerichtsentscheidung ihren Geschlechtseintrag und ihre Vornamen ändern lassen. Dies gilt mit Zustimmung der Eltern oder gegebenenfalls des Familiengerichts bereits für Minderjährige ab 14 Jahren. Diskutieren Sie die Vor- und Nachteile dieses Gesetzes.
2. Zeigen Sie auf, wie in Ihrem Land die Namensgebung für Ehegatten sowie für Kinder (eheliche und solche von nicht verheirateten Eltern) geregelt ist. Vergleichen Sie die möglichen Namensvarianten mit denjenigen, die das deutsche Recht erlaubt. Gehen Sie dabei auch auf die namensrechtlichen Folgen einer Scheidung ein.
3. Die „Ehe für alle“ (→ Rn. 9) war in Deutschland bis zu ihrer Einführung am 1.10.2017 heftig umstritten. Vergleichen Sie die Rechtslage in Deutschland mit derjenigen in Ihrem Heimatland und decken Sie etwa noch vorhandene Defizite auf.

Sprachliche Aspekte

1 **Ergänzen Sie zum Thema Familienrecht die fehlenden Nomen mit Hilfe von Kapitel 5.**

Nach geltendem Recht ist die ________________ (1) grundsätzlich obligatorisch. Sie wird im Rahmen einer standesamtlichen ____________________ (2) vor einem ____________________ (3) geschlossen. Für eine Scheidung ist das sogenannte ______________________ (4) maßgebend. Der Scheidungsbeschluss ergeht erst, nachdem die ____________________ (5) der Scheidung geregelt sind, soweit ein Beteiligter insoweit einen Antrag gestellt hat. Dazu gehört beispielsweise eine die __________________ (6) des unterhaltsberechtigten Ehegatten klärende Regelung. Außerdem müssen vermögensrechtliche Ansprüche der Ehepartner gegeneinander entschieden werden. Die Regelung von Ansprüchen auf Altersversorgung findet durch den __________________ (7) statt. Das ______________________ (8) für gemeinschaftliche Kinder muss nur geregelt werden, wenn das Wohl des Kindes dies erfordert.

2 **Ergänzen Sie zum Thema Erbrecht passende Wörter aus der Liste.**

beerben / das / der / Erbe / Erbberechtigten / erben / Erbengemeinschaft / Erbfolge / Erblasser / Erbschaft /Miterbe / Nachlasses / Pflichtteil / Privaterbfolge /Testament / Vermögensverhältnisse

Das Erbrecht regelt die ______________________________ (1) eines Verstorbenen. Aufgrund der rechtlich gewährleisteten ________________________ (2) wird der Staat nur dann gesetzlicher __________________ (3), wenn weder ein Verwandter noch ein Ehegatte des Erblassers vorhanden sind. Das ________________ (4) des Erblassers muss handschriftlich verfasst oder notariell errichtet sein. Im Testament kann der Erblasser eine Regelung treffen, die von der gesetzlichen ______________ (5) abweicht. Der ______________ (6) kann einen Erben nach seinem Belieben einsetzen. Aber manchen im Rahmen der gesetzlichen Erbfolge Erbberechtigten steht ein ______________ (7) zu. Unter den ______________ (8) stellt das Gesetz eine gewisse Rangordnung auf. Neben den aus der Ehe stammenden Kindern erbt der überlebende Ehegatte die Hälfte des ______________ (9). Kinder ______________ (10) ihre Eltern. Die Kinder ______________ (11) möglicherweise ein Haus. ______________ (12) Erbe kann auch aus einem verschuldeten Grundstück bestehen. ______________ (13) Erbe braucht die ______________ (14) nicht anzunehmen. Sind mehrere Personen gleichzeitig als Erben bestimmt, so bilden sie eine ______________ (15). In diesem Fall kann kein ______________ (16) über seinen Anteil an den einzelnen Nachlassgegenständen verfügen.

Kapitel 6
Handels-, Gesellschafts- und Arbeitsrecht

1 Das Zivilrecht besteht außer dem in den → Kap. 4 und → Kap. 5 dargestellten Bürgerlichen Recht des BGB aus einer Reihe weiterer Rechtsgebiete, die jeweils Sonderrechte für bestimmte Berufsgruppen oder Personenvereinigungen regeln. Dazu gehören beispielsweise das Urheberrecht, der gewerbliche Rechtsschutz, die Kartellgesetze und das Wettbewerbsrecht. Diese haben aber für den Normalbürger in der Regel keine Bedeutung und werden auch in der juristischen Ausbildung nur in den Schwerpunktbereichen behandelt. Entweder mit dem Handels- und Gesellschaftsrecht oder mit dem Arbeitsrecht ist aber jeder am Erwerbsleben teilnehmende Bürger konfrontiert; deshalb gehören diese Rechtsgebiete auch zum Grundbestand der juristischen Ausbildung.

I. Das Handelsrecht

2 Das im BGB geregelte Vertragsrecht ist auf die Rechtsgeschäfte des Alltags zugeschnitten. Zahlreiche Bestimmungen gewährleisten deshalb den Schutz des schwächeren Vertragspartners, z.B. das Verbot bestimmter allgemeiner Geschäftsbedingungen oder die Notwendigkeit, bei riskanten Geschäften wie der Bürgschaft die Schriftform einzuhalten. Wer berufsmäßig am Geschäftsverkehr teilnimmt, braucht typischerweise keinen derartigen Schutz. Auch besteht im Handelsverkehr ein besonderes Bedürfnis nach schneller und flexibler Abwicklung, bei der sich jeder Vertragsteil darauf verlässt, dass der in der jeweiligen Region oder Branche übliche Handelsbrauch beachtet wird. Diese und weitere Besonderheiten des Rechts der Kaufleute regelt das Handelsrecht, das sich – zusammen mit Teilen des Gesellschaftsrechts – im Handelsgesetzbuch (HGB) findet.

1. Kaufleute

3 Jeder Gewerbetreibende kann – ohne Rücksicht auf die Größe seines Unternehmens – durch Eintragung in das Handelsregister Kaufmann werden. Zur Eintragung verpflichtet sind aber nur diejenigen Gewerbetreibenden, deren Unternehmen nach Art und Umfang einen in kaufmännischer Weise eingerichteten Geschäftsbetrieb erfordert (§§ 1, 2 HGB). Eine Ausnahme gilt für Gewerbebetriebe, die eine Land- oder Forstwirtschaft betreiben; diesen ist die Eintragung immer freigestellt (§ 3 HGB). Ob kaufmännische Einrichtung erforderlich ist, richtet sich nach dem Umfang des Gewerbes (Umsatz, Zahl der Kunden und Beschäftigten usw.), von dem die Notwendigkeit kaufmännischer Buchführung abhängt. Die frühere Unterscheidung zwischen

„Minderkaufleuten" und „Vollkaufleuten" ist entfallen: Für diejenigen, die im Handelsregister eingetragen sind, gelten alle Sondervorschriften des Handelsrechts ohne Rücksicht auf ihre Größe, für die nicht eingetragenen gelten sie – mit einer Ausnahme für den Kommissionär in § 383 II HGB – nur dann, wenn sie verpflichtet wären, sich eintragen zu lassen.

Beispiele Eine Einzelhändlerin, die in einem Dorf einen kleinen Laden betreibt, in dem nur sie und ihre Tochter tätig sind und die einen jährlichen Umsatz von vielleicht 40.000 EUR erzielt, ist nicht kraft Gesetzes Kaufmann. Die besonderen Vorschriften des HGB für Kaufleute gelten für sie nur, wenn sie sich freiwillig eintragen lässt. Dasselbe gilt für einen Bäcker, der seinen Betrieb allein mit einem Gesellen und einem Auszubildenden betreibt.

Eröffnet dieser Bäcker aber in den Nachbarorten weitere Filialen, in denen er 20 Arbeitnehmer beschäftigt und einen Umsatz von insgesamt 1.800.000 EUR erzielt, ist er automatisch Kaufmann und verpflichtet, sich in das Handelsregister eintragen zu lassen.

4 Das bei den Gerichten geführte **Handelsregister** gibt Auskunft über den Inhaber eines kaufmännischen Unternehmens und die weiteren unterschriftsberechtigten Personen, die **Prokuristen.** Es ist für den Rechtsverkehr vor allem deshalb sehr nützlich, weil man auf die Richtigkeit der dort vorgenommenen Eintragungen vertrauen kann (§ 15 HGB). Jeder im Handelsregister eingetragene Kaufmann führt eine **Firma.** Damit bezeichnet das HGB – abweichend von der Alltagssprache – nicht das Unternehmen als solches, sondern den Namen, unter dem es im Handelsverkehr auftritt. Wie die Firma gebildet werden und unter welchen Voraussetzungen sie fortgeführt werden kann, regelt ebenfalls das HGB. Eine andere Funktion, nämlich die Verhinderung von Geldwäsche und Terrorismusfinanzierung, haben die Eintragungen im parallel hierzu geführten **Transparenzregister.**

2. Besondere Vorschriften für Kaufleute

5 Für Kaufleute enthält das HGB besondere Vorschriften: Sie müssen auf allen Geschäftsbriefen ihre Firma und den Ort ihrer Niederlassung und ferner angeben, wo und unter welcher Nummer sie im Handelsregister eingetragen sind (§ 37a HGB). Alle Kaufleute sind verpflichtet, am Ende des Geschäftsjahrs eine Bilanz und eine Gewinn- und Verlustrechnung aufzustellen, für die das HGB einzelne Vorschriften enthält, die sich nach der Größe des Geschäfts richten.

6 Besonders wichtig sind aber die Sondervorschriften, die für Rechtsgeschäfte von Kaufleuten teils zusätzliche, teils **abweichende Regelungen gegenüber dem BGB** enthalten. So gelten die im Ladengeschäft des Kaufmanns tätigen Angestellten als zu allen Käufen und Verkäufen ermächtigt, die in einem solchen Ladengeschäft üblicherweise vorkommen (§ 56 HGB), auch wenn der Kaufmann sie nicht ausdrücklich dazu bevollmächtigt hat. Andere Bestimmungen des HGB **ergänzen die Regeln des BGB** über den Kaufvertrag: Während nach dem BGB der Käufer Mängel der Sache jederzeit geltend machen kann, solange sie nicht verjährt sind, muss ein Kaufmann

die ihm gelieferten Sachen sofort untersuchen und, wenn ein Mangel erkennbar ist, diesen unverzüglich rügen (sog. „Mängelrügepflicht", §§ 377, 378 HGB). Während nach dem BGB aus dem Schweigen auf ein Angebot oder eine sonstige rechtsgeschäftliche Erklärung (sog. „Schweigen im Rechtsverkehr") nicht entnommen werden darf, der Empfänger sei damit einverstanden, muss ein Kaufmann bei bestehender Geschäftsverbindung ausdrücklich widersprechen; andernfalls wird sein Einverständnis angenommen (§ 362 HGB).

7 Schließlich enthält das HGB Regelungen besonderer kaufmännischer Vertragstypen, etwa des Kommissionsgeschäfts oder des Speditionsgeschäfts. Dabei handelt es sich allerdings – wie bei den Vertragstypen des BGB – nur um typisierte Regelungen, von denen im Rahmen der Vertragsfreiheit abgewichen werden kann, und selbstverständlich können auch Nichtkaufleute derartige Verträge ohne weiteres abschließen.

II. Das Gesellschaftsrecht

8 Das Recht der zu einem wirtschaftlichen Zweck gegründeten Personenvereinigungen ist außerordentlich zersplittert geregelt.

9 Das deutsche Recht kennt eine ganze Anzahl verschiedener Formen, deren praktische Bedeutung höchst unterschiedlich ist. So gibt es weniger als 1000 Vereinigungen, die als wirtschaftlicher Verein oder als Kommanditgesellschaft auf Aktien organisiert sind, während die Zahl der Gesellschaften mit beschränkter Haftung (GmbH) über 1.000.000 beträgt. Rechtsquellen sind das BGB, das HGB und mehrere Spezialgesetze, vor allem das Aktiengesetz und das GmbH-Gesetz.

10 Die Gesellschaften lassen sich in Personengesellschaften (→ Rn. 12 ff.) und Kapitalgesellschaften (→ Rn. 18 ff.) einteilen. Bei den Personengesellschaften sind ihre Mitglieder, die Gesellschafter, Träger des Gesellschaftsvermögens. Diese Gesellschaften können zwar unter ihrem Namen oder ihrer Firma handeln und im Rechtsverkehr auftreten, aber berechtigt und verpflichtet sind immer nur die in ihnen verbundenen Gesellschafter. Dagegen sind Kapitalgesellschaften von ihren Mitgliedern unabhängige Rechtspersonen, sog. **juristische Personen.** Sie sind selbst Träger ihres Gesellschaftsvermögens und bestehen unabhängig vom Wechsel ihrer Gesellschafter, die selbst weder an den einzelnen Vermögensgegenständen der Gesellschaft beteiligt sind noch als solche für die Schulden der Gesellschaft haften.

Merke Natürliche Person ist jeder Mensch. Die natürliche Person kann Träger von Rechten und Pflichten sein. Deshalb kann z.B. bereits ein Baby Eigentümer oder Vermieter sein. Die juristische Person ist eine Personenvereinigung, die wie ein Mensch Träger von Rechten und Pflichten sein kann. Eine GmbH kann deshalb selbst Eigentümerin sein und einen Kredit aufnehmen.

11 Neben den Gesellschaftsformen des deutschen Rechts haben auch ausländische Gesellschaftsformen – wenn auch geringe – Bedeutung in der Rechtspraxis, insbesondere die *private limited company* („Limited") des englischen und die *Société à res-*

ponsabilité limitée („S.A.R.L.“) des französischen Rechts. Dies beruht auf der Rechtsprechung des Europäischen Gerichtshofs, dass Gesellschaften, die in einem Mitgliedstaat nach den dortigen Vorschriften wirksam gegründet sind, auch dann in allen anderen Mitgliedstaaten als rechtsfähig anerkannt werden müssen, wenn sie im Gründungsstaat keinerlei Tätigkeit entfalten.

1. Personengesellschaften

a) Gesellschaft des bürgerlichen Rechts (GbR)

12 Die Grundform der Personengesellschaft ist in den §§ 705-740c BGB geregelt und wird dort schlicht als „Gesellschaft“ bezeichnet; in der Rechtspraxis nennt man sie zur Unterscheidung von den übrigen Gesellschaftsformen BGB-Gesellschaft oder Gesellschaft des bürgerlichen Rechts (**GbR**). Ihre Gründung erfolgt formlos und ist den Gesellschaftern oft gar nicht bewusst.

Beispiel Drei Frauen wollen eine Bootsfahrt auf der Themse unternehmen. Sie kaufen ein Boot passender Größe, ein Buch über Paddelreisen, ein Zelt und jede Menge Proviant. Nach der Fahrt verteilen sie die übrig gebliebenen Lebensmittel und verkaufen das inzwischen leicht lädierte Boot wieder. Zwischen den drei Frauen hat ohne Zweifel eine BGB-Gesellschaft bestanden und ist nach Erreichung des Gesellschaftszwecks wieder aufgelöst worden.

13 Die BGB-Gesellschaft hat über solche Gesellschaften des Alltags hinaus erhebliche praktische Bedeutung im Wirtschaftsleben. Sie wird immer dann bevorzugt, wenn die Gründung einer Gesellschaft des Handelsrechts nicht möglich ist oder ihre Rechtsfolgen nicht gewünscht werden. Selbst wirtschaftlich sehr bedeutende Unternehmungen, z.B. Arbeitsgemeinschaften von Großunternehmen zur Errichtung von Staudämmen, Kraftwerken und dergleichen, werden in der Rechtsform der BGB-Gesellschaft geführt. Es handelt sich allerdings meist um vorübergehende Zusammenschlüsse.

14 Die GbR kann seit 1.1.2024 in ein besonderes Register, das Gesellschaftsregister, eingetragen werden (**eGbR**). Erforderlich ist dies nur dann, wenn eine GbR als Eigentümerin oder Inhaberin eines Rechts in das Grundbuch eingetragen werden will; allen anderen Gesellschaften ist die Eintragung freigestellt. Von der rechtlichen Wirkung sind Gesellschaften mit und ohne Rechtspersönlichkeit zu unterscheiden, die das Gesetz danach abgrenzt, ob sie (eigenes) Vermögen haben. Ist dies der Fall, sind sowohl die eGbR als auch die nicht eingetragene GbR rechtsfähig.

b) Personenhandelsgesellschaften: OHG und KG

15 Auf Dauer angelegte Gesellschaften bevorzugen in der Regel die Formen der Personengesellschaften des Handelsrechts, die **Offene Handelsgesellschaft** (**OHG**) und die **Kommanditgesellschaft** (**KG**), die beide im HGB geregelt sind (sog. Personenhandelsgesellschaften). Eintragungspflicht besteht unter den gleichen Voraussetzungen wie bei einem Einzelkaufmann. Diese Gesellschaftsformen können aber auch von Kleingewerbetreibenden genutzt werden, wenn diese das wünschen. Personenhandels-

gesellschaften können unter ihrer Firma handeln und auch z.B. in das Grundbuch eingetragen werden und sind damit **juristischen Personen** angenähert.

16 Für die Schulden der Gesellschaft haften bei der OHG alle Gesellschafter, und zwar nicht anteilig, sondern jeder in voller Höhe (gesamtschuldnerisch), bei der KG mindestens einer der Gesellschafter. Diese Haftung ist betragsmäßig nicht beschränkt, sondern umfasst das gesamte private Vermögen des Gesellschafters. Ein solches Risiko wird ein Gesellschafter normalerweise nur eingehen, wenn er selbst im Unternehmen tätig ist und Erfolg und Misserfolg durch seine kaufmännische Leistung mitbestimmen kann. Nur ein begrenztes Risiko geht dagegen ein, wer sich an einer KG als Kommanditist beteiligt. Dieser haftet für die Schulden der Gesellschaft nur mit einem festgelegten Betrag, der in das Handelsregister eingetragen wird. Soweit der Kommanditist diese Einlage geleistet hat, ist jede darüber hinausgehende Haftung ausgeschlossen. Die Kommanditgesellschaft ist damit eine Gesellschaftsform, die sich auch für die Kapitalaufbringung bei Kapitalanlegern eignet, die persönlich mit dem Unternehmen nichts zu tun haben wollen, z.B. bei der Errichtung gewerblicher Immobilien (sog. „Publikums-KG").

c) Stille Gesellschaft

17 Keine Handelsgesellschaft (und deshalb nicht enthalten in der Übersicht in → Rn. 36) ist die sog. **stille Gesellschaft.** Bei dieser leistet der stille Gesellschafter eine Vermögenseinlage an den Inhaber des Unternehmens, tritt aber nach außen nicht in Erscheinung, sondern ist lediglich im Innenverhältnis zum Inhaber des Vermögens am Gewinn und (falls der Vertrag dies nicht ausschließt) am Verlust beteiligt. Die unternehmerischen Entscheidungen trifft ausschließlich der Inhaber des Unternehmens.

2. Kapitalgesellschaften

18 Soll kein Gesellschafter persönlich für die Schulden der Gesellschaft haftbar sein, bietet sich die Gründung einer Kapitalgesellschaft an. Die beiden wichtigsten Formen sind die **Aktiengesellschaft** (**AG**) (→ Rn. 19 ff.) und die **Gesellschaft mit beschränkter Haftung** (**GmbH**) (→ Rn. 24 ff.). Sie entstehen mit der Eintragung ins Handelsregister als **juristische Personen;** eine Mindestgröße des Gewerbebetriebs ist nicht erforderlich. AG und GmbH können durch mehrere Gesellschafter gegründet werden, aber auch die Gründung durch eine einzige Person ist zulässig – auch wenn dies eigentlich dem Begriff der Gesellschaft widerspricht.

a) Die Aktiengesellschaft

19 Die AG ist dabei in der Praxis meist auf größere Unternehmungen beschränkt, obwohl sie auch für kleinere Unternehmen in Betracht käme. Das Grundkapital muss mindestens 50.000 EUR betragen und in Aktien im Nennwert von mindestens 1 EUR eingeteilt sein, die nicht unter dem Nennwert ausgegeben werden dürfen; daneben sind Stückaktien zulässig, deren rechnerischer Nennwert ebenfalls mindestens 1 EUR betragen muss.

20 Die Aktien lauten entweder auf den Namen oder auf den Inhaber; beide Formen können an einer Wertpapierbörse gehandelt werden. Der Besitz einer Aktie berechtigt den Aktionär an der Hauptversammlung der Aktiengesellschaft teilzunehmen und über die unternehmerischen Grundentscheidungen mit abzustimmen.

21 Die **Führung** der Geschäfte und die **Vertretung** der Aktiengesellschaft liegt in den Händen des **Vorstands**, dem die **Hauptversammlung** keine Anweisungen für den laufenden Geschäftsbetrieb geben kann. Die Hauptversammlung wählt den **Aufsichtsrat**, der den Vorstand bestellt und überwacht. Weder der Vorstand noch die Mitglieder des Aufsichtsrats müssen zu den Aktionären gehören. Anders als bei den Personengesellschaften können also die Mitgliedschaft und die Vertretung der Gesellschaft auseinanderfallen (sog. „Fremdorganschaft“).

22 Von dem Grundmuster der Leitung der Geschicke der Gesellschaft durch einen Vorstand und einen Aufsichtsrat kann der Gesellschaftsvertrag – im Aktienrecht als **Satzung** bezeichnet – nicht abweichen. Zudem bestehen zum Schutz der Aktionäre **Prüfungspflichten** und **Publikationserfordernisse**, vor allem für den Jahresabschluss. Für kleinere Unternehmungen, die flexibel sein wollen, eignet sich die Aktiengesellschaft deshalb weniger.

b) Europäische Aktiengesellschaft (SE)

23 Seit 2004 gibt es die Europäische Aktiengesellschaft (Societas Europaea, SE, auch Europäische Gesellschaft genannt) als weitere Form der Kapitalgesellschaft, die durch Umwandlung einer nationalstaatlichen Aktiengesellschaft, durch Verschmelzung von Aktiengesellschaften aus verschiedenen Mitgliedstaaten oder als Holding- oder Tochter-SE von oder für Gesellschaften aus verschiedenen Mitgliedstaaten entstehen kann. Ihre Zahl hat in den letzten Jahren stark zugenommen. Sie unterscheidet sich von der Aktiengesellschaft zum einen durch das höhere Mindestgründungskapital, zum anderen dadurch, dass Geschäftsführungs- und Überwachungsorgan zwar wie bei der AG getrennt sein können (dualistisches Modell), aber nicht müssen (monistisches Modell).

c) Gesellschaft mit beschränkter Haftung (GmbH) und Unternehmergesellschaft (UG)

24 Für kleine Unternehmen bietet sich die beliebteste Gesellschaftsform überhaupt, die GmbH, an. Ihr Stammkapital muss grundsätzlich 25.000 EUR betragen.

25 Es besteht aber die Möglichkeit, bereits ab einem Kapital von **1 EUR** eine Kapitalgesellschaft, die **Unternehmergesellschaft** (UG) zu gründen; diese muss den Rechtsformzusatz „UG (haftungsbeschränkt)“ führen. Für sie gilt das Recht der GmbH, allerdings nicht die Kapitaluntergrenze von 25.000 EUR, und die Gewinne müssen zu einem Viertel zur Aufstockung des Kapitals verwendet werden, bis der Betrag von 25.000 EUR erreicht ist und die UG zu einer „echten“ GmbH geworden ist.

26 Für einfache Fälle der GmbH-Gründung stellt der Gesetzgeber ein standardisiertes Verfahren mit einem Musterprotokoll zur Verfügung.

27 Bewusst erschwert ist bei GmbH und UG dagegen die Übertragung der Mitgliedschaft: Während Aktien formlos übertragen werden können, muss der Übertragungsvertrag hier von einem Notar beurkundet werden. Da an einer GmbH meist nur wenige Gesellschafter beteiligt sind und damit ein personales Element in die Kapitalgesellschaft einfließt, wird meist im Gesellschaftsvertrag die Übertragung sogar von der Zustimmung der anderen Gesellschafter abhängig gemacht.

28 Die **Vertretung** der GmbH liegt in den Händen eines oder mehrerer **Geschäftsführer**, die nicht Gesellschafter zu sein brauchen.

29 Eine persönliche **Haftung** der Gesellschafter ist für Geschäfte nach Eintragung der GmbH im Handelsregister ausgeschlossen, solange nicht durch verbotene Leistungen an die Gesellschafter das Stammkapital angegriffen wird. Ein Aufsichtsrat ist nur erforderlich, wenn ihn das Arbeitsrecht vorschreibt (→ Rn. 66).

d) Die GmbH & Co. KG – Mischform von Personen- und Kapitalgesellschaft

30 Elemente der Personengesellschaft und der Kapitalgesellschaft können in der ebenfalls nicht seltenen Gesellschaftsform der **GmbH & Co. KG** miteinander verknüpft werden. Dabei handelt es sich um eine Kommanditgesellschaft, in der eine GmbH der einzige persönlich haftende Gesellschafter ist; die übrigen Gesellschafter sind lediglich als Kommanditisten beteiligt. Auf diese Weise kann eine Personengesellschaft gegründet werden, bei der keine **natürliche Person** die persönliche Haftung übernehmen muss.

3. Genossenschaften

31 Eine besondere Gesellschaftsform stellt die Genossenschaft dar. Wie die Kapitalgesellschaft ist sie vom Wechsel ihrer Mitglieder unabhängig, zeigt aber Elemente der Personengesellschaft. So hat beispielsweise in der Generalversammlung jeder Genosse eine Stimme.

32 Eine Besonderheit besteht außerdem darin, dass Genossenschaften nur zum **Zweck der Förderung des Erwerbs oder der Wirtschaft ihrer Mitglieder** durch einen gemeinschaftlichen Geschäftsbetrieb gegründet werden können. Praktische Hauptfälle sind Genossenschaften auf dem Gebiet der Landwirtschaft (Winzergenossenschaften, Käsereien) und des Kreditwesens (die nach dem „Erfinder" des Genossenschaftsgedankens benannten Raiffeisenbanken).

33 Die Genossenschaften werden in ein besonderes Register, das **Genossenschaftsregister**, eingetragen.

34 Die Genossen brauchen bei ihrem Eintritt in die Genossenschaft nur ein **geringes Kapital** aufzubringen. Ob sie im Fall der Zahlungsunfähigkeit der Genossenschaft an diese Nachschüsse unbeschränkt, beschränkt auf eine bestimmte Summe oder gar nicht leisten müssen, wird im **Gesellschaftsvertrag der Genossenschaft**, der bis zur Reform von 2006 als „Statut" bezeichnet wurde, bestimmt (§ 6 Nr. 3 GenG). Gegenüber den Gläubigern der Genossenschaft haften sie in keinem Fall (§ 2

GenG). Zum Schutz der Mitglieder und der Gläubiger ist die Prüfung ihrer Bilanzen durch besondere Prüfungsverbände vorgesehen.

35 Auch für die Genossenschaft gibt es eine Europäische Rechtsform, nämlich die Europäische Genossenschaft (Societas Cooperativa Europaea, SCE), die auf einer 2006 in deutsches Recht transformierten EG-Verordnung beruht. Zur Gründung sind mindestens fünf Personen erforderlich, deren Wohnsitze in mindestens zwei verschiedenen Mitgliedstaaten liegen. Sie hat noch keine praktische Bedeutung erlangt und ist deswegen in der Tabelle in → Rn. 36 nicht enthalten.

36

4. Kaufleute und Gesellschaften im Überblick

Form	Firma	Haftung natürlicher Personen	Mindest-kapital	Geschäfts-führung	Beschluss-organ	Über-wachungs-organ	Eintragung im Handels-register	Kapitalaufbrin-gung an der Börse möglich
EINZELKAUFLEUTE								
eingetragener Einzel-kaufmann	ja	unbeschränkt mit dem gesamten Vermögen	nein	der Inhaber	–	–	ja	nein
nicht eingetragener Einzelkaufmann	nein	unbeschränkt mit dem gesamten Vermögen	nein	der Inhaber	–	–	nein	nein
PERSONENGESELLSCHAFTEN								
nicht eingetragene Gesellschaft des bürgerlichen Rechts	nein	unbeschränkt; Beschränkung auf das Gesellschaftsvermögen nur einzelvertraglich möglich	nein	alle Gesell-schafter	–	–	nein	nein
eingetragene Gesell-schaft des bürger-lichen Rechts (eGbR)	ja	unbeschränkt; Beschränkung auf das Gesellschaftsvermögen nur einzelvertraglich möglich	nein	alle Gesell-schafter	–	–	nein, aber im Ge-sellschafts-register	nein
Offene Handels-gesellschaft (OHG)	ja	unbeschränkt mit dem gesamten Vermögen	nein	alle Gesell-schafter	–	–	ja	nein
Kommanditgesell-schaft (KG)	ja	persönlich haftende Gesell-schafter: unbeschränkt; Kom-manditisten: beschränkt auf die Einlage	nein	alle persönlich haftenden Gesell-schafter	–	–	ja	nein
GmbH & Co. KG	ja	beschränkt auf die Einlage	25.000 EUR	die GmbH	–	–	ja	nein

Form	Firma	Haftung natürlicher Personen	Mindest-kapital	Geschäfts-führung	Beschluss-organ	Über-wachungs-organ	Eintragung im Handels-register	Kapitalaufbrin-gung an der Börse möglich
KAPITALGESELLSCHAFTEN								
GmbH	ja	Aufbringung des Mindestkapitals	25.000 EUR	der/die Geschäftsführer	die Gesell-schafter-versamm-lung	der Aufsichts-rat (obligator-isch erst ab 500 Arbeitneh-mern)	ja	nein
Aktiengesellschaft	ja	beschränkt auf den Aktienpreis	50.000 EUR	der Vorstand	die Haupt-versamm-lung	der Aufsichts-rat	ja	ja
Europäische Gesell-schaft (SE)	ja	beschränkt auf den Aktienpreis	120.000 EUR	beim dualis-tischen Modell: der Vorstand; beim monisti-schen System: der Verwaltungs-rat	die Haupt-versamm-lung	beim dualis-tischen Modell: der Aufsichts-rat; beim monistischen System: der Verwaltungsrat	ja	ja
haftungsbeschränkte Unternehmergesell-schaft (UG [haf-tungsbeschränkt])	ja	Aufbringung des Mindestkapitals	1 EUR	der/die Geschäftsführer	die Gesell-schafterver-sammlung		ja	nein
GENOSSENSCHAFTEN								
eingetragene Genossenschaft (eG)	ja	nur wenn Nachschusspflicht vereinbart ist	nein	der Vorstand	die General-versamm-lung	der Aufsichts-rat	nein, aber im Genos-senschafts-register	Nein

III. Das Arbeitsrecht

37 Das BGB regelt die Erbringung von Dienstleistungen für einen anderen in dem Vertragstypus des **Dienstvertrags** (§§ 611 ff. BGB), der ebenso wie der Kauf- oder der Werkvertrag als normaler Austauschvertrag gestaltet ist. Wenn in die Bestimmungen des BGB auch im Laufe der Jahrzehnte neue Vorschriften eingefügt worden sind (z.B. § 612a BGB über das Maßregelungsverbot), ergibt sich aus der fragmentarischen Regelung des BGB heute wenig zum aktuellen Stand des Arbeitsrechts.

38 Neben dem BGB haben die Bestimmungen des Allgemeinen Gleichbehandlungsgesetzes ihre hauptsächliche Bedeutung im Arbeitsrecht, §§ 6–18 AGG bezwecken sogar ausschließlich den Schutz der Beschäftigten vor Benachteiligungen aus Gründen der Rasse, der ethnischen Herkunft, des Geschlechts, der Religion oder Weltanschauung, einer Behinderung, des Alters oder der sexuellen Identität zu verhindern (vgl. auch → Rn. 56). Die Auslegung der Bestimmungen des AGG durch die Rechtsprechung orientiert sich allerdings an den bisher schon als Richterrecht geltenden Regeln.

39 Einzelne Materien des Arbeitsrechts sind durch Spezialgesetze geregelt (z.B. das Urlaubsrecht im Bundesurlaubsgesetz, der Mutterschutz im Mutterschutzgesetz, die Arbeitszeit im Arbeitszeitgesetz), andere wichtige Fragen (z.B. die Haftung des Arbeitnehmers für Schäden, die er bei Erbringung seiner Arbeitsleistung verursacht, vgl. → Rn. 57 f.) hat der Gesetzgeber der Rechtsprechung überlassen.

40 Aufgrund des Strukturwandels von der Produktionswirtschaft zur Dienstleistungs- und Informationsgesellschaft hat das Arbeitsrecht immer neue Probleme zu bewältigen. Dazu zählten in den letzten Jahren z.B. die Probleme der Scheinselbstständigkeit und der sogenannten prekären Arbeitsverhältnisse, insbesondere der Leiharbeitsverhältnisse.

41 Ein „Arbeitsgesetzbuch", in dem alle Regelungen zusammengefasst sind, gibt es – anders als in der früheren DDR – nicht. Das Arbeitsrecht ist damit das Rechtsgebiet, in dem das durch Rechtsprechung und tatsächliche Übung geschaffene Gewohnheitsrecht den größten Stellenwert hat. Man unterscheidet im Arbeitsrecht das **Individualarbeitsrecht** (→ Rn. 42 ff.), das Zustandekommen und Inhalt des Arbeitsverhältnisses regelt, und das **kollektive Arbeitsrecht** (→ Rn. 61 ff.), das sich mit Regelungen beschäftigt, die eine Vielzahl von Arbeitsverhältnissen betreffen, insbesondere mit den Tarifverträgen (→ Rn. 61 f.) und der Mitbestimmung (→ Rn. 66 f.).

1. Das Individualarbeitsrecht

a) Abgrenzung des Arbeitsvertrags

42 Das Fehlen gesetzlicher Regelungen im Arbeitsrecht zeigt sich bereits bei der Frage, wann ein Vertrag nicht mehr nur den Regeln des **Dienstvertrags** (§ 611 BGB) unterliegt, sondern ein **Arbeitsvertrag** ist. Da ein Arbeitsvertrag auch mündlich abge-

schlossen werden kann – in diesem Fall kann die schriftliche Fixierung nachträglich verlangt werden –, ist eine Abgrenzung nur nach tatsächlichen Kriterien möglich.

43 Ein Arbeitsvertrag ist hiernach ein privatrechtlicher Vertrag zwischen einem Arbeitnehmer und einem Arbeitgeber, und Arbeitnehmer wiederum sind Personen, die ihre Dienstleistung weisungsgebunden in persönlicher Abhängigkeit vom Arbeitgeber erbringen. In Grenzfällen kann man nur durch eine zusammenfassende Betrachtung der Umstände der Tätigkeit entscheiden, ob diese Voraussetzung gegeben ist. Im Unterschied zu Arbeitnehmern sind freie Mitarbeiter nicht persönlich abhängig und weisungsgebunden.

Beispiel Eine Putzfrau, die mit einer wöchentlichen Arbeitszeit von 19 Stunden in einem Industriebetrieb putzt, ist **Arbeitnehmerin.** Ein Rechtsanwalt, der einen Großteil seiner Mandate von diesem Industriebetrieb erhält, ist gleichwohl **selbstständig tätig.** Ein Mathematiker, der aufgrund einer Rahmenvereinbarung für diesen Betrieb zu Hause Computerprogramme erstellt, ist normalerweise kein Arbeitnehmer, sondern **freier Mitarbeiter.** Allerdings kommt es auf die Bezeichnung nicht an. Wenn dieser Mathematiker seinen Lebensunterhalt im Wesentlichen hiervon bestreitet und sich bei der Gestaltung seiner Arbeitszeit nach den betrieblichen Erfordernissen richtet, kann die Schwelle zum Arbeitnehmer überschritten sein.

44 **Beamte** sind deshalb keine Arbeitnehmer, weil sie nicht aufgrund eines Arbeitsvertrags, sondern eines öffentlich-rechtlichen Dienstverhältnisses ihre Arbeitsleistung erbringen, mag sich ihre Tätigkeit auch äußerlich in keiner Weise von den im öffentlichen Dienst beschäftigten Arbeitern und Angestellten unterscheiden.

45 **Richter** und **Soldaten** sind ebenfalls keine Arbeitnehmer. **Pfarrer** und **kirchliche Mitarbeiter** unterliegen eigenem kirchlichem Dienstrecht.

46 Ob ein Arbeitnehmer in dieser Rolle gleichzeitig **Verbraucher** im Sinne des § 13 BGB ist, ist höchst umstritten.

b) Rechte und Pflichten der Vertragsparteien

47 Ob ein Vertrag nicht nur als Dienstvertrag, sondern als Arbeitsvertrag anzusehen ist, hat erhebliche praktische Auswirkungen.

48 Der Arbeitsvertrag verpflichtet den Arbeitnehmer, die vereinbarte Arbeit zu leisten. Er untersteht insoweit dem **Direktionsrecht** des Arbeitgebers, nach dem sich bestimmt, welche Arbeit der Arbeitnehmer zu leisten hat. Allerdings kann der Arbeitnehmer Tätigkeiten, die sich nicht im Rahmen seiner vertraglichen Verpflichtungen halten, ablehnen. Im Notfall ist der Arbeitnehmer allerdings verpflichtet, vorübergehend Arbeiten zu übernehmen, die von seinen arbeitsvertraglichen Aufgaben abweichen. In modernen Arbeitsverhältnissen nutzen die Arbeitgeber allerdings vermehrt Dialogstrukturen anstelle von Anordnungen, um so die Kreativität und Eigenverantwortung der Arbeitnehmer zu fördern. In der Corona-Pandemie haben sich vorher in der Arbeitswelt kaum bekannte Strukturen des **Homeoffice** etabliert, die nach deren Ende als attraktive Flexibilisierungen der zu erbringenden Arbeitsleistung beibehalten worden sind. Aus dem Arbeitsrecht ergibt sich aber weder ein Anspruch eines

Mitarbeiters auf Homeoffice noch eine Verpflichtung, im Homeoffice zu arbeiten. Klare Vereinbarungen im Arbeitsvertrag sind deshalb ratsam.

49 Der Arbeitsvertrag verpflichtet den Arbeitgeber, den vereinbarten Lohn zu zahlen. Das gilt grundsätzlich auch dann, wenn aus Gründen, die in der Sphäre des Arbeitgebers liegen, nicht gearbeitet werden kann; das Betriebsrisiko trägt also der Arbeitgeber.

Beispiel Durch einen Kurzschluss im Elektrizitätswerk kann bis zur Behebung des Fehlers in einem Betrieb vier Stunden nicht gearbeitet werden. Nach allgemeinen Regeln müsste der Arbeitgeber für diese vier Stunden keinen Lohn zahlen, da die Leistung des Arbeitnehmers aus einem von keiner der beiden Seiten zu vertretenden Grund unmöglich geworden ist (§ 326 BGB). Da die Stromversorgung aber in der Sphäre des Arbeitgebers liegt, ist der Lohn für die vier Stunden zu bezahlen (§ 615 S. 3 BGB).

50 Ist der Arbeitnehmer durch Krankheit unverschuldet an der Erbringung seiner Arbeitsleistung verhindert, hat er Anspruch auf volle Entgeltfortzahlung für die ersten sechs Wochen seiner Erkrankung. Trifft ihn dagegen ein Verschulden an seiner Krankheit, besteht keine Pflicht des Arbeitgebers zur Weiterzahlung des Entgelts. Verschulden liegt vor, wenn der Arbeitnehmer gröblich gegen das von einem verständigen Menschen im eigenen Interesse zu erwartende Verhalten verstößt, so z.B. bei einem Verkehrsunfall infolge von Trunkenheit am Steuer. Bei Sportunfällen wird dagegen in der Regel kein Verschulden angenommen, wenn die Sportart nach den anerkannten Spiel- und Sicherheitsregeln betrieben wurde.

51 Aus dem Arbeitsvertrag ergeben sich ferner die Fürsorgepflicht des Arbeitgebers und die Treuepflicht des Arbeitnehmers (§ 241 II BGB). Hierunter versteht man gegenseitige Pflichten der Rücksichtnahme, des Schutzes und der Förderung des Vertragszwecks. Aus ihnen ergibt sich beispielsweise, dass der Arbeitgeber Gebäude, Räume und Maschinen unfallsicher einzurichten und zu unterhalten hat, und dass der Arbeitnehmer keine Schmiergelder annehmen oder Betriebsgeheimnisse an Konkurrenten verraten darf und im Fall der Krankheit alles unterlassen muss, was den Heilungsprozess verzögern oder ausschließen könnte, um seine Arbeitsfähigkeit wiederherzustellen.

c) Vertragsfreiheit im Arbeitsrecht

52 Von der Vertragsfreiheit des BGB gilt im Arbeitsrecht grundsätzlich unbeschränkt nur die **Abschlussfreiheit:** Ob und mit wem ein Arbeitsvertrag geschlossen wird, ist den Vertragspartnern überlassen. Weder kann – was sich sogar aus dem Grundgesetz ergibt (Art. 12 II) – jemand zu einer bestimmten Arbeit gezwungen werden, noch kann ein Arbeitgeber verpflichtet werden, z.B. nur Mitglieder einer bestimmten Gewerkschaft einzustellen (*closed shop*). Beschränkungen im Hinblick auf die Auswahl des Arbeitnehmers können sich allerdings aus dem AGG oder aus gesetzlichen Quoten ergeben.

53 Die **inhaltliche Gestaltungsfreiheit** des Arbeitsvertrags ist dagegen **stark eingeschränkt.** Werden Allgemeine Geschäftsbedingungen verwendet, sind bei der Überprüfung ihrer Zulässigkeit die Besonderheiten des Arbeitsrechts zu berücksichtigen (§ 310 IV BGB). Die Arbeitsbedingungen sind durch zahlreiche gesetzliche Vorschriften festgelegt, die z.B. die Nachtarbeit, die Beschäftigung von Kindern und Jugendlichen und den Mutterschutz reglementieren.

d) Kündigungsschutz und soziale Auswahl

54 Das freie Kündigungsrecht ist durch das **Kündigungsschutzgesetz** stark beschränkt: In Betrieben mit mehr als 10 Beschäftigten (wobei Teilzeitbeschäftigte nur als 3/4 oder 1/2 Beschäftigte zählen) kann ein Arbeitsverhältnis, das sechs Monate bestanden hat, nur gekündigt werden, wenn die Kündigung sozial gerechtfertigt ist. Dies ist nur dann der Fall, wenn in der Person oder dem Verhalten des Arbeitnehmers Kündigungsgründe vorliegen oder die Kündigung erfolgt, weil betriebsbedingt (Rationalisierung, Betriebsschließung, Auftragsmangel, Umsatzverluste) ein Arbeitsplatz entfällt. Im letzteren Fall muss die Entscheidung des Arbeitgebers zudem den Kriterien der sozialen Auswahl genügen.

Beispiel In einer Abteilung mit 4 Beschäftigten (1 Familienvater mit drei Kindern, 1 verheirateter 55-Jähriger, zwei ledige 25-Jährige) fällt durch Rationalisierung ein Arbeitsplatz weg. Nach dem Grundsatz der sozialen Auswahl kommt nur einer der beiden Ledigen für die Kündigung in Frage.

55 Innerhalb von drei Wochen nach Erhalt der Kündigung kann der Arbeitnehmer mit der Kündigungsschutzklage geltend machen, die Kündigung sei wegen Nichtbeachtung dieser Grundsätze unwirksam. Bis das Gericht entschieden hat, besteht unter bestimmten Voraussetzungen ein Weiterbeschäftigungsanspruch.

e) AGG und Diskriminierungsschutz

56 Das **Allgemeine Gleichbehandlungsgesetz** (AGG) gilt zwar auf allen Rechtsgebieten, hat aber im Arbeitsrecht die größte Bedeutung. Dieses Gesetz soll die besonderen Bedürfnisse des Arbeitnehmers in einer multikulturellen und auf die Gleichbehandlung von Mann und Frau gerichteten Gesellschaft, die zugleich eine alternde Gesellschaft ist, schützen. Zwar darf der Arbeitgeber seine Arbeitnehmer weiterhin nach Qualifikation und Eignung auswählen, muss aber **Diskriminierungen** jeglicher Art (z.B. wegen Rasse, Alters oder sexueller Orientierung) unterlassen. Um dies durchzusetzen, wurden nicht nur benachteiligten Arbeitnehmern, sondern auch deren Verbänden stärkere Rechte eingeräumt. So können z.B. von einer Diskriminierung betroffene Arbeitnehmer Schadensersatzansprüche einklagen und Verbände, deren Ziel der Schutz benachteiligter Personengruppen ist, z.B. als Beistand im Gerichtsverfahren auftreten.

f) Arbeitnehmerhaftung

57 Eine Besonderheit besteht im Arbeitsrecht auch hinsichtlich der **Schäden**, die ein **Arbeitnehmer** im Rahmen seiner Tätigkeit an Sachen des Arbeitgebers oder anderer Personen **verursacht:** Nach dem BGB würde er für solche Schäden auch bei geringem Versehen (leichter Fahrlässigkeit) unbeschränkt haften. Es ist klar, dass dies beim Umgang mit wertvollen Maschinen und Fahrzeugen unangemessen ist und für den Arbeitnehmer **existenzbedrohend** sein kann.

58 Die Rechtsprechung geht daher davon aus, dass der Arbeitnehmer für Schäden, die er infolge leichter Fahrlässigkeit verursacht, überhaupt nicht haftet, bei mittlerer Fahrlässigkeit nur ein Teil des Schadens von ihm zu tragen ist und nur bei Vorsatz und grober Fahrlässigkeit der gesamte Schaden von ihm zu ersetzen ist, wobei auch bei grober Fahrlässigkeit eine Haftungsmilderung dann in Betracht kommt, wenn der Arbeitgeber dem Arbeitnehmer hohe Werte anvertraut, gegen deren Verlust sich zwar der Arbeitgeber, nicht aber der Arbeitnehmer versichern kann.

g) Arbeitsunfälle und gesetzliche Unfallversicherung

59 Auch für **Arbeitsunfälle und Verletzungen**, die ein Arbeitnehmer einem anderen Betriebsangehörigen zufügt, besteht eine **Sonderregelung** gegenüber dem **Schadensrecht des BGB:** Der Geschädigte kann stets die gesetzliche Unfallversicherung in Anspruch nehmen und hat damit immer einen solventen Schuldner; auf der anderen Seite ist der Anspruch auf Schmerzensgeld ausgeschlossen (§§ 104, 105 SGB VII).

60 Ausgenommen von Eingriffen in die Gestaltungsfreiheit des Arbeitsvertrags ist grundsätzlich das Arbeitsentgelt. Allerdings wurde zum 1.1.2015 ein flächendeckender allgemeiner gesetzlicher Mindestlohn für Arbeitnehmer und die meisten Praktikanten eingeführt, der anfangs 8,50 EUR brutto pro Stunde betrug, in mehreren Stufen erhöht wurde und seit dem 1.1.2026 13,90 EUR beträgt. Daneben gibt es in einzelnen Branchen und für bestimmte Gruppen von Arbeitnehmern besondere Mindestlöhne. Auch soweit ein Arbeitsvertrag nicht den Mindestlohnregeln unterfällt, kann die Vereinbarung eines zu geringen Lohns (sog. „Hungerlohn") aber sittenwidrig und aus diesem Grund nichtig (§ 138 BGB) sein.

2. Das kollektive Arbeitsrecht

a) Tarifverträge

61 Dass in das Arbeitsentgelt nicht von staatlicher Seite eingegriffen wird, beruht darauf, dass der Gesetzgeber davon ausgeht, dass die Verbände der Arbeitgeber und die Gewerkschaften dieses und die weiteren Arbeitsbedingungen in Vereinbarungen, den sog. **Tarifverträgen**, kollektiv und ohne Eingriff des Staates regeln. Ein Tarifvertrag kann sogar von staatlichen Normen abweichen, die über den Inhalt von Individualarbeitsverträgen bestimmen, wenn sie – wie das gelegentlich geschieht – einer Änderung durch Tarifvertrag zugänglich sind (sog. **tarifdispositives Recht**).

Beispiel Nach § 3 des Arbeitszeitgesetzes darf die regelmäßige tägliche Arbeitszeit grundsätzlich acht Stunden nicht überschreiten. Ein Tarifvertrag darf aber nach § 7 des Arbeitszeitgesetzes eine längere tägliche regelmäßige Arbeitszeit vorsehen. Vor allem kann ein Tarifvertrag aber die kursorische staatliche Regelung nach den Anforderungen der jeweiligen Branche und der jeweiligen Region ergänzen. Der Tarifvertrag ist also nicht nur – wie man der Bezeichnung entnehmen könnte – eine Vereinbarung zwischen Arbeitgeber und Gewerkschaften, sondern enthält auch Rechtsnormen, die den Inhalt der Arbeitsverhältnisse der Tarifgebundenen, nämlich der Mitglieder der Arbeitgeberverbände und der Gewerkschaften unmittelbar gestalten. Nicht Tarifgebundene werden rechtlich nicht betroffen, allerdings wird zumindest in Betrieben mit einem hohen Organisationsgrad der Arbeitnehmer auch in den meisten Arbeitsverträgen mit nicht Tarifgebundenen die Geltung des jeweiligen Tarifvertrags vereinbart.

62 Darüber hinaus kann der Arbeitsminister einen Tarifvertrag auch für **allgemeinverbindlich** erklären. Er gilt dann für alle Arbeitnehmer und Arbeitgeber, auch wenn sie nicht einer Tarifvertragspartei angehören. Auf diese Weise könnte in einer Branche mittelbar auch ein Mindestlohn eingeführt werden. Eine unmittelbare Anordnung wäre mit dem Grundsatz der Tarifautonomie nicht zu vereinbaren. Enthalten der Arbeitsvertrag und der Tarifvertrag unterschiedliche Regelungen, gilt das sog. **Günstigkeitsprinzip**: Ist die im Arbeitsvertrag vereinbarte Regelung für den Arbeitnehmer günstiger als die tarifvertragliche, bleibt sie bestehen. Bleibt die einzelvertragliche Regelung hinter dem Tarifvertrag zurück, dann gilt die Regelung des Tarifvertrages.

b) Betriebsvereinbarungen

63 Unter dem Tarifvertrag stehend und auf die betriebliche Ebene beschränkt ist die **Betriebsvereinbarung**. Sie wird vom Arbeitgeber und vom Betriebsrat abgeschlossen. Sie kann Dinge regeln, die im Tarifvertrag nicht geregelt sind oder bei denen der Tarifvertrag vorsieht, dass sie durch Betriebsvereinbarung abweichend vom Tarifvertrag geregelt werden können. Damit wird bezweckt, eine für den jeweiligen Betrieb angemessene Regelung zu ermöglichen.

64 Dagegen verbietet § 77 Abs. 3 des Betriebsverfassungsgesetzes zur Sicherung der Tarifautonomie und des Inhalts der Tarifverträge vor Aushöhlung, dass Betriebsvereinbarungen über Arbeitsentgelte oder sonstige Gegenstände geschlossen werden können, die in einem Tarifvertrag geregelt sind, und grundsätzlich auch solche, die üblicherweise in einem Tarifvertrag geregelt werden. Dabei kommt es nur darauf an, ob in der jeweiligen Branche ein Tarifvertrag besteht. Ob der Arbeitgeber seinerseits tarifgebunden und der Tarifvertrag daher anwendbar ist, ist unerheblich.

Beispiel Ein Tarifvertrag sieht für eine bestimmte Gruppe von Arbeitnehmern einen Stundenlohn von 15,50 EUR vor; eine Regelung bezüglich Überstunden enthält er nicht. Der Jahresurlaub nach dem Tarifvertrag beträgt 23 Tage mit der Bestimmung, dass er durch Betriebsvereinbarung auch länger vereinbart werden kann. Es kann nun durch Betriebsvereinbarung weder ein Stundenlohn von 15 EUR noch von 16 EUR vereinbart werden (Regelung durch Tarifvertrag), ebenso wenig ein 20%iger Zuschlag für geleistete Überstunden (Regelung üblicherweise durch Tarifvertrag). Dagegen kann durch Betriebsvereinbarung ein Jahresurlaub von 24 Tagen vereinbart werden (Zulassung im Tarifvertrag) und festgesetzt werden, dass die Mittagspause von 12.30 Uhr bis 13.30 Uhr dauert (Regelung durch Tarifvertrag nicht üblich).

c) Streik und Aussperrung

65 Die Verhandlungen zwischen Arbeitgeberverbänden und Gewerkschaften enden normalerweise mit dem Abschluss eines Tarifvertrags. Kommt es allerdings nicht zu einer Einigung, so sind Streik und Aussperrung die zulässigen Kampfmittel beider Seiten. Umfang und Grenzen bestimmt das **Arbeitskampfrecht**, für das jede gesetzliche Regelung fehlt. Es ist ausschließlich **Gewohnheitsrecht** oder durch die **Rechtsprechung** entwickelt worden. Die Kampfmittel dürfen erst eingesetzt werden, wenn die Geltungsdauer eines Tarifvertrags abgelaufen ist. Während seiner Gültigkeit dürfen sie nicht eingesetzt werden (sog. **Friedenspflicht**). Im Vergleich zu anderen Europäischen Staaten haben Streik und Aussperrung in Deutschland allerdings nur eine geringe praktische Bedeutung; die allermeisten Tarifverträge werden in – oft langwierigen – Verhandlungen zwischen den Tarifparteien zustande gebracht.

d) Mitbestimmung

66 Zum kollektiven Arbeitsrecht gehört auch die **Mitbestimmung** der Arbeitnehmer im Betrieb. Sie wurde bereits 1951 im Montanbereich eingeführt und geht dort am weitesten: Der Aufsichtsrat von Unternehmen in der Montanindustrie ist je zur Hälfte mit Arbeitnehmern und Arbeitgebern besetzt. Auch in anderen Unternehmen mit mehr als 2.000 Arbeitnehmern ist der Aufsichtsrat in dieser Weise besetzt. Allerdings ist hier der Vorsitzende des Aufsichtsrats ein Vertreter der Arbeitgeber. Bei Stimmengleichheit gibt seine Stimme den Ausschlag, so dass von echter paritätischer Mitbestimmung nicht gesprochen werden kann. Bei kleineren Unternehmen müssen nur ein Drittel der Aufsichtsratsmitglieder Arbeitnehmer sein; Unternehmen mit weniger als 500 Arbeitnehmern müssen keinen Aufsichtsrat haben bzw. keine Arbeitnehmer in diesen aufnehmen. Seit der Einführung einer Europäischen Aktiengesellschaft gilt das Mitbestimmungsrecht auch für diese.

e) Betriebsrat

67 Für die praktische Gestaltung der Arbeitsbedingungen ist oft die Tätigkeit des Betriebsrats von größerer Bedeutung als die Mitbestimmung in den Unternehmensorganen. Einen Betriebsrat können die Arbeitnehmer in jedem Betrieb mit mindestens fünf Arbeitnehmern über 18 Jahre verlangen, wenn drei von ihnen mindestens sechs Monate im Betrieb sind. Der Betriebsrat kann mit dem Arbeitgeber Betriebsvereinbarungen abschließen, muss vor Kündigungen gehört und bei der Gestaltung der Arbeitsbedingungen beteiligt werden. Das **Betriebsverfassungsgesetz (BetrVG)** bestimmt, dass Arbeitgeber und Betriebsrat vertrauensvoll zusammenarbeiten sollen und dass der Betriebsrat einen allgemeinen Unterrichtungsanspruch über die betrieblichen Angelegenheiten hat. In sozialen Angelegenheiten ist die Zustimmung des Betriebsrats Wirksamkeitsvoraussetzung für eine vom Arbeitgeber zu treffende Regelung oder Maßnahme, z.B. die Anordnung von Überstunden.

68 Damit die Mitglieder des Betriebsrats ihre Aufgaben ohne Furcht vor dem Verlust ihres Arbeitsplatzes erfüllen können, besteht zu ihren Gunsten ein besonderes Kündigungsschutzrecht. Eine ordentliche Kündigung ist – außer bei Betriebsstilllegungen – ausgeschlossen, die außerordentliche Kündigung ist grundsätzlich nur mit Zustimmung des Betriebsrats zulässig.

ÜBUNGSTEIL

Rechtliche Aspekte

1 **Fragen zum Text**

1. Was ist unter einer Firma zu verstehen?
2. Inwiefern unterscheidet sich die Mängelrügepflicht des HGB (für Kaufleute) von der des BGB (für Privatleute)?
3. Welche Rechtsfolgen hat „Schweigen im Rechtsverkehr“ nach dem HGB, welche nach dem BGB?
4. Was kennzeichnet Personengesellschaften, was Kapitalgesellschaften?
5. Finden Sie heraus, in welchem Paragrafen des BGB die GbR geregelt ist und was ihre Mindestvoraussetzungen sind.
6. Worin unterscheiden sich OHG und KG von einer Kapitalgesellschaft?
7. Welche Gesellschaftsformen bieten sich an, wenn kein Gesellschafter persönlich haften soll? Warum?
8. Welche Personengesellschaft vereinigt Elemente der Personen- und Kapitalgesellschaft? Inwiefern?
9. Was sind Genossenschaften und auf welchen Gebieten sind sie traditionellerweise anzutreffen?
10. Wo sind Regeln zum Arbeitsrecht zu finden?
11. Für wen gilt das Arbeitsrecht? Was heißt das konkret? Wie sieht es mit freien Mitarbeitern, Selbstständigen und Beamten aus?
12. Wie sieht es mit der Geltung der Vertragsfreiheit im Arbeitsrecht aus?
13. Was ist ein Tarifvertrag und was wird darin üblicherweise geregelt?
14. Was ist unter Mitbestimmung zu verstehen?

2 **Natürliche Person ist jeder Mensch, juristische Person eine Personenvereinigung, die Träger von Rechten und Pflichten sein kann. Entscheiden Sie, ob es sich bei den genannten Beispielen um eine natürliche Person, eine juristische Person oder keines von beiden handelt und begründen Sie Ihre Entscheidung.**

1. Hund Hella
2. Bürgerin N
3. Erbengemeinschaft E (vgl. → Kap. 5 Rn. 49)
4. Eingetragener Verein Wanderfreunde Warwick e.V.
5. Aktiengesellschaft Annabrauerei AG
6. Baby B

7. Winzergenossenschaft Walhalla eG
8. Goldschmiedemeister Müller GmbH.

3 Entscheiden Sie, ob folgende Personen und Gesellschaften Kaufleute sind, begründen Sie Ihre Meinung und nennen Sie – wenn es sich um Kaufleute handelt – den dazugehörigen Paragrafen.

1. Hans Müller hat eine GmbH mit der Firma „Lisa Mode GmbH" gegründet, die im Handelsregister eingetragen ist.
2. Susi Schlucker, die einen Milchladen betreibt und nicht im Handelsregister eingetragen ist, hat Elke Eser als stille Gesellschafterin in ihr Geschäft aufgenommen.
3. Anton und Berta betreiben die „Phönix Installations-OHG".
4. Die 17 Landwirte in dem Dorf Kleinhaselbach haben zur Vermarktung ihres Weins die „Weinbaugesellschaft Kleinhaselbach, eingetragene Genossenschaft" gegründet.
5. Die Einzelhändlerin Emma hat ihr Geschäft „Lebensmittel Tante Emma" in das Handelsregister eintragen lassen.

4 Zu welcher Rechtsform raten Sie? Begründen Sie Ihre Wahl.

1. Frau A hat eine geniale Geschäftsidee, aber kein Kapital und keine Sicherheiten. Da auf dem favorisierten Geschäftssektor das Risiko des Scheiterns sehr groß ist, möchte sie nicht persönlich haften.
2. Die Geschwister D, B und C haben die Bäckerei ihres Vaters geerbt und wollen sie in der Weise weiterführen, dass sie alle drei im Betrieb mitarbeiten und völlig gleichberechtigt sind. Den noch von ihrem Großvater herrührenden, im Handelsregister eingetragenen Namen „Gostenhofer Brot- und Feinbäckerei" möchten sie weiterführen.
3. Herr E will in das Geschäft mit der Sonnenenergie einsteigen und deutschlandweit Solaranlagen errichten und betreiben. Er hat 200.000 EUR zur Verfügung, weiß aber natürlich, dass wesentlich mehr Geld gebraucht wird, um seine Ideen zu realisieren. Das notwendige Kapital will er über die Börse aufbringen.
4. Tante Emma betreibt in dem kleinen Dorf Kleinkleckersbach einen Lebensmittelladen. Sie hat an drei Tagen in der Woche geöffnet, beschäftigt niemanden, verkauft nur gegen Barzahlung und will mit Ämtern und Behörden möglichst wenig zu tun haben.
5. Herr G will Strom aus Windenergie erzeugen. Er möchte Manager der Gesellschaft werden, an der sich Geldanleger mit 5.000 EUR oder einem Mehrfachen dieser Summe beteiligen können. Für mehr als die Beteiligung soll kein Gesellschafter haften müssen.
6. Die zwanzig Apotheker im Landkreis V wollen sich zusammentun, um bestimmte Medikamente günstig über das Internet einzukaufen. Sie wollen zwei von ihnen auswählen, die die Geschäfte für sie abwickeln; drei andere sollen die Geschäftsführung kontrollieren. Persönlich haften soll niemand.
7. Frau M führt mit fünf Angestellten die größte Buchhandlung in Neustadt. Sie will künftig unter dem Namen „Neustädter Buchladen" auftreten und auch

zuverlässig vermeiden, dass ein Konkurrent in Neustadt diese oder eine sehr ähnliche Bezeichnung führt.

8. Der Installateurmeister S befürchtet wegen der immer kritischer werdenden Kundschaft, dass er durch Garantieleistungen für fehlerhaft erstellte Installationen in den finanziellen Ruin getrieben werden könnte. Er will deshalb für künftige Geschäfte nicht mehr persönlich haften. Die Aufnahme einer weiteren Person in sein Geschäft plant er nicht; die Aufbringung von 12.500 EUR ist kein Problem.
9. Ulrich und Ulrike wollen einen Copyshop betreiben. Entscheidungen wollen sie gemeinsam treffen und Gewinn und Verlust hälftig teilen. Ein Startkapital brauchen sie nicht; Räume und Kopierer sind angemietet. Für Gericht und Notar wollen sie möglichst kein Geld ausgeben.
10. Isolde, die ihre Fliegenfängerfabrik bisher allein betrieben hat, will ihre Söhne Hinz und Kunz in das Geschäft aufnehmen. Sie sollen jeweils einen Teil des Gewinns erhalten und – wenn sie das wollen – auch in der Firma mitarbeiten. Nach außen will Isolde weiterhin allein auftreten, die geschäftlichen Entscheidungen alleine treffen und auch als Einzige für die Geschäftsschulden haften.
11. Paul, Ricarda, Siegfried und Thea, die sich selbst „Kollektiv Revaler Straße in Friedrichshain" nennen, wollen ein sanierungsbedürftiges Haus mit zehn Wohnungen erwerben, es renovieren, selbst dort wohnen und auch Wohnungen vermieten. Sie legen Wert darauf, dass im Grundbuch nur das Kollektiv eingetragen wird, alle Entscheidungen gemeinsam getroffen werden und das Kollektiv nicht gewinnorientiert ist.

5 **Finden Sie mit Hilfe des Weber (Rechtswörterbuch) heraus, was das Handelsregister ist, und notieren Sie die wichtigsten Stichworte dazu.**

6 **Handelt es sich bei der folgenden Regelung um eine zusätzliche oder eine abweichende Regelung (vgl. → Rn. 6) vom BGB? Begründen Sie Ihre Ansicht.**

1. § 346 HGB: „Unter Kaufleuten ist in Ansehung der Bedeutung und Wirkung von Handlungen und Unterlassungen auf die im Handelsverkehr geltenden Gewohnheiten und Gebräuche Rücksicht zu nehmen."
2. § 349 S. 1 HGB: „Dem Bürgen steht, wenn die Bürgschaft für ihn ein Handelsgeschäft ist, die Einrede der Vorausklage nicht zu." (vgl. § 771 BGB)
3. § 348 HGB: „Eine Vertragsstrafe, die von einem Kaufmann im Betriebe seines Handelsgewerbes versprochen wird, kann nicht auf Grund der Vorschriften des § 343 des Bürgerlichen Gesetzbuchs herabgesetzt werden."
4. § 362 I 1 HGB: „Geht einem Kaufmann, dessen Gewerbebetrieb die Besorgung von Geschäften für andere mit sich bringt, ein Antrag über die Besorgung solcher Geschäfte von jemand zu, mit dem er in Geschäftsverbindung steht, so ist er verpflichtet, unverzüglich zu antworten; sein Schweigen gilt als Annahme des Antrags."
5. § 359 II HGB: „Ist eine Frist von acht Tagen vereinbart, so sind hierunter im Zweifel volle acht Tage zu verstehen." (vgl. § 188 BGB)

7 Handelt es sich bei den folgenden Tätigkeiten nur um einen Dienst- oder auch um einen Arbeitsvertrag? Begründen Sie Ihre Meinung.

1. Swantje erteilt dreimal wöchentlich nach eigener Zeiteinteilung je zwei Stunden Tennisunterricht an wechselnde Schüler.
2. Schnapp hat Doppel als „freien Mitarbeiter" eingestellt. Er muss montags bis freitags jederzeit auf Abruf zur Verfügung stehen und arbeitet durchschnittlich 30 Stunden wöchentlich.
3. Klintzmann ist als Lizenzspieler beim 1. FC Lokomotive München angestellt.
4. Fatima trägt jeden Morgen vor dem Frühstück das „Berliner Tagblatt" aus.
5. Der Zauberer Z führt bei Betriebsfeiern sein Programm auf; die Firma F engagiert ihn jedes Jahr für die Weihnachtsfeier.

8 Für Arbeitsverhältnisse sind zahlreiche Gesetze zu beachten. In welches der folgenden Gesetze müssen Sie jeweils schauen?

Arbeitssicherheitsgesetz / Arbeitszeitgesetz / Heimarbeitsgesetz / Jugendarbeitsschutzgesetz / Insolvenzordnung / Kündigungsschutzgesetz / Mutterschutzgesetz SGB IX – Rehabilitation und Teilhabe behinderter Menschen

1. Boutiquebesitzerin B möchte, dass der Arbeitslose A nach ihren Entwürfen kunstvolle Holzperlenketten herstellt, die sie dann in ihrer Boutique als Accessoires teuer verkaufen will. A soll die Perlen selbst besorgen und die Arbeit zu Hause verrichten (sog. Heimarbeit).
2. Fabrikbesitzer F findet, dass die Jugendlichen heutzutage zu viel Theorie und zu wenig Praxis erfahren. Er verweigert deshalb seinen berufsschulpflichtigen Auszubildenden den Besuch der Berufsschule und verpflichtet sie, stattdessen in der Fabrik zu arbeiten.
3. Die Betreiber eines Atomkraftwerkes fragen sich, ob sie zum Schutz ihrer Arbeitnehmer einen Betriebsarzt und Fachkräfte für Arbeitssicherheit bestellen müssen.
4. Die Gemeinde G möchte für ihre Telefonzentrale die blinde B einstellen.
5. Die Arbeitnehmerin N hat Zwillinge bekommen. Ihre Arbeitgeberin G fragt sich, wann N, die im Betrieb quasi unersetzlich ist, frühestens zur Arbeit zurückkehren kann.
6. Insolvenzverwalterin V, die zum ersten Mal ein Insolvenzverfahren abwickelt, fragt sich, welche Rolle die Ansprüche der Arbeitnehmer spielen, die in den letzten drei Monaten vor der Eröffnung des Insolvenzverfahrens keinen Lohn für ihre Arbeit erhalten haben.
7. Das Kreiskrankenhaus K möchte seine Ärzte einmal alle drei Wochen zu einer Schicht von sechzehn Stunden heranziehen, da es sonst eine ärztliche Versorgung rund um die Uhr nicht sicherstellen kann.
8. Die Geschäfte laufen so schlecht, dass Unternehmerin U sich gezwungen sieht, eine Arbeitskraft zu entlassen. Sie ist sich nicht sicher, nach welchen Kriterien sie die zu entlassende Person auswählen soll.

9 Entscheiden Sie, ob der Arbeitgeber in den folgenden Fällen das Entgelt weiterzahlen muss oder nicht, und begründen Sie Ihre Entscheidung.

1. Die leitende Angestellte L, die Risikosportarten liebt und diese vernünftig ausübt, d.h. die anerkannten Spiel- und Sicherheitsregeln beachtet, hat sich beim Bungeespringen einen Wirbel ausgerenkt und ist mehrere Wochen ans Krankenbett gefesselt.
2. Der Hypochonder H leidet acht Wochen lang an verschiedenen, nacheinander auftretenden Krankheiten. Seine Arbeitgeberin will nur sechs Wochen Lohnfortzahlung zahlen. H trägt vor, mit jeder der verschiedenen Krankheiten habe die 6-Wochen-Frist erneut angefangen zu laufen; die letzte Krankheit habe erst vor zwei Wochen angefangen.
3. Die Omnibusfahrerin O, die bereits zum Frühstück einen kräftigen Schluck Wodka benötigt, um den Tag anfangen zu können, verursacht mit 1,6 Promille einen Unfall, bei dem sie sich einen komplizierten Beinbruch zuzieht, durch den sie mindestens 3 Monate im Krankenhaus liegen muss.
4. Der kokainsüchtige, fest angestellte Musicalstar M fällt im Kokainrausch bei einem Konzert von der Bühne und verletzt sich so schwer, dass er für ein halbes Jahr ausfällt. Seine Chefin will ihm keine Lohnfortzahlung gewähren.
5. Guru G, dessen Religion wesentlich mehr Feiertage als die gesetzlich geregelten Feiertage in Deutschland kennt, verlangt von seinem Arbeitgeber A, für den er jeden Tag als Zusteller Post austrägt, Entgeltfortzahlung an diesen religiösen Feiertagen.
6. Kindergärtnerin K, deren Nerven aufgrund des Kindergeschreis ziemlich blank liegen, geht sechs Wochen auf Kur, um sich zu erholen. Die Gemeinde, die den Kindergarten betreibt, meint, für Kuraufenthalte, die ja wie privater Wellnessurlaub seien, gebe es keine Entgeltfortzahlung.
7. Ober O, der aufgrund seiner Schnelligkeit und Freundlichkeit täglich mindestens 50 EUR Trinkgeld erhält, meint, dieses Trinkgeld müsse ihm seine Arbeitgeberin A im Rahmen der Lohnfortzahlung während seiner vierwöchigen Grippe auch bezahlen.
8. Fußballspieler F, der ständig sämtliche Spielregeln missachtet und ständig vom Schiedsrichter wegen Fouls ermahnt wird, bekommt während eines Fußball-Matches die Quittung in Form eines Schienbeinbruchs, der ihn 6 Wochen lang ans Krankenbett fesselt. Sein Arbeitgeber weigert sich, Lohnfortzahlung zu leisten.

10 Haftet der Arbeitnehmer dem Arbeitgeber in folgenden Sachverhalten und wenn ja, in welchem Umfang?

1. Der Taxifahrer Theodor ist angewiesen, nach jedem Tanken den Ölstand zu kontrollieren. Er vergisst dies aber des Öfteren. Eines Tages erleidet das Auto einen Motorschaden.
2. Die Ärztin Agathe verwechselt bei einer Operation Blutkonserven und führt den bedside test falsch aus. Der Patient stirbt. Seine Erben verlangen vom Krankenhausträger Schadensersatz.

3. Die Löwenbändigerin Lily wird während der Zirkusvorstellung von einer Raubkatze angefallen. Der Zirkusbesitzer Z tötet das Tier, um L zu retten, verlangt aber von ihr Schadensersatz.
4. Der Kraftfahrer Konrad verursacht infolge überhöhter Geschwindigkeit mit seinem Lkw bei starkem Regen einen Auffahrunfall auf der Autobahn. An dem Lkw seines Arbeitgebers entsteht ein Sachschaden von 110.000 EUR.
5. Wie würden Sie entscheiden, wenn sich Konrad angetrunken ans Steuer gesetzt hätte?

11 Fälle zum Günstigkeitsprinzip (→ Rn. 62): Was können die Arbeitnehmer beanspruchen?

1. A erhält ein monatliches Gehalt von 2.390 EUR und eine Prämie von 8 EUR für jeden Tag, an dem er wirklich arbeitet. Der Tarifvertrag sieht ein monatliches Gehalt von 2.494 EUR und keine Prämie vor.
2. B erhält ein monatliches Gehalt von 2.600 EUR, aber keinen Essenzuschuss. Der Tarifvertrag sieht ein monatliches Gehalt von 2.400 EUR und 3,00 EUR Essenzuschuss für jedes Mittagessen vor.
3. Im Arbeitsvertrag der C ist ein Lohn von „35 EUR über dem tariflichen Wochenlohn" vereinbart. Die Entgeltfortzahlung im Krankheitsfall beginnt mit dem 2. Krankheitstag. Nach dem Tarifvertrag ist Entgeltfortzahlung in jedem Krankheitsfall gewährleistet.
4. D hat mit seinem Arbeitgeber ein Gehalt von 2.600 EUR und 24 Tage Jahresurlaub vereinbart. Das Tarifgehalt beträgt 2.494 EUR und der tarifliche Jahresurlaub 25 Tage.

12 Klären Sie mit Hilfe des § 87 BetrVG, ob die folgenden Angelegenheiten der Mitwirkung des Betriebsrats bedürfen.

1. Die Arbeitgeberin A ordnet wegen verstärkten Auftragseingangs 3 Überstunden wöchentlich für alle Arbeitnehmer an. In den Arbeitsverträgen ist diese Verpflichtung ausdrücklich enthalten.
2. Der Chef C bittet seine Sekretärin S, eine Stunde länger zu bleiben, um einen wichtigen Brief fertig zu schreiben.
3. Die Arbeitgeberin G will ihre beiden Werkswohnungen verkaufen und kündigt den betreffenden Arbeitnehmern die Wohnung.
4. Die D-GmbH hat ihrem akademischen Personal bisher eine „jederzeit widerrufliche" Forschungszulage bezahlt. Wegen finanzieller Schwierigkeiten wird die Forschungszulage für alle Arbeitnehmer mit sofortiger Wirkung gestrichen.
5. Die D-GmbH ordnet weiter an, dass ab sofort keine Überstunden mehr gemacht werden dürfen. Diese hatte bisher der Geschäftsführer im Einzelfall angeordnet.

13 Rechtspolitische Fragen

1. Zum Handelsrecht: Ist das gesetzliche Modell eines Sonderrechts für Kaufleute überholt?
2. Zum Gesellschaftsrecht: War es sinnvoll, die Eintragung von Gesellschaften des Bürgerlichen Rechts zu ermöglichen und hierfür neben dem Handels-, Partnerschafts- und Genossenschaftsregister ein weiteres Register zu schaffen?

3. Zum Arbeitsrecht: Erörtern Sie, ob die Einführung eines Arbeitsgesetzbuchs sinnvoll wäre.

14 Rechtsvergleichende Anregungen

1. Erörtern Sie, unter welchen Voraussetzungen man in Ihrem Heimatrecht als Kaufmann behandelt wird und welche rechtlichen Folgen die Kaufmannseigenschaft hat. Vergleichen Sie die Situation mit derjenigen in Deutschland.
2. Erläutern Sie, welche Gesellschaftsform in Ihrem Herkunftsland die am weitesten verbreitete ist, und erklären Sie die Gründe dafür. Gehen Sie dabei auf die Voraussetzungen ein, unter denen eine solche Gesellschaft gegründet werden kann, und auf die Vorteile, die diese Gesellschaftsform bietet. Vergleichen Sie die Gesellschaftsform mit derjenigen der GmbH in Deutschland.
3. Der Arbeitnehmer als die schwächere Partei ist im deutschen Arbeitsrecht durch zahlreiche Schutzgesetze geschützt. Erörtern Sie, wie der Schutz des Arbeitnehmers in Ihrem Heimatland ausgestaltet ist, und vergleichen Sie Stärken und Schwächen beider Systeme.

Sprachliche Aspekte

1 Beantworten Sie die nachfolgenden Fragen zum Thema Arbeitsrecht, indem Sie das Wort streichen, das nicht in die Reihe passt.

1. In welchen innerbetrieblichen Gremien sind Arbeitnehmer teilweise oder ausschließlich vertreten?
   Aufsichtsrat Betriebsrat Vorstand
2. Wodurch können Arbeitsentgelt und Arbeitsbedingungen festgelegt werden?
   Tarifvertrag Werkvertrag Betriebsvereinbarung
3. Wer sind die Tarifvertragsparteien?
   Minister Gewerkschaft Arbeitgeberverband
4. Wer ist im Sinne des Gesetzes z.B. kein Arbeitnehmer?
   freier Mitarbeiter Angestellter selbständig Tätiger
5. Welche Kampfmittel stehen den Tarifvertragsparteien im Arbeitskampf zur Verfügung?
   Aussperrung Streik Friedenspflicht
6. Welche Parteien schließen einen Arbeitsvertrag?
   Arbeitgeber Beamte Arbeitnehmer
7. Was kennzeichnet den Arbeitnehmer beim Erbringen seiner Dienstleistung?
   weisungsgebunden selbstständig persönlich abhängig
8. Unter welchen Bedingungen kann eine Kündigung erfolgen, wenn das Arbeitsverhältnis sechs Monate bestanden hat?
   ohne Angabe von Gründen – außerordentlich – fristgerecht

2 Ergänzen Sie zum Thema Handelsrecht passende Nomen aus der Liste.

Bilanz / Buchführung / Eintragung / Geschäft / Geschäftsjahres / Gewerbes / Gewerbetreibende / Gewerbetreibender / Gewerbetreibenden / Handelsregister / Handelsregister / Kaufleute

Dem HGB zufolge ist nicht jeder selbstständig ________________ (1) gleichzeitig Kaufmann. Wenn das Geschäft eines ________________ (2) nur einen begrenzten Umfang hat und keine kaufmännische ________________ (3) erforderlich ist, muss er sich nicht in das ________________ (4) eintragen lassen und ist als nicht eingetragener Kleingewerbetreibender kein Kaufmann im Sinne des HGB. Wer ein ________________ (5) betreibt, das die Größe eines kaufmännisch eingerichteten ________________ (6) erreicht, ist Kaufmann, selbst wenn sein Geschäft nicht ins ________________ (7) eingetragen ist. Auch Kleingewerbetreibende können sich ins Handelsregister eintragen lassen. Ein ________________ (8) mit einem solchen Gewerbe ist nach erfolgter ________________ (9) ebenfalls Kaufmann. Am Ende eines ________________ (10) müssen alle ________________ (11) eine Gewinn- und Verlustrechnung und eine ________________ (12) aufstellen.

Kapitel 7
Das Strafrecht

1 Nur wenige Personen im juristischen Bereich befassen sich in ihrer beruflichen Tätigkeit ausschließlich oder auch nur vorwiegend mit dem Strafrecht. Trotzdem wird das Strafrecht vielfach mit der juristischen Tätigkeit überhaupt gleichgesetzt. Das ist vermutlich historisch bedingt: Früher waren Zivilrecht und Strafrecht noch nicht in der gleichen Weise getrennt, und dem entspricht es, dass auch heute noch in manchen Rechtsordnungen die strafrechtliche Ahndung und die zivilrechtliche Entschädigung des Verletzten in einem Rechtsgebiet zusammengefasst werden. Demgegenüber befasst sich das moderne Strafrecht ausschließlich mit der Anordnung einer staatlichen Sanktion, der Strafe für ein bestimmtes, von der Rechtsordnung so stark missbilligtes Verhalten, dass sie andere Nachteile, wie z.B. den zivilrechtlichen Schadensersatz, nicht als ausreichend ansieht.

I. Zweck und Abgrenzung des Strafrechts

1. Die Strafzwecke

2 Die Notwendigkeit des Strafrechts ergibt sich noch stärker als die des Zivilrechts aus dem staatlichen Justizmonopol: Wird ein Mensch getötet, so ist es seinen Verwandten – anders als in Gesellschaften ohne umfassende Staatsgewalt – verboten, ihn zu „rächen", also z.B. nach einem Mord im Wege der Blutrache den Mörder oder einen Angehörigen seiner Familie zu töten. Die Rechtsverletzung muss vielmehr in einem staatlich geregelten Verfahren geahndet werden, eben durch das Strafrecht.

3 Diese Ahndung verfolgt drei Hauptzwecke:

1. Andere Bürger sollen davon abgehalten werden, ebenfalls die verbotene Handlung vorzunehmen (Abschreckung, **Generalprävention**). Die Strafe zeigt jedem, dass das verbotene Verhalten nicht folgenlos bleibt, und erhält deshalb das Vertrauen der Allgemeinheit darauf, dass die Rechtsordnung beachtet wird.
2. Der Täter selbst soll durch das ihm mit der Strafe zugefügte Übel davon abgehalten werden, weitere Straftaten zu begehen (**Spezialprävention**), und – wenn dies keinen Erfolg hat – die Allgemeinheit davor geschützt werden, dass weitere Straftaten begangen werden.
3. Der straffällig gewordene Täter soll durch den Strafvollzug so beeinflusst werden, dass er wieder in die Gesellschaft eingegliedert werden kann (**Resozialisierung**).

4 Die Strafzwecke stehen grundsätzlich gleichberechtigt nebeneinander, wenn auch im einzelnen Fall ihre Bedeutung ganz verschieden sein kann.

Beispiele 1. Aus dem alten Rom wird die Geschichte eines reichen Bürgers überliefert, der auf dem Markt herumging und allen Passanten Ohrfeigen versetzte, ihnen aber danach sogleich durch einen Diener zum Ausgleich Goldstücke aushändigen ließ. Diesen Täter kann nur das Strafrecht von seinem Tun abhalten; eine Bestrafung ist zur Spezialprävention erforderlich. Das Zivilrecht genügt hier nicht, da der Täter durch die Aushändigung der Goldstücke die zivilrechtlichen Ansprüche der Opfer auf Schadensersatz und Schmerzensgeld bereits erfüllt hat.

2. Wer bei einem von ihm verschuldeten Autounfall selbst schwer verletzt wird und einen Totalschaden an seinem Fahrzeug erleidet, während sein Unfallgegner nur leicht verletzt wurde, hat eine Straftat, nämlich fahrlässige Körperverletzung begangen. Angesichts der Folgen der Tat für den Täter ist hier aber unter dem Gesichtspunkt der Spezialprävention keine Strafe erforderlich. Es kommt nur die Generalprävention in Betracht, die aber hier so geringe Bedeutung hat, dass § 60 des Strafgesetzbuches (StGB) in einem solchen Fall gestattet, von Strafe abzusehen.

2. Das Schuldprinzip

5 Auch Art und Höhe der Strafe hängen davon ab, was zur Verwirklichung der Strafzwecke erforderlich ist. Dabei muss jedoch das **Schuldprinzip** beachtet werden: Aus dem Grundrecht der Menschenwürde (Art. 1 I GG) ergibt sich, dass auch der Verbrecher nicht zum Objekt der Staatsgewalt gemacht werden darf, sondern dass Strafe nur dann und in der Höhe verhängt werden darf, wie dem Täter der Vorwurf gemacht werden kann, dass er sich für das Unrecht entschieden hat, obwohl er sich rechtmäßig hätte verhalten können. Deshalb darf Strafe nur verhängt werden, wenn der Täter schuldhaft gehandelt hat, und sie darf das Maß der Schuld nicht übersteigen.

a) Wertvorstellungen des Staates und der Gesellschaft; Wandel strafrechtlicher Wertungen

6 Ob ein Einschreiten des Strafrechts erforderlich ist, hängt in besonderem Umfang von den Wertvorstellungen des Staates und der Gesellschaft ab. Wenn ein totalitärer Staat seinen Bürgern die freie Ausreise nicht gestattet, ist es konsequent, wenn er das unerlaubte Verlassen des Landes zur Straftat erklärt (z.B. Straftat der „Republikflucht" im Recht der ehemaligen DDR). Wenn es eine Gesellschaft als Schande für einen Ehemann ansieht, wenn seine Frau Ehebruch begeht, liegt es nahe, dass das dortige Strafrecht die Tötung der Ehebrecherin milder als eine normale Tötung beurteilt.

7 Dem entspricht es, dass das Strafrecht nur solche Taten ahndet, die in einem Zusammenhang mit der inländischen Rechtsordnung stehen: Das deutsche Strafrecht gilt grundsätzlich nur für im Inland begangene Taten (§ 3 StGB); nur bei bestimmten Straftaten gilt das **Weltrechtsprinzip**, so dass sie ohne Rücksicht auf den Tatort und die Staatsangehörigkeit des Täters bestraft werden können (§ 6 StGB rechnet dazu beispielsweise Geldfälschung und das Völkerstrafgesetzbuch den Völkermord).

8 Das Strafrecht kann seine Aufgabe nur und so lange erfüllen, wie die strafbaren Handlungen von der Gesellschaft in ihrer großen Mehrheit als missbilligenswert angesehen werden. Das war bei der Strafbestimmung über die Abtreibung (§ 218 StGB) schon vor der Änderung dieser Bestimmung im Jahre 1975 nicht mehr der Fall, so dass die Vorschrift trotz der hohen Zahl von Taten kaum noch angewendet wurde.

b) Vertragsstrafen und Zwangsgeld

9 Nicht alle Nachteile, die im allgemeinen Sprachgebrauch und selbst in der Rechtssprache als „Strafe" bezeichnet werden, fallen unter den Anwendungsbereich des Strafrechts. So kann die pünktliche Erfüllung eines Vertrages durch die Vereinbarung einer **Vertragsstrafe** abgesichert werden. Hat sich eine Werft beispielsweise verpflichtet, den neuen Ozeanriesen bei Vermeidung einer Konventionalstrafe von 50.000 EUR für jeden Tag der Überschreitung bis zum 1. Juni abzuliefern, schuldet sie dem Besteller 750.000 EUR, wenn sie das Schiff erst am 16. Juni liefert. Diese Forderung ist aber ein zivilrechtlicher Anspruch, keine Strafe im Sinne des Strafrechts.

10 Ähnlich ist es, wenn ein als Vater eines Kindes in Betracht kommender Mann vom Gericht aufgefordert wird, einen DNA-Test zur Klärung der Vaterschaft vornehmen zu lassen, diese aber verweigert. Das Gericht kann ihn durch Androhung und Festsetzung eines **Zwangsgeldes** zur Duldung anhalten. Auch damit ist kein krimineller Vorwurf verbunden, sondern es soll lediglich eine Handlung erzwungen werden, zu der der Betreffende gesetzlich verpflichtet ist.

c) Vereins- und Betriebsjustiz

11 Außerhalb des strafrechtlichen Bereichs liegen auch die **Vereins- und Betriebsjustiz.** Darunter versteht man Maßnahmen eines Vereins gegen seine Mitglieder bzw. eines Arbeitgebers gegen seine Arbeitnehmer wegen Verletzung der jeweiligen Pflichten. Es kann sich dabei um strafrechtlich nicht erhebliche Handlungen, aber auch um geringfügige Straftaten handeln.

Beispiele 1. Nimmt der Fußballspieler Tor an einem wichtigen Ligaspiel seines Vereins 1. FC Tupfing unentschuldigt nicht teil, so kann ihn der Verein mit einer Geldbuße oder einem zeitweiligen Ausschluss von den Vereinseinrichtungen „bestrafen".

2. Entwendet die Sekretärin Schludrig an ihrem Arbeitsplatz einen Taschenrechner, so kann der Arbeitgeber – anstatt Anzeige wegen der Straftat der Unterschlagung (§ 246 StGB) zu erstatten – hiervon gegen Zahlung einer Geldbuße in die betriebliche Kaffeekasse absehen.

12 Da Vereins- und Betriebsjustiz für den Betroffenen oft die gleichen Folgen haben wie eine Verfolgung mit Mitteln des Strafrechts, muss sich der Betroffene ihr – anders als der staatlichen Bestrafung – nicht unterwerfen. Tor kann ein Vereinsgericht, oder, wenn kein solches existiert, das staatliche Gericht anrufen; Schludrig kann sich weigern, die Geldbuße zu bezahlen, und es auf die Anzeige ankommen lassen.

II. Allgemeine Grundsätze

13 Das für das Strafrecht wichtigste Gesetz ist das Strafgesetzbuch. Der besondere Teil nennt die einzelnen Straftaten. Wann eine Straftat überhaupt vom deutschen Strafrecht erfasst wird (vgl. die bereits erwähnten §§ 3 und 6 StGB (→ Rn. 7)), welche Formen menschlichen Handelns bestraft werden können und wann eine Bestrafung aus besonderen Gründen ausgeschlossen ist, ist im Allgemeinen Teil des Strafgesetzbuchs geregelt. Diese Fragen waren ursprünglich nur bruchstückhaft im StGB geregelt und im Übrigen ganz der Rechtsprechung und der Strafrechtswissenschaft überlassen. Die Neufassung des StGB im Jahre 1975 hat jedoch die wesentlichen Grundsätze in den allgemeinen Teil übernommen.

1. Keine Strafe ohne Gesetz

14 Der wichtigste Grundsatz für jede Anwendung des Strafrechts (*nulla poena sine lege*) ist sogar in das Grundgesetz übernommen worden: Art. 103 II GG, der wegen seiner Bedeutung als § 1 StGB wörtlich wiederholt wird, verbietet jegliche Bestrafung, wenn nicht Tatbestand und Strafe vor Begehung der Tat gesetzlich festgelegt waren.

15 Dieser Grundsatz hat vier Komponenten:

a) Eine Bestrafung aufgrund eines rückwirkenden Gesetzes ist unzulässig (*nulla poena sine lege praevia*): Der Gesetzgeber kann ein Verhalten, das bisher nicht strafbar war, nur für die Zukunft für strafbar erklären oder eine höhere Strafe anordnen. Bereits begangene Delikte bleiben davon unberührt. Eine Folge dieses Grundsatzes ist, dass diejenigen, die in der früheren DDR Straftaten begangen haben, deshalb nur bestraft werden können, wenn auch nach dem dortigen Strafrecht ihr Verhalten strafbar gewesen ist. Ob es dabei allerdings auf den Buchstaben des Gesetzes ankommt (und deshalb die Bestrafung derjenigen möglich ist, die an der Berliner Mauer Flüchtlinge erschossen haben) oder vielmehr auf die Rechtswirklichkeit, ist allerdings zweifelhaft.

b) Das strafbare Verhalten muss in einem Gesetz als solches bestimmt sein (*nulla poena sine lege scripta*): Mit Recht hat man das StGB daher die „**Magna Charta des Verbrechers**" genannt. Was dort (und in den Nebengesetzen) nicht für strafbar erklärt ist, kann nicht – etwa aufgrund Gewohnheitsrechts – bestraft werden.

c) Die Formulierung und der Anwendungsbereich des Straftatbestands müssen so bestimmt sein, dass für den Bürger klar ist, ob ein Verhalten strafbar ist oder nicht und wie er ggf. dafür bestraft werden kann (*nulla poena sine lege certa*), so dass er sein Verhalten entsprechend ausrichten kann.

d) Im Strafrecht ist die entsprechende Anwendung eines Gesetzes auf einen vergleichbaren Fall ausgeschlossen; nur das im Gesetz exakt bestimmte Verhalten selbst ist strafbar (*nulla poena sine lege stricta*). Die Strafgerichte müssen den Gesetzgeber also beim Wort nehmen, dürfen ihn nicht „korrigieren" und eine Strafvorschrift über ihren eindeutigen Wortlaut hinaus anwenden (**Analogieverbot**, siehe bereits → Kap. 2 Rn. 25 mit einem Beispiel zum Straftatbestand des unerlaubten Glücksspiels, § 284 StGB).

16 Das **Analogieverbot** bringt es mit sich, dass der Fortschritt von Wissenschaft und Technik zur Einführung neuer Straftatbestände führen muss. So werden beispielsweise Kreditkarten weithin wie Bargeld angesehen, so dass ihre Fälschung nicht erlaubt werden kann. Kreditkarten sind aber kein Geld, so dass sie nicht unter § 146 StGB (Geldfälschung) fallen. Die Fälschung von Kreditkarten konnte deshalb erst bestraft werden, nachdem durch § 146a StGB eine entsprechende Strafbestimmung in das StGB eingefügt wurde. Ähnlich ist es bei der Manipulation von berufssportlichen Wettbewerben durch einen Sportler oder Trainer. Sie erfüllt – da sie keinen Vermögensschaden zur Folge hat – nicht den Tatbestand des Betrugs, war also so lange nicht strafbar, bis § 265d StGB dieses Verhalten ausdrücklich unter Strafe stellte.

17 Der Grundsatz des § 1 StGB wird durch das **Legalitätsprinzip** ergänzt. Es bedeutet, dass Polizei und Staatsanwaltschaft grundsätzlich verpflichtet sind, allen Straftaten nachzugehen und den Täter zu ermitteln. Eine Ausnahme besteht nur bei solchen Straftaten, bei denen – wie z.B. bei der Beleidigung – der Schutz einer einzelnen Person so im Vordergrund steht, dass die Allgemeinheit nicht jeden Verstoß zu verfolgen braucht.

18 Die Kombination dieser beiden Grundsätze garantiert, dass das Strafrecht beschränkt bleibt und andererseits der Bürger sicher sein kann, dass die Staatsgewalt gegen das verbotene Tun einschreitet. Dass dabei manches sozial lästige Verhalten nicht verfolgt werden kann (**Strafbarkeitslücken**), nimmt der Rechtsstaat in Kauf.

2. Ne bis in idem

19 Niemand darf wegen derselben Tat mehrmals bestraft werden. Dieser Grundsatz ist durch das Grundgesetz geschützt (Art. 103 III GG) und verbietet auch schon eine nochmalige Verfolgung wegen einer Tat, die bereits einmal abgeurteilt wurde. Ist A deshalb wegen Trunkenheit im Verkehr (§ 316 StGB) verurteilt worden, weil sich bei einer Routinekontrolle der Polizei ergab, dass er mit 1,2 ‰ Blutalkohol unterwegs war, so darf er kein weiteres Mal verurteilt werden, wenn sich später herausstellt, dass er auf dieser Trunkenheitsfahrt ein anderes Fahrzeug beschädigt und sich dann ohne zu warten vom Unfallort entfernt hat (strafbar nach § 142 BGB).

20 Ein 2021 in Kraft getretenes Gesetz zur Herstellung materieller Gerechtigkeit erlaubte die Wiederaufnahme eines durch rechtskräftiges Urteil abgeschlossenen Verfahrens zuungunsten des Täters auch dann, wenn neue Tatsachen und Beweise beigebracht werden, die allein oder in Verbindung mit früher erhobenen Beweisen dringende Gründe dafür bilden, dass der freigesprochene Angeklagte wegen Mordes oder einer sonstigen unverjährbaren Straftat verurteilt wird. Das BVerfG hat die betreffende Bestimmung der StPO jedoch wegen Verstoß gegen Art. 103 III GG für verfassungswidrig erklärt (BVerfG 31.10.2023 – 2 BvR 900/22, NJW 2023, 3698).

3. Der Verbrechensbegriff

21 Eine Tat kann nur bestraft werden, wenn der Täter tatbestandsmäßig, rechtswidrig (d.h. ohne Rechtfertigungsgrund, → Rn. 26) und schuldhaft (→ Rn. 27) gehandelt hat. Tatbestandsmäßig handelt grundsätzlich nur derjenige, der die Handlung, die das Strafgesetz beschreibt, vorsätzlich (→ Rn. 25) begeht, also weiß, was er tut, und es auch will (§ 15 StGB). Dabei setzt Handeln nicht voraus, dass der Täter den Tatbestand „mit eigenen Händen" verwirklicht. Auch wer seinen Kampfhund auf seinen Nachbarn hetzt, damit dieser ihn beißt, begeht Körperverletzung.

22 Um Drahtzieher und Hintermänner erfassen zu können, gibt es die Rechtsfigur der **mittelbaren Täterschaft.** Täter ist nämlich auch derjenige, der die Straftat „durch einen anderen" begeht (§ 25 StGB). Deshalb kann im Bereich des organisierten Verbrechens auch derjenige bestraft werden, der den Tatbestand nicht erfüllt, aber gleichwohl den Tatablauf beherrscht.

Beispiel Nimmt der **Mafiaboss** M die Ehefrau E seines Neffen N als Geisel und beauftragt ihn, den Richter R zu ermorden, andernfalls er E vergewaltigen werde, dann ist M, wenn N den R erschießt, nicht nur wegen Geiselnahme der E, sondern auch wegen Mordes an R strafbar, auch wenn er weder selbst geschossen hat noch am Tatort anwesend war.

23 Von der mittelbaren Täterschaft zu unterscheiden ist die Strafbarkeit dessen, der einen anderen dazu bestimmt, eine Straftat zu begehen (**Anstiftung,** § 26 StGB) oder der ihm bei der Tatbegehung durch Rat oder Tat hilft (**Beihilfe,** § 27 StGB).

24 Die Erfüllung eines Straftatbestands kann nicht nur durch aktives Tun, sondern auch durch **Unterlassen** geschehen (§ 13 StGB). Voraussetzung ist allerdings, dass der Täter rechtlich verpflichtet war, etwas zu tun und dadurch den Erfolg abzuwenden, der durch sein Unterlassen eingetreten ist (sog. **Garantenpflicht**). Füttert also ein Vater sein Baby nicht, bis es schließlich verhungert, ist er wegen Totschlags durch Unterlassen strafbar, da er rechtlich dazu verpflichtet ist, für die Ernährung des Säuglings zu sorgen. Ähnlich ist es, wenn jemand versehentlich jemand einsperrt. Er muss dann dafür sorgen, dass er wieder befreit wird; andernfalls begeht er Freiheitsberaubung (§ 239 StGB). Fast alle Straftatbestände können in dieser Weise durch Tun und durch Unterlassen verwirklicht werden. Daneben gibt es noch ein sog. **echtes Unterlassungsdelikt:** Wer bei Unglücksfällen nicht hilft, obwohl er dies tun könnte, macht sich wegen unterlassener Hilfeleistung strafbar (§ 323c StGB). Von den zuvor genannten Fällen der Tatbegehung durch Unterlassen unterscheidet sich die unterlassene Hilfeleistung dadurch, dass eine Garantenpflicht nicht vorausgesetzt wird.

25 Nur einzelne Straftaten können auch **ohne Vorsatz** begangen werden, nämlich fahrlässig. Dazu gehören insbesondere die fahrlässige Körperverletzung, die fahrlässige Tötung und eine Reihe von Straftaten, bei denen es nicht auf einen eingetretenen Erfolg, sondern auf eine Gefährdung anderer ankommt, wie etwa die fahrlässige Trunkenheit im Verkehr oder die fahrlässige Brandstiftung. Der Rahmen der Strafbarkeit ist hier im deutschen Strafrecht dadurch sehr weit gespannt, dass auch die

unbewusste Fahrlässigkeit tatbestandsmäßig ist. Das hat besondere Bedeutung im Umgang mit gefährlichen Einrichtungen: Betätigt der ansonsten stets sorgfältig arbeitende Angestellte eines Chemieunternehmens versehentlich einen Schalter fehlerhaft und fließen dadurch Chemikalien in den nahe gelegenen Fluss, ist er wegen fahrlässiger Gewässerverunreinigung (§ 324 III StGB) strafbar, auch wenn es sich um ein einmaliges Versagen handelt und alle erforderlichen Sicherheitsvorkehrungen getroffen sind.

26 Wer einen Straftatbestand verwirklicht, wird trotzdem nicht bestraft, wenn er einen **Rechtfertigungsgrund** hat, der es ausschließt, die Tat als Unrecht anzusehen. Neben dem „klassischen" Rechtfertigungsgrund der Notwehr gehören hierzu der rechtfertigende Notstand, der den Eingriff in ein geringeres Rechtsgut zum Schutz eines höherrangigen gestattet, die Einwilligung des Verletzten in die Handlung und Bestimmungen, die nach dem öffentlichen Recht zum Eingriff in bestimmte Rechtsgüter berechtigen.

Beispiel Emma (E) wird von Baumstark (B) nachts auf der Straße mit einer Pistole bedroht und zur Herausgabe ihres Bargelds aufgefordert. Wenn sie daraufhin von dem Gartenzaun hinter ihr eine Latte abreißt und sie B über den Kopf schlägt, wobei die Latte zu Bruch geht, ist die Beschädigung des Zaunes (Sachbeschädigung, § 303 StGB) durch rechtfertigenden Notstand (§ 34 StGB) gerechtfertigt, die Körperverletzung des B dagegen durch Notwehr (§ 32 StGB). Fesselt E den B und hält ihn bis zum Eintreffen der Polizei fest, dann ist ihr Verhalten durch das in § 127 der Strafprozessordnung enthaltene Festnahmerecht gerechtfertigt. Bittet B die E, ihn nicht zu fesseln, da er freiwillig mit zur Polizei komme, ist die Freiheitsberaubung durch die Einwilligung des B gerechtfertigt.

27 Bestraft werden kann schließlich nur, wer **schuldfähig** ist. Schuldunfähig ist derjenige, der wegen einer Bewusstseinsstörung, wegen Schwachsinns oder dergleichen nicht zur Unrechtseinsicht fähig ist (§ 20 StGB); eine Minderung dieser Fähigkeit (sog. „verminderte Zurechnungsfähigkeit") führt nach § 21 StGB zu einer geringeren Strafe. Wer sich allerdings bewusst in einen Zustand der Unzurechnungsfähigkeit versetzt (z.B. sinnlos betrinkt), um dann eine bestimmte Straftat zu begehen, wird trotzdem bestraft, da man davon ausgeht, dass seine Schuld auf den Zeitpunkt des Entschlusses vorverlegt ist (sog. *actio libera in causa*).

28 Die Schuld eines Täters kann schließlich auch in der – seltenen – Situation des entschuldigenden Notstands (§ 35 StGB) ausgeschlossen sein. Hierunter fällt beispielsweise der Fall, dass nach einem Flugzeugabsturz in der Sahara ein Überlebender den anderen tötet, um sich selbst zu retten. Anders als beim rechtfertigenden Notstand kann hier auch die Verletzung eines gleichwertigen Rechtsguts zur Straflosigkeit führen.

4. Versuch

29 Strafbar ist nicht nur die erfolgreiche Ausführung einer Straftat, sondern in vielen Fällen auch der Versuch. Versuch beschreibt das StGB als das unmittelbare Ansetzen zu einer Straftat (§ 22 StGB). Schwierig ist in der Praxis oft die Abgrenzung zwischen strafbarem Versuch und Vorbereitungshandlungen, die noch nicht zum Versuchsstadium gehören, sondern straflos sind.

Beispiel Wer bei einem Haus die Kellerfensterscheibe einschlägt, um einzubrechen, dann aber gestört wird und sein Vorhaben aufgibt, ist wegen versuchten Diebstahls (§§ 242, 243 Nr. 1 StGB) strafbar. Wer dagegen nur ein geeignetes Einbruchswerkzeug einkauft, begeht lediglich eine Vorbereitungshandlung, die nicht bestraft werden kann. Allerdings ist bei einigen Delikten die Vorbereitungshandlung ihrerseits eine Straftat, so z.B. die Vorbereitung einer Geldfälschung.

5. Irrtum, untauglicher Versuch und Wahndelikt

30 Eine besondere Rolle im Strafrecht spielt der Irrtum des Täters über für die Tatbegehung wesentliche Umstände. Das StGB regelt dabei unterschiedlich den **Tatbestandsirrtum** (§ 16 StGB), bei dem der Täter darüber irrt, dass sein Handeln überhaupt einen Straftatbestand erfüllt, und den Verbotsirrtum (§ 17 StGB), bei dem der Täter irrig annimmt, sein Tun sei erlaubt.

Beispiel Tötet der Baggerführer B den Landstreicher L, indem er ein Abbruchhaus dem Erdboden gleichmacht, ohne zu wissen, dass es noch bewohnt war, handelt er im Tatbestandsirrtum. Nimmt der Arzt A bei der Schwangeren S eine Abtreibung vor, ohne dass sie vorher beraten wurde, weil er glaubt, dass dies nach neuem Strafrecht nicht erforderlich sei, dann handelt er im Verbotsirrtum.

31 Beide Fälle kommen auch umgekehrt vor. Man spricht dann von einem **untauglichen Versuch**, wenn der Tatbestand nicht erfüllt wird, bzw. vom **Wahndelikt**, wenn das Tun entgegen der Ansicht des Täters erlaubt ist.

Beispiel Lässt der Baggerführer B absichtlich eine Betonplatte auf das Abbruchhaus fallen, in dem er den Landstreicher L, Liebhaber seiner Frau, vermutet, ist L aber nicht dort, sondern bei der Frau des B, begeht B einen untauglichen Versuch. Versucht die Schwangere S, an sich selbst eine Abtreibung vorzunehmen, und glaubt, sie mache sich dadurch strafbar, begeht sie ein Wahndelikt.

32 Beim Tatbestandsirrtum fehlt dem Täter der Vorsatz; er kann deshalb nur wegen des fahrlässigen Delikts bestraft werden, wenn er fahrlässig gehandelt hat und das Delikt fahrlässig begangen werden kann. Dagegen bleibt beim Verbotsirrtum der Täter nur straflos, wenn er den Irrtum nicht vermeiden konnte. Dies ist im Bereich des Kernstrafrechts fast ausgeschlossen, da die Rechtsprechung davon ausgeht, die allgemeinen Verbote der Rechtsordnung müssten jedem Bürger bekannt sein. Umgekehrt ist die Strafbarkeit wegen eines Wahndelikts in jedem Fall ausgeschlossen.

III. Die einzelnen Straftatbestände

1. Kernstrafrecht und Nebenstrafrecht

33 Der Grundsatz „Keine Strafe ohne Gesetz" (→ Rn. 14 ff.) erfordert eine detaillierte Regelung des strafbaren Verhaltens; weite, unbestimmte Tatbestände verbieten sich wegen der Gefahr staatlicher Willkür. Das für das Strafrecht wichtigste Gesetz ist das Strafgesetzbuch. Es regelt das **Kernstrafrecht**, nämlich diejenigen strafrechtlichen Handlungen, mit denen jeder Bürger als Täter oder Opfer in irgendeiner Form konfrontiert werden kann. Außer im StGB sind aber in zahlreichen weiteren Gesetzen Strafbestimmungen enthalten, die normalerweise an die Verletzung von Pflichten aus in dem betreffenden Gesetz geregelten Verhalten anknüpfen (**Nebenstrafrecht**).

Beispiel Die bereits erwähnten Straftaten der fahrlässigen Körperverletzung (§ 230 StGB), der Abtreibung (§ 218 StGB) und der Unterschlagung (§ 246 StGB) sind im Strafgesetzbuch geregelt, da sie allgemeine Verbote enthalten. Die Straftat, ein Auto zu fahren, für das keine Haftpflichtversicherung besteht, ist dagegen im Pflichtversicherungsgesetz geregelt, da sie an die Verpflichtung anknüpft, zum Schutz der Ansprüche etwaiger Unfallopfer jedes Kraftfahrzeug jederzeit versichert zu halten.

34 Viele Delikte aus dem Nebenstrafrecht, vor allem Drogendelikte nach dem Betäubungsmittelgesetz (BtMG), haben große praktische Bedeutung, die sich erst seit 1.4.2024 dadurch vermindert hat, dass Straftaten im Zusammenhang mit Cannabis aus dem Anwendungsbereich des BtMG herausgenommen und in einem besonderen Gesetz, dem Konsumcannabisgesetz (KCanG) geregelt wurden, das viele bisher kriminalisierte Verhaltensweisen straflos stellt und die Strafjustiz wesentlich entlastet hat.

35 Der Besondere Teil des StGB ordnet die einzelnen Straftatbestände systematisch an. Die ersten zwölf Abschnitte enthalten Straftaten gegen die Gesamtheit, die Abschnitte 13 bis 26 Delikte gegen den Einzelnen und die letzten drei Abschnitte solche Straftaten, die anderswo nicht untergebracht werden konnten, nämlich die gemeingefährlichen Straftaten, die Straftaten gegen die Umwelt und die Straftaten im Amt.

2. Straftaten gegen die Gesamtheit

36 Bei den Straftaten gegen die Gesamtheit sind zunächst die **Delikte gegen den Staat und die Staatsgewalt** (z.B. Hochverrat, Wahlfälschung), dann **Delikte gegen** wichtige **Einrichtungen** wie das Geldwesen und die **Justiz** (z.B. Geldfälschung, Meineid) sowie **Ehe und Familie** (z.B. Verletzung der Unterhaltspflicht, Doppelehe) geregelt.

3. Straftaten gegen die einzelne Person

37 Die Straftaten gegen den Einzelnen umfassen:

- die Straftaten gegen die sexuelle Selbstbestimmung (z.B. Vergewaltigung, Zuhälterei),
- die Straftaten gegen die Person (z.B. Verleumdung, Mord, Körperverletzung),
- die Straftaten gegen Eigentum und Vermögen (z.B. Diebstahl, Raub, Erpressung).

38 Bei den Tötungsdelikten, von denen 2024 in Deutschland 668 bekannt geworden sind, unterscheidet man **Mord** (§ 211 StGB) und **Totschlag** (§ 212 StGB). Mord ist die Tötung eines Menschen unter den im Tatbestand im Einzelnen genannten besonders verwerflichen Tatumständen oder Motiven, Totschlag jede andere vorsätzliche Tötungshandlung. Eine Expertengruppe hat 2015 Empfehlungen für eine Reform der Tötungsdelikte, die historisch schwer belastet sind, formuliert. Auf dieser Grundlage wurde ein Gesetzesentwurf erarbeitet, der allerdings offenbar nicht weiterverfolgt wird.

39 Wird der Tod eines Menschen ohne darauf gerichteten Vorsatz verursacht, kommen **fahrlässige Tötung** (§ 222 StGB) und **Körperverletzung mit Todesfolge** (§ 227 StGB) in Betracht. Der Suizid ist straflos, die **Tötung auf Verlangen** (sog. „aktive Sterbehilfe“) dagegen nach § 216 StGB strafbar, während das Unterlassen einer vom todkranken Patienten abgelehnten weiteren Behandlung (sog. „passive Sterbehilfe“) keinen Straftatbestand erfüllt. Das Bundesverfassungsgericht hat durch ein viel beachtetes Urteil vom 26.2.2020 das Verbot der geschäftsmäßigen Sterbehilfe (bei Selbsttötung) für verfassungswidrig erklärt.

4. Straftaten gegen die sexuelle Selbstbestimmung

40 Der Abschnitt des Strafgesetzbuches mit dem Titel „Straftaten gegen die sexuelle Selbstbestimmung“ ist im November 2016 durch das Gesetz zur Verbesserung des Schutzes der sexuellen Selbstbestimmung reformiert worden, durch das zum ersten Mal die **Nichteinverständnislösung** Bestandteil des deutschen Strafrechts wird. Danach ist jede Handlung strafbar, die gegen den erkennbaren Willen einer Person vorgenommen wird. Bekannt wurde diese Lösung unter dem Slogan „Nein heißt Nein“.

41 Die sexuelle Belästigung wird in § 184i StGB erstmalig als solche mit Strafe bedroht. In § 184j StGB wurden die sexuelle Belästigung und die Sexualstraftaten des § 177 StGB aus einer Gruppe heraus ins Strafgesetzbuch aufgenommen. Neu ist auch der Straftatbestand des § 184k StGB (Verletzung des Intimbereichs durch Bildaufnahmen, sog. „Upskirting“ oder „Downblousing“).

42 Aufgrund der besonderen Gefahren durch die neuen Medien, insbesondere das Darknet, musste der Schutz von Kindern und Jugendlichen vor sexualisierter Gewalt verbessert werden. Dies geschieht jetzt durch die Neufassung der §§ 176 – 176e StGB,

die u.a. die Strafbarkeit der Verbreitung und des Besitzes von Anleitungen zu sexuellem Missbrauch von Kindern regeln. Allerdings bleibt abzuwarten, wie sich diese neuen Straftatbestände in der Praxis bewähren.

5. Straftaten gegen das Eigentum und das Vermögen

43 Zu den häufigsten Straftaten gehört der **Diebstahl** (§ 242 StGB), der in der Wegnahme einer Sache mit Zueignungsabsicht besteht. Der in der Form des Ladendiebstahls sehr häufige Diebstahl geringwertiger Sachen wird grundsätzlich nur auf Antrag des Bestohlenen verfolgt (§ 248a StGB).

44 Beim **Betrug** (§ 263 StGB) nutzt der Täter einen Irrtum des Opfers dadurch aus, dass er es durch Vorspiegelung falscher Tatsachen zu einer Vermögensverfügung veranlasst, etwa zum Kauf eines geringwertigen Teppichs, von dem der Käufer meint, es handle sich um ein wertvolles altes Stück. In den letzten Jahren fielen viele Senioren auf den sogenannten Enkeltrick herein, bei dem ein Anrufer alten Menschen vorspiegelt, er sei ein Enkel und in einer misslichen Lage, die nur durch sofortige bare Geldzahlung behoben werden könne. Zahlreiche Senioren händigen daraufhin einem ihnen völlig unbekannten Boten hohe Geldsummen aus in dem Glauben, sie würden dadurch ihrem Enkel helfen. Ähnlich funktioniert der Trick mit dem falschen Polizisten, der angeblich alte Menschen vor dem bevorstehenden Diebstahl ihrer Wertsachen bewahren will, indem sie ihm diese Dinge, vermeintlich zur Vermeidung des Diebstahls, aushändigen. Trotz intensiver Aufklärungsarbeit durch die Polizei in den Medien verlieren auch hier immer wieder gutgläubige alte Menschen hohe Vermögenswerte.

6. Straftaten im Straßenverkehr

45 Sehr häufig sind auch Straftaten im Straßenverkehr. Hierzu gehören das **unerlaubte Entfernen vom Unfallort** (§ 142 StGB), die **Trunkenheit im Verkehr** (§ 316 StGB) und das **Fahren ohne Fahrerlaubnis** (§ 24 StVG). Während § 142 StGB die Schadensersatzansprüche von Unfallbeteiligten sichern soll, wollen § 316 StGB und § 24 StVG die Verkehrsteilnehmer vor ungeeigneten Fahrzeugführern schützen.

46 In den vorangegangenen Jahren haben die sogenannten Raserfälle, bei denen es um illegale Autorennen oder Alleintäter geht, die viel zu schnell fahren, die Gerichte beschäftigt. Eine BGH-Entscheidung kam zu dem Ergebnis, dass ein Mord vorliegen kann. Eine wesentliche Rolle spielte dabei die schwierige Abgrenzung zwischen bedingtem Vorsatz und bewusster Fahrlässigkeit. Inzwischen wurde § 315d StGB (**Verbotene Kraftfahrzeugrennen**) mit einer Höchststrafe von 10 Jahren Freiheitsstrafe eingeführt, um den Fällen besser gerecht zu werden. In der Regel handelt es sich bei den sogenannten Rasern um junge Straftäter, die als Heranwachsende unter Umständen nach Jugendstrafrecht bestraft werden können.

7. Schwangerschaftsabbruch

47 Ein besonderes Problem stellen die Strafvorschriften im Zusammenhang mit einem Abbruch der Schwangerschaft dar. Der Abbruch einer Schwangerschaft ist rechtswidrig, aber nicht strafbar, wenn die Schwangere vorher beraten worden ist.

8. Straftaten im digitalen Raum: Internetkriminalität, Hasskriminalität, Deepfakes

48 Vor völlig neue Herausforderungen stellt die Internetkriminalität das Strafrecht, da Täter und Opfer sich häufig in völlig verschiedenen Rechtsräumen aufhalten oder der Geschädigte gar nicht weiß, dass er Opfer einer Straftat geworden ist.

49 So nutzt das sogenannte Love oder **Romance Scamming** die Einsamkeit vieler Menschen aus, die im Internet einen Partner suchen. Der Scammer täuscht das Opfer in der Regel über seine Identität, macht es emotional abhängig und verlangt dann für angebliche Unfälle oder Unglücksfälle sofortige Hilfe in Form von Geldüberweisungen. Das Erstaunliche ist, dass die Opfer in der Regel hohe Geldsummen an eine ihnen völlig unbekannte Person überweisen, weil sie sich einbilden, diese Person aufgrund eines Chats oder aufgrund von Telefonaten zu „kennen". Dieses Geld ist normalerweise verloren. Die Straftäter befinden sich typischerweise im Ausland und können nicht ermittelt, geschweige denn bestraft werden.

50 Auch die Täter des sog. **Enkeltricks** oder der **Schockanrufe**, in denen alte Menschen durch telefonische Vortäuschung einer falschen Identität des Anrufenden („Enkel") oder einer Notlage eines nahen Familienangehörigen („Schock") zur Aushändigung von großen Summen Bargelds oder wertvollen Schmucks veranlasst werden, sitzen in der Regel im Ausland und schalten zur Tatausführung in Deutschland oft Personen ein, die sich leicht und schnell ein wenig Geld verdienen wollen und nicht über strafrechtliche Konsequenzen nachdenken.

51 Neu ist, dass die Täter auch vor **Kindern als Opfer** der Täuschungshandlung nicht Halt machen. So durchsuchte ein Kind nach einem Schockanruf, in dem ihm vorgegaukelt wurde, sein Vater liege im Krankenhaus und brauche dringend viel Geld, das Elternhaus auf Anweisung des Anrufers nach Geld und Schmuck und lieferte beides einer völlig unbekannten Person aus.

52 Die Verbreitung von **Hasskriminalität** im Netz, die sich aus Beleidigungen, Bedrohungen, Volksverhetzung und Gewaltaufrufen zusammensetzt, kann nur in Zusammenarbeit mit den Betreibern der sog. sozialen Netzwerke beschränkt werden. So verpflichtet das am 1.7.2021 in Kraft getretene Gesetz zur Bekämpfung des Rechtsextremismus und der Hasskriminalität die Betreiber der sozialen Netzwerke, ab 1.2.2022 strafbare Postings in besonders schweren Fällen wie zum Beispiel bei Bedrohung mit Verbrechen gegen das Leben, die sexuelle Selbstbestimmung, die körperliche Unversehrtheit und die persönliche Freiheit oder bei der Bildung und Unter-

stützung von kriminellen und terroristischen Vereinigungen nicht nur zu löschen, sondern auch dem Bundeskriminalamt zu melden. Hasskriminalität umfasst eine Vielzahl von Straftaten, die aufgrund von Vorurteilen gegen eine soziale Gruppe begangen werden, zum Beispiel aus rassistischen oder sexistischen Motiven. Die Anonymität des Internets scheint die Begehung dieser Straftaten zu erleichtern. Das neue Gesetz soll den Anstieg dieser Kriminalität unter anderem durch höhere Strafdrohungen und erleichterten Zugang der Strafverfolgungsbehörden zu den Nutzungs- und Bestandsdaten der Telemediendienste verhindern.

53 Die rasante Entwicklung von künstlicher Intelligenz (KI) führt zu diversen damit verbundenen Straftaten, wobei **Deepfake-Pornografie** die Gerichte vor große Herausforderungen stellt: Bilder-, Audio- und Videoinhalte werden mit Hilfe von künstlicher Intelligenz so verändert, dass täuschend echt wirkende pornografische Darstellungen – in der Regel mit dem Kopf einer Person, die davon nichts ahnt – entstehen, die – zumindest von Laien – mit bloßem Auge nicht als Täuschung erkannt werden können. Fraglich erscheint, wie diese Handlungen bestraft werden können. Die geplanten Gesetze zum strafrechtlichen Schutz von Persönlichkeitsrechten vor Deepfakes und gegen digitale Gewalt sind nicht in Kraft getreten.

9. Terrorismus und transnationale Kriminalität

54 Die seit 2016 in Deutschland verstärkt auftretenden terroristischen Anschläge und Angriffe durch Selbstmordattentäter haben zu zahlreichen Todesopfern und Schwerverletzten geführt und stellen eine Erscheinungsform der Kriminalität dar, die bisher für den deutschen Rechtsraum kaum eine Rolle gespielt hat. Außerdem haben der weltweite Tourismus, die Globalisierung und die Mobilität der Gesellschaft dazu geführt, dass eine Straftat gelegentlich verschiedene Rechtsräume berührt und die Zusammenarbeit mehrerer nationaler Strafverfolgungsbehörden erfordert.

Beispiele 1. Im Jahre 2018 wurde eine deutsche Studentin von einem marokkanischen LKW-Fahrer, der für ein spanisches Unternehmen arbeitete, mitgenommen und ermordet. Die Ermordung fand auf deutschem Boden statt; allerdings transportierte der LKW-Fahrer die Leiche nach Spanien und versuchte, sie dort zu verbrennen. Dort wurde sie nach dem Auffinden von spanischen Rechtsmedizinern untersucht, die später über Videoübertragung und Live-Verdolmetschung durch einen im Gerichtssaal in Deutschland anwesenden Dolmetscher ihr Gutachten erläuterten. Ein Problem des Verfahrens war z.B., dass die medizinischen Untersuchungen bei Tötungsdelikten in Spanien nicht mit den deutschen vollständig identisch sind.

2. Im Jahre 2007 verschwand ein englisches Kind während eines Portugal-Urlaubs der Familie. Die polizeilichen Ermittlungen beschränkten sich ursprünglich auf Portugal. Im Jahre 2020 wurde ein Deutscher, der sich zum Tatzeitpunkt in Portugal aufhielt, verdächtigt, das Kind entführt und möglicherweise getötet zu haben. Die portugiesische, englische und deutsche Polizei bemühen sich weiterhin getrennt, aber auch zusammen um die Aufklärung des Falls. .

3. Im Januar 2026 hat ein französisches Gericht neun Personen wegen Cybermobbings der Präsidentengattin zu Freiheitsstrafen zwischen sechs und acht Monaten

auf Bewährung verurteilt, ein weiterer Angeklagter wurde zu einer sechsmonatigen Gefängnisstrafe verurteilt. Alle Verurteilten müssen außerdem an einem Sensibilisierungskurs für den respektvollen Umgang mit Menschen im Internet teilnehmen; einige bekamen per Urteil zusätzlich eine zeitweise Zugangssperre zu den sog. sozialen Netzwerken. Die Verurteilten hatten die Präsidentengattin dort beleidigt und verleumdet. In der Urteilsbegründung wurden die Äußerungen als „böswillig, herabwürdigend und beleidigend" eingestuft. Über eine entsprechende Anklage in den USA ist noch nicht entschieden. .

4. In Hamburg wurde im Januar 2026 vor einer Jugendkammer des Landgerichts ein Strafverfahren gegen einen 21-Jährigen eröffnet, der wegen Mordes, versuchten Mordes in mehreren Fällen und insgesamt 204 Straftaten angeklagt ist. Er soll nicht nur in Deutschland, sondern auch in Großbritannien, Finnland, Kanada und den USA psychisch labile oder kranke Kinder im Internet unter anderem dazu veranlasst haben, sich massiv selbst zu verletzen oder zu erniedrigen und sie bei der Tatausführung kontrolliert und gelenkt haben. Ein 13-jähriges Kind aus den USA soll sich so im Livestream erhängt haben; fünf weitere Suizidversuche sollen knapp gescheitert sein. Es sind 82 Verhandlungstage bis Mitte Dezember angesetzt, was auf die besondere Bedeutung des Falles schließen lässt.

10. Zusammenfassung; Enwicklung und Entkriminalisierung von Straftatbeständen

55 Viele Paragrafen des Strafgesetzbuchs beschreiben nach allgemeiner Überzeugung strafwürdiges Unrecht (dazu gehören z.B. Brandstiftung oder Betrug). Der Sinn einiger anderer erschließt sich nicht ohne weiteres (z.B. das in § 353d StGB enthaltene und vom BVerfG teilweise für unwirksam erklärte Verbot, eine Anklageschrift vor der Hauptverhandlung im Wortlaut zu veröffentlichen), wieder andere geraten in bedenklichen Konflikt mit der Meinungsfreiheit. Mitunter führen auch geänderte gesellschaftliche Anschauungen dazu, dass früher strafbare Handlungen straffrei gestellt werden (z.B. Ehebruch) und früher straffreie Handlungen für strafbar erklärt werden (z.B. Straftaten gegen den Wettbewerb) oder Handlungen anders bestraft werden (so konnte die Vergewaltigung in der Ehe früher lediglich als Körperverletzung geahndet werden).

56 Die Strafbarkeit homosexueller Handlungen unter männlichen Erwachsenen wurde erst 1973 vollständig beseitigt. Hier haben sich die gesellschaftlichen Anschauungen so gewandelt, dass durch ein Gesetz aus dem Jahre 2017 alle nach dem 8.5.1945 wegen einvernehmlicher homosexueller Handlungen verurteilten Personen rehabilitiert wurden. Das Gesetz sieht nicht nur die pauschale Aufhebung der entsprechenden Verurteilungen, sondern auch eine Entschädigung für dadurch erlittene Nachteile vor.

IV. Folgen der Straftat

1. Freiheitsstrafe

57 Als Strafe kann das Gericht Freiheits- und Geldstrafen (→ Rn. 59) verhängen. Die Freiheitsstrafe ist lebenslang (bei Mord und Völkermord stets, bei einigen anderen Delikten, wie Raub mit Todesfolge alternativ zur zeitlich befristeten Freiheitsstrafe) oder zeitlich befristet zwischen einem Monat und fünfzehn Jahren bei allen anderen Straftaten. Auch die lebenslange Freiheitsstrafe muss nach der Rechtsprechung des BVerfG dem Verurteilten die Chance eröffnen, wieder das Licht der Freiheit zu erblicken. Deshalb kommt ein Vollzug über 15 Jahre hinaus nur in Frage, wenn es wegen der Schwere der Schuld (z.B. Tötung mehrerer Menschen) angemessen erscheint; der Verurteilte kann dies gerichtlich überprüfen lassen. Eine absolute Obergrenze (wie z.B. in Portugal) gibt es im deutschen Strafrecht dagegen bisher nicht.

58 Freiheitsstrafen unter 6 Monaten werden nur ganz ausnahmsweise verhängt, da sich gezeigt hat, dass sie der Resozialisierung des Täters nicht förderlich sind, im Gegenteil: Ersttäter „lernen“ im Gefängnis erst das, was sie für eine kriminelle Karriere brauchen. Deshalb sind etwa 80 % aller verhängten Strafen Geldstrafen, und auch von den Freiheitsstrafen werden zumindest bei Ersttätern die meisten zur **Bewährung** ausgesetzt, was bei Strafen bis zu 1 Jahr, unter besonderen Umständen auch bei Strafen bis zu 2 Jahren möglich ist. Bleibt der Täter in der Bewährungszeit (2 bis 5 Jahre) straffrei, ist eine Verbüßung der Bewährungsstrafe ausgeschlossen. Allerdings wird die Strafaussetzung zur Bewährung regelmäßig mit der Auflage verbunden, einen Geldbetrag an eine gemeinnützige Einrichtung oder die Staatskasse zu zahlen.

2. Geldstrafe

59 Geldstrafen werden nach **Tagessätzen** verhängt. Die Höhe der Geldstrafe hängt also bei gleicher Schuld davon ab, welches Nettoeinkommen der Täter an einem Tag hat oder haben könnte. Der Mindestbetrag ist 1 EUR, der Höchstbetrag 30.000 EUR. Da fünf bis 360 Tagessätze verhängt werden können, kann die Geldstrafe zwischen 5 und 10.800.000 EUR betragen und damit auch Bezieher hoher Einkommen empfindlich treffen.

60 Im Jahre 1992 ist zusätzlich wieder die Vermögensstrafe eingeführt worden, nämlich die Konfiskation des gesamten Vermögens eines Beschuldigten. Sie erscheint wie ein Relikt aus dem Mittelalter, als der für vogelfrei Erklärte auch sein gesamtes Vermögen einbüßte. Sie wurde kaum jemals verhängt und im Jahre 2002 vom BVerfG für verfassungswidrig erklärt.

3. Elektronische Aufenthaltsüberwachung

61 Seit dem Jahre 2011 gibt es die Möglichkeit der Elektronischen Aufenthaltsüberwachung (EAÜ), die in der Umgangssprache als elektronische Fußfessel bekannt ist. Die EAÜ kann an die Stelle von Untersuchungshaft oder kurzer Freiheitsstrafe treten oder als Bewährungsauflage verhängt werden. Außerdem kann sie im Rahmen der Führungsaufsicht zur Überwachung entlassener Straftäter angeordnet werden. Ziel der EAÜ ist, den Täter in seinem privaten und beruflichen Umfeld belassen zu können und die Kosten des Strafvollzugs zu senken. Während die Kosten für einen Haftplatz ca. 300.000 EUR pro Jahr betragen, belaufen sich diese für die EAÜ nach ersten Schätzungen auf 4.000 bis 7.500 EUR pro Jahr. Einzelne Bundesländer haben im Jahre 2012 eine Gemeinsame Überwachungsstelle (GÜL) eingerichtet. Die Bundesländer Sachsen und Hessen haben insbesondere bei häuslicher Gewalt und Stalking gerade die „Fußfessel nach dem spanischen Modell" eingeführt. Dabei darf sich der Täter mit einer Fußfessel frei bewegen. Sobald er sich seinem früheren Opfer nähert, werden dieses und die Überwachungsstelle alarmiert.

4. Maßregeln der Besserung und Sicherung

62 Zu den Folgen der Straftat gehören neben den Strafen auch die Maßregeln, zu denen auch eine der häufigsten Sanktionen überhaupt gehört: die **Entziehung der Fahrerlaubnis**, die regelmäßig mit einer Verurteilung wegen Trunkenheit oder Drogen im Verkehr verbunden ist und meist zeitlich befristet ist. Auch **Berufsverbote**, die **Unterbringung in einem psychiatrischen Krankenhaus** oder in einer **Entziehungsanstalt** können als Maßregeln angeordnet werden.

63 Bei ihnen kommt es nicht auf die Schuld des Täters, sondern auf das **Sicherungsbedürfnis** der Allgemeinheit an. Gerade bei der Entziehung der Fahrerlaubnis dürfte angesichts der Massenhaftigkeit von Trunkenheitsfahrten mehr der Gesichtspunkt im Vordergrund stehen, dass nur durch eine auf die Tat bezogene Ahndung eine wirksame Spezialprävention des Täters erreicht werden kann.

64 Zum Schutz der Bevölkerung vor besonders gefährlichen Wiederholungstätern dient die **Sicherungsverwahrung**, in die der Straftäter nach Entlassung aus der Strafhaft genommen werden kann. Sie kommt wegen des massiven Eingriffs in die persönliche Freiheit des Einzelnen nur in Betracht, wenn bereits bei Verkündung des Strafurteils eine erhebliche, nahe liegende Wahrscheinlichkeit besteht, dass der Täter nach der Entlassung aus der Strafhaft noch gefährlich ist, und sie muss zumindest unter Vorbehalt bereits im Strafurteil angeordnet werden. Außerdem muss die Sicherungsverwahrung klar von der Strafhaft abgegrenzt werden, z.B. durch spezielle Einrichtungen zur Unterbringung der Sicherungsverwahrten, und individuelle Therapien anbieten. Eine nachträgliche Sicherungsverwahrung hatte der Europäische Gerichtshof für Menschenrechte im Jahre 2009 als einen Verstoß gegen Art. 5 (Recht auf Freiheit) und Art. 7 (Rückwirkungsverbot) EMRK angesehen.

5. Täter-Opfer-Ausgleich

65 Neben Strafen und Maßregeln gibt es seit den 90er Jahren den Täter-Opfer-Ausgleich, der eine Maßnahme der außergerichtlichen Konfliktschlichtung darstellt und nur dann in Frage kommt, wenn Täter und Opfer damit einverstanden sind. Ursprünglich wurde der Täter-Opfer-Ausgleich im Jugendstrafrecht eingeführt und dann auf das Erwachsenenstrafrecht ausgeweitet.

66 Ziel des Täter-Opfer-Ausgleichs ist es, Täter und Opfer mit Hilfe eines außergerichtlichen neutralen Vermittlers an einen Tisch zu bringen und auf einem für beide akzeptablen Lösungsweg zu begleiten. Dieses Verfahren eignet sich bevorzugt für Straftaten wie Körperverletzung, Diebstahl, Bedrohung oder Beleidigung, bei denen dem Opfer eher an einer Entschuldigung und/oder einer Schadensersatz- oder Schmerzensgeldzahlung als einer Bestrafung des Täters gelegen ist.

67 Das Gericht kann nach einem erfolgreichen Täter-Opfer-Ausgleich gemäß § 46a StGB die Strafe mildern oder ganz von Strafe absehen. Nicht angewendet werden darf der Täter-Opfer-Ausgleich bei schweren Verbrechen wie Mord, Totschlag oder Raub, deren Ahndung den Gerichten vorbehalten sein muss. Auch bei solchen Taten, insbesondere Völkermord, darf die Bedeutung der Erklärung und Entschuldigung des Täters für das Opfer nicht unterschätzt werden, wie insbesondere die späten Strafprozesse der vergangenen zehn Jahre gegen hochbetagte NS-Täter gezeigt haben.

6. Verjährung der Strafverfolgung

68 Das Prinzip der Rechtssicherheit verlangt, dass alle Straftaten – außer Mord und Völkermord – irgendwann einmal nicht mehr verfolgt werden dürfen, also Verjährung eintritt. Der Zeitpunkt, wann Verjährung eintritt, hängt von der Höhe der angedrohten Strafe ab. Die Details sind in den §§ 78 ff. StGB, insbesondere in § 78 Abs. 3 StGB geregelt. Wenn Verjährung eingetreten ist, müssen die Ermittlungen zu der verfolgten Straftat eingestellt werden.

V. Das Jugendstrafrecht

69 Als Jugendstrafrecht bezeichnet man die besonderen Vorschriften, die für **Jugendliche** im Alter von 14 bis 18 Jahren und unter bestimmten Voraussetzungen auch für **Heranwachsende** zwischen 18 und 21 Jahren gelten. Kinder, die noch nicht 14 Jahre alt sind, sind schuldunfähig. Anders als in England z.B. ist also bei Tätern im Kindesalter jede Bestrafung ausgeschlossen, auch wenn der Täter einen Mord begangen hat. Nur ein Einschreiten des Familiengerichts mit dem Ziel, auf die Entwicklung des Kindes einzuwirken, ist möglich. Dagegen unterliegen Jugendliche und bei typi-

schen „Jugendverfehlungen" (die in der Praxis sehr häufig angenommen werden) auch Heranwachsende zwar grundsätzlich dem allgemeinen Strafrecht, werden aber in einem besonderen Jugendgerichtsverfahren entweder nur pädagogischen Maßnahmen unterworfen oder – wenn wegen der Schwere der Tat oder wegen häufiger Rückfälle eine Strafe notwendig ist – meistens milder bestraft.

70 Die Jugendgerichte können auf die Verfehlungen Jugendlicher wesentlich flexibler reagieren als die allgemeinen Strafgerichte. Im Vordergrund steht der Erziehungsgedanke. Das **Jugendgerichtsgesetz** (JGG) ermöglicht Entscheidungen in einem vereinfachten jugendgerechten Verfahren, die Hauptverhandlung ist nicht öffentlich, als Sanktionen kommen neben einer Strafe auch Weisungen und Auflagen in Betracht, wobei die Verurteilung zu einer bestimmten Zahl von Stunden gemeinnütziger Arbeit praktisch am häufigsten vorkommt. Diese bezwecken keine Tatvergeltung, sondern sollen erzieherisch auf den jugendlichen Straftäter einwirken. Sie haben also den Charakter eines „Denkzettels". Reicht eine solche Auflage nicht aus, können **Jugendarrest** von bis zu vier Wochen und **Jugendstrafe** von 6 Monaten bis 10 Jahren verhängt werden, wobei die Jugendstrafe häufig zur Bewährung ausgesetzt wird.

71 Jugendarrest kann auch mit einer zur Bewährung ausgesetzten Jugendstrafe kombiniert werden (sog. **Warnschussarrest**, § 16a JGG). Bei Verhängung von Jugendstrafe ist auch die sog. **Vorbewährung** (§ 61 JGG) möglich. Hier wird die Bewährung nicht im Urteil ausgesprochen, sondern erst einige Monate später, wenn der Jugendliche in dieser Zeit die ihm erteilten Auflagen und Weisungen beachtet hat. Dadurch kann gezielt auf die Resozialisierung des Jugendlichen hingearbeitet werden.

72 Das Jugendstrafrecht hat eine hohe praktische Bedeutung, da Jugendliche und vor allem Heranwachsende wesentlich öfter straffällig werden als der Durchschnitt der Bevölkerung. Dabei kommen Delikte wie Körperverletzung und Diebstahl, aber auch Straftaten nach dem Betäubungsmittelgesetz und Neue-psychoaktive-Stoffe-Gesetz (sog. Legal Highs) besonders häufig vor. Heranwachsende sind in den letzten Jahren gelegentlich durch Autorennen oder extrem überhöhte Geschwindigkeit im städtischen Straßenverkehr, oft mit Toten oder schwer verletzten Fußgängern als Opfer, in Erscheinung getreten. Für diese und die meisten anderen jugendtypischen Verfehlungen gelten Imponiergehabe innerhalb der Peergroup, Mutproben und schlichtes Sich-Ausprobieren-Wollen als Hauptbeweggründe.

VI. Ordnungswidrigkeiten

73 Die Verletzung einer Vielzahl von gesetzlichen Vorschriften, vor allem des Verkehrs- und des Gewerberechts, ist nicht mit Strafe, sondern mit **Geldbuße** bedroht. Der Verstoß gegen solche Vorschriften wird also nicht als kriminelles Unrecht angesehen. Trotzdem soll derjenige, der sie verletzt, mit einer Sanktion belegt werden, da die Vorschrift andernfalls nicht durchzusetzen wäre.

Beispiele 1. Die Gewerbeordnung sieht vor, dass jemand, der Waren im Reisegewerbe anbietet, eine Reisegewerbekarte benötigt. Wer dieser Vorschrift zuwiderhandelt, begeht eine Ordnungswidrigkeit.

2. Die Straßenverkehrsordnung sieht vor, dass die Höchstgeschwindigkeit von Autos innerhalb geschlossener Ortschaften 50 km/h beträgt. Wer von der Polizei mit einer höheren Geschwindigkeit angetroffen wird, begeht eine Ordnungswidrigkeit.

3. Das Schwangerschaftskonfliktgesetz verbietet, das Betreten oder Verlassen einer anerkannten Beratungsstelle zu erschweren. Wenn sich jemand mit einem großen Schild mit der Aufschrift „Mörderinnen!" vor den Eingang der Beratungsstelle Pro F stellt und versucht, die Frauen am Betreten der Beratungsstelle zu hindern, begeht er eine Ordnungswidrigkeit (sog. „Gehsteigbelästigung").

74 Die **Geldbußen bei Ordnungswidrigkeiten** werden nicht vom Strafgericht, sondern von der **Verwaltungsbehörde** festgesetzt. Allerdings steht – was durch Art. 19 IV GG grundrechtlich garantiert ist – jedem, der sich zu Unrecht oder zu hoch bestraft fühlt, der Weg zum Strafgericht offen. Die bei den Straftaten dargestellten Erfordernisse der tatbestandsmäßigen, rechtswidrigen und schuldhaften Handlung gelten auch hier, ebenso das Analogieverbot, nicht aber das Legalitätsprinzip: Es ist der Polizei und der Verwaltungsbehörde also unbenommen, nur einen geringen Teil der Ordnungswidrigkeiten zu verfolgen, da der Abschreckungseffekt auch dadurch erreicht wird. Begeht der Täter mit ein und demselben Verhalten eine Straftat und eine Ordnungswidrigkeit, wird er wegen § 21 OWiG normalerweise nur wegen der Straftat bestraft.

75 Geringfügige Ordnungswidrigkeiten, bei denen eine Geldbuße von höchstens 55 EUR angemessen erscheint (z.B. Nichtbeachtung eines Parkverbots), können auch in einem vereinfachten Verfahren verfolgt werden, indem der Betroffene eine **Verwarnung** erhält. Diese ist gerichtlich nicht überprüfbar, aber nur möglich, wenn der Betroffene zustimmt. Meint er, zu Unrecht verwarnt zu werden, kann er die Verwarnung ablehnen, einen Bußgeldbescheid ergehen lassen und gegen diesen den Strafrichter anrufen.

76 Die Verjährung von Ordnungswidrigkeiten richtet sich nach §§ 31 ff. OWiG und tritt frühestens nach sechs Monaten, spätestens nach drei Jahren ein.

ÜBUNGSTEIL

Rechtliche Aspekte

1 Fragen zum Text

1. Womit befasst sich das moderne Strafrecht?
2. Welche drei Hauptzwecke verfolgt die strafrechtliche Ahndung?
3. Was bedeutet das Schuldprinzip?
4. Was verstehen Sie unter dem Weltrechtsprinzip? Ist dies die Regel oder die Ausnahme im Strafrecht?
5. Was regelt das Strafgesetzbuch (StGB)?
6. Welche Bedeutung hat das Legalitätsprinzip?
7. Wann kann eine Tat nur bestraft werden? Was bedeutet dies konkret?
8. Definieren Sie, nötigenfalls mit Hilfe eines Kommentars zum StGB oder eines Rechtswörterbuchs, Vorsatz und Fahrlässigkeit.
9. Welche Folge hat das Vorliegen eines Rechtfertigungsgrundes für die Bestrafung? Warum?
10. Was ist unter Schuldfähigkeit zu verstehen?
11. Wann liegt eine versuchte Straftat vor und wie sieht es mit der Strafbarkeit des Versuchs aus?
12. Was verstehen Sie unter Freiheits-, was unter Geldstrafe?
13. Wie funktioniert die Strafaussetzung zur Bewährung?
14. Erklären Sie die Möglichkeit der Elektronischen Aufenthaltsüberwachung.
15. Wann wird eine Maßregel der Besserung und Sicherung verhängt?
16. Wozu dient die Sicherungsverwahrung und welche Probleme wirft sie auf?
17. Erläutern Sie den Täter-Opfer-Ausgleich.
18. Wie funktioniert das Jugendstrafrecht und worin bestehen die Unterschiede zum Erwachsenenstrafrecht?
19. Was ist eine Ordnungswidrigkeit und wie wird sie sanktioniert?

2 Finden Sie heraus, um welche Straftat es sich handeln könnte, und formulieren Sie den Klausureinstieg mit entsprechendem Paragrafen.

1. Der Dieb D entwendet die Geldbörse aus der Manteltasche des M.
2. Referendarin R ist in der Zweiten Juristischen Prüfung wiederholt und endgültig durchgefallen. Da sie Richterin werden möchte, fertigt sie kurzerhand selbst eine Urkunde an, nach der sie die Zweite Juristische Prüfung mit ausgezeichneten Noten bestanden hat, und legt diese dem Justizministerium vor. Der Schwindel fliegt sofort auf.
3. Ehemann E findet, seine Frau müsse ihm jederzeit zur Verfügung stehen. Als sie ihm erklärt, sie habe heute keine Lust auf Sex, übt er mit Gewalt den Beischlaf mit ihr aus.
4. Die Ehefrau F tötet gemeinsam mit ihrem Liebhaber L ihren Ehemann, der ihrer Liebesbeziehung im Wege stand. F und L beabsichtigen, sich mit dem Vermögen

des toten Ehemannes ein schönes Leben zu machen; diese Idee hatten sie bereits vor der Tötung.

5. Der schlaue Dagobert droht Banken und großen Kaufhäusern Sprengstoffattentate an, die zum Tod zahlreicher Kunden führen könnten, falls sie ihm nicht je eine Million Euro zahlen. Die Bedrohten zahlen.
6. Auf dem Münchner Oktoberfest geraten sich die Bedienung B und der Gast G in die Haare, was in eine handfeste Schlägerei ausartet. Am Ende hat B ein blaues Auge und G fehlt ein Zahn.
7. Die Gegner G des Atomtransports „Pollux“, der von München nach Gorleben fährt, setzen sich auf die Schienen, um den Zug zum Anhalten zu zwingen oder zumindest den Transport zu erschweren und wirtschaftlich ad absurdum zu führen. Der Zug mit dem Atommüll muss deswegen zweimal halten.
8. Der Skinhead S wirft die Fenster eines türkischen Lebensmittelladens ein. Verletzt wird niemand.
9. Die Gelegenheitsganoven G und V kidnappen die Millionärin M und verlangen zwei Millionen Euro Lösegeld von deren Familie. Die Familie zahlt.
10. Die Rechtsradikalen R und K zünden ein Asylbewerberwohnheim an und hoffen, dass es viel Aufregung, mehrere Verletzte und vielleicht einen Toten gibt. Alles tritt ein.

3 Worin dürfte der Hauptgrund für die Bestrafung der folgenden Straftäter liegen (Vergeltung, Spezialprävention, Generalprävention)? Mehrere Gründe erscheinen möglich. Begründen Sie Ihre Ansicht kurz.

1. Der neunzigjährige M, der nie wieder mit einer Frau zusammenleben will, hat seine fünfzigjährige attraktive Lebensgefährtin L aus Eifersucht getötet.
2. Die Studentin S, die gerne und häufig auf Uni-Feten geht und dort die Alkoholauswahl genießt, fährt in sehr betrunkenem Zustand gegen eine Ampel, die dadurch völlig zerstört wird.
3. Zehn Jahre nach einer Geiselnahme, bei der der Fahrer, die zwei Leibwächter und später auch die Geisel selbst liquidiert, also bewusst und gewollt getötet wurden, wird der Terrorist T verhaftet. T gibt zu, geschossen zu haben und dies damals aus politischen Gründen für gut befunden zu haben. Heute bereut er seine Tat.
4. Der ehemalige KZ-Wachmann D wird im Jahr 2011 wegen Beihilfe zum Mord an mindestens 28.060 Juden im Jahr 1943 im Vernichtungslager S vom Landgericht M zu fünf Jahren Freiheitsstrafe verurteilt. Gleichzeitig hebt das Landgericht den Haftbefehl gegen den 91-Jährigen wegen dessen schlechtem Gesundheitszustand als unverhältnismäßig auf.

4 Wie verhält es sich mit der Schuldfähigkeit der folgenden Personen? In welchen Paragrafen finden Sie dazu etwas?

1. Die beiden Freundinnen E und F, 9 und 11 Jahre alt, stehlen in einem Drogeriemarkt wiederholt Kosmetikartikel. Der Gesamtwert beträgt knapp 1.000 EUR.
2. Der 17-jährige J ist aufgrund übermäßigen Alkoholgenusses – Blutalkoholkonzentration 2,2 ‰ – sehr aggressiv und tritt zwei ihm unbekannte Seniorinnen vom Fahrrad. Die 79-Jährige wird leicht, die 81-Jährige schwer verletzt.

3. Die 18-jährige Mutter M und der 25-jährige Vater V des Mädchens Ä, beide wegen leichten Alkohol- und Drogenkonsums vom Leben überfordert, misshandeln und vernachlässigen Ä massiv. Am Ende stirbt Ä im Alter von drei Jahren an Unterernährung und Schwäche, weil die Eltern keinen Arzt einschalten, obwohl sie wissen, dass dies dringend nötig wäre.
4. Die zwei Freundinnen E und F, 12 und 13 Jahre alt, wünschen aufgrund einer banalen Mädchenstreitigkeit den Tod ihrer 13-jährigen Mitschülerin S. Sie locken sie in ein Wäldchen und töten sie dort mit 74 Messerstichen.
5. Der alkoholabhängige 14-jährige Intensivtäter T, der wegen über 80 von ihm begangenen Straftaten bereits polizeibekannt ist, vergewaltigt in einem Parkhaus plangemäß eine ihm unbekannte Frau.
6. Der 6-jährige Deutsche D wird vom Zoll bei der Einreise am Flughafen F mit 14 kg Cannabis in seinem Kinderkoffer erwischt. Vermutlich sind die Drogen ohne Wissen des D in seinem Koffer versteckt worden.
7. Die an Schizophrenie erkrankte K wirft in einem akuten Krankheitsschub Handys, eine Mülltüte, einen Katzenkorb und schließlich ihre zweijährige Tochter T aus einem Wohnungsfenster im dritten Stock. T überlebt schwer verletzt.
8. Der seit Jahren an einer leichten psychischen Erkrankung leidende L rast aus allgemeinem Frust mit seinem Auto mit bis zu 80 km/h durch eine gut besuchte Fußgängerzone. Sein Ziel ist, möglichst viele Fußgänger zu töten. Es gibt zwei Tote und 14 Verletzte.

5 **Entscheiden Sie, ob bei den folgenden Straftaten nach dem in § 6 Nr. 2 bis § 8 StGB und im Völkerstrafgesetzbuch konkretisierten Weltrechtsprinzip oder wegen § 7 StGB das deutsche Strafrecht gilt, und begründen Sie Ihre Meinung.**

1. Der Syrer S, der in Koblenz lebt, wird dort wegen in Syrien während des Kriegs begangener Verbrechen gegen die Menschlichkeit in Form von Tötung, Folter, schwerwiegender Freiheitsberaubung, Vergewaltigung und sexueller Nötigung in Tateinheit mit Mord in 27 Fällen, gefährlicher Körperverletzung in 25 Fällen, besonders schwerer Vergewaltigung, sexueller Nötigung in zwei Fällen, über eine Woche dauernder Freiheitsberaubung in 14 Fällen, Geiselnahme in zwei Fällen und sexuellen Missbrauchs von Gefangenen in drei Fällen zu einer lebenslangen Freiheitsstrafe verurteilt.
2. Die auf einer Tournee in Deutschland befindliche amerikanische Countrysängerin C, die in Texas ihren amerikanischen Lebensgefährten ermordet haben soll, wird nach ihrem letzten Auftritt verhaftet und des Mordes angeklagt.
3. Der Pole P verspricht jungen polnischen Frauen vom Lande, ihnen eine Au-pair-Stelle in Deutschland zu besorgen. In Wirklichkeit verkauft er sie von Polen aus an deutsche Bordelle, in denen sie zur Prostitution gezwungen werden. Bei einer seiner kurzen Einreisen nach Deutschland wird P verhaftet und angeklagt.
4. Die Thailänderin T, die selbst drogensüchtig ist, verkauft zur Deckung ihres Lebensunterhaltes und Drogenkonsums in Thailand Drogen. Gelegentlich ist unter ihren Kunden ein deutscher Tourist. Als T an einem vierwöchigen Sprachkurs in Deutschland teilnimmt, wird sie festgenommen und dem Strafrichter vorgeführt.

5. Die beiden Deutschen D und G gründen anlässlich des Erdbebens auf Haiti eine Kinderhilfsorganisation, die in Deutschland Spenden sammelt. In Wirklichkeit dient die sogenannte Hilfsorganisation dazu, haitianische Kinder dort sexuell zu missbrauchen und sie nach Deutschland und in andere wohlhabende Länder zu verbringen, um sie dort der sexuellen Ausbeutung durch Pädophilenringe auszusetzen.

6 Strafe im Sinne der Strafgesetze sind nur Freiheitsstrafe, Geldstrafe und – als Nebenstrafe – das Fahrverbot. Handelt es sich in den folgenden Fällen um eine solche Strafe? Begründen Sie Ihre Antwort.

1. Die Käuferin K und das Autohaus A vereinbaren, dass für jeden Tag, den der bestellte Wagen zu spät geliefert wird, eine Vertragsstrafe in Höhe von 50 EUR fällig wird.
2. Der Tierquäler Q hat sich darüber geärgert, dass ihn sein Pferd abgeworfen hat. Obwohl er völlig unverletzt geblieben ist, vergiftet er sein Pferd. Es verendet qualvoll. Q wird mit einer Geldstrafe in Höhe von 3.000 EUR bestraft.
3. Autofahrer F überfährt eine rote Ampel und muss für diese Ordnungswidrigkeit 60 EUR bezahlen.
4. Brandstifterin B, die ihr Wohnhaus angezündet hat, wird zu drei Jahren Freiheitsstrafe verurteilt.

7 Ordnen Sie die Freisprüche, Strafen, Nebenstrafen und Maßregeln der Besserung und Sicherung den einzelnen Fällen zu:

Freispruch / Freispruch / Freispruch / Geldstrafe: 50 Tagessätze à 1.000 EUR / zeitige Freiheitsstrafe: 2 Jahre auf Bewährung / zeitige Freiheitsstrafe: 5 1/2 Jahre Gefängnis / zeitige Freiheitsstrafe: 10 Jahre Gefängnis / 8 Jahre Freiheitsstrafe / lebenslange Freiheitsstrafe / lebenslange Freiheitsstrafe mit Feststellung der besonderen Schwere der Schuld / lebenslange Freiheitsstrafe mit Feststellung der besonderen Schwere der Schuld und anschließender Sicherungsverwahrung / Unterbringung in einem psychiatrischen Krankenhaus / gemeinnützige Arbeit: 30 Arbeitsstunden / Berufsverbot / Entziehung der Fahrerlaubnis

1. Der Fernsehmoderator M wird angeklagt, eine Freundin vergewaltigt zu haben. Die Richter haben Zweifel am Tathergang und wenden auf ihre Entscheidung den Grundsatz *in dubio pro reo* (→ Kap. 9 Rn. 39) an.
2. Der Student S wird angeklagt, seinen Nachhilfeschüler N, der aus einer sehr wohlhabenden Familie stammt, entführt und unter Ausnutzung von dessen Arglosigkeit getötet zu haben. Nach der Tötung hatte S versucht, von der Familie des Kindes für dessen Freilassung 1 Million Euro zu erpressen, indem er der Familie vorspiegelte, das Kind sei noch am Leben, obwohl er den Leichnam schon längst vergraben hatte.
3. Die Möchtegern-Künstlerin K ist angeklagt, weil sie Graffitis auf ein neu renoviertes historisches Gebäude gesprüht hat. Sie hält sich für eine begnadete Künstlerin und ist einkommens- und vermögenslos.

4. Der ehemalige Lehrer L wird verurteilt, weil er in einem Zeitraum von fast zwanzig Jahren drei Jungen getötet und zahlreiche Kinder sexuell missbraucht hat. Das Gericht hält den Täter, der bei seinen Taten eine gruselig aussehende Sturmhaube trug, für einen gefährlichen, nicht resozialisierbaren Serientäter.
5. Die Terroristin T ist angeklagt, weil sie mehrere Raubüberfälle begangen hat, um ihr Leben im Untergrund zu finanzieren. Bei den Überfällen wurde niemand verletzt. Mehrere Kassiererinnen erlitten allerdings einen Schock und mussten danach eine langwierige Psychotherapie in Anspruch nehmen.
6. Die 18-jährige Kurdin K lebt mit ihrer extrem konservativen jesidischen Familie im Ruhrgebiet. Sie möchte wie eine junge deutsche Frau leben, aber ihre Brüder, insbesondere der zweiundzwanzigjährige B, akzeptieren dies nicht und verprügeln sie deshalb mehrfach. K flüchtet zu ihrem Schutz ins Frauenhaus. Ihre fünf Brüder entführen sie von dort mit Gewalt; angeblich möchten sie K in die Familie zurückholen. Während der Autofahrt tötet B seine Schwester K durch zwei Kopfschüsse. B wird wegen Mordes angeklagt, seine Brüder S und K wegen Geiselnahme und Beihilfe zum Mord und seine Brüder E und N wegen Geiselnahme.
7. Fußballtrainer F wird verurteilt, weil er zahlreiche jugendliche Spieler sexuell belästigt hat. Diese verlangen, dass nicht nur eine Freiheitsstrafe verhängt wird, sondern außerdem sichergestellt wird, dass er nicht mehr als Sporttrainer das Vertrauen der jungen Spieler missbrauchen kann.
8. Rapper R wird wegen wiederholter massiver Geschwindigkeitsüberschreitungen, darunter einmal um 132 km/h, und Beleidigung zahlreicher Verkehrsteilnehmer verurteilt.
9. W, der seit vielen Jahren unter unkorrigierbaren Wahnvorstellungen leidet und deswegen nicht strafrechtlich verantwortlich gemacht werden kann, wird verurteilt, weil er mehrfach mit einem Messer auf seine Mutter eingestochen und sie getreten hat, bevor er sie letztendlich in der Badewanne ertränkte. Er erklärte dem Gericht, Stimmen aus dem Radio hätten ihn zu der Tat getrieben. Das Landgericht spricht ihn vom Vorwurf des Totschlags frei.
10. Der Veranstalter V eines Extremberglaufs zur Zugspitze wird wegen fahrlässiger Tötung zweier Läufer und wegen fahrlässiger Körperverletzung von neun weiteren Läufern angeklagt. Die elf Extrembergläufer waren trotz Schneetreibens und eisiger Winde in kurzen Hosen und T-Shirts gelaufen und hatten auch in eisiger Höhe keine warme Laufkleidung angelegt. Der Veranstalter hatte auf die Notwendigkeit wettertauglicher Ausrüstung hingewiesen und den Lauf trotz eines Wetterumschwungs nicht abgebrochen. Das Gericht kommt nach der Beweisaufnahme zu dem Ergebnis, dass die Verletzten und Verstorbenen sich eigenverantwortlich gefährdet haben.

8 Die Prüfung eines strafrechtlichen Delikts wird unterteilt in Tatbestandsmäßigkeit, Rechtswidrigkeit und Schuld. In welchem Prüfungsbereich liegt in den folgenden Fällen das Problem?

1. Nach reichlichem Alkoholgenuss auf einem Kneipenbummel nimmt die Studentin S einen Blumentopf von der Terrasse der letzten Kneipe mit, ohne dass der Wirt dieses bemerkt. Nach wenigen Minuten wird ihr der Blumentopf jedoch zu schwer und sie wirft ihn weg.
2. Der schüchterne Ü, der Alkohol nicht gewohnt ist, betrinkt sich absichtlich total, um seinem Chef endlich zu sagen, was er wirklich von ihm hält. Er beleidigt ihn schwer.
3. F, die schon mehrmals in der U-Bahn überfallen worden ist, hat zu ihrer Verteidigung immer ein sog. K.O.-Gas dabei. Als Tourist T sie nach der richtigen U-Bahnstation fragen will, befürchtet sie einen Angriff und sprüht ihm das Gas direkt ins Gesicht. T geht es eine Stunde lang gesundheitlich und psychisch schlecht.
4. X, ein deutscher Staatsangehöriger mit koreanischen Wurzeln, führt seine Ehefrau in ein koreanisches Restaurant in Hamburg. Dort gibt es eine koreanische Spezialität, die darin besteht, einen lebendigen Tintenfisch ganz oder in Stücke geschnitten zu verzehren. X hofft, dass seine Frau sich am Tintenfisch verschluckt und stirbt, so dass er die hohe Lebensversicherung kassieren kann, die er vor einigen Jahren für sie abgeschlossen hat. Seine Hoffnung erfüllt sich.
5. Mauerschütze M ist wegen Totschlags angeklagt, weil er einen Bürger der DDR am Verlassen des Staatsgebiets gehindert hat, indem er ihn erschossen hat. M verteidigt sich mit dem Argument, er habe einen Schießbefehl des Vorgesetzten befolgt und was früher Recht gewesen sei, könne heute kein Unrecht sein. Der Bundesgerichtshof verurteilt ihn mit der Begründung, die vorsätzliche Tötung unbewaffneter Flüchtlinge stelle einen offensichtlichen, unerträglichen Verstoß gegen elementare Gebote der Gerechtigkeit und gegen völkerrechtlich geschützte Menschenrechte, also gegen höherrangiges Recht dar.
6. Beim Untergang des Schiffes Costa Mortalia schiebt die sportliche S den schwächlichen L von einer Holzplanke, die nur einen von beiden tragen kann. L ertrinkt, S wird gerettet.

9 Entscheiden Sie, ob es sich um Alleintäterschaft (§ 25 Abs. 1 StGB), Mittäterschaft (§ 25 Abs. 2 StGB), Beihilfe (§ 27 Abs. 1 StGB) oder Anstiftung (§ 26 StGB) handelt.

1. X, Y und Z prügeln auf einem Volksfest den A, der sie angerempelt hatte, krankenhausreif.
2. Bankräuberin B überfällt ihre zehnte Bank.
3. E, die ihren Ehemann umbringen will, sich aber nicht traut, beauftragt einen Killer, die Tat auszuführen.
4. Der Rechtsanwalt R stellt seinen Farbkopierer dem Ganoven G zur Herstellung falscher Geldscheine zur Verfügung.

10 Entscheiden Sie, ob Vorsatz oder Fahrlässigkeit vorliegt.

1. Die lebensfrohe F will ihren langweiligen Lebensgefährten L töten, um seine Lebensversicherung zu kassieren. Sie schüttet eine ausreichende Menge Gift in seinen Kaffee; L stirbt.
2. Brandstifter B steckt eine einsame Scheune an. Er weiß, dass in der Scheune öfters Landstreicher übernachten, und hält es für möglich, dass auch jetzt ein Landstreicher darin schläft. Dies ist ihm jedoch egal. Landstreicher L stirbt in den Flammen.
3. Die Rechtsradikale R wirft vormittags einen Brandsatz in den Aufenthaltsraum eines Asylbewerberwohnheims. Sie weiß, dass sich gelegentlich vormittags Personen in diesem Raum aufhalten, hofft jedoch, dass dies heute nicht der Fall ist, da sie den Asylbewerbern lediglich einen Schreck einjagen will. Tatsächlich wird die Asylbewerberin A durch den Brandsatz schwer verletzt.
4. Der eigenbrötlerische E wacht an Silvester durch den Lärm einer vor seinem Haus vorübergehenden feiernden Gruppe auf. Er empfindet seit Wochen Wut, Ärger und Frust über seine aktuelle schwierige Lebenssituation und schießt jetzt aus Verärgerung über die Ruhestörung mit einer Pistole in die Gruppe. Ihm ist bewusst, dass ein Schuss aus dieser Waffe tödlich sein kann. Dies ist ihm egal. Die Schülerin S wird tödlich verletzt.

11 Überlegen Sie, ob ein (strafbarer) Versuch oder eine (straflose) Vorbereitungshandlung vorliegt.

1. Förster F, der seine Frau erschießen will, weil er seine junge Geliebte heiraten will, kauft für die Tat ein neues Gewehr.
2. Altenpflegerin A, die sich eines schwierigen Patienten entledigen will, stellt eine Kanne mit vergiftetem Tee auf dessen Nachttisch. Sie geht davon aus, dass der Patient wie jeden Tag seinen Tee trinken wird und heute daran stirbt.

12 Um welche Problematik (Analogieverbot, Bestimmtheitsgrundsatz, Rückwirkungsverbot) geht es in den folgenden Beispielen?

1. Der Holländer L wurde angeklagt, am 27.2.1933 den Reichstag in Brand gesetzt zu haben. Am Tag der Tat betrug die Höchststrafe für schwere vorsätzliche Brandstiftung lebenslanges Zuchthaus. Am 28.2.1933 wurde für die Zukunft die Todesstrafe für jene Taten möglich, für die bisher lebenslanges Zuchthaus angedroht war. Am 29.3.1933 trat ein Gesetz in Kraft, das bestimmte, dass die Vorschriften vom 28.2.1933 rückwirkend auch auf Taten anzuwenden seien, die zwischen dem 31.1. und dem 27.2.1933 begangen wurden. Daraufhin wurde L zum Tode verurteilt und hingerichtet.
2. § 2 Reichsstrafgesetzbuch bestimmte von 1935–1945: „Bestraft wird, wer eine Tat begeht, die das Gesetz für strafbar erklärt oder die nach dem Grundgedanken eines Strafgesetzes und nach dem gesunden Volksempfinden Strafe verdient. Findet auf die Tat kein bestimmtes Strafgesetz unmittelbar Anwendung, so wird die Tat nach dem Gesetz bestraft, dessen Grundgedanke auf sie am besten zutrifft."

3. Der Bayerische Verfassungsgerichtshof (BayVerfGH) erklärte 1951 folgende Vorschrift für nichtig: „Mit Gefängnis, Haft oder Geldstrafe, in schweren Fällen mit Zuchthaus wird bestraft, wer... gegen die Interessen der Alliierten Streitkräfte oder eines ihrer Mitglieder handelt."

13 § 12 StGB unterteilt die Straftaten in zwei Gruppen: Verbrechen und Vergehen. Verbrechen sind rechtswidrige Taten, die im Mindestmaß mit Freiheitsstrafe von einem Jahr oder Geldstrafe bedroht sind, Vergehen solche, die im Mindestmaß mit einer geringeren Freiheitsstrafe oder mit Geldstrafe bedroht sind. Entscheiden Sie aufgrund der Strafdrohung, ob es sich bei folgenden Straftaten um ein Verbrechen oder ein Vergehen handelt.

	Verbrechen	Vergehen
Abgeordnetenbestechung, § 108e		
Hausfriedensbruch, § 123		
Volksverhetzung, § 130 I		
Geldfälschung, § 146 I		
Meineid, § 154 I		
Doppelehe, § 172		
Vergewaltigung, § 177 II		
Totschlag, § 212		
Schwangerschaftsabbruch, § 218 I 1		
Körperverletzung, § 223		

14 Überlegen Sie, welche Straftaten und Konsequenzen (a–j) auf die Sachverhalte (1-10) zutreffen könnten und diskutieren Sie die Angemessenheit der Rechtsfolgen.

a) Brandstiftung; drei Jahre Jugendstrafe; Unterbringung in einer Erziehungsanstalt; Möglichkeit der Aussetzung der Reststrafe zur Bewährung nach erfolgreichem Abschluss der Therapie.

b) Datenveränderung; Computersabotage; Jugendstrafe von einem Jahr und neun Monaten, ausgesetzt zu drei Jahren Bewährung, Bewährungsauflage: 30 Stunden gemeinnützige Arbeit in einem Seniorenheim oder einem Krankenhaus.

c) Beihilfe zum vorsätzlichen Herbeiführen einer Sprengstoffexplosion in Tateinheit mit Beihilfe zur gefährlichen Körperverletzung; unerlaubter Umgang mit explosionsgefährlichen Stoffen; Warnschussarrest; zwei Jahre Jugendstrafe, ausgesetzt zur Bewährung; Bewährungsauflage: 200 Stunden gemeinnützige Arbeiten.

d) Sachbeschädigung; Fahren ohne Fahrerlaubnis; Gefährdung des Straßenverkehrs; nicht strafmündig: Keine Strafe.

e) Teilnahme an einem nicht erlaubten Kraftfahrzeugrennen; Allgemeines Strafrecht: Geldstrafe oder bis zu zwei Jahre Freiheitsstrafe; Entziehung der Fahrerlaubnis.

f) Mord in Tateinheit mit versuchtem Mord, gefährliche Körperverletzung und Misshandlung von Schutzbefohlenen durch Unterlassen: 14 Jahre Freiheitsstrafe.

g) Teilnahme an einem nicht erlaubten Kraftfahrzeugrennen; fahrlässige Tötung; gefährlicher Eingriff in den Straßenverkehr. Allgemeines Strafrecht: Besonders schwerer Fall der Straftat; Freiheitsstrafe von einem Jahr bis zu zehn Jahren.
h) Fahren unter Alkoholeinfluss; Fahren ohne Fahrerlaubnis; Sperre; Geldstrafe.
i) Mord; nachträgliche Sicherungsverwahrung zur präventiven Verhinderung zukünftiger Straftaten.
j) Beteiligung an einer terroristischen Vereinigung im Ausland, Verbrechen gegen die Menschlichkeit mit Todesfolge durch Versklavung, Freiheitsberaubung mit Todesfolge; Jugendstrafe von sechs Jahren sechs Monaten.

1. Die 20-jährige alleinerziehende M beschließt, mehrere Tage auf Disko zu gehen. Sie lässt ihre 2-jährige Tochter und ihren 9 Monate alten Sohn in ihren Kinderbetten in der Wohnung zurück. Ihr ist bewusst, dass niemand vom Zustand der Kinder weiß und sich niemand um sie kümmern wird und dass sie aufgrund der fehlenden Flüssigkeitszufuhr sterben werden; dies ist ihr jedoch egal. Die Polizei findet vier Tage später gemeinsam mit dem Jugendamt den verdursteten Jungen und das lebensbedrohlich ausgetrocknete Mädchen, das überlebt, vor. Das Gericht ist der Meinung, dass A grausam und aus niedrigen Beweggründen gehandelt hat und sich ihrer Pflichten gegenüber ihren Kindern und deren Unterlassung sehr wohl bewusst war. Es verurteilt sie nach allgemeinem Strafrecht, wendet aber § 106 I JGG an.
2. Der 11-jährige B nimmt sich heimlich die Autoschlüssel des Aufsichtsberechtigten vom Schlüsselbrett und fährt in Schlangenlinien und ohne Licht abends mit teilweise überhöhter Geschwindigkeit durch die Stadt. Auf der Flucht vor der Polizei überfährt er eine rote Ampel, beschädigt mehrere parkende Autos, prallt gegen ein ihm entgegenkommendes Auto und umfährt eine Straßensperre der Polizei. Personen werden wie durch ein Wunder nicht verletzt. Erst durch eine zweite Straßensperre kann er gestoppt werden.
3. Die 22 und 23 Jahre alten Raser C, D und E rasen mit ihren extrem leistungsstarken Sportwagen mit Vollgas und riskanten Überholmanövern über alle drei Spuren der Autobahn, wobei auf einer Tunnelstrecke 80 km/h Höchstgeschwindigkeit gilt, die sie missachten. Sie filmen ihr Rennen, stellen es online und prahlen damit in den sozialen Netzwerken und ihrer Stammkneipe.
4. Der 21-jährige Raser R überfährt in der Stadt S, wo er sich mit dem 23-jährigen M ein Rennen mit weit überhöhter Geschwindigkeit liefert, das sechsjährige Kind S, das auf Höhe einer Bushaltestelle mit zwei Schulfreunden die Straße überquert. Das Kind stirbt im Krankenhaus an seinen schweren Verletzungen.
5. Die 18-jährige E fährt betrunken Auto. Als die Polizei sie anhält, muss sie zugeben, dass sie die Führerscheinprüfung zwar bestanden hat, aber den Führerschein aus Faulheit noch nicht bei der Behörde abgeholt hat.
6. Der 15-jährige F übergibt vor einem Fußballspiel einem befreundeten Erwachsenen einen Böller, den dieser im Fußballstadion zur Explosion bringt. Dadurch werden 33 Personen, darunter fünf Kinder, zum Teil schwer verletzt. F weiß bei Übergabe, dass dieser im Stadion in Richtung der gegnerischen Fans geworfen

werden soll und dass dadurch zahlreiche Menschen verletzt werden können. Dies ist ihm egal.

7. Der 19-jährige G wird wegen Mordes an einer Joggerin zu zehn Jahren Jugendstrafe verurteilt. Da G seit seinem 15. Lebensjahr sexuelle Gewaltfantasien hat, die er bei der Ermordung der Joggerin in die Tat umsetzte, und die ihn bis zum Ende der Haft begleiten, kommt das Gericht zu dem Schluss, dass er nach seiner Entlassung sehr wahrscheinlich weiterhin schwere Straftaten, insbesondere sexuelle Gewaltdelikte, im schlimmsten Fall erneut einen Mord begehen wird.
8. Der im Programmieren sehr erfolgreiche, aber äußerst introvertierte P, der in seiner Schulklasse nicht integriert ist und ein starkes Bedürfnis nach Anerkennung unter Gleichaltrigen hat, entwickelt Computerwürmer, durch die er Datenveränderungen und Computersabotage betreibt. Er richtet dadurch sehr großen wirtschaftlichen Schaden an und schafft auch Gefahr für Leib und Leben anderer Personen, indem er durch seine Computerwürmer Notrufanlagen und ähnliche Einrichtungen vorübergehend lahmlegt. Dies ist ihm auch bewusst und er bemüht sich, durch Verbesserung der Computerwürmer ihre Verbreitungsgeschwindigkeit zu verkürzen und den Schaden zu maximieren. Die Strafkammer berücksichtigt, dass er unter einer entwicklungsbedingten Reifeverzögerung leidet, vollumfänglich geständig ist und nach der Tat eine Ausbildung begonnen hat, die ihn offensichtlich stabilisiert.
9. Der 16-jährige H, der an einer Suchterkrankung leidet, legt zwischen März und Juli neun Brände, bei denen u.a. eine Holzhütte, ein Pferdestall, ein kleines Waldstück und einige Kabel in dem Haus, in dem er wohnt, brennen. In dem Haus befinden sich zum Tatzeitpunkt Menschen; einer erleidet eine Rauchgasvergiftung. Der Gesamtschaden der Brände beträgt ca. 175.000 EUR. Das Gericht berücksichtigt, dass H ausführlich und frühzeitig gesteht und sich schuldeinsichtig und reumütig zeigt. Seine Suchterkrankung habe zu den Taten beigetragen; außerdem habe er vor der ersten Tat ein Trauma erlitten, das zu einer posttraumatischen Belastungsstörung geführt habe.
10. Die Deutsche I zieht im Alter von 15 Jahren in das von einem Bürgerkrieg geschüttelte Land L, um sich am Aufbau eines neuen, von ihrer Religionsvorstellung geprägten Staates zu beteiligen. Ideologisch hält sie Terror für ein angemessenes Mittel, dieses Ziel zu erreichen, und wird deshalb Mitglied einer terroristischen Vereinigung. Sie heiratet den gleichgesinnten Kämpfer K aus dieser Vereinigung und hält gemeinsam mit ihm fünf Frauen und zwei Mädchen einer anderen Religionsgruppe wie Sklavinnen. Mit Bestärkung durch I vergewaltigt K zwei der Frauen; die 14-jährige J kommt bei einer durch I gebilligten Fahrt über eine extrem gefährliche Straße ums Leben. Die Gefährdung des Lebens der J durch die Fahrt ist I bekannt, aber egal. Nach ihrer Auslieferung nach Deutschland wird I angeklagt und verurteilt.

15 Ordnen Sie mit Hilfe des Internets die neuen Begriffe durch Deepfakes den Erklärungen zu und überlegen Sie, nach welchem Straftatbestand diese zu bestrafen sein könnten:

A) § 177 StGB; B) § 202a I StGB; C) § 126a StGB; D) § 253 StGB

1. Hacking	a) das gefährdende Verbreiten personenbezogener Daten
2. Sextortion	b) Erpressung
3. Doxing	c) Ausspähen von Daten
	d) sexuelle Nötigung

16 Ordnen Sie folgende Begriffe den Fällen zu:

A) (geplanter) Amoklauf (Verabredung zu einem Verbrechen); B) Cold Case; C) Downblousing; D) Enkeltrick / Schockanruf; E) Femizid (Tötung einer Frau, weil sie eine Frau ist); F) Gafferfall; G) Versuchter Infantizid (Versuchte Kindstötung); H) Raserfall; I) Stealthing; J) Upskirting.

1. Zwei Frauen erklären einer alten Frau in einem Telefonanruf wahrheitswidrig, ihre Enkelin habe einen tödlichen Verkehrsunfall verursacht und benötige umgehend 10.000 EUR, die sie als Kaution hinterlegen müsse, um dem Gefängnis zu entgehen. Die Angerufene zahlt. Es stellt sich heraus, dass die Frauen bereits mindestens eine ähnliche Tat begangen haben. Die Täterinnen werden vom Amtsgericht wegen gewerbsmäßigen bandenmäßigen Betrugs zu einer Bewährungsstrafe verurteilt.
2. Ehemann M übergießt seine Ehefrau F, weil er sich über sie geärgert hat, in einer fahrenden Straßenbahn mit einer brennbaren Flüssigkeit und zündet sie an. F überlebt schwer verletzt. M wird wegen versuchten Mordes angeklagt.
3. Die 71-jährige Seniorin S wird in der Innenstadt von einem Linienbus überfahren und schwer verletzt. Der Fußgänger F zückt sein Handy, dreht ein Video von der Verletzten und schickt das Video an seinen Bekannten B, der es online stellt. B wird wegen der Verletzung des höchstpersönlichen Lebensbereichs und Verletzung von Persönlichkeitsrechten durch Bildaufnahmen zu 50 Tagessätzen à 30 EUR verurteilt.
4. Der 25-jährige Autofahrer F überholt bei einem illegalen Autorennen auf der Landstraße in einer Kurve seinen Kontrahenten. Dabei stößt er mit dem entgegenkommenden Auto der J zusammen. J verstirbt noch am Unfallort. Der Beifahrer von F wird schwer verletzt. Das Gericht geht davon aus, dass F den Tod des Unfallopfers aus niederen Beweggründen billigend in Kauf genommen hat, da er die Tücken und Gefahren der schwer einsehbaren Strecke, seines täglichen Arbeitsweges, gut kannte und dennoch im morgendlichen Berufsverkehr ein Überholmanöver unternahm, dessen Ausgang allein vom Zufall abhing.
5. Der 17-jährige ehemalige Schüler S der X-Schule verabredet mit zwei anderen Jugendlichen, mehrere Schüler in seiner ehemaligen Schule anzugreifen und zu töten. Zur Tatausführung kommt es nicht.
6. Vor fast 50 Jahren soll der inzwischen 70-jährige Angeklagte A die schwangere 18-jährige Y ermordet haben. Durch neue Methoden der Kriminaltechnik konn-

ten Jahrzehnte später DNA-Spuren des A an tatrelevanten Kleidungsstücken der Y identifiziert werden. In der Hauptverhandlung macht A von seinem Recht auf Schweigen Gebrauch.

7. Hobbyfotograf H fotografiert heimlich mithilfe eines Selfie-Sticks den Slip von Museumsbesucherin M.
8. Die Kindsmutter M gibt ihrem sieben Monate alten Baby wegen Schluckaufs und Schmerzen verbotenerweise ein Opiat. Am nächsten Tag geht es dem Baby schlecht und es hat Atemaussetzer. Ratschläge, mit dem Baby einen Arzt aufzusuchen, ignoriert sie. Kurze Zeit später stirbt das Baby an Herz-Kreislaufversagen. Das Gericht geht davon aus, dass M den lebensbedrohlichen Zustand ihres Babys erkannt und trotzdem keine ärztliche Hilfe besorgt hat. Sie habe die Opiatgabe verdecken wollen, weil sie Angst hatte, das Jugendamt nehme ihr das Kind weg. Allerdings sei unklar, ob in dem Moment, in dem die M den lebensbedrohlichen Zustand des Kindes erkannt habe und entschied, keine ärztliche Hilfe zu holen, das Kind überhaupt noch zu retten war. (Körperverletzung mit Todesfolge; versuchter Mord durch Unterlassen).
9. M lernt in einem Club den K kennen und folgt ihm in seine Wohnung. Dort beschließen beide, miteinander Sex zu haben. M weist den K ausdrücklich darauf hin, dass für sie Sex nur mit einem Kondom in Frage komme. K zeigt ihr ein Kondom und versichert ihr, dass er es benutzen wird, macht dies aber nicht, ohne dass M dies bemerkt. Als M erkennt, dass K sie getäuscht hat, geht sie zur Polizei und erstattet Anzeige gegen K.
10. Oktoberfestbesucher B fotografiert die freizügigen Ausschnitte der Kellnerinnen und Besucherinnen und stellt diese ohne deren Kenntnis online.

17 Rechtspolitische Fragen

1. Erörtern Sie, inwieweit das Weltrechtsprinzip ein zweischneidiges Schwert ist. Gehen Sie dabei auf die Gründe ein, die einen Staat veranlassen können, das Weltrechtsprinzip nicht mehr länger anzuwenden.
2. Aufgrund der vermehrten Berichterstattung über Kinder als Täter schwerer Straftaten und des früheren Eintritts der Pubertät wird gelegentlich gefordert, die Strafmündigkeit von 14 Jahren auf 12 Jahre zu senken. Diskutieren Sie, welche Argumente dafür und welche dagegen sprechen.
3. Die Bundesärztekammer und andere Gruppen fordern die Zurücknahme des Cannabiskonsumgesetzes. Die Grünen und andere Gruppen sind dagegen. Erörtern Sie das Pro und Contra.
4. In Deutschland gibt es aktuell jeden Tag einen Femizid und jeden zweiten Tag einen Infantizid. Erklären Sie, wie man diese Situation verbessern könnte und wie ausländische Rechtsordnungen besser funktionierende Lösungen anbieten.
5. Statt punktueller Reformen des Sexualstrafrechts käme eine Neuregelung in Form eines „Nur Ja heißt Ja“-Modells in Betracht. Erörtern Sie die Vor- und Nachteile dieser sog. Einverständnislösung.

18 Rechtsvergleichende Anregungen

1. Erörtern Sie, wie in Ihrem Heimatland die Strafzwecke in die Tat umgesetzt werden, und vergleichen Sie die Situation mit derjenigen in Deutschland. Gehen Sie dabei auch auf den Schutz der Gesellschaft vor besonders gefährlichen und/oder schuldunfähigen Tätern ein.
2. In Deutschland wird seit vielen Jahren die Abschaffung der lebenslangen Freiheitsstrafe diskutiert, in anderen Staaten diejenige der Todesstrafe. Erläutern Sie, wie in Ihrem Land schwerste Verbrechen bestraft werden, und vergleichen Sie, ob ähnliche Diskussionen wie in Deutschland stattfinden und wie das Dilemma einer menschenwürdigen Bestrafung einerseits und Angemessenheit der Strafe gegenüber der Schwere der Schuld andererseits überwunden wird.
3. Die Rolle der Opfer wurde in den letzten Jahrzehnten permanent gestärkt (z.B. durch das Nebenklagerecht). Die Justiz befürchtet jetzt nach Anschlägen mit zahlreichen Toten und Verletzten Mammutprozesse mit u.U. Hunderten von Nebenklägern; diese seien kaum noch zu bewältigen. Opferanwälte halten dagegen, dass der Staat den Opfern eine Beteiligung an der Aufarbeitung schulde. Nehmen Sie Stellung!

Sprachliche Aspekte

1 Ergänzen Sie in Zusammenhang mit dem Wortfeld „Tat und Strafe" in den nachfolgenden Sätzen passende Wörter aus der Liste.

bestraft / Bestrafung / Freiheitsstrafe / Kernstrafrecht / Nebenstrafrecht / strafbar / strafbar / Strafe / Strafe / Strafgesetzes / Strafvorschrift / Täter / Täter / Täters / Tat / Tat / Taten / Tatbestand / Tatzeit

1. Was im Strafgesetzbuch und seinen Nebengesetzen nicht für ____________ erklärt worden ist, kann auch nicht ________________ werden.
2. Eine rechtswidrige ____________ ist nur eine solche, die den ____________ ______________ eines ________________________ verwirklicht.
3. Aufgrund des Analogieverbots dürfen Strafgerichte eine ________________ nicht über ihren eindeutigen Wortlaut hinaus anwenden.
4. ____________ ist nur vorsätzliches Handeln, wenn nicht das Gesetz fahrlässiges Handeln ausdrücklich mit ______________ bedroht.
5. Als ____________ wird bestraft, wer die ______________ selbst oder durch einen anderen begeht.
6. Die Schuld des ______________ ist Grundlage für die Höhe der ________ ______________.
7. Die Zeit, in der der ____________ gehandelt hat oder im Falle des Unterlassens hätte handeln müssen, ist die ______________.
8. Verbrechen sind rechtswidrige ________________, die im Mindestmaß mit ____________________________ von einem Jahr oder darüber bedroht sind.

9. Neben dem Strafgesetzbuch, das das ______________________ regelt, gibt es weitere Gesetze mit Strafbestimmungen, die zusammenfassend als ______________________ bezeichnet werden.
10. Das Strafgesetzbuch enthält auch Regelungen darüber, wann eine ________ ______________________ aus besonderen Gründen. ausgeschlossen ist.

2 Ergänzen Sie ein im Strafrecht gebräuchliches Adjektiv oder Adverb aus der Liste.

fahrlässiges / gemeingefährlichen / rechtswidrige / schuldunfähig / umweltgefährdende / unerlaubte / unterlassene / verfassungswidrig / verminderte / vorsätzlich

1. Nach § 19 StGB ist ________________, wer bei Begehung der Tat noch nicht vierzehn Jahre alt ist.
2. Der in § 21 StGB definierte Begriff der verminderten Schuldfähigkeit wird häufig durch den Ausdruck „______________________ Zurechnungsfähigkeit“ ersetzt.
3. ________________ handelt jemand, der weiß, was er tut, und es auch will.
4. Einige Gesetze bedrohen auch ________________ Handeln ausdrücklich mit Strafe.
5. Eine ______________________ Tat verwirklicht den Tatbestand eines Strafgesetzes.
6. Nach § 323c StGB ist ________________ Hilfeleistung strafbar.
7. Brandstiftung und Gefährdung des Straßenverkehrs gehören zu den ________ ________________ Straftaten.
8. Eine ______________________ Straftat ist beispielsweise die unbefugte Verunreinigung eines Gewässers.
9. Die ________________ Veranstaltung eines Glücksspiels oder einer Lotterie ist strafbar.
10. Die Fortführung einer für ______________________ erklärten Partei ist nach § 84 StGB strafbar.

3 Ersetzen Sie den *kursiv* gedruckten Ausdruck durch ein Modalverb (sollen, müssen, nicht dürfen) + Infinitiv im Passiv.

Beispiel *Es ist verboten*, explosionsgefährliche Abfälle außerhalb einer dafür zugelassenen Anlage abzulagern.
Explosionsgefährliche Abfälle dürfen nicht außerhalb einer dafür zugelassenen Anlage *abgelagert werden.*

1. *Es ist verboten*, einer Person unter 18 Jahren pornographische Schriften anzubieten, zu überlassen oder zugänglich zu machen.

____

____

2. *Es ist strafbar*, einen anderen zur Ableistung eines falschen Eides zu verleiten.

____

____

3. *Es ist nicht gestattet*, eine fremde Sache rechtswidrig zu beschädigen oder zu zerstören.

___

___

4. Bei der Planung, Leitung oder Ausführung eines Baues *ist es notwendig*, die anerkannten Regeln der Technik einzuhalten, um Leib und Leben anderer Personen nicht zu gefährden.

___

___

5. *Ein Zweck* der Ahndung einer Straftat *besteht darin*, den Täter durch die Strafe davon abzuhalten, weitere Straftaten zu begehen.

___

___

4 Welche Modalverben verwendet man, um folgende Ideen auszudrücken:

a) Verbot
b) Gebot
c) Zweck

5 Die Position der Negation bei „nicht dürfen"

Die Negation steht jeweils vor dem Satzteil, der negiert werden soll. **Transformation:** Ersetzen Sie „es ist verboten" durch „nicht dürfen" + Infinitiv im Passiv.

Beispiel Es ist verboten, ein Schiff in Brand zu setzen.
Ein Schiff darf nicht in Brand gesetzt werden.

1. Es ist verboten, Waldflächen durch Rauchen in Brandgefahr zu bringen.

___

___

2. Es ist verboten, öffentliche Lotterien ohne behördliche Erlaubnis zu veranstalten.

___

___

3. Es ist verboten, bei drohender Zahlungsunfähigkeit Bestandteile des Vermögens, die im Falle der Insolvenzeröffnung zur Insolvenzmasse gehören, beiseite zu schaffen.

___

___

4. Es ist verboten, ein Kraftfahrzeug gegen den Willen des Berechtigten in Gebrauch zu nehmen.

___

___

Kapitel 8
Das Verwaltungsrecht

I. Abgrenzung von Zivilrecht und Verwaltungsrecht

1 Während das in den → Kap. 4, → Kap. 5 und → Kap. 6 vorgestellte Zivilrecht die Rechtsbeziehungen der Bürger untereinander regelt, betrifft das Verwaltungsrecht wie das Strafrecht das Verhältnis der Bürger zum Staat. Diese nicht zum Zivilrecht (= Privatrecht) gehörenden Teile des Rechts werden auch als Öffentliches Recht bezeichnet, wobei man allerdings normalerweise das Strafrecht dem (übrigen) Öffentlichen Recht gegenüberstellt und als Öffentliches Recht nur das in → Kap. 3 skizzierte Verfassungsrecht und das jetzt darzustellende Verwaltungsrecht bezeichnet. Das Öffentliche Recht ist nicht wie das Zivilrecht vom Grundsatz der Gleichordnung, sondern vom Grundsatz der Über- und Unterordnung gekennzeichnet. Im Bereich des Verwaltungsrechts tritt der Staat dem Bürger **hoheitlich** gegenüber.

Beispiel Wenn der Staat bei einem Kaufmann Büromaterial einkauft, schließt er einen Kaufvertrag nach den Regeln des bürgerlichen Rechts ab. Wenn der Kaufmann den Vertrag nicht erfüllt, kann der Staat gegen den Kaufmann nur nach den Regeln des BGB vorgehen. Er muss ihn, wenn das Bestellte nicht geliefert wird, vor dem Zivilgericht verklagen. Es ist dem Staat nicht etwa gestattet, mit Polizeigewalt das bestellte Büromaterial zwangsweise bei dem Kaufmann abzuholen. Ist dagegen einer Eisdiele durch die Gewerbebehörde der Betrieb untersagt worden, weil sie verdorbenes Eis verkauft hat, und öffnet der Inhaber sein Geschäft trotzdem, so kann die Polizei mit staatlichem Zwang diesen Hoheitsakt der Gewerbeuntersagung durchsetzen.

2 Das Öffentliche Recht hatte vor 150 Jahren nur eine vergleichsweise geringe Bedeutung. Es regelte vor allem die für den Staat als Ganzes wichtigen Bereiche, z.B. die **Staatsangehörigkeit**, das **Geld- und Münzwesen**, das **Steuerwesen** und die **Bau- und Gewerbepolizei.**

3 Diese Gebiete gehören auch heute noch zum **Verwaltungsrecht**, aber mit dem Vordringen des Staates in alle Lebensbereiche hat auch das Verwaltungsrecht einen großen Aufschwung genommen. Im modernen Wohlfahrtsstaat hat der Staat auch für die staatliche Sozialversicherung und die Leistungen der **Sozialhilfe** (→ Rn. 59 ff.) zu sorgen. Im **Baurecht** (→ Rn. 15) und **Gewerberecht** (→ Rn. 22 ff.) sind die Regelungen viel dichter geworden. Wesentlich mehr Tätigkeiten des Bürgers sind zwar grundsätzlich erlaubt, aber von der Erteilung von Erlaubnissen und Genehmigungen oder von vorheriger Anzeige abhängig gemacht worden, so z.B. das Fahren eines Autos, die Tätigkeit als Makler, sogar das schlichte Eröffnen eines Ladengeschäfts, auch wenn darin nur alte Kleider verkauft werden.

4 Wesentlich umfassender ist mit der ständigen Erhöhung der vom Bürger zu tragenden Steuerlast auch das Steuerrecht (→ Rn. 63 ff.) geworden.

5 Neu hinzugekommen ist auch das gesamte Planungsrecht, sei es auf dem Gebiet des Baurechts (→ Rn. 15), der landes- und städtebaulichen Entwicklung oder des Umweltschutzes (→ Rn. 33). Andererseits ist eine Entwicklung festzustellen, früher öffentlich-rechtlich geregelte Tätigkeiten in privatrechtlicher Form zu erledigen. Dies geschieht durch die Privatisierung öffentlicher Einrichtungen, wie dies etwa bei der Deutschen Bundespost oder bei der Deutschen Bundesbahn bereits geschehen ist. Damit soll eine größere Freiheit zu unternehmerischem Handeln erreicht werden.

II. Das Allgemeine Verwaltungsrecht

6 Für alle diese einzelnen Gebiete des Verwaltungsrechts gelten Grundsätze, die jede staatliche Behörde binden und bestimmen, wie sie dem Bürger gegenübertritt. Die beiden wichtigsten Grundsätze des Verwaltungshandelns enthält das Grundgesetz:

7 Aus dem Grundsatz der freien Entfaltung der Persönlichkeit (Art. 2 I GG) ergibt sich, dass der Staat nur auf gesetzlicher Grundlage in die Freiheit des Bürgers eingreifen darf. Wenn die staatlichen Behörden dem Bürger etwas verbieten, dürfen sie das nur aufgrund eines Gesetzes, das ihnen diesen Eingriff gestattet (sog. **Vorbehalt des Gesetzes**).

8 Dadurch ist das Verwaltungsrecht viel umfangreicher als das Zivilrecht, da für jede neue zu regelnde Materie ein neues Gesetz geschaffen werden muss, das die einzelnen Eingriffe in die Freiheit des Bürgers im Einzelnen aufführt. Meint der Bürger, dass für ein bestimmtes Verwaltungshandeln keine rechtliche Grundlage bestanden hat oder dass sie falsch angewendet worden ist, kann er ein Gericht anrufen (**Rechtsweggarantie**, Art. 19 IV GG). Dabei können für die einzelnen Gebiete des Verwaltungsrechts besondere Gerichte geschaffen werden, denn kein Richter ist in der Lage, das gesamte Verwaltungsrecht zu überblicken und anzuwenden. Der Bürger kann aber – anders als z.B. in England – vom Gericht nicht nur feststellen lassen, dass der Staat rechtswidrig gehandelt hat, sondern kann auch einen ihm durch ein solches rechtswidriges Verhalten entstandenen Schaden ersetzt verlangen. Hat der Staat in das Eigentum eines Bürgers eingegriffen, sieht das GG als Garantie für eine „bürgernahe" Entscheidung durch ein dem Bürger vertrautes Gericht vor, dass über die Frage der Entschädigung nicht ein besonderes Gericht entscheidet, sondern die ordentlichen Gerichte, die auch für Entscheidungen der Bürger untereinander zuständig sind.

9 Neben diesen beiden Vorgaben der Verfassung regelt das Verwaltungsverfahrensgesetz (VwVfG), in welchen Formen die staatlichen Behörden dem Bürger entgegentreten. Die verwaltungsrechtlichen Gesetze ordnen meist nicht automatisch eintretende Rechtsfolgen an, sondern geben bei einem bestimmten Sachverhalt der Behörde lediglich die Möglichkeit, eine Entscheidung zu treffen. Diese Entscheidung heißt **Verwaltungsakt** (§ 35 VwVfG).

Beispiel Es ist grundsätzlich nicht erlaubt, ein Wohnhaus im „Außenbereich", also außerhalb der bereits im Zusammenhang bebauten Fläche zu errichten (§ 35 BauGB). Das Baurecht ordnet aber nicht an, dass ein solches Gebäude ohne weiteres abzubrechen ist, sondern gibt der Baubehörde die Möglichkeit, demjenigen, der verbotswidrig gebaut hat, den Abbruch durch einen entsprechenden Verwaltungsakt, die Abbruchverfügung, aufzugeben. Solange dieser Verwaltungsakt nicht ergangen ist, muss der Bauherr nichts unternehmen.

10 In den meisten Fällen ist es dem **Ermessen** der zuständigen Behörde überlassen, ob sie den Verwaltungsakt erlässt oder nicht; oft hat sie auch ein Auswahlermessen: Sie kann zwischen verschiedenen Arten des Einschreitens wählen. Jedes Verwaltungsermessen ist aber gebunden: Die Behörde muss erkennen, dass sie eine Ermessensentscheidung zu treffen hat, sie muss den Rahmen ausfüllen, der ihr gezogen ist, sie darf diesen Rahmen nicht überschreiten und sie darf ihr Ermessen auch nicht dadurch missbrauchen, dass sie aufgrund unsachgerechter Kriterien oder unter Verletzung von Grundrechten entscheidet. Ermessensnichtgebrauch, Ermessensunterschreitung, Ermessensüberschreitung und Ermessensfehlgebrauch machen die Entscheidung fehlerhaft. Dadurch ist der Bürger vor Willkür der Behörde geschützt. Mitunter ist auch nur eine bestimmte Entscheidung rechtmäßig („Ermessensreduzierung auf Null").

Beispiele 1. Im vorhergehenden Beispiel kann die Baubehörde die Beseitigung verfügen. Sie wird bei der Ausübung ihres Ermessens berücksichtigen, dass zu befürchten ist, dass weitere Bauherren das Bauverbot verletzen, wenn sie das Bauwerk bestehen lässt. Sie handelt daher rechtmäßig, wenn sie die Abbruchverfügung damit begründet, dass sie grundsätzlich keinen „Schwarzbau" im Außenbereich duldet. Dagegen wäre es ein Ermessensfehlgebrauch, wenn sie die Abbruchverfügung damit begründen würde, dass der Bauherr B außerdem mit der Bezahlung seiner an die Gemeinde zu zahlenden Steuern im Rückstand ist. Das hat mit der Notwendigkeit, gegen einen Bau im Außenbereich einzuschreiten, offensichtlich nichts zu tun.

2. Ob die Polizei bei Gefahren für die öffentliche Sicherheit im konkreten Fall einschreitet, unterliegt ihrem Ermessen. Beobachtet jedoch ein Polizeibeamter, der mit der Kontrolle von Parkverstößen beschäftigt ist, dass in einem nahegelegenen Teich ein Kind zu ertrinken droht, muss er seine Tätigkeit unterbrechen und das für die Rettung des Kindes Erforderliche unternehmen (Ermessensreduzierung auf Null).

11 Das Allgemeine Verwaltungsrecht regelt außerdem, ob und unter welchen Voraussetzungen der Bürger angehört werden muss, bevor ein Verwaltungsakt gegen ihn erlassen werden kann, wie ein Verwaltungsakt geändert oder zurückgenommen werden kann und wie sich der Bürger gegen einen Verwaltungsakt wehren kann.

12 Zur Entlastung der Gerichte kann nämlich ein Verwaltungsakt grundsätzlich nicht unmittelbar bei Gericht angegriffen werden. Der Bürger muss zunächst versuchen, innerhalb der Verwaltung zu seinem Recht zu kommen. Dazu steht ihm in der Regel der Rechtsbehelf des **Widerspruchs** zur Verfügung. Mit ihm erreicht er, dass die Verwaltung – normalerweise die übergeordnete Behörde – den Sachverhalt noch einmal untersucht und, wenn sie das für richtig hält, den ursprünglichen Bescheid ändert.

Erst wenn der Bürger auch mit diesem Widerspruchsbescheid nicht zufrieden ist, kann er vor Gericht gehen (→ Kap. 9 Rn. 78 ff.).

Beispiel Wenn gegen B im vorhergehenden Beispiel die Abbruchverfügung ergangen ist, kann er Widerspruch z.B. mit der Begründung einlegen, bei seinem Gebäude handle es sich um ein sog. „privilegiertes Vorhaben", das auch außerhalb der zusammenhängenden Bebauung genehmigt werden kann, und gleichzeitig die Genehmigung beantragen. Wenn die Widerspruchsbehörde zu dem Ergebnis kommt, dass dies der Fall ist, wird sie den Verwaltungsakt aufheben. Andernfalls wird sie den Widerspruch zurückweisen.

13 Greift ein Amtsträger rechtswidrig und schuldhaft in die Rechtssphäre von Bürgern ein, haben diese zunächst einen zivilrechtlichen Anspruch auf Amtshaftung nach § 839 BGB, der aber durch Art. 34 GG auf den Rechtsträger übergeleitet wird, für den der Handelnde tätig geworden ist. Der Geschädigte hat also stets einen zahlungsfähigen Schuldner. Aber auch bei rechtmäßigem Handeln können Ersatzansprüche bestehen, wie etwa beim zwangsweisen Entzug des Eigentums zum Wohl der Allgemeinheit (**Enteignung**). Hier muss nicht nur das Gesetz Art und Ausmaß der Entschädigung regeln; der Bürger kann auch im Streitfall die ordentlichen Gerichte anrufen (Art. 14 III GG).

III. Das Besondere Verwaltungsrecht

14 Die im VwVfG festgelegten Grundsätze allein erlauben – wie die Beispiele zeigen – die Beurteilung keines einzigen verwaltungsrechtlichen Falles. Sie schaffen nur die Voraussetzung für die Anwendung der einzelnen verwaltungsrechtlichen Gesetze, die man insgesamt als Besonderes Verwaltungsrecht bezeichnet. Es umfasst solche Spezialmaterien wie das Lebensmittelrecht, das die Vorschriften über die Herstellung von und den Umgang mit Lebensmitteln enthält, das Atomrecht, das die bei der Errichtung und dem Betrieb von Atomanlagen zu beachtenden Bestimmungen enthält, das Ausländerrecht, das den Status von Ausländern und ihre Berechtigung zum Aufenthalt in Deutschland regelt, das Melderecht, das Vorschriften über die Registrierung aller Einwohner enthält, das Datenschutzrecht, das öffentliche Dienstrecht, das Kulturverwaltungsrecht, das Straßenverkehrsrecht und das Wirtschaftsverwaltungsrecht, das die Einflussnahme des Staates auf die Wirtschaft regelt. In der juristischen Ausbildung sind Studierende allenfalls mit den folgenden Hauptgebieten befasst.

1. Das Baurecht

15 Das öffentliche Baurecht umfasst – im Gegensatz zur Regelung des privaten Baurechts im BGB – einerseits das Bauplanungsrecht und andererseits das Bauordnungsrecht. Das Bauplanungsrecht ist Bundesrecht und im Baugesetzbuch (BauGB) geregelt. Es bestimmt die Voraussetzungen und das Verfahren bei der Aufstellung von **Bebauungsplänen** und regelt – etwa in dem schon erwähnten § 35 BauGB – welche baulichen Anlagen wo erlaubt sind. Auch die Maßnahmen, die zur städtebaulichen Entwicklung getroffen werden können, sind hier geregelt. Dagegen ist das Bauordnungsrecht in den Bauordnungen der Bundesländer je nach Land unterschiedlich geregelt. Hier ist z.B. festgelegt, wann eine **Baugenehmigung** erforderlich ist und was ohne eine solche gebaut werden darf, oder welche Abstände Gebäude einer bestimmten Größe und Höhe vom Nachbargrundstück einhalten müssen. Gewähren baurechtliche Vorschriften dem Nachbarn eine gesicherte Rechtsstellung, dann kann auch der Nachbar eine erteilte Baugenehmigung angreifen, sie ist ein sog. **Verwaltungsakt mit Drittwirkung.**

2. Das Kommunalrecht

16 Das Kommunalrecht dient der Ausfüllung einer Vorschrift des Grundgesetzes. Den Gemeinden darf das Recht nicht genommen werden, alle Angelegenheiten der örtlichen Gemeinschaft in eigener Verantwortung zu regeln (Garantie der gemeindlichen Selbstverwaltung, Art. 28 II GG). Wie sie dies tun, regeln die **Gemeindeordnungen** und die anderen Vorschriften des Kommunalrechts (z.B. die Kommunalabgabengesetze, Gesetze über Gemeindeverbände usw.), die in jedem Bundesland verschieden sind. Es gibt sie selbstverständlich auch nur in den Bundesländern, die aus mehr als einer Gemeinde bestehen, also nicht in Hamburg und in Berlin. Die gemeindliche Selbstverwaltung ist heute weniger durch Rechtsvorschriften gefährdet als durch den Umfang, den finanzielle Zuwendungen der Länder für ihren Haushalt haben; diese lenken als „goldene Zügel" die Tätigkeit der Gemeinden auf die Vorhaben, die das Land für wünschenswert hält.

17 Die Gemeindeordnungen regeln insbesondere die Organe der Gemeinden (Bürgermeister, Oberstadtdirektor, Gemeinderat), die Organisation der Gemeindeverwaltungen und die Rechtssetzung durch die Gemeinde, die durch **Satzungen** erfolgt (→ Kap. 2 Rn. 3). Inhalt einer gemeindlichen Satzung kann etwa die Verpflichtung sein, sich an die gemeindliche Wasserleitung und Kanalisation anschließen zu lassen, aber auch die Verpflichtung, in bestimmten gemeindlichen Einrichtungen nicht zu rauchen oder Hunde an der Leine zu führen. Gegenstand des Kommunalrechts ist schließlich die Befugnis des Staates, die Gemeinden zu beaufsichtigen. Die Garantie der gemeindlichen Selbstverwaltung fordert, dass diese Aufsicht nur **Rechtsaufsicht** sein darf. Der Staat darf also nur einschreiten, wenn eine Gemeinde rechtswidrige Beschlüsse fasst oder Handlungen vornimmt (**Rechtmäßigkeitskontrolle**). Eine Ausnahme gilt nur dann, wenn der Staat der Gemeinde staatliche Aufgaben überträgt, die sie anstelle des Staates ausführt. Hier hat der Staat zusätzlich zur Rechtsaufsicht auch die Fachaufsicht, kann also bestimmte Anweisungen erteilen, wie die Gemeinde Fragen entscheiden oder Angelegenheiten ausführen soll (**Zweckmäßigkeitskontrolle**).

Beispiel Die Unterhaltung der gemeindlichen Friedhöfe gehört zur Selbstverwaltung. Eine gemeindliche Satzung, wonach die Grabsteine nicht höher als 1,50 Meter sein dürfen, kann der Staat also nicht beanstanden, auch wenn er diese Beschränkung für unnötig hält. Dagegen ist die Ausführung der Baugesetze eine staatliche Aufgabe, die aber in den meisten Bundesländern bestimmten Gemeinden (insbesondere Großstädten) übertragen ist. Hier ist der Staat nicht darauf beschränkt, die rechtswidrige Erteilung oder Verweigerung von Baugenehmigungen zu kontrollieren, sondern kann der Gemeinde Anweisungen geben, welche Maßstäbe sie bei Ermessensentscheidungen (z.B. Abbruchverfügungen) anlegen soll.

3. Das Beamtenrecht

18 Eine Besonderheit des deutschen Verwaltungsrechts ist das Beamtenrecht. Art. 33 GG garantiert die Einrichtung des **Berufsbeamtentums.** Der **öffentliche Dienst** (also der Bund, die Länder und die Gemeinden) beschäftigt nicht nur wie ein Wirtschaftsunternehmen Arbeiter und Angestellte, sondern daneben eine besondere Gruppe von Mitarbeitern, die auf Lebensdauer angestellt sind und in einem besonderen Dienst- und Treueverhältnis zum Staat stehen. Sie haben daher, anders als andere Arbeitnehmer, kein Streikrecht, können aber umgekehrt nur bei einer schweren Verletzung ihrer Dienstpflichten entlassen oder in ihrer Bezahlung zurückgesetzt werden. Im Fall der Dienstunfähigkeit und nach Eintritt in den Ruhestand erhalten sie eine Pension, die sie nicht durch Beiträge zu einer Versicherung erkaufen müssen, sondern die ihnen aufgrund ihrer Stellung gewährt wird. Beamte können nur deutsche Staatsangehörige werden; die einzelnen Ämter, die gleichzeitig mit einer bestimmten Besoldung verbunden sind, werden gesetzlich festgelegt.

19 Ebenso sind die Voraussetzungen, die für die verschiedenen Laufbahnen erforderlich sind (z.B. Hauptschulabschluss für den einfachen Dienst, Universitätsstudium für den höheren Dienst) gesetzlich festgelegt. Fühlt sich ein Beamter vom Staat in seinen Rechten verletzt, muss er sich nicht an die für die Streitigkeiten aus Arbeitsverhältnissen zuständigen Gerichte wenden, sondern an die Verwaltungsgerichte. Die Bestimmungen über das Beamtenverhältnis sind in den Beamtengesetzen des Bundes für die Bundesbeamten und für die Beamten der Länder in den Landesbeamtengesetzen geregelt. Obwohl diese untereinander sehr ähnlich sind, ist der Wechsel von einem Bundesland in das andere in der Praxis für einen Beamten oft sehr schwierig.

20 Grundsätzlich sollen diejenigen Tätigkeiten des Staates, bei denen er hoheitlich in die Rechte der Bürger eingreift (z.B. die Polizei, die Erteilung von Genehmigungen), von Beamten ausgeführt werden, während die übrige staatliche Tätigkeit auch von anderen Arbeitnehmern ausgeführt werden kann.

21 Allerdings sind heute auch im Polizeidienst zahlreiche Angestellte tätig und umgekehrt in der nicht hoheitlichen Verwaltung (z.B. Verwaltung der staatlichen Schlösser und Seen) viele Beamte tätig. Auch hinsichtlich der Besoldung bei gleichartiger Tätigkeit und in der Altersversorgung besteht heute kaum noch ein Unterschied zwischen den Beamten und den anderen Arbeitnehmern im öffentlichen Dienst. Diese sind zwar nicht auf Lebenszeit angestellt, durch tarifvertragliche Vereinbarung aber nach einer gewissen Beschäftigungsdauer gleichfalls unkündbar, so dass auch insoweit kein nennenswerter Unterschied mehr besteht. Das Beamtenrecht als besonderes Rechtsgebiet neben dem Arbeitsrecht ist daher heute eigentlich nur noch historisch zu verstehen.

4. Das Gewerberecht

22 Auch das Gewerberecht beruht auf einer verfassungsrechtlichen Vorgabe: Die Freiheit der Berufswahl (Art. 12 GG) garantiert jedem Bürger das Recht, einen Beruf seiner Wahl zu ergreifen; die Ausübung des Berufs kann aber gesetzlich geregelt werden. Diese Regelung trifft das Gewerberecht, das oft sehr eingehende und einschneidende Regelungen trifft, die nicht ohne weiteres verständlich sind und in den Fragen von allgemeinem Interesse auch Gegenstand politischer Diskussion sind.

23 Das bekannteste Beispiel sind die **Ladenschlussgesetze**, die es – je nach Bundesland unterschiedlich – verbieten, Ladengeschäfte zu bestimmten Zeiten (insbesondere an Sonntagen) offen zu halten. Auch über den Sinn der Vorschrift, dass ein Handwerksbetrieb nur von einem Handwerksmeister geführt werden darf – ein Relikt der mittelalterlichen Zunftordnung –, kann man angesichts der Tatsache streiten, dass keinerlei Beschränkungen bestehen, sobald die Produktion nicht mehr handwerksmäßig, sondern industriell betrieben wird.

24 Andere Regelungen des Gewerberechts leuchten leichter ein: Wer eine Gaststätte betreiben will oder als Bauträger mit dem Geld seiner Kunden bauen will, braucht eine Erlaubnis, die er dann erhält, wenn er die für den betreffenden Beruf erforderliche **Zuverlässigkeit** aufweist. Dadurch soll die Allgemeinheit vor den Gefahren geschützt werden, die von der unsachgemäßen Ausübung bestimmter Gewerbe ausgehen. Die wichtigsten Bestimmungen des Gewerberechts sind in der Gewerbeordnung enthalten; daneben gibt es eine unübersehbare Zahl von Spezialgesetzen, außer den gerade erwähnten Ladenschlussgesetzen für die hier erwähnten Fälle z.B. die Handwerksordnung, das Gaststättengesetz und die Makler- und Bauträgerverordnung.

25 Ein neues und nicht unumstrittenes Gesetz auf diesem Gebiet ist das Gesetz über die unternehmerischen Sorgfaltspflichten zur Vermeidung von Menschenrechtsverletzungen in Lieferketten (sog. **Lieferkettengesetz**). Es gilt seit 1.1.2023 und hat zum Ziel, den Schutz der Menschenrechte und der Umwelt in globalen Lieferketten zu verbessern; damit sollen weltweit grundlegende Menschenrechtsstandards wie das Verbot der Kinderarbeit und zentrale Umweltstandards wie das Verbot der Verunreinigung von Trinkwasser durchgesetzt werden.

26 Das Gewerberecht ist ganz überwiegend Bundesrecht.

5. Das Sicherheits- und Polizeirecht

27 Im Sicherheits- und Polizeirecht hat der Bund dagegen eine Gesetzgebungszuständigkeit nur für die länderübergreifenden polizeilichen Aufgaben, die er durch das Bundeskriminalamt und die Bundespolizei ausübt. Im Übrigen ist das Sicherheits- und Polizeirecht **Sache der Länder**, die es auch nicht völlig einheitlich geregelt haben.

28 Vom Strafrecht, das erst einschreitet, wenn eine Tat begangen worden ist, also lediglich repressiv wirkt, unterscheidet es sich dadurch, dass hier die zulässigen Maßnahmen präventiven Vorgehens zur Vermeidung von Störungen der öffentlichen Sicherheit und Ordnung geregelt sind. Das Sicherheits- und Polizeirecht regelt damit die **Gefahrenabwehr**, und zwar zusammenfassend die Maßnahmen der Verwaltungsbehörden und des Polizeivollzugsdienstes, bei dem diese Aufgabe mit der der Strafverfolgung zusammenfließt.

29 Gegenstand dieses Rechtsgebiets sind also z.B. Regelungen darüber, unter welchen Voraussetzungen gefährliche Tiere gehalten werden dürfen (**Gefahr einer Störung der öffentlichen Sicherheit**), an welchen Feiertagen Tanzveranstaltungen unterbleiben müssen oder ob und wo nackt gebadet werden darf (**Gefahr einer Störung der öffentlichen Ordnung**).

30 Nach der **polizeilichen Generalklausel**, die sich in allen Polizeigesetzen findet, hat die Polizei die Aufgabe, diese Gefahren abzuwehren, was häufig nur dadurch möglich ist, dass gegen eine bestimmte Person, den **Störer** vorgegangen wird, grundsätzlich gegen den **Verhaltensstörer**, der durch seine Willensbetätigung die Gefahr veranlasst hat, wenn dies nicht möglich ist oder die Gefahr von Sachen ausgeht, aber auch gegen den **Zustandsstörer**, der tatsächlich in der Lage ist, die Gefahr zu beseitigen.

31 Daneben sind im Polizeirecht die Befugnisse der Beamten des Polizeivollzugsdienstes geregelt, z.B. bei der Verhinderung verbotener Versammlungen oder bei vorbeugendem Gewahrsam von Personen, die voraussichtlich Straftaten begehen wollen. Es ist klar, dass die inhaltliche Ausgestaltung solcher Regelungen in besonderer Weise die Liberalität einer Rechtsordnung spiegelt: Je weniger Freiheit ein Staat seinen Bürgern lässt, desto niedriger wird die Schwelle des Einschreitens gezogen sein. Allerdings muss man sich davor hüten, sie aus den Buchstaben der Polizeigesetze ableiten zu wollen. Hier kommt es noch mehr als bei anderen Rechtsnormen weniger auf den Wortlaut als auf die tatsächliche Anwendung an.

32 Zum Polizeirecht gehört auch das Recht der **Geheimdienste**. Sie sind nach Aufgaben gegliedert: der Militärische Abschirmdienst wird zur Abwehr von Spionage in der Bundeswehr eingesetzt, der Bundesnachrichtendienst sammelt Informationen im Ausland. Das Bundesamt für Verfassungsschutz und die Verfassungsschutzämter der Länder sammeln Informationen über Bestrebungen gegen die freiheitliche demokratische Grundordnung, etwa durch Beobachtung als verfassungsfeindlich angesehener politischer Organisationen. Die Geheimdienste haben keine polizeilichen Befugnisse, sondern müssen erforderlichenfalls die Polizei einschalten. Auch die

Tätigkeit der Geheimdienste unterliegt parlamentarischer Kontrolle durch einen besonderen Ausschuss des Bundestags, das Parlamentarische Kontrollgremium.

6. Das Umweltrecht

33 Anton fühlt sich durch die Frösche gestört, die in warmen Sommernächten laut und beharrlich im Gartenteich der Berta quaken. Er verlangt von ihr, das Wasser aus dem Teich abzulassen, damit die Frösche abwandern, und stützt dieses Verlangen auf § 1004 BGB. Würde Berta diesem Verlangen ohne weiteres entsprechen, kommt sie freilich mit dem Naturschutzrecht in Konflikt, denn das Ablassen des Teichs ist nach § 44 BNatSchG grundsätzlich verboten, soweit die zuständige Behörde nicht eine Ausnahme zulässt. Wenn Berta ohne eine solche Erlaubnis vorsätzlich den Teich ablässt, begeht sie eine Ordnungswidrigkeit (§§ 69 BNatSchG; 10 OWiG), die mit einer Geldbuße von bis zu 50.000 EUR geahndet werden kann.

34 Dieser kleine Fall zeigt schon eine Besonderheit des Umweltrechts: Hier verbinden sich Fragen des Zivilrechts mit denen des Straf- und Ordnungswidrigkeitenrechts; der Schwerpunkt liegt aber natürlich im öffentlichen Recht (im Fall in den Vorschriften des Bundesnaturschutzgesetzes, das heute in mehreren Bundesländern durch landesrechtliche Vorschriften ergänzt oder ersetzt worden ist). Das bedeutet zugleich, dass die Fragen dieses nicht sonderlich wichtig erscheinenden Falles verschiedene Zweige der Staatsverwaltung und -gerichtsbarkeit beschäftigen können: Anton muss Berta, wenn sie sich seinem Begehren verweigert, vor dem Zivilgericht verklagen. Will Berta eine Erlaubnis beantragen, ist dafür die Verwaltungsbehörde zuständig; wird sie ihr verweigert, kann sie versuchen, sie vor dem Verwaltungsgericht zu erstreiten. Handelt sie ohne Erlaubnis, muss sie mit einem Bußgeldbescheid rechnen, den sie vor dem Strafgericht anfechten kann.

35 Das Umweltrecht ist ein vergleichsweise junges Rechtsgebiet. In früheren Jahrhunderten dachte sich niemand etwas dabei, die natürlichen Ressourcen für die Verbesserung der menschlichen Lebensbedingungen auszubeuten; die wesentlich geringere Zahl der Menschen auf der Welt setzte diesen Bemühungen auch zunächst keine natürliche Grenze. Erst im 20. Jahrhundert hat man erkannt, dass es nicht nur ökonomische, sondern auch ökologische Voraussetzungen gibt, um das Grundrecht auf Freiheit der Persönlichkeitsentfaltung (Art. 2 I GG) ausüben zu können. Noch dem am 1.1.1900 in Kraft getretenen BGB liegt ausschließlich der Gedanke des Individualschutzes zugrunde: Es verbietet in den §§ 906, 1004 BGB, dem Grundstück eines Nachbarn Immissionen (Gase, Dämpfe, Rauch, Geräusche) zuzuführen, nicht dagegen, diese Immissionen in die freie Natur zu entlassen, und folgerichtig hat ein höchstrichterliches Urteil im Jahre 1910 in dem Beispielsfall der Klage des Anton gegen die Berta auf Ablassen des Teichs ohne weiteres stattgegeben. Damals war es auch nicht grundsätzlich verboten, Abwasser und Abfall in der freien Natur zu entsorgen. Heute weiß man, dass die Freiheitsrechte vergebens sind, wenn sie nicht in einer einigermaßen intakten Umwelt ausgeübt werden können.

36 Seit 1994 enthält das **Grundgesetz** den **Art. 20a**. Er verpflichtet den Staat dazu, die natürlichen Lebensgrundlagen zu schützen. Hierbei handelt es sich nicht um ein Grundrecht, sondern um einen **Programmsatz**, der auf die Wichtigkeit des Ziels hinweist, aber nicht zu Rechten und Pflichten führt, die gerichtlich durchsetzbar wären. Schon vor der verfassungsrechtlichen Verankerung sind zahlreiche Vorschriften des besonderen Verwaltungsrechts erlassen worden, die immer weitere Teile des Lebens durch **Verbote mit Erlaubnisvorbehalt** reglementieren, und damit der Sache nach der Regel des Art. 2 I GG, dass alles erlaubt ist, was das Gesetz nicht ausdrücklich verbietet, umkehrt. Dies geschieht etwa durch § 44 BNatSchG, durch den eine Vielzahl noch dazu sehr allgemein umschriebener Eingriffe in die Natur für unzulässig erklärt wird; hierzu gehört auch das Zerstören des Lebensraums der Frösche im Beispielfall. Als der BGH im Jahr 1992 einen vergleichbaren Fall wie den im Jahre 1910 zu entscheiden hatte, konnte er deshalb nicht der Klage auf Ablassen des Teiches stattgeben, sondern Berta lediglich verpflichten, den Antrag auf eine entsprechende behördliche Erlaubnis zu stellen.

37 Zum Umweltrecht in einem weiteren Sinn gehören auch solche Vorschriften, die schon im Planungsstadium gewährleisten sollen, dass Umweltbeeinträchtigungen erst gar nicht entstehen. Dies geschieht vor allem durch das Gesetz über die **Umweltverträglichkeitsprüfung**, aber auch das im Baugesetzbuch geregelte Bauplanungsrecht dient nicht zuletzt diesem Zweck.

38 Das eigentliche Umweltrecht hat drei große Regelungsbereiche:
- den Schutz der Lebensgrundlagen, insbesondere Luft, Wasser, Boden
- den Schutz vor Gefahrstoffen
- den Schutz der Pflanzen- und Tierwelt.

39 Der Schutz der Lebensgrundlagen erfolgt durch Gesetze, die die Gefährdungen des jeweiligen Schutzguts thematisieren und zu begrenzen versuchen. Dies geschieht hinsichtlich des Wassers beispielsweise durch das Wasserhaushaltsgesetz, das Bundesrecht ist, und die Wassergesetze der Länder, hinsichtlich der Luft durch das **Bundesimmissionsschutzgesetz** und hinsichtlich des Bodens durch das Bundesbodenschutzgesetz. Diese Gesetze sind im Laufe der Jahre sowohl hinsichtlich der Eingriffsvoraussetzungen als auch hinsichtlich der Eingriffsschwelle verschärft worden; einen Vertrauensschutz auf einmal erteilte Genehmigungen gibt es, wenn überhaupt, nur sehr eingeschränkt. Andererseits hat der Staat die privatrechtlichen Ansprüche gegen genehmigte Anlagen in einigen Gesetzen ausgeschlossen; auch Nachbarn des umweltgefährdenden Betriebs können sich also nur im Genehmigungsverfahren gegen die Erteilung der Genehmigung wenden und diese (oder das Unterlassen ihres Widerrufs) durch Klage gegen die Genehmigungsbehörde durchzusetzen versuchen; Ansprüche aus § 1004 BGB können sie dagegen nicht geltend machen.

40 Der Schutz vor Gefahrstoffen, die die Umwelt gefährden, erfolgt dadurch, dass diese Stoffe und/oder ihre Verwendung reglementiert werden, um die von ihnen ausgehenden Gefahren zu minimieren. So sollen die von der Nutzung der Kernenergie ausgehenden Risiken durch das **Atomgesetz** beherrscht werden, das die Errichtung und den Betrieb von Kernkraftwerken einer Genehmigungspflicht unterwirft und auch die

Entsorgung von radioaktivem Müll regelt. Für die Zukunft hat sich der Gesetzgeber allerdings entschieden, künftige Risiken gar nicht mehr zuzulassen, indem neue Anlagen nicht mehr genehmigungsfähig sind. Das Chemikaliengesetz und das Arzneimittelgesetz bestimmen eine Anmelde- oder Zulassungspflicht für neue Stoffe samt Regeln für ihre Verpackung oder Kennzeichnung. Die neueste Entwicklung auf diesem Gebiet ist die Gentechnik: Gentechnische Anlagen, das Freisetzen gentechnisch veränderter Organismen und die Vermarktung von Erzeugnissen, die solche Organismen enthalten, sind anzeige- oder genehmigungspflichtig.

41 Dem Schutz der natürlichen Lebensgrundlagen dient schließlich der Schutz der Tier- und Pflanzenwelt und der Wälder durch das **Bundesnaturschutzgesetz**, und die Naturschutz- und Waldgesetze der Länder. Sie verbieten umweltschädliche Verhaltensweisen und regeln oder verbieten den Handel mit seltenen Tier- und Pflanzenarten.

42 Einer wirksamen Verfolgung von Verstößen gegen die genannten Vorschriften sollen die Straftatbestände und Ordnungswidrigkeitstatbestände dienen, die teils im Strafgesetzbuch, teils in den jeweiligen Gesetzen enthalten sind. Sie knüpfen teils an bestimmte Verhaltensweisen (z.B. Zerstörung eines Lebensraums für geschützte Tiere), teils an Zuwiderhandlungen gegen behördliche Anordnungen (z.B. Auflagen beim Betrieb einer umweltgefährdenden Anlage) an und sind trotz des Umfangs der Regelungen in der Praxis wenig effektiv, da eingetretene Schäden nicht leicht einem Verursacher zugerechnet werden können und auch der Nachweis eines strafrechtlichen Verschuldens schwierig ist. Eine weitere Schwäche des Umweltrechts liegt in den zersplitterten **Zuständigkeiten**: Nur geringe Teile liegen in der Gesetzgebungszuständigkeit des Bundes; der größere Teil ist Landesrecht, und sowohl der Bund als auch die Länder müssen Europarechtliche Vorgaben (z.B. die Fauna-Flora-Habitat-Richtlinie) beachten.

43 Mit Recht setzt der Gesetzgeber daher seine Hoffnungen auf einen wirksamen Umweltschutz durch **wirtschaftliche Anreize**. Besonders deutlich sind diese auf dem Gebiet der Kraftfahrzeugbesteuerung zu sehen, die Anreize dafür bietet, beim Kauf eines neuen Autos, aber auch bei Nachrüstungen vorhandener Fahrzeuge die jeweils neuesten Techniken zur Schadstoffreduzierung einzusetzen. Hierfür werden Steuervergünstigungen gewährt und damit der Einsatz schadstoffarmer, aber zunächst teurerer Fahrzeuge für den Käufer auch wirtschaftlich attraktiv.

44 Seit 2005 hat der Gesetzgeber auch eine aus dem Immissionsschutzrecht der USA entlehnte Methode eingeführt, den **Emissionsrechtehandel**: Hier wird eine Gesamtobergrenze der Emissionen festgelegt und diese in Form von Zertifikaten verkörpert, die die Emittenten untereinander kaufen und verkaufen können, wodurch ein Anreiz geschaffen wird, durch geringere Emissionen Kosten zu sparen. Dieser Anreiz ist besonders stark, wenn die Obergrenze im Lauf der Zeit vermindert wird und damit insgesamt weniger emittiert werden kann. Allerdings erfordert das System einen hohen Kontrollaufwand und ist auch unter dem Gesichtspunkt der gleichen Teilhabe an den natürlichen Ressourcen nicht unbedenklich, erlaubt es doch demjenigen, die Umwelt sanktionslos zu schädigen, der sich den Erwerb einer ausreichenden Zahl von Zertifikaten leisten kann.

7. Das Aufenthalts- und Asylrecht

45 Das früher „Ausländerrecht" genannte **Aufenthaltsrecht** regelt die Einreise und den Aufenthalt von Menschen ohne deutsche Staatsangehörigkeit. Personen, die die Staatsangehörigkeit eines EU-Staats oder die von Island, Norwegen, der Schweiz und Liechtenstein haben, genießen Freizügigkeit und Niederlassungsfreiheit, unterliegen also nicht den Regelungen des Aufenthaltsrechts. Dagegen gilt für die Staatsangehörigen aller anderen Länder das Aufenthaltsgesetz, das verschiedene Arten von Berechtigungen (sog. „Aufenthaltstitel") vorsieht. Fragen der Arbeitserlaubnis regelt demgegenüber die aufgrund von § 42 dieses Gesetzes erlassene Beschäftigungsverordnung.

46 Einen besonderen Status haben Personen, die in Deutschland Asyl beantragt haben. Ihr Anerkennungsverfahren regelt das Asylgesetz; heute praktisch noch wichtiger ist der „subsidiäre Schutz" für Personen, die zwar nicht individuell verfolgt werden und deshalb kein Asyl beanspruchen können, aber denen in ihrem Herkunftsland ein ernsthafter Schaden droht. Welcher Mitgliedstaat der EU für einreisende Asylbewerber zuständig ist, regelt eine europäische Rechtsvorschrift, die „Dublin-III-Verordnung".

8. Das Sozialrecht

a) Begriffe, Entwicklung und Bedeutung des Sozialrechts

47 Das Sozialrecht unterscheidet sich von den bis jetzt dargestellten Teilen des Besonderen Verwaltungsrechts dadurch, dass seine Bestimmungen nicht die Rechtssphäre der Bürger beschränken und in sie eingreifen (**Eingriffsverwaltung**), sondern regeln, wann ein Bürger bestimmte Leistungen des Staates beanspruchen kann (**Leistungsverwaltung**).

48 Das Sozialrecht hatte noch vor wenigen Jahrzehnten sowohl hinsichtlich des Umfangs der Leistungen als auch hinsichtlich des Umfangs der gesetzlichen Regelungen nur eine geringe Bedeutung, die aber in den vergangenen Jahrzehnten immer weitergewachsen ist. Heute beträgt die Summe aller Sozialleistungen pro Kopf der Bevölkerung über 12.000 EUR. Parallel dazu wurde das Sozialrecht durch eine Vielzahl von Einzelgesetzen zunehmend unübersichtlich, da sowohl die Voraussetzungen der Leistungsgewährung als auch das Verfahren in jedem Gesetz besonders und unterschiedlich geregelt waren.

b) Systematik und Aufbau des Sozialgesetzbuchs (SGB)

49 Der Gesetzgeber hat jetzt das Sozialrecht in einem **Sozialgesetzbuch** zusammengefasst. Es umfasst:

- das Erste Buch (Allgemeiner Teil),
- das Zweite Buch (Bürgergeld, Grundsicherung für Arbeitsuchende),

- das Dritte Buch (Arbeitsförderung),
- das Vierte Buch (Gemeinsame Vorschriften für die Sozialversicherung),
- das Fünfte Buch (Gesetzliche Krankenversicherung),
- das Sechste Buch (Gesetzliche Rentenversicherung),
- das Siebte Buch (Gesetzliche Unfallversicherung),
- das Achte Buch (Kinder- und Jugendhilfe),
- das Neunte Buch (Rehabilitation und Teilhabe behinderter Menschen), das vor allem die Inklusion behinderter Menschen zum Ziel hat,
- das Zehnte Buch (Sozialverwaltungsverfahren und Sozialdatenschutz),
- das Elfte Buch (Soziale Pflegeversicherung),
- das Zwölfte Buch (Sozialhilfe) und
- das Vierzehnte Buch (Soziale Entschädigung).

50 Ein „Dreizehntes Buch" gibt es nicht – die Zahl 13 wurde bewusst übersprungen, da viele Menschen diese Zahl abergläubischerweise als Unglückszahl wahrnehmen. Am 1.1.2025 sind die letzten Bestimmungen des Vierzehnten Buchs in Kraft getreten; das SGB ist damit vollständig.

51 Dagegen sind weiterhin noch in Einzelgesetzen geregelt: die Ausbildungsförderung im Bundesausbildungsförderungsgesetz (BAföG), das Kindergeld im Bundeskindergeldgesetz (BKGG) und das Wohngeld im Wohngeldgesetz (WoGG).

52 Eingeteilt wird das Sozialrecht in die drei Hauptgebiete der Sozialversicherung (→ Rn. 53 ff.), der Versorgung (→ Rn. 58) und der Sozialhilfe (→ Rn. 59 ff.). Dabei haben die Transferleistungen der Sozialversicherung den weitaus größten Umfang.

c) Die Sozialversicherung: Struktur, Beitragspflicht und Leistungsarten

53 Die **Sozialversicherung** beruht auf Beitragszahlungen, zu denen ihre Mitglieder gesetzlich verpflichtet sind. Jeder Arbeitnehmer muss von seinem Arbeitseinkommen Beiträge zur Rentenversicherung, zur Krankenversicherung, zur Arbeitslosenversicherung und zur Pflegeversicherung leisten. Er leistet dabei die Hälfte des Versicherungsbeitrags; die andere Hälfte leistet der Arbeitgeber. Den Beitrag zur **Unfallversicherung** leistet der Arbeitgeber allein.

54 Eine Ausnahme von der **Pflichtmitgliedschaft** besteht in der **Krankenversicherung.** Ab einer gewissen Einkommenshöhe kann sich ein Arbeitnehmer von der gesetzlichen Krankenversicherung befreien lassen und stattdessen eine **private Krankenversicherung** abschließen; er kann aber auch in der gesetzlichen Krankenversicherung verbleiben. Die Beiträge in der Sozialversicherung werden nicht wie in der Privatversicherung nach dem versicherungsmathematischen Risiko berechnet, sondern sind ein jeweils nach dem Geldbedarf der Versicherung gesetzlich festgelegter Prozentsatz des Einkommens.

55 Auch die **Rentenversicherung** zahlt die Renten nicht aus einem Kapitalstock – der seit der Einrichtung dieser Versicherungsart im Jahre 1882 geschaffene Kapitalstock wurde in der Inflation nach dem 1. Weltkrieg entwertet; seitdem werden die Renten der jetzigen Rentner aus den Beiträgen der jetzt Erwerbstätigen bezahlt. Die Sozialversicherung ist also keine „echte" Versicherung, sondern beruht auf dem System der **Solidargemeinschaft.**

56 Besonders deutlich wird dies bei der **Arbeitslosenversicherung.** Das Risiko der Arbeitslosigkeit ist bei den einzelnen Beschäftigten ganz unterschiedlich; Arbeitnehmer im öffentlichen Dienst haben nach einer bestimmten Beschäftigungszeit im Grunde keinerlei Risiko mehr. Trotzdem müssen sie wie alle anderen Arbeitnehmer auch zu dieser Versicherung Beiträge entrichten. Die **Pflegeversicherung** wurde erst 1995 als Zweig der Sozialversicherung eingeführt. Sie deckt das – durch die Krankenversicherung nicht erfasste – Risiko ab, dass eine Person ihr tägliches Leben nicht mehr ohne fremde Hilfe führen kann, sondern auf Pflegeleistungen angewiesen ist, die bei normalen Einkommens- und Vermögensverhältnissen nicht mehr selbst finanziert werden können. Hierfür mussten diese Personen früher Sozialhilfeleistungen in Anspruch nehmen. Seit 1995 erhalten sie Leistungen der Pflegeversicherung als eines Zweigs der Sozialversicherung.

57 Beiträge zur Kranken-, Renten-, Arbeitslosen- und Pflegeversicherung müssen nur die versicherungspflichtigen Arbeitnehmer leisten. Wessen Arbeitseinkommen insgesamt 603 EUR monatlich nicht übersteigt (sog. „Minijob"), braucht keine eigenen Beiträge zu leisten; sein Arbeitgeber leistet besonders festgesetzte Beiträge, aus denen sich aber keine Ansprüche gegen die Sozialversicherung ergeben. Bei einem Arbeitseinkommen von 603,01 EUR bis 2.000 EUR (sog. „Midijob") monatlich leistet der Arbeitgeber die Regelbeiträge; die Beträge des Arbeitnehmers steigen in diesem Bereich von 0 bis zum Regelbeitrag an. Arbeitnehmer mit einem Midijob haben alle Ansprüche auf Leistungen der Sozialversicherung.

d) Die Versorgung: Staatliche Leistungen für besondere Opfergruppen

58 Neben der Sozialversicherung steht als zweites Hauptgebiet des Sozialrechts die Versorgung. Darunter versteht man staatliche Leistungen, die dem Empfänger zustehen, weil er für die Gemeinschaft freiwillig oder unfreiwillig ein Opfer gebracht hat. Die Leistungen der Versorgung beruhen also nicht auf eigenen Beiträgen. Versorgung wird gewährt für die Opfer des Krieges und der Vertreibung und ihre Familien. Da nur noch wenige Kriegsopfer zu versorgen sind, hat die Versorgung insoweit keine große Bedeutung mehr. Zur Versorgung gehören aber auch die Leistungen für die Opfer eines Gewaltverbrechens und für die Opfer einer Maßnahme nach dem Bundesseuchengesetz (insbesondere Schäden infolge einer staatlich angeordneten oder auch – wie bei der Corona-Pandemie – nur empfohlenen Impfung).

e) Die Fürsorge: Sozialhilfe, Bürgergeld und bedarfsabhängige Leistungen

59 Desto stärker ist der dritte Zweig des Sozialrechts gewachsen, die **Fürsorge.** Das sind staatliche Leistungen, die aufgrund des Sozialstaatsprinzips (Art. 20 I GG) gewährt werden und jedem die Führung eines Lebens ermöglichen sollen, das der Würde des Menschen entspricht. Die Leistungen der Fürsorge sind vor allem in den letzten 30 Jahren außerordentlich stark gestiegen.

60 Sie stehen in einem Zwiespalt: Der allgemeine Lebensstandard und damit die allgemein anerkannte Vorstellung von dem, was für ein menschenwürdiges Leben erforderlich ist, hat in diesem Zeitraum ein wesentlich höheres Niveau erreicht. Auf der anderen Seite haben die wirtschaftliche und die Bevölkerungsentwicklung Angebot und Nachfrage nach Arbeitskräften auseinanderdriften lassen. Der Abstand zwischen dem durch Aufnahme unqualifizierter Arbeit erzielbaren Einkommen und den Leistungen der Fürsorge ist dadurch so gering geworden, dass sich viele Empfänger von Fürsorgeleistungen nicht mehr um Erwerbseinkünfte bemühen. Das führt einerseits zu hohen Aufwendungen für die Fürsorge und andererseits dazu, dass man von staatlichen Sozialleistungen annähernd ebenso gut leben kann wie von eigener Arbeit.

61 Das widerspricht selbstverständlich dem Grundgedanken der Fürsorge, die in ihrer hauptsächlich gewährten Form, der Sozialhilfe, die zum Zeitpunkt der Drucklegung **Bürgergeld,** ab 1.7.2026 **„Grundsicherung für Arbeitssuchende“ bzw. Grundsicherungsgeld** genannt wird, Hilfe zur Selbsthilfe sein soll. Der Empfänger dieser Leistung kann deshalb auch dazu angehalten werden, sich um Arbeit zu bemühen und Ansprüche gegen unterhaltsverpflichtete Verwandte geltend zu machen. Ein Missbrauch dieser Leistung kann aber nur schwer verhindert werden. Besondere Formen der Fürsorge werden Personen in besonderen Bedarfslagen gewährt: So erhalten Schüler und Studenten, deren Eltern die Kosten der Ausbildung und des Lebensunterhalts der Auszubildenden nicht tragen können, Leistungen der Ausbildungsförderung. Personen, die zwar an sich Einkünfte haben, die zur Deckung ihres Lebensunterhalts ausreichend sind, aber – vor allem in Großstädten – für ihre Wohnung besonders hohe Kosten haben, erhalten Wohngeld. Auch diese Leistungen sind von der Bedürftigkeit abhängig.

62 Daneben fallen in den Bereich der Fürsorge aber auch Leistungen, die der Staat gewährt, ohne sie von den Einkommens- und Vermögensverhältnissen des Empfängers abhängig zu machen. Wer Kinder hat, erhält ein staatliches **Kindergeld.** Es beträgt seit 1.1.2026 für jedes Kind 259 EUR und wird unabhängig davon gewährt, welches Einkommen oder Vermögen die Eltern haben.

9. Das Steuerrecht

63 Das Steuerrecht ist gewissermaßen die Voraussetzung dafür, dass der Staat tätig werden kann: Nicht nur für die Leistungen des Sozialsystems, sondern zur Erfüllung der staatlichen Aufgaben überhaupt benötigt der Staat Geldmittel – und zwar in allen Ländern in über die Generationen immer mehr zunehmendem Maße. Seinem Zweck entsprechend, knüpft das Steuerrecht nicht an die Staatsangehörigkeit, sondern an den Aufenthalt an. Deshalb sind auch in Deutschland lebende Ausländer ohne Rücksicht auf ihr Herkunftsland steuerpflichtig.

a) Staatsquote und öffentliche Abgaben

64 Die **Staatsquote**, also der Anteil des Sozialprodukts, der über Steuern und sonstige Abgaben und über die Pflichtbeiträge zur Sozialversicherung dem Staat zufließt, hat nahezu 50 % erreicht. Zu den **öffentlichen Abgaben** gehören:

- die **Gebühren** (die für eine tatsächlich in Anspruch genommene staatliche Leistung, z.B. für die Ausstellung eines Reisepasses oder die Müllabfuhr erhoben werden),
- die **Beiträge** (die für die Möglichkeit der Nutzung staatlich geschaffener Einrichtungen, z.B. für die Anschlussmöglichkeit an eine Straße oder die Wasserversorgung oder die Nutzung von Fremdenverkehrseinrichtungen erhoben werden) und
- die **Steuern**.

65 Steuern sind staatliche Abgaben, die ohne konkrete Gegenleistung zur Deckung des allgemeinen staatlichen Finanzbedarfs erhoben werden. Soweit als Begründung einer Steuer eine staatliche Aufgabe herangezogen wird (z.B. der Straßenbau für die Mineralölsteuer), handelt es sich nicht um eine echte Zweckbindung, sondern nur um den Anlass oder das Motiv der Steuererhebung.

b) Grundprinzipien der Besteuerung

66 Ein Grundsatz des Steuerrechts ist die Besteuerung nach der Leistungsfähigkeit. Wer einen Steuertatbestand verwirklicht, soll je nachdem mit einer höheren oder geringeren Steuer belegt werden, ob er nach seinen finanziellen Möglichkeiten dazu mehr oder weniger in der Lage ist. Dies zeigt sich beispielsweise im Einkommensteuerrecht: Wer lediglich das Existenzminimum zur Verfügung hat (das der Gesetzgeber für das Jahr 2026 mit 12.348 EUR annimmt), muss keine Einkommensteuer bezahlen. Wer mehr verdient, muss nicht einen festen Prozentsatz des Mehrbetrags an den Staat abführen. Die Steuer ist vielmehr progressiv: Je höher das Einkommen, desto höher ist der Steuersatz, bis bei einem Einkommen von 277.826 EUR der Spitzensteuersatz von 45 % des Einkommens erreicht wird.

67 Dieses richtige und einleuchtende Prinzip wird aber durch die **Steuersubventionen** überlagert und in seiner Wirksamkeit stark eingeschränkt. Der Staat begünstigt eine unübersehbare Vielzahl steuerlich bedeutsamer Tatbestände, indem in solchen Fällen ein anderer Steuersatz zur Anwendung kommt, Einkünfte steuerfrei bleiben oder Abzüge von der zu zahlenden Steuersumme zugelassen werden (so z.B. bei der Schaffung von Wohnraum). Hier dient das Steuerrecht der Wirtschaftslenkung und kann dazu führen, dass trotz großer Leistungsfähigkeit nur geringe Steuern zu entrichten sind.

68 Die bedingt durch die hohe Staatsquote für größere Einkommen und Vermögen recht hohen **Steuersätze** (so erreicht die Erbschaftsteuer bei den größten Vermögen bis zu 50 %!) fördern zudem die **Steuervermeidung**. Die Straftat der **Steuerhinterziehung** dürfte deshalb zu den am meisten verbreiteten Straftaten gehören.

69 Aber auch auf legalem Weg wird durch die Wahl von **Gestaltungsmöglichkeiten**, die eine möglichst geringe Steuer auslösen, versucht, die **Steuerlast** möglichst gering zu halten. Allerdings bestimmt § 42 der Abgabenordnung (AO), dass ein zivilrechtlich gültiges Rechtsgeschäft dann nicht anerkannt wird, wenn damit Möglichkeiten des Zivilrechts zum Zweck der Steuervermeidung missbraucht werden. Die Steuer kann in einem solchen Fall so erhoben werden, als wäre das Ziel auf dem „normalen" zivilrechtlichen Weg verfolgt worden.

c) Die wichtigsten Steuerarten im Überblick

70 Die Grundsätze des Steuerrechts sind in der **Abgabenordnung** geregelt. Für die einzelnen Steuern – es gibt mehr als 50 davon – existiert jeweils ein besonderes **Steuergesetz**, das die Voraussetzungen und den Umfang der Steuerpflicht regelt. Man teilt die Steuern nach verschiedenen Kriterien ein. Eine häufige Einteilung ist die in die **Personensteuern**, die **Realsteuern**, die **Verkehrssteuern**, die **Aufwand- und die Verbrauchsteuern**. Das Aufkommen der einzelnen Steuern ist sehr unterschiedlich. Während es z.B. bei der Sektsteuer weniger als 400 Millionen beträgt, erbringen die Einkommensteuer und die Umsatzsteuer allein mehr als zwei Drittel der gesamten Steuereinnahmen.

71 Die **Einkommensteuer** ist die wichtigste Steuer aus der ersten Gruppe. Sie wird bei nichtselbstständig Tätigen als Lohnsteuer vom Arbeitgeber direkt vom Lohn oder Gehalt einbehalten. Bei juristischen Personen wird sie als Körperschaftsteuer auf den Gewinn erhoben. Zur ersten Gruppe gehört auch noch die Vermögensteuer, die die Tatsache des Vermögensbesitzes besteuert (sie wird – was politisch durchaus umstritten ist – zurzeit nicht erhoben); zu den Realsteuern gehört insbesondere die Gewerbesteuer, die auf den aus einem Gewerbebetrieb erzielten Ertrag erhoben wird.

72 Im Gegensatz zu den eingangs genannten Steuern, die teilweise dem Bund, teilweise den Ländern zufließen, ist die Gewerbesteuer die wichtigste Steuer, die den Gemeinden zufließt.

73 Die wichtigste Verkehrssteuer ist die **Umsatzsteuer**, die heute – wie in den meisten anderen Ländern auch – als Mehrwertsteuer erhoben wird. Besteuert wird also nicht jede Lieferung von Waren oder Erbringung einer Dienstleistung, sondern nur der Mehrwert, um den der Verkaufspreis höher ist als der Einkaufspreis oder die Herstellungskosten. Die darin enthaltene Umsatzsteuer kann der Unternehmer nämlich als Vorsteuer von seiner Steuerschuld abziehen. Erst den Endverbraucher trifft die Umsatzsteuer in voller Höhe von normalerweise 19 %; bestimmte Waren, insbesondere Lebensmittel, unterliegen dem ermäßigten Steuersatz von 7 %. Die Umsatzsteuer auf den Erwerb von Grundstücken heißt Grunderwerbsteuer und wird als Landessteuer je nach Bundesland in Höhe von 3,5 % bis 6,5 % der vom Erwerber erbrachten Gegenleistung erhoben. Andere früher noch erhobene Verkehrssteuern sind abgeschafft.

74 Zu den **Aufwand- und Verbrauchsteuern** gehören außer der schon erwähnten Sektsteuer und ähnlichen Kuriositäten wie der Kaffeesteuer und der Alkopopsteuer auch Steuern mit erheblicher praktischer Bedeutung wie die Mineralölsteuer, die Tabak- und die Branntweinsteuer. Diese Steuern sind sämtlich Bundes- bzw. Landessteuern.

75 Den **Gemeinden** bleibt nur die Besteuerung solcher Handlungen, die nicht schon mit einer gleichartigen Bundes- oder Landessteuer belegt sind, insbesondere die **Grundsteuer**, die auf den Besitz von Grundstücken und Gebäuden, die **Übernachtungssteuer**, die auf Hotelübernachtungen erhoben und die **Hundesteuer**, die auf den Besitz von Hunden erhoben wird.

IV. Die Verwaltung

76 Die Verwaltung, die das Verwaltungsrecht anwendet, ist meistens die Verwaltung des jeweiligen Bundeslandes. Dies ergibt sich aus Art. 30 GG. Bundesbehörden unterhalb der Ebene der Ministerien und der Bundesoberbehörden darf der Bund nur einrichten, wo es das Grundgesetz ausdrücklich erlaubt (→ Kap. 3 Rn. 48 f.).

1. Die Landesverwaltung

77 Die Landesverwaltung ist in den meisten Bundesländern **dreistufig.**

78 Die **oberste Instanz** ist das jeweils fachlich zuständige Ministerium (z.B. das Innenministerium, das Justizministerium, das Wirtschaftsministerium, das Finanzministerium), die **Mittelinstanz** sind die Bezirksregierungen für die allgemeine Verwaltung, die Oberfinanzdirektionen für die Finanzverwaltung, die Oberforstdirektionen für die Forstverwaltung usw., die **untere Instanz** bilden die Landratsämter (auch Kreisverwaltung genannt), die Finanzämter, die Forstämter usw. In den kleineren Bundesländern gibt es keine Mittelinstanz.

79 In Niedersachsen, im Saarland, in Sachsen und Sachsen-Anhalt gibt es auf der unteren Instanz keine Staatsbehörde; dort werden die Aufgaben der unteren staatlichen Verwaltungsbehörde als übertragene Aufgaben vom Landkreis wahrgenommen (sog. **Vollkommunalisierung**).

80 Daneben gibt es – meist nur auf der unteren Ebene – Sonderbehörden wie die **Wasserwirtschaftsämter** und die **Vermessungsämter**.

2. Gemeinden und Gemeindeverbände

81 Die **örtlichen Angelegenheiten** werden nicht von Landesbehörden, sondern von den Behörden der Gemeinden oder Gemeindeverbände verwaltet. Diese Gemeindeverbände können Zweckverbände mehrerer Gemeinden eines Gebiets zur Verwirklichung eines gemeinschaftlichen Zwecks (z.B. Wasserversorgung für mehrere Ortschaften) sein; hierzu gehören aber auch die **Landkreise**, die die örtlichen Angelegenheiten verwalten, die das **Kommunalrecht** dieser Ebene zugewiesen hat.

82 Außer in den Bundesländern mit Vollkommunalisierung (→ Rn. 79) bedienen sich die Landkreise dazu aber keiner besonderen Verwaltung, sondern benutzen die Verwal-

tung des Landratsamts, das damit eine **Doppelfunktion** hat. Einerseits die untere Staatsbehörde für die allgemeine Landesverwaltung, andererseits die Behörde des Landkreises für die kommunale Selbstverwaltung.

3. Stadtstaaten

83 In den **Stadtstaaten** Hamburg und Berlin sind **Land und Gemeinde identisch**; Bremen besteht aus den beiden Stadtgemeinden Bremen und Bremerhaven. In den übrigen Bundesländern gibt es außer den Gemeinden, die Teil eines der 294 Landkreise sind, die 106 kreisfreien Städte, die – ähnlich wie die Landkreise in Bundesländern mit Vollkommunalisierung – sowohl die Aufgaben der kommunalen Selbstverwaltung als auch die Aufgaben der unteren Staatsbehörde erfüllen.

ÜBUNGSTEIL

Rechtliche Aspekte

1 **Fragen zum Text**

1. Von welchem Grundsatz ist das Öffentliche Recht im Gegensatz zum Zivilrecht geprägt? Was heißt das konkret?
2. Inwieweit hat sich die Rolle des Öffentlichen Rechts in den letzten 150 Jahren stark geändert?
3. Was bedeutet der Vorbehalt des Gesetzes?
4. Inwiefern ist der Bürger gegen Verwaltungshandeln ohne rechtliche Grundlage oder falsch angewendetes Verwaltungsrecht geschützt? Was heißt das konkret?
5. Was ist ein Verwaltungsakt (= VA)? Wo begegnet ihm der Bürger?
6. Was verstehen Sie unter „Ermessen der Behörde"? Warum gibt es dieses Ermessen?
7. Mit welchem Rechtsbehelf muss sich der Bürger oft zuerst an die Behörde selbst wenden, bevor er das Gericht gegen ihr Handeln anrufen kann? Warum ist dies so geregelt?
8. Nennen Sie einige Rechtsgebiete, die zum Besonderen Verwaltungsrecht zählen, und erklären Sie, was diese regeln!

2 **Entscheiden Sie, ob es sich bei den folgenden Fällen um Öffentliches Recht oder Privatrecht handelt.**

1. Der Beamte B kauft einen Bleistift und einen Radiergummi für sein Büro.
2. Anna ist mit der Erteilung einer Baugenehmigung an ihren Nachbarn Norbert nicht einverstanden.
3. Das Landratsamt verbietet Egon, die Leiche seines Vaters in seinem Garten zu begraben.
4. Karla möchte eine Reise buchen und erklärt sich mit den Allgemeinen Geschäftsbedingungen des Reiseveranstalters U einverstanden.

5. Otto ist Eigentümer eines Fischweihers und stellt am Ufer ein Schild „Baden verboten!“ auf.
6. Der fast blinden Rentnerin Eulalie wird nach einem unverschuldeten Verkehrsunfall die Fahrerlaubnis für immer entzogen.

3 Um welchen Grundsatz des Verwaltungsrechts geht es?

1. Ein neues „Gesetz zur Erleichterung des Eisenbahnbaus“ bestimmt: „Verwaltungsakte nach diesem Gesetz können nicht angefochten werden.“
2. Aufgrund des Straßenverkehrsgesetzes erlässt die Bundesregierung eine „Verordnung gegen den Alkoholismus am Steuer“, die unter anderem vorsieht, dass Kraftfahrzeuge alkoholisierter Verkehrsteilnehmer eingezogen und die Fahrzeugführer von der Polizei bis zu drei Tage in Gewahrsam genommen werden können.
3. Der Türke Ali ist mit der Begründung ausgewiesen worden, dass „alle Ausländer, die sich nicht an die Bestimmungen des Ausländergesetzes halten, ausgewiesen werden müssen“, weil er wegen eines Krankenhausaufenthalts seine Aufenthaltserlaubnis nicht rechtzeitig verlängern lassen konnte. Das Verwaltungsgericht gibt seiner Klage jedoch statt.

4 Klären Sie, ob ein Verwaltungsakt vorliegt oder nicht, und begründen Sie Ihre Meinung. Gem. § 35 VwVfG ist ein Verwaltungsakt jede Verfügung, Entscheidung oder andere hoheitliche Maßnahme, die eine Behörde zur Regelung eines Einzelfalles auf dem Gebiet des öffentlichen Rechts trifft und die auf unmittelbare Rechtswirkung nach außen gerichtet ist.

1. Die türkische Staatsangehörige T erhält eine behördliche Mitteilung, dass ihrem Antrag entsprochen wird und sie ab 1.10.2024 deutsche Staatsangehörige wird.
2. Polizist P weist den Radfahrer R an, abzusteigen und sein Rad zu schieben, da es wegen diverser Mängel nicht verkehrssicher sei.
3. Gemeinde G erlässt eine Satzung, nach der die Benutzung des gemeindlichen Schwimmbades für Erwachsene 3,50 EUR, für Kinder 1,50 EUR kostet.
4. Der nigerianische Staatsangehörige N erhält einen Bescheid des Bundesamtes für Migration und Flüchtlinge, dass er als politisch Verfolgter eingestuft wurde und seinem Antrag auf Asyl stattgegeben wird.
5. Die staatliche Universität U regelt in der Benutzungsordnung für ihre Bibliothek, dass nur ihre Studierenden und Bediensteten Zugang haben. Rechtsanwalt R, der am Universitätsort wohnt und die Bibliothek gerne gelegentlich zu seiner Weiterbildung benutzen würde, fühlt sich durch diese Regelung verletzt.
6. Rechtsreferendarin R wird zur Beamtin auf Widerruf ernannt.
7. Waldbesitzer W möchte mitten im Wald auf einem einsamen Traumgrundstück bauen. Die zuständige Behörde verweigert die beantragte Baugenehmigung.
8. Schülerin S hat ihre Englischvokabeln nicht gelernt und bekommt in einer Klausur deswegen eine schlechte Note.

5 Gegen einen Verwaltungsakt muss vor einer Klage zum Verwaltungsgericht in der Regel Widerspruch bei der Verwaltungsbehörde selbst eingelegt werden. Muss der Betroffene in den folgenden Fällen Widerspruch gem. §§ 68 ff. VwGO einlegen? Begründen Sie Ihre Ansicht.

1. Das Landratsamt hat Emils Antrag auf Gestattung der Ablagerung von Abfällen auf seinem Grundstück abgelehnt.
2. Emilie hält den neuen Bebauungsplan ihrer Gemeinde für rechtswidrig und möchte seine Nichtigkeit feststellen lassen.
3. Der mittellose Max hat beim Sozialamt Übernahme der Kosten für einen Wintermantel beantragt. Sein Antrag wurde abgelehnt. Er möchte, dass ihm das Gericht im Eilverfahren einen Wintermantel verschafft, da es schon recht kalt ist.
4. Das Geschäft der Metzgerin Minna ist geschlossen worden, nachdem in dem von ihr verkauften Fleisch Ungeziefer gefunden wurde.

6 Finden Sie heraus, zu welchem Gebiet des besonderen Verwaltungsrechts die folgenden Fälle gehören und begründen Sie Ihre Entscheidung.

Aufenthaltsrecht / Baurecht / Beamtenrecht / Fahrerlaubnisrecht / Naturschutzrecht (2x) Polizeirecht / Sozialrecht / Straßenverkehrsrecht / Tierschutzrecht

1. Das Ehepaar P wohnt in einem allgemeinen Wohngebiet und hält im Garten seines Wohnhauses zwei Minischweine. Die zuständige Behörde verbietet die Haltung der Minischweine mit der Begründung, in allgemeinen Wohngebieten seien nach der Baunutzungsverordnung nur Kleintiere wie Hunde oder Katzen erlaubt; Ziegen, Schafe und Schweine jeglicher Größe dagegen heute nicht mehr. Das Ehepaar ist der Meinung, Minischweine müssten als moderne Kleintiere zulässig sein.
2. Die türkische Staatsangehörige T, die seit fast 50 Jahren in Deutschland lebt und zuletzt drei Jahre wegen versuchten Totschlags in Tateinheit mit gefährlicher Körperverletzung in Haft saß, wird wegen Gefährdung der öffentlichen Sicherheit und Ordnung aus Deutschland ausgewiesen. Sie habe eine erhebliche kriminelle Energie bewiesen, habe ein in höchstem Maße unzureichendes Unrechtbewusstsein und ihr fehle jegliche Empathie. Es bestehe die Gefahr, dass sie weitere gegen Leib und Leben gerichtete Straftaten begehe. T klagt gegen die Ausweisung.
3. Trotz des allgemein angeordneten städtischen Verbots füttert die Tierfreundin F regelmäßig Tauben im Bereich der Innenstadt. F beruft sich auf ihre Gewissensfreiheit und ihre moralische Überzeugung, man müsse hungernde Tiere füttern. Die Stadt macht geltend, der grundgesetzlich verankerte Tierschutzgedanke gelte nicht absolut. Von Tauben im Stadtgebiet gingen – durch ihren Kot – nachhaltige Verschmutzungen aus. Die unkontrollierte Vergrößerung der städtischen Taubenpopulation sei der jahrelangen Missachtung des Taubenfütterungsverbots geschuldet und belege nachdrücklich das Erfordernis allgemeiner Taubenfütterungsverbote.
4. Das Kind K hat besonderen Förderbedarf. Deshalb melden seine Eltern es auf einer Privatschule an, die aus ihrer Sicht eine bessere Förderung als die öffent-

liche Schule bietet. Danach beantragen sie die Kostenübernahme durch das Jugendamt. Dieses lehnt ab, da eine staatliche Schule den Förderbedarf des Kindes nachweislich genauso gut decken kann und die Maßnahme im Vorfeld hätte geprüft und genehmigt werden müssen.

5. Zwei Jahre, nachdem er wiederholt polizeilich auffällig geworden ist, erlässt das Polizeipräsidium P gegenüber dem inzwischen 18-jährigen J eine Verfügung, die ihm verbietet, die kommenden drei Jahre Messer und andere gefährliche Gegenstände außerhalb der Wohnung zu führen. J hat Zweifel, ob ein Verbot von Messern überhaupt auf eine landespolizeiliche Generalklausel gestützt werden darf. Außerdem hat er Zweifel, ob das Verbot zur Gefahrenabwehr geeignet ist, denn eine anlasslose polizeiliche Kontrolle seiner Person sei bekanntlich nicht zulässig. Letztendlich sei nicht ersichtlich, dass durch ihn in den kommenden drei Jahren in besonderer Weise Körperverletzungsdelikte durch Messer oder andere gefährliche Gegenstände zu erwarten seien.
6. K, der seit Jahren ein Alkoholproblem und deswegen keine Fahrerlaubnis mehr hat, verursacht im Zustand alkoholbedingter Fahruntüchtigkeit (Blutalkoholkonzentration von 1,83 Promille) mit Mofa (= fahrerlaubnisfreies Fahrzeug) und Mitfahrerin einen Sturz. Die Fahrerlaubnisbehörde verlangt deshalb die Vorlage eines medizinisch-psychologischen Gutachtens (MPU). Dies legt K nicht vor. Deshalb verbietet die Behörde ihm per Bescheid, in Zukunft ein fahrerlaubnisfreies Fahrzeug im Straßenverkehr zu fahren. K trägt vor, dies sei ein schwerwiegender Eingriff in seine allgemeine Handlungsfreiheit. Er werde auf den nicht immer und überall erreichbaren und mit nicht unerheblichen Kosten verbundenen öffentlichen Personenverkehr verwiesen. Die Teilnahme am Straßenverkehr mit fahrerlaubnisfreien Fahrzeugen, insbesondere mit einem Fahrrad, könne für seine private Lebensgestaltung einschließlich Ausbildung und Berufsausübung sehr wichtig sein.
7. Die passionierten Pilzsammler P und S sammeln im öffentlichen Wald gemeinsam 19 Kilogramm Steinpilze, die sie selbst essen, einfrieren und Freunden und Verwandten schenken wollen. Die Bundesartenschutzverordnung erlaubt, Steinpilze in kleinen Mengen für den eigenen Bedarf aus dem Wald mitzunehmen. Die zuständige Behörde verhängt gegen jeden wegen einer Ordnungswidrigkeit nach § 69 Bundesnaturschutzgesetz ein Bußgeld in Höhe von 850 EUR.
8. § 23 Abs. 4 S. 1 StVO bestimmt, dass ein Autofahrer sein Gesicht nicht so verhüllen oder verdecken darf, dass er nicht mehr erkennbar ist. Die Straßenverkehrsbehörde darf allerdings Ausnahmen vom Verhüllungsverbot erteilen. Die Muslima M beantragt eine Ausnahmegenehmigung, so dass sie mit Niqab, einem Schleier, der nur die Augenpartie frei lässt, fahren darf. Sie trägt vor, das Verhüllungsverbot verletze sie in ihrer verfassungsrechtlich geschützten Religionsfreiheit; außerdem sei eine Autofahrerin anhand der Augenpartie identifizierbar; sie könne auch ein Fahrtenbuch führen oder einen einzigartigen fälschungssicheren QR-Code am Niqab anbringen.
9. Die Igelliebhaberin I trifft die Hundehalterin H und entdeckt, dass deren Hund Teddy einen Igel im Maul herumträgt. I belehrt H, dass Igel unter Artenschutz stünden und ein solches Verhalten inakzeptabel sei. Beide geraten umgehend in

Streit und schlagen sich. Die Polizei leitet gegen beide ein Strafverfahren wegen Körperverletzung ein und gegen H außerdem ein Verfahren wegen des Igels.

10. Die Beamtin auf Probe P, die im Gefängnis tätig ist, geht heimlich eine Liebesbeziehung mit einem der von ihr betreuten Strafgefangenen ein und nimmt ihn am Ende seiner Freiheitsstrafe in ihre Wohnung auf. Beides teilt sie der Gefängnisleitung nicht mit. Als diese davon erfährt, entlässt sie P mit der Begründung, P habe dienstliche Kernpflichten verletzt und dadurch das Vertrauensverhältnis nachhaltig gestört. Beamte im Strafvollzug seien verpflichtet, gegenüber Strafgefangenen und Entlassenen die notwendige Zurückhaltung zu wahren.

7 Entscheiden Sie, ob es sich um Eingriffs- oder Leistungsverwaltung handelt. Bei ersterer greift der Staat in Rechte des Bürgers ein, bei letzterer verteilt er Leistungen.

1. Studentin S erhält vom Staat 300 EUR Ausbildungsförderung (sog. BAföG).
2. Polizistin P nimmt dem betrunkenen Autofahrer F Autoschlüssel und Führerschein weg und lässt ihn nach Hause laufen.
3. Das Finanzamt schickt dem reichen R einen überhöhten Steuerbescheid.
4. Der Arbeitslose A erhält jeden Monat 1.100 EUR Arbeitslosengeld.

8 Erläutern Sie, ob es sich um eine Gebühr, einen Beitrag oder eine Steuer handelt.

1. Die Gemeinde G erhebt von jedem, der im Gemeindegebiet eine Wohnung hat, aber sich dort nicht ständig aufhält, eine „Zweitwohnungsabgabe" von 350 EUR jährlich.
2. Die Stadt H verlangt für die Bestattung auf dem städtischen Friedhof eine Bestattungsabgabe von 400 EUR je Leiche und einen jährlichen Kostenbeitrag von 11 EUR je Grab.
3. Die Gemeinde Bad Wasserstein erhebt von Übernachtungsgästen eine Kurtaxe von 1,60 EUR je Übernachtung.

9 Um welche Steuerart handelt es sich?

1. Sektsteuer
2. Einkommensteuer
3. Umsatzsteuer
4. Zweitwohnungssteuer

10 Erörtern Sie, ob eine Aufgabe der Bundes-, Landes- oder Kommunalverwaltung vorliegt.

1. Die Deutsche Mark wurde zum 1.1.2002 durch die neue Währung Euro ersetzt.
2. Die Benutzung des örtlichen Schlachthofes soll neu geregelt werden.
3. Der Geschichtsunterricht in den verschiedenen Schularten soll vereinheitlicht werden.

11 Was darf ein Polizist?

Antworten Sie mit „ja" oder „nein" oder der typischen Juristenantwort „das kommt darauf an" und begründen Sie Ihre Meinung.

1. Darf ein Polizist einem 6-jährigen Kind, das in der Schule herumtobt und nicht zu bändigen ist, Handschellen anlegen und es mit auf die Polizeiinspektion nehmen, wenn die Eltern nicht zu erreichen sind?
2. Darf ein Polizist vergessen, einen richterlichen Durchsuchungsbefehl durchzuführen? Hintergrund: Der 18-jährige J. zeigt sich bei der Polizei im November 2011 selbst an, dass er kinderpornographisches Material besitze und dass er seine Neigung aktiv bekämpfen wolle. Die Ermittlungsrichterin ordnet die Durchsuchung der Wohnung des J. an. Der zuständige Polizist vergisst dies. J. ermordet wenige Monate später ein elfjähriges Mädchen.
3. Darf ein Polizist einen in der Arrestzelle tobenden Asylbewerber an die Liege fesseln, ohne seinen Zustand regelmäßig in kurzen Zeitabständen zu kontrollieren? Hintergrund: Der Asylbewerber A, der in der Arrestzelle der Polizeiinspektion P. untergebracht ist, tobt und ist von dem diensthabenden Polizisten nicht zu bändigen. Deshalb fesselt ihn der Polizist mit Händen und Füssen an die Liege und geht zurück in sein Büro. Erst als der Feueralarm losgeht, begibt sich P erneut zur Arrestzelle. Dort stellt er fest, dass A es geschafft hat, mittels eines Feuerzeugs trotz seiner Fesselung einen Brand zu legen. A erleidet schwerste Brandverletzungen, an denen er kurz danach verstirbt.
4. Darf ein Polizist einen Bürger, der nachts im Stadtgebiet einer Personenkontrolle unterzogen wurde, anschließend gegen seinen Willen am Stadtrand in einem Wald aussetzen? Hintergrund: Der Afrikaner K lief vor einer nächtlichen Personenkontrolle durch die Polizei im Stadtgebiet S. davon. Als die Polizisten ihn einholten, kontrollierten und fragten, warum er davongelaufen sei, antwortete er, er renne halt gerne. Die Polizisten fühlten sich auf den Arm genommen und setzten ihn in einem Wald am Stadtrand von S. aus, wo er sich verlief und den Notruf verständigen musste, um nach Hause zu finden.
5. Darf die Polizei einem Fußballverein verbieten, 2.500 Eintrittskarten an die Fans des Gegners (sog. Gästekarten) für ein bestimmtes Fußballspiel zu verkaufen? Hintergrund: Nach mehreren gewalttätigen Auseinandersetzungen zwischen den Fangruppen der beiden Fußballvereine stuft die Polizei das bevorstehende Spiel als „Hochrisikospiel“ mit konkreten Gefahren für Leib und Leben Dritter ein. Sie sieht zur Abwendung neuerlicher Randale keine andere Lösung.
6. Der Polizist P. droht dem Entführer E des Kindes K schmerzhafte Folter für den Fall an, dass dieser nicht freiwillig das Versteck des entführten Kindes preisgibt. Dies tut P, obwohl er weiß, dass in Deutschland Folter verboten ist. P hofft, dass das Kind dadurch noch rechtzeitig gefunden wird (sog. Rettungsfolter). P weiß nicht, dass der Entführer das Kind bereits vor seiner Festnahme durch die Polizei getötet hat.
7. Darf ein Polizist a) gefärbte Haare, b) einen Dreitagebart, c) ein Piercing, d) einen Pferdeschwanz, e) einen Turban tragen, f) in Chats rassistische und das nationalsozialistische Regime verharmlosende Inhalte verbreiten, g) Dienstgeheimnisse an kriminelle Kreise verraten und h) (als Erinnerung an seine Hochzeitsreise) „Aloha“ 15x6 cm groß auf seinen Unterarm tätowieren lassen?
8. Darf eine Polizistin a) ein Kopftuch, b) einen Schleier, c) eine Tätowierung einer Blume auf beiden Handrücken, d) eine Tätowierung eines Hakenkreuzes, e) einen

Nasenring, f) einen Button mit der Aufschrift „Atomkraft: Nein danke!" tragen, g) öffentliche Thesen sog. Reichsbürger vertreten, indem sie z. B. „als Bürgerin des Königsreichs Preußen" einen Staatsangehörigkeitsausweis beantragt, h) ohne deutsche Staatsangehörigkeit sein oder i) bei einer Schießerei in Panik Kollegen im Stich lassen und davonrennen?

12 Rechtspolitische Frage

Alle jammern über die überbordende Bürokratie in Deutschland. Finden Sie mithilfe des Internets heraus, welche Vorschläge es zur Vereinfachung des Verwaltungsrechts gibt und welche Vor- und Nachteile damit verbunden sind.

13 Rechtsvergleichende Anregungen

1. Erläutern Sie, wie sich der Einzelne in Ihrem Heimatland gegen Akte der Verwaltung wehren kann, und vergleichen Sie die Regelungen mit denjenigen im deutschen Verwaltungsrecht.
2. Aufgrund der internationalen Terrorismusgefahr ist der finale Rettungsschuss (gezielter Todesschuss), der in den einzelnen Polizeigesetzen in Deutschland unterschiedlich geregelt ist, erneut Diskussionsschwerpunkt. Erläutern Sie, wie in Ihrem Heimatrecht der finale Rettungsschuss geregelt ist, und vergleichen Sie die Situation mit dem bayerischen Polizeirecht.
3. Mit Einführung des Bürgergelds (ab 1.7.2026 Grundsicherungsgeld) nehmen die Diskussionen nicht ab, so der Vorwurf, dass sich Arbeit nicht mehr lohne und es Menschen zu leicht gemacht werde, das System auszunutzen. Gibt es in Ihrem Heimatland ähnliche Diskussionen und welche Lösungen kann das Recht anbieten?

Sprachliche Aspekte

1 Ergänzen Sie im Zusammenhang mit dem Wortfeld „Verwaltungsrecht" im nachfolgenden Text passende Verbformen aus der Liste.

angeordnet / beanspruchen / benötigt / dient / eingreifen / enthält / ergänzt / erlassen / fertig gestellt / geplant / getreten / gewährt / gibt / ist / nimmt ein / regelt / regelt / schaffen / unterliegt / verblieben / zeigt / zufließen

Das Verwaltungsrecht ______________ (1) das Verhältnis des Bürgers zum Staat. Das Allgemeine Verwaltungsrecht ______________ (2) zwei Vorgaben des Grundgesetzes und wird ______________ (3) durch das Verwaltungsverfahrensgesetz (VwVfG). Meist werden im VwVfG nicht Rechtsfolgen ______________ (4), sondern der jeweiligen Behörde wird ein Ermessensspielraum ______________ (5), d. h. sie kann nach Prüfung des Einzelfalles einen Verwaltungsakt ______________ (6), braucht es aber nicht. Die im VwVfG enthaltenen Grundsätze ______________ (7) die Voraussetzung für die Anwendung der Gesetze des Besonderen Verwaltungsrechts. Dessen verschiedene Rechtsgebiete sind teils Bundes-, teils Landesrecht. Im Verwaltungsrecht sind den Ländern gegenüber dem Bund wichtige Kompetenzen ______________ (8). Das

____________(9) sich z.B. im Kommunalrecht, das zur Ausfüllung einer Vorschrift des Grundgesetzes __________(10), aber auch im Sicherheits- und Polizeirecht, das überwiegend Ländersache __________________(11). Das ebenfalls zum Verwaltungsrecht gehörende Sozialrecht ______________ insofern eine Sonderstellung _________(12), als seine Bestimmungen nicht in die Rechtssphäre des Bürgers _________________(13). Es ________________(14) dagegen, wann ein Bürger Leistungen des Staates ____________________(15) kann. Zur Vereinheitlichung des Sozialrechts war ein die Einzelgesetze umfassendes Sozialgesetzbuch ________ _________________(16), von dem inzwischen alle Bücher _______________ ____________(17) und in Kraft ___________________(18) sind. Zur Erfüllung der staatlichen Aufgaben ________________(19) der Staat Geldmittel, die ihm aus Pflichtbeiträgen zur Sozialversicherung, öffentlichen Abgaben und Steuern ________________(20). Die sog. Abgabenordnung ______________(21) die Grundsätze des Steuerrechts. Für die einzelnen Steuern __________(22) es jeweils ein besonderes Steuergesetz.

2 Funktionsverben

Das sog. Funktionsverbgefüge ist typisch für den Nominalstil, der ein wesentliches Merkmal der juristischen Fachsprache ist. Dabei wird ein Verb durch die Struktur Nomen + Verb ersetzt (entscheiden = eine Entscheidung treffen). Das Nomen enthält die Hauptinformation. In Verbindung mit diesem Nomen verlieren die meisten Verben ihre normale Bedeutung.

Ergänzen Sie in den nachfolgenden Sätzen die geeignete Form eines Verbs aus der Liste.

fassen / erteilen / erteilen / haben / haben / haben / kommen / kommen / leisten / nehmen / sein / stehen / stehen / treffen / treffen / vornehmen

1. Innerhalb seiner Fachaufsicht über die Gemeinden kann der Staat bestimmte **Anweisungen** _________________.
2. Innerhalb ihres Auswahlermessens muss eine Behörde erkennen, welche Möglichkeiten ihr für ein Einschreiten **zur Wahl** ______________.
3. Die Behörde muss ihre **Entscheidungen** je nach Maßgabe des Einzelfalls und unter Beachtung sachgerechter Kriterien ______________.
4. Wenn eine Gemeinde rechtswidrige **Handlungen** __________________, ____________________ das das Einschreiten des Staates **zur Folge.**
5. Die Behörde hat den **Beschluss** ______________, einen Verwaltungsakt zu erlassen.
6. Im Bauplanungsrecht ist zum Beispiel geregelt, welche **Maßnahmen** zur städtebaulichen Entwicklung _____________ werden können.
7. Die Behörde hat eine **Genehmigung** für das Bauvorhaben ______________.
8. Dem Bürger ___________ der Rechtsbehelf des Widerspruchs **zur Verfügung.**
9. Wenn die Widerspruchsbehörde **zu dem Ergebnis** ______________, dass der Widerspruch des Bauherrn gerechtfertigt ist, wird sie den Verwaltungsakt aufheben.

10. Jeder Arbeitnehmer ist gesetzlich verpflichtet, **Beiträge** zu vier verschiedenen Versicherungen zu ________________.
11. Indem der an einem Verfahren Beteiligte seinen Anspruch auf rechtliches Gehör wahrnimmt, hat er die Möglichkeit, auf das Verfahren **Einfluss** zu ________ ________________.
12. Alle Familien mit Kindern ______________ **Anspruch** auf Kindergeld.
13. Der Gesetzgeber __________ **die Absicht**, das ganze Sozialrecht in einem Sozialgesetzbuch zusammenzufassen.
14. Schüler und Studierende erhalten Leistungen der Ausbildungsförderung, wenn ihre Eltern nicht **in der Lage** ______________, die Kosten für Ausbildung und Lebensunterhalt der Auszubildenden zu tragen.
15. Im Lebensmittelrecht _______________ Vorschriften des Besonderen Verwaltungsrechts **zur Anwendung.**

Kapitel 9
Das Verfahrensrecht

I. Die Gerichte

1 Alle Ansprüche und Freiheiten, die das Recht gewährt, sind nutzlos, wenn sie nicht im Prozess durchgesetzt werden können. Eine rechtliche Garantie hierfür gibt es in allen fortgeschrittenen Rechtsordnungen: Im deutschen Recht gewährleistet Art. 19 IV GG den Rechtsschutz gegen Akte der öffentlichen Gewalt (→ Kap. 3 Rn. 19); für den Bereich des Privatrechts entnimmt man der allgemeinen Handlungsfreiheit (Art. 2 I GG) einen sog. **Justizgewährungsanspruch** des Individuums. Er verpflichtet den Staat, Gerichte einzurichten, vor denen jeder Anspruch, den das Recht gibt, im Streitfall verfolgt werden kann. Für die Effektivität einer Rechtsordnung ist aber neben der rechtlichen Garantie die tatsächliche Nutzbarkeit von entscheidender Bedeutung: Die Gerichte müssen nicht nur eingerichtet, sondern auch funktionsfähig, personell und sachlich ausreichend ausgestattet sein. Außerdem darf der Zugang zu Gericht nicht an der Kostenbarriere oder anderen Zugangshindernissen scheitern.

1. Übersicht über die Gerichtszweige

2 Im heutigen deutschen Recht gibt es – anders als z.B. im Recht der früheren DDR – keine Gerichte, die für alle Streitigkeiten zuständig sind, sondern Gerichte für verschiedene Sachgebiete. Der Vorteil dieser Regelung ist, dass die einzelnen Gerichte und die dort tätigen Richter auf die Streitfälle spezialisiert sind, die sie zu entscheiden haben. Der Nachteil ist der, dass in Grenzfällen oft erst ein Streit über die Zuständigkeit geführt werden muss, bevor es zu einer sachlichen Entscheidung kommt – mit der Folge zusätzlicher Kosten und einer Verlängerung der Verfahrensdauer. Auch werden durch die einzelnen Regelungen oft zusammengehörige Sachen auseinandergerissen.

Beispiel A ist Eigentümer eines Grundstücks, das für den Bau einer neuen Autobahn benötigt wird. Er ist nicht zu einem Verkauf bereit; deshalb wurde das Grundstück enteignet und für A eine Entschädigung festgesetzt. A möchte gegen die Enteignung vorgehen; für den Fall, dass er damit keinen Erfolg hat, hält er aber auf jeden Fall die Entschädigung für viel zu niedrig. Gegen den Enteignungsbescheid, der ein Verwaltungsakt ist, muss A vor dem Verwaltungsgericht klagen. Dagegen ist für einen Streit über die Höhe der Entschädigung ein Gericht der ordentlichen Gerichtsbarkeit zuständig (Art. 14 GG).

3 Die einzelnen Gerichtszweige sind:

- die ordentliche Gerichtsbarkeit (= Zivil- und Strafgerichtsbarkeit),
- die Arbeitsgerichtsbarkeit,
- die Verwaltungsgerichtsbarkeit,
- die Sozialgerichtsbarkeit und
- die Finanzgerichtsbarkeit.

4 Die **ordentliche Gerichtsbarkeit** ist für die Entscheidung aller Streitigkeiten in privatrechtlichen Streitigkeiten mit Ausnahme der Arbeitsrechtssachen und für alle Straftaten und Ordnungswidrigkeiten zuständig. Auch manche Streitigkeiten des öffentlichen Rechts (z.B. die soeben erwähnte Enteignungsentschädigung) sind – meist aus historischen Gründen – den ordentlichen Gerichten zugewiesen. Diese sind auch für alle Prozesse zuständig, für die keine andere Zuständigkeit besteht.

5 Die Streitigkeiten zwischen Arbeitgebern und Arbeitnehmern aus Arbeitsverhältnissen sind dagegen einem **besonderen Gerichtszweig**, der **Arbeitsgerichtsbarkeit** zugewiesen.

6 Die drei anderen Gerichtszweige sind für die Streitigkeiten aus dem öffentlichen Recht zuständig, und zwar die Sozialgerichtsbarkeit für die Geltendmachung von Ansprüchen aus dem Bereich des Sozialrechts, die Finanzgerichtsbarkeit für Klagen gegen Steuerbescheide und andere Streitigkeiten aus dem Steuerrecht und die Verwaltungsgerichtsbarkeit für alle übrigen verwaltungsrechtlichen Streitigkeiten.

7 Außerdem gibt es die **Verfassungsgerichte**, nämlich die jetzt in allen Bundesländern bestehenden Landesverfassungsgerichte und das Bundesverfassungsgericht, dessen Zuständigkeiten bereits in → Kap. 3 Rn. 39 ff. erwähnt wurden.

2. Die ordentlichen Gerichte

8 Der Begriff „ordentliche Gerichte" ist heute nur noch historisch zu erklären, da nach dem Grundgesetz (Art. 101) auch die übrigen Gerichtszweige (→ Rn. 15 ff.) keine Ausnahmegerichte sind, sondern die dort tätigen Richter die gleiche sachliche und persönliche Unabhängigkeit besitzen wie die Richter an den ordentlichen Gerichten.

9 Ordentliche Gerichte sind das Amtsgericht (AG), das Landgericht (LG), das Oberlandesgericht (OLG) und der Bundesgerichtshof (BGH). Eines oder mehrere Amtsgerichte gibt es in fast jedem Landkreis, ein Landgericht für den Bezirk mehrerer Amtsgerichte. Die Zahl der Oberlandesgerichte beträgt 24. In jedem Bundesland gibt es mindestens ein OLG, in den größeren auch zwei oder drei. In Bayern gibt es als Besonderheit – wieder – das Bayerische Oberste Landesgericht, dem ein Teil der Zuständigkeiten des OLG zugewiesen ist. In Berlin heißt das OLG „Kammergericht". Das oberste Zivilgericht ist der Bundesgerichtshof (BGH), der seinen Sitz in Karlsruhe hat.

Skizze 1: Organe der Rechtsprechung

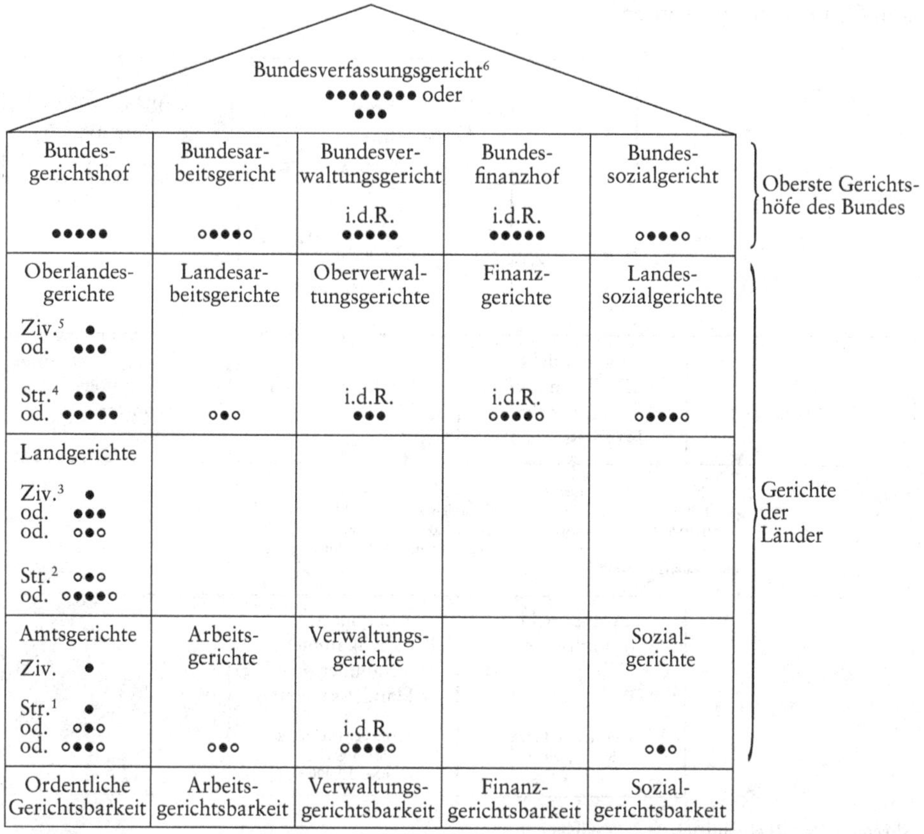

● Berufsrichter
○ Laienrichter

1) Strafrichter
Schöffengericht
erweitertes Schöffengericht
2) Kleine Strafkammer
Große Strafkammer
(auch als Schwurgericht)
3) Einzelrichter
Zivilkammer
Kammer für Handelssachen
4) Strafsenat (Revisionsinstanz)
Strafsenat (1. Instanz)
5) Einzelrichter
Zivilsenat
6) → Kap. 3 Rn. 39

10 Die Zuständigkeiten der einzelnen Gerichte sind in Zivilsachen und in Strafsachen unterschiedlich geregelt. In **Zivilsachen** kann eine Sache je nach ihrer Bedeutung nur einem, zwei oder drei Gerichten (Instanzen) zur Entscheidung vorgelegt werden.

11 Das Gericht 1. Instanz ist für Streitigkeiten bis zu 10.000 EUR das AG. Bis zum 31.12.2025 war das AG nur bis zu einem Streitwert von 5.000 EUR zuständig. Wer vor dem AG unterlegen ist, kann dessen Entscheidung vom LG überprüfen lassen, wenn er **Berufung** einlegt. Im Berufungsverfahren wird der Fall in vollem Umfang neu aufgerollt; was eine Partei aber in erster Instanz aus Nachlässigkeit nicht vorgebracht hat, wird in der Berufung nicht berücksichtigt. Berufung gegen die Entscheidung eines AG ist dann möglich, wenn es für die unterlegene Partei um mehr als 1.000 EUR geht (sog. Berufungssumme) oder wenn wegen der grundsätzlichen Bedeutung des Falls die Berufung zugelassen wurde. Für Streitigkeiten über

10.000 EUR ist in 1. Instanz das LG zuständig. Gegen dessen Urteile kann Berufung zum OLG eingelegt werden.

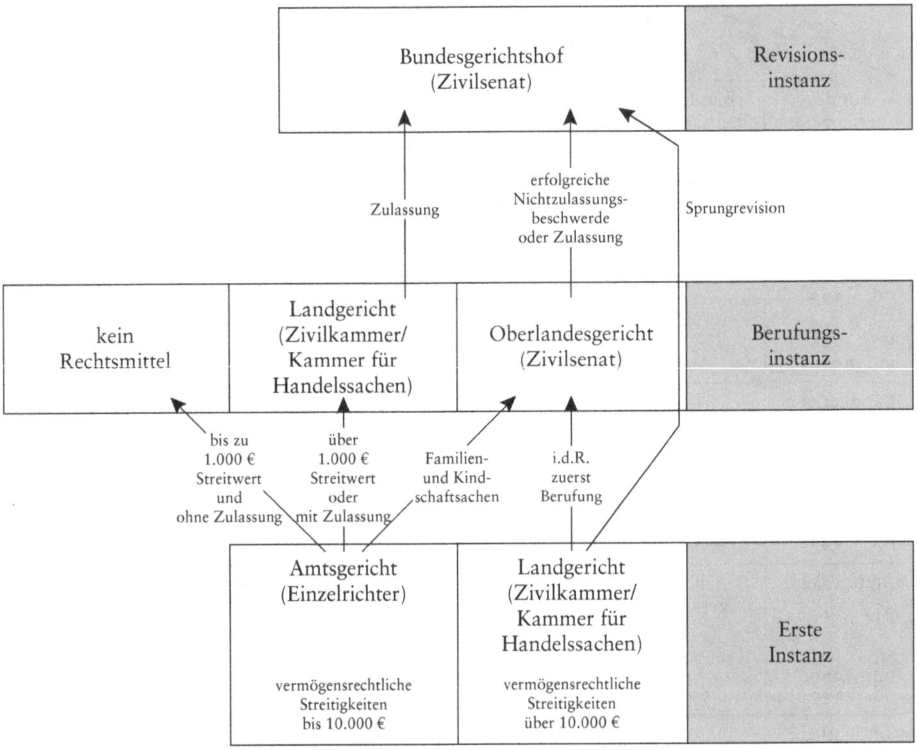

Skizze 2: Der Rechtsmittelzug in Zivilsachen

12 Gegen alle Berufungsurteile ist das Rechtsmittel der **Revision** gegeben, über die der BGH entscheidet. Die Revision setzt allerdings voraus, dass sie wegen der grundsätzlichen Bedeutung der Sache vom Berufungsgericht zugelassen wurde. Wird die Zulassung abgelehnt, kann Nichtzulassungsbeschwerde zum BGH erhoben werden, wenn es für den Beschwerdeführer um mehr als 25.000 EUR geht. Mit der Revision kann nur die falsche Anwendung eines Gesetzes geltend gemacht werden, nicht dagegen eine falsche Feststellung von Tatsachen. Deshalb können mit der Revision auch keine neuen Behauptungen aufgestellt werden.

13 Kein besonderes Gericht ist das **Familiengericht**. Es handelt sich dabei vielmehr um eine besondere Abteilung des AG, dem die Ehescheidungen und die damit zusammenhängenden familienrechtlichen Streitigkeiten (Sorgerecht für Kinder, Unterhalt usw.) übertragen sind, und an dem hierauf spezialisierte Richter tätig sind.

14 In **Strafsachen** ist entscheidend, vor welchem Gericht die Staatsanwaltschaft Anklage erhebt. Dies kann das AG oder das LG sein; bei einigen besonderen Delikten (z.B. Landesverrat; Mitgliedschaft in einer terroristischen Vereinigung) ist das OLG-Gericht 1. Instanz. Gegen die Urteile des AG kann Berufung an das LG und gegen das Berufungsurteil Revision zum OLG eingelegt werden. Gegen die Urteile des LG

und des OLG als Gerichte 1. Instanz gibt es keine Berufung, sondern nur die Revision, über die der BGH entscheidet.

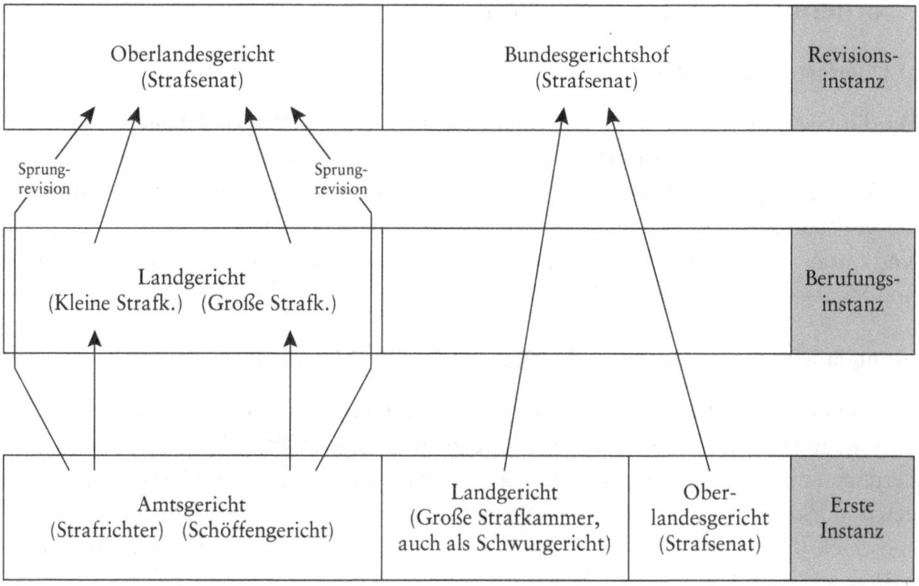

Skizze 3: Der Rechtsmittelzug in Strafsachen

3. Die übrigen Gerichtszweige

15 Nicht so kompliziert ist der Aufbau der übrigen Gerichtszweige (vgl. auch Skizze 1 in → Rn. 9), die **dreistufig** aufgebaut sind (mit Ausnahme der Finanzgerichtsbarkeit).

16 So gibt es in der **Arbeitsgerichtsbarkeit** die Arbeitsgerichte, die Landesarbeitsgerichte und das Bundesarbeitsgericht in Erfurt, in der Verwaltungsgerichtsbarkeit die Verwaltungsgerichte, die Oberverwaltungsgerichte (die in manchen Bundesländern die Bezeichnung Verwaltungsgerichtshof führen) und das Bundesverwaltungsgericht in Leipzig, in der Sozialgerichtsbarkeit die Sozialgerichte, die Landessozialgerichte und das Bundessozialgericht in Kassel.

17 Gericht 1. Instanz ist dabei das Arbeitsgericht, das Verwaltungsgericht (mit wenigen Ausnahmen) und das Sozialgericht. Über das Rechtsmittel der Berufung entscheidet das Landesarbeitsgericht, das Oberverwaltungsgericht und das Landessozialgericht. Gegen deren Entscheidungen kann Revision zum Bundesarbeitsgericht, Bundesverwaltungsgericht und Bundessozialgericht eingelegt werden.

18 Dagegen ist die **Finanzgerichtsbarkeit** zweistufig. Es gibt nur die Finanzgerichte und den Bundesfinanzhof in München, der über Revisionen gegen Entscheidungen der Finanzgerichte entscheidet. Das Rechtsmittel der Berufung gibt es in diesem Gerichtszweig nicht.

4. Aktuelle Herausforderungen und Entwicklungen in der ordentlichen Gerichtsbarkeit

a) Überlastung der Gerichte

19 Da die Gerichte jahrelang weder finanziell noch personell ausreichend aufgestockt wurden, wird allgemein über eine Überlastung der Gerichte geklagt. Insbesondere die Verwaltungsgerichte hatten aufgrund der hohen Anzahl von Asylverfahren seit der europäischen Flüchtlingskrise 2015 einen beachtlichen Rückstau an anhängigen Verfahren. Einige Bundesländer haben inzwischen reagiert und zusätzliche Richter- und Staatsanwaltsstellen geschaffen.

b) Digitalisierung der Justiz und elektronischer Rechtsverkehr

20 Als weiterer Grund für die Überlastung der Gerichte wird die zu langsame **Digitalisierung** angesehen. Als Begründung dafür werden immer die hohen Sicherheitsanforderungen an den elektronischen Rechtsverkehr, insbesondere die elektronische Akte genannt. So sind Rechtsanwälte verpflichtet, ein besonderes elektronisches Anwaltspostfach (beA) zum Empfang von elektronischen Mitteilungen des Gerichts vorzuhalten und seit 1.1.2022 auch ihre Schriftsätze und sonstige Nachrichten elektronisch an die Gerichte übermitteln.

21 Der **elektronische Rechtsverkehr** wird immer weiter ausgebaut. Ähnliche Vorschriften bestehen teils in allen, teils nur in einzelnen Bundesländern, für den Verkehr der Notare mit den Gerichten. Auch Gerichtsvollzieher, Steuerberater sowie sonstige in professioneller Eigenschaft an einem Prozess beteiligte Personen, Vereinigungen und Organisationen, bei denen von einer erhöhten Zuverlässigkeit ausgegangen werden kann, müssen einen sicheren Übermittlungsweg für elektronische Zustellungen eröffnen (§ 173 II Nr. 1 ZPO), sind aber bisher nicht selbst verpflichtet, ihn zu benutzen.

c) Paralleljustiz und gesellschaftliche Herausforderungen

22 Insbesondere im Strafrecht gibt es ethnische Gruppen, die sich durch Verweigerung der Kooperation in staatlichen Gerichtsverfahren und unter Umständen Einschüchterung von Zeugen und sonstigen Beteiligten der staatlichen Justiz entziehen und ihre eigenen Streitschlichter einsetzen, die in der Regel weder ausgebildet sind noch ein verbindliches Regelwerk als Grundlage für ihre Entscheidungen haben, sondern nach Traditionen, Gerechtigkeitsempfinden des Schlichters und sonstigen nicht überprüfbaren Kriterien entscheiden, die den Anforderungen an ein modernes Gerichtssystem entsprechend des Rechtsstaats- und Demokratieprinzips (z.B. Unabhängigkeit der Richter, Bestimmtheitsgrundsatz, Gleichheit aller Rechtssubjekte, Überprüfbarkeit der Entscheidung durch eine weitere Instanz) nicht gerecht werden. Das Entstehen einer solchen **Paralleljustiz** wird mit dem Scheitern des Staats im Hinblick auf die gesellschaftliche Integration dieser ethnischen Gruppen erklärt und als Gefahr für den Rechtsstaat wahrgenommen.

d) Schiedsgerichtsbarkeit als Alternative zum staatlichen Gerichtsverfahren

23 Schiedsverfahren sind nach der ZPO grundsätzlich zulässig, solange sie zwingende Verfahrensgarantien einhalten, von denen die Parteien nicht abweichen können, z.B. das rechtliche Gehör (→ Rn. 33 ff.). Es handelt sich bei Schiedsverfahren um verbindliche private Streitbeilegungen, deren Ergebnis nötigenfalls vollstreckt werden kann. Für die Parteien bieten Schiedsverfahren verschiedene Vorteile: Sie können bestimmen, wer als Schiedsrichter agieren oder diesen auswählen soll, sie können den Öffentlichkeitsgrundsatz, der für deutsche Gerichtsverhandlungen gilt, umgehen und Zeit und Kosten sparen, indem sie sich einigen oder die Streitigkeit durch den Schiedsspruch endgültig entscheiden lassen, also langjährige Unsicherheit durch den Instanzenzug vermeiden. Eine Überprüfung des Schiedsspruchs durch staatliche Gerichte kommt nur in Betracht, wenn gravierende Mängel etwa bei der Bestellung des Schiedsgerichts oder im Verhalten der Schiedsrichter (z.B. durch unzureichende Gewährung des rechtlichen Gehörs) vorliegen.

e) Commercial Courts und Verfahren in englischer Sprache

24 Es wird seit mehr als einem Jahrzehnt gefordert, dass Verfahren in englischer Sprache geführt werden können. Seit 1.4.2025 gilt das Justizstandort-Stärkungsgesetz, das die Bundesländer ermächtigt, sog. *Commercial Courts* als Teil des Oberlandesgerichts einzurichten, vor denen bestimmte Streitigkeiten erstinstanzlich in englischer Sprache verhandelt werden können. Eine solche Verhandlung kann auch bereits bei sog. *Commercial Chambers* bei ausgewählten Landgerichten für den Bezirk mehrerer Landgerichte geschehen, wodurch aber der normale Instanzenzug nicht verändert wird.

25 Möglich ist auch die Führung von Revisionsverfahren beim BGH in englischer Sprache, wenn in der Vorinstanz das Verfahren in englischer Sprache geführt wurde (§§ 119b, 184a, 184b GVG). Ziel ist, ein Abwandern wirtschaftlich bedeutsamer Rechtsmaterien in andere Rechtskreise oder die Schiedsgerichtsbarkeit zu vermeiden. Deutlich weitergehende Regelungen mit gleicher Zielrichtung wurden vorgeschlagen, fanden im Gesetzgebungsverfahren aber keine Mehrheit.

II. Allgemeine Verfahrensgrundsätze

26 Für jeden Gerichtszweig gibt es **eine Verfahrensordnung**, also ein Gesetz, in dem die bei der Durchführung eines Verfahrens zu beachtenden Grundsätze festgelegt sind. Dies sind insbesondere die Verfahrens- und Beweisregeln, die Fristen, die Vertretung durch Rechtsanwälte, die möglichen Rechtsmittel und die Kosten. Für die **ordentliche Gerichtsbarkeit** gibt es sogar **zwei Verfahrensordnungen**, nämlich für die Zivilsachen die Zivilprozessordnung (ZPO) und für Strafsachen die Strafprozessordnung (StPO). Die einzelnen Prozessordnungen regeln die gleichen Materien vielfach unterschiedlich. Das hat oft einen guten Sinn, wenn Besonderheiten des jeweiligen Verfahrens zu berücksichtigen sind.

Beispiel Im Strafprozess stehen sich die Macht des Staates und das Individuum gegenüber. Deswegen und wegen der möglichen schwerwiegenden Folgen für den Angeklagten müssen an die Beweismittel besonders hohe Anforderungen gestellt werden. Deshalb verbietet die StPO beispielsweise Beweise, die durch Täuschung beschafft wurden (§ 136a StPO), und Aussageprotokolle (§ 249 StPO), wenn stattdessen der Zeuge oder die zu vernehmende Person selbst angehört werden kann. Im Zivilprozess ist beides zulässig, da man hier von einer gleich starken Position beider Parteien ausgehen kann.

27 So ist im Strafprozess ein Geständnis des Angeklagten vor der Polizei unverwertbar, wenn es der Polizeibeamte dadurch erreicht hat, dass er dem Beschuldigten wahrheitswidrig vorgespiegelt hat, sein Komplize habe schon gestanden. Kommt es dagegen im Zivilprozess darauf an, ob eine Partei zu einer bestimmten Zeit ein Telefongespräch geführt hat, kann die Erfassung der Gespräche durch die Telefongesellschaft vom Gegner auch dann verwendet werden, wenn er einen Ausdruck von der Telefongesellschaft durch Täuschung über seine Identität erschlichen hat.

28 Andere Unterschiede der Verfahrensordnungen sind rein zufällig oder historisch bedingt und führen nur zu einer unnötigen Komplizierung des Verfahrensrechts.

Beispiel Wer einen Zivilprozess beim AG verloren hat und Berufung einlegen möchte, muss die Berufungsschrift an das LG (den *iudex ad quem*) schicken. Wer dagegen einen Verwaltungsprozess verloren hat und den gleichen Wunsch hat, muss die Berufung beim Verwaltungsgericht (dem *iudex a quo*), nicht beim Oberverwaltungsgericht einlegen. Durch Einreichung beim falschen Gericht kann die Berufungsfrist versäumt und die Berufung dadurch unzulässig werden.

29 Eine Reihe von Verfahrensgrundsätzen gilt aber für alle Verfahren in allen Gerichtszweigen.

1. Der gesetzliche Richter

30 Eine Streitigkeit darf nur vom zuständigen Richter entschieden werden. So fordert es das Grundgesetz (Art. 101 I 2 GG).

31 Dem dienen zunächst die Vorschriften über die sachliche und örtliche Zuständigkeit. Jedes Gericht hat einen bestimmten Gerichtsbezirk und darf nur in den Sachen entscheiden, die nach der Prozessordnung in seinen Gerichtsbezirk gehören. Allerdings können mehrere Gerichte für den gleichen Fall zuständig sein. Dann muss allerdings die Verfahrensordnung bestimmen, wer bestimmt, welches Gericht entscheiden darf.

Beispiel Wird das Auto des A bei einem Verkehrsunfall in Bayreuth von B, der in Hamburg wohnt, beschädigt, und muss es mit einem Kostenaufwand von 16.000 EUR repariert werden, dann sind für die Entscheidung des Prozesses sowohl das LG Bayreuth als auch das LG Hamburg zuständig (§§ 12, 32 ZPO). Die Wahl zwischen diesen beiden Gerichten hat A (§ 35 ZPO).

32 Darin erschöpft sich das Gebot des gesetzlichen Richters aber nicht. Die Gerichte müssen außerdem im Voraus abstrakt festlegen, welche der zahlreichen bei einem Gericht tätigen Richter einen bestimmten Prozess entscheiden werden und wer an ihre Stelle tritt, wenn sie (z.B. durch Urlaub oder Krankheit) verhindert sind. Diese sog. **Geschäftsverteilung** soll jede Manipulation bei der Bestimmung des Richters verhindern.

Beispiel Bei dem Amtsgericht Neustadt sind in Zivilsachen der Richter Müller und die Richterin Maier tätig. Die Geschäftsverteilung sieht vor, dass der Richter Müller alle Streitigkeiten aus Verkehrsunfällen und alle allgemeinen Zivilsachen, bei denen der Name des Beklagten mit den Buchstaben A-K beginnt, und die Richterin Maier alle Familiensachen und alle allgemeinen Zivilsachen, bei denen der Name des Beklagten mit den Buchstaben L-Z beginnt, entscheidet.

2. Das rechtliche Gehör

33 Wie das Recht auf den gesetzlichen Richter wird auch der Anspruch auf rechtliches Gehör durch das Grundgesetz gewährleistet (Art. 103 I GG). Das rechtliche Gehör hat insbesondere drei Komponenten:
- das Recht auf Orientierung, nämlich den Anspruch darauf, rechtzeitig und vollständig von einem Verfahren, von dem man betroffen ist, und seinem Fortgang unterrichtet zu werden,
- das Recht auf Äußerung zu allen Grundlagen der Entscheidung in rechtlicher und tatsächlicher Hinsicht,
- die Pflicht zur Berücksichtigung des Vorbringens, indem es vom Gericht zur Kenntnis genommen und in Erwägung gezogen wird.

34 Die besondere Bedeutung des rechtlichen Gehörs zeigt sich darin, dass gegen Entscheidungen, die nicht mehr mit einem Rechtsmittel angreifbar sind, ein besonderer Rechtsbehelf, die Anhörungsrüge, erhoben werden kann (§ 321a ZPO und entsprechende Regelungen in den anderen Prozessordnungen). Damit kann die unterlegene Partei geltend machen, ihr sei kein ausreichendes Gehör gewährt worden. Über die Gehörsrüge entscheidet das Gericht, bei dem die Verletzung des rechtlichen Gehörs vorgekommen sein soll. Hält es die Rüge für begründet, setzt es das Verfahren fort und holt das rechtliche Gehör nach.

35 Das BVerfG hat durch seine bis in die Einzelheiten der Prozessordnungen gehende Rechtsprechung diesen einfachen Grundsatz zu einem der wichtigsten Prozessgrundsätze ausgebaut, insbesondere dadurch, dass es folgenden Grundsatz aufgestellt hat: Dem Beteiligten muss nicht nur formal Gehör gewährt werden, sondern er muss auch die Möglichkeit haben, effektiv auf das Verfahren Einfluss zu nehmen.

Beispiel Ein gläubiger Jude wurde zur Gerichtsverhandlung an einem hohen jüdischen Feiertag geladen. Er erschien, erklärte aber, wegen des Feiertags nicht verhandeln zu können. Das BVerfG hat angenommen, dass das Gericht, das daraufhin ohne seine Beteiligung verhandelt hatte, ihn in seinem rechtlichen Gehör verletzt hat, weil er sich nicht effektiv hat äußern können.

36 Das Recht auf Gehör wird ergänzt durch ein ebenfalls vom BVerfG als Prozessgrundrecht anerkanntes, mangels ausdrücklicher Normierung im nationalen Recht auf Art. 2 I GG i.V.m. Art. 20 III GG gestütztes Recht auf ein **faires Verfahren.** Es ist in der Europäischen Menschenrechtskonvention konkretisiert und umfasst insbesondere auch das Recht auf unentgeltliche Unterstützung durch einen Dolmetscher, wenn ein Angeklagter die Verhandlungssprache des Gerichts nicht versteht oder spricht (Art. 6 III Buchst. e EMRK). Die Qualität der Sprachmittlung durch Dolmetscher soll durch das Gerichtsdolmetschergesetz verbessert werden, das seit 1.1.2023 gilt und die allgemeine Vereidigung von Dolmetschern insbesondere von einer Sprachprüfung und dem Nachweis von Kenntnissen der deutschen Rechtssprache abhängig macht. Das Ziel der Qualitätsverbesserung wird allerdings dadurch *ad absurdum* geführt, dass ein Richter im Prozess jede Person ohne formelle Qualifikation, die sich selbst als Dolmetscher ausgibt, *ad hoc* beeidigen kann, ohne dass Dolmetsch-Kenntnisse oder Kenntnisse der deutschen Rechtssprache nachgewiesen werden müssen. Näheres zur EMRK → Kap. 10 Rn. 36 ff.

3. Beweis und Beweislast

37 Voraussetzung einer gerichtlichen Entscheidung ist die Feststellung eines bestimmten Lebenssachverhalts. Besteht über diesen keine Übereinstimmung der Prozessbeteiligten, bedarf die Feststellung des Beweises. Welche **Beweismittel** zulässig sind und wie die Beweisaufnahme erfolgt, bestimmt die jeweilige Verfahrensordnung. Als Beweismittel kommen Zeugen, Sachverständige, die Einnahme eines Augenscheins, die Vorlage von Urkunden und die Vernehmung der Verfahrensbeteiligten in Betracht.

38 Besonders wichtig ist der **Beweis durch Sachverständige.** Kann der Richter nicht aufgrund eigener Sachkenntnis eine relevante Frage des Falls beantworten, muss er einen Gutachter einschalten. Dies sind im Strafprozess in der Regel psychiatrische oder psychologische Gutachter, in anderen Fällen möglicherweise Wissenschaftler, Ingenieure, Übersetzer oder Handwerker, die dank besonderer Kenntnisse auf ihrem Fachgebiet als Gutachter vom Gericht zugelassen sind. Die Gutachter werden gelegentlich auch als die heimlichen Richter bezeichnet, da ein Richter mangels eigener Sachkenntnis und hoher Anforderungen der Rechtsprechung selten wagt, von dem Schluss des Gutachters abzuweichen.

39 Kann die Feststellung eines bestimmten Lebenssachverhalts trotz Einsatzes der zulässigen Beweismittel nicht erfolgen, muss im Strafprozess der Angeklagte freigesprochen werden Es gilt der Grundsatz *in dubio pro reo*, der zwar nicht im deutschen Recht, jedoch in Art. 6 II EMRK enthalten ist und schon im römischen Recht als Rechtsprinzip anerkannt war.

40 Im Zivilprozess ist nach den Grundsätzen der Beweislast zu entscheiden. Grundsätzlich muss jeder Prozessbeteiligte das Vorliegen der ihm günstigen Tatsachen beweisen. Manche Vorschriften des BGB enthalten ausdrücklich oder mittelbar Bestimmungen darüber, wer die Beweislast trägt.

Beispiele 1. Anna hat von Hans einen Teppich gekauft und vereinbart, dass sie ihm nach Erhalt des Teppichs 300 EUR in bar bezahlt. Anna übergibt das Geld Carl, einem Freund von Hans, der verspricht, es Hans vorbeizubringen. Hans bestreitet, den Betrag erhalten zu haben und klagt gegen Anna auf Zahlung von 300 EUR. Ob das Geld bei ihm angekommen ist, lässt sich nicht aufklären, da Carl mit unbekanntem Ziel verschwunden ist. Nach § 270 I BGB trägt Anna das Übermittlungsrisiko. Da sie den Erhalt des Geldes durch Hans nicht beweisen kann, wird sie zur Zahlung verurteilt werden.

2. Der verwitwete Egon hatte in seinem 2002 errichteten Testament seinen Sohn Axel zum Alleinerben eingesetzt. 2005 heiratete er erneut, jetzt ist er verstorben. Egons zweite Ehefrau Tatjana hat das Testament von 2002 angefochten, weil sie darin nicht berücksichtigt war (§§ 2079, 2303 II BGB). Axel wendet ein, sein Vater habe ihm noch am Abend vor seinem Tod gesagt, er werde Alleinerbe, das habe er so geregelt. Im Prozess zwischen Axel und Tatjana bleibt offen, ob Axels Behauptung stimmt. Aus der Formulierung des § 2079 BGB ist zu entnehmen, dass Axel einen derartigen Willen seines Vaters beweisen müsste. Tatjana wird deshalb den Prozess gewinnen.

4. Mündlichkeit und Öffentlichkeit

41 Grundsätzlich findet in allen Gerichtsverfahren eine **mündliche Verhandlung** statt. Diese soll den Richtern ermöglichen, einen persönlichen Eindruck von der Sache zu erhalten, die sie entscheiden müssen. Gleichzeitig ist der mündliche Vortrag ihrer Argumente auch für die Beteiligten die beste und unmittelbarste Form der Gewährung rechtlichen Gehörs (→ Rn. 33 ff.). In der Praxis ist dieser Grundsatz allerdings nur noch im Strafprozess in seiner ursprünglichen Form lebendig.

42 Im Zivilprozess und in den anderen Gerichtszweigen wird die mündliche Verhandlung weitgehend durch **schriftliches Vorbringen** (sog. **Schriftsätze**) vorbereitet; Gutachten durch Sachverständige werden meistens schriftlich erstattet. In manchen Verfahrensarten kann ein insgesamt schriftliches Verfahren durchgeführt werden, wenn das Gericht es anordnet oder die Parteien auf eine mündliche Verhandlung verzichten.

43 Im Zusammenhang damit hat auch der **Grundsatz der Öffentlichkeit** seine größte Bedeutung im Strafprozess. Er verhindert hier ein „Geheimverfahren": Alle Bürger haben die Möglichkeit, die Verhandlung mitzuerleben, die Zeugenaussagen zu hören und sich selbst ein Bild von der Sache zu machen.

44 Nur in wenigen, von der Prozessordnung ausdrücklich genannten Fällen (z.B. Erörterung von Staatsgeheimnissen, Schutz minderjähriger Zeugen, Scheidungsverfahren usw.) ist die **Öffentlichkeit ausgeschlossen**; die **Urteilsverkündung** ist **immer öffentlich**. Sie darf sogar im Fernsehen übertragen werden.

45 Soweit aber keine mündliche Verhandlung mehr stattfindet oder sich in der Bezugnahme auf bereits vorher eingereichte Schriftsätze erschöpft, hat auch der Öffentlichkeitsgrundsatz nur geringe Bedeutung.

5. Rechtskraft

46 Jeder gerichtliche Streit muss einmal ein Ende haben. Soweit gegen eine Entscheidung ein Rechtsmittel gegeben ist, kann der Unterlegene die gerichtliche Entscheidung innerhalb einer gewissen Frist von der nächsthöheren Instanz noch einmal überprüfen lassen. Wenn es kein Rechtsmittel mehr gibt, ist das Urteil **rechtskräftig.** Ein neuer Prozess kann über den gleichen Gegenstand nicht mehr geführt werden. Die Rechtskraft wirkt aber nur für und gegen die Prozessbeteiligten (*inter partes*); im Prozess eines anderen Klägers kann trotz völlig gleicher Sach- und Rechtslage ein abweichendes Urteil ergehen.

Beispiel Max hat seine geschiedene Ehefrau Frieda auf Herausgabe der Waschmaschine in der früheren gemeinsamen Wohnung verklagt. Das AG hat der Klage stattgegeben, weil Max Eigentümer sei. Friedas Berufung ist vom LG zurückgewiesen worden. Damit ist das Urteil rechtskräftig. Eine neue Klage von Frieda auf Feststellung, dass sie Eigentümerin der Waschmaschine sei, wäre unzulässig.

47 Nur in ganz seltenen Fällen lassen die Prozessordnungen eine **Durchbrechung der Rechtskraft** zu, nämlich dann, wenn dem Urteil durch nachträglich bekanntgewordene Umstände die rechtsstaatliche Grundlage entzogen ist. In diesen Fällen ist eine **Wiederaufnahme** des Verfahrens zulässig, die zu neuer Verhandlung und Entscheidung führt. Sie ist unter anderem dann zulässig, wenn der Kläger ein Urteil durch **Prozessbetrug** erschlichen hat oder ein Zeuge wegen falscher Aussage verurteilt worden ist, und wenn im Verfahren vor dem EGMR eine Verletzung der EMRK festgestellt worden ist (§ 359 Nr. 6 StPO).

6. Kostentragung und Prozesskostenhilfe

48 Die Kosten eines Prozesses fallen grundsätzlich der Partei zur Last, die unterlegen ist. Sie muss sowohl die Gerichtskosten bezahlen als auch die Kosten des Prozessgegners und ihre eigenen Kosten, insbesondere die ihres Anwalts. Sowohl die Höhe der Gerichts- und der Rechtsanwaltskosten ist in dem jeweiligen Kostengesetz (Gerichtskostengesetz bzw. Rechtsanwaltsvergütungsgesetz) festgelegt und nach dem Wert der Sache, um die es in dem Verfahren geht (sog. **Streitwert**) gestaffelt. Bei den Streitwerten des täglichen Lebens sind die Kosten typischerweise geringer als z.B. in England und vielen anderen Europäischen Rechtsordnungen. Sie wird trotzdem von den Beteiligten oft unterschätzt und kann bei niedrigen Streitwerten und einem Streit durch zwei Instanzen leicht den geltend gemachten Anspruch übersteigen. Das gilt vor allem dann, wenn nicht nur Gerichts- und Anwaltskosten, sondern auch Kosten eines Sachverständigen anfallen. Manche Prozessordnungen sehen vor, dass Beteiligte Kostenvorschüsse zu leisten haben, damit ihnen das Kostenrisiko rechtzeitig vor Augen geführt wird.

Beispiel Der Radfahrer R ist von der Autofahrerin A angefahren worden. Für die Reparatur seines Rennrads musste er 800 EUR aufwenden. A zahlt trotz mehrerer Mahnungen nicht, weil sie meint, R sei zu schnell gefahren. Wenn R die A auf Zahlung von 800 EUR verklagt, muss er an die Gerichtskasse einen Kostenvorschuss von 183 EUR einzahlen. Dabei handelt es sich um die Gerichtskosten, die anfallen, wenn die Klage des R abgewiesen wird. Wenn der Richter ein Sachverständigengutachten zum Unfallhergang für erforderlich hält, wird er für die Kosten des Sachverständigen einen weiteren Vorschuss (mindestens 500–800 EUR) anfordern. Wenn die Klage abgewiesen wird, muss R nicht nur die Reparatur seines Fahrrads selbst bezahlen, sondern auch die Gerichts- und Sachverständigenkosten. Wenn A einen Anwalt genommen hat, muss R auch die Kosten ihres Anwalts bezahlen.

49 Allerdings soll die Verfolgung eines begründeten Anspruchs oder die Verteidigung gegen eine Klage nicht daran scheitern, dass ein Beteiligter die Kosten nicht aufbringen kann. Wirtschaftlich schwache Beteiligte können deshalb **Prozesskostenhilfe**, im Familienverfahren Verfahrenskostenhilfe erhalten. Sie brauchen die Gerichts- und ihre eigenen Anwaltskosten dann entweder gar nicht oder nur in (nach der Höhe ihres Einkommens gestaffelten) Monatsraten zu bezahlen. Prozesskostenhilfe erhält die wirtschaftlich schwache Partei nur für Prozesse, die Aussicht auf Erfolg haben. Diese Vorschrift dient auch dem Schutz der wirtschaftlich schwachen Partei. Geht der Prozess nämlich verloren, muss sie trotz der Prozesskostenhilfe die Kosten des Gegners in voller Höhe bezahlen.

III. Der Zivilprozess

1. Ablauf eines Zivilprozesses

a) Obligatorische und fakultative Schlichtungsverfahren vor Klageerhebung

50 In bestimmten Fällen, die die einzelnen Bundesländer selbstständig regeln können (z.B. Bagatellsachen bis zu einem Streitwert von 750 EUR, Nachbarschaftsstreitigkeiten, Verletzung der persönlichen Ehre) muss der Kläger zunächst versuchen, sich mit dem Beklagten in einem **außergerichtlichen Schlichtungsverfahren** zu einigen. In anderen Angelegenheiten ist eine Streitbeilegung außerhalb des Gerichtsverfahrens ebenfalls möglich, aber nicht verpflichtend (z.B. nach dem Verbraucherstreitbeilegungsgesetz vom 19.2.2016 oder per Online-Schlichtung bei Internetgeschäften).

b) Ablauf des gerichtlichen Verfahrens

51 Hat eine außergerichtliche Schlichtung keinen Erfolg, reicht der Kläger einen Schriftsatz bei Gericht ein, in dem er den Sachverhalt aus seiner Sicht schildert, die ihm zur Verfügung stehenden Beweismittel nennt und einen bestimmten Antrag stellt: auf die Zahlung einer Geldsumme oder eine andere Leistung, zu der das Gericht den Beklagten verurteilen soll (§ 253 ZPO). Über diesen Antrag darf das Gericht nicht hinausgehen, auch wenn es der Meinung ist, dass der Kläger mehr zu beanspruchen hätte (§ 308 ZPO; *ne eat iudex ultra petita partium*).

52 Das Gericht übersendet die Klage an den Beklagten und entscheidet sich gleichzeitig für eine der beiden **Verfahrensmöglichkeiten:** Entweder findet sogleich ein „früher erster Termin" statt, zu dem die Beteiligten geladen werden, oder ein „schriftliches Vorverfahren". Im letzteren Fall wird dem Beklagten eine Frist zur schriftlichen Erwiderung auf die Klage gesetzt. Hierauf kann der Kläger wiederum einen Schriftsatz einreichen. Soweit ein Sachverständigengutachten erforderlich erscheint, kann es das Gericht schon jetzt einholen.

53 Dann wird ein **Haupttermin** bestimmt, in dem der Prozess nach Möglichkeit erledigt werden soll. In diesem Termin stellen die Parteien ihre Anträge, werden die Zeugen vernommen und gibt das Gericht Hinweise, wie es den Fall beurteilt. Das Gericht soll in diesem Termin auch versuchen, eine gütliche Einigung, z.B. durch Abschluss eines Vergleichs, zu erreichen. Bleiben in diesem Termin Fragen ungeklärt, kann ein neuer Termin bestimmt werden. Normalerweise soll der Prozess jedoch in diesem Haupttermin abgeschlossen werden. Sieht der Richter die Sache für hinreichend geklärt an, schließt er die mündliche Verhandlung. Das Urteil ergeht allerdings meist nicht sofort, sondern in einem besonderen Termin. Es wird den Parteien mit einer schriftlichen Begründung zugestellt.

54 Erscheint eine Partei – meist ist es der Beklagte – zur mündlichen Verhandlung nicht, kann gegen sie ein **Versäumnisurteil** ergehen. Dies ist mit dem Anspruch auf rechtliches Gehör (→ Rn. 33 ff.) vereinbar, da jede Partei mit der Ladung ausdrücklich auf diese Möglichkeit hingewiesen wird. Das Versäumnisurteil ist aber keine endgültige Entscheidung. Die säumige Partei kann einen besonderen Rechtsbehelf, den Einspruch, einlegen. Es findet dann eine weitere mündliche Verhandlung statt.

Beispiel Im Prozess zwischen R und A hat das Gericht einen Termin zur mündlichen Verhandlung bestimmt. A kommt aber nicht. Der Richter entscheidet den Prozess, indem er von der Annahme ausgeht, das Vorbringen des R sei richtig, und A habe keine Einwendungen erhoben. Er gibt der Klage also statt. A kann nun aber innerhalb der gesetzlichen Frist Einspruch einlegen und ihre Einwendungen wiederholen. Es wird dann ein weiterer Termin bestimmt. Wenn A zu diesem Termin erscheint, wird ihr Vorbringen berücksichtigt. Kommt A wieder nicht, bleibt es bei dem Versäumnisurteil.

c) Vertretung durch Anwälte im Zivilprozess

55 Beim Amtsgericht können die Parteien selbst erscheinen oder sich von Rechtsanwälten vertreten lassen. Das Urteil wird durch einen Einzelrichter gesprochen.

56 Beim Landgericht besteht dagegen **Anwaltszwang,** d. h., die Parteien sind verpflichtet, einen Rechtsanwalt mit ihrer Vertretung zu beauftragen. Sie können zwar selbst an der Verhandlung teilnehmen und müssen dies tun, wenn das Gericht es anordnet. Anträge kann aber nur der von der Partei beauftragte Anwalt stellen.

57 Anders als früher gibt es heute auch im Zivilprozess vor dem LG und dem OLG keine sachlichen oder örtlichen Beschränkungen mehr. Jeder Anwalt darf bei jedem LG und bei jedem OLG tätig werden. Nur vor dem BGH gilt noch der Grundsatz, dass in Zivilsachen nur ein Rechtsanwalt verhandeln darf, der bei diesem Gericht zugelassen ist.

d) Besetzung der Kammern an den Landgerichten; Besonderheiten bei den Handelssachen

58 Am Landgericht entscheidet ein Einzelrichter, der das Verfahren unter bestimmten Voraussetzungen auf eine Kammer aus drei Berufsrichtern übertragen kann (vgl. auch Skizze 1 in → Rn. 9).

59 Eine Ausnahme besteht in den sog. „Handelssachen“, vor allem Streitigkeiten zwischen Kaufleuten aus Handelsgeschäften. Hier entscheidet eine Kammer, die aus einem Berufsrichter und zwei Laienrichtern besteht, die aus den an diesem Ort tätigen Kaufleuten gewählt werden. Die Laienrichter haben das gleiche Stimmrecht wie die Berufsrichter.

2. Der Beibringungsgrundsatz

60 Im Zivilprozess stellt das Gericht die für den Ausgang des Verfahrens entscheidenden Tatsachen nicht von Amts wegen fest. Der Richter muss darauf hinweisen, welche Tatsachen er für erheblich hält und wer sie beweisen muss. Es ist aber Sache der Parteien, diese Tatsachen dann zu behaupten und geeignete Beweise für sie anzubieten, z.B. einen Zeugen zu benennen, ein Sachverständigengutachten anzubieten, eine Urkunde vorzulegen oder die Einnahme eines Augenscheins anzubieten. Tun sie dies nicht, wird die entsprechende Tatsache nicht berücksichtigt. Dem Richter ist es nicht gestattet, Tatsachen in Zweifel zu ziehen, von deren Richtigkeit beide Parteien ausgehen, oder Beweise darüber zu erheben. Dies ist der sog. Beibringungsgrundsatz.

Beispiel Der Hühnerbrater H verlangt von dem Großhändler G Schadensersatz von 800 EUR, weil G ihm vertragswidrig 500 Brathähnchen nicht geliefert habe, die er auf dem sog. Turmfest braten wollte und mit einem Gewinn von je 1,60 EUR hätte verkaufen können. G räumt ausdrücklich ein, dass H dies hätte tun können, verteidigt sich aber damit, dass er von einem vereinbarten Rücktrittsrecht Gebrauch gemacht habe. Der Richter R weiß, dass das Turmfest wegen Regens ausgefallen ist, weil er es selbst besuchen wollte. Er darf aber die Klage nicht deshalb abweisen, weil dieser Umstand von keiner Seite behauptet worden ist. Er muss deshalb dem Vorbringen des G nachgehen und – wenn es sich als unzutreffend herausstellt – der Klage stattgeben.

61 Dagegen ist es ausschließlich Sache des Gerichts, die rechtliche Seite des Falles zu klären. Die Parteien und ihre Anwälte können rechtliche Ausführungen machen, müssen dies aber nicht. Das Gericht ist verpflichtet, die Parteien darauf hinzuweisen, wenn sie beide von einer falschen Rechtsauffassung ausgehen. Es darf keine Überraschungsentscheidung treffen.

Beispiel Emma hat bei Luigi in Siena zwölf Paar italienische Schuhe bestellt, aber nicht bezahlt, weil sie angeblich mangelhaft sind. Im Prozess haben Emma und Luigi über die angeblichen Mängel gestritten, wobei beide vom deutschen Recht ausgegangen sind. Wenn der Richter der Meinung ist, es sei italienisches Recht anzuwenden, muss er in der mündlichen Verhandlung darauf hinweisen. Er darf Emma und Luigi nicht im Urteil mit dieser Ansicht überraschen.

3. Das Mahnverfahren

62 Fordert jemand eine bestimmte Geldsumme, und geht er davon aus, dass sich derjenige, der zahlen soll, nicht verteidigen würde, kann er seinen Anspruch in einem vereinfachten Verfahren, dem Mahnverfahren nach §§ 688 ff. ZPO geltend machen. Hierzu kann er beim Amtsgericht einen Mahnantrag stellen, in dem er versichern muss, dass sein Anspruch nicht von einer Gegenleistung abhängig ist. Das Gericht erlässt ohne Anhörung des Gegners einen Mahnbescheid. Reagiert der Gegner auf den Mahnbescheid nicht, erlässt das Gericht auf Antrag einen Vollstreckungsbescheid, aus dem der Antragsteller wie aus einem Urteil die Zwangsvollstreckung betreiben kann.

63 Hält der Gegner die Forderung für unbegründet, kann er gegen den Mahnbescheid Widerspruch erheben, aber auch – wenn er dies versäumt hat – gegen den Vollstreckungsbescheid Einspruch erheben. In beiden Fällen wird das Verfahren als normaler Zivilprozess weitergeführt, in dem dann über die Begründetheit der Forderung verhandelt und Beweis erhoben wird.

4. Sammel- und Musterfeststellungsklagen, Leitentscheidungsverfahren

64 Die aus dem amerikanischen Recht bekannte Sammelklage (*class action*) mit dem Ziel, Fragen, die für eine Vielzahl von Prozessen Bedeutung haben können, einheitlich zu klären, gibt es im deutschen Recht nicht. Es können sich lediglich mehrere Kläger zusammentun und eine einheitliche Klage einreichen. Die Rechtskraft des Urteils beschränkt sich aber – ob sie erfolgreich sind oder nicht – auf die Kläger.

65 Anders ist es bei der seit 2018 möglichen Musterfeststellungsklage, für die insbesondere die Verbraucherschutzverbände klagebefugt sind und mit der die Feststellung erreicht werden kann, dass bestimmte tatsächliche oder rechtliche Voraussetzungen im Verhältnis von Verbrauchern und einem Unternehmer gegeben oder nicht gegeben sind. Erforderlich ist die Einreichung der Klage für eine Gruppe von mindestens 10 Verbrauchern, der sich binnen zwei Monaten mindestens 50 Verbraucher durch Eintragung in ein Klageregister anschließen müssen. Durchgeführt wurde eine solche Musterfeststellungsklage beispielsweise gegen die Sparkasse Nürnberg, als deren Ergebnis vom BGH unter anderem festgestellt wurde, dass die Sparkasse nicht berechtigt war, bestimmte Verträge zu kündigen (BGH NJW 2025, 3794).

66 Leitentscheidungsverfahren ermöglichen dem BGH seit 31.10.2024, in einem Verfahren, in dem Rechtsfragen aufgeworfen wurden, die für eine Vielzahl anderer Verfahren von Bedeutung sind, eine Entscheidung auch dann zu treffen, wenn kein Revisionsurteil ergeht.

5. Zwangsvollstreckung und Insolvenz

67 Mit dem gerichtlichen Urteil allein ist dem Bürger nicht geholfen. Es wäre für ihn nutzlos, wenn es nicht zwangsweise durchgesetzt werden könnte, falls der unterlegene Teil es nicht freiwillig befolgt. Diese zwangsweise Durchsetzung geschieht durch die Zwangsvollstreckung.

Beispiel Gibt Frieda, die rechtskräftig zur Herausgabe der früher gemeinsam genutzten Waschmaschine an Max verurteilt worden ist, sie nicht freiwillig heraus, kann Max einen Gerichtsvollzieher beauftragen, der die Waschmaschine der Frieda wegnimmt und sie dem Max aushändigt.

68 Voraussetzung jeder Zwangsvollstreckung ist ein vollstreckbarer Titel, der dem unterlegenen Teil zugestellt werden muss; bei bestimmten Titeln ist daneben eine Vollstreckungsklausel erforderlich, durch die das Vollstreckungsgericht die Zwangsvollstreckung für zulässig erklärt.

69 Vollstreckt werden kann durch den Gerichtsvollzieher in bewegliche Gegenstände und durch das Vollstreckungsgericht in Forderungen und Immobilien. Weiß der Gläubiger nicht, welche Vermögenswerte der Schuldner hat, kann er dies durch eine Vermögensauskunft (§ 802c ZPO) in Erfahrung bringen; eine falsche Vermögensauskunft ist strafbar, ihre Verweigerung führt auf Antrag des Gläubigers zur Anordnung der Verhaftung des Schuldners. Praktische Bedeutung hat vor allem die Vollstreckung in Arbeitseinkommen des Schuldners, das ganz oder teilweise der Pfändung durch das Vollstreckungsgericht unterliegt, soweit es die Pfändungsfreigrenze übersteigt; diese beträgt derzeit für eine Einzelperson 1.555 EUR monatlich.

70 Ist ein Schuldner zahlungsunfähig, aber ist zumindest so viel Vermögen vorhanden, um die Kosten des Verfahrens zu decken, kann über sein Vermögen das Insolvenzverfahren eröffnet werden; es ist in der Insolvenzordnung geregelt. Den Antrag kann sowohl ein Gläubiger stellen als auch der Schuldner selbst. Grundsätzlich wird ein Insolvenzverwalter bestellt. Er verwertet das Schuldnervermögen und verteilt es gleichmäßig unter die Gläubiger. Gehört ein Unternehmen zum Vermögen, soll dieses möglichst erhalten und saniert werden, um dem Schuldner die Fortführung seiner wirtschaftlichen Existenz zu ermöglichen.

71 Natürliche Personen erhalten nach einer Wohlverhaltensphase, die für ab 2020 eröffnete Insolvenzverfahren drei Jahre beträgt, eine Restschuldbefreiung. Sie werden also von den verbleibenden Schulden befreit, wenn sie die ihnen in dieser Zeit obliegenden Pflichten erfüllen, insbesondere den pfändbaren Teil ihres Arbeitseinkommens an einen Treuhänder abführen.

IV. Der Strafprozess

72 Im Strafprozess ist die Erhebung der Anklage grundsätzlich Sache der **Staatsanwaltschaft**. Das Legalitätsprinzip (→ Kap. 7 Rn. 17) verlangt, dass der Staatsanwalt jede Straftat verfolgt, von der er Kenntnis erlangt, wenn er das Verfahren nicht nach der Strafprozessordnung (z.B. wegen Geringfügigkeit) einstellen darf. Nur für einige weniger bedeutende Straftaten (z.B. Beleidigung) besteht die Möglichkeit, dass der Staatsanwalt das öffentliche Interesse ablehnt und es dem Geschädigten überlässt, die sog. Privatklage zu erheben. In allen anderen Fällen erhebt der Staatsanwalt Anklage, wenn er der Meinung ist, dass ausreichend Beweise für die Verurteilung des Angeklagten vorhanden sind. Wenn das Gericht der gleichen Meinung ist, lässt es die Anklage zu und bestimmt einen Termin zur Hauptverhandlung, in der die Anklageschrift verlesen wird und die Beweise erhoben werden. Der Staatsanwalt ist dabei verpflichtet, sowohl den für die Schuld des Angeklagten sprechenden Indizien als auch den für seine Unschuld sprechenden nachzugehen. Der Angeklagte kann seinerseits Beweismittel anbieten, denen das Gericht nachgehen muss, wenn es sie für entscheidungserheblich hält. Ist der Sachverhalt hinreichend geklärt, folgen das Plädoyer des Staatsanwalts und die Gegenausführungen des Angeklagten oder seines Verteidigers. Der Angeklagte hat in jedem Fall das letzte Wort. Er kann sich vor jedem Strafgericht selbst vertreten, aber auch einen Rechtsanwalt mit seiner Verteidigung beauftragen.

73 Nur bei besonders schweren Straftaten bestellt das Gericht dem Angeklagten von sich aus einen Verteidiger (sog. Pflichtverteidiger). Das Urteil wird beim Amtsgericht entweder von einem Berufsrichter oder vom Schöffengericht gesprochen, das aus einem Berufsrichter und zwei Laienrichtern (Schöffen) aus der Bevölkerung besteht (vgl. auch Skizze 1 in → Rn. 9). Auch hier haben die Laienrichter das gleiche Stimmrecht wie der Berufsrichter und entscheiden sowohl über die Schuldfrage als auch über das Strafmaß. Beim Landgericht entscheidet – je nach dem angeklagten Delikt – die Kleine oder die Große Strafkammer, die jeweils mit Berufs- und Laienrichtern besetzt ist (vgl. auch Skizze 1 in → Rn. 9). Über die Aburteilung von Kapitalverbrechen entscheidet die Große Strafkammer als **Schwurgericht**. „Geschworene", die als Jury über die Schuldfrage ohne Mitwirkung von Berufsrichtern entscheiden, gibt es im heutigen deutschen Strafprozessrecht nicht mehr.

74 Auch im Strafprozess gibt es die Rechtsmittel der Berufung und der Revision. Gegen die Urteile des Amtsgerichts kann Berufung eingelegt werden, aber auch – unter Überspringung der Berufungsinstanz – sofort Revision (sog. **Sprungrevision**). Gegen Urteile des Landgerichts ist nur die Revision statthaft. Bei allen Rechtsmitteln im Strafprozess besteht die Besonderheit, dass sie vom Staatsanwalt sowohl zuungunsten des Angeklagten eingelegt werden kann, wenn er den Freispruch für unrechtmäßig oder die Strafe für zu niedrig hält, als auch zugunsten des Angeklagten, wenn der Staatsanwalt die Strafe für zu hoch hält. Dies erklärt sich daraus, dass das Gericht an den Antrag des Staatsanwalts nicht gebunden ist, sondern auch darüber hinausgehen kann.

75 Im Strafprozess gilt nicht der Beibringungsgrundsatz, sondern der Untersuchungsgrundsatz. Das bedeutet, dass der Richter hier verpflichtet ist, alle Tatsachen zu ermitteln und Beweise zu erheben, die er für erforderlich hält. Er ist also an die vom Staatsanwalt und vom Angeklagten angebotenen Beweismittel nicht gebunden und kann von sich aus weitere Zeugen laden oder Akten zum Verfahren beiziehen.

76 In der Praxis wird ein großer Teil der Strafverfahren im **Strafbefehlsverfahren** nach §§ 407 ff. StPO erledigt. Dieses ist ausschließlich für Vergehen zulässig und dient der Verurteilung ohne mündliche Hauptverhandlung, in erster Linie also der Entlastung der Justiz und der Beschleunigung des Verfahrens. Auch die Täter sind in der Regel zufrieden, weil sie nicht vor Gericht erscheinen müssen. Typischerweise werden dadurch Verkehrsdelikte wie Trunkenheit im Verkehr oder Fahren ohne Fahrerlaubnis, aber auch einfache Körperverletzungen oder Ladendiebstähle bestraft. Als Rechtsfolgen der Tat kommen nur die in § 407 II StPO genannten in Betracht. Ist der Angeschuldigte durch einen Verteidiger vertreten, kann danach auch eine Freiheitsstrafe bis zu einem Jahr festgesetzt werden, wenn die Vollstreckung zur Bewährung ausgesetzt wird.

77 Die Staatsanwaltschaft stellt im Strafbefehlsverfahren einen schriftlichen Antrag an das Amtsgericht, wenn sie nach dem Ergebnis der Ermittlungen eine Hauptverhandlung nicht für erforderlich erachtet, und richtet diesen Antrag auf bestimmte Rechtsfolgen, z.B. eine Geldstrafe oder die Entziehung der Fahrerlaubnis. Hält der Richter den Angeschuldigten nicht für hinreichend verdächtig, so lehnt er den Erlass eines Strafbefehls ab. Wenn dem Erlass des Strafbefehls keine Bedenken entgegenstehen, muss der Richter dem Antrag der Staatsanwaltschaft folgen. Legt der Angeklagte gegen den ordnungsgemäß zugestellten Strafbefehl keinen Einspruch ein oder verzichtet auf Rechtsmittel, wird der Strafbefehl rechtskräftig und steht einem Urteil gleich. Hat der Richter allerdings Bedenken, ohne Hauptverhandlung zu entscheiden oder will er von der rechtlichen Beurteilung im Strafbefehlsantrag abweichen oder eine andere als die beantragte Rechtsfolge festsetzen und die Staatsanwaltschaft beharrt auf ihrem Antrag, wird er eine Hauptverhandlung anberaumen; ebenso wird verfahren, wenn der Angeklagte nach Zustellung des Strafbefehls Einspruch einlegt. Gegen Jugendliche und Heranwachsende, soweit auf diese Jugendstrafrecht angewendet wird, kommt ein Strafbefehl nicht in Betracht.

V. Der Verwaltungsprozess

78 Die **Rechtsschutzgarantie** des Art. 19 IV GG (→ Kap. 3 Rn. 19) garantiert, dass sich der Bürger gegen eine behauptete Verletzung seiner Rechte durch den Staat gerichtlich wehren kann. Hierfür ist die Verwaltungsgerichtsbarkeit zuständig, der grundsätzlich alle öffentlich-rechtlichen Streitigkeiten zugewiesen sind (§ 40 VwGO). Auch im Verwaltungsprozess gilt der Untersuchungsgrundsatz, da die Feststellung des Sachverhalts nicht nur im Interesse des Klägers und des Beklagten, sondern im öffentlichen Interesse liegt. Klagebefugt ist nach dem Zweck des Verfahrens nur derjenige, der behauptet, durch staatliches Handeln in seinen eigenen Rechten verletzt zu sein; eine Popularklage gibt es ebenso wenig wie vor dem BVerfG (→ Kap. 3 Rn. 40).

79 Klagearten sind die **Anfechtungsklage**, mit der die Aufhebung eines Verwaltungsakts begehrt wird, die **Verpflichtungsklage**, mit der der Erlass eines abgelehnten Verwaltungsakts begehrt wird, und die **Feststellungsklage**, mit der die Feststellung eines öffentlich-rechtlichen Rechtsverhältnisses verlangt wird. Eine besondere Verfahrensart ist die **Normenkontrolle** (§ 47 VwGO), durch die – je nach den Bestimmungen des Landesrechts – bestimmte Satzungen und Verordnungen überprüft werden können, wenn sie den Antragsteller betreffen.

80 Das Gebot effektiven **Rechtsschutzes** hat im Verwaltungsprozess besondere Bedeutung, da Rechtsschutz gegen den Staat nichts nutzt, wenn er zu spät kommt und der Eingriff der Staatsgewalt nicht mehr rückgängig gemacht werden kann. Das Gericht kann deshalb einstweilige Anordnungen erlassen, mit denen die Rechtslage aufgrund einer summarischen Beurteilung der Sach- und Rechtslage vorläufig geregelt werden kann. Nicht selten kommt es gar nicht mehr zu einem Hauptsacheverfahren, weil sich das Begehren des Antragstellers erledigt hat, bevor es zu einer Hauptsacheentscheidung überhaupt kommen kann. Einstweiliger Rechtsschutz hatte etwa in der Corona-Pandemie erhebliche praktische Bedeutung: Die Verwaltungsgerichte haben im Wege der einstweiligen Anordnung zahlreiche den rechtsstaatlichen Anforderungen inhaltlich oder formal nicht genügende, die Bürgerrechte einschränkende Bestimmungen der Infektionsschutz-Verordnungen aufgehoben; oft erfolgte die Entscheidung bereits wenige Stunden nach der Antragstellung.

ÜBUNGSTEIL

Rechtliche Aspekte

1 **Fragen zum Text**

1. Wann sind alle Ansprüche und Freiheiten, die das Recht gewährt, nutzlos? Was sieht das Gesetz deshalb vor?
2. Welche Vorteile und Nachteile hat die Unterteilung in mehrere Gerichte für verschiedene Sachgebiete?
3. Welche fünf Gerichtsbarkeiten kennt das deutsche Recht? Womit befassen sie sich jeweils?
4. Welche Gerichtsbarkeit steht über diesen Gerichtsbarkeiten und womit befasst sie sich?
5. Was verstehen Sie unter Berufung, was unter Revision? Was bedeutet das konkret für die Fakten und rechtlichen Streitpunkte eines Falles?
6. Was ist am Amtsgericht die Abteilung für Familiensachen und wofür ist sie zuständig?

7. Was ist unter dem Prinzip des gesetzlichen Richters im Sinne des Art. 101 I 2 GG zu verstehen? Was soll dadurch verhindert werden?
8. Welche drei Komponenten hat der Grundsatz des rechtlichen Gehörs gem. Art. 103 I GG? Was bedeutet das konkret?
9. Welche Bedeutung haben der Mündlichkeits- und der Öffentlichkeitsgrundsatz?
10. Wie kann ein rechtskräftiges Urteil durchgesetzt werden? Was bedeutet das konkret für die Herausgabe einer Sache?

2 Zu welchen Gerichten gehen folgende Streitigkeiten?

1. Arbeitnehmerin A ist entlassen worden. Sie möchte sich dagegen wehren.
2. Beamter B möchte halbtags arbeiten, da er sich mit seiner berufstätigen Frau Haushalt und Kinder teilen will. Seine Behörde verweigert ihm die Halbtagstätigkeit.
3. C findet seinen Steuerbescheid überhöht. Ein Beschwerdebrief zum Finanzamt bringt keinen Erfolg.
4. D hat einen neuen feurigen Liebhaber und will sich von ihrem langweiligen Ehemann scheiden lassen.
5. E's Wagen wurde von F, der gerade seinen Führerschein bestanden hat, angefahren und beschädigt. F weigert sich, den Schaden in Höhe von 12.000 EUR zu bezahlen, da er ihn ja nicht absichtlich, sondern versehentlich verursacht habe.
6. G hat Leistungen auf Arbeitslosengeld II (ALG II, meistens „Hartz IV" genannt) beantragt, da sie nach kurzer Berufstätigkeit erneut arbeitslos geworden ist und ihre Kinder allein erzieht. Das Sozialamt weigert sich trotz zahlreicher Beschwerdebriefe der G zu zahlen.
7. Hehler H ist von der Polizei erwischt worden, als er gerade gestohlene Ware weiterverkaufte.
8. Auf einer Großdemonstration gegen Atommüllentsorgung wird die Atomgegnerin I von einem Polizisten gewaltsam gehindert, ans Mikrophon zu gehen und ihre Meinung gegenüber der Masse kundzutun. I findet, dies war ein Eingriff in ihr verfassungsrechtlich garantiertes Recht auf Meinungsfreiheit.
9. Kaufmann J und Kaufmann K streiten um den Inhalt eines zwischen ihnen geschlossenen Kaufvertrags über Waren im Wert von 12.000 EUR.
10. Juristin J lebt mit ihrem ständig nörgelnden Nachbarn N seit vielen Jahren in andauerndem ständigem Streit. Sie möchte, dass er die Gartenzwerge aus seinem Garten entfernt, deren Anblick täglich ihr ästhetisches Empfinden stört. Die obligatorische Schlichtung ist gescheitert.

3 Finden Sie das Stichwort, um das es jeweils geht, und erklären Sie, aus welchen Gründen dieses Stichwort für den jeweiligen Fall einschlägig ist.

1. Die wegen Steuerhinterziehung angeklagte Tennisspielerin Fürst hat die Fernsehrechte an ihrem Fall an einen Fernsehsender verkauft und verlangt deshalb, dass die Gerichtsverhandlung gegen sie von diesem Sender live im Fernsehen übertragen werden darf. Der Richter lehnt das ab und gestattet Aufnahmen im Gerichtssaal nur für einen kurzen Zeitraum vor der Verhandlung.

2. A hat am 1. Januar 2017 gegen die Zeitung „Der Beobachter“ Klage auf Unterlassung ehrenrühriger Behauptungen erhoben. Wegen Überlastung des Gerichts wird der Verhandlungstermin erst auf den 1. April 2019 bestimmt. A hält das für rechtswidrig.
3. Das Versandhaus Q in Hamburg hat gegen P, der in München wohnt, Klage auf Bezahlung gelieferter Waren beim Amtsgericht Hamburg erhoben. P erschien zur Verhandlung nicht und schickte auch keinen Vertreter; deshalb wurde gegen ihn entschieden. P fühlt sich in einem Justizgrundrecht verletzt.
4. Gegen Raser wurde wegen Überschreitung der Höchstgeschwindigkeit in einer Ortschaft ein Bußgeldbescheid über 250 EUR und einen Monat Fahrverbot erlassen. Als dieser zugestellt wurde, war Raser gerade für drei Wochen in Urlaub gefahren. Als er zurückkam, legte er sofort Einspruch ein, weil nicht er, sondern seine Freundin Emma gefahren sei. Der Einspruch wurde als verspätet verworfen. Raser findet das unmöglich.
5. S klagte vor dem Sozialgericht auf Arbeitslosengeld gegen das Arbeitsamt. Seine Klage wurde mit der Begründung abgewiesen, er habe keine Klagebegründung eingereicht. S hatte aber tatsächlich eine Klagebegründung eingereicht, die der Richter versehentlich in eine falsche Akte eingeheftet und deshalb bei seiner Entscheidung nicht berücksichtigt hatte.
6. K hatte gegen seine frühere Freundin F auf Herausgabe eines Paars Pantoffeln geklagt. Auf Antrag der F ordnete der Richter an, dass „wegen Geringfügigkeit im schriftlichen Verfahren“ entschieden werden solle und beide Seiten bis zu einem bestimmten Termin Schriftsätze einreichen sollten. K besteht auf eine mündliche Verhandlung.
7. Im Fall 3 wurde nach Aufhebung des Urteils des Amtsgerichts Hamburg schließlich in München verhandelt. Wieder wurde P verurteilt, weil er zu dem Verhandlungstermin nicht erschienen war. Das lag allerdings daran, dass er versehentlich vom Gericht keine Ladung erhalten hatte. Von seiner Verurteilung erfuhr er erst durch Übersendung des Urteils. P fühlt sich erneut in einem Justizgrundrecht verletzt.
8. In dem Strafverfahren gegen Rüpel wegen sexuellen Missbrauchs der Minderjährigen M wurden die Zuhörer vor der Beweisaufnahme aufgefordert, den Saal zu verlassen. Rüpel widersprach dem erfolglos und fühlt sich in einem Prozessgrundrecht verletzt.
9. K hatte beim Verwaltungsgericht Klage auf Entschädigung erhoben, weil durch eine Straßenbaumaßnahme der Wert seines Wohnhauses gemindert worden sei. Seine Klage wurde abgewiesen, weil keine Wertminderung erfolgt sei. K meint, dass das Verwaltungsgericht gar nicht hätte entscheiden dürfen.
10. L hat gegen seinen Nachbarn M Klage wegen Belästigungen durch ständige nächtliche laute Musik im Garten des M zum Amtsgericht Tupfing erhoben. Dort sind die konservative Richterin R und der Richter S, dessen Hobby die Rockmusik ist, tätig. Die Klage des L wurde vom Richter S abgewiesen, weil die Belästigungen ortsüblich seien. L meint, dass die Richterin R seiner Klage stattgegeben hätte, und fragt bei Gericht an, warum S seinen Fall entschieden hat. Dort wird ihm mitgeteilt, der Fall sei dem Richter S übertragen worden,

weil dieser bei der Dienstbesprechung sagte, er würde „gerne mal so einen Fall entscheiden“.

4 Welches Rechtsmittel können die Betroffenen in den folgenden Fällen einlegen? Welches Gericht wird über das Rechtsmittel entscheiden? Nehmen Sie Skizze 1 (→ Rn. 9), Skizze 2 (→ Rn. 12) und Skizze 3 (→ Rn. 14) zur Hilfe.

1. Die Terroristin Gundula ist wegen Mitgliedschaft in einer terroristischen Vereinigung (§ 129a StGB) zu drei Jahren Freiheitsstrafe verurteilt worden. Sie ist der Meinung, das Gericht habe den Sachverhalt nicht genügend aufgeklärt (§ 244 StPO).
2. Max ist vom Schwurgericht wegen Mordes (§ 211 StGB) zu lebenslanger Freiheitsstrafe verurteilt worden. Er ist der Meinung, sich nur wegen Körperverletzung mit Todesfolge (§ 226 StGB) strafbar gemacht zu haben.
   Abwandlung: Würden Sie Max den gleichen Rat geben, wenn er lediglich geltend machen will, das Schwurgericht habe dem Zeugen Müller zu Unrecht geglaubt, der ihn am Tatort gesehen haben will?
3. Wilhelm und Heinrich sind die Erben der verstorbenen Diana, die in einem Auto (Halter: das Hotel „Waldesruh“ in Garmisch-Partenkirchen) ums Leben kam, als es dessen betrunkener Fahrer im Tunnel unter dem Almaplatz gegen einen Betonpfeiler setzte. Ihre Klage auf Schadensersatz und entgangenen Unterhalt in Höhe von 180.000 EUR ist in Höhe von 49.000 EUR wegen Mitverschuldens der Getöteten abgewiesen worden.
4. Steffis Klage gegen ihren Einkommensteuerbescheid ist vom Finanzgericht abgewiesen worden. Sie ist der Meinung, dass das Gericht mehrere Vorschriften des Einkommensteuergesetzes falsch ausgelegt hat und sie deshalb 106 EUR zu viel Einkommensteuer bezahlt hat.
5. Ulrike hatte gegen die Kündigung durch Ulrich Kündigungsschutzklage erhoben, die in vollem Umfang Erfolg hatte. Ulrich hatte noch vorbringen wollen, dass Ulrike fast täglich betrunken zur Arbeit kam und andere Mitarbeiter des Öfteren sexuell belästigt hat. Sein Anwalt hatte aber vergessen, dies im Prozess vorzutragen.
6. Ivar meint, durch einen ärztlichen Kunstfehler eine irreversible Hirnschädigung erlitten zu haben. Seine Klage auf Zahlung eines Schmerzensgelds von 150.000 EUR hatte in erster Instanz Erfolg, wurde aber auf Berufung des Arztes völlig abgewiesen. Ivar meint, dass das Urteil der ersten Instanz richtig war.
7. Bei einem Zusammenstoß mit einem anderen Auto wurde Lias kleiner Japaner beschädigt; die Reparatur kostet 1.100 EUR, die Lia gegen den Fahrer des anderen Autos eingeklagt hatte. Ihre Klage hatte aber nur in Höhe von 550 EUR Erfolg, weil der Richter der Meinung war, dass beide Autofahrer an dem Unfall schuld waren; ein Rechtsmittel wurde nicht zugelassen.
8. Die Photographin Birgit wurde im Parco Salvador Dali in Barcelona überfallen und fiel bei dem Gerangel auf den Rücken, wodurch sie einen Bandscheibenvorfall erlitt. Sie wird ihren Beruf nie wieder voll ausüben können und verlangt eine Rente von der gesetzlichen Unfallversicherung. Diese lehnt eine Zahlung ab, weil

der Spaziergang im Park nicht in Ausübung von Birgits Berufstätigkeit erfolgt sei. In erster Instanz wurde diese Ansicht bestätigt.

9. Theo hat zum siebzehnten Mal im Kaufhaus eine Flasche Cognac mitgehen lassen. Er wurde deshalb vom Strafrichter zu einer Freiheitsstrafe von sechs Monaten ohne Bewährung verurteilt. Er möchte erreichen, dass die Strafe zur Bewährung ausgesetzt wird, da er jetzt eine feste Freundin hat und dabei ist, im Leben Fuß zu fassen.
10. Der Querulant Wendelin klagte gegen eine Anordnung der Baubehörde, die eine Erhöhung seiner Gartenmauer um zwölf Zentimeter wegen Unfallgefahr gefordert hatte. Er ist der Meinung, sie nur um zwei Zentimeter erhöhen zu müssen. In erster Instanz wurde ihm bestätigt, dass eine Erhöhung um acht Zentimeter ausreichend ist. Das genügt Wendelin aber nicht. Er verfolgt sein ursprüngliches Begehren weiter.

5 **Materielles Recht sind die Rechtsnormen, die das Recht als solches ordnen (z.B. das BGB), Verfahrensrecht solche, die der Durchsetzung des materiellen Rechts dienen. Entscheiden Sie, ob die folgenden Regeln solche des materiellen Rechts oder des Verfahrensrechts sind.**

1. „Wird das Eigentum in anderer Weise als durch Entziehung oder Vorenthaltung des Besitzes beeinträchtigt, so kann der Eigentümer von dem Störer die Beseitigung verlangen. Sind weitere Beeinträchtigungen zu besorgen, so kann der Eigentümer auf Unterlassung klagen."
2. „Die Erhebung der Klage erfolgt durch Zustellung eines Schriftsatzes (Klageschrift)."
3. „Verspätete Rügen, die die Zulässigkeit der Klage betreffen und auf die der Beklagte verzichten kann, sind nur zuzulassen, wenn der Beklagte die Verspätung genügend entschuldigt."
4. „Die Kündigung kann nur innerhalb von zwei Wochen erfolgen."
5. „Ist wegen einer Verletzung des Körpers, der Gesundheit, der Freiheit oder der sexuellen Selbstbestimmung Schadensersatz zu leisten, kann auch wegen des Schadens, der nicht Vermögensschaden ist, eine billige Entschädigung in Geld gefordert werden."

6 **Finden Sie heraus, ob das Rechtsmittel bei dem Gericht, dessen Entscheidung angefochten wird (*iudex a quo*) oder dem Gericht, das über das Rechtsmittel entscheiden wird (*iudex ad quem*), eingelegt werden muss.**

1. § 120 I 1 FGO Die Revision ist bei dem Bundesfinanzhof innerhalb eines Monats nach Zustellung des vollständigen Urteils schriftlich einzulegen.
2. § 314 I StPO Die Berufung muss beim Gericht des ersten Rechtszuges binnen einer Woche nach Verkündung des Urteils zu Protokoll der Geschäftsstelle oder schriftlich eingelegt werden.
3. § 341 I StPO Die Revision muss bei dem Gericht, dessen Urteil angefochten wird, binnen einer Woche nach Verkündung des Urteils zu Protokoll der Geschäftsstelle oder schriftlich eingelegt werden.

4. § 519 I ZPO Die Berufung wird durch Einreichung der Berufungsschrift bei dem Berufungsgericht eingelegt.
5. § 549 I 1 ZPO Die Revision wird durch Einreichung der Revisionsschrift bei dem Revisionsgericht eingelegt.

7 **Wie viele Berufs- und Laienrichter entscheiden über den Fall? Nehmen Sie Skizze 1 (→ Rn. 9) zu Hilfe.**

1. Frau M wird vom Schwurgericht S wegen Mordes zu lebenslanger Freiheitsstrafe verurteilt.
2. Die Zivilkammer des Landgerichts L hat entschieden, dass X dem Y 30.000 EUR Schmerzensgeld zahlen muss.
3. Die Amtsrichterin A weist die Klage des Mieters M auf Kündigungsschutz ab.
4. Das Bundesverfassungsgericht hat schon mehrmals über die Verfassungsmäßigkeit der Abtreibungsregelung entscheiden müssen.
5. Das Sozialgericht S hat den Rentenanspruch der Klägerin bejaht.
6. Der Bundesgerichtshof hat in seiner Entscheidung die Verfahrensrügen der Revision als teilweise begründet erachtet.
7. Der Strafsenat des Oberlandesgerichts O hat die angebliche Terroristin T in erster Instanz freigesprochen.
8. Das Bundesarbeitsgericht hat die Revision zurückgewiesen.

8 **Rechtspolitische Frage**

Die deutsche Gesellschaft ist in den letzten zehn Jahren vielfältiger geworden. Erörtern Sie, welche Herausforderungen diese Entwicklung für die Justiz mit sich bringt.

9 **Rechtsvergleichende Anregungen**

1. Erörtern Sie, welche Gefahren und welche Vorteile die Digitalisierung der Justiz mit sich bringen kann und wie weit die Digitalisierung der Justiz in Ihrem Heimatland fortgeschritten ist.
2. In Deutschland gibt es fünf Gerichtsbarkeiten zuzüglich der Verfassungsgerichtsbarkeit. Erörtern Sie, wie die Gerichtsbarkeit in Ihrem Land organisiert ist, und vergleichen Sie Stärken und Schwächen der beiden Systeme.
3. In Deutschland wird die Einhaltung der allgemeinen Verfahrensgrundsätze penibel beachtet. Beschreiben Sie, wie es in Ihrem Heimatrecht mit der Einhaltung der Verfahrensgrundsätze aussieht, und wägen Sie Vor- und Nachteile beider Rechtssysteme in dieser Hinsicht ab.

Sprachliche Aspekte

1 Ergänzen Sie im Zusammenhang mit dem Wortfeld „Gerichte und Gerichtsverfahren" passende Wörter aus der Liste.

Amtsgericht / Anwaltsprozess / Anwendung / Berufung / Beweismaterial / Gerichtsbarkeit / Gerichtskosten / Gerichtszweig / Oberlandesgericht / Parteien / Prozesses / Prozessgegners / Prozesskostenhilfe / Rechtsanwalt / Rechtsmittel / Rechtsweg / Revision / Streitfall / Streitfälle / Streitigkeiten / Streitwert / Urteil

Im ____________________ (1) steht der ______________________ (2) zu den ordentlichen Gerichten offen. Die ordentliche ________________________ (3) umfasst die Zivil- und Strafgerichtsbarkeit. Sie ist vor allem für privatrechtliche ________________________ (4), Straftaten und Ordnungswidrigkeiten zuständig. Allerdings werden __________________ (5) im Bereich des Arbeitsrechts einem anderen ________________________ (6) zugewiesen, der Arbeitsgerichtsbarkeit. In jedem Landkreis gibt es ein ______________________ (7). Es ist das Gericht 1. Instanz. Beim Amtsgericht können die ____________________ (8) sich selbst vertreten. Gegen die Entscheidung des Amtsgerichts kann beim Landgericht __________________ (9) eingelegt werden. Am Landgericht ist nur der sog. ___________________________ (10) möglich, d. h. die Parteien müssen sich von einem ______________________ (11) vertreten lassen. Die Berufungsinstanz ist in diesem Fall das _________________________ (12). Gegen Urteile eines Berufungsgerichts steht das ______________________ (13) der __________________ (14) zur Verfügung, über deren Zulassung teilweise der Bundesgerichtshof entscheidet. Zwischen Berufung und Revision besteht ein wesentlicher Unterschied. Bei der Berufung wird der ganze Fall neu verhandelt. Es kann also auch neues _______________________ (15) beigebracht werden. Dagegen ist es bei der Revision nur möglich, die falsche ____________________ (16) eines Gesetzes geltend zu machen.

Wenn die Rechtsmittel erschöpft sind, ist das ____________ (17) rechtskräftig. Die unterliegende Partei muss die Kosten des __________________ (18) tragen, d. h. ihr fallen nicht nur die ____________________ (19) zur Last, sondern auch die Kosten des __________________ (20) und natürlich die eigenen Kosten. Gerichts- und Rechtsanwaltskosten bemessen sich nach dem ___________________ (21). Unter bestimmten Voraussetzungen kann eine wirtschaftlich schwache Partei _________ ________________________ (22) erhalten.

2 Ergänzen Sie die entsprechenden Begriffe für den Strafprozess.

Zivilprozess				
der Kläger die Klägerin	der / die Beklagte	Klage erheben	Klageschrift	Beibringungs- grundsatz
Strafprozess				
a)	b)	c)	d)	e)

3 Typische Fachausdrücke in juristischen Texten: Nomen + Verb. Ergänzen Sie jeweils eine richtige Verbform aus den unten aufgeführten Listen der Infinitive.

1. *abweisen / einlegen / ergehen / erheben / verurteilen*
   Der Kläger ____________(a) Klage gegen den Beklagten. Das Gericht kann die Klage ______________(b) oder den Beklagten ____________(c). Das Urteil __________(d) in einem besonderen Termin. Gegen die Entscheidung eines Gerichts kann Berufung und schließlich Revision ______________(e) werden.
2. *ahnden / erheben / sprechen / verhängen / verwirklichen*
   Eine Straftat kann nur _____________(a) werden, wenn sie einen gesetzlichen Straftatbestand _______________(b). Der Staatsanwalt _______________(c) Anklage. Der Richter _____________(d) das Urteil und _____________(e) eine Strafe.
3. *benennen / einholen / vernehmen*
   In einem Prozess können Zeugen ______________(a) werden, die dann vor Gericht __________________(b) werden. Das Gericht kann ein Sachverständigengutachten _________________(c).
4. *belangen / ausüben / begehen / gewährleisten / verletzen*
   Das Gesetz ___________________(a) Rechte. Der Bürger _________ seine Rechte _____________(b). Weder der Bürger noch der Staat darf Rechte _______________(c). Wer eine Rechtsverletzung _____________(d), kann dafür gerichtlich _______________(e) werden.
5. *erstatten / führen / gewinnen / tragen / verlieren*
   Zur Durchsetzung eines Anspruchs muss man einen Prozess ___________(a). Den Prozess kann man entweder _______________(b) oder ____________________________(c). Die unterliegende Partei muss die Kosten des Rechtsstreits _________________(d). Sie muss auch die Kosten des Prozessgegners _______________(e).
6. *abschließen / aushandeln / beurkunden / erbringen / erfüllen*
   Ein Vertrag wird ___________________(a). Bestimmte Verträge müssen notariell ________________(b) werden. Ein Vertrag kann von den Vertragspartnern individuell ___________________(c) werden. Bei Vorliegen eines wirksamen Vertrags muss jeder Vertragspartner die Vertragsbedingungen _______________________(d). Im Vertrag kann unter anderem festgelegt sein, welche Leistungen zu _______________(e) sind.
7. *durchsetzen / geltend machen / verfolgen*
   Der Bürger kann einen Anspruch ________________________________(a). Er kann den Anspruch vor Gericht _______________(b) und gerichtlich ______________________(c).
8. *feststellen / haften*
   Der Käufer einer Sache ____________ einen Mangel ____________(a). Es ist zu klären, ob der Verkäufer für den Mangel _______________(b) muss.
9. *leisten / verlangen / zubilligen*
   Ein Geschädigter kann Schadensersatz ___________________(a). Das

Gericht kann Schadensersatz ____________________ (b). Dann ist der Schadensersatz zu _____________ (c).

10. *abgeben / anfechten / einhalten / unterliegen / verstoßen / widerrufen*
Rechtsgeschäfte dürfen nicht gegen ein gesetzliches Verbot _____________ (a). Gesetzliche Formvorschriften müssen ___________________ (b) werden. Eine Person ___________ eine Willenserklärung _____________ (c), ____________________ (d) dabei aber einem Irrtum; in diesem Fall kann sie ihre Willenserklärung _______________ (e). Eine Willenserklärung kann auch _____________ (f) werden.

Kapitel 10
Internationales Privatrecht, Europäisches Gemeinschaftsrecht und Europäische Menschenrechtskonvention

1 Die in der Überschrift genannten Rechtsgebiete werden in der Ausbildung oft in engem Zusammenhang miteinander behandelt, und auch viele Prüfungsordnungen fassen sie in einem Schwerpunktbereich zusammen. Es handelt sich jedoch um drei grundsätzlich verschiedene Rechtsgebiete: Das **Internationale Privatrecht** (→ Rn. 2 ff.) ist trotz seiner Bezeichnung Teil des jeweiligen nationalen Privatrechts, das deutsche Internationale Privatrecht weicht deshalb nicht wenig von den internationalen Privatrechten anderer Staaten ab. Dagegen ist das **Gemeinschaftsrecht** das **Recht der Europäischen Union** (→ Rn. 17 ff.), das entweder unmittelbar oder infolge der Umsetzung in nationales Recht innerstaatliche Geltung hat und daher einen Teil des öffentlichen Rechts darstellt. Die Europäische Konvention zum Schutz der Menschenrechte und Grundfreiheiten, abgekürzt **Europäische Menschenrechtskonvention** (EMRK) (→ Rn. 36 ff.), wurde 1950 im Rahmen des Europarats ausgearbeitet und gilt inzwischen in allen seinen Mitgliedsstaaten.

I. Das Internationale Privatrecht (IPR)

2 Normen des IPR werden benötigt, wenn ein Lebenssachverhalt Beziehungen zu mehreren Rechtsordnungen aufweist. Das IPR bestimmt dann, welchen Staates Privatrechtsnormen auf den jeweiligen Sachverhalt anwendbar sind. Dabei können bei einem einheitlichen Lebenssachverhalt mehrere Normen des IPR Bedeutung erlangen.

Beispiel Der türkische Staatsangehörige Ali kauft von dem verheirateten italienischen Schuhgroßhändler Luigi in Mailand zwölf Paar italienische Schuhe, die Luigi vereinbarungsgemäß in Alis Schuhgeschäft in Nürnberg zu liefern hatte. Nach der Lieferung, aber vor Bezahlung der Schuhe ist Ali verstorben.

Welches Recht auf den Kaufvertrag anwendbar ist, bestimmt das internationale Schuldrecht; dagegen ergibt sich aus dem internationalen Familienrecht, welche Rechtsordnung darüber entscheidet, ob sich aus der Ehe des Luigi Auswirkungen auf seine Verfügungsmacht über die Schuhe ergeben. Ob und wann die Schuhe Eigentum von Ali geworden sind, richtet sich nach der Rechtsordnung, die durch das internationale Sachenrecht bestimmt wird. Das internationale Erbrecht schließlich entscheidet, nach welchem Recht der verstorbene Ali beerbt wurde und wie infolgedessen sein Erbe für den noch nicht bezahlten Kaufpreis haftet.

3 Aus historischen Gründen ist das IPR nicht im BGB selbst, sondern im Wesentlichen in den Art. 3 bis 46 des Einführungsgesetzes zum BGB (EGBGB) geregelt; daneben sind aber Europäisches Recht und zahlreiche internationale Übereinkommen zu beachten, so dass es sich um ein recht **unübersichtliches Rechtsgebiet** handelt.

4 Insbesondere für das vertragliche Schuldrecht, das eheliche Güterrecht, das Recht der Ehescheidung und das Erbrecht enthält das EGBGB keine Regelungen mehr. Diese finden sich jetzt in der Verordnung (EG) 593/2008 (sog. **Rom-I-Verordnung**), in der Verordnung (EU) 1259/2010 (sog. **Rom-III-Verordnung**), in der **EU-Güterrechtsverordnung** (VO (EU) 2016/1103) und in der **EU-Erbrechtsverordnung** (VO (EU) 650/2012). Die früher übliche Inkorporation besonders wichtiger Staatsverträge in das Gesetz, etwa das Haager Testamentsformübereinkommen, hat der Gesetzgeber wieder rückgängig gemacht.

5 Der wesentliche Inhalt des EGBGB ist ein System von **Kollisionsnormen**, die angeben, das Recht welchen Staates anzuwenden ist, und zwar allseitiger Kollisionsnormen, die nicht nur die Anwendbarkeit des deutschen, sondern auch die eines beliebigen ausländischen Rechts regeln. Die Kollisionsnormen sind zu unterscheiden von den Sachnormen des durch sie berufenen Rechts; erst diese treffen eine inhaltliche Regelung. Das generelle Ziel der Kollisionsnormen ist die Auswahl derjenigen Rechtsordnung, mit der der Sachverhalt die engste Berührung hat. In manchen Staaten gibt es allerdings kein einheitliches Privatrecht, etwa in den USA, wo die einzelnen Bundesstaaten ihr eigenes Privatrecht haben (territoriale Rechtsspaltung), oder in manchen islamischen Staaten, in denen sich das Privatrecht nach der Religionszugehörigkeit richtet (personale Rechtsspaltung). Hier bestimmt das **interlokale Privatrecht** dieses Staates, welche Teilrechtsordnung anwendbar ist.

6 Im Beispielsfall in → Rn. 2 sind zunächst die Art. 3, 4 Rom-I-VO heranzuziehen, die das auf schuldrechtliche Verträge anzuwendende Recht regeln. Als Folge der **Privatautonomie** (→ Kap. 4 Rn. 8) ist dies das von den Parteien ausdrücklich oder stillschweigend bestimmte Recht. Wurde der Kaufvertrag beispielsweise in den Geschäftsräumen des Luigi in Mailand geschlossen und nichts weiter vereinbart, wird italienisches Recht anwendbar sein. Wäre Ali nicht Unternehmer, sondern Verbraucher, könnte er sich demgegenüber auf die Verbraucherschutzvorschriften des Art. 6 Rom-I-VO berufen. Die dinglichen Rechte an den Schuhen, insbesondere die Frage, wer Eigentümer ist, bestimmen sich hingegen nach dem Recht des Staates, in dem sich die Schuhe befinden (Art. 43 EGBGB); durch die Lieferung von Italien nach Deutschland ist es also zu einer Änderung des anwendbaren Rechts, einem sog. **Statutenwechsel** gekommen. Die güterrechtlichen Wirkungen von Luigis Ehe richten sich nach Art. 26 EU-Güterrechtsverordnung; es kommt also auf die Verhältnisse von Luigi und seiner Ehefrau bei der Eheschließung an. Für die Erbfolge nach Ali ist deutsches Recht anwendbar (Art. 21 EU-ErbVO).

7 Wenn das deutsche IPR auf ausländisches Recht verweist, handelt es sich dabei jeweils um eine **Gesamtverweisung**; es wird also sowohl auf das ausländische Sachrecht als auch auf das ausländische IPR verwiesen (Art. 4 I 1 EGBGB). Sollte aber das ausländische Recht wieder auf deutsches Recht zurückverweisen, nimmt das deut-

sche Recht diese **Rückverweisung** (sog. *renvoi*) endgültig an; es sind dann die deutschen Sachnormen anzuwenden (Art. 4 I 2 EGBGB).

Beispiel Wenn ein Kind im Ausland vom Ehemann seiner Mutter adoptiert wird, der seinen gewöhnlichen Aufenthalt in Deutschland hat, unterliegt diese Adoption dem Recht des Staates, in dem das anzunehmende Kind seinen gewöhnlichen Aufenthalt hat (Art. 22 I 2 EGBGB). Verweist das IPR des Adoptionsstaates auf das Recht des Staates, in dem der annehmende Vater seinen gewöhnlichen Aufenthalt hat, dann nimmt das deutsche Recht die Rückverweisung an. Die Adoption richtet sich deshalb nach dem deutschen Recht.

8 Da Kollisionsnormen sehr häufig an die Staatsangehörigkeit anknüpfen, bedarf es auch einer Regelung für Mehrstaater und Staatenlose (Art. 5 EGBGB), die grundsätzlich an den Staat anknüpft, dem die Person am engsten verbunden ist; wer auch die deutsche Staatsangehörigkeit hat, wird aber in jedem Fall als Deutscher behandelt, eine Inkonsequenz, die sich allerdings entsprechend im IPR zahlreicher Staaten findet. Die hiernach bestimmte Staatsangehörigkeit entscheidet insbesondere über Rechts- und Geschäftsfähigkeit und über das Namensrecht (Art. 7, 10 EGBGB).

9 Um Rechtsgeschäfte möglichst nicht an Formalien scheitern zu lassen, sieht Art. 11 I EGBGB vor, dass ein Rechtsgeschäft formgültig ist, wenn es entweder die Formerfordernisse des Rechts, das auf das seinen Gegenstand bildende Rechtsverhältnis anzuwenden ist, oder die des Rechts des Staates erfüllt, in dem es vorgenommen wird. Diese Regelung gilt allerdings nur, soweit für das betreffende Rechtsgebiet keine Spezialregelung besteht, wie dies insbesondere im internationalen Familienrecht und im internationalen Erbrecht häufig der Fall ist.

10 Die größte praktische Bedeutung hat das internationale Familienrecht. Die Wirksamkeitsvoraussetzungen einer Eheschließung richten sich für jeden Verlobten nach seiner Staatsangehörigkeit (Art. 13 I EGBGB); eine Ehe kann aber unter bestimmten Voraussetzungen auch nach deutschem Recht geschlossen werden (Art. 13 II EGBGB) und im Inland grundsätzlich nur vor dem Standesbeamten (Art. 13 III 1 EGBGB). Deshalb kann eine Ehe nach deutschem Recht wirksam, nach ausländischem Recht aber unwirksam sein und umgekehrt (sog. „hinkende Ehe").

11 Bei den Wirkungen der Ehe knüpfte das deutsche IPR früher in erster Linie an die gemeinsame Staatsangehörigkeit, in zweiter Linie an den gewöhnlichen Aufenthalt der Ehegatten und zuletzt an das Recht des Staates an, dem die Eheleute sonst am engsten verbunden sind (Art. 14 EGBGB); da über die Frage einer solchen Verbindung leicht Zweifel entstehen können, war bei gemischtnationalen Ehen in weitem Umfang eine **Rechtswahl** zugelassen; eine solche ist (selbst bei gemeinsamer Staatsangehörigkeit) auch für das eheliche Güterrecht möglich (Art. 15 II EGBGB). Soweit keine Rechtswahl getroffen wird, bestimmt sich das Güterrecht unwandelbar, also ohne einen Statutenwechsel bei einer späteren Veränderung der Verhältnisse, nach dem bei Eheschließung für die Ehewirkungen maßgeblichen Recht (Art. 15 I EGBGB). Deshalb gelten die vorstehenden Regeln noch für alle Ehen, die bis einschließlich 29.1.2019 geschlossen worden sind.

12 Für nach dem 29.1.2019 geschlossene Ehen gilt hingegen die EuGüVO, die in Art. 26 mangels einer Rechtswahl an den ersten gemeinsamen gewöhnlichen Aufenthalt der Ehegatten nach der Eheschließung anknüpft, ohne dass es auf die Staatsangehörigkeit ankommt; auch dieses Güterrecht ist bei einer späteren Änderung der Verhältnisse unwandelbar.

13 Für Unterhaltsansprüche ist grundsätzlich das Recht des gewöhnlichen Aufenthalts des Unterhaltsberechtigten maßgeblich (Art. 3 I HaagUntProt), für die Abstammung das Recht des gewöhnlichen Aufenthalts des Kindes (Art. 19 I 1 EGBGB).

14 Das internationale Erbrecht bestimmt sich für Todesfälle seit dem 17.8.2015 nach der EU-ErbVO, die nicht mehr an die Staatsangehörigkeit, sondern an den gewöhnlichen Aufenthalt des Erblassers bei seinem Tod anknüpft (Art. 21 I EU-ErbVO). Das gilt nur dann nicht, wenn der Erblasser bei seinem Tod eine offensichtlich engere Verbindung zu einem anderen Staat hatte (Art. 21 II EU-ErbVO). Unabhängig hiervon kann der Erblasser eine Rechtswahl treffen und das Recht des Staates wählen, dessen Staatsangehöriger er ist (Art. 22 I EU-ErbVO). Unter den Voraussetzungen des Art. 34 EU-ErbVO ist auch eine Rück- oder Weiterverweisung zu beachten. Die Kollisionsnormen umschreiben ihren Anwendungsbereich jeweils mit Begriffen aus dem deutschen materiellen Recht („Form“, „Güterstand“, „Versorgungsausgleich“, „Annahme als Kind“). Rechtsinstitute, die dem deutschen Recht unbekannt sind (z.B. die Morgengabe des islamischen Rechts oder die Trennung von Tisch und Bett, die einige romanische Rechte kennen), müssen also unter einen dieser Begriffe subsumiert werden; man spricht hier von **Qualifikation**, die von den deutschen Gerichten in der Regel nach deutschem Recht als der *lex fori*, **d. h. dem am Ort des angerufenen Gerichts geltenden Recht** vorgenommen wird. Auch das anzuwendende IPR hängt von der *lex fori* ab; ist es in den Rechtsordnungen, die für einen Prozess in Frage kommen, unterschiedlich, kann auch das Ergebnis des Verfahrens unterschiedlich sein, was sich der Kläger gegebenenfalls zunutze machen kann (sog. *forum shopping*).

15 Verweist eine Kollisionsnorm auf eine Sachnorm, die ihrerseits einen Rechtsbegriff enthält, für den eine Kollisionsnorm besteht, stellt sich die – vom positiven Recht nicht entschiedene – Frage, ob die Vorfrage nach dem Bestehen dieses anderen Rechtsverhältnisses gesondert zu bestimmen ist (sog. **selbstständige Anknüpfung**) oder ob sie dem für die Hauptfrage maßgeblichen Recht unterliegt (sog. **unselbstständige Anknüpfung**). Grundsätzlich erfolgt eine selbstständige Anknüpfung; die für die Staatsangehörigkeit einer Person maßgeblichen Voraussetzungen sind aber unselbstständig anzuknüpfen.

Beispiele 1. Der türkische Staatsangehörige Mehmet ist verstorben. Über seinen Nachlass streiten seine erste Ehefrau Angelika und seine zweite Ehefrau Fatima. Angelika behauptet, sie sei niemals rechtswirksam von Mehmet geschieden worden. Ein deutsches Gericht würde die Frage, ob die Scheidung rechtsgültig war, nach Art. 8 Rom-III-VO selbstständig anknüpfen; es würde nicht ohne weiteres deutsches Recht als das nach Art. 21 EU-ErbVO maßgebliche Erbrecht anwenden.

2. Die Albanerin Marissa hatte in Gretna Green (Schottland) den griechischen Millionär Aristoteles geheiratet. Bei Marissas Tod streiten ihre Verwandten darü-

ber, ob sie durch die Eheschließung die griechische Staatsangehörigkeit erworben hat. Ein deutsches Gericht würde diese Frage unselbstständig anknüpfen, also ihre Wirksamkeit nach griechischem Recht, nicht nach Art. 13 EGBGB beurteilen.

16 Die Anknüpfungen des deutschen IPR führen häufig zur Anwendung ausländischen Rechts auch auf inländische Sachverhalte. Allerdings kann die deutsche Rechtsordnung nicht zulassen, dass die inländische Anwendung ausländischer Vorschriften zu Ergebnissen führt, die mit **wesentlichen Grundsätzen des deutschen Rechts** (sog. *ordre public*) nicht vereinbar sind. Das gilt insbesondere dann, wenn in die Grundrechte eines Beteiligten eingegriffen wird. Deshalb steht die Anwendung des ausländischen Rechts unter dem Vorbehalt des *ordre public* (Art. 6 EGBGB). Die europarechtlichen Vorschriften enthalten entsprechende Vorbehalte (z.B. Art. 35 EU-ErbVO). Solche Fälle kommen vor allem im Familien- und Erbrecht vor; ob ein Fall des *ordre public* vorliegt, kann auch durchaus umstritten sein.

Beispiele 1. Sieht ein ausländisches Recht vor, dass die Zahlung einer Vertragsstrafe vereinbart werden kann, wenn ein Verlobter von der Eheschließung Abstand nimmt, kann diese vor einem deutschen Gericht nicht eingeklagt werden. Damit würde in unakzeptabler Weise in die Eheschließungsfreiheit (Art. 6 GG) eingegriffen.

2. Nach islamischem Recht sind Töchter im Erbrecht gegenüber Söhnen dadurch benachteiligt, dass sie gesetzlich nur mit der halben Quote erben. Ob diese Folge im Inland anerkannt werden muss oder einen Verstoß gegen den *ordre public* darstellt, ist trotz Art. 3 II GG zweifelhaft, da der Erblasser dieses Ergebnis auch durch ein (zweifelsfrei gültiges) Testament erreichen könnte.

3. Wählt ein britischer Staatsangehöriger mit gewöhnlichem Aufenthalt in Deutschland sein englisches Heimatrecht, das kein von der Bedürftigkeit unabhängiges Pflichtteilsrecht kennt, wird diese Rechtswahl von der deutschen Rechtsprechung bei starkem Inlandsbezug (jahrzehntelanger Aufenthalt von Erblasser und Pflichtteilsberechtigtem in Deutschland; Belegenheit des Vermögens in Deutschland) wegen Verstoßes gegen den *ordre public* nicht anerkannt (BGH, NJW 2022, 2547).

II. Das Europäische Gemeinschaftsrecht

17 Neben den nationalstaatlichen Rechtsvorschriften gewinnen in ganz Europa die Bestimmungen des Europäischen Gemeinschaftsrechts zunehmend Bedeutung in der Rechtswirklichkeit. Bereits die Präambel des Grundgesetzes sieht die Bundesrepublik Deutschland als „gleichberechtigtes Glied in einem vereinten Europa“. Die verfassungsrechtliche Grundlage der Geltung des Europäischen Rechts im innerstaatlichen Bereich bildet Art. 23 GG. Er ordnet eine Verpflichtung zur europäischen Integration an und ermächtigt zur Übertragung von Hoheitsrechten auf die europäischen Einrichtungen.

1. Arten der Rechtssätze

18 Ähnlich wie im deutschen Recht gibt es auch im Europäischen Recht Normen unterschiedlichen Ranges und unterschiedlicher Wirkung. Die Gesamtheit des EU-Rechts wird als *acquis communautaire* bezeichnet. An der Spitze der Normenhierarchie steht dabei das **primäre Gemeinschaftsrecht**, also die Verträge über die Europäische Union (EU), der Vertrag über die Arbeitsweise der Europäischen Union (AEUV) und der Vertrag über die damit eng verbundene Europäische Atomgemeinschaft. Der Vertrag über die dritte Europäische Gemeinschaft, die Europäische Gemeinschaft für Kohle und Stahl, ist 2002 ausgelaufen.

19 Der AEUV enthält sowohl Bestimmungen über die Struktur, die Ziele und die Organe der Gemeinschaft als auch Bestimmungen, die unmittelbar in den Mitgliedstaaten anwendbar sind und Rechte und Pflichten begründen, ohne dass es eines innerstaatlichen Umsetzungsaktes bedürfte.

Beispiel Nach Art. 28 AEUV ist den Mitgliedstaaten die Einführung neuer Ein- oder Ausfuhrzölle verboten. Die Gemeinschaftsbürger können sich auf dieses Verbot berufen, ohne dass die Mitgliedstaaten zuvor eine Bestimmung des nationalen Rechts erlassen müssten.

20 Für die Bürger besonders wichtig sind die im AEUV gewährleisteten Grundfreiheiten, nämlich die Warenverkehrsfreiheit (Art. 31 ff., 110 AEUV), die Arbeitnehmerfreizügigkeit (Art. 45 ff. AEUV), die Niederlassungsfreiheit (Art. 49 ff. AEUV), die Dienstleistungsfreiheit (Art. 56 ff. AEUV) und die Kapital- und Zahlungsverkehrsfreiheit (Art. 63 ff. AEUV). Ergänzt werden diese Grundfreiheiten durch das unabhängig von der wirtschaftlichen Betätigung bestehende Recht auf Freizügigkeit (Art. 21 I AEUV). Der AEUV stellt aber keine vollständige Regelung der Rechte der Gemeinschaftsbürger dar; insbesondere enthält er keine Gewährleistung von Grundrechten. Der EuGH hat jedoch zur Lückenfüllung die „allgemeinen Rechtsgrundsätze des Gemeinschaftsrechts" entwickelt, beispielsweise ein allgemeines Willkürverbot, das Recht auf einen fairen Prozess und den Grundsatz der Verhältnismäßigkeit, aber auch die Prinzipien des Vertrauensschutzes und der Rechtssicherheit. Die Grundrechte des Einzelnen finden sich seit 2000 auch in der Europäischen Grundrechtecharta; es fehlt aber an einem Rechtsschutzsystem, in dem diese Rechte durchgesetzt werden könnten, so dass diese Charta in der europäischen Rechtsprechung kaum praktische Bedeutung hat.

21 Auf der Grundlage des primären Gemeinschaftsrechts erlassen die Gemeinschaftsorgane die Normen des **sekundären Gemeinschaftsrechts**. Die größte praktische Bedeutung haben dabei die Verordnungen, die einem deutschen Gesetz vergleichbar sind. Sie sind in allen Mitgliedstaaten rechtsverbindlich, ohne dass sie dazu zunächst in nationales Recht umgesetzt werden müssten. Daneben erlässt die Gemeinschaft Richtlinien, die sich an die Mitgliedstaaten richten und diese verpflichten, den Inhalt der Richtlinie binnen einer in der Richtlinie bestimmten Frist in innerstaatliches Recht umzusetzen. Allerdings hat die Rechtsprechung des EuGH den Unterschied

zwischen Verordnung und Richtlinie dadurch verwischt, dass entschieden wurde, auch eine Richtlinie könne unmittelbar angewendet werden, wenn die Richtlinie innerhalb der bestimmten Frist nicht in innerstaatliches Recht umgesetzt wurde und inhaltlich hinreichend bestimmt ist, um unmittelbar angewendet werden zu können. Der Mitgliedstaat soll also aus seiner Säumnis gegenüber den durch die Richtlinie Begünstigten keinen Vorteil ziehen.

22 Bestimmungen des nationalen Rechts, die eine durch Richtlinie geregelte Materie betreffen, sind richtlinienkonform auszulegen. Wenn für die Auslegung einer innerstaatlichen Rechtsnorm ein Spielraum besteht, ist die Auslegung zu wählen, die im Einklang mit dem Gemeinschaftsrecht steht (Pflicht zur gemeinschaftsfreundlichen Rechtsanwendung). Ist diese nicht möglich und steht das innerstaatliche Recht im Gegensatz zur Richtlinie, darf allerdings auch nach Meinung des EuGH eine Auslegung *contra legem* des nationalen Rechts nicht erfolgen. Es stellt sich dann aber die Frage nach einer Staatshaftung wegen unzureichender Richtlinienumsetzung. Deutschland ist bereits einmal, nämlich wegen unterlassener Umsetzung der Pauschalreisen-Richtlinie, erfolgreich in Anspruch genommen worden.

2. Vorrang des Gemeinschaftsrechts

23 Nicht mit der Haftung für die Nichtumsetzung von Richtlinien verwechselt werden darf der **Vorrang des Gemeinschaftsrechts** gegenüber allen Normen des nationalen Rechts, wie ihn der EuGH von Anfang an postuliert hat. Widersprechen sich unmittelbar anwendbares Europäisches Recht und Bestimmungen des nationalen Rechts, so ist das Gemeinschaftsrecht anzuwenden. Dieser „Anwendungsvorrang" des Gemeinschaftsrechts besteht aber nur im konkreten Fall; anders als beim Vorrang des Bundesrechts vor dem Landesrecht (→ Kap. 2 Rn. 3) ist das nationale Recht nicht automatisch unwirksam, wenn es dem Gemeinschaftsrecht widerspricht.

24 Dieser Vorrang des Gemeinschaftsrechts gilt grundsätzlich auch gegenüber den Bestimmungen des Grundgesetzes. Allerdings hat das BVerfG einschränkend festgestellt, dass eine Überprüfung des Europäischen Rechts am Maßstab der Grundrechte nur so lange nicht stattfinde, als die Europäische Rechtsordnung einen dem deutschen GG entsprechenden Grundrechtsstandard biete. Dieses Verhältnis hat das BVerfG später dahin formuliert, es gewährleiste den Grundrechtsschutz „in Kooperation" mit dem EuGH und dem Europäischen Gerichtshof für Menschenrechte (EGMR). Soweit die Grundrechte des GG durch den Anwendungsvorrang des EU-Rechts verdrängt sind, kontrolliert das BVerfG dessen Anwendung durch deutsche Stellen am Maßstab der Europäischen Grundrechtecharta. Ferner nimmt das BVerfG die Prüfung der Frage für sich in Anspruch, ob der durch Gemeinschaftsrecht geregelte Gegenstand dem europäischen Gesetzgeber überhaupt übertragen war. Deshalb können nach der neueren Rechtsprechung auch Akte der EU mit der Verfassungsbeschwerde angegriffen werden. Entsprechendes gilt für innerstaatliches Recht, das Richtlinien des Europäischen Rechts umsetzt.

Beispiele 1. Das Gesetz über den Europäischen Haftbefehl wurde für verfassungswidrig erklärt, weil das Grundrecht der Auslieferungsfreiheit (Art. 16 II 2 GG) nicht ausreichend beachtet wurde und das Gesetz die Auslieferung an das EU-Ausland in Fällen ermöglichte, in denen eine Strafverfolgung vor dem GG keinen Bestand haben kann (BVerfG, NJW 2005, 2988 (2989)). Der Gesetzgeber war gezwungen, ein neues, den Vorgaben des BVerfG entsprechendes Gesetz zu erlassen.

2. Das BVerfG hat Verfassungsbeschwerden von mutmaßlichen Straftätern, die nach Rumänien bzw. Ungarn überstellt werden sollten, wegen Verletzung von Art. 4 der Europäischen Grundrechtecharta stattgegeben, weil die deutschen Gerichte die Gefahr, dort erniedrigenden oder unmenschlichen Haftbedingungen ausgesetzt zu sein, nicht hinreichend aufgeklärt hatten (BVerfG, NJW 2021, 1518 und NJW 2025, 955).

3. Die Gerichte der Europäischen Union

25 Seit Gründung der Europäischen Gemeinschaften besteht ein gemeinschaftliches Rechtsprechungsorgan, der Gerichtshof der Europäischen Gemeinschaften (**EuGH**). Seine Aufgabe ist es, die Rechtmäßigkeit der Handlungen der Gemeinschaft zu überprüfen und eine einheitliche Auslegung und Anwendung des Gemeinschaftsrechts zu gewährleisten. Der EuGH besteht derzeit aus 27 Richtern (je einem aus jedem Mitgliedstaat) und elf Generalanwälten, die die Richter durch Erstattung von Rechtsgutachten, den sog. Schlussanträgen, unterstützen. Der EuGH kann als Plenum tagen; meist entscheiden aber Kammern des Gerichtshofs, nämlich die Große Kammer mit 15 Richtern oder Kammern mit drei oder fünf Richtern.

26 Zur Erfüllung seiner Aufgaben hat der EuGH genau umrissene Zuständigkeiten und entscheidet im Rahmen des Vorabentscheidungsverfahrens und verschiedener Klagearten.

27 Hat ein nationales Gericht Zweifel an der Auslegung oder Gültigkeit des Gemeinschaftsrechts, kann diese in einem **Vorabentscheidungsverfahren** (Art. 267 AEUV) vom EuGH geklärt werden. Die Vereinbarkeit des nationalen Rechts mit dem Gemeinschaftsrecht kann zwar nicht Gegenstand einer Vorlage sein; mittelbar ergibt sich aus der Antwort des Gerichtshofs auf die Frage, wie Gemeinschaftsrecht auszulegen ist, aber zugleich die Antwort auf die Frage, ob das nationale Recht mit dieser Auslegung vereinbar ist. Das Vorabentscheidungsverfahren fördert dadurch die Verzahnung des Gemeinschaftsrechts mit den nationalen Rechtsordnungen.

28 Gerichte, deren Entscheidungen nicht mehr mit Rechtsmitteln angefochten werden können, sind zur Vorlage verpflichtet, andere Gerichte sind nach ihrem Ermessen vorlageberechtigt und dann vorlageverpflichtet, wenn sie einen entscheidungserheblichen Rechtsakt der Gemeinschaft als unwirksam behandeln wollen (sog. „Verwerfungsmonopol“ des EuGH). Voraussetzung der Vorlage ist die Erheblichkeit der Norm des Gemeinschaftsrechts für die Entscheidung des konkreten Falls und die Darlegung, warum das vorlegende Gericht die Auslegung oder die Gültigkeit für zweifelhaft hält. Von der Vorlagemöglichkeit wird auch von den deutschen Gerichten häufig Gebrauch gemacht, zumal der EuGH (anders als das BVerfG) auch schwach begründete Vorlagen als zulässig ansieht und es dabei nicht etwa um grundlegende Prinzipien des Gemeinschaftsrechts gehen muss, sondern auch Einzelfragen aus weniger bedeutenden Materien geklärt werden.

Beispiel Das AG Müllheim hat dem EuGH die Frage vorgelegt, ob es sich bei der früher von der Höhe des Stammkapitals einer Kapitalgesellschaft abhängigen Gebühr für die Eintragung in das Handelsregister um eine „Steuer oder sonstige Abgabe" im Sinne einer EG-Richtlinie handle, die die Erhebung solcher Abgaben verbietet. Der EuGH hat die Frage bejaht; das deutsche Kostenrecht in Handelsregistersachen musste daraufhin geändert werden; nach heutigem Recht werden vom Stammkapital unabhängige feste Gebühren erhoben.

29 Allerdings führt das Vorabentscheidungsverfahren wegen der Verfahrensdauer vor dem EuGH (etwa 2 Jahre) zu einer erheblichen Verlängerung des anhängigen Rechtsstreits; auch setzen sich manche Gerichte bewusst über die Vorlagepflicht hinweg. Dabei handelt es sich freilich um seltene Ausnahmen. Auch wenn Entscheidungen des EuGH nur das vorlegende Gericht binden, kann die Bedeutung der faktisch allgemeinen Wirkung der Auslegungsentscheidungen des EuGH für die Einheitlichkeit der Auslegung des Europäischen Rechts kaum überschätzt werden.

30 Im **Vertragsverletzungsverfahren** (Art. 258, 259 AEUV) prüft der EuGH, ob ein Mitgliedstaat seinen gemeinschaftsrechtlichen Verpflichtungen nachgekommen ist. Die Klage kann von der Kommission oder einem anderen Mitgliedstaat erhoben werden; in der Praxis werden nahezu alle Klagen von der Kommission erhoben, die zuvor dem Mitgliedstaat Gelegenheit gegeben hat, sich zu den Vorwürfen zu äußern und die Verletzung abzustellen. Lehnt der Mitgliedstaat dies ab und hat die Klage Erfolg, ordnet der EuGH an, dass der Mitgliedstaat handeln muss; das Urteil kann durch die Auferlegung von Zahlungsverpflichtungen durchgesetzt werden.

31 Mit der **Nichtigkeitsklage** (Art. 263 AEUV) versucht der Kläger die Nichtigerklärung einer Handlung zu erreichen, die ein Organ der Gemeinschaft vorgenommen hat. Klagebefugt sind stets die Organe der Gemeinschaft und ihre Mitgliedstaaten, Einzelpersonen nur dann, wenn sie durch die Handlung unmittelbar betroffen sind.

32 Die **Untätigkeitsklage** (Art. 265 AEUV) stellt die Rechtmäßigkeit der Untätigkeit eines Gemeinschaftsorgans zur Entscheidung des Gerichtshofs, wenn der Kläger eine Pflicht zum Tätigwerden behauptet. Wird die Rechtswidrigkeit der Unterlassung festgestellt, ist das Organ verpflichtet, die geeigneten Maßnahmen zu ergreifen.

33 Der EuGH wird bei seiner Tätigkeit von den Europäischen Instanzgerichten unterstützt, nämlich dem Europäischen Dienstgericht und dem Europäischen Gericht (**EuG**). Diesen sind bestimmte Arten von Klagen zugewiesen. Gegen die Entscheidungen des EuG ist ein auf Rechtsfragen beschränktes Rechtsmittel zum EuGH gegeben.

4. Die EuGVVO

34 Die zunehmende wirtschaftliche Verflechtung der Staaten der Europäischen Union erfordert eine wirksame grenzüberschreitende Durchsetzbarkeit von Ansprüchen. Wichtig ist dabei vor allem die gemeinschaftsweite Anerkennung von und Vollstreckungsmöglichkeit für Gerichtsentscheidungen, aber auch grenzüberschreitende Zuständigkeitsregelungen. Nachdem bereits 1968 ein entsprechender Staatsvertrag, das Europäische Gerichtsstands- und Vollstreckungsübereinkommen, geschlossen worden war, gilt jetzt in allen Mitgliedstaaten (seit 2015 auch in Dänemark) die neue Verordnung EU 1215/2012 über die gerichtliche Zuständigkeit und die Anerkennung und Vollstreckung von Entscheidungen in Zivil- und Handelssachen (EuGVVO, auch Brüssel-Ia-VO genannt).

35 Die Verordnung enthält zunächst Zuständigkeitsbestimmungen: Personen, die in einem Mitgliedstaat ihren Wohnsitz haben, können ohne Rücksicht auf ihre Staatsangehörigkeit in ihrem Wohnsitzstaat verklagt werden; in Verbrauchersachen kommt eine Abweichung nur ausnahmsweise in Frage. Ist in einem Mitgliedstaat eine Entscheidung ergangen, wird diese Entscheidung ohne besonderes Anerkennungsverfahren in allen Mitgliedstaaten anerkannt; es wird also eine Gleichwertigkeit des Rechtsschutzes in allen Mitgliedstaaten vorausgesetzt. Nur schwere Verfahrensmängel und ein offensichtlicher Widerspruch zum *ordre public* des Mitgliedstaats, in dem die Entscheidung geltend gemacht wird, hindern ausnahmsweise die Anerkennung; die ausländische Entscheidung darf sachlich nicht nachgeprüft werden. Anzuerkennende Entscheidungen können in jedem Mitgliedstaat für vollstreckbar erklärt werden; selbst diese Vollstreckbarerklärung ist aber bei unbestrittenen Forderungen entbehrlich. In Deutschland erfolgt die Vollstreckbarerklärung ähnlich wie bei innerstaatlichen Urteilen durch Erteilung der Vollstreckungsklausel (→ Kap. 9 Rn. 68).

III. Die Europäische Menschenrechtskonvention

36 Deutschland ist – wie alle 46 Mitgliedstaaten des Europarats – Vertragsstaat der 1953 in Kraft getretenen Europäischen Konvention zum Schutz der Menschenrechte und Grundfreiheiten (EMRK). Sie gewährleistet beispielsweise das Recht auf Leben, das Folterverbot, den Schutz der persönlichen Freiheit, der Gewissens- und Religionsfreiheit und der freien Meinungsäußerung sowie das Recht auf rechtliches Gehör und ein faires Gerichtsverfahren. Die eigentliche Bedeutung der Konvention liegt aber darin, dass die Vertragsstaaten verpflichtet sind, endgültige Entscheidungen des zur Durchsetzung der Konvention eingerichteten Europäischen Gerichtshofs für Menschenrechte (EGMR) zu beachten (Art. 46 EMRK) und dass bei einer Verletzung der Konvention dem Verletzten eine Entschädigung zugesprochen werden kann (Art. 41 EMRK). Jede natürliche Person kann die Verletzung eines Konven-

tionsrechts durch einen Vertragsstaat beim EGMR rügen. Dort prüft zunächst ein Ausschuss von drei Richtern die Beschwerde. Wird sie als zulässig angesehen, entscheidet eine Kammer von sieben Richtern; eine Große Kammer von 17 Richtern, an die die Sache verwiesen werden kann, gewährleistet die Einheitlichkeit der Rechtsprechung.

37 Stellt der EGMR eine Verletzung der Konvention fest, so ist der betreffende Vertragsstaat verpflichtet, für die Befolgung der Entscheidung zu sorgen. Allerdings sind die Urteile des EGMR (lediglich) Feststellungsurteile. Ist also die Konvention durch eine rechtskräftige Gerichtsentscheidung verletzt worden, bleibt deren Rechtskraft davon unberührt. Auch in Strafsachen kann der EGMR nicht die Durchführung eines neuen Verfahrens oder eine Aufhebung der Verurteilung anordnen; es ist vielmehr den Mitgliedstaaten überlassen, wie sie die Rechte des erfolgreichen Beschwerdeführers verwirklichen wollen. Im deutschen Recht ist eine Verletzung der EMRK ein Grund für die Wiederaufnahme des Verfahrens (§ 359 Nr. 6 StPO; → Kap. 9 Rn. 47).

38 In zahlreichen Entscheidungen hat der EGMR den Schutzbereich der durch die Konvention gewährleisteten Rechte zusehends ausgeweitet. Hiervon waren nicht nur Länder mit niedrigem Grundrechtsstandard betroffen; auch mehrere Beschwerden gegen Deutschland sind bereits erfolgreich gewesen, etwa 1984 wegen Verletzung des Rechts auf einen unentgeltlichen Dolmetscher vor Gericht (Art. 6 III EMRK) in Bußgeldsachen und 1995 wegen Verletzung des Diskriminierungsverbots (Art. 14 EMRK) dadurch, dass in Baden-Württemberg nur von Männern, nicht dagegen von Frauen eine Feuerwehrabgabe erhoben wurde.

39 Im deutschen Recht hat die EMRK den Rang eines (einfachen) Bundesgesetzes. Die Unterwerfung unter das Rechtsschutzsystem der Konvention war keine Übertragung von Hoheitsrechten. Ihre Verletzung kann daher, soweit nicht zugleich ein durch das GG gesichertes Grundrecht verletzt ist, nicht mit der Verfassungsbeschwerde vor dem BVerfG gerügt werden.

ÜBUNGSTEIL I – IPR

Rechtliche Aspekte

1 **Fragen zum Internationalen Privatrecht**

1. Wann werden Normen des IPR benötigt?
2. Was regelt das IPR?
3. Inwiefern können bei einem einheitlichen Lebenssachverhalt verschiedene Normen des IPR eine Rolle spielen? Nennen Sie einen konkreten Beispielsfall!
4. Welche IPR-Rechtsquellen kennen Sie?
5. Was verstehen Sie unter einer Kollisionsnorm? Nennen Sie ein Beispiel für eine Kollisionsnorm und einen Beispielsfall dazu!

6. Wann ist eine Kollisionsnorm eine allseitige Kollisionsnorm, wann eine einseitige Kollisionsnorm? Nennen Sie je ein Beispiel für diese Kollisionsnormen und bilden Sie zur Verdeutlichung des Unterschiedes je einen Fall!
7. Worin besteht der Hauptzweck von Kollisionsnormen?
8. Was versteht man unter territorialer, was unter personaler Rechtsspaltung? Führen Sie je einen Staat an, in dem eine dieser Formen der Rechtsspaltung auftritt. Welches Recht bestimmt in diesen Fällen, welche Teilrechtsordnung anwendbar ist?
9. Was ist mit Statut gemeint?
10. Wann kann es beispielsweise zu einem Statutenwechsel kommen? Welche rechtlichen Folgen hat dieser Wechsel möglicherweise?
11. Erklären Sie die Wörter „Gesamtverweisung" und „Rückverweisung" und geben Sie je einen Beispielsfall an!
12. Wie werden in Fällen, bei denen an die Staatsangehörigkeit angeknüpft wird, Staatenlose und Mehrstaater behandelt, wie Mehrstaater, die gleichzeitig die deutsche Staatsangehörigkeit besitzen?
13. Erläutern Sie, was unter Rechtswahl zu verstehen ist und nennen Sie Fälle, in denen diese zulässig ist.
14. Erörtern Sie den Begriff „Qualifikation" und erklären Sie, nach welchen Regeln diese normalerweise von den deutschen Gerichten vorgenommen wird.
15. Erklären Sie, was eine selbstständige und was eine unselbstständige Anknüpfung einer Vorfrage bedeutet und wann diese jeweils vorgenommen wird.
16. Erläutern Sie den Vorbehalt des *ordre public* und legen Sie dar, aus welchen Gründen oft umstritten ist, ob dieser Vorbehalt im Einzelfall tatsächlich zutrifft.

2 Bitte bearbeiten Sie die folgenden Fälle:

1. Die deutschen Urlauber Hinz und Kunz stoßen mit ihren jeweiligen Leihwagen auf einer türkischen Landstraße zusammen; Hinz wird erheblich verletzt und verlangt von Kunz Ersatz seiner Heilungskosten (150.000 EUR). Kunz beruft sich auf die Haftungshöchstgrenze des türkischen Straßenverkehrsgesetzes (umgerechnet 70.000 EUR). Mit Recht?
2. Otto, der US-amerikanischer Staatsbürger ist, wohnte zuletzt in Texas und starb beim Absturz eines schweizerischen Flugzeuges. Er hinterlässt ein Grundstück in Texas, eine Eigentumswohnung in Baden-Baden und ein Konto in der Schweiz. Nach welchem Recht richtet sich die Erbfolge?
3. Dodi mit gewöhnlichem Aufenthalt in England hat durch einen in Deutschland vor einem Notar abgeschlossenen Erbvertrag Diana zu seiner Alleinerbin eingesetzt. Beide verunglücken tödlich im Tunnel unter der Place d'Alma (Paris, Frankreich); Dodi stirbt zuerst. Dianas Kinder wollen das Erbe antreten; Dodis Erben bestreiten das Erbrecht, weil es – was zutrifft – nach englischem Recht keinen Erbvertrag gibt.
4. Paul und Virginie sind beide Griechen orthodoxen Bekenntnisses und haben in Paris standesamtlich geheiratet. Sie sind jetzt nach Deutschland gezogen und wollen ihre Eheschließung in das deutsche Familienbuch eintragen lassen. Der

Standesbeamte weigert sich, weil – was zutrifft – man in Griechenland nur vor dem orthodoxen Geistlichen heiraten kann.

5. Ali und Fatima sind beide Marokkaner und haben in Marokko vor dem Imam geheiratet. Nach ihrer Übersiedlung nach Deutschland wendet sich Ali einer anderen Frau zu und möchte sich scheiden lassen. Da er die Anwalts- und Gerichtskosten scheut, erklärt er die Scheidung durch Verstoßung der Ehefrau, was nach marokkanischem Recht zulässig ist. Kurz darauf findet Fatima auch einen neuen Freund und stellt vor dem Familiengericht Scheidungsantrag. Ali wendet ein, dass sie bereits geschieden seien. Mit Recht?
6. Die Türkin Tansu ist aus der elterlichen Wohnung ausgezogen und studiert jetzt in einer anderen deutschen Stadt. Sie verlangt von ihren wohlhabenden türkischen Eltern Unterhalt bis zum Abschluss ihrer Ausbildung. Diese weigern sich mit der Begründung, das türkische Recht sehe eine Unterhaltspflicht für das Studium nicht vor.
7. Die deutsche Staatsangehörige Eva wünscht sich sehnlichst ein Kind, reist kurzentschlossen nach Thailand und bringt sich von dort ein Baby mit. Die leiblichen Eltern haben der Adoption in notarieller Urkunde zugestimmt. Evas Ehemann Hans (auch Deutscher) ist dagegen mit der Adoption nicht einverstanden. Eva beantragt sie trotzdem mit der Begründung, dass nach thailändischem Recht die Zustimmung des Ehemanns nicht erforderlich sei.
8. Uka und Ika sind nach dem Recht des Inselstaates Hika-Hika verheiratet. Uka möchte noch ein Kind, Ika nicht. Uka wird schwanger. Ika stellt bei dem Familiengericht Hika-Hika den Antrag festzustellen, dass Uka zur Abtreibung verpflichtet ist. Das Familiengericht entspricht in richtiger Anwendung des Rechts von Hika-Hika diesem Antrag. Uka flieht zu ihrem Bruder nach Deutschland. Ika reist ihr nach und betreibt die Vollstreckbarerklärung des Urteils des Familiengerichts Hika-Hika. Mit Aussicht auf Erfolg?
9. Anna hatte eine Werbeschrift zum Erwerb einer supergünstigen Küchenmaschine bekommen, die es nur auf der Insel Man (Großbritannien) zu kaufen geben soll. Sie reist mit einer von dem Werber zusammengestellten Reisegruppe auf die Insel Man und kauft dort bei einer Verkaufsveranstaltung, bei der es sehr lustig zugeht, diverse Küchenmaschinen zum Preis von insgesamt 9.500 EUR. Da Anna monatlich nur 2.000 EUR verdient, stellt sie nach ihrer Rückkehr fest, dass sie sich die tollen Sachen eigentlich nicht leisten kann. Sie schreibt sofort der Verkäuferfirma, dass sie den Vertrag widerrufe. Diese beruft sich, dass der Vertrag nach dem Recht der Insel Man abgeschlossen sei, das – was zutrifft – kein Widerrufsrecht bei derartigen Geschäften kennt.
10. Die beiden Deutschen Peter und Lisa haben in England einen Kaufvertrag über eine deutsche Eigentumswohnung bei einem *solicitor* abgeschlossen, um die hohen Notarkosten in Deutschland zu sparen. Nach der Rückkehr nach Deutschland ärgert sich Lisa über den nach ihrer Ansicht zu niedrigen Kaufpreis und beruft sich darauf, der Vertrag sei unwirksam. Peter dagegen geht mit dem Vertrag zum Grundbuchamt und verlangt seine Eintragung als Eigentümer. Das Grundbuchamt weist den Antrag zurück. Mit Recht?

3 Entscheiden Sie, um welches Problem es in den folgenden Fällen geht.

Forum Shopping / Hinkende Ehe / ordre public / Qualifikation / Rückverweisung (= renvoi) / Rückverweisung / Verweisung / Weiterverweisung

1. Die Französin F verstirbt an ihrem letzten Wohnsitz in Berlin. Sie hinterlässt etwas Schmuck und je ein Grundstück in Berlin, in Paris und in Rom. Das französische IPR folgt dem Prinzip der Nachlassspaltung (bewegliches Vermögen Recht am letzten Wohnsitz des Erblassers; unbewegliches Vermögen *lex rei sitae*) und nimmt eine Gesamtverweisung vor. Die deutsche Nachlassrichterin fragt sich, um welche Arten der Verweisung es sich jeweils handelt.
   - Grundstück in Berlin: ....
   - Grundstück in Paris: ....
   - Grundstück in Rom: ....
   - Schmuck: ....
2. Der Iraker Ali verstößt seine deutsche Ehefrau E durch das im islamischen Recht geltende Rechtsinstitut des *talâq*. E kehrt nach Deutschland zurück und will dort bald danach eine Jugendliebe heiraten. Diese fragt den Standesbeamten S, ob die Verstoßung nach islamischem Recht eine wirksame Ehescheidung im Sinne des deutschen Rechts darstellt. S hat Zweifel daran, da die Möglichkeit einer Scheidung aufgrund einseitiger Erklärung des Ehemannes gegen ein wichtiges Verfassungsprinzip der Bundesrepublik Deutschland, nämlich den Gleichbehandlungsgrundsatz nach Art. 3 Abs. 2 GG verstößt. Auf der anderen Seite erkennt er das Problem, dass dann möglicherweise die Scheidung im Irak gültig, in Deutschland jedoch ungültig ist.
3. Die Deutsche D und der Jemenit J mit gewöhnlichem Aufenthalt in Deutschland haben im Jahr 2013 im Jemen geheiratet. Bei der Eheschließung wurde eine Morgengabe vereinbart. Der Familienrichter, der für die im Jahre 2026 in Berlin eingereichte Scheidung zuständig ist, fragt sich, wie die Morgengabe rechtlich zu behandeln ist.
4. Die deutsche Ehefrau B des weltberühmten deutschen Tennisspielers B B möchte sich scheiden lassen und überlegt, wo die Scheidungsfolgen für sie am günstigsten sind. Letztendlich reicht sie den Scheidungsantrag in Florida ein, wo die Eheleute eine Villa besitzen. Die gegnerische Anwältin überlegt, ob dies überhaupt möglich ist.

4 Entscheiden Sie, um welches Statut es sich bei den folgenden Fällen jeweils handelt, und nennen Sie die einschlägigen Artikel des EGBGB.

Arbeitsvertragsstatut / Deliktsstatut / Ehewirkungsstatut / Erbstatut / Namensstatut / Personalstatut / Scheidungsstatut / Statut der eingetragenen Lebenspartnerschaft / Unterhaltsstatut / Vertragsstatut

1. Der deutsche Tourist T und die französische Geschäftsfrau G stoßen in Tunis auf einer belebten Kreuzung mit ihren Mietwagen zusammen. T wird dabei leicht verletzt, beide Mietwagen werden beschädigt.
2. Der Slowake S verstirbt mit letztem Wohnsitz in Deutschland. Er besaß Immobilien in Dresden, London, Paris und Bratislava.

3. Der Portugiese P, die Österreicherin Ö und der Deutsche D gründen in Lyon eine S.A.R.L. – Gesellschaft nach französischem Recht. Die Rechtsanwältin R, die die S.A.R.L., in Deutschland anwaltlich vertreten soll, fragt sich, ob diese überhaupt rechtsfähig ist.
4. Die Spanierin S und der Este E heiraten in Las Vegas und leben in Düsseldorf. Die Notarin N in Düsseldorf, bei der die beiden einen Ehevertrag schließen wollen, fragt sich, nach welchem Recht sich die Ehewirkungen bestimmen.
5. Das türkische 15-jährige Computergenie G, das seit seinem 3. Lebensjahr in Deutschland lebt, möchte sich dort neben der Schule mit Computerdienstleistungen selbstständig machen. Der zuständige Familienrichter V fragt sich, nach welchem Recht dies zu beurteilen ist.
6. Die Deutsche D und der Portugiese P heiraten in Deutschland. Sie fragen sich, ob sie ihre Nachnamen nach portugiesischem Recht wählen können.
7. Die Engländerin E und der Deutsche S leben seit zehn Jahren in Deutschland in eheähnlicher Lebensgemeinschaft. Jetzt wollen sie sich trennen und E fragt ihre Anwältin, nach welchem Recht sich die rechtlichen Folgen der Trennung richten.
8. Die Slowenin W, die mit ihren drei minderjährigen Kindern in Nürnberg lebt, verlangt von ihrem geschiedenen polnischen Ehemann P, der nach Krakau zurückgekehrt ist, monatliche Geldzahlungen, die ihr und den gemeinsamen Kindern ein sorgenfreies Leben ermöglichen.
9. Der US-Bürger B, der in der Ukraine geboren ist, arbeitet als Softwarespezialist in Erlangen. Wegen seiner muttersprachlichen Russischkenntnisse entsendet ihn sein Arbeitgeber mehrfach für einen vorübergehenden Zeitraum nach Russland. B fragt sich, ob sein Arbeitsvertrag sich dadurch nach den russischen Regeln richtet.
10. Der Finne F und der Schwede D sind verheiratet und leben seit fünf Jahren in Köln. Sie fragen sich, nach welchem Recht sich die Folgen richten, wenn sie sich einmal trennen sollten.

5 Handelt es sich um eine territoriale Rechtsspaltung, Personalrechtsspaltung oder Nachlassspaltung?

1. Die amerikanische Staatsangehörige S, deren Heimatstaat Texas ist, verstirbt mit letztem Wohnsitz in New York. Sie hinterlässt ein wenig Bargeld bei einer deutschen Bank und einige kostbare Gemälde in ihrer Zweitwohnung in Los Angeles.
2. Angelika, die deutsche Staatsangehörige ist und zur schiitischen Religion konvertiert ist, verstirbt an ihrem letzten Wohnsitz in Teheran. Sie hinterlässt ein Ferienhaus an der Ostsee und ein deutsches Wertpapierdepot.
3. Der Deutsche Dietmar verstirbt mit letztem Wohnsitz in Istanbul, er besaß Juwelen sowie Immobilien in Hamburg und Istanbul. Das türkische Kollisionsrecht wendet auf unbewegliches Vermögen den Grundsatz der *lex rei sitae* an.

6 Rechtspolitische Frage

Erörtern Sie, ob der den Gerichtsstandsvorschriften zugrundeliegende Gerechtigkeitsgedanke dem *Forum Shopping* nicht Grenzen setzen sollte.

Sprachliche Aspekte

1 Setzen Sie die richtigen Wörter ein:

anwendbar / Einführungsgesetzes / Gesamtverweisung / Kollisionsnormen / Kollisionsnormen / Lebenssachverhalt / Normen / Normen / Rechtsordnung / Rechtsordnungen / Rechtsspaltung / Rechtsspaltung / Rückverweisung / Sachnormen / Teilrechtsordnung

Normen des IPR werden benötigt, wenn ein Lebenssachverhalt Beziehungen zu mehreren ________________ (1) aufweist. Das IPR bestimmt dann, welchen Staates Privatrechtsnormen auf den jeweiligen Sachverhalt ________________ (2) sind. Dabei können bei einem einheitlichen ________________ (3) mehrere ________________ (4) des IPR Bedeutung erlangen.

Aus historischen Gründen ist das IPR nicht im BGB selbst, sondern im Wesentlichen in den Art. 3 bis 46 des ________________ (5) zum BGB geregelt; daneben sind aber zahlreiche internationale Übereinkommen zu beachten, die den ________________ (6) des EGBGB vorgehen, so dass es sich um ein recht unübersichtliches Rechtsgebiet handelt.

Der wesentliche Inhalt des EGBGB ist ein System von ________________ (7), die angeben, das Recht welchen Staates anzuwenden ist, und zwar allseitiger ________________ (8), die nicht nur die Anwendbarkeit des deutschen, sondern auch die eines beliebigen ausländischen Rechts regeln.

Die Kollisionsnormen sind zu unterscheiden von den ________________ (9) des durch sie berufenen Rechts; erst diese treffen eine inhaltliche Regelung. Das generelle Ziel der Kollisionsnormen ist die Auswahl derjenigen ________________ (10), mit der der Sachverhalt die engste Berührung hat. In manchen Staaten gibt es allerdings kein einheitliches Privatrecht, etwa in den USA, wo die einzelnen Bundesstaaten ihr eigenes Privatrecht haben (territoriale ________________ (11)) oder in manchen islamischen Staaten, in denen sich das Privatrecht nach der Religionszugehörigkeit richtet (personale ________________ (12)). Hier bestimmt das interlokale bzw. interpersonale Privatrecht dieses Staates, welche ________________ (13) anwendbar ist.

Wenn das deutsche IPR auf ausländisches Recht verweist, handelt es sich dabei jeweils um eine ________________ (14); es wird also sowohl auf das ausländische Sachrecht als auch auf das ausländische IPR verwiesen (Art. 4 I 1 EGBGB). Sollte aber das ausländische Recht wieder auf deutsches Recht zurückverweisen, nimmt das deutsche Recht diese ________________ (15) endgültig an; es sind dann die deutschen Sachnormen anzuwenden (Art. 4 I 2 EGBGB).

ÜBUNGSTEIL II – Europarecht

Rechtliche Aspekte

1 **Fragen zum Gemeinschaftsrecht**

1. Was versteht man unter dem primären Gemeinschaftsrecht?
2. Wie sieht es mit der Geltung von Grundrechten im Gemeinschaftsrecht aus? Wo sind diese geregelt?
3. Welche Normen des sekundären Gemeinschaftsrechts kennen Sie? Erklären Sie, worin der Unterschied zwischen den Normen liegt.
4. Was ist unter dem Anwendungsvorrang des Gemeinschaftsrechts zu verstehen?
5. Wie heißt das gemeinschaftliche Rechtsprechungsorgan der Europäischen Gemeinschaft und welche Aufgaben erfüllt es?
6. Wie viele Richter und wie viele Generalanwälte hat der EuGH?
7. Welche Aufgaben haben die Generalanwälte?
8. In welchen Formationen tagt der EuGH?
9. Erklären Sie kurz und mit Ihren eigenen Worten das Vorabentscheidungsverfahren nach Art. 267 AEUV.
10. Wen binden die Vorabentscheidungen des EuGH? Wie sieht es mit ihrer faktischen Wirkung aus?
11. Wer kann ein Vertragsverletzungsverfahren nach Art. 258, 259 AEUV einleiten und was wird darin geprüft?
12. Wer kann eine Nichtigkeitsklage nach Art. 263 AEUV erheben und worin besteht ihr Inhalt?
13. Erläutern Sie die Untätigkeitsklage nach Art. 265 AEUV und ihre Rechtsfolgen.
14. Welche weiteren Gemeinschaftsgerichte gibt es?
15. Wofür steht die Abkürzung EuGVVO?

2 **Welche der folgenden Klagearten vor dem Europäischen Gerichtshof ist für die einzelnen Fälle einschlägig?**

a) Vorabentscheidungsverfahren, Art. 267 AEUV
b) Klage wegen Vertragsverletzung, Art. 258 f. AEUV
c) Nichtigkeitsklage, Art. 263 f. AEUV
d) Untätigkeitsklage, Art. 265 AEUV

1. Die nach Spanien gezogene Ärztin Äuglein wird, wie alle anderen zugezogenen ausländischen Ärzte, aufgefordert, an dem nationalen Auswahlverfahren „Médico Interno Residente“ (MIR) teilzunehmen. Ihr Einwand, ihre bereits in Deutschland absolvierte fachärztliche Weiterbildung sei zu berücksichtigen, wird ebenso zurückgewiesen wie das Vorbringen ihrer zugezogenen Kollegen, sie verfügten über diverse, in ihren Heimatländern erworbene Befähigungsnachweise. Die Kommission will deshalb gegen Spanien wegen nicht ordnungsgemäßer Umsetzung der Gemeinschaftsbestimmungen zur Erleichterung der Freizügigkeit für Ärzte und zur gegenseitigen Anerkennung ihrer in anderen Mitgliedstaaten erworbenen Befähigungsnachweise vorgehen.

2. Die Deutsche Bahn hat im Juli 2008 bei der Europäischen Kommission eine Beschwerde gegen die steuerliche Bevorzugung des Luftverkehrs eingereicht, die den Wettbewerb auf innerdeutschen Strecken einseitig zu Lasten der Bahn verzerre. Nachdem die Kommission bis September 2008 nichts gegen die Befreiung des Flugbenzins von der Mineralöl- und der Ökosteuer unternommen hat, will die Bahn klagen.
3. Die Niederlande meinen, die Gemeinschaftsrichtlinie über den rechtlichen Schutz biotechnologischer Erfindungen verstoße gegen die Menschenwürde, weil sie den menschlichen Körper zu einem verfügbaren und veräußerlichen Gut erkläre.
4. Die Haftung des Herstellers für fehlerhafte Produkte muss in allen Mitgliedstaaten identisch sein. Nach Meinung der Kommission haben Frankreich und Griechenland die Harmonisierungsmaßnahmen nicht ordnungsgemäß umgesetzt.
5. Die Firma Pelle tauscht einen defekten Backofen um, verlangt aber von der Käuferin für die 17 Monate der Nutzung eine Vergütung. Die Richter des zuständigen VIII. Zivilsenats des Bundesgerichtshofs fragen sich, ob die Vorschrift des § 439 Abs. 4 BGB, die den Käufer im Falle einer Ersatzlieferung dazu verpflichtet, an den Verkäufer eine Vergütung für die Nutzung der zunächst gelieferten mangelhaften Kaufsache zu zahlen, mit Europäischem Gemeinschaftsrecht vereinbar ist.
6. Frankreich, Deutschland und Irland haben der Kommission nicht rechtzeitig Listen und Informationen zu Gebieten, in denen bestimmte Lebensraumtypen vorkommen, übermittelt. Die Kommission ist der Ansicht, diese Mitgliedstaaten hätten damit gegen die Richtlinie zur Erhaltung der natürlichen Lebensräume sowie der wild lebenden Tiere und Pflanzen verstoßen.
7. Das Chemieunternehmen Pflanzenglück hat die Zulassung der Genkartoffel Happy Potato beantragt. Während Gentechnik-Gegner vor den unkontrollierten Folgen beim Anbau der Genkartoffeln warnen, ist das Unternehmen der Meinung, das Zulassungsverfahren sei unnötigerweise wiederholt verzögert worden.
8. Der Assistenzarzt Aspirinius leistet regelmäßig im Städtischen Krankenhaus S Bereitschaftsdienste. Während dieser Bereitschaftsdienste kann er sich in einem Ruheraum ausruhen, wenn er nicht zur Krankenbehandlung in Anspruch genommen wird. Nach deutschem Recht werden die Bereitschaftsdienste nicht genauso wie Arbeitszeit behandelt, sondern als Ruhezeit, die z.B. durch Freizeit und niedrigere Vergütung abgegolten werden kann. Das Landesarbeitsgericht L hat große Zweifel, ob diese Behandlung des Bereitschaftsdienstes mit der Gemeinschaftsrichtlinie über bestimmte Aspekte der Arbeitszeitgestaltung übereinstimmt, nach der der Begriff „Arbeitszeit" jede Zeitspanne umfasst, während der ein Arbeitnehmer dem Arbeitgeber zur Verfügung steht und seine Tätigkeit ausübt oder Aufgaben wahrnimmt.

3 Um welche der Grundfreiheiten geht es in den unten angegebenen Fällen?

a) Warenverkehrsfreiheit, Art. 28 ff., 110 AEUV
b) Dienstleistungsfreiheit, Art. 56 ff. AEUV
c) Arbeitnehmerfreizügigkeit, Art. 45 ff. AEUV
d) Niederlassungsfreiheit, Art. 49 ff. AEUV

e) Kapitalverkehrsfreiheit, Art. 63 I, 64 AEUV
f) Zahlungsverkehrsfreiheit, Art. 63 II, 64 f. AEUV
g) Freizügigkeit, Art. 21 AEUV

1. Bei der Umwandlung des VW-Werks in eine Aktiengesellschaft wurde gesetzlich festgelegt, dass ein Aktionär ohne Rücksicht auf die Zahl seiner Aktien stets nur ein Stimmrecht in Höhe von 20 % des Grundkapitals hat. Der Hedgefonds H strebt die Aktienmehrheit bei der VW AG an und möchte deshalb auch die Mehrheit der Stimmen in der Hauptversammlung haben.
2. Das Unternehmen U will japanische Comics auf DVD oder Videocassette aus Portugal in Deutschland im Versandhandel vertreiben. Diese Filme tragen einen Aufkleber der portugiesischen Stelle für die Einstufung von Filmen, dass sie „ab 15 Jahren freigegeben" sind. Das deutsche Recht verbietet in § 12 III JuSchG das Angebot oder die Überlassung von Bildträgern im Versandhandel, die nicht von einer innerstaatlichen zuständigen Behörde oder Organisation der freiwilligen Selbstkontrolle zum Zweck des Minderjährigenschutzes geprüft und eingestuft sind.
3. Gegen den Playboy P, der an der deutsch-luxemburgischen Grenze die von ihm zwecks Kaufs eines Sportwagens mitgeführten 30.000 EUR in bar auf Nachfrage eines Zollbeamten verschwiegen hatte, wurde ein Bußgeld verhängt. P meint, dass europäisches Recht eine solche Befragung und erst recht die Verhängung eines Bußgelds bei falschen Angaben im Rahmen einer solchen Befragung verbietet.
4. Die Ehegatten M leben in einem österreichischen Dorf nahe der deutschen Grenze und haben gerade ein Baby bekommen; Frau M ist Deutsche, Herr M ist Österreicher. Frau M arbeitet in Deutschland bei der Telekom, Herr M betreut zuhause das Baby. Sein Antrag auf Gewährung des (deutschen) Erziehungsgeldes wurde zurückgewiesen, weil er weder in Deutschland wohne noch dort erwerbstätig sei.
5. Die Gemeinde Hintertupfing hat eine Abgabe auf den Betrieb von Parabolantennen eingeführt, um das Ortsbild vor einer ungezügelten Vermehrung derartiger Antennen zu schützen. Die Bürgerin B vertritt die Ansicht, dass eine derartige Abgabe ein Hemmnis für den freien Empfang von Fernsehprogrammen aus anderen Mitgliedstaaten darstellt.
6. Der Fliesenleger F hat in Frankreich eine Gesellschaft (S.A.R.L.) gegründet, die in das dortige Handelsregister eingetragen ist. F war noch nie in Frankreich, hat dort keinen Geschäftsbetrieb und beabsichtigt auch nicht, jemals dort tätig zu werden. Er beantragt beim deutschen Handelsregister die Eintragung, sein französisches Unternehmen habe in München eine Zweigniederlassung errichtet. Der Antrag wird mit der Begründung zurückgewiesen, das französische Unternehmen existiere nach deutschem Recht gar nicht.
7. Die früher in Frankreich tätige deutsche Lehrerin L arbeitet jetzt wieder in Deutschland. Ihre vierzehnjährige Tochter hat es abgelehnt, mit ihrer Mutter zurückzuziehen, weil sie gerne weiter in ihre französische Internatsschule gehen möchte. Nach deutschem Einkommensteuerrecht können nur Aufwendungen für in Deutschland gezahltes Schulgeld steuermindernd geltend gemacht werden.

4 Finden Sie heraus, um welche der folgenden Rechte der Unionsbürger (Art. 15, 21–24 AEUV) es sich bei den einzelnen Fällen handelt.

a) Recht auf Freizügigkeit, unabhängig von wirtschaftlicher Betätigung, Art. 21 I AEUV
b) Kommunalwahlrecht am Wohnsitzort, Art. 22 I AEUV
c) Wahlrecht am Wohnsitzort bei Wahlen zum Europaparlament, Art. 22 II AEUV
d) Recht auf diplomatischen und konsularischen Schutz durch die anderen Mitgliedstaaten, Art. 23 AEUV
e) Petitionsrecht zum Europäischen Parlament, Art. 24 UA 1, 227 AEUV
f) Beschwerderecht beim Bürgerbeauftragten, Art. 24 UA 2, 228 AEUV
g) Recht auf Kommunikation mit den Unionsorganen in einer Vertragssprache nach Wahl, Art. 24 UA 3 AEUV
h) Recht auf Zugang zu den Dokumenten der Organe, Art. 15 AEUV

1. Die Rechtsanwältin R möchte gerne, dass sie einen Fall vor dem EuGH in ihrer griechischen Muttersprache verhandeln kann. Da der Fall finnisches Recht betrifft und Juristenübersetzer für die Sprachkombination finnisch/ griechisch rar sind, R außerdem aufgrund einer langjährigen Auslandstätigkeit ausgezeichnet Französisch spricht, schlägt man ihr vor, sie möge doch alles in französischer Sprache lesen. R besteht auf die griechische Sprache.
2. Die Rentnerin R möchte im Ruhestand in der Nähe ihrer französischen Brieffreundin, die in der klimatisch günstigen Provence lebt, wohnen. Die französischen Behörden befürchten, dass Rs kleine Rente für den Aufenthalt in der Provence nicht ausreicht, und wollen sie nach Deutschland ausweisen, insbesondere da sie aufgrund ihres hohen Alters keiner wirtschaftlichen Betätigung mehr nachgeht.
3. Der thailändischen Ehefrau E des litauischen Staatsangehörigen G wird wegen wiederholten Verstoßes gegen das Betäubungsmittelgesetz die Einreise nach Litauen verweigert. Ihr Ehemann fragt an, ob er nicht eine Petition auf Familienzusammenführung einreichen könnte.
4. Der tschechische Gastschüler Michal fragt sich, ob er bei der nächsten Gemeinderatswahl, die während seines Gastschuljahres in Bayern stattfindet, wählen darf.
5. Die Bundesrepublik Deutschland betreibt zurzeit keinerlei diplomatische Vertretung im Staat I. Der deutsche Staatsangehörige D begehrt Schutz durch die spanische Botschaft vor Ort.
6. Die Bürgerin B findet, dass ihre polizeilichen Ermittlungsdaten aufgrund des Prümer Abkommens – eines Vertrags zwischen mehreren EU-Mitgliedsstaaten über den Informationsaustausch zur Verhinderung von Straftaten – nicht sicher sind. Sie möchte sich bei einer kompetenten Stelle beschweren.
7. Die estnische Erasmusstudentin E fragt sich, ob sie bei den nächsten Wahlen zum Europaparlament, die während ihres Auslandsstudiums in Österreich stattfinden, dort wählen darf.
8. Die Schülerin S, die eine vehemente Verfechterin der europäischen Idee ist, möchte sich bei einer zuständigen europäischen Stelle darüber beschweren, dass es in ihrem Bundesland keine europäische Schule gibt.
9. Eremit E, der sich beharrlich weigert, das Internet zu benutzen, fordert, dass ihm die EU in Papierform Zugang zu bestimmten Dokumenten der Organe gewährt.

5 Von welchen der folgenden Gremien ist in den nachstehenden Definitionen die Rede?

a) Wirtschafts- und Sozialausschuss
b) Ausschuss der Regionen
c) Europäische Investitionsbank/europäischer Investitionsfonds
d) Europäische Zentralbank
e) Europäischer Bürgerbeauftragter
f) Europäischer Datenschutzbeauftragter
g) Amt für amtliche Veröffentlichungen
h) Europäisches Amt für Personalauswahl
i) Europäische Verwaltungsakademie

1. Er untersucht Beschwerden über Missstände in der Verwaltungstätigkeit der Organe und Institutionen der Europäischen Union. Er ist vollkommen unabhängig und unparteiisch.
2. Es handelt sich um das Verlagshaus der Europäischen Union. Es gibt Publikationen in gedruckter und elektronischer Form über die Tätigkeiten und politischen Konzepte der Europäischen Union heraus.
3. Seine Mitglieder vertreten eine breite Palette an wirtschaftlichen, sozialen und kulturellen Interessen in ihren Mitgliedstaaten. Diese gehören einer der folgenden drei Gruppen an: „Arbeitgeber“, „Arbeitnehmer“ und „verschiedene Interessen“ (z.B. Verbraucherschutzverbände, Umweltschutzorganisationen, Familienverbände usw.). Er ist eine beratende Institution der EU, die den zentralen EU-Organen mit ihrem Sachverstand zur Seite steht und z.B. zu diesem Zweck Stellungnahmen zu EU-Legislativvorschlägen erarbeitet.
4. Ihre Aufgabe ist es, die Ziele der EU durch die langfristige Finanzierung tragfähiger Investitionen zu fördern. Sie finanziert z.B. Projekte und Programme, die sich nach eingehender Prüfung als gesamtwirtschaftlich, technisch, ökologisch und finanziell tragfähig erweisen.
5. Sie ist das erste organübergreifende Schulungszentrum und bietet Aus- und Fortbildungsmaßnahmen für die EU-Bediensteten an.
6. Er sorgt dafür, dass die Organe und Einrichtungen der EU das Grundrecht auf Schutz der personenbezogenen Daten achten.
7. Es handelt sich um eine politische Versammlung, die die lokalen und regionalen Gebietskörperschaften im institutionellen Gefüge der Europäischen Union vertritt.
8. Seine Aufgabe besteht darin, hochqualifiziertes Personal für alle Institutionen der EU auszuwählen und der Öffentlichkeit freien Zugang zu verlässlichen Auskünften über die Einstellungen bei den EU-Institutionen zu gewähren.
9. Ihr vorrangiges Ziel besteht darin, die Preisstabilität zu gewährleisten, d. h., den Wert des EURO zu sichern.

6 Rechtspolitische Frage

Erläutern Sie, inwieweit die Gerichtsbarkeit der Europäischen Union weiter ausgebaut werden sollte.

Sprachliche Aspekte

1 Ergänzen Sie passende Wörter aus der Liste.

acquis communautaire / Empfehlung, / Entscheidung / Beschluss / Gründungsverträge / Petition / Richtlinie / Verordnung / Vertragsverletzungsverfahren / Vorabentscheidungsverfahren / Vorrang des Gemeinschaftsrechts

1. Der ______________________________ bedeutet, dass im konkreten Fall die Anwendung des Gemeinschaftsrechts vor der Anwendung des nationalen Rechts gilt.
2. Die ____________________ gilt unmittelbar in den Mitgliedstaaten und bedarf keiner Umsetzung durch den nationalen Gesetzgeber.
3. Die ________________ ist ein nicht verbindlicher Rechtsakt.
4. Eine ________________ oder ein ________________ ist eine Mitteilung des Rates oder der Kommission der EU, die für den Empfänger (Einzelperson, Unternehmen oder Mitgliedstaat) direkt, d. h. ohne nationale Umsetzungsmaßnahme, rechtsverbindlich ist.
5. Eine ________________ ist eine Erscheinungsform der europäischen Gesetzgebung, die innerhalb einer bestimmten Frist in nationales Recht umgesetzt werden muss und den Mitgliedstaaten bei der Umsetzung einen gewissen Spielraum lässt.
6. Alle Personen, die ihren Wohnort in der EU haben sowie alle Vereinigungen, die dort ihren Sitz haben, haben das Recht, eine ________________ in eigener Sache oder von allgemeinem Interesse an das Europäische Parlament zu richten.
7. Das ______________________ ist ein Verfahren, das die Europäische Kommission gegen einen Mitgliedstaat einleiten kann, der im Verdacht steht, gegen seine Pflichten aus dem Gemeinschaftsrecht verstoßen zu haben.
8. Bei dem ______________________ handelt es sich um den gemeinschaftlichen Besitzstand, den das Primärrecht, das Sekundärrecht und die Rechtsprechung bilden.
9. Die ______________________ umfassen die Verträge zur Gründung der Europäischen Gemeinschaft für Kohle und Stahl (EGKS), der Europäischen Wirtschaftsgemeinschaft (EWG), der Europäischen Atomgemeinschaft (EAG) sowie der Europäischen Union (EU).
10. Das ______________________ nach Art. 267 AEUV dient dazu, eine einheitliche Anwendung des Gemeinschaftsrechts sicherzustellen.

ÜBUNGSTEIL III – Europäische Menschenrechtskonvention

Rechtliche Aspekte

1 Fragen zum Recht der EMRK

1. Nennen Sie Beispiele für die von der EMRK gewährleisteten Menschenrechte und Grundfreiheiten.
2. Welche Aufgabe hat der EGMR, und was kann er den Verletzten bei Verletzung der Konvention zusprechen?
3. Wer kann den EGMR anrufen?
4. Welche Urteile kann der EGMR nur erlassen und welche Konsequenzen hat dies?
5. Wozu kann die Verletzung der EMRK im deutschen Strafverfahren führen?
6. Nennen Sie Beispielsfälle, in denen Beschwerden wegen Vertragsverletzung der EMRK gegen Deutschland erfolgreich waren.

2 Welche Artikel der Europäischen Menschenrechtskonvention dürften in den folgenden Fällen eine Rolle gespielt haben?

1. Die deutschen Gerichte haben der Zeitung Z die Veröffentlichung eines Artikels über den bekannten Schauspieler S und dessen Verhaftung wegen Kokainkonsums auf dem Oktoberfest untersagt. Auf Beschwerde der Z entschied der Europäische Gerichtshof für Menschenrechte in Straßburg, dass die Pressefreiheit in diesem Fall unverhältnismäßig eingeschränkt worden sei. Die Berichterstattung der Z sei korrekt, nicht reißerisch und nicht herabwürdigend gewesen.
2. Das Land B hat einen afghanischen Asylsuchenden in das Land G zurückgeschoben mit der Begründung, er sei von dort in die EU eingereist. In Wirklichkeit war den Behörden des Landes B bekannt, dass die Lebens- und Haftbedingungen in G menschenunwürdig sind und es keine ordnungsgemäßen Asylverfahren gibt.
3. Im Land Ö ist die Eizellenspende für die künstliche Befruchtung verboten. Der EGMR entschied, dadurch wolle der Gesetzgeber verhindern, dass die genetische Mutter und die austragende Mutter behaupten, die biologische Mutter desselben Kindes zu sein. Darin liegt kein Verstoß gegen die EMRK.
4. Der Student S, der ein Kind entführt und dessen wohlhabende Eltern erpresst hatte, gestand unter massiver Androhung von Foltermaßnahmen die Tötung des Kindes und wo der Leichnam zu finden sei. Er wurde von den deutschen Gerichten zu lebenslanger Freiheitsstrafe mit Feststellung der besonderen Schuld verurteilt. Vor dem EGMR macht er geltend, das Strafverfahren hätte wegen der Folterandrohung eingestellt werden müssen. Außerdem hätten die Behörden nur aufgrund seines Geständnisses Beweismittel sicherstellen und verwerten können (Früchte des verbotenen Baumes, d. h. Frage, inwieweit Beweise verwertet werden dürfen, die auf rechtswidrige Weise gewonnen wurden). Darin liege ein Verfahrensfehler.

5. Der Kläger K, der aufgrund schwieriger Familienverhältnisse seine leibliche Schwester erst im Erwachsenenalter kennen lernte und zu ihr eine Liebesbeziehung aufnahm, aus der vier gemeinsame Kinder hervorgingen, wird wegen des im Land D geltenden Inzestverbots für Geschwister zu mehr als drei Jahren Freiheitsstrafe verurteilt. Die Familie zerbricht deswegen. Der Kläger trägt in Straßburg vor, das Inzestverbot verstoße gegen das Grundrecht auf Schutz des Familienlebens.
6. Dem bei der katholischen Kirchengemeinde K beschäftigten Kirchenmusiker M wurde zum 31. März gekündigt mit der Begründung, er unterhalte nach der Trennung von seiner Ehefrau eine außereheliche Beziehung. Die Scheidung fand im August desselben Jahres statt. Die deutschen Gerichte hielten die Kündigung für rechtmäßig. M trägt vor, seine Interessen und die Interessen des Arbeitgebers seien nicht rechtmäßig abgewogen worden.
7. Nachdem sie in sämtlichen nationalen Gerichtsinstanzen unterlegen ist, ruft die Mutter M der beiden Schüler S und T den EGMR an mit der Begründung, ein christliches Kreuz im Klassenzimmer verletze die Religionsfreiheit der Schüler und nehme zudem den Eltern die Freiheit, ihre Kinder nach ihren philosophischen Überzeugungen zu erziehen. Dies sei nicht mit der Europäischen Menschenrechtskonvention vereinbar.
8. Die zwei Beschwerdeführer B und F wollten an Demonstrationen gegen den G8-Gipfel teilnehmen. Am Abend vor der geplanten Demonstration wurden sie aufgrund gerichtlicher Entscheidung für fünf Tage in Gewahrsam genommen, nachdem sich einer gegen die Personenkontrolle durch die Polizei gewehrt hatte und in einem Transporter, in dessen Nähe sie sich aufhielten, Transparente mit der Aufschrift „freedom for all prisoners" und „free all now" sichergestellt worden waren.
9. Die Altenpflegerin P hatte wegen massiver Missstände in dem Pflegeheim, in dem sie beschäftigt war, Strafanzeige gegen die Heimverwaltung erstattet (sogenannter Whistleblower). Die deutschen Gerichte hielten ihre Kündigung wegen Verletzung der Loyalität gegenüber dem Arbeitgeber für rechtmäßig. P macht vor dem EGMR geltend, als Arbeitnehmerin müsse sie ihr Gewissen nicht an der Stechuhr abgeben.
10. Deutschland hatte die zeitliche Begrenzung der Sicherungsverwahrung eines gefährlichen Straftäters nach der Verbüßung einer lebenslangen Strafe im Gesetz gestrichen und das geänderte Gesetz auf Straftäter angewandt, die sich bereits in Sicherungsverwahrung befanden. Diese klagten in Straßburg wegen Verletzung ihres Rechts auf Freiheit und eines Verstoßes gegen das Rückwirkungsverbot.

3 Rechtspolitische Frage

Erläutern Sie, ob der Europäische Gerichtshof für Menschenrechte, was den Grundrechtsschutz angeht, mehr und mehr die Rolle des Bundesverfassungsgerichts schmälern wird.

Sprachliche Aspekte

1 Ergänzen Sie in Zusammenhang mit dem Wortfeld „Europäische Menschenrechtskonvention“ in den nachfolgenden Sätzen passende Wörter aus der Liste.

anordnen / Einheitlichkeit / Entschädigung / Entscheidungen / Europäischen Konvention zum Schutz der Menschenrechte und Grundfreiheiten / faires / Feststellungsurteile / freien / Mitgliedstaaten / natürliche Person / persönlichen / rechtliches / Rechtskraft / Richtern / verpflichtet/ Wiederaufnahme / zulässig

Deutschland ist – wie alle 46 ______________ (1) des Europarats – Vertragsstaat der 1953 in Kraft getretenen ______________ (2) (EMRK). Sie gewährleistet beispielsweise das Recht auf Leben, das Folterverbot, den Schutz der ______________ (3) Freiheit, der Gewissens- und Religionsfreiheit und der ______________ (4) Meinungsäußerung sowie das Recht auf ______________ (5) Gehör und ein ______________ (6) Gerichtsverfahren.
Die eigentliche Bedeutung der Konvention liegt aber darin, dass die Vertragsstaaten verpflichtet sind, endgültige ______________ (7) des zur Durchsetzung der Konvention eingerichteten Europäischen Gerichtshofs für Menschenrechte (EGMR) zu beachten (Art. 46 EMRK), und bei einer Verletzung der Konvention dem Verletzten eine ______________ (8) zugesprochen werden kann (Art. 41 EMRK).
Jede ______________ (9) kann die Verletzung eines Konventionsrechts durch einen Vertragsstaat beim EGMR rügen. Dort prüft zunächst ein Ausschuss von drei ______________ (10) die Beschwerde. Wird sie als ______________ (11) angesehen, entscheidet eine Kammer von sieben Richtern; eine Große Kammer von 17 Richtern, an die die Sache verwiesen werden kann, gewährleistet die ______________ (12) der Rechtsprechung.
Stellt der EGMR eine Verletzung der Konvention fest, so ist der betreffende Vertragsstaat ______________ (13), für die Befolgung der Entscheidung zu sorgen. Allerdings sind die Urteile des EGMR (lediglich) ______________ (14). Ist also die Konvention durch eine rechtskräftige Gerichtsentscheidung verletzt worden, bleibt deren ______________ (15) davon unberührt. Auch in Strafsachen kann der EGMR nicht die Durchführung eines neuen Verfahrens oder eine Aufhebung der Verurteilung ______________ (16); es ist vielmehr den Mitgliedstaaten überlassen, wie sie die Rechte des erfolgreichen Beschwerdeführers verwirklichen wollen. Im deutschen Recht ist eine Verletzung der EMRK ein Grund für die ______________ (17) des Verfahrens (§ 359 Nr. 6 StPO).

Kapitel 11
Musterklausuren

I. Zivilrecht

1. Sachverhalt

Fuchs (F) sammelt Antiquitäten. Bei dem Antiquitätenhändler Anton (A) entdeckte er vor kurzem einen verschlissenen Beutel mit dem eingestickten königlichen Wappen und den Initialen CR, den er sofort als eine der Geldbörsen des böhmischen Königs Karl IV. erkannte. Er fragte A, was er denn für „das alte Ding" haben wollte. A, der den Beutel bei einer Haushaltsauflösung übernommen hatte, bot ihn für 5 EUR an; F griff sofort zu, gab A einen Zehn-Euro-Schein, verzichtete auf das Wechselgeld, steckte den Beutel in seine Supermarkttüte und eilte davon.

Auf der Heimfahrt ließ er die Tüte zerstreuterweise im Omnibus liegen; sie tauchte nie wieder auf und wurde vermutlich vom Reinigungspersonal in den Müll geworfen. A, der am gleichen Abend einem Freund den alten Beutel und seinen wundersamen Käufer beschrieben hatte, erfuhr von diesem, dass der Beutel wenigstens 5.000 EUR wert war. Er wandte sich an F, erklärte, er habe sich geirrt und verlangte den Beutel zurück. Als er hörte, dass die Börse für immer verloren sei, verlangte er 5.000 EUR als Schadensersatz. Mit Recht?

2. Allgemeine Hinweise zum Vorgehen bei der Lösung eines Falls aus dem Zivilrecht

Bei Sachverhalten aus dem Zivilrecht wird meist die Frage gestellt, ob ein Beteiligter gegen den anderen einen **Anspruch** hat, also das Recht, ein Tun oder ein Unterlassen zu verlangen (§ 194 I BGB). Daneben kommt, wenn auch seltener, die Fragestellung vor, ob ein Gestaltungsrecht ausgeübt werden kann („Kann A von dem mit B geschlossenen Kaufvertrag zurücktreten?") oder was ein Beteiligter in einer bestimmten Situation tun sollte („A möchte wissen, was er gegen B unternehmen kann").

Den meisten Fragestellungen ist gemeinsam, dass **Anspruchsgrundlagen** gesucht und sodann geprüft werden müssen, aus denen sich die gewünschte Rechtsfolge ergibt (wenn eine solche in der Fallfrage angegeben ist) oder die den wirtschaftlichen Zielen des Fragestellers entspricht (wenn keine bestimmte Rechtsfolge den Gegenstand der Frage bildet). Die Lösung muss von diesen Anspruchsgrundlagen ausgehen, und in ihrem Rahmen werden die Tatbestandsmerkmale geprüft. Auf diese Weise wird erreicht, dass alle wesentlichen Fragen geprüft werden, aber andererseits nichts Überflüssiges erörtert wird, was die Beantwortung der gestellten Frage nicht weiterbringt.

Für die **Reihenfolge** der Prüfung von Anspruchsgrundlagen gibt es keine festen Regeln; sie ist eine Frage der Zweckmäßigkeit:

Normalerweise empfiehlt es sich, zunächst Ansprüche aus einem Vertrag zu untersuchen, da die übrigen Ansprüche (z.B. aus Verschulden bei Vertragsschluss, aus dem Eigentum, aus ungerechtfertigter Bereicherung, aus unerlaubter Handlung) häufig an die Bejahung oder Verneinung vertraglicher Ansprüche anknüpfen. Innerhalb einer Anspruchsgrundlage müssen logisch vorrangige Merkmale zuerst geprüft werden. So ist es bei Ansprüchen aus § 823 I BGB fehlerhaft, erst das Verschulden zu prüfen, bevor nicht untersucht wurde, ob das Verhalten rechtswidrig war.

Der **Umfang** der Prüfung hängt vom Einzelfall ab. „Offensichtlich" nicht zutreffende Anspruchsgrundlagen dürfen – wenn überhaupt – nur kurz erwähnt werden; den Schwerpunkt der Lösung des Falls müssen die Anspruchsgrundlagen bilden, die ernsthaft in Frage kommen. Innerhalb einer Anspruchsgrundlage müssen ebenso nur diejenigen Merkmale eingehend geprüft werden, die wirklich zweifelhaft sind oder über deren Vorliegen man geteilter Meinung sein kann. Die Erörterung unproblematischer Fragen erweckt den Eindruck, dass dem Bearbeiter oder der Bearbeiterin der Blick für das Wesentliche fehlt. Verpönt ist es in jedem Fall, den Sachverhalt in der Lösung „nachzuerzählen". Er muss vielmehr als dem Leser bekannt vorausgesetzt und es muss sofort in die Lösung eingetreten werden. Auch die nachstehenden „Vorüberlegungen" dürfen daher nicht als Teil einer Klausur erscheinen, sondern lediglich die „Lösung" selbst.

3. Vorüberlegungen zur Lösung des Falles

Der von A geltend gemachte Anspruch kann kein vertraglicher Anspruch sein, da der Kaufvertrag über die Geldbörse zu einem Kaufpreis von 5 EUR abgeschlossen worden war und überdies der Vertrag von beiden Seiten bereits erfüllt wurde. Es kommen daher nur Ansprüche aus dem Eigentum, aus unerlaubter Handlung oder aus ungerechtfertigter Bereicherung in Betracht. Die Anspruchsgrundlage für den Anspruch aus ungerechtfertigter Bereicherung ist für den Anfänger nicht leicht zu finden. Es ist deshalb hier akzeptabel, wenn auch nicht völlig korrekt, die Lösung „historisch" aufzubauen, d. h. mit dem Kaufvertrag zu beginnen, sodann das Verlangen des A, den Beutel zurückzugeben, rechtlich zu würdigen und dann zu fragen, welche Rechtsfolgen sich aus dem Verlust des Beutels ergeben. Die nach den anerkannten Aufbauregeln „richtige" Lösung ist aber auch hier die, die die Anspruchsgrundlage an die Spitze stellt; das setzt aber voraus, dass man die Lösung bereits gefunden hat.

4. Lösung

I. Vertragliche Ansprüche des A scheiden aus. A und F hatten über die Geldbörse einen Kaufvertrag abgeschlossen und sich über den Kaufpreis von 5 EUR geeinigt. Dieser Kaufvertrag ist aber beiderseits erfüllt worden: A hatte sich mit F darüber geeinigt, dass das Eigentum an der Geldbörse auf den F übergehen sollte, und ihm die Geldbörse übergeben (§ 929 S. 1 BGB). Ebenso hatte F dem A den Zehn-Euro-Schein übereignet. Dass er auf das Wechselgeld „verzichtete", ist – da A nichts Gegenteiliges erklärte – dahin auszulegen, dass F dem A die Rückgabe des Wechselgeldes einvernehmlich erlassen hatte (§ 397 I BGB).

II. Auch ein Anspruch des A aus dem Eigentum (§ 985 BGB) scheidet aus. A hat sein Eigentum an der Geldbörse durch Einigung mit und Übergabe an F verloren.

III. 1. Aus demselben Grund scheidet ein Anspruch des A wegen Eigentumsverletzung aus unerlaubter Handlung (§ 823 I BGB) aus. F hat im Omnibus die ihm selbst gehörende Geldbörse durch seine Unachtsamkeit eingebüßt und das Eigentum des A deshalb nicht verletzt.

2. A könnte aber einen Anspruch gegen F nach § 823 II BGB haben, wenn F ein den Schutz des A bezweckendes Gesetz verletzt hat. In Betracht kommt hier das Strafgesetz des § 263 StGB (Betrug). Betrug setzt eine Täuschung voraus, die zu einem Irrtum des Getäuschten geführt hat. F fragte zwar nach dem Preis des „alten Dinges", erregte dadurch aber in dem A keinen Irrtum, sondern bestätigte den A lediglich in seinem Irrtum über das Alter und den Wert der Geldbörse, in dem sich dieser schon vorher befand. Die Aufrechterhaltung eines Irrtums stellt aber nur dann eine Täuschung dar, wenn eine Pflicht zur Aufklärung bestand. Davon kann man bei einem privaten Kunden gegenüber einem Antiquitätenhändler nicht ausgehen. Da F also keinen Betrug begangen hat, scheidet ein Anspruch des A nach § 823 II BGB aus.

IV. A könnte aber gegen F einen Schadensersatzanspruch haben, weil F um die Geldbörse ungerechtfertigt bereichert war (§§ 819 I, 818 IV, 812 I 2, 1. Alt. BGB).

1. F hatte die Geldbörse von A aufgrund des zwischen beiden geschlossenen Kaufvertrags übergeben und übereignet erhalten (s. 1. oben I.). In der Erklärung des A, er habe sich geirrt und verlange die Börse zurück, könnte aber eine begründete Anfechtung des Kaufvertrags liegen. In Betracht kommt ein Inhaltsirrtum in der Form des Eigenschaftsirrtums (§ 119 II BGB). Der Wert der von A für 5 EUR verkauften Börse betrug mindestens 5.000 EUR. Der Wert oder der Marktpreis selbst sind aber keine Eigenschaft einer Sache. Allerdings ergibt sich aus dem Kaufpreis, dass A die Börse nicht für eine echte Antiquität hielt. Die Echtheit und der Ursprung einer Sache sind verkehrswesentliche Eigenschaften. Über diese hat sich A geirrt. Seine Anfechtungserklärung ist gegenüber dem richtigen Anfechtungsgegner und – mangels einer entgegenstehenden Angabe im Sachverhalt – offenbar auch rechtzeitig erfolgt (§§ 143 I, 121 BGB). Damit ist der Kaufvertrag von Anfang an als nichtig anzusehen (§ 142 I BGB). Eine Anfechtung wegen arglistiger Täuschung (§ 123 BGB) scheidet dagegen aus, da F nicht verpflichtet war, den bestehenden Irrtum des A richtigzustellen (s.o. III.2.).

2. Nach dem Abstraktionsprinzip berührt die Unwirksamkeit des Kaufvertrags nicht die Wirksamkeit der Übereignung, so dass F trotz der Anfechtung des Kaufvertrags Eigentümer der Geldbörse geblieben ist. Durch die Anfechtung

des Kaufvertrags ist jedoch der rechtliche Grund für die Übereignung weggefallen (§ 812 I 2 1. Alt. BGB).
F ist deshalb zur Herausgabe des Erlangten, nämlich des Eigentums an der Geldbörse verpflichtet. Wäre dies noch möglich, müsste er dieser Pflicht dadurch nachkommen, dass er dem A die Geldbörse zurückübereignet. Dazu ist er aber, da die Geldbörse im Bus liegen blieb, außerstande.

3. Für diesen Fall bestimmt § 818 II BGB grundsätzlich, dass der Wert der Bereicherung zu ersetzen ist. Das wäre der Betrag von 5.000 EUR.
4. Nach § 818 III BGB ist die Verpflichtung zur Herausgabe jedoch ausgeschlossen, soweit der Empfänger nicht mehr bereichert ist. Da F die Geldbörse nicht mehr hat, ist seine Bereicherung weggefallen.
5. Als Ausnahme von dieser Regel bestimmt allerdings § 819 I BGB, dass derjenige, der den Mangel des rechtlichen Grundes beim Empfang kannte, zur Herausgabe verpflichtet ist, wie wenn der Anspruch zu dieser Zeit rechtshängig geworden wäre; ein solcher Empfänger haftet nach § 818 IV BGB nach den allgemeinen Vorschriften.
Der rechtliche Grund des Kaufvertrags ist erst durch die Anfechtungserklärung des A weggefallen, die in seinem freien Belieben stand und voraussetzte, dass er den wahren Wert der Geldbörse erfuhr. Dies geschah zudem erst nach dem Verlust im Bus, so dass zu diesem Zeitpunkt noch gar kein Herausgabeanspruch bestand. Jedoch bestimmt § 142 II BGB, dass derjenige, der die Anfechtbarkeit kannte, so behandelt wird, als wenn er die Nichtigkeit des Rechtsgeschäfts gekannt hätte.
F wusste aber, dass A ihm die Börse nicht zum Preis von 5 EUR verkauft hätte, wenn er gewusst hätte, worum es sich dabei handelte. Er kannte also die Anfechtbarkeit und haftet deshalb nach den allgemeinen Vorschriften.
6. Die allgemeine Vorschrift über die Haftung bei der Herausgabe eines bestimmten Gegenstands, hier der Börse, ist § 292 I BGB, der wiederum auf die Vorschriften über das Eigentümer-Besitzer-Verhältnis, hier also auf § 989 BGB verweist. Hiernach haftet F, wenn dem A dadurch ein Schaden entstanden ist, dass F ihm die Börse infolge seines Verschuldens nicht herausgeben kann. Indem F unachtsam die Börse im Bus liegen ließ, hat er die im Verkehr erforderliche Sorgfalt nicht beachtet (§ 276 I 2 BGB). Hätte er auf die Börse Acht gegeben, wäre sie nicht in Verlust geraten. Er hat daher dem A Schadensersatz in Höhe von 5.000 EUR zu leisten.
7. Mit der Anfechtung des A ist allerdings auch der rechtliche Grund für die Zahlung des Kaufpreises von 5 EUR weggefallen. Ebenso ist der Erlassvertrag bezüglich des Wechselgeldes von weiteren 5 EUR nur im Hinblick auf den Abschluss des Kaufvertrags abgeschlossen worden. Ohne den Kaufvertrag wäre auch der Erlassvertrag nicht zustande gekommen. F kann daher von A umgekehrt Rückzahlung der empfangenen 10 EUR verlangen (§ 812 I 2, 1. Alt. BGB).
8. F kann seine Forderung auf 10 EUR gegen die Forderung des A auf 5.000 EUR aufrechnen (§ 387 BGB). Er muss daher dem A lediglich 4.990 EUR bezahlen.

II. Strafrecht

1. Sachverhalt

Theodor (T) ist der einzige Sohn der Witwe Bolte (B), deren Einfamilienhaus er bald zu erben hofft, da er den Verkaufserlös zur Finanzierung des luxuriösen Lebensstils von sich selbst und seiner Freundin Frieda (F), die ihn ständig um Geld bittet, benötigt. Um die Sache zu beschleunigen, besucht T seine alte Mutter nun täglich und gibt ihr jeden Tag ein langsam wirkendes Gift in den Kaffee. Dieses Gift soll und muss, wie T weiß, bei der gewählten Dosierung nach 15 Tagen zum Tod der B führen. Nach fünf Tagen geht es B aber so schlecht, dass T Mitleid bekommt und kein Gift mehr in den Kaffee rührt. Wegen ihres reduzierten Allgemeinzustandes zieht sich B jedoch eine Lungenentzündung zu, an der sie alsbald stirbt. T hatte der F schon vor der ersten Giftgabe von seinem Plan erzählt. Als sie von dem Tod der B erfährt, meint sie, der Tod sei infolge der Vergiftung eingetreten. Wie haben sich T und F strafbar gemacht?

2. Vorüberlegungen zur Lösung des Falles

Die Fragestellung einer Strafrechtsklausur lautet regelmäßig dahin, wie sich die Beteiligten strafbar gemacht haben. Es ist also getrennt nach Beteiligten zu untersuchen, welche Tatbestände, also Paragrafen des Strafgesetzbuches ernsthaft in Frage kommen. Hinsichtlich jeden Tatbestands ist dann zu prüfen, ob Tatbestandsmäßigkeit, Rechtswidrigkeit und Schuld vorliegen. In welcher Reihenfolge dies zweckmäßigerweise geschieht, kann man nicht abstrakt beurteilen. Jedenfalls sollten Tatbestände, deren Bejahung einen anderen Tatbestand ausschließen würde, vor diesem anderen Tatbestand untersucht werden. So ist im vorliegenden Fall zunächst Mord (§ 211 StGB) zu prüfen, da im Fall der Bejahung dieses Tatbestands Totschlag (§ 212 StGB) ausscheidet. Bei mehreren Beteiligten beginnt man dabei zweckmäßigerweise mit dem Haupttäter, da die Strafbarkeit von Anstiftern und Gehilfen das Vorliegen einer Haupttat voraussetzt. Hier sollte also die Strafbarkeit des T vor der Strafbarkeit der F geprüft werden. In jedem Fall müssen alle in Frage kommenden Tatbestände untersucht werden, auch wenn die Strafbarkeit nach einer Bestimmung, die zur Bestrafung wegen des ganzen Unrechts der Tat führt, schon bejaht wurde. Auch wenn z.B. feststeht, dass sich der Täter wegen Mordes strafbar gemacht hat und deswegen zu lebenslanger Freiheitsstrafe verurteilt werden wird, sind trotzdem noch die weiteren in Frage kommenden Delikte zu prüfen.

3. Lösung

I. Strafbarkeit des T

1. § 211 StGB

T ist wegen Mordes strafbar, wenn er vorsätzlich einen Menschen getötet und dabei eines der Merkmale des § 211 II StGB verwirklicht hat. B ist gestorben, allerdings nicht durch das Gift im Kaffee, sondern an der Lungenentzündung. T hat aber durch sein Handeln eine notwendige Bedingung (*conditio sine qua non*) des Todeseintritts gesetzt. Nach der im Strafrecht geltenden Äquivalenztheorie ist das ausreichend. E hat also den objektiven Tatbestand des § 211 StGB erfüllt.

Zweifelhaft ist aber, ob T vorsätzlich gehandelt hat. Der Vorsatz muss sich nicht nur auf den Eintritt des Erfolgs, sondern auch auf den Kausalzusammenhang zwischen Handlung und Erfolg beziehen. Allerdings muss die Tätervorstellung den Kausalverlauf nicht in allen Einzelheiten umfassen, solange sich die Abweichungen im Rahmen des nach der allgemeinen Lebenserfahrung Voraussehbaren halten. Das ist hier zu bejahen: Es liegt nicht außerhalb der Wahrscheinlichkeit, dass ein durch Gift geschwächtes Opfer einer anderen Krankheit erliegt. Auch hat sich das Risiko, an einer Lungenentzündung zu sterben, bei B gerade wegen der Giftbeibringung verwirklicht. T hat damit vorsätzlich getötet. Ein Rücktritt vom Versuch gemäß § 24 StGB scheidet aus, weil der Tod eingetreten ist. Fraglich ist weiterhin, ob T ein Mordmerkmal des § 211 II StGB verwirklicht hat.

T könnte zunächst grausam gehandelt haben. Das setzt voraus, dass er B besondere Schmerzen aus unbarmherziger Gesinnung zufügen wollte. T kam es aber nicht auf das Erleiden besonderer Schmerzen an, sondern nur auf den langsam eintretenden Erfolg.

T hat aber heimtückisch gehandelt. Heimtücke ist die Ausnutzung der Arg- und Wehrlosigkeit des Opfers. Beim Kaffeetrinken rechnete B mit keinem Angriff, war also arglos. Sie war aber auch wehrlos, da sie wegen ihrer Arglosigkeit keine Vorsichtsmaßnahmen traf. Vielmehr bestand zwischen ihr und dem Sohn eine Vertrauensbeziehung, die diesem die Art der Tötung auf diese Weise ermöglichte.

T hat auch aus Habgier gehandelt. Er tötete B, um alsbald in den Besitz ihres Vermögens zu kommen, auf das er keinen rechtlichen Anspruch hatte. T hat sich damit nach § 211 StGB strafbar gemacht.

2. § 229 StGB

T könnte sich auch wegen Vergiftung strafbar gemacht haben. Indem T Gift in den Kaffee gab, den B, wie er wusste, trinken würde, hat er ihr das Gift beigebracht. Das Gift war aber zur Herbeiführung des Todes oder zur Zerstörung der Gesundheit bei der Anwendung über nur fünf Tage nicht geeignet; es hätte 15 Tage lang gegeben werden müssen. Deshalb scheidet vollendete Vergiftung aus.

3. §§ 229, 22 StGB

T könnte aber wegen versuchter Vergiftung strafbar sein. T hatte den Vorsatz, B zu töten. Zweifelhaft ist, ob dieser Vorsatz den einer Gesundheitsbeschädigung ausschließt. Nach überwiegender Meinung stellt eine Körperverletzung das notwendige Durchgangsstadium zur Tötung dar. Der Tötungsvorsatz enthält also notwendig den Körperverletzungsvorsatz. Indem er der B fünf Tage lang Gift beigebracht hat, hat er auch mit der Verwirklichung dieses Tatbestands begonnen, also die Tat versucht (§ 22 StGB). Da Vergiftung ein Verbrechen ist (§ 12 I StGB), ist der Versuch auch strafbar (§ 23 I StGB). T ist aber möglicherweise vom Versuch der Vergiftung strafbefreiend zurückgetreten (§ 24 StGB). Der Versuch war noch nicht beendet, da zur Verwirklichung des Tatbestands noch weitere Giftbeibringung erforderlich war. Damit war gemäß § 24 I 1, 1. Alt. StGB genügend, dass er seinen Entschluss endgültig und freiwillig aufgab. Da er aus Mitleid nicht weitergehandelt hat, war sein Rücktritt freiwillig. Er ist deshalb nicht wegen Vergiftungsversuchs strafbar.

4. §§ 223 ff. StGB

Die Giftbeibringung durch T stellt auch eine Körperverletzung der B dar. Nachdem er aber wegen dieser Handlung wegen Mordes strafbar ist, tritt die Strafbarkeit wegen Körperverletzung aufgrund Subsidiarität zurück.

5. Ergebnis

T hat sich deshalb nur wegen Mordes strafbar gemacht.

II. Strafbarkeit der F

1. §§ 211, 27 StGB

F könnte wegen Beihilfe zum Mord durch aktives Tun strafbar sein. Sie müsste dann den Tatentschluss des T ausdrücklich oder konkludent bestärkt haben. In der Aufrechterhaltung der Beziehung zu T liegt aber keine psychische Unterstützung durch Tun. Zweifelhaft ist aber, ob F wegen Beihilfe zum Mord durch Unterlassen strafbar ist. Das setzt nach § 13 StGB eine Garantenstellung voraus, aus der sich eine Pflicht ergäbe, T von der Begehung des Mordes abzuhalten. Eine Lebensgemeinschaft zwischen F und B bestand nach dem Sachverhalt nicht, so dass nur eine Garantenstellung aus einem pflichtwidrigen Vorverhalten in Frage kommt. Das gefährdende Vorverhalten könnte hier nur in dem Drängen der F gesehen werden, dass B ihr Geld für ihre Luxusbedürfnisse zur Verfügung stellen sollte. Jedoch ist dieses Verhalten zwar vielleicht moralisch zu missbilligen, aber nicht rechtswidrig. Deshalb hat F keine Garantenpflicht, den T aufzufordern, von seinem Verhalten Abstand zu nehmen.

2. § 138 StGB

F hat sich aber wegen Nichtanzeige einer geplanten Straftat strafbar gemacht, da sie den Mordplan nicht anzeigte, obwohl die Ausführung noch abgewendet werden konnte (§ 138 Nr. 6 StGB). Da F bereits vor der ersten Giftbeibringung von den Plänen des T wusste, hätte eine rechtzeitige Anzeige die Ausführung des Plans und den Erfolg verhindert.

3. § 323c StGB

F könnte schließlich auch wegen unterlassener Hilfeleistung strafbar sein. Ein Unglücksfall ist jedes plötzlich eintretende Ereignis, das eine erhebliche Gefahr für Menschen oder Sachen begründet. Auch wenn T die Sache schon lange geplant hatte, war zumindest die unmittelbar bevorstehende Ausführung ein solcher Unglücksfall. Allerdings ergibt sich aus § 138 StGB, dass das Gesetz die Benachrichtigung der Behörde oder des Bedrohten als ausreichende Hilfeleistung ansieht. Deshalb kommt eine Bestrafung nach § 323c StGB neben der aus § 138 StGB nicht in Betracht.

III. Öffentliches Recht

1. Sachverhalt

Ein Vorstandsmitglied der Studentenverbindung Simbalia (S), die ihre Vereinsaktivitäten in einem Haus in der bayerischen Stadt N. betreibt, erklärte in einer Mitgliederversammlung unter starkem Beifall, „ein bisschen Gewalt gegen Frauen" sei „gar nicht so schlimm". Drei Studentinnen, die aus Kenia stammende Anna (A) und ihre zwei deutschen Freundinnen Berta (B) und Christine (C), sind empört, dass darüber in der Zeitung nur mit einer kleinen Notiz berichtet wurde, und beschließen, durch eine medienwirksame Aktion das Interesse der Öffentlichkeit zu wecken und gleichzeitig die Mitglieder der S ein wenig zu ärgern. Zu diesem Zweck ketten sie sich zu dritt an die Eingangstüre des Vereinshauses an; dieses liegt in einem umfriedeten Hof; über der Türe befindet sich ein Vordach. Mit ihrer Aktion verhindern A, B und C den Zugang der Vereinsmitglieder zu einem gleichzeitig stattfindenden Mitgliedertreffen der S. Dabei tragen sie Plakate mit den Aufschriften „Keine Gewalt gegen Frauen!" – „Sexisten raus!" Der Vorstand der S verständigt daraufhin die Polizei; er meint, die Vereinsmitglieder seien in ihrem Recht verletzt, sich ungestört zu versammeln (Art. 8 GG). Die eintreffenden Beamten sind der Auffassung, dass A, B und C die öffentliche Sicherheit und Ordnung stören, befreien die drei Frauen von ihren Ketten, verbieten ihnen den Aufenthalt vor dem Haus der S und bringen sie auf die andere Straßenseite, damit sie dort ihre Demonstration fortsetzen können. Das bayerische Polizeiaufgabengesetz enthält eine für das Vorgehen der Polizeibeamten ausreichende Ermächtigung. A, B und C fühlen sich jedoch durch das Handeln der Polizei in ihren Grundrechten aus Art. 2 I, 3 III 1, 5 I und 8 GG verletzt. Haben sie Recht?

2. Allgemeine Hinweise zur Lösung eines Falls aus dem Verfassungsrecht

Die Aufgabenstellungen bei den Klausuren im Öffentlichen Recht für noch nicht so fortgeschrittene Studierende (insbesondere also im „kleinen Schein", → Kap. 1 Rn. 6) sind meist dem Verfassungsrecht entnommen. Es geht also um die Anwendung von Artikeln des Grundgesetzes auf einen bestimmten Sachverhalt. Dieser Sachverhalt berührt fast stets auch andere Vorschriften des öffentlichen Rechts (hier z.B. des Polizeiaufgabengesetzes und des Versammlungsgesetzes).

Diese anderen Vorschriften hat der Studierende aber regelmäßig nicht zur Verfügung, und sie stellen oft eine Spezialmaterie dar, die in der Ausbildung nicht (oder erst in höheren Semestern) vermittelt wird. Die Aufgabenstellung klammert dann aber diese Vorschriften aus und fragt lediglich nach der Beurteilung des Falls unter dem Gesichtspunkt des Grundgesetzes. Dabei ist die auch hier vorliegende Fragestellung sehr häufig, ob jemand durch eine bestimmte Maßnahme oder Entscheidung in seinen Grundrechten verletzt wird.

Andere Aufgaben verlangen beispielsweise die Beurteilung, ob eine (fiktive) Rechtsnorm ohne Verletzung des Grundgesetzes erlassen werden könnte oder ob ein bestimmter Vorgang im Staatsorganisationsrecht (z.B. das Zustandekommen eines Bundesgesetzes) verfassungsgemäß war.

Anders als im Bürgerlichen Recht sind dabei meist nur einige wenige, manchmal sogar nur eine einzige Vorschrift zu prüfen. Das Schwergewicht solcher Klausuren liegt daher in der Auslegung von Rechtsnormen und der Diskussion allgemeiner Rechtsregeln. Oft muss auch das Zusammenspiel einzelner Verfassungsvorschriften dargestellt werden. Viel öfter als im Bürgerlichen Recht gibt es dabei nicht ein „richtiges" oder „falsches" Ergebnis. Selbst wenn das Bundesverfassungsgericht die Fragestellung, an die die Klausur anknüpft, bereits entschieden hat – was durchaus nicht immer der Fall ist –, kann die Klausur ohne weiteres mit entsprechender Begründung zu einem gegenteiligen Ergebnis kommen. Die Kenntnis von Entscheidungen ist deshalb zwar nützlich, für den Klausurerfolg letztlich aber nicht ausschlaggebend.

3. Vorüberlegungen zur Lösung des Falles

Der hier gestellte Fall ist eine „Grundrechtsklausur". A, B und C sind von einer Maßnahme betroffen, von der sie annehmen, dass sie dadurch in ihren Grundrechten verletzt sind. Da sie die Grundrechte nennen, müssen die von ihnen angeführten Artikel des Grundgesetzes in jedem Fall geprüft werden. Auch auf das Argument der S, das ebenfalls mit einem Grundrechtsartikel untermauert wird, muss selbstverständlich eingegangen werden.

Bei der Prüfung mehrerer Grundrechte nacheinander ist es oft zweckmäßig, mit dem Grundrecht zu beginnen, das für die Lösung des Falles am ehesten einschlägig sein dürfte (gleichgültig, ob man eine Verletzung letztlich bejaht oder verneint), und die übrigen angeblich verletzten Grundrechte im Anschluss daran nur kurz abhandelt. So vermeidet man, die Gewichte des Falles falsch zu setzen, indem man Unproblematisches oder hier nicht Einschlägiges ausführlich diskutiert und nicht mehr zu den wirklich interessanten Fragen vorstößt. Auch das BVerfG folgt in seinen Entscheidungen zu Verfassungsbeschwerden diesem Schema.

4. Lösung

I. Die Maßnahme der Polizei verletzt A, B und C möglicherweise in ihrem Grundrecht der Versammlungsfreiheit (Art. 8 GG). Sie werden dadurch gehindert, ihre Aktion an der konkreten Haustüre fortzuführen. Da der Ort einer Zusammenkunft ein wesentliches Kriterium ist, ist es für eine mögliche Verletzung des Rechts ohne Bedeutung, dass A, B und C ihre Versammlung auf der anderen Straßenseite fortsetzen können.

1. A ist aber Kenianerin. Da Art. 8 GG nur Deutschen das Recht der Versammlungsfreiheit gewährleistet, kann sie sich auf dieses Grundrecht nicht berufen. Es können also nur B und C in diesem Grundrecht verletzt sein.
2. Fraglich ist, ob es sich bei der Veranstaltung, an der B und C teilnehmen, um eine „Versammlung" handelt. Dabei scheidet das Mitgliedertreffen der S als Versammlung aus. B und C wollen nicht an dem Mitgliedertreffen teilnehmen und dort ihre Meinung äußern, sondern das Mitgliedertreffen verhindern.
3. Als Versammlung kommt daher nur die von A, B und C veranstaltete Aktion des Ankettens an der Tür des Vereinshauses in Frage. Fraglich ist, ob hier die erforderliche Personenzahl vorliegt, so dass von einer Versammlung gesprochen werden kann. Es dürfte keinem Zweifel unterliegen, dass eine Versammlung vorliegt, wenn drei Personen zusammenkommen, um eine bestimmte Meinung zu äußern. Da allerdings A nicht Trägerin des Grundrechts aus Art. 8 GG ist, kann sie bei der Ermittlung der für eine „Versammlung" erforderlichen Personenzahl nicht mitgezählt werden. Allerdings gibt es keinen durchgreifenden Gesichtspunkt, warum die Zusammenkunft von zwei Personen weniger schutzwürdig wäre als die von drei oder mehr Personen.
4. Problematisch ist außerdem, ob es sich bei der Aktion von A, B und C um eine „friedliche" Versammlung handelt. Zweifel an der Friedlichkeit könnten sich daraus ergeben, dass die Mitglieder der S durch die Blockade der Eingangstür durch körperlichen Zwang am Betreten ihres Vereinshauses gehindert worden sind. Allerdings steht das Wort „friedlich" in Art. 8 GG im Zusammenhang mit dem weiteren Erfordernis „ohne Waffen". Es ist deshalb dahin auszulegen, dass nur ein gefährliches oder aggressives Verhalten als unfriedlich anzusehen ist. A, B und C leisten aber durch ihr Angekettet-Sein nur passiven Widerstand und üben keine Gewalt gegen die Mitglieder der S aus, so dass es sich um eine friedliche Versammlung handelt.

5. Fraglich ist weiter, ob es sich bei der Aktion um eine „unter freiem Himmel" handelt. Derartige Versammlungen können nach Art. 8 II GG durch Gesetz oder aufgrund eines Gesetzes beschränkt werden, während Art. 8 I GG für Versammlungen in geschlossenen Räumen keine derartige Einschränkung enthält. Trotz der Formulierung „unter freiem Himmel" kann es hier nicht darauf ankommen, ob der Versammlungsraum überdacht ist, da es sonst im vorliegenden Fall tatsächlich darauf ankäme, ob sich die Haustüre unter einem Vordach befindet oder nicht. Entscheidend ist vielmehr, ob der Ort der Versammlung zur Umgebung als abgeschlossen erscheint oder nicht. Da sich die Eingangstür in einem eingefriedeten Hof befindet, handelt es sich nicht um eine Aktion „unter freiem Himmel".
6. Gleichwohl sind B und C in ihrer Versammlungsfreiheit nur dann verletzt, wenn die Maßnahme der Polizei nicht durch die verfassungsrechtlichen Grenzen des Art. 8 GG gerechtfertigt ist. Auch Grundrechte, die nach dem Grundgesetz ohne Schranken gewährleistet sind, sind durch die Grundrechte Dritter und andere durch das Grundgesetz geschützte Grundsätze beschränkt. Hier besteht eine Grundrechtskollision zwischen dem Grundrecht von B und C und dem Grundrecht der Mitglieder der S, die sich jeweils auf Art. 8 GG berufen können. Diese Kollision lässt sich nur durch Abwägung des Gewichts der widerstreitenden Interessen lösen.
7. Dabei ist zu berücksichtigen, dass die Mitglieder der S sich in ihrem „eigenen" Vereinshaus treffen wollen, hinsichtlich dessen sie Besitzschutz nach § 859 BGB genießen, und ihr Mitgliedertreffen dort geplant haben, so dass sie ihre Versammlung ohne Änderung ihrer Planungen nicht an einem anderen Ort veranstalten können. Demgegenüber haben B und C für ihre Aktion eine Örtlichkeit gewählt, zu deren Benutzung sie kein Recht haben; zudem kann ihre Aktion – wenn auch weniger spektakulär – auf der anderen Straßenseite ebenso fortgesetzt werden. Die Abwägung der widerstreitenden Interessen dürfte deshalb zu einem höheren Gewicht des Interesses der Mitglieder der S führen.
8. Zu prüfen ist schließlich, ob das Vorgehen der Polizei verhältnismäßig, also geeignet und erforderlich ist. Durch das Wegbringen von A, B und C haben die Mitglieder der S wieder Zugang zu ihrem Vereinslokal. Die Maßnahme ist also geeignet. Es ist nicht ersichtlich, was die Polizei statt des Wegbringens von A, B und C hätte tun können, um den Mitgliedern der S den Zutritt zu verschaffen.
9. Art. 8 GG ist somit nicht verletzt.

II. Die Maßnahme der Polizei verletzt A, B und C möglicherweise in ihrem Grundrecht der Meinungsfreiheit (Art. 5 I 1 GG).

1. Das Grundrecht der Meinungsfreiheit steht sowohl Deutschen als auch Ausländern zu. Deshalb können alle drei Frauen in diesem Grundrecht verletzt sein.

2. Fraglich ist, ob es sich bei den Aufschriften auf den Plakaten „Keine Gewalt gegen Frauen!" und „Sexisten raus!" um eine „Meinung" handelt. Mit den Aufschriften wenden sich A, B und C ersichtlich gegen die Meinung eines Mitglieds der S, Gewalt gegen Frauen sei nicht so schlimm. Es handelt sich also um die Äußerung einer Ansicht, die sich gegen eine andere Ansicht richtet, also um den typischen Fall einer Meinungsäußerung.
3. Fraglich ist weiter, ob die Polizei durch das Verbringen auf die andere Straßenseite in das Grundrecht eingegriffen hat. A, B und C können dort weiterhin ihre Plakate tragen und Passanten auf ihr Anliegen aufmerksam machen. Die Wirksamkeit der Meinungsäußerung ist dort nicht von vorneherein geringer als an der Tür des Vereinslokals, die sich in einem Hof befindet und daher für Passanten nicht in der gleichen Weise zugänglich ist wie ein öffentliches Trottoir.
4. A, B und C werden also in ihrem Grundrecht auf Meinungsfreiheit nicht verletzt.

III. Die Maßnahme der Polizei verletzt möglicherweise das Gebot, dass A, B und C nicht wegen ihres Geschlechts benachteiligt werden dürfen (Art. 3 III 1 GG).
Zwar sind A, B und C Frauen und demonstrieren wegen eines Anliegens, das sie als Frauen betrifft. Indessen richtet sich die Maßnahme der Polizei nicht deshalb gegen sie, weil sie Frauen sind, sondern weil die Voraussetzungen für ein Einschreiten nach dem Polizeigesetz gegeben sind. Die Polizei wäre auch gegen Männer eingeschritten, die zusammen mit A, B und C an der Aktion teilgenommen hätten.
Das Benachteiligungsverbot ist deshalb nicht verletzt.

IV. Die Maßnahme der Polizei verletzt A, B und C möglicherweise in ihrem Grundrecht auf freie Entfaltung ihrer Persönlichkeit (Art. 2 I GG).
1. Die Grundrechte aus Art. 5 I GG und Art. 8 GG sind gegenüber dem Grundrecht aus Art. 2 I GG die spezielleren Grundrechte. Soweit ein Verhalten also in den Schutzbereich der Grundrechte aus Art. 5 I und Art. 8 GG fällt, kommt Art. 2 I GG nicht in Betracht. Das gilt für alle Beteiligten hinsichtlich des Tragens von Plakaten und für B und C hinsichtlich des Ankettens.
2. Dagegen kann sich A, deren Versammlungsfreiheit nicht durch Art. 8 GG geschützt wird, insoweit auf ihr Grundrecht auf freie Entfaltung ihrer Persönlichkeit berufen. Art. 2 I GG schützt die allgemeine Handlungsfreiheit, also jedes menschliche Verhalten. In sie kann aber durch die verfassungsmäßige Ordnung, also durch jedes Gesetz eingegriffen werden, das seinerseits verfassungsgemäß ist. Nach dem Sachverhalt enthält das bayerische Polizeiaufgabengesetz eine ausreichende Ermächtigungsgrundlage für das Losketten der Frauen von der Eingangstür des Vereinshauses. Die Maßnahme ist auch, wie oben Ziffer I.7. festgestellt, verhältnismäßig.
3. A ist deshalb in ihrem Grundrecht auf freie Entfaltung ihrer Persönlichkeit nicht verletzt.

IV. Zivilurteil

(Der Tatbestand ist der Entscheidung des OLG München 11.11.2024 – 19 U 200/24, NJW 2025, 589 nachgebildet.)

Landgericht Bayreuth

12 O 274/22

Im Namen des Volkes

In dem Rechtsstreit

Hans Huber, Dorfstraße 10, 95401 Kleindorf – Kläger –

Prozessbevollmächtigter: RA Hans Müller, Mittelstraße 12, 95444 Bayreuth
gegen
Italienische Automobile Martha Müller e.K., Dorfstraße 12,
95401 Kleindorf – Beklagte –

Prozessbevollmächtigter: RA Neu, Hinz & Koll., Mühlbach 93,
95346 Stadtsteinach

wegen Forderung

erlässt das Landgericht Bayreuth, 12. Zivilkammer, durch die Vorsitzende Richterin am Landgericht Dr. Renner als Einzelrichterin aufgrund der mündlichen Verhandlung vom 22.12.2023 folgendes

Endurteil:

1. Die Beklagte wird verurteilt, an den Kläger 59.500 EUR nebst Zinsen in Höhe von fünf Prozentpunkten über dem jeweiligen Basiszinssatz seit 8.6.2022 zu zahlen. Im Übrigen wird die Klage abgewiesen.
2. Die Beklagte hat die Kosten des Rechtsstreits zu tragen
3. Das Urteil ist gegen Sicherheitsleistung von 66.000 EUR vorläufig vollstreckbar.

Tatbestand:

Der Kläger verlangt von der Beklagten Rückzahlung der von ihm geleisteten Anzahlung nach dem Neuwagenkauf eines Pkw nach Rücktritt vom Kaufvertrag. Die Beklagte betreibt in Kleindorf den Handel mit Pkws, vor allem aus italienischer Herstellung.

Die Parteien vereinbarten am 19.11.2020 eine „Verbindliche Bestellung eines Neufahrzeugs" Marke Ferrari Typ SF90 Stradale (im Folgenden: Pkw). Der Kläger trat dabei als Inhaber seines Immobilienmaklerbüros auf. Im Kaufvertrag war unter anderem Folgendes aufgeführt: „Kaufpreis: 446.513 EUR zuzüglich Aufpreis 80.000 EUR für eine zeitnahe Lieferung. Liefertermin: 2./3. Quartal 2021 (unverbindlich). Der Käufer muss den Verkäufer zur Lieferung erst anmahnen, wenn der unverbindliche Liefertermin um zwei Quartale überschritten ist. Es gelten die AGB des Herstellers, sofern keine abweichende Regelung in diesem Vertrag vereinbart wurde. Änderungen und Ergänzungen dieses Vertrages bedürfen zu ihrer Wirksamkeit der Schriftform."

Die im Kaufvertrag vereinbarte Anzahlung von 50.000 EUR zuzüglich Mehrwertsteuer, mithin 59.500 EUR, zahlte der Kläger unbestritten im Jahr 2020.

Die Parteien führten in der Folge eine umfangreiche Konversation mittels Textnachrichten über den Instant-Messaging-Dienst WhatsApp. So schrieb die Beklagte am 23.9.2021 an den Kläger:

„Hallo Herr Huber. Der SF 90 Stradale rutscht leider auf erstes Halbjahr 2022.

Das konnten wir nicht absehen und können wir nicht beeinflussen. Immerhin ist er dann zur nächsten Saison da.

Viele Grüße, Martha Müller"

Hierauf antwortete der Kläger:

„Ups" 😬

und ergänzte

„Trotzdem danke für die Info. Gibt's irgendwas Schriftliches? Wenigstens eine Bestätigung der Order."

Die Beklagte schrieb daraufhin an den Kläger:

„Verstehe Ihr Anliegen, kümmer mich drum."

Am 28.9.2021 schickte der Kläger an die Beklagte folgende Textnachricht:

„Wir haben das Auto konfiguriert. Da muss es irgendwas Schriftliches von Ferrari geben."

Hierauf übersandte die Beklagte am 29.9.2021 eine Datei namens „AB SF90 Stradale … H….pdf" und schrieb dazu:

„Hallo Herr Huber

hier sehen Sie, Ihre Ausstattung wurde eingepflegt. Ihr Wagen ist fest bestellt, da kann nichts mehr aus.

Bitte mit Diskretion behandeln. Vielen Dank."

Daraufhin schickte der Kläger folgenden Emoji:

👍

Am 27.1.2022 sandte der Kläger eine WhatsApp-Nachricht mit dem Inhalt:

„Erstes Halbjahr hat angefangen. 😁 Schon ein Lebenszeichen von Ferrari, wann mit dem Auto zu rechnen ist?"

Am 20.4.2022 schrieb die Beklagte per Textnachricht:

„Abwicklung könnte in der Woche ab 9.5. stattfinden.

Würde das Ihrerseits passen?"

Der Kläger antwortete in gleicher Weise:
„Passt."

Am 9.5.2022 teilte die Beklagte dem Kläger per WhatsApp mit:

„Also Ferrari hat wohl fehlerhafte HOCHVOLT Batterien – das Fahrzeug darf so nicht ausgeliefert werden, wir bekommen (Stand heute) wohl Ersatz, erst nach Austausch können wir ausliefern, wann der Ersatz kommt kann noch nicht gesagt werden, sie arbeiten aber mit Hochdruck dran"

Mit Schreiben vom 10.5.2022 erklärte der Kläger gegenüber dem Beklagten:

„... gemäß unserem Vertrag sollte das Fahrzeug im II./III. Quartal geliefert werden. Mit einer für Sie günstigen Auslegung sind Sie seit 31.3.2022 im Verzug.

Ich setze Ihnen für die Lieferung des Fahrzeugs eine letzte Frist bis zum 24.05.2022. Danach behalte ich mir frei, vom Kaufvertrag zurückzutreten, meine Anzahlung zurückzufordern."

Im klägerischen Schreiben vom 16.5.2022 wurde ausgeführt:

„... anbei übersenden wir Ihnen nochmal unser letztes Schreiben vom 10.05.2022. Wir haben die Lieferfrist entgegen unserer ersten Abmahnung auf den 31.05.2022 gesetzt."

Mittels Schreiben vom 22.5.2022 wies die Beklagte die Fristsetzung zurück.

Mit Schreiben vom 1.06.2022 erklärte der Kläger:

„... da das Fahrzeug auch in der letzten Fristsetzung nicht geliefert wurde, treten wir vom Vertrag zurück.

Unsere Anzahlung (...) erbitten wir (...) auf folgendes Konto:

(...)"

Die Beklagte forderte den Kläger mittels Schriftsatz vom 22.7.2022 auf, den „vereinbarten Kaufpreis" von 526.713 EUR abzüglich der angezahlten 59.500 EUR Zug um Zug gegen Herausgabe und Übereignung des Pkw bis 5.8.2022 zu bezahlen. Der klägerische Rücktritt sei unwirksam.

Der Kläger beantragt wie folgt zu erkennen:

Die Beklagte wird verurteilt, an den Kläger 59.500 EUR nebst Zinsen in Höhe von neun Prozentpunkten über dem Basiszinssatz seit dem 8.6.2022 zu bezahlen,

Die Beklagte beantragt,

die Klage abzuweisen.

Wegen der Einzelheiten des Parteivortrags wird auf die gewechselten Schriftsätze und das Sitzungsprotokoll über die mündliche Verhandlung vom 25.11.2022 verwiesen.

Entscheidungsgründe:

Die Klage ist weit überwiegend begründet.

I.

Der Kläger hat aufgrund seines wirksamen Rücktritts vom Kaufvertrag eine Forderung gegen die Beklagte auf Rückzahlung der geleisteten Anzahlung von 59.500 EUR gemäß § 346 Abs. 1 BGB.

1. Mit Schreiben vom 1.6.2022 hat der Kläger wirksam sein Rücktrittsrecht nach § 349 BGB ausgeübt.
2. Dem Kläger stand zu diesem Zeitpunkt auch aufgrund § 323 BGB ein Rücktrittsrecht zu, da die Beklagte ihre aufgrund des Kaufvertrags geschuldete, fällige Leistung nicht erbrachte. Es lag hier eine Leistungspflichtverletzung in Form der Leistungsverzögerung vor.
   a) Aufgrund des Kaufvertrages war die Pflicht der Beklagten zur mangelfreien Übergabe und Übereignung des Pkw nach § 433 Abs. 1 S. 1, 2 BGB mit Ablauf des 31.3.2022 fällig.
   Die Parteien vereinbarten im Kaufvertrag einen unverbindlichen Liefertermin für das „2./3. Quartal 2021“. Die Vereinbarung eines als unverbindlich gekennzeichneten Liefertermins ist dahingehend auszulegen, dass damit noch keine Leistungszeit bestimmt wurde, bei deren Überschreitung der Schuldnerverzug des Beklagten wie etwa im Fall des § 286 Abs. 2 Nr. 1 BGB ohne weiteres eintritt (BGH NJW 2007, 1198 Rn. 10, 25; BGH NJW 2001, 292).
   Die Regelung, dass der Kläger den Beklagten erst anmahnen konnte, wenn der unverbindliche Liefertermin um zwei Quartale überschritten ist, stellt die Einräumung einer zusätzlichen Lieferfrist, einer sog. unechten Nachfrist, dar, mit deren Ablauf – spätestens am 31.3.2022 – die Leistung des Beklagten fällig wurde, so dass dieser nunmehr durch einfache Mahnung in Verzug gesetzt werden konnte (BGH NJW 2007, 1198 Rn. 23, 25; NJW 2001, 292).
   Die dann zu bestimmende, sog. echte Nachfrist i.S.v. § 323 Abs. 1 BGB brauchte im Hinblick auf die vorausgegangene unechte Nachfrist grundsätzlich nur kurz bemessen zu werden (BGH, NJW 1982, 331).
   b) Aus dem Chatverlauf der Parteien ergibt sich keine einvernehmliche Lieferfristverlängerung bis 30.6.2022.
   aa) Es ist zweifelhaft, ob WhatsApp-Mitteilungen bei rechtsgeschäftlich vereinbarter Schriftform – wie hier – die Voraussetzungen des § 127 Abs. 2 S. 1 BGB erfüllen. Danach genügt zur Wahrung der durch Rechtsgeschäft bestimmten schriftlichen Form, soweit nicht ein anderer Wille anzunehmen ist, die telekommunikative Übermittlung. Es reicht eine wechselseitige elektronische bzw. digitale Datenübermittlung, die dabei verwendeten Medien können unterschiedliche sein.
   Der Text muss so zugehen, dass er dauerhaft aufbewahrt werden oder der Empfänger einen Ausdruck anfertigen kann (Grüneberg-Ellenberger, BGB,

83. Aufl., § 127 Rn. 2). Der Kläger bezweifelt das, weil es an einer hinreichend sicheren Möglichkeit der dauerhaften Archivierung und des Ausdrucks fehle. Hinzu komme der Umstand, dass selbst der bloße Namenszusatz nicht ohne weiteres hinreichend sichere Gewähr biete, welche Person die darin enthaltene Erklärung rechtlich verantworte. Ferner sei zu berücksichtigen, dass ein Formerfordernis auch die Bedeutung habe, die erklärende Person zu warnen und vor übereilter Abgabe der Erklärung zu schützen. Die typische Art und Weise der Benutzung eines Messengerdienstes stehe dem entgegen.

Die Kammer bejaht die Voraussetzungen der gewillkürten Schriftform nach § 127 Abs. 2 S. 1 BGB auch bei der Übermittlung einer Textnachricht oder eines Attachments in Gestalt einer Textverarbeitungs- oder PDF-Datei oder eines ausreichend guten Fotos per WhatsApp – nicht jedoch bei einer WhatsApp-Sprachnachricht oder einem Video- oder Audio-Attachment.

Die Einwände der gegenteiligen Auffassung erweisen sich als nicht stichhaltig. Die Dauerhaftigkeit und Reproduzierbarkeit sind bei WhatsApp-Nachrichten oder -Attachments in der vorgeschilderten Form gegeben. Dazu ist zum einen zu berücksichtigen, dass der Chatverlauf bei Whats-App – soweit diese Funktion nicht ausgeschaltet ist – regelmäßig per Backup in der Cloud gesichert wird, also dauerhaft gespeichert wird. Zum anderen ist zu sehen, dass – abgesehen von der nur kurzzeitig für ein eng begrenztes Zeitfenster nach dem Versand für den Absender eröffneten Option „Für alle löschen" – Nachrichten den Empfängern nicht mehr „entrissen" werden können. Die Reproduktion ist sowohl physisch durch (screenshot- oder exportbasierten) Ausdruck möglich als auch digital durch Weiterleiten der Nachricht.

Die Ansicht, dass Messengerdienste weit überwiegend nur zum raschen Austausch rein privater Nachrichten und gerade nicht zur Abgabe rechtsgeschäftlicher Erklärungen benutzt würden und dabei die Emotionalität privater Nachrichten und nicht das überlegte Handeln mit entsprechenden rechtlichen Konsequenzen im Vordergrund stünde, erscheint angesichts der mittlerweile weiten Verbreitung dieser elektronischen Kommunikationsform auch im Rechts- und Geschäftsverkehr als überholt und wird durch den streitgegenständlichen Fall widerlegt.

bb) Jedoch weist der Chatverlauf der Parteien nicht den von der Beklagten darin erblickten Inhalt auf. Insbesondere signalisierte der Kläger mit den von ihm verwendeten Emojis nicht seine Zustimmung zu einer Lieferfristverlängerung bis zum 30.6.2022.

Das Zustandekommen einer den ursprünglichen Kaufvertrag hinsichtlich des Liefertermins und der unechten Nachfrist abändernden Abrede zwischen den Parteien setzt zwei übereinstimmende Willenserklärungen voraus (§§ 145, 147 BGB).

Willenserklärungen können sowohl ausdrücklich – mündlich oder in schriftlicher Form – als auch konkludent – d.h. durch schlüssiges Verhalten – erfolgen. Bei Nachrichten, die per Messengerdienst gesendet werden, handelt es sich um elektronisch übermittelte Willenserklärungen. Auch elektronische Erklärungen sind echte Willenserklärungen (Grüneberg-Ellenberger, BGB, 83. Aufl.,

Einf. v. § 116 Rn. 1). Diese unterliegen den allgemeinen Regeln der Rechtsgeschäftslehre.
Der Erklärende kann seinen Willen mittels Zeichen kundtun (Biehl, JuS 2010, 195 [197]), d.h. auch durch digitale Piktogramme – wie Emojis. Diese werden häufig genutzt, um eine Aussage zu unterstreichen oder zu verstärken oder sollen klarstellen, in welchem Sinne etwas zu verstehen ist (z.B. ironisch). In dieser Funktion erfüllen Emojis im digitalen Diskurs ähnliche Funktionen wie Intonation, Gestik, Mimik und andere körpersprachliche Elemente in realen Gesprächen (Pendl, NJW 2022, 1054 [1056]). Teilweise werden aber auch Worte innerhalb eines Satzes durch ein Emoji ersetzt. Ob der Verwender von Emojis einen Rechtsbindungswillen zum Ausdruck bringen oder lediglich seine Stimmungs- oder Gefühlslage mitteilen möchte, ist eine Frage der Auslegung (Freyler, JA 2018, 732 [733]).
Emojis besitzen als Zeichen Interpretationsmöglichkeiten, die heranzuziehen sind; dabei spielen allerdings nur solche eine Rolle, die der Empfänger auch verstehen konnte (Freyler, JA 2018, 732 [734]). Umstände, die dem Erklärungsempfänger weder bekannt noch erkennbar waren, bleiben außer Betracht (Grüneberg-Ellenberger, BGB, 83. Aufl., § 133 Rn. 9). Faktoren wie Nationalität und Muttersprache, kultureller Hintergrund sowie Alter, Geschlecht oder Persönlichkeitsstruktur können sowohl die Nutzung als auch das Verständnis von Emojis beeinflussen, wobei sich besonders deutliche Einschnitte zwischen den Altersgruppen ergeben (Pendl, NJW 2022, 1054 [1056]). Emojis bergen somit die Gefahr von Missverständnissen und Fehlschlüssen, weil die konkret verwendeten Symbole möglicherweise auf einem spezifischen „Emoji-Soziolekt" beruhen, der bloß innerhalb einer bestimmten Gruppe existiert (Pendl, NJW 2022, 1054 [1056]).
Es ist – ebenso wie sonst – zu fragen, wie ein verständiger Empfänger der Nachricht die Willenserklärung nach Treu und Glauben unter Berücksichtigung der Verkehrssitte verstehen durfte, § 133, § 157 BGB. Dabei können die Begleitumstände Berücksichtigung finden, soweit diese einen Anhaltspunkt für den Sinngehalt des Erklärten bieten (Grüneberg-Ellenberger, BGB, 83. Aufl., § 133 Rn. 15). Zu Bestimmung des Bedeutungsgehalts von Emojis kann der Rechtsanwender gegebenenfalls Emoji-Lexika zurate ziehen (Pendl, NJW 2022, 1054 [1056]). Hinweise auf das Verständnis eines Emojis können auch aus dem Begleittext folgen.
Aus diesem Grund ist die Verwendung des Emojis 😬 in der WhatsApp-Nachricht des Klägers vom 23.9.2021 nicht als Zustimmung zur Aussage der Beklagten „Der SF 90 Stradale rutscht leider auf erstes Halbjahr 2022." zu werten.
Ausgehend von seiner in den gebräuchlichen Emoji-Lexika Emojipedia (https://emojipedia.org/de/grimassen-schneidendes-gesicht [abgerufen: 11.11.2024]) und Emojiterra (https://emojiterra.com/de/grimassen-schneidender-smiley) angegebenen Bedeutung stellt der sog. „Grimassen schneidendes Gesicht"-Emoji grundsätzlich negative oder gespannte Emotionen dar, besonders Nervosität, Verlegenheit, Unbehagen oder Peinlichkeit. Zudem ist der spezifische Kontext

zu berücksichtigen, in dem der Emoji verwendet wurde. Der daneben vom Kläger verwendete Ausdruck „Ups" ist allenfalls als Ausruf der Überraschung oder des Erstaunens zu werten, keinesfalls ist damit eine zustimmende Aussage verbunden. Die folgende Aussage des Klägers ändert daran nichts mehr.

Die Verwendung des Emojis 👍 in der Nachricht vom 29.9.2021 durch den Kläger hat ebenso nicht diesen, ihm von der Beklagten zugemessenen Bedeutungsinhalt.

Zwar signalisiert der sog. „Daumen hoch"-Emoji laut der oben angegebenen Emoji-Lexika und in Übereistimmung mit dem überwiegenden Verständnis dieser Geste bei physischer Verwendung regelmäßig Zustimmung, Einverständnis oder Anerkennung. Die Nachricht bezog sich aber ersichtlich nicht mehr auf die erste Nachricht des Beklagten vom 23.9.2021, sondern die dazwischen geführte Konversation der Parteien am 28. und 29.9.2021 und diese drehte sich um die Umstände der Verbindlichkeit der Bestellung des Pkw und dessen Konfiguration – und in keiner Weise den Liefertermin.

Schließlich ist die klägerische WhatsApp-Nachricht vom 27.1.2022 unter Verwendung des Emojis 😄 nicht im von der Beklagten gewünschten Sinne auszulegen.

Der sog. „Grinsendes Gesicht mit lachenden Augen"-Emoji hat keine eindeutige Bedeutung. Er vermittelt laut Emoji-Lexika oftmals allgemeine Freude, Glücksgefühle, eine warme, positive Stimmung oder gutmütige Belustigung, kann aber auch Stolz oder Aufregung vermitteln.

Außerdem ist er vorliegend eingebettet in folgende Nachricht:

„Erstes Halbjahr hat angefangen. 😄 Schon ein Lebenszeichen von Ferrari, wann mit dem Auto zu rechnen ist?"

Dass dadurch zum Ausdruck kommen soll, dass der Kläger nunmehr mit einer Verlängerung der Lieferfrist für den Pkw bis zum 30.6.2022 sein Einverständnis zum Ausdruck gebracht habe, ergibt sich aus nichts. Allenfalls kann darin der Ausdruck einer unspezifischen Vorfreude oder Hoffnung, keinesfalls auch nur ein Erklärungsbewusstsein des Klägers erkannt werden.

c) Damit war die unechte Nachfrist am 31.3.2022 abgelaufen.

Allerdings hat der Kläger dadurch, dass er zunächst keine verzugsbegründenden Maßnahmen ergriff und auf die WhatsApp-Nachricht des Beklagten vom 20.4.2022 „Abwicklung könnte in der Woche ab 9.5. stattfinden. Würde das Ihrerseits passen?" antwortete „Passt." nach Treu und Glauben (§ 242 BGB) für den Beklagten Anlass zu der Annahme gegeben haben, dass er mit einer Mahnung und/oder Nachfristsetzung bis dahin abwarten werde – was er tatsächlich bis 10.5.2022 tat.

d) Die dann vom Kläger mit Schreiben vom 10.5.2022 zunächst bis 24.5.2022 gesetzte und mit Schreiben vom 16.5.2022 bis 31.5.2022 verlängerte, erfolglos verstrichene Frist für den Beklagten zur Erfüllung des Kaufvertrages ist als angemessen i.S.v. § 323 Abs. 1 BGB einzustufen.

aaa) Die Angemessenheit ist einzelfallorientiert anhand der beiderseitigen Interessenlage zu ermitteln (OLG Karlsruhe, NJW-RR 2012, 504).

Die Frist soll einerseits so lang bemessen sein, dass der Schuldner die Gelegenheit erhält, eine im wesentlichen abgeschlossene Leistung vollends zu erbringen, braucht aber nicht so lang zu sein, dass der Schuldner eine noch gar nicht begonnene Leistung rechtzeitig fertigstellen kann (BGH, NJW 1985, 320). Vom Schuldner können nach Fristsetzung auch größte Anstrengungen und schnelles Handeln erwartet werden, da er seiner ursprünglichen Leistungspflicht nicht hinreichend entsprochen hat. Die Nachfrist kann deshalb wesentlich kürzer als die ursprüngliche Lieferfrist für den Leistungsgegenstand sein Die Angemessenheit beurteilt sich nach objektiven Maßstäben. Hiernach ist die vom Kläger gesetzte dreiwöchige Nachfrist nicht als unangemessen kurz zu werten.

Der erhebliche, vom Kläger zu bezahlende Aufpreis von 80.000 EUR wurde für eine zeitnahe Lieferung des streitgegenständlichen Kraftfahrzeugs vereinbart. Gleichwohl gab der Kaufvertrag vom 19.11.2020 dem Kläger lediglich die Möglichkeit, erst nach Verstreichen des zunächst unverbindlichen Liefertermins im 2./3. Quartal 2021 und einem weiteren Zeitraum von sechs Monaten den Verkäufer rechtswirksam zu mahnen. Damit ist die unechte Nachfrist um ein Vielfaches länger, als dies die Rechtsprechung im Rahmen des § 308 Nr. 2 BGB auch angesichts der Besonderheiten des Neuwagenhandels noch als angemessen erachtet (nach BGH, NJW 1982, 331 [333]: sechs Wochen). Dazu kommt, dass der Kläger selbst nach Ablauf der unechten Nachfrist am 31.3.2022 noch weit über einen Monat mit der Setzung der echten Nachfrist zuwartete.

Angesichts dieses zeitlichen Ablaufs ist dem Beklagtenvortrag der üblichen längeren Wartezeit bei derart seltenen und hochpreisigen Kraftfahrzeugen hinreichend Rechnung getragen. Die Beklagte, die dies mit Blick auf die Marktverhältnisse bei Luxusfahrzeugen als unbillig kritisiert, übersieht, dass sie es jederzeit in der Hand gehabt hätte, den unverbindlichen Liefertermin deutlich später zu vereinbaren oder gar gänzlich offen zu lassen. Nun muss sie sich aber an den von ihr getroffenen vertraglichen Abreden festhalten lassen.

Schließlich ist zu berücksichtigen, dass eine ordnungsgemäße Leistungserbringung durch die Beklagte zum Zeitpunkt der Nachfristsetzung überhaupt nicht absehbar war. So schrieb die Beklagte noch am 9.5.2022 per WhatsApp-Nachricht, dass das Fahrzeug aufgrund einer fehlerhaft verbauten Hochvolt-Batterie „fehlerhaft" sei und so „nicht ausgeliefert werden dürfe". Wann ein Ersatz komme, könne „nicht gesagt werden". Darauf, ob die Nichtleistung auf einem Verschulden der Beklagten beruht oder nicht, kommt es nicht an.

Dagegen, dass der Kläger dann – wie er sagt – „die Reißleine gezogen" und mit drei Wochen eine relativ kurze echte Nachfrist gesetzt hat, ist somit nichts einzuwenden.

II.

Der Kläger hat aber aus der Klagesumme nur einen Anspruch auf Zinsen in Höhe von fünf Prozentpunkten über dem jeweiligen Basiszinssatz gemäß § 288 Abs. 1 BGB. Die darüber hinaus geltend gemachten Zinsen stehen ihm nicht zu. Nach § 288 Abs. 2 BGB beträgt der Zinssatz für Entgeltforderungen, an denen ein Verbraucher nicht beteiligt ist, zwar neun Prozentpunkte über dem jeweiligen Basiszinssatz. Die

Norm gilt aber nicht für Rückgewähransprüche gemäß § 346 Abs. 1 BGB (OLG Nürnberg, NJW-RR 2017, 1263; Grüneberg, BGB, 83. Aufl., § 288 Rn. 8, § 286 Rn. 27). In Höhe der Zinsdifferenz war die Klage abzuweisen.

III.

Die Kostenentscheidung beruht auf § 92 Abs. 2 Nr. 1 ZPO, diejenige über die vorläufige Vollstreckbarkeit ergibt sich aus § 709 ZPO.

ÜBUNGSTEIL

Rechtliche Aspekte

1 Bei einer Anspruchsklausur im **Zivilrecht** sollten Sie sich immer die Frage stellen: „Wer will was von wem woraus?". Dabei bezeichnet „wer" den Anspruchsberechtigten, „was" den Anspruchsgegenstand, „von wem" den Anspruchsgegner und „woraus" die Anspruchsgrundlage, also die gesetzliche Vorschrift, aufgrund derer der Anspruchsberechtigte den Anspruchsgegenstand von dem Anspruchsgegner verlangen kann.

Formulieren Sie dann den Anspruch als Klausureinstieg.

Beispiel A könnte gegen B einen Anspruch gem. § 433 II BGB auf Zahlung von 5.000 EUR haben.

Formulieren Sie jetzt die Ansprüche als Klausureinstieg. Vergessen Sie nicht, ganz konkret die richtige Anspruchsgrundlage zu zitieren. (Hier kommen in Betracht: §§ 433 I 1, 535 I 1, 604 I, 611 I, 651 I 1, 651a I 2, 812 I 1, 1. Alt., 823 I, 985, 1004 I 1 BGB).

1. Eigentümerin E verlangt von Besitzerin B ihren vertauschten Mantel heraus.
2. Käufer K hat dem V einen Gartenzwerg abgekauft und bezahlt, aber V hat ihm den Gartenzwerg noch nicht gegeben.
3. Autofahrer A hat die Fußgängerin F fahrlässig angefahren, so dass sie sich vom Arzt behandeln lassen musste. Sie möchte die Arztkosten ersetzt bekommen.
4. Nachbar N fühlt sich von dem Tag und Nacht gurgelnden Brunnen des X gestört und verlangt Beseitigung.
5. Vermieterin V ist ihren Mieter M und seine ständigen lautstarken Partys leid. Sie lässt kurzerhand das Schloss zur Mietwohnung austauschen. M ist der Meinung, V müsste ihm zumindest für die Dauer des Mietvertrages den Gebrauch der Mietwohnung gewähren.
6. Wagnerianerin W hat ihrer Freundin F zur Festspielpremiere ihr bestes Abendkleid geliehen. F „vergisst" aber, es zurückzugeben. W braucht es dringend für den Besuch der nächsten Aufführung.
7. Tourist T hat eine teure Pauschalreise nach China gebucht. Das Reisebüro R verlangt von ihm den vereinbarten Reisepreis in Höhe von 4.000 EUR.

8. Fahrradhändlerin F hat dem Minderjährigen M ein Fahrrad für 1.100 EUR auf Raten verkauft und übereignet, da sie annahm, M sei bereits volljährig. Da der Kaufvertrag wegen der verweigerten Zustimmung der Eltern des M nichtig ist, verlangt F von M Rückübereignung des Rads.
9. Kunstmaler M hat entsprechend dem Auftrag des Kunden K ein Bild gemalt. Es gefällt ihm allerdings selbst so gut, dass er es behalten möchte. K will das Bild unbedingt für seine Kunstsammlung haben und verlangt Übergabe und Übereignung.
10. Die viel beschäftigte Gartenliebhaberin G hat dem Nachbarjungen N 30 EUR versprochen, wenn er ihren großen Rasen mäht. Nach getaner Arbeit verlangt er seinen Lohn.

2 **Gestaltungsrechte** dagegen ändern die Rechtslage unmittelbar und sind deswegen keine Ansprüche. Gestaltungsrechte sind z.B. die Anfechtung, die Kündigung und der Rücktritt.

Formulieren Sie bei Gestaltungsrechten den Klausureinstieg folgendermaßen: „A könnte den mit B geschlossenen Kaufvertrag nach § 119 II BGB anfechten."

Formulieren Sie jetzt den Klausureinstieg. Vergessen Sie nicht, die konkrete gesetzliche Grundlage anzugeben. (Hier kommen in Betracht: §§ 119 I 2. Alt, 123 I 1. Alt., 123 I 2. Alt., 323 I BGB).

1. Der völlig überschuldete Sohn S zwingt seinen Vater mit vorgehaltener Pistole, einen unbeschränkten Bürgschaftsvertrag für ihn zu unterschreiben. V will seine Willenserklärung nicht gelten lassen.
2. Nachdem Autohändlerin A trotz mehrfacher Mahnung und letztendlicher Fristsetzung durch Kundin K den Kleinbus Galaxia nicht geliefert hat, will K von dem Vertrag zurücktreten. K hatte 1.000 EUR angezahlt.
3. Sammler S will ein schriftliches Gebot für einen Kristallschwan in Höhe von 50 EUR abgeben, verschreibt sich aber und bietet versehentlich 500 EUR. Als ihm der Schwan mit Rechnung zugeht, bemerkt er seinen Irrtum.
4. Autokäufer K will den Kaufvertrag anfechten, nachdem der Verkäufer V ihm arglistig vorgespiegelt hat, der Wagen wäre nur 100.000 km gefahren, er aber in Wirklichkeit schon 200.000 km gefahren ist.

3 Nach Ausübung eines Gestaltungsrechts können Ansprüche entstehen, die natürlich als Ansprüche zu formulieren sind. Formulieren Sie für die folgenden Fälle den Klausureinstieg. (In Betracht kommen §§ 346 I, 535 II, 812 I 1 BGB).

1. Im Fall der Übung 2 Nr. 2 verlangt K nach Erklärung des Rücktritts ihre Anzahlung zurück.
2. Im Fall der Übung 1 Nr. 5 hat Vermieterin V dem M zum 31.12. wirksam gekündigt, M hat die Dezembermiete noch nicht bezahlt und zieht am 30.11. aus. V verlangt vom M noch die Dezembermiete.
3. Im Fall der Übung 2 Nr. 3 hat S angefochten, aber den Kristallschwan nicht zurückgesandt. Der Auktionator besteht auf Rücksendung des Schwans.

4 In der **Strafrechtsklausur** für Anfänger ist die Formulierung, dass jemand wegen einer Straftat zu bestrafen ist, der wichtigste Klausureinstieg.

Beispiel X könnte wegen Körperverletzung gem. § 223 StGB zu bestrafen sein.

Formulieren Sie deshalb für die folgenden Fälle entsprechend dem Beispiel:

1. Journalist J hat den Soldaten S als „potentiellen Mörder" bezeichnet. S fühlt sich beleidigt und fordert Bestrafung des J.
2. Liebhaber L schwört für seine Geliebte vor Gericht einen Meineid.
3. Der Deutsche D, der Bigamie für die einzig wahre Lebensart hält, heiratet in seinem Heimatort zusätzlich zu seiner ersten Ehefrau E die Z, obwohl er weiß, dass dies in Deutschland unter Strafe gestellt ist.
4. Nichte N vergiftet ihren Erbonkel O, um schneller an dessen Vermögen zu kommen.
5. Hausmann H, dessen Taschengeld nicht sehr großzügig bemessen ist, stiehlt im Kaufhaus ein teures Herrenparfüm, das er sich schon lange wünschte.

5 Bei den Fragestellungen des **Verfassungsrechts** (→ Kap. 3) muss der Bearbeiter in der Regel feststellen, ob ein Beschwerdeführer in seinen Grundrechten verletzt ist oder ob eine Rechtsnorm inhaltlich nicht mit der Verfassung im Einklang steht oder nicht entsprechend den Vorschriften in der Verfassung zustande gekommen ist.

Beispiel Die Beschwerdeführerin B könnte durch die Enteignung ihres Grundstücks zum Bau einer neuen Autobahn in ihrem Eigentumsrecht aus Art. 14 I GG verletzt sein.
Väter, die mit der Mutter des Kindes nicht verheiratet sind, könnten dadurch in ihrem Elternrecht aus Art. 6 I GG verletzt sein, dass sie gegen den Willen der Mutter kein Sorgerecht erlangen können.
Das Staatshaftungsgesetz des Bundes könnte verfassungswidrig sein, da die Zuständigkeit zum Erlass eines solchen Gesetzes möglicherweise allein bei den Ländern liegt.

Formulieren Sie einen Einstieg in die Lösung folgender Fälle:

1. Der Gesetzgeber des Bundeslandes B, dem die Vorbereitung junger Frauen auf ihre „spezifisch weibliche Rolle in der Gesellschaft" am Herzen liegt, erlässt ein Gesetz, nach dem jede Frau zwischen dem 16. und 20. Lebensjahr ein „soziales Pflichtjahr" ableisten muss.
2. Kind K, das keiner Konfession angehört und in Bayern in die Schule geht, fühlt sich durch die nach dem bayerischen Schulgesetz staatlich angeordneten Kruzifixe in den Klassenzimmern in seiner Religionsfreiheit verletzt, da es „immer unter dem Kreuz lernen müsse".
3. Beamter B, der seiner Lebensgefährtin L bei der Geburt ihres ersten gemeinsamen Kindes beistehen möchte, beantragt hierfür Sonderurlaub. Dieser wird von seinem Dienstherrn mit der Begründung abgelehnt, ein solcher Sonderurlaub könne nach dem Gesetz nur verheirateten Beamten gewährt werden. Auch das Verwaltungsgericht und Bundesverwaltungsgericht, das B anruft, teilen diese Ansicht. B findet, dass eine verfassungswidrige Ungleichbehandlung stattfindet und ein Verstoß gegen die Pflicht des Staates, Familie und Ehe besonders zu schützen, vorliegt.

4. Im Bundesgesetzblatt wurde das „Gesetz zum Schutz vor der Rinderseuche BSE“ verkündet, das vom Bundestag beschlossen, vom Bundesrat aber abgelehnt worden war. Es sieht unter anderem vor, dass jedes geschlachtete Rind von den Gesundheitsbehörden der Länder untersucht werden muss.

Sprachliche Aspekte

1 Nützliche Ausdrücke für eine Klausur im Zivilrecht.

Bringen Sie die Elemente des jeweils zweiten Satzes in die richtige Reihenfolge, um einen grammatikalisch richtigen Satz zu erhalten.

1. Der Vertrag wurde abgeschlossen und eine Einigung über den Kaufpreis erzielt
aus / scheiden / Ansprüche / Vertragliche

____

____

2. Er verzichtete auf das Wechselgeld
dass F dem A / einvernehmlich / Das ist / erlassen hat / die Rückgabe des Wechselgeldes / dahin auszulegen,

____

____

3. F könnte ein den Schutz des A bezweckendes Gesetz verletzt haben
des § 263 StGB / kommt hier / (Betrug) / In Betracht / die Bestimmung

____

____

4. A erklärte, er habe sich geirrt, und verlangte die Herausgabe der Geldbörse
des A / des Kaufvertrags/ könnte / In der Erklärung / liegen /eine begründete Anfechtung

____

____

5. A spricht von einem Irrtum
des Eigenschaftsirrtums / kommt / ein Inhaltsirrtum / In Betracht / (§ 119 II BGB) / in der Form

____

____

6. Die Anfechtungserklärung ist rechtswirksam erfolgt
anzusehen / von Anfang an / Damit / als nichtig / der Kaufvertrag / ist

____

____

7. Durch den Verlust der Geldbörse ist F die Herausgabe des Eigentums und Zurückübereignung der Geldbörse unmöglich geworden.

diesen Fall / zu ersetzen /grundsätzlich, / § 818 II BGB / der Bereicherung / dass der Wert / Für / bestimmt / ist

___

___

8. Die Verpflichtung zur Herausgabe ist nach § 818 III BGB ausgeschlossen, sofern der Empfänger nicht mehr bereichert ist.
   von dieser Regel / bestimmt / Als Ausnahme / § 819 I BGB / Folgendes/ allerdings

   ___

   ___

9. F wusste um den wahren Wert der Geldbörse, als er sie kaufte.
   und / die Anfechtbarkeit / haftet / also / deshalb / Er kannte / nach den allgemeinen Vorschriften

   ___

   ___

10. F kann die Geldbörse infolge seines eigenen Verschuldens nicht herausgeben.
    dem A / in Höhe von 5.000 EUR / daher /zu leisten / Er hat / Schadensersatz

    ___

    ___

2 Häufig vorkommende Verben in Grundrechtsklausuren

Streichen Sie die falsche Verbform aus.

1. Im vorliegenden Fall *kollidieren / streiten* zwei Grundrechtspositionen.
2. Beide Grundrechtspositionen sind gegeneinander *aufzurechnen / abzuwägen.*
3. Die Vermieterin *berücksichtigt / beruft* sich auf ihr verfassungsrechtlich geschütztes Eigentumsrecht (Art. 14 I GG).
4. S *begründet / gründet* seinen Anspruch mit dem Recht auf Informationsfreiheit, das sich aus Art. 5 I 1 GG *steht / ergibt.*
5. S ist außerdem der Ansicht, dass die Entscheidung des Amtsgerichts gegen sein Recht auf Freiheit der Berufsausübung aus Art. 12 GG *verstößt / verletzt.*
6. Zudem findet er, dass die Entscheidung des Amtsgerichts auch einen Eingriff in sein Erziehungsrecht aus Art. 6 I GG *darstellt / eingreift.*
7. Im vorliegenden Fall hat das Amtsgericht mit seiner Entscheidung den Anspruch des S auf Informationsfreiheit *verneint / ignoriert.*
8. S fühlt sich durch die Entscheidung des Amtsgerichts in seinen Grundrechten *verstoßen / verletzt.*
9. Zu klären ist, ob das Anbringen einer Parabolantenne in den Schutzbereich der Informationsfreiheit *liegt / fällt.*
10. Fraglich ist, ob das Amtsgericht die Bedeutung der Informationsfreiheit ausreichend *behandelt / berücksichtigt* hat.
11. Wenn die Verletzung des sachnäheren Grundrechts bereits *bejaht / befürwortet* ist, erübrigt sich eine Prüfung des allgemeinen Grundrechts.
12. Gegenüber dem Elternrecht und dem Recht auf Freiheit der Berufsausübung *ist / sind* das Recht der Informationsfreiheit im vorliegenden Fall das sachnähere Grundrecht.

3 Termini für eine Klausur im Strafrecht

Streichen Sie das Wort, das nicht in die Reihe passt.

1. Bei einer Falllösung erfolgt hinsichtlich jeden Tatbestands die Prüfung der:
   a) Tatbestandsmäßigkeit
   b) Strafe
   c) Schuld
   d) Rechtswidrigkeit
2. Beim Vorliegen einer Haupttat gibt es mehrere an der Haupttat Beteiligte, z.B.
   a) einen Haupttäter
   b) einen Anstifter
   c) einen Gehilfen
   d) einen Toten
3. Der Tötungsvorsatz bezieht sich auf
   a) das Setzen einer notwendigen Bedingung des Todeseintritts und Erfolg
   b) den Wunsch, Schaden zuzufügen
   c) den Kausalzusammenhang zwischen Handlung und Erfolg
   d) den Eintritt des Handlungserfolgs
4. Mordmerkmale nach § 211 II StGB sind:
   a) grausames Handeln
   b) heimtückisches Handeln
   c) Handeln aus Habgier
   d) argloses Handeln
5. Als notwendiges Durchgangsstadium zur Tötung werden meist angesehen:
   a) die Zerstörung der Gesundheit
   b) Schmerzen
   c) die Körperverletzung
   d) die Gesundheitsbeschädigung
6. Beteiligte an einem Mord können aus verschiedenen Gründen strafbar sein, z.B.:
   a) wegen Beihilfe zum Mord durch aktives Tun
   b) wegen Beihilfe zum Mord durch Unterlassen
   c) wegen Nichtanzeige einer Straftat
   d) wegen Anzeige des Mordplans

LÖSUNGSHINWEISE ZUM ÜBUNGSTEIL

Kapitel 1

Rechtliche Aspekte

1 Die Beantwortung der Fragen 1–7 ergibt sich aus dem vorhergehenden Text.

2 a) Jurastudium; b) Student/Studentin; c) Erste Juristische Prüfung (= Referendarexamen); d) Vorbereitungsdienst; e) Referendar/Referendarin; f) Zweite Juristische Staatsprüfung (= Assessorexamen); g) Assessor/Assessorin.

3 1) Jura studieren; Rechtsanwältin werden; 2) Repetitor besuchen, Freischuss versuchen; 3) Wahlstation; 4) Promovieren, Wirtschaftsjurist werden; 5) Richterin werden; 6) Habilitieren, Universitätsprofessor werden; 7) Eignungsprüfung ablegen, Rechtsanwältin werden; 8) Hochschulprofessor werden.

4 1) Studiert an einer Hochschule oder Universität; 2) Leistet den Vorbereitungsdienst ab; 3) Nimmt als Beamter des gehobenen Dienstes bestimmte Aufgaben der Rechtspflege wahr, z.B. Grundbuchsachen, Zwangsvollstreckungen und Kostenfestsetzung; 4) Bearbeitet juristische Fragestellungen in mittleren und größeren Wirtschaftsunternehmen; 5) Entscheidet Rechtsstreitigkeiten; 6) Wirkt neben dem Berufsrichter mit vollem Stimmrecht und gleicher sachlicher Unabhängigkeit an der Rechtsprechung mit; 7) Leitet das Ermittlungsverfahren, erhebt und vertritt die Anklage und ist zuständig für die Strafvollstreckung; 8) Berät und vertritt Mandanten in allen Rechtsangelegenheiten; 9) Beurkundet vor allem Rechtsgeschäfte, wobei er eine Prüfungs- und Belehrungspflicht gegenüber den Beteiligten bezüglich der Rechtslage hat; 10) Bearbeitet juristische Fragestellungen in den Verwaltungen; 11) Ist für Wirtschaftsunternehmen vor allem in der Streit- und Problemvermeidung tätig. Entwirft und überprüft Verträge und beschäftigt sich mit der außergerichtlichen Rechtsverfolgung und Rechtsverteidigung. 12) Ist ein Rechtsanwalt, der nicht für eine Anwaltskanzlei, sondern für ein Unternehmen oder einen Verband und ähnliches fachlich eigenverantwortlich und unabhängig gegen ein Gehalt tätig ist und alle dort anfallenden Rechtsfragen bearbeitet. Er darf wegen der Gefahr eines Interessenkonflikts das Unternehmen bzw. den Verband nicht vor Gericht vertreten, sondern arbeitet in diesem Fall typischerweise einem externen Rechtsanwalt zu. Meistens arbeitet er aufgrund arbeitsvertraglicher Vorgaben ausschließlich für einen Arbeitgeber.

5 Für die Berufe, die unter Ziffer 5, sowie 7–10 und 12 aufgeführt sind. Begründung: Die Zweite Juristische Prüfung dient dem Nachweis der Befähigung zum Richteramt und macht damit den Volljuristen aus. Sie ist Voraussetzung für die Zulassung zu den meisten juristischen Berufen (Richter, Staatsanwälte, Rechtsanwälte und

Notare); auch ein Syndikusanwalt benötigt das Assessorexamen, da sie die Zulassung als Rechtsanwalt voraussetzt.

6 1) Zivilgericht – Zivilrichter; 2) Strafgericht – Strafrichter; 3) Verwaltungsgericht – Verwaltungsrichter; 4) Arbeitsgericht – Arbeitsrichter; 5) Sozialgericht – Sozialrichter; 6) Finanzgericht – Finanzrichter; 7) Verfassungsgericht – Verfassungsrichter.

7 **1.** 1) Arbeitsrecht – Fachanwalt für Arbeitsrecht; 2) Steuerrecht – Fachanwalt für Steuerrecht; 3) Familienrecht – Fachanwalt für Familienrecht; 4) Sozialrecht – Fachanwalt für Sozialrecht; 5) Strafrecht – Fachanwalt für Strafrecht; 6) Insolvenzrecht – Fachanwalt für Insolvenzrecht.
2. Es gibt aktuell 24. Fachanwalt für: Agrarrecht; Bank- und Kapitalmarktrecht; Bau- und Architektenrecht; Erbrecht; gewerblichen Rechtsschutz; Handels- und Gesellschaftsrecht; Informationstechnologierecht; internationales Wirtschaftsrecht; Medizinrecht; Miet- und Wohnungseigentumsrecht; Migrationsrecht; Sportrecht; Transport- und Speditionsrecht; Urheber- und Medienrecht; Vergaberecht; Verkehrsrecht; Versicherungsrecht; Verwaltungsrecht.
Fachanwälte haben sich in einem bestimmten Gebiet intensiv fortgebildet und besitzen besondere theoretische Kenntnisse und praktische Erfahrungen auf dem jeweiligen Rechtsgebiet, die sie sich durch die Bearbeitung einer Vielzahl einschlägiger Fälle und den Besuch von Fachanwaltslehrgängen erarbeitet haben.

8 Je nach Argumentation.

9 Je nach Argumentation.

Sprachliche Aspekte

1 1) Fakultät; 2) Semester; 3) Jahr; 4) Pflichtfächer; 5) Schwerpunktbereich; 6) Leistungsnachweise; 7) Scheine; 8) Zulassungsvoraussetzung; 9) Juristischen Prüfung; 10) Oberseminar; 11) Klausuren; 12) Prüfung; 13) Aktenvortrag.

2 1) vertritt; 2) beraten; 3) betreut; 4) beurkunden/ermitteln/errichten/beglaubigen; 5) unterworfen; 6) unterliegt; 7) liegt; 8) entscheidet; 9) beteiligt; 10) klagt ... an; 11) führen/überwachen/vertreten; 12) folgen.

Kapitel 2

Rechtliche Aspekte

1 Die Beantwortung der Fragen 1–7 ergibt sich aus dem vorhergehenden Text.

2 Skizze 1: Geschriebenes Recht; Gewohnheitsrecht.
Skizze 1: Auf Bundesebene: Ganz oben steht das Grundgesetz (GG), danach kommen die Parlamentsgesetze, dann die Verordnungen und Satzungen; auf Länderebene: Ganz oben stehen die Landesverfassungen; danach die Landesgesetze; dann die Verordnungen und die Satzungen.

3
1. a) § 249 Abs. 2 Satz 1 b) § 249 II 1
2. a) § 250 Satz 1 b) § 250 1
3. a) § 251 Abs. 2 S. 1 b) § 251 II 1
4. a) § 252 Satz 2 b) § 252 2

4
1. Wer durch die Leistung eines anderen oder in sonstiger Weise auf dessen Kosten etwas ohne rechtlichen Grund erlangt, ist ihm zur Herausgabe verpflichtet.
2. Wer vorsätzlich oder fahrlässig das Leben, die Gesundheit, die Freiheit, das Eigentum oder ein sonstiges Recht eines anderen widerrechtlich verletzt, ist dem anderen zum Ersatze des daraus entstehenden Schadens verpflichtet.
3. Dies gilt nicht, wenn er die Verletzung vorsätzlich herbeigeführt hat.
4. Der Besitzer kann die Herausgabe der Sache verweigern, wenn er oder der mittelbare Besitzer, von dem er sein Recht zum Besitz ableitet, dem Eigentümer gegenüber zur Überlassung des Besitzes berechtigt ist.
5. Die nachfolgenden Grundrechte binden Gesetzgebung, vollziehende Gewalt und Rechtsprechung als unmittelbar geltendes Recht.

5 Fall 1: Gutachtenstil; Entwicklung von der Fragestellung zum Ergebnis; oft Konjunktiv. Fall 2: Urteilsstil; Sachverhalt, Gründe; Ergebnis mit Begründung; Indikativ.

6 1) Entscheidungssammlung; 2) Lehrbuch; 3) Juristische Zeitschrift; 4) Kommentar; 5) Monographie.

7

Anspruchsgrundlage	ja	nein	warum?
§ 1		X	Kein Recht, keine Verpflichtung
§ 105 Abs. 1		X	Kein Recht, keine Verpflichtung
§ 433 Abs. 2	X		
§ 535 Abs. 1 S. 1	X		
§ 823 Abs. 1	X		
§ 854 Abs. 1		X	Kein Recht, keine Verpflichtung gegenüber anderer Person
§ 1004 Abs. 1 S. 1	X		

Weil ein Prozess grundsätzlich nur gewonnen werden kann, wenn es für den Klageanspruch im Gesetz eine Anspruchsgrundlage gibt.

8 1) Juristische Arbeitsblätter; 2) Juristische Ausbildung; 3) Juristische Schulung.

9 1) Wörtliche Auslegung; 2) Wörtliche Auslegung; 3) a) wörtliche Auslegung; b) systematische Auslegung; c) teleologische Auslegung; d) historische Auslegung; 4) wörtliche Auslegung.

10 3 / 13 / 10 / 2 / 7 / 9 / 16 / 14 / 1 / 6 / 12 / 11 / 4 / 8 / 5 / 15.

11 Je nach Argumentation.

12 Je nach Argumentation.

Sprachliche Aspekte

1 1) Anspruch; 2) Tun; 3) Unterlassen; 4) Ansprüche; 5) geltend; 6) machen; 7) Herausgabe; 8) verlangen; 9) Klagerecht; 10) auf; 11) klagen; 12) Verpflichtung; 13) verpflichtet; 14) kann; 15) Schadens.

2 1) könnte; 2) wäre; 3) könnte; 4) müsste; 5) könnte.

3 a) Der Bundespräsident/Die Bundespräsidentin (...). (...) jeder/jede Deutsche/r, der/die (...).;
b) Können Eheleute (...) für ihren Unterhalt (...), so hat der Ehemann gegen die Ehefrau bzw. die Ehefrau gegen den Ehemann einen Anspruch (...).;
c) Eigentümer können von den Besitzern (...).
d) § 433 Abs. 2 BGB Grundpflichten von Verkäufern und Käufern
Käufer sind verpflichtet, den Verkäufern ().
e) (...) einer anderen Person (...), mit deren Einverständnis (...).

Kapitel 3

Rechtliche Aspekte

1 Die Beantwortung der Fragen 1–7 ergibt sich aus dem vorhergehenden Text.

2 1) Ein Menschenrecht ist ein grundlegendes Recht, das jedem Menschen unabhängig von seiner Staatsangehörigkeit zusteht. Beispiel: Die Menschenwürde ist in Art. 1 Abs. 1 GG garantiert („Die Würde des Menschen ist unantastbar.“).
2) Freiheitsrechte gewähren dem Individuum Freiheiten gegenüber dem Staat, etwa die freie Entfaltung der Persönlichkeit. Beispiel: Die allgemeine Handlungsfreiheit

nach Art. 2 Abs. 1 GG („Jeder hat das Recht auf die freie Entfaltung seiner Persönlichkeit...“).
3) Ein Unverletzlichkeitsrecht schützt eine bestimmte Rechtsposition vor staatlichen Eingriffen. Beispiel: Die Unverletzlichkeit der Wohnung nach Art. 13 Abs. 1 GG („Die Wohnung ist unverletzlich.“).
4) Soziale Grundrechte oder Teilhaberechte geben dem Einzelnen Ansprüche auf positive Leistungen des Staates. Beispiel: Das Recht auf Schutz von Ehe und Familie nach Art. 6 Abs. 1 GG („Ehe und Familie stehen unter dem besonderen Schutz der staatlichen Ordnung.“).
5) Der allgemeine Gleichheitssatz verbietet die willkürliche Ungleichbehandlung gleicher Sachverhalte. Beispiel: Art. 3 Abs. 1 GG („Alle Menschen sind vor dem Gesetz gleich.“).
6) Ein Justizgrundrecht gewährleistet Rechte in einem gerichtlichen Verfahren. Beispiel: Der Anspruch auf rechtliches Gehör nach Art. 103 Abs. 1 GG („Vor Gericht hat jedermann Anspruch auf rechtliches Gehör.“)
7) Ein Bürgerrecht ist ein Recht, das nur Deutschen zusteht. Beispiel: Die Versammlungsfreiheit nach Art. 8 Abs. 1 GG („Alle Deutschen haben das Recht, sich ohne Anmeldung oder Erlaubnis friedlich und ohne Waffen zu versammeln.“).

3 1) (b) Unmittelbare Drittwirkung der Grundrechte; 2) (a) Direkte Grundrechtswirkung; 3) (c) Mittelbare Wirkung der Grundrechte.

4 Rechtsstaat, Bundesstaat, Sozialstaat, Demokratie, Republik.

5 1) Versammlungsfreiheit, Art. 8 I GG; 2) Vereinigungsfreiheit, Art. 9; 3) Menschenwürde, Art. 1 I; 4) Meinungsfreiheit, Art. 5; 5) Wohnung, Art. 13; 6) Elternrecht, Art. 6 II; 7) Gleichberechtigung, Art. 3 II; 8) Schutz des Lebens und der körperlichen Unversehrtheit, Art. 2 II 1; 9) Berufsfreiheit, Art. 12; 10) Pressefreiheit, Art. 5 I 2; 11) Freizügigkeit, Art. 11; 12) allgemeine Persönlichkeitsrecht, Art. 2 I; Art. 1 I; 13) allgemeine Persönlichkeitsrecht, Art. 2 I; Art. 1 I; 14) Asylrecht, Art. 16 a I; 15) Schutzes der Familie, Art. 6 I; Elterngrundrecht, Art. 6 II 1, Eltern; 16) Art. 6 V, Gleichstellung, Gleichbehandlung, nichtehelichen Kindern, ehelichen Kindern, Art. 6 V, nichtehelichen, nichtehelicher. 17) allgemeine Persönlichkeitsrecht, Art. 2 I; Art. 1 I; 18) Art. 4 I und II, Glaubensfreiheit; 19) Art. 14 I, Eigentumsgrundrecht; 20) Recht auf Leben, Art. 2 II 1, Menschenwürdegarantie, Art. 1 I; 21) Willkürlich, Art. 3 I, Willkür; 22) schulische Bildung, Art. 2 I; 7 I.

6 1) Bundesverfassungsgericht, Art. 92, Wahl durch Bundestag oder Bundesrat, Art. 94 I 2; 2) Bundestagsabgeordneter; Art. 38; 3) Bundespräsidentin; Art. 54; 4) Bundeskanzler, Art. 63; 5) Mitglied des Bundesrats, Art. 51.

7 1) Legislative; Bundestag und Bundesrat; 2) Exekutive; Bundesregierung und Bundespräsident; 3) Judikative; Gerichte des Bundes und der Länder.

8 1) b 2) c 3) a 4) d.

9 1) Zustimmungsgesetz; 2) Einspruchsgesetz; 3a) Einspruchsgesetz; 3b) Zustimmungsgesetz; 3c) Einspruchsgesetz; 3d) Zustimmungsgesetz.

10 1) Bundesgesetz (Zustimmungsgesetz); 2) Verfassungsartikel; 3) Verordnung; 4) Bundesgesetz (Einspruchsgesetz); 5) Satzung.

11 Je nach Argumentation.

12 Je nach Argumentation.

Sprachliche Aspekte

1 1) Grundgesetz; 2) Gesetzgebung; 3) Gesetzgebers; 4) Gesetzesvorbehalt; 5) Gesetz; 6) Gesetzgebungsorgan; 7) Gesetzes; 8) Gesetzgebungsrechts; 9) Gesetze; 10) Gesetzeskraft.

2 1) ausgefertigt / verkündet; 2) eingebracht; 3) vorgelegt; 4) beschlossen; 5) lehnt __ ab; 6) kommen __ zustande; 7) überstimmt; 8) verabschiedet; 9) getreten; 10) geändert; 11) erlassen; 12) bestimmt / angewendet / galt.

Kapitel 4

Rechtliche Aspekte

1 Die Beantwortung der Fragen 1–12 ergibt sich aus dem vorhergehenden Text.

2 Handels- und Gesellschaftsrecht; Arbeitsrecht.

3 Allgemeiner Teil; Schuldrecht; Sachenrecht; Familienrecht; Erbrecht.

4 1) Verfügungsgeschäft; 2) Verpflichtungsgeschäft; 3) Verfügungsgeschäft; 4) Verpflichtungsgeschäft.

5 Abschlussfreiheit (ob und mit wem); Gestaltungsfreiheit (mit welchem Inhalt).

6 1) Geschäftsunfähigkeit; Rechtsgeschäft kommt nicht zustande.
2) Beschränkte Geschäftsfähigkeit; Rechtsgeschäft kommt zustande.
3) Beschränkte Geschäftsfähigkeit; Rechtsgeschäft kommt nicht zustande.
4) Geschäftsunfähigkeit; Rechtsgeschäft kommt nicht zustande.

7 1) Sachdarlehen, § 607 I BGB; 2) Reisevertrag, § 651a; 3) Werkvertrag, § 631; 4) Auslobung, § 657; 5) Miete, § 535; 6) Darlehen, § 488 I; 7) Dienstvertrag, § 611; 8) Tauschvertrag, § 480.

8 1b, f; 2 c, d; 3a, e.

9 1) Besitzerin; 2) Besitzerin und Eigentümerin; 3) Eigentümerin.

10 Willenserklärungen; Verträge.

11 1) B: *invitatio ad offerendum*, L: Angebot; 2) Jackett im Schaufenster: *invitatio ad offerendum*, M: Angebot, H: Annahme.

12 1) Ausdrückliche mündliche Willenserklärung; 2) Konkludente Willenserklärung; 3) Ausdrückliche schriftliche Willenserklärung.

13 1) § 305 Abs. 2 BGB
Tatbestandsvoraussetzungen:
- Verwender weist bei Vertragsschluss ausdrücklich oder durch deutlich sichtbaren Aushang auf die AGB hin
- Möglichkeit für die andere Vertragspartei, in zumutbarer Weise von den AGB Kenntnis zu nehmen
- Einverständnis der anderen Vertragspartei mit der Geltung der AGB

Rechtsfolge: Die AGB werden Bestandteil des Vertrags.
2) § 311 BGB
Tatbestandsvoraussetzungen:
- Schuldverhältnis kann entstehen durch:
  - Vertrag (Abs. 1)
  - Aufnahme von Vertragsverhandlungen, Anbahnung eines Vertrags oder ähnliche geschäftliche Kontakte (Abs. 2)
  - Auch zu Dritten, wenn diese in besonderem Maße Vertrauen in Anspruch nehmen (Abs. 3)

Rechtsfolge: Begründung eines Schuldverhältnisses mit Pflichten nach § 241 Abs. 2 BGB (Rücksichtnahme auf Rechte, Rechtsgüter und Interessen).
3) § 312b Abs. 1 BGB
Tatbestandsvoraussetzungen:
  - Vertrag zwischen Unternehmer und Verbraucher
  - Lieferung von Waren oder Erbringung von Dienstleistungen
  - Abschluss unter ausschließlicher Verwendung von Fernkommunikationsmitteln
  - Vertragsschluss im Rahmen eines für den Fernabsatz organisierten Vertriebs-/Dienstleistungssystems

Rechtsfolge: Es liegt ein Fernabsatzvertrag vor; besondere Verbraucherschutzvorschriften (z. B. Widerrufsrecht) gelten.
4) § 346 Abs. 1 BGB
Tatbestandsvoraussetzungen:
  - Rücktrittsrecht besteht (vertraglich oder gesetzlich)
  - Rücktritt wird erklärt

Rechtsfolge: Rückgewähr der empfangenen Leistungen und Herausgabe der gezogenen Nutzungen

5) § 346 Abs. 2 BGB
Tatbestandsvoraussetzungen:
- Rückgewähr oder Herausgabe nach der Natur des Erlangten ausgeschlossen
- Wertersatzpflicht kann sich ergeben, z. B. bei Verschlechterung, Untergang, Gebrauchsvorteil

Rechtsfolge: Statt Rückgewähr/Herausgabe ist Wertersatz zu leisten.

6) § 355 BGB
Tatbestandsvoraussetzungen:
- Gesetzliches Widerrufsrecht für Verbraucher besteht
- Widerruf wird fristgerecht erklärt

Rechtsfolge: Verbraucher und Unternehmer sind an ihre auf den Vertragsschluss gerichteten Willenserklärungen nicht mehr gebunden (Vertrag wird rückabgewickelt).

7) § 505 BGB
Tatbestandsvoraussetzungen:
- Verbraucherdarlehensvertrag liegt vor
- Vertrag zwischen Unternehmer und Verbraucher über ein entgeltliches Darlehen

Rechtsfolge: Besondere Schutzvorschriften für Verbraucherdarlehensverträge (z.B. Widerrufsrecht, Formvorschriften, Informationspflichten) gelten.

14 1) GoA; 2) ungerechtfertigte Bereicherung; 3) unerlaubte Handlung.

15 1a) A ist Eigentümer; des Flugzeugs; B ist Eigentümer des Geldes.
1b) B ist Eigentümer des Flugzeugs; A ist Eigentümer des Geldes.
2a) C ist Eigentümer des Flugzeugs; A ist Eigentümer des Geldes.
2b) Nein, da A verfügungsbefugt über das Flugzeug und B über das Geld ist.
Stichworte: Trennungsprinzip; Abstraktionsprinzip.
2c) B kann u.U. Schadensersatzansprüche gegen A geltend machen.

16 1) Einfache Eigentumsübertragung; 2) Eigentumsvorbehalt; 3) Sicherungsübereignung; 4) einfache Eigentumsübertragung.

17 a) Bei der Hypothek ist die Eintragung der geänderten Bedingungen in das Grundbuch erforderlich (Forderungsauswechslung).
b) Bei der Grundschuld ist keine Eintragung erforderlich, da die Grundschuld von den gesicherten Forderungen unabhängig ist.

18 Je nach Argumentation.

19 Je nach Argumentation.

Sprachliche Aspekte

1 1) ist nichtig; 2) wird wirksam; 3) widerrufen; 4) eingehalten; 5) angefochten / sich geirrt; 6) getäuscht / bedroht.

2 1) Leistungen; 2) Geld; 3) Waren; 4) Sachen; 5) Arbeitsleistungen; 6) Gegenleistung; 7) Vertragsfreiheit; 8) Pflichten; 9) Vereinbarung; 10) Handlung; 11) Bereicherung.

Kapitel 5

Rechtliche Aspekte

1+2 Die Beantwortung der unter Punkt 1 und 2 gestellten Fragen ergibt sich aus dem vorhergehenden Text.

3 1) B ist nicht ehemündig, § 1303 I; eine Befreiung von dem Alterserfordernis ist nicht möglich. Die kirchliche Eheschließung beurteilt sich nach Kirchenrecht. 2) Die Ehe ist aufhebbar, § 1314 II Nr. 3. 3) Die Ehe ist aufhebbar, §§ 1314 I, 1306. 4) Die Ehe ist aufhebbar, §§ 1314 I, 1311 S. 1. 5) Die Ehe ist aufhebbar, § 1314 II Nr. 5. 6) Die Ehe ist nicht aufhebbar, § 1314 II Nr. 3 2. Hs. 7) Die Ehe ist nicht aufhebbar, weil die Krankheit nicht bei der Eheschließung vorgelegen hat, § 1314 II Nr. 1. 8) Die Ehe ist aufhebbar, §§ 1314 I, 1304. 9) Die Ehe ist aufhebbar, §§ 1314 I, 1307. 10) Eine Eheschließung ist aufgrund des Gesetzes zur Einführung des Rechts auf Eheschließung für Personen gleichen Geschlechts seit 1.10.2017 möglich.

4 1) Notarielles Testament; 2) Gesetzliche Erbfolge; 3) Handschriftliches oder notarielles Testament; 4) Erbvertrag.

5 1) Testament nichtig, § 2247 I; 2) Erbeinsetzung des Arco unwirksam, § 1923; 3) Testament wirksam, § 2247 III S. 2; 4) Testament wirksam, § 2247 I; 5) Testament widerrufen, § 2255; 6) Verfügung unwirksam, § 1967; 7) Testament wirksam, § 1938; 8) Testament unwirksam, § 2265; 9) Testament unwirksam, § 2247 IV; 10) O, P, Q, R erben je ein Siebtel; S, T, U, V, W und X erben je ein Vierzehntel, §§ 1925 III, 1924 III und IV.

6 a) Frau Simon, Herr Waldner; b) Frau Simon, Herr Simon; c) Frau Simon, Herr Waldner-Simon; d) Frau Simon, Herr Waldner Simon; e) Frau Simon, Herr Simon-Waldner; f) Frau Simon, Herr Simon Waldner; g) Frau Waldner, Herr Waldner; h) Frau Waldner-Simon, Herr Waldner; i) Frau Waldner Simon, Herr Waldner; j) Frau Simon-Waldner, Herr Waldner; k) Frau Simon Waldner, Herr Waldner

7 a) Simon oder Waldner; Simon-Waldner; Simon Waldner; Waldner-Simon; Waldner Simon; wie bei der Geburt des ersten Kindes bestimmt. b) Simon; c) Simon; d) Simon; e) Simon; f) Simon; g) Waldner; h) Waldner; i) Waldner; j) Waldner; k) Waldner.

8 1) Nein; Begründung: Die Norm regelt nur die Möglichkeit, einen gemeinsamen Familiennamen zu bestimmen. Sie enthält keine Rechtsfolge, die einem Tatbestand einen Anspruch zuordnet.
2) Ja; Begründung: Die Norm verpflichtet Ehegatten, die Familie angemessen zu unterhalten. Daraus folgt ein Anspruch des anderen Ehegatten auf Familienunterhalt.
3) Ja; Begründung: Die Norm begründet einen Anspruch auf Auskunft über Einkünfte und Vermögen zwischen geschiedenen Ehegatten.
4) Ja; Begründung: Die Norm verpflichtet Verwandte in gerader Linie zum Unterhalt. Daraus ergibt sich ein Anspruch auf Unterhaltsleistung.
5) Nein; Begründung: Die Norm beschreibt Pflichten und Rechte der Eltern gegenüber dem Kind, aber keinen konkreten Anspruch auf eine Leistung gegenüber einer bestimmten Person.
6) Ja; Begründung: Die Norm verpflichtet den Annehmenden, dem Angenommenen und dessen Abkömmlingen Unterhalt zu gewähren.
7) Nein; Begründung: Die Norm regelt den Übergang des Vermögens im Erbfall, begründet aber keinen individuellen Anspruch auf eine Handlung (z.B. Herausgabe).
8) Ja; Begründung: Die Norm gibt dem Nachlassverwalter einen Anspruch auf angemessene Vergütung für die Amtsführung.
9) Ja; Begründung: Die Norm gibt dem Erben einen Anspruch auf Herausgabe des Erlangten gegen den Erbschaftsbesitzer.
10) Ja. Begründung: Die Norm gibt dem Vermächtnisnehmer einen Anspruch auf Lieferung einer mangelfreien Sache oder Schadensersatz.

9 1) Vormund; Begründung: F ist minderjährig und hat keine Eltern mehr. Das Familiengericht muss daher für ihn einen Vormund bestellen, § 1773 Abs. 1 Nr. 1 BGB. O kann als Verwandter vom Gericht zum Vormund bestellt werden, wenn er geeignet ist, § 1774 Abs. 1 Nr. 1, § 1779 Abs. 2 BGB
2) Betreuerin; Begründung: Für volljährige Personen, die ihre Angelegenheiten aufgrund geistiger Einschränkungen nicht mehr selbst besorgen können, wird durch das Betreuungsgericht ein Betreuer bestellt, § 1814 BGB. Die Tochter T kann als Betreuerin eingesetzt werden, wenn das Gericht sie auswählt und die Voraussetzungen vorliegen.
3) Gesetzliche Vertreter; Begründung: Die Eltern sind bei minderjährigen Kindern grundsätzlich die gesetzlichen Vertreter (§§ 1626, 1629 BGB) und können für ihr Kind Verträge abschließen, solange ihnen die elterliche Sorge zusteht.

10 1) Möglich, § 1566 II; 2) Möglich, § 1565 II; 3) Möglich, § 1566 I.

11 1) Zugewinngemeinschaft; 2) Gütergemeinschaft; 3) Gütertrennung.

12 1) Freiheitsstrafe bis zu zwei Jahren oder Geldstrafe; 2) Freiheitsstrafe bis zu drei Jahren oder Geldstrafe; 3) Freiheitsstrafe bis zu fünf Jahren oder Geldstrafe; 4) Freiheitsstrafe bis zu drei Jahren oder Geldstrafe; 5) Freiheitsstrafe bis zu drei Jahren oder Geldstrafe; 6) Freiheitsstrafe bis zu drei Jahren oder Geldstrafe; 7) Freiheitsstrafe bis zu zwei Jahren oder Geldstrafe.

13 1) a) die Frau, die es geboren hat; b) Frau, die das Kind austrägt; c) Frau, die bewusst ein Kind durch einen anonymen Samenspender bekommt; d) Frau, die das Kind ohne den rechtlichen Vater aufzieht.
2) a) Vater nach dem Gesetz; b) Mann, der sich im Alltagsleben um das Kind kümmert; c) Mann, von dem das Kind genetisch abstammt; d) Mann, der lediglich seinen Samen spendet; e) Mann, der rechtlich als Vater eines Kindes gilt und weiß oder nicht weiß, dass das Kind genetisch von einem anderen Mann abstammt; f) ein Mann, dessen Vaterschaft (noch) nicht feststeht; g) Mann, der die Vaterschaft eines nichtehelichen Kindes freiwillig und in einer öffentlichen Urkunde anerkennen lässt;
3) a) Kind, das adoptiert ist, also an Kindes statt angenommen wurde; b) Kind, das mit den Pflegeeltern nicht verwandt ist; c) umgangssprachlich ein Kind, dessen rechtlicher Vater, mit dem es aufwächst, – wissend oder unwissend nicht der genetische Vater ist; d) umgangssprachlich tot geborenes oder gestorbenes Kind.
4) a) Kleinfamilie bestehend aus Eltern und Kindern; b) Familie, die nur aus einem Elternteil mit Kind(ern) besteht; c) umgangssprachlich Familie, die sich aus verschiedenen Konstellationen zusammensetzt, z. B. miteinander verheiratete Eltern, die gemeinsame Kinder und Kinder aus vorherigen Beziehungen haben; d) umgangssprachlich Familie, bei der mindestens ein Elternteil nicht binär ist.

14 Je nach Argumentation.

15 Je nach Argumentation.

Sprachliche Aspekte

1 1) Zivilehe; 2) Trauung; 3) Standesbeamten; 4) Familiengericht; 5) Folgesachen; 6) Unterhaltsansprüche; 7) Versorgungsausgleich; 8) Sorgerecht.

2 1) Vermögensverhältnisse; 2) Privaterbfolge; 3) Erbe; 4) Testament; 5) Erbfolge; 6) Erblasser; 7) Pflichtteil; 8) Erbberechtigten; 9) Nachlasses; 10) beerben; 11) erben; 12) Das; 13) Der; 14) Erbschaft; 15) Erbengemeinschaft; 16) Miterbe.

Kapitel 6

Rechtliche Aspekte

1 Die Beantwortung der Fragen 1–14 ergibt sich aus dem vorhergehenden Text.

2 1) Weder juristische noch natürliche Person; Begründung: Tiere werden als Sachen behandelt (§ 90a BGB); 2) Natürliche Person; Begründung: Mensch; 3) Nicht rechtsfähig; Begründung: Keine Vorschrift, aus der sich die Rechtsfähigkeit ergibt; 4) Juristische Person; Begründung: § 21 BGB; 5) Juristische Person; Begründung: § 1 I 1 AktG; 6) Natürliche Person; Begründung: Mensch; 7) Juristische Person; Begründung: § 17 I Genossenschaftsgesetz; 8) Juristische Person; Begründung: § 13 I GmbHG.

3 1) Kaufmann, § 6 HGB; 2) Kein Kaufmann; 3) Kaufmann, § 6 HGB; 4) Kein Kaufmann; 5) Kaufmann, § 2 HGB.

4 1) Unternehmergesellschaft; 2) OHG; 3) AG; 4) Nicht eingetragener Einzelkaufmann; 5) GmbH & Co. KG; 6) Genossenschaft; 7) Eingetragener Einzelkaufmann; 8) GmbH; 9) nicht eingetragene Gesellschaft des bürgerlichen Rechts; 10) Kommanditgesellschaft; 11) eingetragene Gesellschaft des bürgerlichen Rechts.

5 Ein öffentliches Register, in dem die Kaufleute und bestimmte auf sie bezogene Tatsachen und Rechtsverhältnisse eingetragen werden. Verfolgt den Zweck, jedermann darüber Auskunft zu geben, wer Kaufmann ist. Führung beim Amtsgericht als Registergericht. Eintragungen werden im Internet bekannt gemacht.

6 1) Zusätzliche Regelung; 2) Abweichende Regelung; 3) Abweichende Regelung; 4) Abweichende Regelung; 5) Zusätzliche Regelung.

7 1) Dienstvertrag; 2) Arbeitsvertrag; 3) Arbeitsvertrag; 4) Arbeitsvertrag; 5) Dienstvertrag.

8 1) Heimarbeitsgesetz; 2) Jugendarbeitsschutzgesetz; 3) Arbeitssicherheitsgesetz; 4) SGB IX – Rehabilitation und Teilhabe behinderter Menschen; 5) Mutterschutzgesetz; 6) Insolvenzordnung; 7) Arbeitszeitgesetz; 8) Kündigungsschutzgesetz.

9 1) Ja, da Spiel- und Sicherheitsregeln beachtet; 2) H hat Recht, da verschiedene Erkrankungen; 3) Nein, da stark betrunken; 4) Nein, da im Drogenrausch; 5) Nein, da nur gesetzliche Feiertage zählen; 6) Ja, da Kuraufenthalt der Erhaltung der Gesundheit und Arbeitsfähigkeit dient; 7) Nein, da Trinkgeld nicht Gehaltsbestandteil; 8) Lohnfortzahlung ja, da Foulen im Fußball „normal" ist.

10 1) Ja, bei hohem Schaden unter Umständen nur teilweise (grobe Fahrlässigkeit); 2) Ja, unbeschränkt (gröbste Fahrlässigkeit); 3) Nein (höchstens leichte Fahrlässigkeit); 4) Ja, teilweise (normale Fahrlässigkeit); 5) Ja, zu einem größeren Teil (grobe Fahrlässigkeit).

11 1) Monatliches Gehalt von 1.750 EUR. und 6 EUR. Prämie für jeden Tag, an dem er wirklich arbeitet; 2) Monatliches Gehalt von 1.500 EUR; 3) Lohn von 35 EUR über dem tariflichen Wochenlohn, Entgeltfortzahlung ab dem ersten Krankheitstag; 4) Gehalt von 2.300 EUR und 25 Tage Jahresurlaub.

12 1) ja; 2) ja; 3) nein; 4) nein; 5) nein.

13 Je nach Argumentation.

14 Je nach Argumentation.

Sprachliche Aspekte

1 1) Vorstand; 2) Werkvertrag; 3) Minister; 4) selbstständig Tätiger; 5) Friedenspflicht; 6) Beamte; 7) selbstständig; 8) Ohne Angabe von Gründen.

2 1) Gewerbetreibende; 2) Gewerbetreibenden; 3) Buchführung; 4) Handelsregister; 5) Geschäft; 6) Gewerbes; 7) Handelsregister; 8) Gewerbetreibender; 9) Eintragung; 10) Geschäftsjahres; 11) Kaufleute; 12) Bilanz.

Kapitel 7

Rechtliche Aspekte

1 Die Beantwortung der Fragen 1–19 ergibt sich aus dem vorhergehenden Text.

2 1) D könnte sich wegen Diebstahls strafbar gemacht haben, § 242 StGB; 2) R könnte sich wegen Urkundenfälschung strafbar gemacht haben, § 267 StGB; 3) E könnte wegen Vergewaltigung (§ 177 II StGB) zu bestrafen sein; 4) F und L könnten wegen Mordes strafbar sein, § 211 StGB; 5) Dagobert könnte wegen Erpressung strafbar sein (§ 253 StGB); 6) B und G könnten wegen Körperverletzung zu bestrafen sein, § 223 StGB; 7) G könnte wegen Nötigung strafbar sein, § 240 StGB; 8) S könnte wegen Sachbeschädigung zu bestrafen sein, § 303 StGB; 9) G und V könnten wegen erpresserischen Menschenraubs strafbar sein, § 239a StGB; 10) R und K könnten sich wegen Brandstiftung mit Todesfolge strafrechtlich zu verantworten haben, § 306c StGB.

3 1) Generalprävention und Vergeltung; 2) Spezialprävention und Generalprävention; 3) Generalprävention und Vergeltung; 4) Vergeltung und Generalprävention.

4 1) Kinder, schuldunfähig, § 19 StGB; 2) Jugendlicher, schuldfähig, § 1 II JGG; 3) M: Heranwachsende, § 1 I; II JGG, schuldfähig; V: schuldfähig, Erwachsenenstrafrecht, StGB; 4) Kinder, schuldunfähig, § 19 StGB; 5) Jugendlicher, schuldfähig, § 1 I JGG, Alkoholabhängigkeit zu berücksichtigen; 6) Kind, schuldunfähig, § 19 StGB; 7) Schuldunfähig, psychisch krank, akuter Schub, § 20 StGB; 8) Möglicherweise eingeschränkt schuldfähig, § 21 StGB (oder schuldfähig, nach Erwachsenenstrafrecht).

5 1) Ja, § 1 Völkerstrafgesetzbuch; 2) Ja, § 7 Abs. 2 Nr. 2 StGB; 3) Ja, § 6 Nr. 4 StGB; 4) Ja, § 6 Nr. 5 StGB; 5) Ja, § 6 Nr. 4 StGB.

6 1) Nein; 2) Ja; 3) Nein; 4) Ja.

7 1) Freispruch; 2) lebenslange Freiheitsstrafe und besondere Schwere der Schuld; 3) gemeinnützige Arbeit; 4) lebenslange Freiheitsstrafe, besondere Schwere der Schuld und Sicherungsverwahrung; 5) Freiheitsstrafe: 8 Jahre; 6) B lebenslange

Freiheitsstrafe; S und K Freiheitsstrafe: 10 Jahre; E und N Freiheitsstrafe: 5½ Jahre; 7) Berufsverbot; zeitige Freiheitsstrafe: 2 Jahre auf Bewährung; 8) Entzug der Fahrerlaubnis; Geldstrafe 50 Tagessätze à 1.000 EUR; 9) Freispruch; Maßregel der Besserung und Sicherung: Unterbringung in einem psychiatrischen Krankenhaus; 10) Freispruch.

8 1) Tatbestandsmäßigkeit; 2) Schuld; 3) Rechtswidrigkeit; 4) Tatbestandsmäßigkeit (keine Handlung des X, lediglich Erfüllung einer Hoffnung); 5) Rechtswidrigkeit; 6) Schuld (entschuldigender Notstand, § 35 StGB).

9 1) Mittäterschaft; 2) Alleintäterschaft; 3) Anstiftung; 4) Beihilfe.

10 1) Vorsatz; 2) Bedingter Vorsatz; 3) Vorsatz bezüglich der Brandstiftung, Fahrlässigkeit bezüglich der Körperverletzung; 4) Bedingter Vorsatz (= *dolus eventualis*; Mord).

11 1) Vorbereitungshandlung; 2) Versuch.

12 1) Rückwirkungsverbot; 2) Analogieverbot; 3) Bestimmtheitsgrundsatz.

13 § 108e: Vergehen; § 123: Vergehen; § 130 I: Vergehen; § 146 I: Verbrechen; § 154 I: Verbrechen; § 172: Vergehen; § 177 II: Verbrechen; § 212: Verbrechen; § 218 I 1: Vergehen; § 223: Vergehen.

14 1f; 2d; 3e; 4g; 5h;6c;7i; 8b; 9a; 10j.

15 1) c) § 202a I StGB; 2) b) § 253 StGB; 3) a) § 126a StGB, und d) § 177 StGB.

16 1 D, 2 E, 3 F, 4 H, 5 A, 6 B, 7 J, 8 G, 9 I, 10 C.

17 Je nach Argumentation.

18 Je nach Argumentation.

Sprachliche Aspekte

1 1) strafbar / bestraft; 2) Tat / Tatbestand / Strafgesetzes; 3) Strafvorschrift; 4) Strafbar / Strafe; 5) Täter / Tat; 6) Täters / Strafe; 7) Täter / Tatzeit; 8) Taten / Freiheitsstrafe; 9) Kernstrafrecht / Nebenstrafrecht; 10) Bestrafung.

2 1) schuldunfähig; 2) verminderte; 3) Vorsätzlich; 4) fahrlässiges; 5) rechtswidrige; 6) unterlassene; 7) gemeingefährlichen; 8) umweltgefährdende; 9) unerlaubte; 10) verfassungswidrig.

3 1) Einer Person unter 18 Jahren dürfen keine pornographischen Schriften angeboten, überlassen oder zugänglich gemacht werden; 2) Man darf einen anderen nicht zur Ableistung eines falschen Eides verleiten; 3) Eine fremde Sache darf nicht rechtswidrig beschädigt oder zerstört werden; 4) Bei der Planung, Leitung oder Ausführung eines Baues müssen die anerkannten Regeln der Technik eingehalten werden, um Leib und Leben anderer Personen nicht zu gefährden; 5) Die Ahndung einer Straftat soll den Täter (durch die Strafe) davon abhalten, weitere Straftaten zu begehen.

4 a) nicht dürfen; b) müssen; c) sollen.

5 1) Waldflächen dürfen durch Rauchen nicht in Brandgefahr gebracht werden; 2) Öffentliche Lotterien dürfen nicht ohne behördliche Erlaubnis veranstaltet werden; 3) Bei drohender Zahlungsunfähigkeit dürfen Bestandteile des Vermögens, die im Falle der Insolvenzeröffnung zur Insolvenzmasse gehören, nicht beiseitegeschafft werden; 4) Ein Kraftfahrzeug darf nicht gegen den Willen des Berechtigten in Gebrauch genommen werden.

Kapitel 8

Rechtliche Aspekte

1 Die Beantwortung der Fragen 1–8 ergibt sich aus dem vorhergehenden Text.

2 1) Privatrecht; 2) Öffentliches Recht; 3) Öffentliches Recht; 4) Privatrecht; 5) Privatrecht; 6) Öffentliches Recht.

3 1) Gerichtliche Überprüfbarkeit; 2) Vorbehalt des Gesetzes; 3) Ermessen.

4 1) Ja; 2) Ja; 3) Nein; 4) Ja; 5) Nein; 6) Ja; 7) Ja; 8) Nein.

5 1) Ja; 2) Nein; 3) Nein; 4) Ja.

6 1) Baurecht; 2) Aufenthaltsrecht; 3) Tierschutzrecht; 4) Sozialrecht; 5) Polizeirecht; 6) Fahrerlaubnisrecht; 7) Naturschutzrecht; 8) Straßenverkehrsrecht; 9) Naturschutzrecht; 10) Beamtenrecht.

7 1) Leistungsverwaltung; 2) Eingriffsverwaltung; 3) Eingriffsverwaltung; 4) Leistungsverwaltung.

8 1) Steuer; 2) Gebühr; 3) Beitrag.

9 1) Verbrauchsteuer; 2) Personensteuer; 3) Verkehrsteuer; 4) Aufwandsteuer.

10 1) Bundesverwaltung; 2) Kommunalverwaltung; 3) Landesverwaltung.

11 1) Nein, da Kind; 2) Nein, dienstrechtliche Konsequenzen; 3) Nein, fahrlässige Tötung; 4) Nein, dienstrechtliche Konsequenzen; 5) Bei Hochrisikospielen u.U. möglich; 6) Nein, Art. 1 GG (Menschenwürde); wenn Folter verboten ist, muss auch Androhung von Folter verboten sein (strittig); 7) a) b) c) d) e) Aktueller Fall in Bremen, noch unentschieden; Problem: Neutralitätsgebot; f) Nein, (mindestens) dienstrechtliche Konsequenzen; g) Nein, Entlassung; h) Ja (Einzelfallentscheidung). 8) a) b) Aktuell nein; Problem: Neutralitätsgebot; c) ja; d) Nein, verbotenes Symbol; e) Ja; f) Nein, persönliche politische Kundgabe; Neutralitätsgebot; g) Nein, Entlassung; h) Ja/Nein, „Grund"; i) Nein, u.U. dienstrechtliche Konsequenzen.

12 Lösungen je nach Argumentation.

13 Lösungen je nach Argumentation.

Sprachliche Aspekte

1 1) regelt; 2) unterliegt; 3) ergänzt; 4) angeordnet; 5) gewährt; 6) erlassen; 7) schaffen; 8) verblieben; 9) zeigt; 10) dient; 11) ist; 12) nimmt ein; 13) eingreifen; 14) regelt; 15) beanspruchen; 16) geplant; 17) fertig gestellt; 18) getreten; 19) benötigt; 20) zufließen; 21) enthält; 22) gibt.

2 1) erteilen; 2) stehen; 3) treffen; 4) vornimmt / hat; 5) gefasst; 6) getroffen; 7) erteilt; 8) steht; 9) kommt; 10) leisten; 11) nehmen; 12) haben; 13) hat; 14) sind; 15) kommen.

Kapitel 9

Rechtliche Aspekte

1 Die Beantwortung der Fragen 1–10 ergibt sich aus dem vorhergehenden Text.

2 1) Arbeitsgericht; 2) Verwaltungsgericht; 3) Finanzgericht; 4) Amtsgericht (Familiengericht); 5) Landgericht (Zivilgericht); 6) Sozialgericht; 7) Amtsgericht (Strafgericht); 8) Verwaltungsgericht; 9) Landgericht (Kammer für Handelssachen); 10) Amtsgericht (Zivilgericht).

3 1) Öffentlichkeitsgrundsatz; 2) Justizgewährungsanspruch; 3) Zuständigkeit, Rechtliches Gehör; 4) Rechtliches Gehör; 5) Rechtliches Gehör; 6) Mündlichkeit; 7) Rechtliches Gehör; 8) Öffentlichkeitsgrundsatz; 9) Rechtsweg; 10) Gesetzlicher Richter.

4 1) Revision, Bundesgerichtshof; 2) Revision, Bundesgerichtshof. Abwandlung: Kein Rechtsmittel sinnvoll; 3) Berufung, Oberlandesgericht; 4) Kein Rechtsmittel sinnvoll wegen Wertgrenze in Finanzgerichtsordnung; 5) Berufung, Landesarbeitsgericht; 6) Revision, Bundesgerichtshof; 7) Kein Rechtsmittel sinnvoll wegen Berufungssumme; 8) Berufung, Landessozialgericht; 9) Berufung, Landgericht; 10) Berufung, Oberverwaltungsgericht (Verwaltungsgerichtshof).

5 1) Materielles Recht, § 1004 BGB; 2) Verfahrensrecht, § 253 ZPO; 3) Verfahrensrecht, § 296 ZPO; 4) Materielles Recht, § 651g BGB; 5) Materielles Recht, § 253 II BGB.

6 1) *iudex ad quem*; 2) *iudex a quo*; 3) *iudex a quo*; 4) *iudex ad quem*; 5) *iudex ad quem.*

7 1) 3 Berufsrichter, 2 Laienrichter; 2) 3 Berufsrichter; 3) 1 Berufsrichter; 4) 8 Berufsrichter; 5) 1 Berufsrichter, 2 Laienrichter; 6) 5 Berufsrichter; 7) 5 Berufsrichter; 8) 3 Berufsrichter, 2 Laienrichter.

8 Je nach Argumentation.

9 Je nach Argumentation.

Sprachliche Aspekte

1 1) Streitfall; 2) Rechtsweg; 3) Gerichtsbarkeit; 4) Streitigkeiten; 5) Streitfälle; 6) Gerichtszweig; 7) Amtsgericht; 8) Parteien; 9) Berufung; 10) Anwaltsprozess; 11) Rechtsanwalt; 12) Oberlandesgericht; 13) Rechtsmittel; 14) Revision; 15) Beweismaterial; 16) Anwendung; 17) Urteil; 18) Prozesses; 19) Gerichtskosten; 20) Prozessgegners; 21) Streitwert; 22) Prozesskostenhilfe.

2

Zivilprozess				
der Kläger die Klägerin	der / die Beklagte	Klage erheben	Klageschrift	Beibringungs- grundsatz
Strafprozess				
a) der Staatsan- walt, die Staatsanwältin	b) der/die Angeklagte	c) Anklage erheben	d) Anklage- schrift	e) Unter- suchungs- grundsatz

3 1) a) erhebt, b) abweisen, c) verurteilen, d) ergeht, e) eingelegt; 2) a) geahndet, b) verwirklicht, c) erhebt, d) spricht, e) verhängt; 3) a) benannt, b) vernommen, c) einholen; 4) a) gewährleistet, b) übt __ aus, c) verletzen, d) begeht, e) belangt; 5) a) führen, b) gewinnen, c) verlieren, d) tragen, e) erstatten; 6) a) abgeschlossen, b) beurkundet, c) ausgehandelt, d) erfüllen, e) erbringen; 7) a) geltend machen, b) verfolgen, c) durchsetzen; 8) a) stellt __ fest, b) haften; 9) a) verlangen, b) zubilligen, c) leisten; 10) a) verstoßen, b) eingehalten, c) gibt __ ab, d) unterliegt, e) anfechten, f) widerrufen.

Kapitel 10

Übungsteil I – IPR

Rechtliche Aspekte

1 Die Beantwortung der Fragen 1–16 ergibt sich aus dem Text.

2 Hinweise zur Lösung

1) Deliktsstatut ist grundsätzlich das Recht des Tatortes (Art. 40 I EGBGB). Das wäre türkisches Recht. Bei gemeinsamer Staatsangehörigkeit der Beteiligten und gemeinsamem gewöhnlichem Aufenthalt im Inland ist an die gemeinsame Staatsangehörigkeit anzuknüpfen. Kunz hat also nicht Recht. 2) Grundsätzlich gilt US-amerikanisches Recht (Art. 21 EuErbVO). Sollte dieses bezüglich des Grundbesitzes in Deutschland auf deutsches Recht zurückverweisen, ist diese Rückverweisung maßgeblich (Art. 34 EuErbVO). Es gilt dann für das Grundstück und das Konto das Recht von Texas, für die Eigentumswohnung deutsches Erbrecht; 3) Der Erbvertrag ist unwirksam (Art. 25 EuErbVO). Dianas Kinder haben nicht Recht; 4) Die Ehe ist gültig geschlossen (Art. 11 EGBGB); 5) Für die Ehewirkungen gilt marokkanisches Recht (Art. 14 I Nr. 1 EGBGB). Daher ist Scheidung durch Verstoßung grundsätzlich möglich. Ob sie an Art. 6 EGBGB scheitert, kann dahinstehen, da jedenfalls Art. 17 III EGBGB dieser Scheidung im Inland entgegensteht; 6) Tansu hat Recht (Art. 21 EGBGB); 7) Für die Adoption gilt deutsches Recht (Art. 22 I 1 EGBGB), also auch für die Frage, ob die Adoption durch einen Ehegatten möglich ist. Das ist nicht der Fall (§ 1741 II 1 BGB). Eva hat also Pech; 8) Kaum. Verpflichtung zur Abtreibung verstößt gegen den deutschen *ordre public*, Art. 6 EGBGB; 9) Der von Anna geschlossene Vertrag unterliegt deutschem Recht (Art. 6 I Rom-I-VO). Anna kann also binnen 14 Tagen widerrufen (§§ 312g I, 312 I 1 Nr. 4 BGB); 10) Der Kaufvertrag ist gültig (Art. 11 Abs. 1 EGBGB). Das Grundbuchamt konnte aber den Antrag trotzdem zurückweisen, weil die Auflassung (§ 925 BGB) deutscher Grundstücke nur vor einem deutschen Notar erklärt werden kann (Art. 11 Abs. 4 EGBGB).

3 1) Rückverweisung / Verweisung / Weiterverweisung / Rückverweisung; 2) Möglichkeit der Scheidung aufgrund einseitiger Erklärung des Ehemanns: *ordre public*. Möglicherweise Scheidung im Irak gültig, in Deutschland ungültig: Hinkende Ehe; 3) Qualifikation; 4) Forum Shopping.

4 1) Deliktsstatut, Art. 40 ff. EGBGB; 2) Erbstatut, Art. 21 EuErbVO; 3) Personalstatut, Art. 5 EGBGB; 4) Ehewirkungsstatut, Art. 14 EGBGB; 5) Personalstatut, Art. 5 EGBGB; 6) Namensstatut, Art. 10 EGBGB; 7) Vertragsstatut, Art. 4 Rom-I-VO; 8) Unterhaltsstatut, Art. 3 HaagUntProt; 9) Arbeitsvertragsstatut, Art. 8 Rom-I-VO; 10) Scheidungsstatut, Art. 8 Rom-III-VO.

5 1) Territoriale Rechtsspaltung; 2) Personalrechtsspaltung; 3) Nachlassspaltung.

6 Je nach Argumentation.

Sprachliche Aspekte

1 Rechtsordnungen / anwendbar / Lebenssachverhalt / Normen / Einführungsgesetzes / Normen / Gesetz / Kollisionsnormen / Kollisionsnormen / Sachnormen / Rechtsordnung / Rechtsspaltung / Rechtsspaltung / Teilrechtsordnung/ Gesamtverweisung / Rückverweisung.

Übungsteil II – Europäisches Gemeinschaftsrecht

Rechtliche Aspekte

1 Die Beantwortung der Fragen zum Gemeinschaftsrecht ergibt sich aus dem Text.

2 1b, 2d, 3c, 4b, 5a, 6b, 7d, 8a.

3 1e, 2a, 3 f, 4c, 5b, 6d, 7g.

4 1g, 2a, 3e, 4b, 5d, 6i, 7e, 8 f, 9h.

5 1e, 2g, 3a, 4c, 5i, 6 f, 7b, 8h, 9d.

6 Je nach Argumentation.

Sprachliche Aspekte

1 1) Vorrang des Gemeinschaftsrechts; 2) Verordnung; 3) Empfehlung; 4) Entscheidung/Beschluss; 5) Richtlinie; 6) Petition; 7) Vertragsverletzungsverfahren; 8) *acquis communautaire*; 9) Gründungsverträge; 10) Vorabentscheidungsverfahren.

Übungsteil III – Die Europäische Menschenrechtskonvention

Rechtliche Aspekte

1 Die Beantwortung der Fragen zum Recht der EMRK ergibt sich aus dem Text.

2 1) Art. 10 Freiheit der Meinungsäußerung; Art. 8 Freiheit auf Achtung des Privat- und Familienlebens; 2) Art. 3 Verbot unmenschlicher und erniedrigender Behandlung; Art. 13 Recht auf wirksame Beschwerde; Art. 8 Freiheit auf Achtung des Privat- und Familienlebens; 3) Art. 8 Freiheit auf Achtung des Privat- und Familienlebens;

4) Art. 3 Folter- und Misshandlungsverbot; Art. 6 faires Verfahren; 5) Art. 8 Freiheit auf Achtung des Privat- und Familienlebens; 6) Art. 8 Freiheit auf Achtung des Privat- und Familienlebens; 7) Art. 9 Gedanken-, Gewissens- und Religionsfreiheit; Art. 8 Freiheit auf Achtung des Privat- und Familienlebens; 8) Art. 5 I Recht auf Freiheit und Sicherheit; Art. 11 Recht auf Versammlungs- und Vereinigungsfreiheit; 9) Art. 9 Gedanken-, Gewissens- und Religionsfreiheit; 10) Art. 5 I Recht auf Freiheit und Sicherheit; Art. 7 Rückwirkungsverbot.

3 Je nach Argumentation.

Sprachliche Aspekte

Mitgliedstaaten / Europäischen Konvention zum Schutz der Menschenrechte und Grundfreiheiten / persönlichen / freien / rechtliches / faires / Entscheidungen / Entschädigung / natürliche Person / Richtern / zulässig / Einheitlichkeit / verpflichtet / Feststellungsurteile / Rechtskraft / anordnen / Wiederaufnahme.

Kapitel 11

Rechtliche Aspekte

1 1) E könnte gegen B einen zivilrechtlichen Anspruch auf Herausgabe des Mantels gem. § 985 BGB haben; 2) K könnte einen Anspruch gegen V auf Übereignung und Übergabe des Gartenzwergs gem. § 433 I 1 BGB haben; 3) F könnte gegen A einen Anspruch auf Ersatz ihrer Arztkosten gem. § 823 I BGB haben; 4) N könnte gegen X einen Anspruch auf Beseitigung der Störung gem. § 1004 I 1 BGB haben; 5) M könnte gegen V einen Anspruch auf Gewährung des Gebrauchs der Wohnung gem. § 535 I 1 BGB haben; 6) W könnte gegen F einen Anspruch auf Rückgabe des Abendkleides gem. § 604 I BGB haben; 7) R könnte gegen T einen Anspruch auf Zahlung des Reisepreises gem. § 651a I 2 BGB haben; 8) F könnte gegen M einen Anspruch auf Rückübereignung des Fahrrades gem. § 812 I 1 1. Alt. BGB haben; 9) K könnte gegen M einen Anspruch auf Übereignung des Bildes gem. § 651 I S. 1 BGB haben; 10) N könnte gegen G einen Anspruch auf Zahlung von 30 EUR gem. § 611 I BGB haben.

2 1) V könnte die für S übernommene Bürgschaftserklärung nach § 123 I 2. Alt. BGB anfechten; 2) K könnte von dem mit A geschlossenen Kaufvertrag nach § 323 I BGB zurücktreten; 3) S könnte den Kaufvertrag nach § 119 I 2. Alt. BGB anfechten; 4) K könnte den mit V geschlossenen Kaufvertrag nach § 123 I 1. Alt. BGB anfechten.

3 1) K könnte gegen V einen Anspruch auf Rückzahlung des Kaufpreises gem. § 812 I 1 1. Alt. i.V.m. § 818 II BGB haben; 2) V könnte gegen M einen Anspruch auf Entrichtung des vereinbarten Mietzinses gem. § 535 II BGB haben; 3) Der Auktionator könnte gegen S einen Anspruch auf Rückgabe des Schwans gem. § 812 I 1 2. Alt. BGB haben.

4 1) J könnte wegen Beleidigung gem. § 185 StGB zu bestrafen sein; 2) L könnte wegen Meineids gem. § 154 StGB zu bestrafen sein; 3) D könnte sich wegen Doppelehe gem. § 172 StGB strafbar gemacht haben; 4) M könnte wegen Mordes gem. § 211 StGB strafbar sein; 5) H könnte wegen Diebstahls gem. § 242 StGB zu bestrafen sein.

5 1) Das Bundesland B könnte durch das Gesetz gegen das Verbot der Zwangsarbeit gem. Art. 12 III, 12a VI GG verstoßen haben; 2) K könnte durch das Schulgesetz in seiner Glaubensfreiheit gem. Art. 4 I GG verletzt sein; 3) B könnte durch die Ablehnung seines Antrags in seinem Anspruch auf Gleichbehandlung gem. Art. 3 II 1 GG und auf Schutz der Familie gem. Art. 6 I GG verletzt sein; 4) Das Gesetz könnte wegen Verstoßes gegen Art. 84 I GG nichtig sein, weil die Zustimmung des Bundesrates fehlt.

Sprachliche Aspekte

1 1) Vertragliche Ansprüche scheiden aus; 2) Das ist dahin auszulegen, dass F dem A die Rückgabe des Wechselgeldes einvernehmlich erlassen hat; 3) In Betracht kommt hier das Strafgesetz des § 263 StGB (Betrug); 4) In der Erklärung des A könnte eine begründete Anfechtung des Kaufvertrags liegen; 5) In Betracht kommt ein Inhaltsirrtum in der Form des Eigenschaftsirrtums (§ 119 II BGB); 6) Damit ist der Kaufvertrag von Anfang an als nichtig anzusehen; 7) Für diesen Fall bestimmt § 818 II BGB grundsätzlich, dass der Wert der Bereicherung zu ersetzen ist; 8) Als Ausnahme von dieser Regel bestimmt allerdings § 819 I BGB Folgendes; 9) Er kannte also die Anfechtbarkeit und haftet daher nach den allgemeinen Vorschriften; 10) Er hat daher dem A Schadensersatz in Höhe von 5.000 EUR zu leisten.

2 1) kollidieren; 2) abzuwägen; 3) beruft; 4) begründet / ergibt; 5) verstößt; 6) darstellt; 7) verneint; 8) verletzt; 9) fällt; 10) berücksichtigt; 11) bejaht; 12) ist.

3 1 b, 2 d, 3 b, 4 d, 5 b, 6 d.

Glossar
Deutsch – Englisch – Französisch

Deutsch	Englisch	Französisch
abändern	to amend; to alter; to change	modifier; changer; amender
Abgabenordnung *f*	internal revenue code; tax code	code des impôts
Abgeordnete/r *f/m*	elected representative; Member of Parliament	député; parlementaire; représentant du peuple
Abhörgesetz *n*	statute on eavesdropping	loi sur les écoutes téléphoniques
Abkömmling *m*	descendant	descendant; enfant; postérité
Absatz *m* (Teil eines Gesetzes)	subsection of an article or paragraph in German law	alinéa; paragraphe
Abschlussfreiheit *f*	freedom to contract	liberté de conclure un contrat
Abschnitt *m*	part or paragraph of an article, section or chapter	Paragraphe d'un article; chapitre; section; secteur
Abschreckung *f*	deterrence	dissuasion
Absicht *f*	intention; intent; purpose	intention; but; volonté
absolut	absolute; total	absolu; inconditionnel
Abstammung *f*	origin; parentage	filiation; descendance
Abstimmung *f*	vote; referendum	scrutin; vote; consultation électorale; votation
Abstraktionsprinzip *n*	principle of the separation of the rights and duties of the parties and the transfer of title to property	principe de l'ensaisinement; principe de la dissociation entre l'effet obligatoire de la vente et le transfert de la propriété
Abtreibung *f*	abortion	interruption volontaire de grossesse; avortement
Abtretung *f*	assignment; cession	cession; cession de créance; transfert; vente
Abwägung *f*	weighing up	considération
abweichend	differing or diverging from	divergent; différent
Abweichungskompetenz *f*	deviation authority	compétence dérogatoire
abweisen	to dismiss; to turn down; to repudiate	rejeter; refuser; débouter qn. de sa demande
adoptiert	adopted	adopté

Adoption *f*	adoption	adoption
ahnden	to punish	punir; réprimer; sanctionner
Ahndung *f*	punishment	punition
akademisch	academic	académique
Akte *f*	file	dossier
aktenkundig	officially documented	inscrit dans un dossier
Aktenzeichen *n*	reference number; file number	cote du dossier; numéro de référence
Aktie *f*	share	action
Aktiengesellschaft *f* (AG)	public limited liability company	société anonyme (S. A.); société anonyme de droit (S. A.); société par actions
Aktiengesetz *n*	Companies Act	loi sur les sociétés anonymes
Aktienrecht *n*	company law	droit des sociétés anonymes
Alleinerziehende/r *f/m*	single parent	parent seul
allgemeines Persönlichkeits-recht *n*	general personal rights; general right to personality	droit général de la person-nalité
allgemeinverbindlich	generally binding	généralement contraignant
Amoklauf *m*	killing spree; (shooting) ram-page	tuerie de masse
Amt *n* (Tätigkeit)	function; office	activité; mission
amtlich	officially	officiel; public
Amtsblatt *n*	official journal; official gazette	journal officiel; bulletin offi-ciel; gazette officielle
Amtsgericht *n* (AG)	local court of first instance	tribunal de première instance
Analogieverbot *n*	prohibition of extension by analogy	interdiction d'analogie
anbieten	to offer	offrir
Anerkenntnis *n*	acknowledgement	reconnaissance
anfechten (eine Willens-erklärung)	to (a)void/contest a declaration of intent	révoquer une déclaration de volonté
anfechten (einen Verwaltungs-akt angreifen)	to challenge an administrative decision	agir en annulation d'un acte administratif
anfechten (ein Urteil)	to challenge; to dispute	exercer une voie de recours
Anfechtung *f* (einer Willens-erklärung)	challenge	révocation d'une déclaration de volonté; demande d'an-nulation
Angebot *n*	offer; proposal	offre

Angehörige/r *f/m* (Verwandte/r)	relative	parent
Angehörige/r *f/m* (Mitglied)	member	membre; adhérent
Angeklagter *m*	accused; defendant	accusé
angemessen	reasonable	juste; raisonnable; conforme à
Anhaltspunkt *m*	point of reference	point de référence
anhören	to grant a hearing; to give the opportunity to be heard	entendre; ouïr
Anhörungsrüge *f*	legal remedy on point of having been denied the opportunity to be heard	voie de recours en cas de déni du droit d'être entendu
Anklage *f*	accusation; indictment; charge	accusation; acte d'accusation; inculpation; action publique
Anklageschrift *f*	indictment	acte d'accusation; acte de mise en accusation
anknüpfen	to add to	ajouter
Annahme *f* (Einverständnis)	acceptance	acceptation; agrément; consentement formel
annehmen	to accept	accepter; donner son consentement
anordnen (befehlen)	to order; to direct	enjoindre; décréter; édicter; ordonner; prescrire
anrufen, das Gericht ~	to appeal to the court	saisir un tribunal
ansetzen (Verhandlungstage)	to set (court hearings)	fixer (des jours d'audience)
Anspruch *m*	claim; right; entitlement	droit subjectif; demande; droit d'exiger; droit de faire; titre
Anspruchsgrundlage *f*	legal basis or foundation of a claim	fondement du droit; fondement de la demande
Anstiftung *f*	incitement; solicitation	incitation; instigation; provocation
Antrag *m*	application; motion; proposition; submission; petition; request	demande; requête
Antrag *m* (Angebot)	offer	offre
Antragsteller/in *m/f*	claimant; petitioner	requérant
Anwalt *m*	private lawyer (in German law there is no difference between solicitor and barrister)	avocat; mandataire au procès
Anwaltskanzlei *f*	lawyer's office	bureau; cabinet

Anwaltsnotar *m*	notary who is also a private lawyer	avocat exerçant en outre les fonctions d'un notaire
Anwaltspostfach/besonderes elektronisches (beA) *n*	special electronic mailbox for lawyers	boîte électronique spéciale pour les avocats
Anwaltszwang *m*	obligation to be represented by a lawyer	obligation de prendre un avocat; obligation de se faire représenter par un avocat
Anweisung *f* (im Verwaltungsrecht)	direction	directive; instruction
anwenden	to use; to apply	appliquer; employer; utiliser
Anwendung *f*	use; application	application; emploi; utilisation
Arbeitgeber/in *m/f*	employer	employeur
Arbeitgeberverband *m*	employers' association	association patronale; chambre patronale; syndicat patronal
Arbeitnehmer/in *m/f*	employee	salarié, travailleur, employé
Arbeitsamt *n*	labour exchange; job centre	office du travail; agence pour l'emploi; bureau de placement
Arbeitsbedingungen *pl. f*	conditions of work	conditions de travail
Arbeitsentgelt *n*	pay	rémunération; salaire
Arbeitsförderung *f*	job creation	projets destinés à procurer du travail
Arbeitsgericht *n*	industrial tribunal; labour court	tribunal du travail; conseil de prud'hommes
Arbeitsgesetzbuch *n*	labour law code	code du travail
Arbeitskampfrecht *n*	laws relating to industrial disputes	loi qui règle les conflits collectifs de travail
Arbeitslosenversicherung *f*	unemployment insurance	assurance chômage
Arbeitsminister/in *m/f*	Minister of Labour	ministre du travail
Arbeitsrecht *n*	labour law	droit social; législation du travail; droit du travail
Arbeitsverhältnis *n*	relationship between employer and employee	contrat de travail
Arbeitsvertrag *m*	contract of employment	contrat de travail; louage de services
Arbeitszeitgesetz *n*	regulations governing working hours	code qui règle les heures de travail; code qui règle la durée du travail
arglistig	fraudulently	dolosif

arglistige Täuschung *f*	wilful deceit; fraudulent misrepresentation	dol; machination frauduleuse
Artikel *m*	article	article
Assessor/in *m/f*	fully qualified lawyer	titulaire du second examen d'État en droit
Asylbewerber/in *m/f*	asylum seeker	réfugié politique
Asylrecht *n* (Asylrechtsanspruch)	right of political asylum	droit d'asile
Asylrecht *n* (Asylrechtsordnung)	asylum law	droit d'asile
Atomrecht *n*	laws regulating the use of nuclear power	droit nucléaire
Aufenthaltsgenehmigung *f*	residence permit	permis de séjour; autorisation de séjour
auferlegen	to impose	imposer; infliger
Auferlegung *f*	imposition	l'imposition
aufführen	to set out; to specify	citer
aufheben	to repeal; to cancel	annuler; supprimer; rapporter
Aufhebung *f*	reversal; repeal; cancellation	arrêt; cassation; levée; résiliation; résolution; annulation
Auflassung *f*	conveyance of land	accord des parties pour le transfert de propriété d'un bien foncier
Aufsichtsrat *m* (einer Gesellschaft)	supervisory board	conseil de surveillance
Auftrag *m*	mandate; commission; demand	mandat; procuration; ordre
auftreten, vor Gericht ~	to plead in court	plaider au tribunal
Aufwendung *f*	expense; expenditure	dépenses; frais; impenses
ausarbeiten	to prepare	élaborer; préparer
Ausbildungzeitschrift *f*	legal journal for students	revue pour les étudiants en droit
ausdrücklich	expressly	expressément
ausfertigen (ein Gesetz)	to sign; to confirm	promulguer
Ausfertigung *f*	confirmation	promulgation
ausführen	to implement; to execute	exécuter
ausführende Gewalt *m*	executive power	pouvoir exécutif
Auskunftspflicht *f*	duty to provide information	obligation d'information

auslegen	to interpret	interpréter; commenter; expliquer
Auslegung *f*	interpretation	interprétation
Ausnahme *f*	exception	exception; dérogation
Ausnahmegericht *n*	special court or tribunal	tribunal d'exception; juridiction exceptionnelle
Aussage *f*	testimony; statement of a witness	affirmation; déclaration; déposition; témoignage
aussagen	to testify; to give evidence	déclarer; témoigner
aussetzen	to suspend	interrompre; suspendre; abandonner
Aussperrung *f*	lock-out	lock-out
Austausch *m*	exchange	échange; troc; remplacement
austauschen	to exchange	échanger; troquer
Austauschvertrag *m*	contract of exchange	troc; accord d'échange
ausüben, ein Recht ~	to exercise a right	exercer (un droit); remplir (une fonction); pratiquer (une religion)
Auswahlermessen *n*	discretion as to the choice of measures to be taken	pouvoir discrétionnaire; liberté d'appréciation; appréciation
Auszubildende/r *f/m*	trainee; apprentice	apprenti
Babyklappe *f*	baby hatch	boîte à bébés
Basiszinssatz *m*	base rate	taux d'intérêt de base
Baubehörde *f*	planning authority	administration des plans d'aménagement urbain
Baugenehmigung *f*	building approval	autorisation de construire; permis de bâtir
Baugesetzbuch *n* (BauGB)	building law code	code de la construction
Bauordnung *f*	building regulations	législation sur la construction
Bauordnungsrecht *n*	laws on the regulation of building	droit relatif aux constructions
Bauplanungsrecht *n*	planning law	droit qui règle la procédure de l'établissement des plans d'aménagement urbain
Bauträgerverordnung *f*	regulations governing builders	règlement concernant les maîtres d'œuvre
Bayerischer Verfassungsgerichtshof (BayVerfGH)	The Constitutional Court of Bavaria	Cour Constitutionnelle de Bavière

Bayerisches Oberstes Landesgericht (BayObLG)	Supreme Court of Bavaria	Cour Suprême de Bavière
Beamtengesetz *n*	statute relating to the civil servants	statut de la fonction publique; statut du personnel
Beamter *m*	civil servant	fonctionnaire; agent; magistrat
beanspruchen	to claim; to apply for	demander; requérir
beanstanden	to object to	faire une réclamation; faire des objections; s'opposer; réclamer
beantragen	to apply for	demander; faire une demande
bearbeiten	to work through; to analyse	étudier; examiner
Bebauungsplan *m*	building plan	plan d'aménagement urbain; plan d'urbanisme
Bedingung *f* (Voraussetzung)	condition; provision; term; stipulation	condition
beerben	to succeed to someone's estate	hériter de
Befähigung *f*	qualification; competence	qualification; capacité; compétence; aptitude
Befugnis *f*	authority; power	autorisation; droit; pouvoir; compétence
befugt sein	to be authorized	être autorisé
begehen, eine Tat ~	to commit a punishable act	commettre; perpétrer; exécuter
Begehung *f*	commission	perpétration (d'un crime); consommation (d'une infraction)
Beglaubigung *f*	authentication; verification	légalisation; certification; authentification
begnadigen	to pardon; to reprieve	gracier; amnistier
Begriff *m*	concept; term	notion
begründen	to give reasons; to justify	fonder; justifier; indiquer les motifs
Begründung *f* (Erklärung)	grounds; justification	argument; motif; raison
Behörde *f*	public authority; administrative body	administration; service; office
beifügen	to enclose	attacher
Beihilfe *f* (Gehilfenschaft)	aiding and abetting	complicité
Beischlaf *m*	sexual intercourse	coït; copulation

Beitrag *m*	contribution	contribution; cotisation; apport
Bekämpfung *f*	fight against	lutte contre
Bekenntnis *n*	religion; denomination	confession; profession de foi; croyance
Beklagte/r *f/m*	defendant; respondent	défendeur
Belegenheit *f*	location (of property)	la situation (d'un bien immobilier)
belehren	to instruct; to caution	instruire; renseigner; informer
Beleidigung *f* mündliche ~	slander	insulte
Beleidigung *f* schriftliche ~	libel	insulte
Benutzungsrecht *n*	right of use	droit d'utiliser; droit d'usage; droit d'employer; droit de tirer profit de qc.
berechtigen	to entitle	autoriser
Bereicherung *f*	gain; enrichment	enrichissement
Berufsbeamtentum *n*	professional civil service	fonctionnaires de carrière
Berufsrichter *m*	professional judge	juge de carrière; magistrat de carrière
Berufsverbot *n*	prohibition of practising one's profession	interdiction d'exercer sa profession; interdiction professionnelle
Berufswahl *f*	choice of career	choix d'une profession; choix d'un métier
Berufung *f* (Rechtsmittel)	appeal	appel; pourvoi en appel; recours
Berufung *f* einlegen	to lodge an appeal	faire appel
Berufungsschrift *f*	notice of appeal	conclusions d'appel
Berufungssumme *f*	required sum for appeal to be permitted	montant de la demande qui permet d'interjeter appel
Berufungsurteil *n*	decision by the appeal court	jugement de la deuxième instance; décision après la "Berufung"
beruhen auf (Dat.)	to be based on	reposer sur; dépendre de; provenir de
beschädigen	to damage; to injure	endommager; détériorer
Bescheid *m* (iSv Entscheidung)	decision; decree; ruling; order; note; notice	décision administrative; avis

beschließen	to decide on; to pass; to approve	décider; statuer
beschränken	to restrict; to limit; to restrain	restreindre; limiter
Beschränkung *f*	limitation; restriction	restriction; limitation
beschreiten, den Rechtsweg ~	to take legal action	prendre la voie judiciaire
Beschuldigte/r *f/m*	defendant; person charged; accused	inculpé
Beschwerde *f* (iSv Widerspruch)	complaint	réclamation; recours administratif; contestation
Beschwerdeführer *m*	complainant	demandeur; partie réclamante
Besitz *m*	possession	possession
Besitzer/in *m/f*	possessor; tenant	possesseur
Besitzschutz *m*	protected possession	protection de la possession paisible
Besserung *f*	improvement	amélioration
Besteuerung *f*	taxation	imposition
Bestimmtheitsgrundsatz *m*	principle of certainty	principe de clarté
Bestimmung *f*	rule	clause; stipulation; règle; norme
bestrafen	to punish	punir; pénaliser
Bestrafung *f*	punishment	punition; peine; pénalité; sanction
bestreiten	to contest; to disclaim	contester; dénier; nier
Beteiligter *m*	party	partie intéressée; participant
Betreuer/in *m/f*	guardian (of an adult)	personne chargée de prendre soin d'un adulte incapable de contracter
Betreuung *f* (iSv gesetzliche Vertretung)	guardianship	soin; assistance
Betreuung *f* (iSv Kinderbetreuung)	care-taking; care	garde d'enfants
Betriebsrat *m*	works council	comité d'entreprise; délégués d'une entreprise
Betriebsrisiko *n*	business risk	risque résultant du fait de posséder ou de contrôler un objet dangereux
Betriebsvereinbarung *f*	works agreement	accord d'entreprise

Betriebsverfassungsgesetz *n*	statute governing works councils	loi sur le statut des entreprises; loi relative aux relations entrepreneur-salarié au sein de l'entreprise
Betrug *m*	fraud; swindle; deceit	escroquerie; tromperie; fraude
beurkunden	to document; to certify	certifier; authentifier
Beurkundung *f*	authentication	authentification; certification de l'authenticité
beurteilen	to assess; to judge	juger; analyser; apprécier
Beurteilung *f*	assessment; judgement	jugement; critique; analyse; appréciation
bevollmächtigen	to authorize; to give power of attorney	mandater; autoriser; commissionner
Bewährung *f*	probation	épreuve; probation
Bewährungsstrafe *f*	suspended sentence	peine infligé à un condamné qui bénéficie du sursis
Bewährungszeit *f*	period of probation	sursis
Beweis *m*	evidence; proof	preuve
beweisen	to prove	prouver; démontrer; justifier; faire la preuve de
Beweislast *f*	burden of proof	charge de la preuve
Beweismittel *n*	evidence	moyen de preuve
Beweisregel *f*	rule of evidence	règle de preuve
bewerten	to assess; to grade	apprécier; évaluer; taxer
Bewusstseinsstörung *f*	mental disturbance	altération des facultés intellectuelles
Bezirk *m*	region	district; région; arrondissement
Bezirksregierung *f*	regional government	gouvernement régional; gouvernement du district
BGB-Gesellschaft *f*	non-commercial partnership	société civile
billigen	to approve	approuver; consentir à
binden	to bind	obliger; contraindre; lier
Bindung *f* (iSv Verpflichtung)	binding force	obligation; engagement
biologisch (~er Vater)	biological; genetic (father)	biologique
Bonusfamilie *f*	bonus family	famille recomposée; famille bonus; belle-famille
Boykott *m*	boycott	boycott

Brandstifter *m*	arsonist	incendiaire
Brandstiftung *f*	arson	incendie volontaire
Branntweinsteuer *f*	tax on spirits	taxe sur les spiritueux
Bund *m*	federation	fédération (nationale); union; alliance; coalition
Bundesarbeitsgericht *n*	Federal Labour Court	Cour fédérale du travail
Bundesfinanzhof *m*	Federal Tax Court	Cour fédérale des finances
Bundesgericht *n*	federal court	Cour fédérale
Bundesgerichtshof *m* (BGH)	Federal Supreme Court	Cour fédérale de justice
Bundesgesetz *n*	federal statute	loi fédérale
Bundesgesetzblatt *n*	Federal Gazette	journal officiel de la République fédérale d'Allemagne où une nouvelle loi doit être publiée avant d'entrer en vigueur
Bundesgesetzgebung *f*	federal legislation	législation fédérale
Bundeskanzler/in *m/f*	Federal Chancellor	chancelier de la République fédérale d'Allemagne
Bundeskindergeldgesetz *n*	federal statute on family (child) allowance	loi fédérale sur les allocations familiales
Bundeskriminalamt *n*	Federal Bureau of Investigation	office fédéral de la police judiciaire
Bundesland *n*	individual state of the German Federal Republic; land	land
Bundesminister/in *m/f*	federal minister	ministre fédéral
Bundesoberbehörde *f*	supreme federal authority	autorité supérieure fédérale
Bundesparlament *n*	federal parliament	parlement fédéral
Bundespräsident/in *m/f*	President of the Federal Republic of Germany	président de la République fédérale d'Allemagne
Bundesrat *m*	Federal Council	conseil fédéral; deuxième chambre de la législation fédérale
Bundesrecht *n*	federal law	droit fédéral
Bundesregierung *f*	federal government	gouvernement fédéral
Bundesrepublik *f*	federal republic	république fédérale
Bundesrichter/in *m/f*	federal judge	juge fédéral
Bundesseuchengesetz *n*	federal statute on contagious diseases	loi fédérale relative aux épidémies

Bundessozialgericht *n*	Federal Social Court	Cour fédérale du contentieux social
Bundesstaat *m*	federal state	état fédéral; confédération
Bundestag *m*	the elected House of Representatives of the German Parliament	Assemblée fédérale; parlement; Bundestag
Bundestagsabgeordnete/r *f/m*	member of the German House of Representatives	député de l'Assemblée fédérale
Bundestagsmandat *n*	parliamentary mandate	mandat pour l'Assemblée fédérale
Bundestagswahl *f*	elections to the Bundestag	élections des membres de l'Assemblée fédérale
Bundesurlaubsgesetz *n*	federal statute on holidays	loi fédérale qui règle les congés
Bundesverfassungsgericht *n* (BVerfG)	Federal Constitutional Court	Cour constitutionnelle de la République fédérale d'Allemagne
Bundesversammlung *f*	Federal Assembly electing the Federal President	congrès fédéral pour élire le président de la République fédérale d'Allemagne; Bundesversammlung
Bundesverwaltung *f*	federal administration; federal civil service	administration fédérale
Bundesverwaltungsgericht *n*	Federal Administrative Court	Cour administrative fédérale
Bundeswehr *f*	Federal Army	armée de la République fédérale d'Allemagne
Bürger *m*	citizen	citoyen
Bürgergeld *n*	basic income support	Allocation citoyenne (~ Revenu de Solidarité Active)
Bürgerliches Gesetzbuch *n* (BGB)	German Civil Code	code civil
Bürgermeister *m*	mayor	maire
Bürgerrecht *n*	(constitutional) rights of German citizens	droit fondamental qui peut être exercé seulement par une personne de nationalité allemande
Bürgschaft *f*	surety	cautionnement; garantie
Bürgschaftserklärung *f*	contract of guarantee	contrat de garantie
Bußgeldbescheid *m*	decision imposing a fine	avis d'amende forfaitaire
Cold Case *m*	cold case	cold case
Cybermobbing *n*	cyberbullying	cyberharcèlement

Darlehensvertrag *m*	loan agreement	contrat de prêt
Daten *pl. f*	data	données; indications; informations; caractéristiques
Datenerhebung *f*	data retrieval	fait de recueillir des données
Datenübermittlung *f*	data transfer	transmission de donnés
Deepfake *m*	deep fake	deepfake
Delikt *n*	offence	délit; infraction
Demonstration *f*	demonstration	manifestation
Demonstrationsfreiheit *f*	freedom to demonstrate	liberté de manifestation
Denkzettel *m*	lesson learned	leçon
Dieb *m*	thief	voleur
Diebstahl *m*	theft	vol; soustraction frauduleuse
Dienstbesprechung *f*	conference	conférence
Dienstleistung *f*	services	service; prestation de service
Dienstunfähigkeit *f*	unfitness for service	incapacité au service
Dienstverhältnis *n* (öffentlich-rechtliches)	public employment	contrat de travail de droit public ou statut de fonctionnaire
Dienstvertrag *m*	service; contract of service	contrat de travail; contrat de service
dinglich	real; in rem	réel
Direktionsrecht *n*	employer's right to give instructions	pouvoir de direction
dispositiv	discretionary; optional	facultatif; non impératif; dispositi
Dissenting Opinion f (= abweichende Meinung; Minderheitsvotum beim BVerfG)	dissenting opinion at the Supreme Constitutional Court	opinion dissidente
Dissertation *f*	doctoral thesis	thèse de doctorat
divers	diverse	divers
DNA *f*	DNA	ADN
DNS *f*	DNA	ADN
Doktorarbeit *f*	doctoral thesis	thèse de doctorat
Doppelehe *f*	bigamy	bigamie
Downblousing *n*	downblousing	down-blousing
dreistufig	at three levels	de trois niveaux

drittes Geschlecht *n*	third gender	troisième sexe
Drittwirkung *f*	effects on third parties; side effects	effet à l'égard des tiers
Duldung *f*	acquiescence; toleration	tolérance
durchführen	to implement; to carry out; to accomplish	réaliser; exécuter; effectuer
Durchführung *f*	implementation	exécution; réalisation
durchlaufen	to go through	parcourir toutes les voies de recours
durchsetzen, einen Anspruch ~	to enforce a claim	exercer son droit de; gagner sa cause
Durchsetzung *f*	enforcement of a claim	action d'exercer son droit de
Ehe *f*	marriage; matrimony	mariage
Ehegatte *m*	spouse	époux
Ehegesetz *n* (EheG)	statute on marriage	loi sur le mariage
Eheleute *pl. f*	married couple	époux
ehelich (in der Ehe gezeugt)	legitimate	légitime
ehelich (Vermögen)	matrimonial	matrimonial; conjugal
Ehereformgesetz *n*	marriage reform statute	loi sur la réforme du mariage
Ehescheidung *f*	divorce	divorce
Eheschließung *f*	marriage ceremony	conclusion du mariage; mariage
Ehevertrag *m*	marriage contract	contrat de mariage
Ehre *f*	honour	honneur
Eigentum *n*	property; title; ownership	propriété
Eigentümer/in *m/f*	owner; proprietor	propriétaire
Eigentumsgarantie *f*	guarantee of property	garantie de propriété
Eigentumsübergang *m*	transfer of property	transfert de propriété
Eigentumsübertragung *f*	transfer of ownership	transfert de propriété
Eigentumsvorbehalt *m*	retention of title	réserve de propriété
Eigentumswohnung *f*	dwellings	logement en copropriété; appartement en copropriété
einbehalten	to retain	retenir; précompter
Ein-Eltern-Familie *f*	single-parent-family	famille monoparentale
Eingriff *m*	intervention; interference	intervention; empiétement

Eingriffskondiktion *f*	a form of unjustified enrichment	enrichissement injustifié sans intervention de la personne enrichie
Eingriffsverwaltung *f*	administrative intervention	administration ayant pour fonction l'ordonnancement juridique
einhalten, Formvorschriften ~	to observe formal requirements	observer les instructions formelles
Einhaltung *f*	adhering to requirements	observation (des instructions)
Einheitsjurist *m*	all-purpose lawyer	juriste de formation traditionnelle et à savoir étendu du droit
Einheitsstaat *m*	unitary state	État unitaire
Einigung *f*	agreement; settlement; mutual consent	accord; arrangement; unification
einklagen (einen Anspruch)	to sue for sth.	poursuivre le recouvrement de; intenter une action en justice
Einkommensteuer *f*	income tax	impôt sur le revenu
Einkommensteuerrecht *n*	income tax law	droit relatif aux impôts sur le revenu
einlegen, Einspruch ~	to file an objection	porter plainte
einlegen, Berufung ~	to appeal against	interjeter appel
Einlegung *f* eines Rechtsmittels	filing an objection; appealing against	fait d'interjeter
Einrede *f* ~ der Nichterfüllung	objection or defence of non-fulfilment	exception d'inexécutionn
einreichen, Klage ~	to submit; to present	introduire une action; intenter un procès à qn.
Einrichtung *f*	establishment	institution; installation
einschlägig	relevant	se rapportant à; relatif à; concernant
einschränkbar	capable of being limited or restricted	limitable
Einschränkung *f*	limitation; restriction	limitation; réduction; restreinte
Einschreiten *n*	intervention	intervention
einseitig (Willenserklärung)	unilateral	unilatéral
Einsichtnahme *f* (in die Akten)	inspection (of files)	consultation du dossier

Einspruch *m*	objection; appeal	contestation; réclamation; objection; opposition; recours; appel; cassation
Einspruch *m* (gegen einen Strafbefehl)	appeal	opposition
Einspruch *m* (gegen ein Versäumnisurteil)	appeal	opposition
Einspruchsrecht *n*	right of objection	droit de protester; droit de réclamer
einstufig	single-stage	d'un seul niveau
eintragen	to register	enregistrer; inscrire
Eintragung *f* schriftliche ~	entry; registration	enregistrement; inscription
Einvernehmen *n*	agreement	accord mutuel; consentement mutuel
einvernehmlich	by mutual agreement	d'accord mutuel
einverstanden	agreed	d'accord; consentant
einverständlich	by mutual agreement	par le consentement mutuel des parties
Einverständnis *n*	agreement	accord; consentement
Einverständnislösung *f* ("nur Ja heißt Ja")	consent solution ("only yes means yes")	solution du consentement ("oui signifie oui")
Einwendung *f*	objection; plea	objection; exception
Einwilligung *f*	consent	consentement; acquiescement
Einzelfall *m*	individual case	cas individuel; cas unique
Einzelhändler *m*	retailer	petit commerçant
Einzelrichter *m*	judge sitting alone	juge unique
einziehen (Führerschein)	revoke; withdraw	retirer
einziehen (beschlagnahmen)	to confiscate; to seize	saisir; confisquer
Eispende *f*	egg donation	don d'ovocytes
Eispenderin *f*	egg donor	donneuse d'ovocytes
elektronische Aufenthaltsüberwachung *f* (EAÜ)	electronic home monitoring (EHM)	détention à domicile sous surveillance électronique (après jugement; DDSE); assignation à résidence sous surveillance électronique (avant jugement; ARSE)
Empfänger/in *m/f*	receiver	destinataire; bénéficiaire; titulaire

empfangsbedürftig	something which has to be communicated	ce qui doit être reçu
Enkeltrick *m*	grandchild trick	arnaque au petit-fils
enteignen	to expropriate; to dispossess	exproprier
Enteignung *f*	compulsory acquisition	expropriation
enterben	to disinherit	déshériter; exhéréder
Entfaltung *f*	development	épanouissement
entgangen (~er Nutzen; ~er Gewinn)	lost (use; profit)	(utilisation) manquée; (gain) manqué
Entgelt *n* (Lohn)	remuneration	rémunération; salaire
Entgeltfortzahlung *f* ~ im Krankheitsfall	continuance of pay during sickness	maintien du salaire en cas de maladie
entlasten	unburden	alléger la charge financière
Entmündigung *f*	deprivation of rights	mise sous tutelle
entschädigen	to indemnify; to compensate; to reimburse	dédommager; indemniser
Entschädigung *f*	compensation	dédommagement; indemnisation; indemnité
entscheiden (urteilen)	to decide; to rule on	statuer; juger
entscheiden (bestimmen)	to determine	décider; résoudre
Entscheidung *f*	decision; ruling	décision
entscheidungserheblich	pertinent	pertinent; important
Entscheidungssammlung *f*	casebook; law reports	recueil de jurisprudence
entwenden	to steal; to pilfer	voler; dérober; soustraire
entziehen, ein Recht ~	to deprive of a right	retirer un droit; priver d'un droit
Entziehung *f* eines Rechts	deprivation of rights	retrait d'un droit
Entziehung *f* (Besitzentzung)	dispossession	dépossession
Entziehungsanstalt *f*	treatment centre for alcoholics and drug addicts	établissement de désintoxication
Entzug *m*	deprivation	confiscation
Erbanteil *m*	portion of the estate	part d'héritage
Erbberechtigte/r *f/m*	person entitled to inherit	personne qui a le droit de succession
Erbe *n* (der Nachlass)	inheritance	héritage; succession
Erbe *m* (die Person, die den Nachlass erhält)	heir	héritier; successeur

erben	to inherit	hériter; succéder; faire un héritage
Erbengemeinschaft *f*	community of heirs	communauté héréditaire; indivision héréditaire
Erbfolge *f*	succession	succession; ordre de succession
Erblasser *m*	testator	de cujus; testateur; défunt
Erbrecht *n*	law or right of inheritance	droit de succession
Erbschaft *f*	inheritance	héritage; succession
Erbschaftsbesitzer *m*	inheritance possessor	possesseur d'héritage
Erbschaftsteuer *f*	death duties; inheritance tax	impôt sur les successions
Erbteil *n*	share of the inheritance	part héréditaire
erforderlich	requisite; necessary	nécessaire; requis; indispensable; essentiel
Erfordernis *n*	requirement	exigence; nécessité
erfüllen	to fulfil; to perform; to carry out	exécuter; remplir; satisfaire; accomplir; faire
ergehen (Urteil)	to be pronounced; to be passed	être prononcé
erheben (Klage ~)	to initiate an action	intenter une action
Erhebung *f* Klage~	initiation of an action	introduction de la demande; introduction de l'action
erlassen (Gesetz bzw. Urteil)	to enact; to deliver	promulguer; voter une loi
erlassen (Strafe)	to release from	dispenser; remettre
erlöschen	to expire; to lapse	expirer; périmer; prendre fin
ermächtigen	to authorize	autoriser; habiliter
Ermächtigung *f*	authorization	autorisation; pouvoir; pleins pouvoirs; habilitation
Ermächtigungsgrundlage *f*	basis of authorization	base de l'autorisation
Ermessen *n*	discretion	pouvoir discrétionnaire; liberté d'appréciation; appréciation
Ermessensentscheidung *f*	discretionary decision	décision qui dépend du pouvoir discrétionnaire
Ermessensfehlgebrauch *m*	misuse of discretionary powers	détournement de pouvoir; détournement de pouvoir discrétionnaire
Ermessensspielraum *m*	scope for discretion	liberté d'appréciation
ermitteln	to investigate; to ascertain	rechercher; découvrir; enquêter

Ermittlungsverfahren *n*	preliminary investigation; preliminary proceedings	instruction préparatoire; procédure d'enquête
ermorden	to murder	assassiner
Ernennung *f*	appointment	nomination; désignation
Ernennungsverfahren *n*	appointment process	procédure de nomination
erniedrigen	humiliate	humilier
eröffnen	to open	ouvrir
Erpressung *f*	blackmail	chantage
erschleichen	to obtain fraudulently	capter
Erststimme *f*	first vote; first choice (for direct election to parliament)	premier choix (pour l'élection directe au parlement allemand)
Ersttäter *m*	first offender	auteur d'un crime qui commet sa première infraction
erteilen, Genehmigung ~	to give permission; to approve	donner la permission
Europäische Aktiengesellschaft *f* (Societas Europaea, SE)	European Company	société européenne (Societas Europaea, SE)
Europäische Genossenschaft *f* (Societas Cooperativa Europaea, SCE)	European Cooperative Society	société coopérative européenne (Societas Cooperativa Europaea, SCE)
Examen *n*	final examination	examen final
Examensergebnis *n*	examination result	résultat de l'examen final
Examensklausur *f*	examination paper	épreuve écrite de l'examen final
Examensnote *f*	examination mark	résultat de l'examen final
Exekutive *f*	the executive	pouvoir exécutif
Exekutivgewalt *f*	executive power	pouvoir exécutif
Fach *n*	subject; speciality	sujet
Fachanwalt *m*	solicitor specializing in a specific area of law	avocat spécialiste
Fachanwaltsbezeichnung *f*	name for specialized solicitor	terme qui désigne un avocat spécialiste
Fachaufsicht *f*	general supervision	contrôle administratif
Fachbehörde *f*	specialist public body	autorité compétente
Fachrichtung *f*	subject area	domaine
Fachsprache *f*	technical language	langue technique

Factoringvertrag *m*	factoring contract	le contrat d'affacturage; le contrat de factoring
Fahrerlaubnis *f*	driving licence	permis de conduire
fahrlässig	negligently; carelessly	négligent; imprudent
Fahrlässigkeit *f*	negligence; carelessness	imprudence; négligence
Fahrverbot *n*	driving ban	interdiction de circuler
Fakultät *f* (juristische ~)	School of Law	faculté de droit
Fall *m*	case; precedent	cas; litige
Fallbearbeitung *f*	written study of a case	analyse écrite d'un cas juridique
Fallfrage *f*	legal problem posed by the case	problème central d'un cas juridique
Falllösung *f*	solution of the case problem	résolution du problème central d'un cas juridique
Fälschung *f*	forgery; falsification	faux; falsification
Familienbuch *n*	family register	livret de famille
Familienname *m*	family name; surname	nom de famille; nom
Familienrecht *n*	family law	droit de la famille
Familiensache *f*	family matter falling within the jurisdiction of the family court	contentieux matrimonial
Familienunterhalt *m*	family maintenance	aliments; pension alimentaire
Femizid *m*	femicide	féminicide
feststellen	to establish; to determine; to ascertain	constater
Feststellung *f*	establishment; ascertainment	constatation
Finanzamt *n*	Inland Revenue	administration des finances; Hôtel des finances
Finanzgericht *n*	fiscal court; revenue court	tribunal du contentieux fiscal
Finanzgerichtsbarkeit *f*	tax or revenue court jurisdiction	juridiction fiscale
Finanzministerium *n*	Ministry of Finance	Ministère des Finances; Trésorerie
Finanzverwaltung *f*	tax administration; Inland Revenue	administration des finances; administration financière
Firma *f* (Name des Kaufmanns)	name of a firm or business	nom commercial; dénomination sociale; raison sociale
Firma *f* (Unternehmen)	firm; commercial undertaking	firme; entreprise; établissement; compagnie (Cie.)

fordern	to demand	revendiquer; demander; réclamer; exiger
Forderung *f*	demand	demande; exigence; revendication
Forderungskauf *m* (Factoring)	factoring	affacturage
förmlich	formal	formel
formlos	informal; not requiring specific form	informel; ce qui ne demande pas de forme prescrite
Formvorschrift *f*	formal requirement	forme prescrite
Forstamt *n*	forestry superintendent's office	bureau des Eaux et Forêts
Forstwirtschaft *f*	forestry	aménagement des eaux et forêts
Fraktionszwang *m*	party discipline	discipline de vote; discipline de groupe
freiberuflich	free-lance; self-employed; in private practice	profession libérale; indépendant
Freibetrag *m*	tax-free allowance	abattement à la base; montant exonéré; montant disponible
Freiheit *f*	freedom; liberty	liberté
Freiheitsberaubung *f*	wrongful deprivation of personal liberty; false imprisonment	délit de séquestration; atteinte à la liberté
Freiheitsgrundrechte *pl. n*	fundamental liberties	droits fondamentaux de liberté
Freiheitsstrafe *f*	prison sentence	peine d'emprisonnement
Freispruch *m*	acquittal	acquittement; relaxe
Freizügigkeit *f* (der Arbeitnehmer)	freedom of movement	libre circulation des travailleurs
Fremdorganschaft *f*	separation of ownership and management; dissociation between membership and representation at a company	fait que les membres des organes représentant une société sont étrangers à la société
Friedenspflicht *f* (im Arbeitsrecht)	obligation binding on employers and unions to avoid industrial action while a collective agreement is in force	obligation d'éviter tout conflit collectif du travail
Frist *f*	time limit; fixed period; deadline	délai; laps de temps; terme; échéance
Fristsetzung *f*	imposition of a time limit	fixation d'un délai
Fürsorge *f*	social welfare; care	aide sociale; assistance sociale

Fußfessel *f*	electronic tag	bracelet électronique
Gaffer *m*	gawker	curieux
Garantenpflicht *f*	obligation to act	obligation du garant
Gaststättengesetz *n*	statute on public houses	loi relative à la restauration
Gebot *n* Anordnung	command; requirement	ordre; commandement
Gebrauch *m*	use	usage; emploi; utilisation
Gebühr *f*	fee; charge	taxe; droit; honoraire
Gefährdungshaftung *f*	strict liability; liability based on risk not fault	responsabilité sans faute; responsabilité objective
Gefahrenabwehr *f*	avoidance of danger to public order; accident prevention	maintien de la sécurité publique; activité de la police afin de maintenir la sécurité publique
Gefängnis *n*	prison	prison
Gegenleistung *f*	consideration; counter-performance	contre-prestation; contrepartie
gegenseitig	mutual	mutuel
Gegenzeichnung *f*	counter-signature; counter-signing	contreseing; contre-signature
Gehsteigbelästigung *f*	sidewalk harassment (near counselling centres, gynaecological practices and facilities offering abortion procedures)	délit d'entrave à l'IVG
Geisel *f*	hostage	otage
Geiselnahme *f*	taking of hostages	prise d'otage
geisteskrank	insane; mentally ill	aliéné; détraqué
Geisteskrankheit *f*	insanity; mental illness	aliénation mentale; démence; trouble mental
Geldbuße *f*	fine	amende; amende forfaitaire
Geldfälschung *f*	counterfeiting	falsification de monnaie; faux-monnayage
Geldforderung *f*	money claim; money debt	créance; créance en argent
Geldstrafe *f*	money penalty; fine	amende pénale
geltend	valid; in effect; in force; prevailing	valable; en vigueur
Geltendmachung *f*	assertion; claim	fait de solliciter d'un tribunal la reconnaissance d'un droit; fait de réclamer

Geltung *f*	validity; effectiveness	validité; être en vigueur; être important
Gemeinde *f*	local authority	commune; municipalité
Gemeindeordnung *f*	rules governing local authorities	code des communes; loi relative à l'organisation communale
Gemeinderat *m*	local council	conseil municipal
Gemeindeverband *m*	association of local authorities	association intercommunale; syndicat intercommunal; district urbain; communauté urbaine
Gemeindeverwaltung *f*	local government	administration communale
gemeindlich	local, communal	communal; municipal
gemeingefährlich	dangerous to the public	dangereux pour la communauté; constituant un danger public
Gemeinschaft *f*	community	communauté; collectivité
Genehmigung *f*	approval; licence	autorisation; approbation
Generalbundesanwalt *m*	Federal Attorney General	procureur général auprès de la Cour fédérale de justice
Generalklausel *f*	general clause; blanket clause	clause générale
Generalprävention *f*	general crime prevention (as one objective of punishment in criminal law)	prévention collective
Generalstaatsanwalt *m*	Director of Public Prosecutions	procureur général
Generalversammlung *f*	general meeting	assemblée générale
genetisch (Vater)	genetic; biological (father)	génétique
Genossenschaft *f*	cooperative society	coopérative
Genossenschaftsregister *n*	register of cooperatives	registre des coopératives
gerecht	just; fair	juste; équitable
gerechtfertigt	justified; justifiable	juste; justifié
Gerechtigkeit *f*	justice; fairness	justice
Gericht *n*	court or tribunal	tribunal; cour; juridiction
gerichtlich	judicially; by a court	judiciaire; juridictionnel
Gerichtsbarkeit *f*	jurisdiction	juridiction
Gerichtsbeschluss *m*	decision of the court	arrêt; ordonnance
Gerichtsdolmetschergesetz *n*	Court Interpreters Act	loi sur les interprètes judiciaires

Gerichtskosten *pl. f*	court costs; legal costs	frais de justice
Gerichtsverfahren *n*	legal proceedings; trial	procédure judiciaire
Gerichtsverfassungsgesetz *n*	statute on the constitution of the courts	loi qui règle l'organisation judiciaire
Gerichtsverhandlung *f*	hearing; trial	audience
Gerichtsvollzieher *m*	bailiff	huissier de justice
Gerichtszweig *m*	particular type of court	type de juridiction
Gesamtrechtsnachfolge *f*	universal succession (all assets of the decedent automatically pass on to his/her heirs immediately after the decedent's death with no further act of transfer)	succession universelle
Geschädigte/r *f/m*	injured party	personne à qui on a porté préjudice
Geschäftsbedingungen *pl. f*	terms and conditions of trade	conditions générales du contrat
Geschäftsbesorgungsvertrag *m*	agency contract	contrat de gestion des affaires
geschäftsfähig	legally capable of entering a transaction	capable de contracter
Geschäftsfähigkeit *f*	contractual capacity	capacité de contracter
Geschäftsführer/in *m/f*	manager; executive; director	gérant; administrateur de société
geschäftsunfähig	legally incapable of entering a transaction	incapable de contracter
Geschäftsunfähiger *m*	legally incapacitated person	personne qui est incapable de contracter
geschieden	divorced	divorcé
Geschwindigkeitsüberschreitung *f*	exceeding the speed limit	excès de vitesse
Geschworener *m*	juror	juré
Gesellschaft *f*	company; society; association	société
Gesellschaft des bürgerlichen Rechts *f*	partnership under the Civil Code	société civile
Gesellschaft mit beschränkter Haftung *f* (GmbH)	private limited company	société à responsabilité limitée S.A.R.L.
Gesellschafter *m*	partner; shareholder	associé; sociétaire
Gesellschaftsform *f*	type of company	type de société

Gesellschaftsrecht *n*	company law; law of associations	droit des sociétés
Gesellschaftsregister *n* (GsR)	corporation register (register of registered civil law partnerships)	registre des sociétés
Gesellschaftsschulden *pl. f*	company debts	dettes de société
Gesellschaftsvermögen *n*	company assets	biens sociaux; actif social
Gesellschaftsvertrag *m*	contract forming a company	contrat de société
Gesetz *n*	law; act; statute	loi
Gesetzbuch *n*	code; law manual	code
Gesetzentwurf *m*	draft bill	projet de loi; proposition de loi
Gesetzesinitiative *f*	legislative proposal	initiative législative
Gesetzeskraft *f*	force of law	force de loi
Gesetzesmaterialien *pl. f*	all the material regarding a law	documents législatifs
Gesetzessammlung *f*	collection of statutes	bulletin des lois
Gesetzestechnik *f*	method used in German law codes to distinguish among legal problems	méthode utilisée dans les codes allemands pour différencier les problèmes juridiques
Gesetzesvorbehalt *m*	reservation of a statutory power	restriction légale d'une liberté publique
Gesetzesvorlage *f* (der Regierung)	legislative proposal	projet de loi
gesetzgebende Gewalt *f*	legislative power	pouvoir législatif
Gesetzgeber *m*	legislator	législateur
Gesetzgebungsorgan *n*	legislative body	organe législatif; institution législative
Gesetzgebungsverfahren *n*	legislative procedure	procédure de l'élaboration de la loi
gesetzlich	by law	légal
Geständnis *n*	confession	aveu
gestohlen (stehlen)	stolen	volé
Gesundheitssorge *f*	health care	soins de santé
getrennt leben	living separately	séparation de fait; vie séparée
gewährleisten	to guarantee; to ensure	garantir
Gewährleistung *f*	guarantee; warranty	garantie
Gewahrsam *m*	taking into custody; detention	détention; prison; garde à vue

Gewalt *f* vollziehende ~	executive power	pouvoir exécutif
Gewalt *f* (im Strafrecht)	violence	violence; contrainte
Gewaltenteilung *f*	separation of powers	séparation des pouvoirs
Gewaltverbrechen *n*	crime of violence	acte de violence
Gewerbe *n*	trade; business; industry	activité professionnelle; métier; industrie; commerce
Gewerbeaufsichtsamt *n*	factory inspectorate	office d'inspection industrielle
Gewerbepolizei *f*	factory inspection	inspection industrielle
Gewerberecht *n*	law governing trades	loi relative à l'exercice des professions artisanales; commerciales et industrielles
Gewerbesteuer *f*	business tax	taxe professionnelle
Gewerbetreibender *m*	tradesman; businessman	industriel; commerçant; artisan
Gewerbeuntersagung *f*	banning from carrying on a trade	interdiction d'exercer une profession artisanale; commerciale ou industrielle
gewerblich	commercial; industrial	professionnel; industriel; artisanal
Gewerkschaft *f*	trade union	syndicat; association professionnelle ouvrière
Gewohnheitsrecht *n*	customary law or right	droit coutumier; coutume
Gläubiger *m*	creditor	créancier; créditeur
Gleichbehandlung *f*	equal treatment	égalité de traitement; non-discrimination
Gleichberechtigungsgebot *n*	requirement of equality of legal rights	exhortation à l'égalité de traitement
Gleichheitsgrundsatz *m*	basic principle of equality	principe de l'égalité de traitement
Gleichheitssatz *m*	principle of equal treatment of comparable situations and facts	principe du traitement égal des situations et faits comparables
Gleichordnung *f*	equality	ordre non-hiérarchisée
gleichrangig	equal; of equal rank	du même ordre; de même rang
Glücksspiel *n*	gambling; game of chance	jeu de hasard
GmbH-Gesetz *n*	statute governing private limited companies	loi relative aux sociétés à responsabilité limitée
Grundbuch *n*	land register	registre foncier; cadastre

Grundbuchrecht *n*	law relating to matters involving the land register	droit relatif à la tenue des registres fonciers et à la publicité foncière
Grundentscheidungen *pl. f*	fundamental decisions	décisions fondamentales
Grunderwerbsteuer *f*	land transfer duty	droits de mutation; taxe sur les mutations de propriété foncière
Grundgesetz *n* (GG)	Constitution; Basic (Constitutional) Law	loi fondamentale; Constitution de l'Allemagne
Grundgesetzartikel *m*	article in the German constitution	article de la loi fondamentale
Grundrecht *n*	basic constitutional right	droit fondamental; libertés publiques
Grundschuld *f*	land charge	dette foncière
Grundsicherung *f*	basic income support	protection de base (allocation pour les retraités)
Grundsteuer *f*	land tax	impôt foncier
Grundstück *n*	plot of land; property	fonds; bien foncier; immeuble
Grundstücksrecht *n*	land law; law of property	droit réel
gültig	valid; in force	valable; valide; en vigueur
Günstigkeitsprinzip *n*	principle that in the case of conflict between a collective and individual contract of employment what is most favourable to the employee prevails	principe qu'une modification de la convention collective de travail doit avantager l'employé
Gutachten *n*	expert opinion	expertise; avis
Gutachtenstil *m*	style used in an expert's report	style de l'expertise
Gütergemeinschaft *f*	joint marital property; community of goods	communauté des biens
Güterstand *m*	matrimonial property regime	régime matrimonial
Gütertrennung *f*	separation of property	séparation de biens
gutgläubig	in good faith	de bonne foi
gütlich	amicable	amiable; à l'amiable
Habilitation *f*	habilitation (qualification for becoming a professor in German universities)	admission à titre de professeur suppléant d'université
Hacking *n*	hacking	hacking; accès frauduleux à un système de traitement automatisé de données
Haft *f*	arrest; detention; custody; imprisonment	détention; emprisonnement

haftbar	liable	responsable
Haftbefehl *m*	arrest warrant	mandat d'arrêt
haften	to be responsible	répondre de qn.; se porter garant; être tenu
Haftpflichtversicherung *f*	liability insurance	assurance responsabilité civile
Haftung *f*	liability	responsabilité
haftungsbeschränkt	with limited liability	à responsabilité limitée
Haftungsmilderung *f*	mitigation of liability	atténuation de responsabilité
Halter *m*	owner	détenteur; gardien
Handel *m*	trade; commerce	commerce; trafic
Handelsgesellschaft *f*	commercial partnership	société commerciale
Handelsgesetzbuch *n* (HGB)	Commercial Code	code de commerce
Handelsgewerbe *n*	commercial enterprise	activité commerciale
Handelsrecht *n*	commercial law	droit commercial
Handelsregister *n*	commercial register	registre du commerce; registre du commerce et des sociétés
Handwerksordnung *f*	handicrafts regulations	code de l'artisanat
Härte *f*	undue hardship	dureté
Hasskriminalität *f*	hate crimes	crime haineux
Hauptverhandlung *f*	main trial; hearing	débats; audience principale
Hauptversammlung *f*	general meeting	assemblée générale
Hausfriedensbruch *m*	breaking and entering	violation de domicile
häusliche Gewalt *f*	domestic violence	violence domestique
Hebammengesetz *n*	statute governing midwives	loi relative aux sage-femmes
Hehler *m*	receiver of stolen goods	recéleur
herabwürdigen	to humiliate	humilier
Herausgabeanspruch *m*	claim for transfer	droit à restitution
Herausgabepflicht *f*	obligation to surrender; duty to relinquish possession of something	obligation de restitution
herausverlangen	to demand from	demander la restitution; revendiquer la remise
herbeiführen	to bring about	produire; amener; introduire
hinrichten	to execute	exécuter

Hintermann *m*	person behind an offence	instigateur
Hochschulassistent *m*	research assistant at university	assistant; attaché de recherche
Hochschule *f*	vocational college; technical college	haute école professionnelle spécialisée
Hochschulprofessor *m*	technical college professor	professeur à une haute école professionnelle spécialisée
Hochschulstudium *n*	university course	études universitaires
Höchststrafe *f*	maximum penalty	peine maximale
Hochverrat *m*	high treason	trahison; haute trahison
Höfeordnung *f*	law on inheritance of agricultural estates	dispositions portant sur la succession des biens ruraux
hoheitlich	as a sovereign	souverain; suprême
Hoheitsakt *m*	act of the state or sovereign authority	acte d'autorité; fait du Prince
höherrangig	superior; higher ranking	d'ordre supérieur; de rang supérieur
Homeoffice *n*	hybrid work	travail à domicile
Hundesteuer *f*	tax on dogs	taxe sur les chiens
Hypothek *f*	mortgage	hypothèque
illegal	illegal; unlawful	illégal
Immobilie *f*	property	bien immobilier; immeuble
Individualarbeitsrecht *n*	labour law governing individual relationships between employer and employee	droit du travail régissant les relations individuelles employeur-salarié
Infantizid *m*	infanticide	infanticide
Inhaber *m*	holder; owner	détenteur
Inklusion *f*	disability inclusion	inclusion (des personnes handicapées)
Inkrafttreten *n*	coming into force	entrée en vigueur
Innenministerium *n*	Ministry of the Interior	ministère de l'intérieur
Insolvenz *f*	insolvency	faillite
Instanz *f*	instance	instance
Internetkriminalität *f*	cybercrimes	criminalité sur internet; cybercriminalité; cyberdélinquance
invitatio ad offerendum f (Lat.)	invitation to make an offer	invitation à faire une offre

Irrtum *m*	mistake; error	erreur
Jugendarrest *m*	youth detention (short-term educational measure for juvenile and young offenders)	détention de mineurs à court terme
Jugendgerichtsgesetz *n*	Youth Courts Act	loi sur les tribunaux pour mineurs
Jugendstrafe *f*	juvenile sentence	peine pour mineurs
Jura studieren	to study law	étudier le droit
juristische Person *f*	legal entity	personne morale
Kaufmann *m* (Pl.: Kaufleute)	merchant; trader	commerçant
Kautelarjurisprudenz *f*	preventive or precautionary jurisprudence	jurisprudence cauteleuse
Kernfamilie *f*	nuclear family; elementary family	famille nucléaire
Kernstrafrecht *n*	main body of criminal law	droit pénal essentiel (basé sur le code pénal)
Kettenbrief *m*	chain letter	lettre en chaîne
kidnappen	to kidnap	enlever; kidnapper
Kinderehe *f*	child marriage	mariage d'enfants
Kindergeld *n*	family (child) allowance	allocation familiale
Kindschaftsrecht *n*	child law	droit relatif à la relation enfant-parent
Kindstötung *f*	infanticide	infanticide
Klage *f*	action (bring an ~); proceedings (issue proceedings)	action; plainte; demande en justice
Klage *f* (Verwaltungsrecht)	judicial review claim	recours
Klage *f* (Zivilklage)	civil action; lawsuit	action civile; poursuite civile
Klagebegründung *f*	statement of claim	moyens (de la demande); exposé des motifs
Kläger *m* (im Verwaltungsstreitverfahren)	plaintiff; applicant; petitioner	requérant
Kläger *m* (im Zivilprozessrecht)	plaintiff; claimant	demandeur
Klageschrift *f*	written statement of claim; writ	demande; requête; mémoire
Klausel *f*	clause	clause; stipulation; disposition
Klausur *f* (Prüfungsklausur)	written examination	épreuve écrite d'examen
Klausureinstieg *m*	beginning of written legal paper	début d'une analyse juridique

Koalitionsfreiheit *f*	freedom of association	liberté d'association professionnelle; liberté syndicale
Kodifikation *f*	codification	codification
Kollegialgericht *n*	court with more than one judge	tribunal à forme collégiale
Kommanditgesellschaft *f* (KG)	limited liability partnership	société en commandite simple
Kommanditist *m*	partner with limited liability	commanditaire
Kommentar *m*	commentary; comment	commentaire
Kommissionsgeschäft *n*	business on commission; agency business	contrat de commission; commission
Kommunalabgabengesetze *pl. n*	legislation governing local rates and taxes	législation qui règle les redevances et contributions communales et les impôts communaux
Kommunalrecht *n*	local government law	droit communal; droit des collectivités locales
Kompetenz *f*	responsibility; power	compétence
Komplize *m*	accomplice	coauteur; complice
Konfiskation *f*	confiscation	confiscation
konkludent	implied	concluant; probant
Konsumcannabisgesetz *n*	Consumption Cannabis Act	loi sur le cannabis de consommation
Kontrahierungszwang *m*	obligation to contract	obligation de contracter
Konventionalstrafe *f*	penalty for breach of contract	amende conventionnelle; peine stipulée
Körperschaftsteuer *f*	corporation tax	impôt sur les bénéfices des sociétés; impôt sur les sociétés
Körperverletzung *f*	physical injury	lésion corporelle; blessure corporelle
Kostenrecht *n*	law relating to fees and charges	droit relatif aux frais procéduraux
Kraftfahrzeugrennen *n*	motor vehicle racing	course automobile
kriminalisieren	criminalise	criminaliser
Kriminalität *f*	criminality; delinquency	criminalité; délinquance
kriminell	criminal	criminel
Kuckuckskind *n*	cuckoo child (child who is raised by a man who mistakenly believes he is the biological father)	enfant coucou

kündigen (durch Arbeitgeber)	to dismiss; to give notice	licencier; congédier
Kündigung *f*	notice to quit or terminate a contract of employment	résiliation; rupture; congé; licenciement; congédiement; démission; résolution; renonciation; dénonciation
Kündigungsschutzgesetz *n*	statute protecting against unfair dismissal	loi sur la protection en matière de résiliation des contrats
Kündigungsschutzklage *f*	complaint of unfair dismissal	action relative à la protection en matière de résiliation des contrats
Künstliche Intelligenz *f* (KI)	artificial intelligence (AI)	intelligence artificielle (IA)
Ladenschlussgesetz *n*	statute governing opening hours of shops	loi fixant l'heure de fermeture des magasins
Laie *m*	lay person	non-professionnel; amateur
Laienrichter *m*	lay judge; non-professional judge	échevin; juge non-professionnel
Landesarbeitsgericht *n*	Labour Court of Appeal	tribunal supérieur du travail
Landesbehörde *f*	authority of a "Land"	service ou office administratif du Land
Landesrecht *n*	law of a "Land"	droit du Land
Landesregierung *f*	government of a federal state ("Land") in Germany	gouvernement du Land
Landessozialgericht *n*	social court of appeal	tribunal supérieur du contentieux social; commission régionale de contentieux social
Landgericht *n* (LG)	regional higher court of first instance and appeal; Provincial Court	tribunal régional; tribunal de grande instance
Landkreis *m*	county district	district; sous-préfecture
Landratsamt *n*	county office; district council office	services administratifs du district
Landtag *m*	Land House of Representatives; Diet	parlement du Land; landtag
Leasingvertrag *m*	leasing agreement	leasing; crédit-bail; location-financement
lebenslang	for life	pour toute la vie; perpétuel; à vie
Lebensmittelrecht *n*	law relating to food matters	droit relatif aux produits alimentaires
Lebensunterhalt *m*	livelihood	aliments; pension alimentaire

Lebensversicherung *f*	life insurance	assurance vie
Legalitätsprinzip *n*	principle of mandatory prosecution of offenses	obligation de poursuite (par la police ou le parquet)
Legislative *f*	legislative power	pouvoir législatif
Legitimation *f*	declaration of legitimacy; legitimation	légitimation
Lehrbuch *n*	text book	livre d'enseignement; manuel
Leihmutter *f*	surrogate mother	mère porteuse; mère de substitution
Leistung *f* (erfüllen)	performance	prestation; obligation
Lernbuch *n*	study guide	livre d'études
letztwillig	by will	par testament; testamentaire
Lieferkette *f*	supply chain	chaîne d'approvisionnement
Lohnfortzahlung *f* ~ im Krankheitsfall	continuation of pay in the event of illness	continuation du payement de salaire en cas de maladie
Lohnsteuer *f*	income tax	impôt sur les salaires; impôt sur les traitements et salaires
Lösegeld *n*	ransom	rançon
Mahnung *f*	warning	mise en demeure
Makler *m* (Grundstücksmakler)	broker; (estate) agent	agent immobilier
Mangel *m* (Fehler)	make a claim for defects	faire valoir un défaut
Mangel *m*, einen ~ geltend machen	defect; deficiency; fault; imperfection	réclamer pour vice
Mangel *m*, einen ~ zu vertreten haben	to be responsible for a defect	vêtre responsable d'un défaut
Mängelrügepflicht *f*	purchaser's obligation to report a defect	obligation de l'acheteur de réclamer pour cause de défaut ou de vice
Maßregel *f*	rule; regulation; disciplinary action	règle; mesure; sanction
Maßregel der Besserung und Sicherung *f*	measure for reform and prevention (§ 63 StGB)	mesure de sûreté et de rééducation
Mehrheitswahlrecht *n*	majority voting system	scrutin majoritaire
mehrseitig	multilateral	multilatéral
Mehrwertsteuer *f*	value added tax (VAT)	taxe sur la valeur ajoutée (T.V.A.)
Meineid *m*	perjury	faux serment; parjure

Meinungsfreiheit *f*	freedom of opinion; freedom of expression	liberté d'opinion
Menschenrecht *n*	human right	droit de l'homme
Menschenwürde *f*	human dignity	dignité humaine
Midijob *m*	midijob	midi-job (emploi à temps partiel avec un salaire mensuel brut entre 556,01 et 2.000 EUR)
Miete *f*	tenancy; hire; rent	location; louage
Mieter *m*	tenant; lessee; hirer	locataire; preneur à bail
Mieterschutz *m*	security of tenure	protection des locataires
Mietmutter *f*	surrogate mother	mère porteuse; mère de substitution
Mietvertrag *m*	tenancy agreement; lease	contrat de location; contrat de bail; bail
Minderjähriger *m*	person who is under age; minor	mineur
Minderkaufmann *m* (Pl: Minderkaufleute)	small trader	petit commerçant non soumis aux prescriptions générales du code de commerce
mindern	to diminish; to reduce; to decrease; to lessen	diminuer; réduire; minorer
Minderung *f*	reduction	diminution; réduction; minoration
Mindestlohn *m*	minimum wage	salaire minimum interprofessionnel garanti
Mindeststudienzeit *f*	minimum time of study at university	études minimum obligatoires
Minijob *m*	marginal part-time job	mini-job (~ employé à revenus limités)
Minister *m*	minister	ministre
Ministerium *n*	ministry	ministère
Ministerpräsident *m*	chief minister (of a Land)	premier ministre; ministre président; chef du gouvernement d'un Land
Missbrauch *m*	abuse; improper use	abus; usage fautif
Misstrauensvotum *n*	vote of no confidence	vote d'une motion de censure; vote de défiance; vote de censure
Miterbe *m*	joint heir; co-heir	cohéritier
Mittäterschaft *f*	complicity; joint commission of a crime	coactivité

Mörder *m*	murderer	assassin selon le § 211 du code pénal allemand
Mutterschutzgesetz *n*	social legislation protective of working mothers	loi sur la protection maternelle
Nacherfüllung *f*	subsequent fulfilment	réalisation ultérieure
Nachlass *m* (Hinterlassenschaft)	deceased's estate; inheritance	héritage; patrimoine du de cujus; succession
Nachlassverwalter *m*	estate administrator	administrateur successoral
nachträglich	retrospective	a posteriori
Nebenstrafe *f*	supplementary penalty; secondary punishment	peine secondaire; peine accessoire
Nebenstrafrecht *n*	supplementary criminal law	droit pénal complémentaire; accessoire
Nichtbeachtung *f*	failure to observe	fait d'ignorer
nichtehelich (nicht in der Ehe gezeugt)	illegitimate	naturel
Nichteinverständnislösung *f* ("Nein heißt Nein")	non-consensual solution ("no means no")	solution de non-consentement ("non signifie non")
nichtig	null and void	nul
Nießbrauch *m*	usufruct; usufructuary enjoyment; use; beneficial interest	usufruit
Norm *f*	legal norm; rule of law; standard	norme; règle
Normenkontrolle *f*	judicial review of the constitutionality of laws	contrôle de la constitutionnalité d'une norme
Normenpyramide *f*	pyramidal ranking of norms	pyramide des normes
Notar *m*	notary; notary public	notaire
notariell	by a notary	notarié
Notstand *m*	emergency	état de nécessité; état d'urgence
Notwehr *f*	self-defence	légitime défense
Nurnotar *m*	a notary only; lawyer who is only a notary	notaire
Nutzung *f*	use	utilisation; exploitation; jouissance
Nutzungsrecht *n*	right of use or enjoyment	droit de jouissance; droit d'exploitation; droit d'utilisation
Oberbegriff *m*	generic term; heading	terme générique

Oberfinanzdirektion *f*	superior finance directorate	direction régionale des finances
Oberforstdirektion *f*	superior forestry directorate	direction régionale des Eaux et Forêts
Obergericht *n*	higher court	cour supérieure; tribunal d'instance supérieure
Oberlandesgericht *n* (OLG)	regional appeal court	tribunal régional supérieur; Cour d'appel
Oberstadtdirektor *m*	town clerk; city manager	secrétaire général supérieur de l'administration municipale
Oberverwaltungsgericht *n*	regional administrative court	tribunal administratif supérieur; Cour administrative d'appel
obliegen, jmdm. obliegt die Verpflichtung	it is someone's duty	incomber (il incombe au demandeur)
Öffentliches Recht *n*	public law	droit public
Öffentlichkeitsgrundsatz *m*	principle of public access	principe de publicité
öffentlich-rechtlich	governed by public law	réglé par le droit public
Opfer *n*	victim	victime
Ordnungswidrigkeit *f*	administrative offence	illégalité réprimée par une sanction administrative; peine de police
ordre public *m*	public policy	ordre public
Pacht *f* (Pachtverhältnis)	lease	bail à ferme; bail
Paragraf *m*	paragraph; article	paragraphe; article
Paralleljustiz *f*	parallel justice	justice parallèle
Parkverbot *n*	parking prohibition	interdiction de stationner
Parlamentsgesetz *n*	parliamentary statute	loi ayant suivi la procédure parlementaire
Partei *f*	party	parti politique; partie
Patchworkfamilie *f*	patchwork family	famillle recomposée; famille bonus; belle-famille
Personengesellschaft *f*	partnership	société commerciale de personnes
Personensorge *f*	care for the personal matters	prise en charge des personnes
Personenstandsgesetz *n*	statute governing the registration of birth; death and marriages	loi sur l'état civil
Personenvereinigung *f*	association	groupement de personnes

Persönlichkeitsrecht *n*	right of personality	droit général de la personnalité
Petitionsrecht *n*	right of petition	droit de pétition
Pflegekind *n*	foster child	enfant placé
Pflegeversicherung *f*	care insurance	assurance obligatoire pour soins
Pflichtteil *m*	compulsory share in a deceased's estate	part réservataire; réserve légale
Pflichtteilsergänzungsanspruch *m*	right to augmentation of a compulsory share in a deceased's estate	demande en vue de compléter le montant de la réserve; droit du réservataire de demander la réduction des donations et legs à la quotité disponible
Pflichtversicherungsgesetz *n*	statute governing compulsory insurance	loi sur les assurances obligatoires
Pflichtverteidiger *m*	official defence counsel; court-appointed counsel	avocat commis d'office; avocat désigné d'office
Piktogramm *n* digitales ~	digital pictogram	pictogramme numérique
Plädoyer *n*	pleading; presentation	plaidoirie; plaidoyer
Planungsrecht *n*	planning law	droit relatif à l'établissement des plans d'aménagement urbain
plebiszitär	plebiscitary	plébiscitaire
Polizei *f*	police; police force	police
Polizeigesetz *n*	statute governing the police force	loi policière; loi de police
polizeilich	by the police	de police; de la police
Polizeirecht *n*	police law	législation relative à la police
Popularklage *f*	citizen's complaint	recours pour violation des droits fondamentaux par une personne sans intérêt personnel, direct et actuel
Präjudizienrecht *n*	precedent	droit régi par des précédents
Pressefreiheit *f*	freedom of the press	liberté de la presse
Privatautonomie *f*	private autonomy	liberté contractuelle
Privatdozent *m*	qualified lecturer	maître de conférences; chargé de cours
Privaterbfolge *f*	private inheritance; private succession	succession régie par le droit privé
Privatrecht *n*	private law	droit privé

privatrechtlich	governed by private law	de droit privé
Produkthaftung *f*	product liability	responsabilité du producteur pour vice de la marchandise; responsabilité du fait des produits défectueux
Promotion *f*	award of a doctorate	promotion au grade de docteur d'université
Prozess *m*	legal proceedings; trial	procès; litige; affaire
Prozesskostenhilfe *f*	legal aid	aide juridique; aide juridictionnelle; aide concernant les frais d'un procès
Prozessordnung *f*	code of procedure; procedural rules; court rules	code de procédure
Publikums-KG *f*	unlimited company with public shareholders	société en commandite simple
Putativvater *m*	presumed father; cuckoo father	père putatif
rächen	to avenge; to revenge	venger
Raser *m*	speeder; reckless driver; speed demon; boy racer	chauffard
Raub *m*	robbery	extorsion par force, ou violence ou contrainte; vol commis à l'aide de violence ou menace en faisant usage d'une arme
Reallast *f*	special kind of land charge	charge réelle
Recht *n* (Rechtsordnung)	law	droit objectif; droit
Recht *n* (Rechtsanspruch)	right	droit subjectif; autorisation
rechtfertigen	to justify; to warrant	justifier; défendre; disculper
Rechtfertigungsgrund *m*	legal justification	fait justificatif; cause de justification
rechtlich	legally	juridique
rechtlich (~er Vater)	legal (father, § 1592 BGB)	légal
rechtliches Gehör *n* (Verfahrensrecht)	right to be heard; right to a fair hearing	droit d'être entendu
rechtmäßig	according to law	légal; légitime
Rechtsanwalt *m*	lawyer; solicitor; barrister	avocat
Rechtsanwaltskanzlei *f*	lawyer's office	cabinet d'avocat
Rechtsanwaltszulassung *f*	admission to practice as a lawyer	autorisation d'exercer la profession d'avocat

Rechtsanwender *m*	legal practitioner; legal user	utilisateur ou praticien du droit
Rechtsauffassung *f*	legal opinion	opinion juridique
Rechtsaufsicht *f*	legal supervision	tutelle (administrative)
Rechtsbehelf *m*	legal redress; legal remedy	moyen de recours; voie de droit
Rechtsfolge *f*	legal consequence	conséquence juridique; effet juridique
Rechtsgeschäft *n*	legal transaction	acte juridique
Rechtsgrundlage *f*	basis in law	base juridique; titre juridique
Rechtsgut *n*	legal interest; object of legal protection	bien; bien protégé par une disposition légale
Rechtskraft *f*	legal force	force de chose jugée
rechtskräftig	absolute; having the force of law	ayant force de chose jugée
Rechtskreis *m*	legal sphere; legal system	système juridique
Rechtsmaterie *f*	legal matters; area of law	matière juridique; branche spécifique du droit
Rechtsmittel *n*	appeal	voie de recours; moyen de recours; recours (en Allemagne seulement „Berufung“ et „Revision“)
Rechtsnorm *f*	legal norm	norme juridique
Rechtsordnung *f*	legal system	ordre juridique
Rechtspfleger *m*	judicial official	fonctionnaire de l'administration judiciaire chargé de certaines fonctions juridictionnelles; juge auxiliaire à compétence limitée
Rechtsprechung *f*	judicial decisions; legal decision making	jurisprudence; juridiction
Rechtsquelle *f*	source of law	source du droit
Rechtsschutzversicherung *f*	insurance against legal costs	assurance défense et recours
Rechtssprache *f*	legal language	langue juridique; langage du Palais
Rechtsstaat *m*	state based on the rule of law	État de droit
Rechtsstreitigkeit *f*	legal dispute; litigation	litige; procès; contentieux juridique
Rechtsverkehr *m*	legal relations	vie juridique

Rechtsverletzung *f*	violation of law; infringement of rights	violation du droit; lésion
Rechtsverordnung *f*	statutory order; decree	ordonnance; règlement; règlement subordonné à la loi
Rechtswahl *f*	choice of law	choix du droit applicable
Rechtsweg *m*	legal process	voie judiciaire; voie de droit; voie juridique
Rechtswegerschöpfung *f*	exhaustion of legal recourse	épuisement des voies de recours
rechtswidrig	illegally; unlawfully	illégal; illicite
Referendar *m*	post-graduate trainee in the legal profession	titulaire du premier examen d'État en droit
Referendarexamen *n*	examination at the end of post-graduate civil service training	examen à la fin des études de droit
Referendarzeit *f*	period of post-graduate civil service training	stage obligatoire pour le deuxième examen d'État
Regenbogenfamilie *f*	rainbow family (family in which at least one parent is lesbian, gay, bisexual or pansexual, trans- or intersexual)	famille arc-en-ciel
Regierung *f*	government	gouvernement
Reichsstrafgesetzbuch *n*	Imperial Penal Code	code pénal du Reich
Reichstag *m*	Imperial House of Representatives	parlement du Reich
Reisevertrag *m*	travel contract	contrat de voyage et de séjour
Religionsausübung *f*	religion's practice	pratique d'une religion
Rentenanspruch *m*	pension claim	droit à une retraite; droit à une pension; droit à une rente; droit à une annuité
Rentenversicherung *f*	old age pension insurance fund; pension scheme	assurance vieillesse; assurance retraite
Repetitorium *n*	coaching or cramming course for law students	cours de répétition
repressiv	repressive	répressif
Republik *f*	republic	république
Republikflucht *f*	escape from the former German Democratic Republic	évasion de l'ex RDA; fuite
Resozialisierung *f*	rehabilitation	réinsertion dans la société
Reststrafe *f*	remaining sentence	peine restante

Revision *f*	appeal on points of law	pourvoi en cassation; recours en cassation
richten	to judge	juger
Richter *m*	judge	juge; magistrat; conseiller
Richteramt *n*	office of a judge	judicature; magistrature
richterlich	by a judge; judicially	judiciaire
Richterrecht *n*	judge-made law	droit prétorien; droit jurisprudentiel
Rücktrittsrecht *n*	right of withdrawal from a contract; right of cancellation	droit de résiliation
rückwirkend	retroactive; retrospective	rétroactif
Rückwirkungsverbot *n*	prohibition of retroactive effect	principe de la légalité (du droit pénal)
Sachbearbeiter *m*	subject specialist; employee in charge	responsable; employé compétent; chargé de fonctions
Sachbeschädigung *f*	damage to property	dommage matériel; détérioration matérielle
Sachenrecht *n*	law of property	biens et droits réels; régime des biens meubles et immeubles
sachgerecht	proper; relevant	juste; correct
Sachmangel *m*	defect of quality; fault	vice de la chose
Sachverhalt *m*	facts (of the case)	état des faits; circonstances
Sachverständigengutachten *n*	expert opinion	expertise
Sachverständiger *m*	expert; specialist; expert witness	expert; technicien; spécialiste
Samenspende *f*	sperm donation	don de sperme
Samenspender *m*	sperm donor	donneur de sperme
Samenspenderregister *n*	sperm donor register	registre des donneurs de sperme
Samenspendervater *m*	sperm donor father	père donneur de sperme
Sanktion *f*	sanction	sanction
sanktionieren	to penalise	sanctionner
Satzung *f*	bye-laws; articles of association	statut; dispositions statutaires; régime
Schaden *m*	damage	dommage; préjudice
Schadensersatz *m*	compensation; indemnification	indemnité; dommages-intérêts; dédommagement

Schadensersatzpflicht *f*	obligation to pay compensation	obligation de payer des dommages-intérêts
schadhaft	defective	défectueux
scheiden (jmdn. scheiden)	to divorce	divorcer quelqu'un
scheiden (sich ~ lassen)	to get divorced	divorcer
Scheidung *f*	divorce	divorce
Scheidungsverfahren *n*	divorce proceedings	procédure de divorce
Scheinvater *m*	putative father; alleged father	père putatif
scheitern	to fail	échouer
Schenkung *f*	gift; present; donation	donation; don
Schenkungsteuer *f*	gift tax; tax on donations	impôt sur les donations
Schiedsverfahren *n*	arbitration proceedings	procédure d'arbitrage
Schlägerei *f*	brawl; fight; affray	rixe; bagarre
Schlüsselgewalt *f*	husband's or wife's authorization to purchase necessaries	mandat domestique
schlüssig	conclusive	convaincant; pertinent
Schmerzensgeld *n*	compensation for pain and suffering	indemnité pour dommage moral; *pretium doloris* (lat.)
Schmiergeld *n*	bribe	pot-de-vin
Schockanruf *m*	shock call	appel téléphonique choc
Schöffe *m*	juror; lay magistrate	juge-assesseur non-professionnel; assesseur échevin
Schöffengericht *n*	magistrate's court with lay members	tribunal répressif à juge unique assisté de deux assesseurs-jurés
Schriftsatz *m*	brief; written statement	acte écrit; mémoire
Schuld *f* (Verschulden im Strafrecht)	guilt; fault	culpabilité
Schuld *f* (Verpflichtung im Privatrecht)	debt; obligation; liability	dette
schuldfähig	capable of being responsible for a crime	responsable pour un crime
schuldhaft	culpably	fautif
Schuldner *m*	debtor	débiteur
Schuldprinzip *n*	principle of culpability	principe de culpabilité
Schuldrecht *n*	law of obligations	droit des obligations

Schuldverhältnis *n*	creating an obligation	rapport juridique entre le créancier et le débiteur; rapport d'obligation
Schutzbereich *m* (iSv geschütztes Gebiet)	protected area	zone protégée
Schutzbereich *m* der Norm	scope of protection of the article	champ d'application de l'article
Schwangerschaftsabbruch *m*	termination of pregnancy	interruption de grossesse; avortement
Schwangerschaftskonfliktgesetz *n*	Pregnancy Conflict Act	loi sur les conflits liés à la grossesse
Schwarzbau *m*	illicit building work	construction clandestine; bâtiment illégal
Schweigen *n*	silence	silence
Schwindel *m*	swindle; fraud	tromperie
Schwurgericht *n*	criminal court for major cases	cour d'assises
Selbstbestimmung *f*	self-determination	autodétermination; autonomie
Selbsthilfe *f*	self-help; self-redress	autodéfense
Selbstkontrahieren *n*	self-dealing	acte passé avec soi même; fait de se porter contrepartie de son commettant
Selbstverwaltung *f*	self-government; self administration	autonomie administrative
Semester *n*	semester; term (of six months)	semestre
Seminar *n*	seminar	travaux dirigés (T. D.)
Senat *m* (Abteilung eines Gerichts)	senate	chambre
Sensibilisierungskurs *m*	awareness course	cours de sensibilisation
Sextortion *f*	sextortion	sextorsion (forme de chantage en ligne où une personne menace de diffuser des photos ou des vidéos intimes)
sexuelle Selbstbestimmung *f*	sexual self-determination	autodétermination sexuelle
Sicherheit *f*	security; safety; surety	sécurité; sûreté
Sicherung *f*	securing; ensuring; safeguarding	protection; sauvegarde; garantie
Sicherungsübereignung *f*	transfer of property as security	remise d'un bien en propriété à titre de garantie

Sicherungsverwahrung *f*	preventive detention (indefinite post sentence confinement for dangerous offenders)	détention de sûreté
sine (= ohne; Lat.)	without	sans
Singlemutter *f*	single mother by choice (SMC); single mother by circumstance	mère célibataire de choix (SMBC)
sittenwidrig	immoral; improper	contraire aux bonnes mœurs; contre les bonnes mœurs
Sitz *m*	seat	siège; siège social
Sonderrechte *pl. n*	special rights	privilèges
Sonderregelung *f*	special regulation; special settlement	clause spéciale
Sonderstellung *f*	special position; exceptional position	position spéciale
Sondervorschrift *f*	special provision	instruction spéciale; règlement spécial
sorgeberechtigt	entitled to/have right to the custody, care and control of a child	ayant droit de garde sur les enfants
Sorgerecht *n*	right to the custody, care and control of a child	droit de garde sur les enfants
Sorgfalt *f*	(due) care	diligence; soin
sozial (~er Vater)	social (father) (= someone acting as a parent)	social
Sozialamt *n*	social services department	bureau d'aide sociale
Soziale Medien *pl. n*	social media	réseaux sociaux; médias sociaux
Sozialgericht *n*	social court; social insurance tribunal	tribunal du contentieux social; tribunal des affaires de sécurité sociale
Sozialgerichtsbarkeit *f*	jurisdiction of the social courts	juridiction sociale
Sozialgesetzbuch *n*	social security code	code de la sécurité sociale
Sozialhilfe *f*	income support	aide sociale
Sozialprodukt *n*	social product; national product	produit social
Sozialstaatsprinzip *n*	principle of social justice and the welfare state	principe de l'État social
Sozialversicherung *f*	national insurance; social insurance	assurance sociale
Speditionsgeschäft *n*	transport or haulage contracting	contrat de transport

Spezialgesetz *n*	special law	loi spéciale
Spezialprävention *f*	deterrent effect on a particular offender	prévention individuelle
Spitzensteuersatz *m*	maximum tax rate	tranche d'impôt maximale
Sprengstoffattentat *n*	bomb attack	attentat à l'aide de l'explosion d'une bombe
Staatenbund *m*	confederation; union	confédération d'États
staatlich	of the state	d'État
Staatsangehöriger *m*	national; subject	ressortissant national; citoyen
Staatsangehörigkeit *f*	nationality; citizenship	nationalité; citoyenneté
Staatsanwalt *m*	public prosecutor	magistrat du parquet; procureur
Staatsanwaltschaft *f*	public prosecutor's office; in GB: Crown Prosecution Service (CPS)	ministère public; parquet
Staatsgewalt *f*	state authority; state power; sovereignty	pouvoirs publics; puissance publique; autorité publique
Staatsorgane *pl. n*	organs of the state	Grands corps de l'État; organes supérieurs de l'Administration et de la Justice
Staatsprüfung *f*	state examination	examen d'État; diplôme de fin d'études universitaires
Staatsstrukturprinzip *n*	principle of state structure	principe de structure de l'Etat
Stalking *n*	stalking	stalking; harcèlement obsessionnel
Stammkapital *n*	registered capital	capital social
Standardwerk *n*	standard work; leading work	ouvrage de référence
Standesamt *n*	registry office	service de l'état civil; bureau de l'état civil
standesamtliche Trauung *f*	civil marriage	mariage civil
Station *f* Ausbildungs~	training placement	stage
Statut *n*	charter; statute; regulation	statut
Stealthing *n*	criminal offence of removal of condom without consent	stealthing; retrait non-consenti du préservatif pendant un rapport sexuel
Stellvertreter *m*	agent; representative; deputy	représentant; mandataire; remplaçant; substitut; suppléant
Sternenkind *n*	star child; star baby; angel baby	enfant étoile; bébé étoile

Steuer *f*	tax	taxe; impôt; contribution
Steuerberater *m*	tax consultant	conseiller fiscal
Steuerbescheid *m*	tax assessment; tax demand	feuille d'impôt
Steuergesetz *n*	tax statute	loi fiscale
Steuerhinterziehung *f*	tax evasion	fraude fiscale
steuerlich	relating to tax	fiscal
Steuertatbestand *m*	facts causing tax liability	fait déclenchant l'obligation de payer des impôts
Steuervermeidung *f*	tax avoidance	évasion fiscale
Stieffamilie *f*	step family	famille recomposée; famille bonus; belle-famille
Stimme *f* (Wählerstimme)	vote	voix; vote
Stimmengleichheit *f*	equal number of votes	égalité des voix; égalité des suffrages exprimés
Stimmrecht *n*	right to vote	droit de vote
Strafaussetzung *f*	suspension of a sentence	sursis; dispense de l'exécution de la peine
strafbar	punishable; criminal; guilty	punissable; pénalisable
Strafbarkeit *f*	punishability; culpability	pénalité; fait d'être punissable
Strafbarkeitslücken *pl. f*	gaps in the criminal law	lacune de pénalité
Strafbestimmung *f*	penal provision	disposition pénale
Strafdrohung *f*	penalty laid down in the penal code	peine prévue par le code pénal
Strafe *f*	punishment; penalty; sentence	peine
straffällig ~ werden	to commit a punishable offence	commettre un délit
straffrei	unpunished; exempt from punishment	ne pas être soumis à un châtiment; sans punition
Strafgericht *n*	criminal court	tribunal de police; tribunal répressif; juridiction pénale; tribunal correctionnel
Strafgesetz *n*	criminal law; penal law	loi pénale
Strafgesetzbuch *n* (StGB)	criminal code	code pénal; code criminel
Strafkammer *f*	criminal division of a court	chambre criminelle; chambre correctionnelle
straflos	unpunished	impuni
Strafmaß *n*	form or degree of punishment	peine; quantum de la peine

Strafprozess *m*	criminal proceedings	procès pénal
Strafprozessordnung *f* (StPO)	Code of Criminal Procedure; GB: The Criminal Law Procedure Act	code de procédure pénale; code d'instruction criminelle
Strafrecht *n*	criminal law	droit pénal
Strafsache *f*	criminal case	affaire pénale
Straftat *f*	criminal act; crime	infraction; crime; délit
Straftatbestand *m*	elements of a criminal offence	paragraphe du code pénal décrivant une infraction; un crime ou un délit
Strafverfahren *n*	criminal proceedings	procédure pénale; procédure criminelle
Strafverfolgung *f*	prosecution	poursuite pénale
Strafvollzug *m*	penal system; execution of a sentence	exécution des peines
Straßenverkehrsordnung *f*	regulation governing the use of roads	code de la route
Streik *m*	strike	grève
stricta (Lat.)	clear formulation of a law	formulation claire d'une loi
Subsumtion *f*	subsumption	application d'une règle de droit; qualification
summa cum laude (Lat.)	highest mark awarded (for doctorate)	mention très bien pour le doctorat
Superrevisionsinstanz *f*	extraordinary instance of the ordinary jurisdiction (the Federal Constitutional Court does not interpret or apply ordinary law)	instance de supercassation
Surrogatmutter *f*	surrogate mother	mère porteuse; mère de substitution
Syndikusanwalt *m*	in-house lawyer	avocat lié à une entreprise par un contrat de louage de service
systematisch	systematic	systématique
Tagessatz *m*	daily rate; daily unit	taux journalier
Tarifautonomie *f*	autonomy of collective bargaining	autonomie des partenaires sociaux
tarifgebunden	bound by a collective agreement	obligé de respecter une convention collective de travail
Tarifpartei *f*	party to a collective agreement	partie à une convention collective de travail

Tarifvertrag *m*	collective agreement	convention collective de travail
tarifvertraglich	being governed by collective agreement	soumis à une convention collective de travail
Taschengeld *n*	pocket money	argent de poche
Tat *f*	act; deed; offence	acte; action; fait
Tatablauf *m*	course of action	déroulement des événements d'une infraction
Tatbegehung *f*	committing a punishable act	perpétration du crime
Tatbestand *m* (im Verfahrensrecht)	facts of the case	état de choses
Tatbestand *m* (im Strafrecht)	elements of an offence	éléments constitutifs d'une infraction
tatbestandsmäßig	in accordance with the facts of an offence	avoir tous les éléments constitutifs d'une infraction
Tatbestandsmerkmal *n*	element of an offence; constituent fact	élément constitutif d'une infraction
Tatbestandsvoraussetzung *f*	prerequisite stipulated by law which produces a certain legal consequence	élément constitutif d'une infraction; condition stipulée par la loi qui produit une conséquence juridique déterminée
Täter *m*	perpetrator; offender; delinquent	auteur de l'infraction
Täter-Opfer-Ausgleich *m*	offender-victim-mediation	médiation auteur-victime
Täterschaft *f*	commission of an offence	fait d'être l'auteur d'une infraction
Tatort *m*	scene of a crime	lieu du crime
Tatsache *f*	fact	fait
Tausch *m*	exchange	échange; change; troc
täuschen	to deceive; to delude	tromper
Täuschung *f*	deceit; deception	tromperie
Teilhaberecht *n*	right to share in services and benefits provided by the state	droit de participation aux prestations de l'État
teleologisch	functional	téléologique
terroristischer Anschlag *m*	terrorist attack	attentat terroriste
Testament *n*	testament; last will	testament
Testamentsvollstrecker *m*	executor of a will	exécuteur testamentaire

Testierfreiheit *f*	freedom of testamentary disposition	liberté de disposer par testament
Textnachricht	text message	message électronique
Tierversuch *m*	animal experiment	expérience sur les animaux
Titel *m*	title	titre
Tod *m*	death	mort; décès
Todesstrafe *f*	death penalty	peine de mort; peine capitale
Totalschaden *m*	total loss; complete write-off	perte totale
Totschlag *m*	manslaughter; unjustifiable homicide	meurtre; homicide
Tötung *f*	killing; putting to death	homicide
Tötungsabsicht *f*	intention to kill	intention de tuer
Träger *m* ~ von Rechten und Pflichten	person having rights and duties	personne ayant des droits et des obligations
trauen (eine Eheschließung vornehmen)	to marry	marier
Trauung *f* standesamtliche ~	civil marriage	mariage civil
Trauung *f* kirchliche ~	church wedding	mariage religieux
Treuepflicht *f*	duty of loyalty	devoir de loyauté; devoir de loyalisme
Treueverhältnis *n*	relationship of loyalty	relation de loyauté
Trunkenheit *f*	drunkenness	ivresse
Trunkenheitsfahrt *f*	drink driving	conduite en état d'ivresse
Typenzwang *m*	restriction to particular types e. g. of contract	obligation de se conformer à ce qui est prescrit par la loi
typisiert	standard	type; standardisé
übereignen	to transfer ownership; to pass title	transférer la propriété
Übereignung *f*	transfer of property; passing of title	transfert de la propriété
Übergabe *f*	delivery; transfer	transfert; tradition; *traditio* (lat.); remise; livraison; délivrance
übergehen	to pass	passer; être transféré
übergeordnet	superior	supérieur
überlassen	to leave; to hand over	céder qc. à qn.
übermitteln	to transmit	transmettre; communiquer

überschreiten	to exceed; to go beyond	excéder; dépasser
Überschreitung *f*	exceeding	non-respect; transgression
überstimmen	to outvote	mettre en minorité
Übertragungsvertrag *m*	agreement to transfer rights	contrat de transfert; transmission; dévolution; cession
Überwachungsorgan *n*	supervisory body; supervisory board	organe de surveillance
Umgangsrecht *n*	right of access	droit de visite
Umsatz *m*	turnover	chiffre d'affaires; chiffre de ventes
Umsatzsteuer *f*	purchase tax; turnover tax; sales tax	taxe sur le chiffre d'affaires
Umstand *m*	circumstance; factor	circonstance; détail
umstritten	controversial	discuté; contesté; controversé
Umwandlung *f*	corporate transformation	conversion; transformation
Umweltschutz *m*	protection of the environment	protection de l'environnement
unabhängig	independent	indépendant; souverain
Unabhängigkeit *f*	independence	indépendance
unabwendbar	unavoidable	inévitable; inéluctable
unangemessen	inappropriate	inadéquat
unausweichlich	inescapable	inévitable
unbefugt	unauthorised	non autorisé; sans droit
unbeweglich	immovable	immobilier
unerheblich	unimportant	insignifiant; peu important
unerlaubt	unlawful	interdit; illicite
Unfall *m*	accident	accident
Unfallgegner *m*	the other party involved in an accident	l'autre personne impliquée dans un accident
Unfallhergang *m*	course of events of an accident; details of an accident	enchaînement des circonstances lors d'un accident; détails d'un accident
Unfallopfer *n*	victim of an accident	victime d'un accident
Unfallversicherung *f*	personal accident insurance	assurance individuelle accidents
ungerechtfertigt	unjustified	injustifié
unkündbar	non-terminable	qui ne peut pas être congédié

unmenschlich	inhumane	inhumain
unmittelbar	immediate; direct	direct
unparteilich	impartial	impartial; neutre
Unrecht *n*	wrong; injustice	injustice; tort
unrechtmäßig	unlawful(ly)	contraire au droit; illégitime; illégal
unsachgemäß	incompetent	impropre
Unschuld *f*	innocence	innocence
untauglich	unsuitable; impossible	inapte; incapable
Unterbringung *f*	accommodation; placement	logement; placement
unterhaltsberechtigt	entitled to maintenance	ayant le droit à une pension alimentaire
Unterhaltspflicht *f*	obligation to provide maintenance	obligation alimentaire; dette alimentaire
Unterlassen *n*	omission	négligence; omission
unterlassene Hilfeleistung *f*	failure to render aid	omission de porter secours à qn.; abstention délictueuse
Unterlassungsdelikt *n*	crime of omission	délit d'omission
unterlegen, im Prozess ~ sein	to lose a case	perdre un procès
Unternehmen *n*	enterprise; business	entreprise; exploitation
Unternehmergesellschaft *f* (UG)	"mini LLC" (incorporation with a minimum share capital of just 1 EUR)	~ Entreprise Unipersonnelle à Responsabilité Limitée (EURL) (de droit allemand)
Unterordnung *f*	subordination	subordination
Unterrichtungsanspruch *m*	entitlement to information	droit d'être informé
untersagen	to forbid; to bar; to ban	interdire; défendre; prohiber
Unterschlagung *f*	embezzlement; misappropriation	détournement; soustraction frauduleuse
unterschreiben	to sign	signer
untersuchen	to examine; to investigate; to inspect	examiner; enquêter; vérifier; analyser
Untersuchungsgrundsatz *m*	inquisitorial principle	principe inquisitoire; procédure inquisitoire; principe de la procédure inquisitoriale
unveräußerlich	inalienable	inaliénable
unverhältnismäßig	disproportionate	disproportionné
unverletzlich	inviolable	inviolable

Unverletzlichkeitsrecht *n*	right to inviolability	droit de l'inviolabilité
Unversehrtheit *f*	physical integrity	intégrité physique
unverzüglich	immediately; without delay	immédiat; sans délai
unzulässig	inadmissible	irrégulier; non autorisé
Unzurechnungsfähigkeit *f*	mental incapacity	incapacité de discernement; irresponsabilité
Upskirting *n*	upskirting (§ 184k StGB)	captation d'images impudiques
Urheberrecht *n*	copyright law	droit relatif à la propriété littéraire et artistique
Urkunde *f*	document	acte écrit; document; pièce
Urteil *n*	judgement; decision; decree; sentence; verdict	décision; arrêt; jugement
Urteilsformel *f*	operative part of a judgement	dispositif du jugement
Urteilsstil *m*	style used in formulating a judgement	style utilisé dans une décision
Urteilsverkündung *f*	pronouncement of judgement	prononciation d'un arrêt
Vater kraft Anerkennung *m*	father by virtue of acknowledgement of paternity	père par reconnaissance
Vaterschaft *f*	paternity	paternité
verabschieden, ein Gesetz ~	to pass a law	voter une loi
Verantwortlichkeit *f*	responsibility	responsabilité
Verband *m*	federation; association; union	groupement; association; union
verbieten	to prohibit; to ban; to forbid; to veto	interdire; défendre
Verbindlichkeit *f*	binding nature	obligation de payer
Verbot *n*	prohibition; ban	interdiction; défense; prohibition
Verbotsirrtum *m*	error/mistake of law (as to the prohibited nature of an act)	ignorance du fait qu'un acte constitue une infraction; erreur du droit; erreur sur l'illicéité
Verbrauchsgüterkauf *m*	purchase of consumer goods	achat de biens de consumation
Verbrauchsteuer *f*	consumer tax	impôt de consommation; taxe de consommation; accise
Verbrechen *n*	crime; felony	crime; acte criminel; forfait; délit

Verbrechensbekämpfung *f*	fight against crime	lutte contre la criminalité
Verbrecher *m*	criminal; felon	criminel; malfaiteur; délinquant
verdächtig	suspect; suspicious	suspect; soupçonnable
Verein *m*	society; club; association	association
vereinbaren	to stipulate; to agree	convenir; stipuler; se mettre d'accord sur
Vereinbarkeit *f*	compatibility	compatibilité
vereinheitlichen	to unify	uniformiser
Vereinigung *f* (Zusammenschluss)	association	association; réunion; rassemblement
Vereinigungsfreiheit *f*	freedom to form associations	liberté d'association; liberté syndicale
Verfahren *n*	proceedings; procedure; trial; process	procédure; procès; méthode
Verfahrensgrundsatz *m*	principle governing procedure	principe directeur du procès; principe générale de la procédure
Verfahrensordnung *f*	procedural code	règlement de procédure
Verfahrensrecht *n*	procedural law	droit procédural; procédure
Verfassung *f*	constitution	constitution
Verfassungsänderung *f*	constitutional amendment	amendement à la constitution; modification de la constitution
Verfassungsbeschwerde *f*	constitutional complaint	recours constitutionnel
Verfassungsgericht *n*	constitutional court	cour constitutionnelle
verfassungsmäßig	constitutional	constitutionnel
Verfassungsrecht *n*	constitutional law	droit constitutionnel
verfassungsrechtlich	constitutional	du droit constitutionnel
Verfassungsurkunde *f*	constitutional document	acte constitutionnel
verfassungswidrig	unconstitutional	inconstitutionnel; contraire à la Constitution
verfolgen	to pursue; to prosecute; to persecute	poursuivre; persécuter
Verfolgung *f*	pursuit; prosecution; persecution	poursuite; persécution
verfügen, über etw.	to have sth. at one's disposal; to dispose of	disposer de

verfügen (anordnen)	to direct; to order	décréter; arrêter; ordonner; décider
Verfügung *f* (Willenserklärung)	disposal; disposition; settlement	disposition
Verfügung *f* zur ~ stehen	to be available	être à la disposition de
Verfügung *f* (Anordnung)	order; decree; disposition	arrêté; ordonnance; décret; disposition
Verfügung *f* letztwillige ~	last will; testament or inheritance contract	testament; disposition par testament ou contrat successoral
Verfügungsgeschäft *n*	transaction affecting property rights	contrat sur la délivrance des biens vendus; disposition
Vergeltung *f*	retaliation; reprisal; retribution	représailles; revanche
vergewaltigen	to rape	violer
Vergewaltigung *f*	rape	viol
Vergleich *m* (im Privatrecht)	settlement; compromise; arrangement	transaction
Vergütung *f*	remuneration	rémunération
verhaften	to arrest; to apprehend; to take into custody	arrêter; appréhender
Verhaftung *f*	arrest	arrestation
Verhältnismäßigkeitsgrundsatz *m*	principle of proportionality	principe de commensurabilité
Verhältniswahl *f*	system of proportional representation	scrutin avec représentation proportionnelle
verhandeln	to hear (a case)	présider l'audience
Verhandlung *f* (im Völkerrecht und geschäftlich)	negotiation	négociation
Verhandlung *f* (im Prozessrecht)	court hearing	débats; audience
Verhandlungstag *m*	hearing date	jour de l'audience
verhängen	to impose; to inflict	infliger une peine
verjährt	(statute-)barred by limitation	prescrit
Verjährung *f*	(statute of) limitation	prescription
Verkehrsmittel *n*	vehicle	moyen de transport; véhicule
Verkehrsteuer *f*	tax on transactions	taxe sur les transactions
verklagen	to sue	intenter une action contre
verkörpern	to embody	incarner

Verkündung *f* Urteils~	pronouncement of judgement	prononciation d'un jugement
Verleumdung *f*	calumny; malicious representation	calomnie
Vermächtnis *n*	bequest	legs
vermeiden	to avoid	éviter
Vermieter *m*	lessor	loueur; bailleur
vermindern	to diminish; to lessen; to reduce; to decrease	diminuer; réduire; restreindre; amoindrir
Vermögen *n*	wealth; property; fortune; assets	patrimoine; biens; capital
Vermögensrecht *n*	property law	droit patrimonial
Vermögensschaden *m*	pecuniary loss; property loss	dommage patrimonial
Vermögenssorge *f*	care for the property of someone	gestion du patrimoine
Vermögensstrafe *f*	penalty consisting of confiscation of property	peine consistant en la confiscation des biens
Vermögensverschiebung *f*	transfer of assets	transfert des biens; transfert du patrimoine
Verordnung *f*	statutory order; decree	règlement; décret; arrêté; ordonnance
Verordnungsblatt *n*	official journal publishing statutory orders	bulletin officiel publiant des règlements
Verpflichtungsgeschäft *n*	transaction which imposes duties	acte aboutissant à une obligation personnelle
Versammlungsfreiheit *f*	freedom of assembly	liberté de réunion
Versammlungsgesetz *n* (VersammlG)	statute regulating public meetings	loi relative à la réglementation des réunions et manifestations publiques
Versäumnisurteil *n*	default judgement	jugement par défaut
verschaffen	to procure	procurer; fournir
verschulden (schuld sein)	to be blamed; to be at fault	être responsable de
verschuldet	in debt	endetté; chargé de dettes
Versicherung *f*	insurance	assurance
Versicherungsbeitrag *m*	insurance contribution	prime d'assurance
Versicherungsgesellschaft *f*	insurance company	compagnie d'assurances
Versorgung *f*	maintenance; care; old age pension	prestation d'assistance; aide; fourniture; approvisionnement; alimentation

Versorgungsausgleich *m*	statutory division of pensions	répartition compensatoire des droits à la retraite entre conjoints en cas de divorce
verstorben	deceased	mort; décédé
Verstoß *m*	contravention; breach	contravention; infraction
verstoßen	to breach	violer; commettre une infraction; porter atteinte à
Versuch *m* (im Strafrecht)	attempt	tentative
versuchen	to attempt	tenter; essayer
Verteidiger *m*	defence counsel	avocat; défenseur au pénal
Verteidigung *f*	defence	défense
Vertrag *m*	contract; agreement; covenant; treaty	contrat; traité; accord; convention; pacte; stipulation
vertraglich	contractually	contractuel
Vertragsbedingung *f*	contractual condition; clause of the contract	stipulation d'un contrat; clause d'un contrat
Vertragspartei *f*	party to a contract	partie contractante
Vertragsstrafe *f*	contractual penalty	clause pénale; pénalité conventionnelle
vertrauliche Geburt *f*	confidential birth	accouchement confidentiel
vertreten, jmdn ~	represent sb.	représenter qn
vertreten, etw. zu ~ haben	to be responsible for sth.	être responsable de
Vertreter *m*	agent; representative; deputy	représentant; mandataire
Vertretungsbefugnis *f*	power of agency; power to act as proxy	pouvoir de représentation; mandat
Verunglimpfung *f*	defamation	diffamation
verursachen	to cause	causer
verurteilen	to sentence; to convict; to condemn	condamner; sanctionner
Verurteilte/r *m/f*	convicted person	condamné
Verurteilung *f*	conviction	condamnation
Verwaltung *f*	administration; management	administration; gestion; service; direction
Verwaltungsakt *m*	administrative act	acte administratif individuel
Verwaltungsermessen *n*	discretion of the administration	pouvoir discrétionnaire de l'administration
Verwaltungsgericht *n*	administrative court or tribunal	tribunal administratif

Verwaltungsjurist *m*	legally qualified employee in civil service	juriste travaillant dans l'administration; fonctionnaire de l'administration qualifié en droit
Verwaltungsrecht *n*	administrative law	droit administratif
Verwaltungsverfahrensgesetz *n*	statute governing administrative procedure	loi relative à la procédure administrative
Verwandtenunterhalt *m*	relative maintenance (obligation of relatives in a direct line to support one another)	pension alimentaire versé à un parent
Verwandtschaftsgrad *m*	degree of relationship	degré de parenté
verwarnen	to caution; to reprimand	avertir; donner un avertissement; verbaliser
Verwarnung *f*	caution; reprimand	avertissement; avis de contravention; admonestation
verweisen an (Akk.)	to refer to	renvoyer à
verwitwet	widowed	veuf (veuve)
Verzugszinsen *pl. n*	interest on arrears	intérêts moratoires
Völkermord *m*	genocide	génocide
völkerrechtlich	relating to international law	du droit international public
Volksabstimmung *f*	plebiscite; referendum	plébiscite; référendum
Volksverhetzung *f*	incitement to racial or class hatred	incitation à la haine raciale
Volkszählung *f*	census	recensement de la population
Volljähriger *m*	person who has attained majority	majeur
Volljurist *m*	fully qualified lawyer	juriste titulaire des deux examens d'État allemands
Vollkaufmann *m* (Pl. Vollkaufleute)	qualified merchant; full trader	commerçant de plein droit
Vollmacht *f*	power of attorney; proxy	pouvoir; procuration; mandat
Vollmacht erteilen *f* jdm eine ~ erteilen	to grant someone power of attorney	mandater; donner une procuration; donner pouvoir
Vollmachtgeber *m*	grantor of a power of attorney	qui donne une procuration
vollziehen	to execute; to enforce	exécuter
Vollzug *m*	imprisonment	exécution
Vorbehalt *m* (des Gesetzes)	reservation of statutory power	réserve

Vorbereitungsdienst *m*	apprenticeship	stage préparatoire
Vorbereitungshandlung *f*	act preparatory to the commission of an offence	acte préparatoire
vorbeugend	preventive; precautionary	préventif
vorbildlich	exemplary	exemplaire
Vorbringen *n*	presentation	le fait de présenter
vorformuliert	pre-formulated; pre-worded	formulé d'avance
Vorgang *m*	process	procédure; procès; transaction; incident
Vorgehen *n* ~ gegen (Akk.)	proceeding against; action	assignation; intenter une action contre qn.
Vorgesetzter *m*	superior	supérieur hiérarchique
Vorlesung *f*	lecture	cours
Vormund *m*	guardian	tuteur
Vormundschaft *f*	guardianship; wardship	tutelle
Vorrang *m*	priority	priorité
Vorsatz *m* (im Strafrecht)	intent; intention	dol pénal; intention
vorsätzlich	intentionally	intentionnel
Vorschrift *f*	legal rule or provision	instruction; règlement
Vorsitzender *m*	chairman	président
Vorstand *m*	board of a company	conseil de direction; comité de direction; directoire
Vorsteuer *f*	prior turnover tax	taxe déductible
Vorverfahren *n*	pre-trial process; preliminary proceedings	procédure préliminaire
Vorwurf *m*	reproach; charge	reproche; grief
Wahl *f*	election; choice; option	élection; scrutin; vote; choix
Wahlbezirk *m*	constituency	circonscription électorale
wählen	to elect; to choose; to vote	voter; élire; choisir
Wahlfach *n*	optional subject	matière facultative
Wahlgesetz *n*	statute governing elections	loi électorale
Wahlkreis *m*	electoral district; constituency	circonscription électorale
Wahlkreisabgeordneter *m*	constituency representative	député représentant une circonscription électorale
Wahlrechtsgrundsatz *m*	principle governing electoral law	principe régissant la loi électorale

Wahlstation *f*	optional training placement	choix du stage
Wahndelikt *n*	delusional offence (act wrongly assumed by perpetrator to be criminal)	délit putatif; infraction putative; infraction impossible
wahrheitswidrig	untruthfully	contraire à la vérité
Warnschussarrest *m*	"warning-shot detention" (short term detention for young first offenders up to four weeks in special facilities to be carried out within 3 months of the offence taking place)	détention courte pour mineurs par coup de semonce
wechselseitig	reciprocal	réciproque
weisungsgebunden	bound to take orders	soumis aux instructions
Weiterbeschäftigungsanspruch *m*	entitlement to further employment	droit de continuer dans son emploi
Weltrechtsprinzip *n*	principle of applying German criminal law to offences committed abroad	principe de l'application du droit pénal allemand dans les relations juridiques internationales
Wertminderung *f*	loss of value	dépréciation
Wesensgehalt *m*	essence; substance	essence; substance
wesentlich	significantly	essentiel; fondamental
Wettbewerbsrecht *n*	law on competition; fair trading law	droit de la concurrence
widerrechtlich	unlawfully; in contravention of the law	illicite; illégal
Widerruf *m*	revocation; retraction	rétractation; révocation; dédit; retrait
widerrufen	to revoke; to retract	rétracter; révoquer; abroger
widersprechen	to object; to protest; to contradict; to oppose	contredire; protester contre
Widerspruchsbehörde *f*	authority to which an appeal or objection can be made	autorité administrative à laquelle il faut adresser une protestation (un contredit)
Widerspruchsbescheid *m*	ruling on an objection	décision rendue sur une opposition; décision de l'autorité administrative sur un contredit
Wiederaufnahme *f*	resumption of proceedings; reopening of proceedings	révision; réexamen; reprise
Willenserklärung *f*	declaration of intention	déclaration de volonté; manifestation de volonté
Willkür *f*	arbitrary action; arbitrariness	arbitraire

Willkürverbot *n*	prohibition of the arbitrary exercise of power	interdiction de tout abus de droit
Wirksamkeitsvoraussetzung *f*	prerequisite for effectiveness	condition dont dépend l'efficacité
Wirkung *f*	effect	effet
Witwer *m*	widower	veuf
Wohlfahrtsstaat *m*	welfare state	État-providence
Wohngeldgesetz *n*	statute governing housing benefit	loi relative à l'allocation de logement
wohnhaft	residing	domicilié
Wohnsitz *m*	residence	domicile; résidence
Wucher *m*	usury	usure
wucherisch	usurious; profiteering	usuraire
Zahlungsanspruch *m*	entitlement to payment	droit de créance pour exiger un paiement
Zerrüttungsprinzip *n*	principle of irretrievable breakdown of marriage	divorce; constat d'échec
Zeuge *m*	witness	témoin
Zeugenaussage *f*	testimony	déposition du témoin
Zinsen *pl. m*	interest	intérêt; fruits civils
Zivilgericht *n*	civil court	tribunal en matière de droit civil
Zivilprozess *m*	civil proceedings	procédure civile; procès civil; contentieux civil
Zivilprozessordnung *f* (ZPO)	code of civil procedure	code de procédure civile
Zivilrecht *n*	civil law; private law	droit civil
zivilrechtlich	relating to private law	du droit civil
Zivilsache *f*	private law case	affaire civile; cause civile
Zugang *m*	access	accès
Zugangssperre *f*	access restriction	interdiction d'accès
Zugewinnausgleich *m*	division of accrued gains	prestation compensatoire; péréquation des acquêts
Zugewinngemeinschaft *f*	community of accrued gains	régime légal de la participation aux acquêts
Zuhälter *m*	pimp; procurer	proxénète; souteneur
Zuhälterei *f*	procuring sex	proxénétisme

Zulassung *f*	admission; permission; licence	permission; permis; autorisation; admission
Zurechnungsfähigkeit *f*	criminal responsibility	imputabilité; discernement; responsabilité
zurückweisen	to reject	rejeter; refuser; débouter
Zuschlag *m* (Aufpreis)	surcharge	surtaxe; supplément
zuständig	competent; responsible	compétent; responsable
Zuständigkeit *f*	competence; jurisdiction	compétence
Zustellung *f*	delivery; notification	notification; signification; délivrance
Zustimmung *f*	assent; consent; agreement	consentement; accord
Zustimmungsgesetz *n*	statute requiring consent of the Bundesrat	loi qui dépend du consentement du "Bundesrat"
Zuverlässigkeit *f*	reliability; trustworthiness	sûreté; fiabilité; fidélité
Zwang *m*	coercion; compulsion	contrainte; force
Zwangsgeld *n*	coercive fine or penalty; coercive enforcement penalty	amende administrative; astreinte administrative
Zwangsmittel *n*	coercion and other legal means to enforce a judgement	moyen de contrainte
Zwangsvollstreckung *f*	enforcement; execution; foreclosure	exécution forcée; saisie-exécution
zwangsweise	by force; forcibly	par contrainte; de force
Zweckbindung *f*	obligation to use for a particular purpose; hypothecation	obligation de respecter le but (l'intention, le sens)
Zweckverband *m* (von Gemeinden)	special administrative alliance; association for a particular purpose	syndicat (de communes)
Zweidrittelmehrheit *f*	two thirds majority	majorité réunissant deux tiers des suffrages
zweistufig	at two levels; in two stages	de deux niveaux
zwingen	to force; to coerce; to compel	forcer; contraindre; obliger
zwingend	compulsory; obligatory	obligatoire; coercitif

Stichwortverzeichnis